宋史研究丛书·第四辑

恍惚斋两宋史论集

张邦炜 著

河北大学出版社
·保定·

出 版 人：朱文富
责任编辑：王红梅
马 敏
装帧设计：王占梅
责任校对：边志鹏
责任印制：闻 利

HUANGHUZHAI LIANGSONGSHI LUNJI

图书在版编目（CIP）数据

恍惚斋两宋史论集 / 张邦炜著 . -- 保定：河北大学出版社，2020.9
ISBN 978-7-5666-1669-2

Ⅰ . ①恍… Ⅱ . ①张… Ⅲ . ①中国历史 – 宋代 – 文集 Ⅳ . ① K244.07-53

中国版本图书馆 CIP 数据核字（2020）第 143563 号

出版发行：河北大学出版社
地址：河北省保定市七一东路 2666 号 邮编：071000
电话：0312-5073019 0312-5073029
邮箱：hbdxcbs818@163.com 网址：www.hbdxcbs.com
经 销：全国新华书店
印 刷：保定市北方胶印有限公司
幅面尺寸：148 mm × 210 mm
印 张：20.625
字 数：490 千字
版 次：2020 年 9 月第 1 版
印 次：2020 年 9 月第 1 次印刷
书 号：ISBN 978-7-5666-1669-2
定 价：78.00 元

本书由教育部省属高校人文社科重点研究基地河北大学宋史研究中心基地建设经费、河北省人文社科重点研究基地建设经费、河北大学历史学强势特色学科建设经费、河北大学中国史学科“双一流”建设经费、河北大学燕赵文化学科群建设经费资助出版。

前　言

本书系继《宋代婚姻家族史论》《宋代政治文化史论》① 《恍惚斋两宋史随笔》② 之后，结集刊行的又一册个人文集。书中 26 篇文稿，均为前三种文集所未收，分为三辑，现将主要内容简介于下。

第一辑“两宋概观”收录文稿 10 篇，涉及四个论题。其一，宋朝的时代属性。学界有两种截然相反的观点：一为“衰世”，即“积贫积弱”论；二为“盛世”，即“黄金时代”说。“衰世”论大抵源于 20 世纪史学大家钱穆。钱老认为，“宋代虽非乱世，亦可称衰世”③。他一再感叹：宋朝“最贫最弱”“太贫太弱”。钱老还只是说宋朝“最没有建树”④，后来又有宋朝“最腐败”一说。此说与“衰世”论相呼应并加码，或许是受乾嘉巨子赵翼影响，“财

① 张邦炜：《宋代婚姻家族史论》（人民出版社 2003 年版）、《宋代政治文化史论》（人民出版社 2005 年版）。

② 张邦炜：《恍惚斋两宋史随笔》，社会科学文献出版社 2018 年版。

③ 钱穆：《中国历史研究法》，《钱宾四先生全集》，台北联经出版事业股份有限公司 1998 年版，第 31 册，第 96 页。

④ 钱穆：《中国历代政治得失》，生活·读书·新知三联书店 2001 年版，第 74、99 页。

取于万民，唯恐其有余；恩逮于百官，唯恐其不足”①。至于“盛世”论，据说出自史界泰斗陈寅恪等，其实未必。对于上述三说，本人均不甚认同，先后写下《瞻前顾后看宋代》《不必美化赵宋王朝》《宋朝“最腐败”论商讨》三文，以表达不理解。鉴于而今“盛世”说已取代“衰世”论成为更为流行的说法，本书将《不必美化赵宋王朝》置于《瞻前顾后看宋代》之前。其二，宋代的社会属性。当前有“平民社会”“富民社会”“士大夫社会”等各种说法，对于应当如何看待宋代的富民及士大夫，学界争议较大。《宋代“平民社会”论刍议》《宋代富民问题断想》《宋代士大夫问题的一些再思考》三文做了些欠深入的讨论，认为：宋代系中国历史上的“第一个平民社会”一说，如果厘清其原义，一望而知其不确。富民既非一概“为富不仁”，也非“社会中坚”；士大夫既非“一堆粪土”，也非“君子群体”，而是良莠不齐。其三，宋朝的基本国策。重文轻武素来被视为赵宋王朝的一大基本国策，近年有学者予以质疑。《重文轻武：赵宋王朝的潜规则》一文认为，赵宋统治集团虽然从未公开宣称“本朝重文轻武”，但重文轻武确乎是他们所认可并推行的心照不宣的潜规则。这一规则并非成形于宋初，宋代经历了从文武并重到重文轻武、从武人政治到文官政府的转换过程。其四，两宋的主要差异。两宋与两汉不同，西汉、东汉不是一个朝代，北宋、南宋具有连续性，但差别不小。在我看来，最大的差异在于：北宋多数时段处于和平环境，南宋长期处于战时或准战时状态。战时状态制约并牵动着南宋社会的诸多方面（不是一切）。《战时状态与南宋社会述略》一文做了些粗略的剖析。南宋王朝在崖山被元朝军队最后攻灭，“崖山之后无

---

① 赵翼：《廿二史札记》卷25《宋制禄之厚》，《赵翼全集》，曹光甫校点，凤凰出版社2009年版，第1册，第453页。

中国”，这一流言近期在网络上频频出现，不少友人不时问及。我个人以为，此言很是不妥。《应当怎样看待宋元易代》一文为答友人问而写。上述诸文均系近作，《宋代四川经济发展的不平衡性》则与学友贾大泉先生合著于20世纪80年代。此文旨在以四川地区为例，说明两宋时期经济发展的不平衡状态相当复杂，不应简单化，当做更具体的分析。当时一位前辈学者在一次研讨会上，用“北不如南，西不如东”八个字简要概括宋代社会经济发展的不平衡性，将川峡四路一概划入西部落后地区。我们基本赞同其说，建议稍加修正，认为宋代四川既有足以同两浙路媲美的成都府路，也有同广南西路一样落后的夔州路。令人感佩的是这位前辈学者欣然采纳这一建议，在其论著公开发表时特意补充道：“宋代西部地区，除成都府路、汉中盆地以及梓州路遂宁等河谷地（即所谓的‘坝子’）而外。”①

第二辑“唐宋变革”收录文稿7篇。眼下“走出唐宋变革论”的主张格外引人注目，此辑似乎不合时宜。物极必反，冷热交替，盛夏之后有严冬，是个带规律性的现象。按照我的理解，所谓“走出”不是告别、叫停，而是降温、冷却。愚意以为，对于唐宋时代，唐宋变革论虽然并非唯一，但确乎是个颇有价值的认知体系。正如“走出”论者所说：“绕不开。”唯其如此，此论几度成为唐宋文史哲学界的热门话题，不足为怪。可是凡事一“热”往往就出问题，以致在研讨中产生了泛化、断裂化、夸大化等弊端。“走出”论因过热所致种种弊端而起，其主旨在于纠偏补弊。在我看来，最大弊端莫过于言必称内藤湖南，将“内藤假说”等同于唐宋变革论，以为只此一家，别无他说。其实，我国学界自有植根于本土的唐宋变革论，且源远流长，岂能数典忘祖？依我之见，

① 漆侠：《宋代经济史》上册，上海人民出版社1987年版，第44页。

包伟民教授提出的唐宋会通论针对的是断裂化，会通论对变革论不是颠覆、推倒，而是修补、完善，两者相辅相成、互通互补。这些看法见于《“唐宋变革”论的首倡者及其他》《唐宋变革论的误解和正解》两文。《“唐宋变革”论与宋代社会史研究》系应李华瑞教授之约而作，该文重在回顾，在肯定既往成就之余，也指出了某些不足，诸如“唐宋变革是个筐，一切变化往里装”之类。如果以为所谓“走出”即告别，所应告别的是对唐宋变革的一般性介绍和贴标签式“研究”。唐宋变革是个内涵较为丰厚和外延涉及面较广的论题，书中所收《宋代学校教育的时代特征》《从社会流动看宋代社会的自我调节与活力》《冯京“由商而士”问题探讨》《往复于抽象与具体之间》四文从教育制度、社会流动、家族盛衰等角度进行阐述，试图让唐宋变革论丰满些。应当说明的是，有关冯京生平事迹的论述吸取了邓小南教授的重要研究成果①，在其论文未公开发表之前即准予预先引用。

第三辑“天水人物”收录文稿 9 篇，论及赵抃、黄庭坚、范成大等七位宋代历史文化名人。这些人物除王安石一人而外，都与我的家乡四川颇有渊源，桑梓情结显而易见。论述这些人物，我不满足于弄清其生平事迹，总想提出并探讨一些相关问题。如孟昶的形象在宋代蜀地民众的心目中经历了从明君到昏君的变化，这是为什么？《孟昶形象问题的史源学思考》一文以为，关键在于赵宋朝廷对蜀政策的调整，以致蜀地局势好转，民众心理转变。孟昶形象的前后变化折射出蜀地民众对北宋朝廷从对立到认同的历史过程。又如执政大臣冯京作为旧党中坚富弼的女婿，他在熙

---

① 邓小南：《剪不断，理还乱：有关冯京家世的“拼织”》，黄宽重主编：《基调与变奏：七至二十世纪的中国》第 1 册《政治思想》，台湾政治大学历史学系 2008 年印行。

丰党争中，究竟是“中正不倚”还是“旧党‘赤帜’”?《冯京的角色定位与熙丰党争》一文认为，两说均欠确当。他“争而不力”，无非是一名平庸而不偏激的旧党高官而已。进而指出，熙丰党争研究中的某些思维定式，诸如“亲属一概同党”“两党水火不容”“官员非新即旧”之类，或许应当有所改变。再如王安石青年时代知鄞县，一片叫好声；人过中年做宰相，则争议极大。原因何在?《王安石的鄞县施政与熙宁变法之异同》一文的回答是：他在鄞县以改善民生为目标，民众获得感强；到朝廷后以增加财政收入为重心，民众负担有增无减。至于王十朋知夔州，既悠闲自得，又深得民心。他自称“使君无事只吟诗”。对于今人来说，简直不可思议。《王十朋悠然治夔州》一文认为，不能仅仅着眼于王十朋个人的秉性和才干，也与宋代的某些制度文化有关，如地方官府职能有限、规模有限等。用宋人的话来说，即是“官多则事繁”，“欲事不繁，莫若省官”。研究历史人物，本当深入其内心世界。受学养所限，上述探讨仅停留在人物的外在表象。这一缺陷，读者不难发现，本人预先致歉。《难于强求一律的两种视角——有感于伊沛霞教授所著〈宋徽宗〉及相关评论》一文，是书稿排版后临时增补的。

书末载有访谈录一篇，题为《两宋历史的多角度探讨》，其作者为何玉红、刁培俊两位教授。现征得他们同意，作为附录，收入本书。谨在此聊表谢忱。

目　录

两宋概观

唐宋变革

天水人物

附　录

两宋概观

LIANGSONG GAIGUAN

不必美化赵宋王朝

——宋代顶峰论献疑

一、“往前多走了一步”

“三十年河东，三十年河西。”赵宋王朝真可谓时来运转。30年前，备受贬损，“守内虚外，积贫积弱”；30年后，博得赞美，“空前绝后，登峰造极”。宋朝顶峰论，据说出自史界泰斗。的确，陈寅恪曾说：“华夏民族之文化，历数千载之演进，造极于赵宋之世。”① 邓广铭讲过：“宋代的文化，在中国封建社会历史时期之内，截至明清之际的西学东渐的时期为止，可以说，已经达到了登峰造极的高度。”值得注意的是，邓氏强调“历史不能割断”，既重视隋唐两代的“传承”，又在时间上严格予以限制，“截至明

---

① 陈寅恪：《邓广铭〈宋史职官志考证〉序》，见《金明馆丛稿二编》，上海古籍出版社1980年版，第245页。

清之际”。[1] 至于陈氏的论断，只怕应当正确理会，不能无限引申。正如那句名言所说：“真理往前多走一步就是谬误。”

宋朝顶峰论的代表作，当推萧建生先生所著《中国文明的反思》一书。此书号称“当代中国的《盛世危言》”，某些媒体在高度评价之余，也曾指出：“作者对每个时代史料的把握真切与否，有待历史学家去评说。其中有些分析和解释，似乎有些牵强。”[2] 萧先生断言，“中国文明的顶峰不是唐朝而是宋朝”，“宋朝达到中国文明的顶峰”，并情不自禁地将宋代艳称为“大宋朝”。此书涉及面广，笔者所知有限，难以全面评论。仅就宋朝而言，其论述不乏合理的内核，但渲染过分之处似乎较多。诸如“宋朝是一个言论自由、思想开放的时代”，“是一个充满人性化的社会，是一个适合人类居住的社会”，“残酷的礼教在宋朝是不存在的”；宋代是“一个自由开放和积极健康的多元化社会”，“开放程度是我国历史上任何一个朝代都不可比拟的”，“在这个社会中，没有愚民政策，没有文字狱，没有特务横行，人民无忧无虑，具有安全感，所以充满了宁静、祥和、自然而又健康的气氛”，“出现了欣欣向荣的景象，使人民过上了300年自由、富裕、文明而有尊严的生活”。在作者笔下，宋代是“知识分子、官员士大夫以及广大民众的黄金时代”，“不仅宋朝人的生活水平远远高于历史上的任何一个朝代，而且文化和医疗普及率也远远高于中国历史上的任何一个朝代”。“知识分子的地位空前提高，确实活得很有尊严，思想独立自由，人格高贵”。“农民比以往的朝代生活得开心和幸福，

---

① 邓广铭：《宋代文化的高度发展与宋王朝的文化政策》（为陈植锷博士论文《北宋文化史述论稿》所作序引），《历史研究》1990年第1期。收入《邓广铭全集》第7卷，河北教育出版社2005年版，第416—423页。

② 熊景明：《读〈中国文明的反思〉》，《亚洲周刊》2010年第1期。

在中国的历史上，像宋朝的农民那样自由、快乐地生活的朝代是绝无仅有的”，“生活在大宋王朝的人民真正是幸运的、幸福的”。甚至认为：“宋朝对妇女是一个非常尊重的社会，宋朝的妇女活得非常独立而有尊严”，“做宋朝的女人是相当幸福的”。作者将“大宋文明的成功”归功于宋朝统治者及其推行的政策。他说：“为了达到和平发展的目的，宋朝的统治者都把主要精力放在发展国内经济、文化、教育之上，关注民生。”宋朝“实行和平发展和自由开放的政策，保护人权，具备了现代文明的许多特征”；“宋朝非常尊重人的自由，对人的活动不加干涉”；“官府对人民不是采取控制、压迫和剥削的政策，相反，官府对人民采取了尊重、保护、帮助和开放的政策”；“切实保障人民的言论自由、思想自由的权力，实行包容和鼓励各种思想自由发表的政策，所以在宋朝，没有思想的禁区”；“官方鼓励的言论自由，直接导致了整个社会思想的空前开放。这在中国历史上是罕见的”；“实行了300年自由、开放的政策，创造了一个自由、开放的社会，从而大大激发了中国人的创造精神和进取精神，使中国人敢想敢说，敢于打破旧的思维方式和传统”。赞扬宋朝官员“具有独立的人格而不趋炎附势，不巴结权贵”，“是中国历史上最高傲、最有骨气的一群知识分子”，“贪污受贿、官官相护、吹牛拍马、阿谀奉承、见风使舵等等官场游戏规则，在宋代是没有市场的”。作者高度评价宋朝的政治制度：“国家政权完全向人民开放”；“出现了党派互相监督、互相制约的政治格局”，“君相互制的政治体制，比较有效地防止了君主专制现象的发生”；“改变了中国社会一言堂的专制传统，有力地防止了腐败的发生”。在作者看来，宋朝“中央集权加仁政的政治模式”，“是留给现在中国人的宝贵遗产”。作者还引用英国历史学家汤因比所说：“宋朝是最适宜人类生活的朝代，如果让我选择，我愿意生活在中国的宋朝”，以表达对宋朝的“敬意”。[①] 诸如此类不一而足，其中不少结论性判断颇具颠覆性。

需要说明的是，笔者对于宋代并无固执的偏见，相反倒是较为顽固的宋朝“积贫积弱”论的反对者。“人云宋史本痛史，我谓宋史亦壮篇。”30 年前，当宋朝“积贫积弱”论盛行于世时，笔者认为：“这种看法不免失之偏颇。平心而论，北宋弱而不贫。”[②] 后来又在《瞻前顾后看宋代》一文中写道：“宋代纵比前代，超越前代，是中国古代历史上继汉朝、唐朝之后的又一座新高峰。”不用顶峰而用“高峰”，以免引起误解。通史贵在一个“通”字，历朝历代均各有其独特的历史地位和认识价值。为了避免陷入“扬宋抑唐”的泥潭，强调：宋代“足以同汉朝、唐朝前后相辉映，相互争妍丽。扬唐抑宋，或扬宋抑唐，均大可不必”[③]，“一种倾向掩盖另一种倾向”。当时笔者就担心学界是否会在摆脱低估宋代的偏见之后，又走向高估宋代的极端。然而如今高估宋代似乎已经成为难以扭转的主要倾向。浏览网络，“宋朝是最好的朝代”“完美无缺的朝代”“是幸福指数最高的时代”“没有文字狱的时代”，过甚之词不胜枚举。当年王国维之次子王仲闻以“宋朝人”[④] 自诩，可谓寥若晨星；如今“希望回到宋朝，生活在宋

① 萧建生：《中国文明的反思》，中国社会科学出版社 2007 年版。本文所引此书均出自其《古代中国文明的顶峰——宋朝文明的伟大与消亡》一章，第 128—175 页。此书香港新世纪出版社 2009 年曾再版。

② 张邦炜：《北宋租佃关系的发展及其影响》，《甘肃师范大学学报》1980 年第 3 期，第 15 页。

③ 张邦炜：《瞻前顾后看宋代》，《河北学刊》2006 年第 5 期，第 99—101 页。又载《新华文摘》2007 年第 1 期，第 59—61 页。

④ 沈玉成：《自称“宋朝人”的王仲闻先生》，《沈玉成文存》，中华书局 2006 年版，第 394—401 页。

朝”[①] 者，不计其数。既有《梦里回到宋朝》[②] 的文章刊布，又有《梦回宋朝》[③] 的著作印行。《回到宋朝当书生》《回到宋朝当将军》《回到宋朝当公主》《回到宋朝当皇帝》《回到宋朝当王爷》《回到宋朝中状元》一类的网络小说，俯拾即是。甚至认为回到宋朝做“剩男”、当寡妇也很幸福。[④] 唐朝宋朝，各有所喜，“希望回到宋朝”是各自的权利，他人不得干预。只是愚意以为，上述种种说法大抵出自对有宋一代历史的误读。人们难免会问：一家一姓坐天下的赵宋王朝果真那么完美吗？

提笔写此文，内心很犹豫。总算动笔了，主要出于两种考虑：第一，时下宋朝炒得太热，说得太玄乎，只怕应当泼点冷水降降温。物极必反，否则不要 30 年，宋朝“积贫积弱”论恐怕又将再度盛行于世。第二，某些片面的说法与笔者仿佛不无干系，如《宋代“剩男”的幸福生活：富绅争相“榜下捉婿”》《宋朝之寡妇好嫁》一类的提法，有可能是笔者《宋代的“榜下择婿”之风》《宋代妇女再嫁问题探讨》[⑤] 等文的引申，笔者似乎有必要出面加以说明和澄清。对于《中国文明的反思》一书作者勇于探索、勤于钻研的精神，笔者由衷地敬佩。对书中某些较为具体的枝节问题提出学术性质疑，恰恰是尊重作者说话的权利，并且不敢自以为是，希望得到批评指教。

---

① 郭雪波：《希望回到宋朝》，《北京青年报》2007 年 6 月 23 日。

② 熊培云：《梦里回到宋朝》，《南方周末》2009 年 4 月 15 日。

③ 何仁勇：《梦回宋朝》，中国文史出版社 2010 年版。

④ 林一秋：《宋代“剩男”的幸福生活：富绅争相“榜下捉婿”》，《羊城晚报》2011 年 7 月 1 日。

⑤ 张邦炜：《宋代婚姻家族史论》，人民出版社 2003 年版，第 62—90、149—191 页。

二、没有“量”，怎么“计”？

为宋代顶峰论张目的数据主要有：北宋时期的国民生产总值占当时世界的80%，是明朝的10倍之多；① 北宋有“2280美元的人均GDP”②。可是，这些数据均查无实据。英国经济史家安格斯·麦迪森在《中国经济的长期表现》一书中，将宋代的人均GDP估算为450—600美元。③ 我国已故知名经济史家吴承明、彭泽益对此均不表认同。吴氏说：“在18世纪以前，无论中国或欧洲的GDP都无法精确计算，麦氏自己也说这只是guestimate（美俚语瞎猜）。”④ “他高估宋代的经济成就，低估明代的经济发展。”⑤ 彭氏“对麦迪森进行了不点名的批评”，认为：“因为对中国经济史上的数量资料就很难搞清楚，没有‘量’，怎么来‘计’呢？”⑥

没有“量”，怎么“计”？前辈经济史家说得很中肯。在古代历史研究中，以例证为依据对研究对象做定性分析，其局限性之

---

① 参见袁腾飞《两宋风云》，陕西师范大学出版社2009年版，第1页。

② 望江湖：《富甲天下的大宋王朝》，《商业文化》2008年第12期，第70页。

③ 参见［英］安格斯·麦迪森《中国经济的长期表现》，伍晓鹰等译，上海人民出版社2008年版，第20页。

④ 吴承明：《西方史学界关于中西比较研究的新思维》，《中国经济史研究》2003年第3期，第6页。

⑤ 吴承明：《中国GDP的故事》，金明善编：《经济学家茶座》第10辑（2002年第4期），山东人民出版社2002年版，第7页。此文承蒙陈鹤先生推荐。

⑥ 萧国亮：《对中国历史上GDP研究的一点看法》，《清华大学学报（哲学社会科学版）》2009年第3期，第6页。

大显而易见。以数量为依据的定量分析使研究对象由模糊变清晰，由抽象变具体，其优越性不言而喻。然而史籍提供的数据本身就不甚可靠，研究者在换算、推算、估算的过程中又容易出错。笔者在采用数据时，就闹过笑话。为证明北宋“弱而不贫”，宣称：“北宋疆土虽然狭小于唐代，但耕地面积比唐代至少增加600万顷左右。”① 《宋史·食货志》载，北宋治平年间的天下垦田为“四百四十万余顷”，同时又说“赋税所不加者十居其七”。② 于是，笔者便相信加上隐漏的垦田，治平年间的耕地总面积为1460多万顷。按一宋亩等于0.9市亩换算，治平年间的耕地总面积为13.14亿亩有余。须知，北宋并非大一统王朝，其管辖区的面积不足300万平方公里③，不到当代我国国土面积的1/3。眼下我国的耕地总面积不过略多于18亿亩，而宋代竟高达13.14亿亩，这一推算显然有悖常理。葛金芳先生认为：北宋最高耕地总面积“可能接近800万顷”，南宋时期“当在600万顷上下浮动”。④ 相比之下，这个估算要合理些。“有实事求是之意，无哗众取宠之心”是句老话，然而古人的言论并非一概可信。至道元年（995）九月，参知政事张洎称：当今“比汉、唐京邑民庶，十倍其人矣”⑤。这句模糊乃至夸张的片言只语竟被解释为“宋朝的京城人均财富是

---

① 张邦炜：《北宋租佃关系的发展及其影响》，《甘肃师范大学学报》1980年第3期，第15页。

② 脱脱等：《宋史》卷173《食货志上一·农田》，中华书局1977年版，第4166页。

③ 关于宋代管辖区的面积，可参看袁震《宋代户口》附表三“宋代各路人口密度表”中的土地面积栏，《历史研究》1957年第3期，第36页；宋岩《中国历史上几个朝代的疆域面积估算》，《史学理论研究》1994年第3期，第149—150页。袁震先生在前引文的注释中特别指出：“此表所计算的面积数字只是个大概数。”

④ 葛金芳：《中国经济通史》第5卷，湖南人民出版社2002年版，第220页。

⑤ 李焘：《续资治通鉴长编》卷38至道元年九月丁未，中华书局1992年版，第820页。

汉、唐的十倍”，并进而引申为“宋朝人均财富是汉、唐的十倍”，“两宋财富也许已经超过了秦、汉、晋、隋、唐、元、明、清这八朝的总和”。① 这只怕也是个笑话。依据宋代史籍关于财赋收入的记载来估算宋代的财富，很难得出正确的结论。宋人的统计采用不同名数相加的办法，往往以贯石两匹或贯石两斤等为单位。这种统计方法本身就很不科学。

《中国文明的反思》一书不时以数据说明问题，所用数据均有来源，只是个别数据仍有斟酌的余地。如作者说：“宋朝时平均每个农民每年生产粮食为4158斤，而在两浙、江东、成都平原和福建沿海等发达地区，每个农民平均每年生产粮食为6930斤。”“再拿当代农业生产率来比较，1980年我国粮食总产为6363亿斤，每个劳力平均生产粮食为3421斤，依然远远低于宋朝的农业生产率。可见宋代农业之发达。”然而这组数据出自推算，且有疑点。估算者在宣称“这的确是个令人惊异的成就”之后，又缺乏自信地说：“估测不会离谱太远。”② 这类有些“离谱”的数据，最好不予引用。又如作者说：“宋朝的城市化水平已经很高。”究竟高到什么程度，台湾经济史家赵冈有个估算：“南宋时的城市人口已上升到总人口的五分之一，而到了1820年，又降到了总人口的7%。”麦迪森对此已提出异议，认为其证据“非常单薄”，依据“缺乏严肃可信性”。③ 再如作者说：北宋“全国各主要城市的居民也基本用煤作燃料。当时西方都是用木头劈柴生火做饭取暖。中国一直到20世纪70年代各大城市都没有达到城市全部用煤的水平”。其主要依据无非是宋人庄绰《鸡肋编》里的一条记载：

① 见铁血社区网《铁血历史论坛·中国历史》。

② 《中国经济通史》第5卷，第225、227页。

③ 《中国经济的长期表现》，第18页。

“昔汴都数百万家，尽仰石炭，无一家然薪者。”① 50多年前，日本知名史家宫崎市定正是根据这条记载和其他史料，证明宋代“煤之普遍使用”②。我国已故史家严耕望指出：“这项概括性的结论，诚然很动听，显得光辉有魄力；一般学人也多风从其说，以为定论。但仔细看来，不无问题。”严氏列举出若干反证，证明庄绰的记述“过分夸张”，“其实北宋汴京的燃料恐怕仍以薪柴为主，至少薪柴与石炭参半”。并告诫后学：“不要忽视反面证据。”③ 庄绰这条记载又称：“今驻跸吴越，山林之广，不足以供樵苏。虽佳花美竹，坟墓之松楸，岁月之间，尽成赤地。”“思石炭之利而不可得。”④ 此言或许同样“过分夸张”，但南宋临安的煤炭供应情况较北宋汴京差别较大，应当是事实。关于北宋开封一地的煤炭使用状况，严氏的总体估计似乎偏低，王曾瑜先生做了相当详尽的动态考察。其结论是：“自北宋开国至宋英宗时的百余年间，开封的燃料大体上使用柴和木炭。然而自宋神宗以后的近六十年间，开封燃料构成确实有很大变化，石炭的使用渐趋突出，最后占据开封燃料的主体，甚至可以供应外地。”王氏同时指出：“南方煤炭资源不足”，“在宋人记载中已反映得相当清楚”。⑤ 在宋代的四川等南方广大地区，包括其主要城市在内，居民只怕远远未做到“基本用煤作燃料”。

---

① 庄绰：《鸡肋编》卷中，中华书局1983年版，萧鲁扬点校，第77页。

② 宫崎市定：《宋代的煤与铁》，《东方学》第13辑。中文译文见《宫崎市定论文选》上册，商务印书馆1963年版，中国科学院历史研究所翻译组编译，第177—199页。

③ 严耕望：《治史三书·治史经验谈》，上海人民出版社2008年版，第28—30页。

④ 《鸡肋编》卷中，第77页。

⑤ 王曾瑜：《辽宋金的煤炭生产》，王曾瑜：《锱铢编》，河北大学出版社2006年版，第109、94页。此文承蒙邱志诚先生提示，关于宋代煤炭的使用状况，我吸取了他的意见。

三、“民间苦赋重”，“王税何由备?”

在不少人的印象中，宋代是广大民众的苦难时代。清人赵翼的论断常常被引用：“恩逮于百官者，惟恐其不足；财取于万民者，不留其有余。此宋制之不可为法者也。”“民之生于是时者，不知何以为生也。”① 赵氏之说未必很准确。《中国文明的反思》一书则认定：宋朝是“广大民众的黄金时代”，“在中国的历史上，像宋朝的农民那样自由、快乐地生活的朝代是绝无仅有的”。其主要依据是唐诗和宋诗：“只要看看唐朝和宋朝诗人描写农民的诗歌就知道了”，唐诗“描写的却是农民的苦难史。而宋朝的诗歌里，记录的却是农民的欢歌笑语声”。

不必查阅卷帙浩繁的《全宋诗》，仅在钱锺书《宋诗选注》中就有宋代农民欢乐说的大量反证。北宋王安石《河北民》曰：“今年大旱千里赤，州县仍催给河役。老小相依来就南，南人丰年自无食。悲愁天地白日昏，路傍过者无颜色。汝生不及贞观中，斗粟数钱无兵戎!”刘攽《江南田家》云：“官家不爱农，农贫弥自忙。尽力泥水间，肤甲皆疥疮。未知秋成期，尚足输太仓。不如逐商贾，游闲事车航。”南宋徐照《促促词》曰：“东家欢欲歌，西家悲欲哭。丈夫力耕长忍饥，老妇勤织长无衣。”戴复古《庚子荐饥》云：“饿走抛家舍，纵横死路歧。有天不雨粟，无地可埋尸。劫数惨如此，吾曹忍见之。官司行赈恤，不过是文移!”至于

① 赵翼：《廿二史札记》卷25《宋制禄之厚》《南宋取民无艺》，中华书局1963年版，第485、492页。

梅尧臣的《汝坟贫女》、苏舜钦的《城南感怀呈永叔》、张舜民的《打麦》以及范成大的前后《催租行》，更是描述宋代农民苦难生活的名篇。足见，宋朝人并没有感受到生活在大宋王朝的幸运和幸福，而是一再叹息："开工作民良久艰，谁知不如牛马福!""人贱不如泥，三叹而已矣。"笔者无意因此认为宋代农民的生活比唐代更苦，应当承认随着社会生产力的提高，宋代农民的生活在总体上有所改善，但程度毕竟有限，不宜渲染过分。北宋张咏《悯农》诗曰："春秋生成一百倍，天下三分二分贫。"① 诗句难免夸张，但宋代农民并没有充分分享社会经济发展的成果应当是事实。

南宋利登《野农谣》云："今年二月春，重见劝农文。……一年三百六十日，念及我农惟此日。"② 刘攽说得更直白："官家不爱农。"这些话笼统了些，对宋代的农业、农村、农民政策应做具体分析。客观些说，宋朝统治者不可能一味"杀鸡取卵"，确实采取了若干"养鸡生蛋"的惠农措施，以便培育税源，稳定社会，巩固政权。但《中国文明的反思》一书的认识与刘攽截然相反，只怕又走到另一个极端。作者断言："官府对人民不是采取控制、压迫和剥削的政策，相反，官府对人民采取了尊重、保护、帮助和开放的政策。"梅尧臣《田家语》诗云："谁道田家乐，春税秋未足。里胥扣我门，日夕苦煎促。"③ 宋诗中这类抨击官府压榨、盘剥农民的篇章为数不少。宋代尤其是南宋，苛捐杂税多如牛毛。北宋李觏浩叹："役频农力耗，赋重女工寒"，"产业家家坏，诛求岁岁新"。④ 南宋朱熹指出："古者刻剥之法，本朝皆备，所以有

---

① 张咏：《张乖崖集》卷2《悯农》，中华书局2000年版，第9页。

② 利登：《骳稿·野农谣》，见陈起《江湖小集》卷82，影印文渊阁四库全书本。

③ 钱锺书：《宋诗选注》，人民文学出版社1958年版，第19页。

④ 李觏：《李直讲先生文集》卷36《感事》《村行》，四部丛刊初编本。

靖康之乱。”[1] 连宋孝宗也不得不承认：“税赋太重。”[2] 百姓哀叹：“王税何由备？”[3] 宋代佃农、自耕农分别负担哪些租税以及负担如何沉重，学界论述不少，这里不必重复。总之，宋代的实情是“民间苦赋重”[4]，宋代农民的幸福指数并不高。

四、“官司行赈恤，不过是文移”

《宋史·食货志·振恤》曰：“若丐者，育之于居养院；其病也，疗之于安济坊；其死也，葬之于漏泽园，岁以为常。”[5] 南宋遗民周密《武林旧事》云：“病者则有施药局，童幼不能自育者则有慈幼局，贫而无依者则有养济院，死而无殓者则有漏泽园。”并发出了怀旧的感叹：“民生何其幸欤！”[6] 或许正是依据有关史料，《中国文明的反思》一书认为：官府“保护”“帮助”人民。此说又被引申为：“如果你是一个宋朝人，从你被怀在母亲肚子里开始，到你出生，到你受教育，到生老病死，你都会得到宋朝国家福利政策照顾。”并赞叹：“伟大的宋朝福利，可以与今天的西方发达国家相比！”甚至断定：“宋朝街上没有乞丐，因为乞丐都被

① 黎靖德编：《朱子语类》卷110《论兵》，中华书局1986年版，王星贤点校，第2708页。

② 佚名：《宋史全文》卷25上乾道五年九月丙寅，黑龙江人民出版社2005年版，李之亮校点，第1714页。

③ 文同：《丹渊集》卷4《宿东山村舍》，四部丛刊初编本。

④ 马端临：《文献通考》卷4《田赋考四·历代田赋之制》，中华书局1986年版，第59页。

⑤ 《宋史》卷178《食货志上六·振恤》，第4340页。

⑥ 周密：《武林旧事》卷6《骄民》，西湖书社1981年版，第96页。

政府收养了。”①

宋代设立的社会福利机构确实不少，除上述居养院等机构之外，还有为资助贫穷人家生儿育女而设立的举子仓、举子田、慈幼庄，为平民提供低价药品而设立的和剂局、惠民局，为收治患病囚犯而设立的病囚院，等等。当时，生、老、病、死等社会民生问题相当严峻，宋朝为缓解这些问题所做的种种努力无疑应当受到历史的肯定。② 但是由于当时社会经济发展水平较低，官府的财力有限，加之吏治腐败，这些措施的实际效果不大，没有达到预期的目的。以下四点值得注意。

第一，实施时间短。如负责安葬贫不能葬的死者的义冢，元丰年间（1078—1085）在开封府界始具规模，但更名为漏泽园并推广到全国是在崇宁三年（1104），23 年后北宋即亡国。负责收养遗弃婴儿的慈幼局设立于庆元元年间（1195），宋理宗时“令天下诸州建慈幼局”③，数十年后南宋便覆灭。所有这些机构均旋兴旋废，并非始终存在。

第二，规模小。如负责收养老疾穷丐者的居养院，其前身福田院系继承唐朝旧制，北宋初年已有之，但东、西两所仅收养 24 人而已。嘉祐年间（1056—1063）增设南、北福田院，每所以收养 300 人为定额，仍难以满足社会的需求。各地的漏泽园规模一般都不大，以致“暴骨如莽，后殡者多发前冢，弃枯骼而纳新棺”④。

---

① 见铁血社区网《铁血历史论坛·中国历史》。

② 参见朱瑞熙、张邦炜、刘复生、蔡崇榜、王曾瑜《宋辽西夏金社会生活史》第十章《生育与养老》、第十一章《丧葬（上）》、第十八章《医疗保健》，中国社会科学出版社 2005 年版。

③ 《宋史全文》卷 35 宝祐五年十一月壬戌，第 2340 页。

④ 周应合：《景定建康志》卷 43《风土志二·义冢》，影印文渊阁四库全书本。

第三，覆盖面窄。如福田院、和剂局、惠民局等通常仅设立于京城，举子仓、举子田、慈幼庄仅分别创行于福州、桂阳军（今湖南桂阳）、江南东路。所有这些机构并非全国各地都有，特别是广大农村往往被遗忘。正如当时人所说：赈济孤独之政，“其惠偏于市井，而不逮山谷”①。

第四，弊病多。如居养院往往收养不当，“宜收而弃，以壮为弱，或减克支散，或虚立人数，如此之类，其弊多端”②。专门负责救助贫病的安济坊，由于官吏敷衍塞责，或“为庸医盗其直，或有药而不及贫下人”③。惠民局、和剂局本应为民众提供廉价优质药品，但其官吏将这类药品“留应权贵之需”，民众气愤地称“惠民局为惠官局，和剂局为和吏局”。④ 官府以漏泽园安葬死者的多少考核守园僧人，守园僧人“遂有析骸以应数者”，以便冒领“恩例”。⑤ 不少惠民政策并未兑现，如生子给钱米。绍兴年间，司农寺主簿盛师文指出：“临安市井穷民未闻有得斗米千钱者”，并感叹：“况于乡村与夫穷僻镇聚？”⑥ 当时杀婴之风盛行，特别是在福建西部等南方山区，“小民贫者，生子多不举，初生便于水盆中浸杀之”⑦。包括生子给钱米以及设立慈幼局在内的一切慈幼

---

① 朱熹：《朱子大全·晦庵先生朱文公文集》卷92《岳州史君郭公墓碣铭》，四部备要本。

② 徐松辑：《宋会要辑稿》食货68之144，中华书局1957年版。

③ 叶梦得：《避暑录话》卷上，《全宋笔记》第2编第10册，大象出版社2006年版，徐时仪整理，第243页。

④ 俞文豹：《吹剑录全编·四编》，古典文学出版社1959年版，张宗祥校订，第112页。

⑤ 施宿等：《嘉泰会稽志》卷13《漏泽园》，影印文渊阁四库全书本。

⑥ 李心传：《建炎以来系年要录》卷163绍兴二十二年四月己巳，中华书局1988年版，第2656—2657页。

⑦ 苏轼：《东坡志林》卷5，影印文渊阁四库全书本。

举措，其目的都在于扭转杀婴之风。然而由于这些举措往往口惠而实不至，杀婴之风终有宋之世而不变。可见，对于宋朝的社会福利不能估计过高。

至于说“宋朝街上没有乞丐”，显然不是事实。《东京梦华录》《梦粱录》两书就有关于乞丐的记载，朱熹有“朝为富商，暮为乞丐”① 一语。某些时段、某些地区或因灾荒或因苛政或因物价飞涨，乞丐为数不少。如宋神宗初年，受灾的河北地区，民众“舍其亲戚，弃其丘垄，流离道路，乞丐于人”②。宣和年间（1119—1125），刘寄等官员在京西地区，“取民间税地，谓之公田，敛取无艺，百姓失业，流丐者众”③。嘉定二年（1209）冬，“时都城米价踊贵，楮币不通，乞丐之人有群攫饼饵于传法寺前者”④。官府对于乞丐，不是也不可能一概收养，有时还加以驱赶。如大中祥符元年（1008），为迎接宋真宗东封泰山归来，“贫儿乞丐尽被开封府赶在城外”⑤。宋代不仅有乞丐，还有丐帮，“宋时丐者之长曰团头”⑥。

① 《朱子语类》卷 130《自熙宁至靖康用人》，第 3127 页。

② 《司马光奏议》卷 21《赈赡流民札子》，山西人民出版社 1986 年版，王根林点校，第 237 页。

③ 黄淮等编：《历代名臣奏议》卷 182《去邪》“靖康元年李光又论王子献等札子”，上海古籍出版社 1989 年版，第 2387 页。

④ 佚名：《续编两朝纲目备要》卷 2“嘉定二年十一月丙辰，徐邦宪罢”，中华书局 1995 年版，汝企和点校，第 209 页。

⑤ 《吹剑录全编·四编》，第 119 页。

⑥ 田汝成：《西湖游览志余》卷 23《委巷丛谈》，上海古籍出版社 1980 年版，第 415 页。

五、“生男则喜，生女则戚”

宋代妇女的社会地位究竟如何，是个有争议的问题。传统观点是：宋代贞节观念骤然增长，妇女地位直转急下。笔者试图对此做些订正，认为：“宋代仅仅处于妇女地位下降的过程之中，并非这一过程的转折点。”①《中国文明的反思》一书则提出了颠覆性的论断：“宋朝对妇女是一个非常尊重的社会，宋朝的妇女活得非常独立而有尊严。”并否认宋代礼教及男尊女卑的存在。宋代果真没有男尊女卑，只有男欢女爱吗？以下三点应当指出。

第一，不能仅以个别人物为例。杨门女将、杜十娘系小说、戏曲中人，不足为据。且按照冯梦龙在小说《杜十娘怒沉百宝箱》里的时间定位，此事发生在明代万历年间，与宋代无干。作者提到的李清照、朱淑真，就其个人生活而论，幸福指数只怕都不高。即便是先由良而倡，后从良做妾的才女聂胜琼，虽然有一首情真意切的艳词《鹧鸪天》传世，并留下了一段故事性极强的恋爱经历，但综观其一生，似乎也谈不上尊严和幸福。苏轼的第一任夫人王弗的幸福指数要高些，有《江城子》为证。但只怕也不能仅凭一首《江城子》就得出这样的推论：做宋朝的女人是相当幸福的。何况不能仅以王弗等中上阶层妇女为例，更应关注广大下层妇女的境遇。李觏《哀老妇》云：“里中一老妇，行行啼路隅。自悼未亡人，暮年从二夫。寡时十八九，嫁时六十余。昔日遗腹儿，今兹垂白发。子岂不欲养，母岂不怀居。徭役及下户，财尽无所

① 张邦炜：《宋代婚姻家族史论》，人民出版社2003年版，第175页。

输。异籍幸可免，嫁母乃良图。牵车送出门，急若盗贼驱。儿孙孙有妇，小大攀且呼。回头与永诀，欲死无刑诛。”[①] 这类描述下层妇女苦难的宋诗为数不少，仅在钱锺书《宋诗选注》中，就有《汝坟贫女》《织妇怨》《织妇叹》《翁媪叹》《耕织叹》等。

第二，应当重在剖析妇女的权益。权益涉及面广，包括经济上的财产所有权、支配权、继承权，政治上的应试入仕权、参与社会活动权，文化上的受教育权，个人生活上的婚姻自主权、离异另婚权以及家事管理权，等等。要将唐宋做前后对比，不大容易，但对男女做性别比较，似乎不太困难。宋代女性与男性的差别相当明显，女性通常不能上学念书、参加科举考试、入仕为官。笔者曾海里捞针，举出一个特例：宝元二年（1038）冬，宋、夏激战，保安军（治今陕西志丹）北巡检刘怀忠之妻黄赏怡“率兵来援，多所俘获”[②]，朝廷论功行赏，封她为永宁县君。史称：“自置童子科以来，未有女童应试者。”南宋时出了两个特例：一个是淳熙元年（1174），女童林幼玉考中，“特封孺人”[③]。孺人与县君一样，均系封号而已，并非实职。另一个是嘉定五年（1212），女童吴志端未能进入复试。其原因，一言以蔽之，有悖礼教。官员们强调：“女子之职，惟麻枲丝茧织纴组𬘓是务。”“志端乃以女子应此科，纵使尽合程度，不知他日将安所用!”并指责她“艳妆怪服”。[④] 吴志端毕竟还有幸参加童子科初试，童子科以外的进士等科目是绝对禁止女性应试的，女性绝无入仕为官的机会和可能。在宋代，女性虽然仍然享有一定的财产继承权，但与

① 《李直讲先生文集》卷 35《哀老妇》。
② 《续资治通鉴长编》卷 125 宝元二年十二月丙寅，第 2945 页。
③ 《宋会要辑稿》选举 9 之 30。
④ 《宋会要辑稿》选举 12 之 39。

男性不能相提并论。南宋时，“在法，父母已亡，儿女分产，女合得男之半”①。“男主外，女主内。”按照这一性别分工，家事由作为主妇的妻子管理，但家长只能是身为男性的丈夫。“家庭小社会，社会大家庭。”宋代垂帘太后达九位之多，在历史上实属罕见。但太后垂帘只是皇权断裂时段的特殊现象，大多仅具有象征意义。即便是声威显赫一时的章献明肃太后即宋真宗刘皇后、宣仁圣烈太后即宋英宗高皇后也无非是代行皇权而已。皇帝作为社会大家庭的大家长，非男性莫属。

第三，不能否认宋代礼教的存在。翻开司马光《居家杂仪》，什么“妇人无故不窥中门，有故出中门，必拥蔽其面，如盖头、面帽之类”；女子“作歌诗，执俗乐，殊非所宜也”；“凡为子妇者，毋得畜私财”；“子甚宜其妻，父母不悦，出”。② 诸如此类，比比皆是。“贞女不事二夫，忠臣不事两君。”③ 这句话在宋代已较为常见。程颐毕竟说过：“饿死事极小，失节事极大。”④ 虽然其社会实际影响远不如后来的明清时代那样大。司马光说：“夫妇以义合，义绝则离之。”⑤ 宋代妇女离异另嫁的事例不少，但离异在传统时代受到伤害的往往是女性。宋诗有句云：“妾心如镜面，一规秋水清。郎心如镜背，磨杀不分明。小窗寒烛夜，结纽缀郎襟。不结寻常纽，结郎长远心。郎心如纸鸢，断线随风去。”⑥ 在

① 刘克庄：《后村先生大全集》卷193《书判·鄱阳县东尉检校官周丙家财产事》，四川大学出版社2008年版，王蓉贵、向以鲜整理，第4865页。

② 司马光：《司马氏书仪》卷4《婚仪下·居家杂仪》，丛书集成初编本，中华书局1985年版，第41—46页。

③ 《宋史》卷446《忠义一·刘韐传》，第13164页。

④ 程颢、程颐：《二程集·程氏遗书》卷22下《附杂录后》，中华书局1981年版，王孝鱼点校，第301页。

⑤ 司马光：《家范》卷7《夫》，上海古籍出版社1992年版，第50页。

⑥ 许棐：《梅屋集》卷2《融春小缀·乐府》，影印文渊阁四库全书本。

广大女性经济不能独立或完全独立的时代，妻子内心深处不免隐藏着被丈夫抛弃的忧虑和恐惧。离异另嫁者多，只怕绝非女性幸福指数高的象征。何况缠足这一摧残、禁锢妇女的陋习兴起于宋代。①

与其他朝代并无二致，宋代的社会心理同样是："生男则喜，生女则戚。"② 梅尧臣诗曰："生男众所喜，生女众所丑。生男走四邻，生女各张口。男大守诗书，女大逐鸡狗。"③ 当时福建等南方山区盛行的杀婴之风，以杀女婴为主。"闽人生子多者，至第四子则率皆不举。……若女则不待三，往往临蓐贮水溺之。"④ 总之，整个传统时代都是男尊女卑的时代，只有程度上的变化，没有实质性的不同，有宋一代概莫能外。这一成说只怕很难颠覆。

六、"方今制禄，大抵皆薄"

宋代素有"恩逮于百官者，惟恐其不足"之称。《中国文明的反思》一书将宋代称为"知识分子、官员士大夫的黄金时代"，不无一定道理。书中从朝廷的待遇和士大夫的人格两大方面予以论证，内容大抵属实，且不乏中肯之论，其中也难免有概括不尽及渲染失真之处。

在作者看来，宋代士大夫在经济上待遇丰厚。关于宋代的俸

① 参见朱瑞熙《宋代社会研究》，中州书画社 1983 年版，第 126—129 页。

② 《司马氏书仪》卷 3《婚仪上·亲迎》，第 33 页。

③ 葛立方：《韵语阳秋》卷 10，上海古籍出版社 1984 年版，第 125 页。

④ 王得臣：《麈史》卷上《惠政》，上海古籍出版社 1986 年版，俞宗宪点校，第 19 页。

禄，从前有两种极端的说法。北宋杨亿认为比前代减少："其俸也，不能致九人之饱，不及周之上农；其禄也，未尝有百石之入，不及汉之小吏。"① 范仲淹认为不如唐代："唐外官月俸尤更丰足，簿尉俸钱尚二十贯。今窘于财用，未暇增复。"② 王安石也有大致相同的说法："方今制禄，大抵皆薄。自非朝廷侍从之列，食口稍众，未有不兼农商之利而能充其养者也。"③ 清人赵翼的看法与杨亿等人正好相反，他说，宋"待士大夫可谓厚矣"，并在其《廿二史札记》卷25《宋制禄之厚》《宋祠禄之制》《宋恩赏之厚》《宋恩荫之滥》等条目中加以阐述。可能正是依据赵翼等人的论断，《中国文明的反思》一书指出：宋代官员"待遇之丰厚，实为历代罕见"。至于"宋朝公务员富得流油"④ 一类的说法，更是言过其实。

对于宋代的俸禄，何忠礼、张全明先生有专门研究。何氏认为："宋代除了少数高级官员的俸禄确实非常优厚以外，占官员总数绝大部分的低级官员的俸禄不高，往往不足以养廉。至于州县胥吏，则基本上无廪给可言。"⑤ 张氏指出："宰相、枢密使等高官享有极其优厚的俸禄，但那毕竟只是极少数，对于衡量、评价全体官员的俸禄水平，没有普遍意义。"⑥ 在宋代的宰相中，确有因其俸禄优厚而生活富裕乃至豪侈者。寇准即是一例，他"自少

---

① 杨亿：《武夷新集》卷16《表状五·次对奏状》，影印文渊阁四库全书本。

② 范仲淹：《范文正公集·政府奏议》卷上《答手诏条陈十事》，四部丛刊初编本。

③ 王安石：《王文公文集》卷1《上皇帝万言书》，上海人民出版社1974年版，第8页。

④ 见铁血社区网《铁血历史论坛·中国历史》。

⑤ 何忠礼：《宋代官吏的俸禄》，《历史研究》1994年第3期，第115页。

⑥ 张全明：《也论宋代官员的俸禄》，《历史研究》1997年第2期，第149页。

年富贵，不点油灯，尤好夜宴剧饮，虽寝室亦燃烛达旦”①，且心存及时行乐之想，竟声称：“人间万事何须问，且向樽前听艳歌。”② 又如赵鼎“起于白屋，有朴野之状。一日拜相，骤为骄侈，以临安相府为不足居，别起大堂，奇花嘉木，环植周围。堂之四隅，各设大炉，为异香数种，每坐堂中，则四炉焚香，烟气氤氲，合于座上，谓之香云”③。又有因多种原因清贫甚至穷困者，如吕端贵为宰相，“不蓄资产，（其子吕）藩兄弟贫乏，又迫婚嫁，因质其居第”④。毕士安“四方无园田居第，没未终丧，家用已屈”⑤。中下级官吏又等而下之。北宋前期，“三班奉职月俸钱七百，驿券肉半斤”。有位职居此阶者题诗驿壁，大发其牢骚：“三班奉职实堪悲，卑贱孤寒即可知。七百料钱何日富，半斤羊肉几时肥?”有位书生投书县尉借米，县尉以诗作答：“五贯五百九十俸，省钱请作足钱用。妻儿尚未厌糟糠，僮仆岂免遭饥冻。赎典赎解不曾休，吃酒吃肉何曾梦。为报江南痴秀才，更来谒索觅甚瓮。”⑥ 南宋时，由于北方人口大量南移，“吴中羊价绝高，肉一斤为钱九百”。有官吏写下打油诗：“平江（治今江苏苏州）九百一斤羊，俸薄如何敢买尝。只把鱼虾充两膳，肚皮今作小池

① 欧阳修：《归田录》卷1，中华书局1981年版，李伟国点校，第15页。

② 祝穆：《古今事文类聚》后集卷16《人伦部·宠妾·蒨桃能诗》，影印文渊阁四库全书本。

③ 徐梦莘：《三朝北盟会编》卷216绍兴十七年三月二日“赵鼎卒于吉阳军”引朱胜非《秀水闲居录》，上海古籍出版社1987年版，第1557页。

④ 《宋史》卷281《吕端传》，第9517页。

⑤ 《宋史》卷281《毕士安传》，第9522页。

⑥ 彭乘：《墨客挥犀》卷1，中华书局2002年版，孔凡礼点校，第285页。所谓“省钱”，即省陌钱。欧阳修《归田录》卷2：“用钱之法，自五代以来，以七十七为百，谓之省陌。”（第36页）

塘。”[1] 至于俸禄之外的灰色、黑色收入，各个机构之间差距很大，尚书省六部二十四曹就很明显。南宋初年，顺口溜说：“吏勋封考，三婆两嫂。户度金仓，细酒肥羊。礼祠主膳，淡吃齑面。兵职驾库，咬姜呷醋。刑都比门，人肉馄饨。工屯虞水，身生饿鬼。”当时“赂贿公行，冒滥相乘，饷军日滋，赋敛愈繁，而刑狱亦众，故吏户刑三曹吏胥，人人富饶，他曹寂寞弥甚。”[2] 广义的士大夫还应当包括未能入仕为官的读书人。他们“平生苦学，望一青衫而不可得”。其数量若干倍于官吏，其经济状况通常更差。有位士人感叹道：“满腹文章，满头霜雪，满面尘埃。直到如今，别无收拾，只有清贫。”[3] 梁庚尧先生《南宋的贫士与贫宦》[4] 一文列举了大量士大夫贫困的史实并分析其成因，值得参考。总之，宋代士大夫并非人人富有，而是贫富不一。

《中国文明的反思》一书认为：宋朝“实行高薪养廉的政策”，不无一定史实依据。鉴于官吏薪俸较低，宋太祖早在开宝年间就宣称：“与其冗员而重费，不若省官以益俸。”[5] 此后，范仲淹、王安石等人都主张高薪养廉。如范仲淹说：“养贤之方，必先厚禄。厚禄然后可以责廉隅，安职业也。”[6] 对此，清初思想家王夫

---

① 洪迈：《夷坚志》丁志卷 17《三鸦镇》，中华书局 1981 年版，何卓点校，第 682—683 页。

② 陆游：《老学庵笔记》卷 6，中华书局 1979 年版，李剑雄等点校，第 82—83 页。

③ 《夷坚志》三志已卷 7《善谑诗词》，第 1353 页。

④ 梁庚尧：《南宋的贫士与贫宦》，《宋代社会经济史论集》下册，台北允晨文化实业公司 1997 年版，第 322—417 页。

⑤ 《宋会要辑稿》职官 61 之 1。

⑥ 范仲淹：《范文正公集·政府奏议》卷上《答手诏条陈十事》，四部丛刊初编本。

之给予高度评价："省官以清吏治，增俸以责官廉，开宝之制可谓善矣！"[①] 宋代也确实时有增俸之举，仅据《宋会要辑稿》职官57《俸禄杂录》的记载统计，地区性的增俸多达20次，局部性的增俸多达11次。全局性的增俸，主要有大中祥符年间、元丰年间、崇宁年间三次。到南宋中期，官员的俸禄据说"或七八倍"[②] 于北宋初年。但是宋代物价多次上涨，官员所增俸禄往往被物价上涨抵消，加俸在某些时段不过是虚增而已。特别是南宋晚期物价飞涨，官员的名义俸禄最高，实际俸禄最低。当时人说："谷高三倍价，人到十分穷"[③]，"太守若头陀，两粥一饭"[④]，"州县小吏无以养廉为叹"[⑤]。有学者将北宋视为高薪不能养廉的典型。[⑥] 就蔡京之流而论，确实如此，他们俸禄最高，最不廉洁。笔者认为，宋代的总体状况是：官未减反增，俸名增实虚，廉未养愈贪。总之，宋代高薪养廉的设想不无一定道理，但在实践中很不成功。

七、"西湖虽好莫吟诗"

《中国文明的反思》一书认为，宋代士大夫不仅在经济上待遇

---

① 王夫之：《宋论》卷1《太祖》，四部备要本。

② 洪迈：《容斋随笔》四笔卷7《小官受俸》，上海古籍出版社1978年版，第699—700页。

③ 戴复古：《石屏诗集》卷3《庚子荐饥》，影印文渊阁四库全书本。

④ 蒋正子：《山房随笔》，陶宗仪：《说郛》卷27，中国书店1986年版，第13页。

⑤ 《文献通考》卷9《钱币考二·历代钱币之制》，第99页。

⑥ 佚名：《北宋高薪未能养廉》，《政府法制》2010年第36期，第41—42页。

丰厚，而且在政治上自由度大。当时，朝廷一般“不杀士大夫及上书言事者”①。这在传统时代确实很难得，无疑应当给予积极的评价。作者指出：“宋朝是一个言论自由、思想开放的时代”，或许增加一个“较”字，改为“较自由”“较开放”，要确切些。②作者又说：宋代“没有特务”，“没有文字狱”，“没有思想禁区”。这“三个没有”则不是事实。

将宋代的皇城司称为明代锦衣卫的前身，或许言过其实。但说皇城司巡察亲事官、亲事卒、逻卒是特务，只怕一点也不错。皇城司的这些人员，北宋开国之初早已有之。司马光说：“祖宗开基之始，人心未安，恐有大奸阴谋无状，所以躬自选择左右亲信之人，使之周流民间，密行伺察。”③ 朝廷有时担心“密行伺察”激起民愤，也曾加以限制和约束。如大中祥符年间（1008—1016），“皇城司遣亲事卒四十人于京城伺察，月给缗钱，每季代之。凡所察事，悉上本司，本司皆录奏”。宋真宗“虑其恐喝骚扰”，“于是令枢密院条约之，自今非奸盗及民俗异事，所由司不即擒捕者，勿得以闻”。④ 有时又出于政治斗争的需要，予以扩充。如“熙宁五年（1072）春正月，置京城逻卒。皇城卒七十人，开封府散从官数十人，巡察谤议时政者，收罪之”⑤。早在宋仁宗末年，司马光就抨击逻卒：“妄执平民，加之死罪，使之幽絷囹

---

① 参见刘浦江《祖宗之法：再论宋太祖誓约及誓碑》，《文史》2010年第3辑。

② 程民生先生在《宋代社会自由度评估》一文中颇有见地地指出：宋代“社会自由度较大”（《史学月刊》2009年第12期，第27页）。这个“较”字只怕是重要的，不能省略。此文承蒙邱志诚先生推荐。

③ 《司马光奏议》卷7《皇城司巡察亲事官札子》，第58页。

④ 《续资治通鉴长编》卷74大中祥符三年三八月庚午，第1687页。

⑤ 陈均：《皇朝编年纲目备要》卷19熙宁五年正月，中华书局2006年版，许沛藻等点校，第451页。

圄，横罹楚毒。”① 熙宁年间，退居洛阳的司马光又上奏宋神宗，极力反对：“潜遣逻卒，听市道之人谤议者，执而刑之。又出榜立赏，募人告捕诽谤朝政者。臣不知自古圣帝明王之政，固如是耶?”② 但并未产生任何作用。元祐元年（1086），御史中丞刘挚上疏弹劾道：“夫皇城司之有探逻也，本欲知军事之机密与夫大奸恶之隐匿者。而（领皇城司石）得一以残刻之资，为罗织之事，纵遣伺察者所在棋布，张阱而设网，家至而户到，以无为有，以虚为实，上之朝士大夫，下之富家小人，飞语朝上，而暮入于狴犴矣。”一旦入狱，“凌辱棰讯，惨毒备至，无所求而不得，无所问而不承，被其阴害，不可胜数。于是上下之情惴惴，朝夕不敢自保，相顾以目者殆十年”③。宦官石得一虽然被贬职，但探逻依然如故。宋高宗时，“察事之卒，布满京城，小涉讥议，即捕治，中以深文”④。绍兴末年，秘书郎王十朋当面直陈高宗：“诸军承受，威福自恣，甚于唐之监军；皇城逻卒，旁午察事，甚于周之监谤。”大概是内禅在即，高宗这次还算比较开明，“戢逻卒，罢诸军承受”⑤。所谓“戢”者，约束而已。可见，今人所谓特务，北宋、南宋不是没有，而是都有，只是其严重程度小于后来的明代而已。

宋代文字狱较多，诸如奏邸之狱、乌台诗案、同文馆之狱、车盖亭诗案、胡铨奏疏案、李光《小史》案、《江湖集》案等，几

① 《司马光奏议》卷7《皇城司巡察亲事官札子》，第59页。

② 《续资治通鉴长编》卷252熙宁七年年四月甲申，第6162页。

③ 赵汝愚：《宋朝诸臣奏议》卷63《百官门·内侍下·上哲宗弹劾王中正等四宦官之罪》，上海古籍出版社1999年版，北京大学中国中古史研究中心校点整理，第698页。

④ 《宋史》卷473《奸臣三·秦桧传》，第13765页。

⑤ 《宋史》卷387《王十朋传》，第11884页。

乎尽人皆知。宋代的文字狱以宋高宗一朝最多，据赵翼《廿二史札记》卷25《秦桧文字之祸》考述，不下20起。宋代禁书、焚书的事件不时发生，私史往往是禁毁的主要对象。如崇宁二年（1103）四月，“诏毁刊行《唐鉴》并三苏、秦、黄等文集”①。诸如《东斋记事》《湘山野录》《刘贡父诗话》、晁补之的文集以及程颐的著述都在禁毁之列。又如绍兴十四年（1144）四月，禁私史，其理由所谓“私史害正道”。十九年十二月，再度明令“禁私作野史，许人告”。在朝廷的压力下，司马伋言不由衷，公然说“《涑水记闻》非其曾祖光论著之书”。其后，“李光家亦举光所藏书万卷焚之”②。再如嘉泰二年（1202）二月，禁行私史。李焘《续通鉴长编》、王称《东都事略》等书特许“存留”，但“不许刊行。其余悉皆禁绝，违者坐之”③。因文得祸者往往贬往远恶州军，并株连甚广。如绍兴二十年（1150），原参知政事李光因“妄著私史，讥谤朝廷”罪，远贬昌化军（治今海南儋州），“前从官及朝士连坐者八人”。④ “其弟宽亦被罗织，除名勒停。长子孟传、中子孟醇皆侍行，死贬所。仲子孟坚以私史事，对狱掠治百余日，除名编管。”其季子孟津“亦抵罪。田园、居第悉皆籍没，一家残破矣”。⑤ 因文得祸者还有被处死或逼死的。如绍兴年间，“进义副尉刘允中坐指斥谤讪，弃市”⑥。原宰相赵鼎远贬吉阳军（治今海南三亚），他对其儿子说：“（秦）桧必欲杀我。我死，汝曹无

---

① 《宋史》卷19《徽宗本纪一》，第367页。

② 《宋史》卷473《奸臣三·秦桧传》，第13760页。

③ 李心传：《建炎以来朝野杂记》甲集卷6《嘉泰禁私史》，中华书局2000年版，徐规点校，第149页。

④ 《建炎以来系年要录》卷161绍兴二十年三月庚寅，第2608页。

⑤ 《建炎以来系年要录》卷168绍兴二十五年四月己丑，第2747页。

⑥ 《宋史》卷30《高宗本纪七》，第574页。

患，不尔，祸及一家矣。”于是“不食而死”。①

《中国文明的反思》一书否认宋代存在文字狱，仅以“文字案件”相称，认为：“仔细研究这些文字案件，就可以发现这些文字案件的发生，其原因除了党派斗争之外，就是官场倾轧，或者是奸臣当道对正直人士的迫害。真正由于皇帝对意识形态的控制而采取镇压手段，一件也没有，这与后来明清社会皇帝对思想的禁锢和对舆论的控制，是根本不同的。”皇帝专制制度是宋代的基本政治制度，不容任何人从根本上予以否定和动摇，这就是宋代最大的思想禁区和最低的意识形态底线。不仅“谋反”“谋大逆”，即使是“大不敬”，也要受到严惩。绍兴十四年（1144），“太学生张伯麟尝题壁曰：‘夫差！而忘越王之杀而父乎？’杖脊刺配吉阳军”②。张伯麟触痛了宋高宗内心深处的疮疤，惨遭严惩。这与后来明太祖忌讳“贼”字、“光”字，清人将“陛下”笔误为“狴下”，即被视为对皇上“大不敬”之类，并无根本不同，仅有惨烈程度的差别，其重点都在于维护专制皇权。宋代文字狱的罪名大致均为“谤上”。元丰二年（1078），乌台诗案，苏轼的罪名便是：“凡上所施为，皆作诗诋訾，无所不至。”③ 庆元年间的所谓“伪学之禁”，以专制手段禁止一种学说和学派，并迫害学者，更是典型的文化专制。

由于宋代文祸较多、惩罚较重，苏轼在熙宁年间前往杭州时，其表兄文同告诫他：“北客若来休问事，西湖虽好莫吟诗。”“盖深恐其贾祸也。”“江山易改，秉性难移。”苏轼“好讥刺”，后来仍

① 《宋史》卷360《赵鼎传》，第11294—11295页。

② 《宋史》卷473《奸臣三·秦桧传》，第13759页。

③ 《续资治通鉴长编》卷301元丰二年十二月庚申，第7336页。

不免“乌台之勘、赤壁之贬”①。难怪宋代有这样的俚语：“闻事莫说，问事不知，闲事莫管，无事早归。”② 总之，宋代并非“没有思想禁区”，士大夫在政治上的自由度只怕并不算高。

八、“贪利禄而不贪道义”

对于宋代的士风，当时人就有不少尖锐的批评，如“天下之患，莫大于士大夫无耻”③；“今士大夫方寡廉鲜耻”④；“唐人尚文好狎，本朝尚名好贪”⑤；“贪利禄而不贪道义，要做贵人而不要做好人”⑥。周密将其原因归咎于制度：“士大夫多为富贵诱坏。”⑦《中国文明的反思》一书则给予宋代士风极高的评价，认为：宋朝“有力地防止了腐败的发生”，“有效地控制臣下的腐败和贪婪之风”；“宋朝并没有形成所谓的官场和官场文化，宋代的官员士大夫并没有什么潜规则需要遵守”；“贪污受贿、官官相护、吹牛拍马、阿谀奉承、见风使舵等官场游戏规则，在宋代是没有市场的”。上述两种截然不同的说法各走极端，均有笼统偏颇之嫌。然而有一点似乎可以肯定，宋代防止贪污并不成功，官场中贪婪之

---

① 罗大经：《鹤林玉露》乙编卷 4《诗祸》，中华书局 1983 年版，王瑞来点校，第 188 页。

② 胡仔：《渔隐丛话》前集卷 54《宋朝杂事上》，四部备要本。

③ 游酢：《游廌山集》卷 4《论士风奏疏》，影印文渊阁四库全书本。

④ 《宋史》卷 348《毛注传》，第 11033 页。

⑤ 张端义：《贵耳集》卷下，学津讨原本。

⑥ 《朱子大全·晦庵先生朱文公文集》卷 74《沧州精舍又谕学者》。

⑦ 周密：《齐东野语》卷 8《赵德庄诲后进》，中华书局 1983 年版，张茂鹏点校，第 135—136 页。

风相当盛行。王安石对当时的情况做过简要的概括："官大者交赂遗、营资产，官小者贩鬻、乞丐，无所不为。"宋人谚语曰："欲得富，须胡做"①，"欲得富，赶著行在卖酒醋"②。当时官员"胡做得富"的手段主要有四：

一是贪污。宋太祖时，重大贪污案件频发，仅见于李焘《续资治通鉴长编》者即达32起之多，赃款动辄上万。北宋末年，情况更为严重，蔡京等"六贼"便是六个特大贪官。他们过着"享用侈靡""穷极富贵"的生活，到罢官时，籍没其家，各种赃物不计其数。蔡京随意使用公款，"动以笔帖，于榷货务支赏给，有一纸至万缗者"，以致"所侵私以千万计"。③ 朱勔"指取内帑，如囊中物，每取以数十百万计"④。

二是苞苴。即用公款请客送礼。官府"别立名目，以为馈送"⑤；官员"多为苞苴，遍遣权要"⑥；权要"计其所得，动辄万缗"⑦。朱熹把苞苴称为："将官钱胡使"，"为自家私恩"。⑧ 南宋时，"扬州一郡，每岁馈遗，见于帐籍者，至十二万缗。江浙诸郡，每以酒遗中都官，岁五六至，至必数千瓶"⑨。"成都三司互送，则一饮之费计三千四百余缗。建康六司乃倍之"。朝廷虽有

① 《三朝北盟会编》卷140建炎四年六月二十二日"戚方犯湖州安吉县"，第1023页。

② 《鸡肋编》卷中，第67页。

③ 《宋史》卷179《食货志下一·会计》，第4362页。

④ 《宋史》卷470《佞幸·朱勔传》，第13684页。

⑤ 《宋会要辑稿》食货21之16。

⑥ 《宋会要辑稿》职官72之7。

⑦ 郑兴裔：《郑忠肃奏议遗集》卷上《请禁传馈疏》，影印文渊阁四库全书本。

⑧ 《朱子语类》卷106《朱子三·外任·总论作郡》，第2642页。

⑨ 《文献通考》卷24《国用考二·历代国用》，第237页。

“互送之禁”①，但禁而不止。秦桧“开门受赂，富敌于国，外国珍宝，死犹及门”②。嘉泰年间，“韩侂胄颛朝权。包苴盛行”。右丞相陈自强“尤贪鄙。四方致书馈，必题其缄云：‘某物并献。’凡书题无‘并’字，则不开。纵子弟亲戚关通货贿，仕进干请，必谐价而后予”。“都城火，自强所贮，一夕为煨烬。侂胄首遗之万缗，执政及列郡闻之，莫不有助。不数月，得六十万缗，遂倍所失之数”③。陈自强还只是大肆收受贿赂，而贾似道则公然索取珍宝。他“嗜宝玩，建多宝阁，日一登玩。闻余玠有玉带，求之，已殉葬矣，发其冢取之。人有物，求不予，辄得罪”④。宋理宗时，状元蒋重珍愤慨地说：“苞苴有昔所未有之物，故吾民罹昔所未有之害；苞苴有不可胜穷之费，故吾民有不可胜穷之忧。”⑤

三是经商。当时官员亦官亦商之风很盛。北宋李清臣描述道：“起而牟利，贾贩江湖，干讬郡邑，商筭盈缩，秤较毫厘，匿关市之征，逐舟车之动，以规什一之得。进则王官，退则为市人；进则冕笏而治事，号为民师，退则妄觊苟获，不顾行义。”⑥ 贪官与奸商内外勾结、牟取暴利的现象也很严重。欧阳修指出：“诸豪大商，交结权贵，号为难治。”⑦ 洪适也说：“豪商与猾吏通谋为奸，其弊不一。”⑧ 如太平兴国年间，四川地区食盐的官价与市价差距很大，官价“斤为钱七十”，市价“斤为钱或至数百”。于是官商

① 《续编两朝纲目备要》卷7“嘉泰三年，御笔严监司互送之禁”，第135页。

② 《宋史》卷473《奸臣三·秦桧传》，第13765页。

③ 《宋史》卷394《陈自强传》，第12034页。

④ 《宋史》卷474《奸臣四·贾似道传》，第13784页。

⑤ 《宋史》卷411《蒋重珍传》，第12352页。

⑥ 李清臣：《议官》，吕祖谦：《皇朝文鉴》卷106，四部丛刊初编本。

⑦ 欧阳修：《文忠集》卷21《尚书户部郎中赠右谏议大夫曾公（致尧）神道碑铭》，影印文渊阁四库全书本。

⑧ 洪适：《盘洲文集》卷49《荆门军奏便民五事状》，四部丛刊初编本。

勾结，通同作弊，“贱市于官，贵粜于民”①，大赚其钱。

四是卖官。如宋徽宗时，“六贼”无不“受赂卖官”，其中以王黼尤其突出。他“公然卖官，取赃无厌，京师为之语曰：‘三百贯，且通判；五百索，直秘阁’”，以致“其家金宝以万计”，“侍妾甚众，封号者八令人、十安人”。② 又如宋宁宗时，韩侂胄用事，朝政腐败。苏师旦“既为侂胄所亲信，遂招权纳贿，其门如市。自三衙以至江上诸帅，皆定立价，多至数十万缗，少亦不下十万”③。于是出现了不少“债帅”，即行重贿而得将帅之高位者。对于宋代的卖官之风，王曾瑜先生《宋朝卖官述略》一文论述甚详。

当然，宋朝长达300多年，不可一概而论。王曾瑜先生指出：“从宋初到宋哲宗时，大臣等私下卖官之风还是较为收敛。”“但从宋徽宗开始，大臣等私下卖官之风就猖獗起来，而不可收拾。”④ 宋理宗时，真德秀说：“乾道、淳熙间，有位于朝者，以馈及门为耻；受任于外者，以包苴入都为羞。今馈赂公行，熏染成风，恬不知怪。”⑤ 照此说来，宋孝宗时，官场风气一度较好。然而恐怕不能说宋朝官场“没有潜规则”。

---

① 《续资治通鉴长编》卷18太平兴国二年四月辛卯，第402页。

② 《皇朝编年纲目备要》卷30靖康元年正月己巳，第772页。

③ 叶绍翁：《四朝闻见录》戊集《臣寮雷孝友上言》，中华书局1989年版，沈锡麟、冯惠民点校，第170页。

④ 王曾瑜：《宋朝卖官述略》，《史学集刊》2006年第4期。收入王曾瑜《点滴编》，河北大学出版社2010年版，第41—89页。

⑤ 《宋史》卷437《儒林七·真德秀传》，第12961页。

九、鱼龙混杂，良莠不齐

《中国文明的反思》一书将宋代视为“君子时代”，认为宋朝的文人士大夫“政治上有理想，文化上有创新，道德上有追求”，“具有独立的人格而不趋炎附势，不巴结权贵”。并说：“宋朝的文人士大夫是中国历史上最高傲、最有骨气的一群知识分子。”这个肯定判断，似乎欠周延。宋人好取绰号，民间谣谚不少。绰号与谣谚在一定程度上反映了当时的社情民意，从中不难看出，宋代的士大夫鱼龙混杂，良莠不齐。

从士大夫的绰号看，既有勇于坚持原则的有骨气者，如鲁宗道、赵抃外号“鱼头参政”①、“铁面御史”，赵贺、薛奎人称“赵家关”②、“薛出油”③。又有当官不表态，依违于两可之间的不作为者，如张士逊外号“和鼓”④，王珪人称“三旨宰相”⑤。寇准绰

① 《皇朝编年纲目备要》卷9天圣七年二月：鲁宗道在天圣年间任参知政事，“时贵戚用事者，莫不惮之，目为‘鱼头参政’。因其姓，且言骨鲠也”（第192页）。

② 《宋史》卷301《赵贺传》：宋真宗时，赵贺“知汉州（治今四川广汉），蜀吏喜弄法，而贺精明，吏不敢欺，事吏贺所，多被究诘。人目为‘赵家关’，谓如关梁不可越也”（第10000页）。

③ 《续资治通鉴长编》卷100天圣元年四月己亥：“薛奎权知开封府。奎为政严敏，击断无所贷，人相与畏惮，至私与俚语，目为‘薛出油’。”（第2320页）

④ 《宋史全文》卷7上天圣七年二月庚申：“（曹）利用凭宠自恣，（张）士逊未尝有是非之言，时人目之为‘和鼓’。”（第288页）

⑤ 彭百川：《太平治迹统类》卷18《宣仁垂殿圣政》，王珪“自辅政至宰相，凡十六年无所建明，守成而已。时号为‘三旨宰相’，以其上殿进呈，云：‘取圣旨’；上可否讫，又云：‘领圣旨’；退谕禀事者云：‘以得圣旨’故也”（江苏广陵古籍刻印社1990年版，第327—328页）。

号“柘枝颠”是对其豪侈作风的批评，他“好柘枝舞，会客必舞柘枝，每舞必尽日，时谓之‘柘枝颠’”①。至于熙宁年间，人们将王安石等五位宰执称为“生、老、病、死、苦”②，则好评与讥评兼而有之。

在士大夫中，更有寡廉鲜耻的无耻之徒。如见风使舵的变色龙，侍御史杨畏“捭阖立朝，更元祐、元丰、绍圣，每变其说，以投时好，人谓之‘杨三变’”③。宋徽宗时官至宰相的赵挺之与“杨三变”相仿。他“始因章惇进，既谄事蔡卞。及卞黜责，又谄事曾布，出入门下，殆无虚日。故士论以其观望险诈，号为‘移乡福建子’”④。又如媚事权贵的邀宠者，薛昂身为执政大臣，在为蔡京而作的诗里居然有句云：“达时可谓真千载，拜赐应须更万回。”“时人谓之‘薛万回’。”两浙转运使朱峻上权相贾似道“札子禀事，必称云：‘万拜覆。’时人谓之‘朱万拜’”⑤。再如面善心狠手毒的笑面虎，如蔡卞“对答喜笑溢于颜面，虽见所甚憎者，亦亲厚无间，人莫能测，谓之‘笑面夜叉’”。盛章更典型，他在宋徽宗时，“尹京典藩，以惨毒闻，杀人如刈草菅，然妇雌声，欲语先笑，未尝正视人。或置人死地时，亦柔懦不异平日”⑥。有卖友求荣的告密者，如陆升之。李光“尝作私史”，其长子孟坚“间

---

① 沈括：《新校正梦溪笔谈》卷5《乐律一》，中华书局1957年版，胡道静校注，第60页。

② 徐自明：《宋宰辅编年录》卷7“熙宁元月正月丙申，唐介参知政事”：“当时谓中书有‘生、老、病、死、苦’，盖言（王）安石生，（曾）公亮老，富弼病，唐介死，赵抃苦也。”（中华书局1986年版，王瑞来校补，第377页）

③ 《皇朝编年纲目备要》卷24绍圣元年四月，第584页。

④ 李幼武：《宋名臣言行录》续集卷1《任伯雨》，影印文渊阁四库全书本。

⑤ 罗志仁：《姑苏笔记》，《说郛》卷57，第20页。

⑥ 陆游：《老学庵笔记·续笔记》，第139页。

为所亲左奉议郎、新诸王宫大小学教授陆升之言之，升之讦其事"①，于是引出一场株连甚广的文字狱——李光《小史》案。程颢、程颐的弟子邢恕则卖师求荣，他居然对宋哲宗说："臣于程某，尝事之以师友，今便以程某斩作千段，臣亦不救。"② 更有"兄弟为参商，父子如秦越"③ 者，如蔡京先与其弟蔡卞，后与其子蔡攸争权。史载："（蔡）攸父子晚年争权相忌，至以茶汤相见，不交他语。"④ 总之，范仲淹、包拯等人在宋代实属凤毛麟角，士大夫大多与他们不同，甚至正好相反。

宋代的士大夫在民间的谣谚中，既有博得赞扬者，也有备受抨击者。受赞扬者如叶康直、丰稷，他们在宋神宗时，任光化、谷城知县期间，"凡政皆务以利民"。民谣曰："叶光化，丰谷城，清如水，平如衡。"⑤ 又如谚语云："江左二宝，胡伸、汪藻"⑥，称赞胡、汪二人才智超群。在谣谚中受到抨击的士大夫为数更多，如："襄阳二害，田衍、魏泰，近日多磨，又添一鹰"⑦；"宁逢黑杀，莫逢稷察"⑧；"宁逢暴虎，不逢韩玉汝"⑨。这些地方官被民众称为"害"、喻为"虎"，可见其民愤之大。至于蔡京、蔡卞兄弟，民众更是恨之入骨。民谣曰：蔡京、蔡卞"必定灭门，籍没家财，禁锢子孙"⑩。谣谚云："满潮（'朝'的同音字）都是贼"，

---

① 《建炎以来系年要录》卷161绍兴二十年正月丙午，第2604页。
② 《朱子语类》卷130《自熙宁至靖康用人》，第3108页。
③ 《宋史》卷301《奸臣二·蔡京传》，第13728页。
④ 曾敏行：《独醒杂志》卷5，影印文渊阁四库全书本。
⑤ 《宋史》卷426《循吏·叶康直传》，第12706页。
⑥ 《宋史》卷445《文苑七·汪藻传》，第13130页。
⑦ 张邦基：《墨庄漫录》卷2，影印文渊阁四库全书本。
⑧ 《续资治通鉴长编》卷297元丰二年四月辛酉，第7234页。
⑨ 苏轼：《东坡志林》卷7，影印文渊阁四库全书本。
⑩ 《宋宰辅编年录》卷11"元符三年五月乙酉，蔡卞罢尚书左丞"，第667页。

“冷（‘寒’的同义字）的吃一盏（‘斩’的同音字）”。[①] 伶人语：“满朝朱紫贵，尽是四明（浙江宁波地区的别称）人。”[②] 分别表达了民众对韩侂胄及其党羽的苛政和史弥远拉帮结派的无比愤慨。民谣曰：“欲得天下宁，当拔眼中丁；欲得天下好，莫如召寇老。”[③]“寇”指寇准，“丁”指丁谓，一褒一贬，爱憎分明。

知人论世，谈何容易。上述绰号与谣谚未必都准确无误，但毕竟反映了宋代确有不少士大夫在民众心目中印象极差，甚至对其恨入骨髓。据载，面对民众的嘲笑与谩骂之声，邓绾竟说：“笑骂从汝笑骂，好官我须为之。”[④] 果真如此，其脸皮之厚可谓惊人。宋代是“一个君子时代”的论断值得斟酌，只怕不能从整体上给予宋代士大夫这一群体笼统的赞扬。

十、“见在佛不拜过去佛”

对于有宋一代的政治制度，清初学问家顾炎武的总体评价很低。他说：“宋世典常不立，政事丛脞，一代之制，殊不足言。”甚至认为：“若其职官、军旅、食货之制，冗杂无纪，后之为国者，并当取以为戒。”他仅对“不杀大臣及言事官”等四件事予以肯定：“此皆汉唐之所不及。”[⑤] 清人杨宁对此尚有所保留，他说：

---

① 《四朝闻见录》戊集《满潮都是贼》，第189页。

② 《贵耳集》卷下。

③ 《续资治通鉴长编》卷99乾兴元年七月己卯，第2294页。

④ 《续资治通鉴长编》卷216熙宁三年十月癸亥，第5253页。

⑤ 顾炎武撰，陈垣校注：《日知录校注》卷15《宋朝家法》，安徽大学出版社2007年版，第888页。

“不杀大臣是美事，然如蔡京、秦桧、丁大全诸人则失刑也。”[①] 当代已故史学名家钱穆的看法与顾炎武相仿，他说：宋代“有形势推迁，而无制度建立”，“专从政治制度上看来，也是最没建树的一环”。“无制度的政府，哪能有好施为，哪能有好结果”。还说：“中国的地方行政，只能说是汉代好，唐代比较还好，宋代就太差了。”[②] 顾氏、钱氏之说或有偏颇之处。《中国文明的反思》一书则高度评价宋朝的政治制度，特别赞赏宋代“君相互制制”“党派互监制”和“中央集权加仁政的政治设计”。其实，这两项制度和一项设计是否存在还有待商讨。

君相互制的政治体制，比较有效地防止了君主专制现象的发生。宋朝实行君相互制是个新提法，有别于较为通常的君臣共治论。北宋名臣文彦博有句名言：皇上“为与士大夫治天下，非与百姓治天下也”[③]。所谓君臣共治论，无非是说宋朝皇帝依靠士大夫治理天下、管理国家，士大夫是赵宋王朝的社会基础和依靠对象。君相互制说则夸大了宰相的权力，低估了皇帝的权力，不尽符合有宋一代的历史事实。下面两点值得注意。

第一，君相地位悬殊。皇权与相权不是两种平行的权力，君相互制说有将两者置于平起平坐的地位之嫌。宰相行使的无非是皇帝赋予的最高行政权，而皇帝拥有的是最高统治权，他既是国家元首，又是军队的最高统帅，还是独一无二的最高大法官，并且皇权高于神权。这一帝制时代的通则，连僧人也奉为圭臬。据欧阳修《归田录》记述：“太祖皇帝初幸相国寺，至佛像前烧香，

① 顾炎武著，黄汝成集释：《日知录集释》卷15《宋朝家法》，岳麓书社1994年版，秦克诚点校，第573页。

② 钱穆：《中国历代政治得失》，生活·读书·新知三联书店2001年版，第74、84页。

③ 《续资治通鉴长编》卷221熙宁四年三月戊子，第5370页。

问当拜与不拜，僧录赞宁奏曰：‘不拜。’问其何故，对曰：‘见在佛不拜过去佛。’……遂以为定制。至今行幸焚香，皆不拜也。议者以为得礼。”① 所谓“得礼”，即进一步将皇权至高无上这一帝政时代的最高准则具体化、制度化。神权尚且如此，相权何足道哉。相权从属并服务于皇权，皇权与相权怎能等量齐观。皇权至高无上，但并非完全不受约束，以宰相为代表的士大夫对皇权的滥用有一定乃至较大的制约作用。《中国文明的反思》一书认为宰相制约皇帝，笔者基本赞同。但皇帝对宰相岂止是制约，宰相的命运掌握在皇帝手中。正如宋仁宗朝宰相杜衍所说：“衍本一措大尔，名位爵禄、冠冕服用，皆国家者。……一旦名位爵禄，国家夺之，却为一措大，又将何以自奉养耶?”② 也如司马光在元祐初年所说：文彦博“一书生耳，年逼桑榆，富贵已极，夫复何求！非有兵权、死党可畏惧也。假使为相，陛下一旦欲罢之，止烦召一学士，授以词头。白麻既出，则一匹夫耳，何难制之”③。宰相依附皇帝，简直跃然纸上。皇帝的命运则与宰相基本无关，宰相对皇帝的制约不是刚性的，而是柔性的，是否有效，取决于皇帝的好恶乃至心情。宋代包括宰相在内的士大夫，其奏议可谓连篇累牍，其目的无非是请求乃至央求君王“可其奏”“从其请”。这既体现了宰相制约皇权的柔性，也表现了士大夫对刚性皇权的承认、尊重与依赖。宋代皇帝确实一般善于纳谏，较为开明，但至多不过是“你提建议我做主”而已。对于宋代分权制衡的表象，虞云国先生有实质性的思考。他认为：“分权制衡的制度设计与政

① 欧阳修：《归田录》卷1，中华书局1981年版，李伟国点校，第1页。

② 朱熹：《五朝名臣言行录》卷7之1《丞相祁国杜正献公（衍）》，《四部丛刊》本。

③ 《续资治通鉴长编》卷368元祐二年闰二月庚寅，第8855页。

治运作相对完善地出现在宋代，已略具近代分权制衡的外观雏形，但人治主义的文化传统和君主专制的制度梗桔，终使尝试归于失败。”①“略具”“外观”“雏形”“梗桔”等关键性的词汇值得玩味，“归于失败”更是不能忽略的事实。

第二，皇权并未虚化。有这样一种说法：“宋朝没有一位皇帝是秦始皇式的暴君。”按照持此说者的标准，制造大量文字狱和岳飞特大冤案的宋高宗还算不上暴君。然而只怕也应当注意到：北宋没有一个皇帝是汉献帝式的傀儡皇帝。即使是仁宗、哲宗这两位童子皇帝，在他们亲政前也仅仅分别是章献太后、宣仁太后怀抱中的阿斗，绝非宰相手中任意摆弄的木偶。宋代的皇帝再开明，也与君主立宪制下的虚位君主在性质上截然不同，他们至少切实地掌握着两种最重要的权力，即最终决定权和宰相任免权。选拔王安石为宰相，大臣异议甚多，诸如“为翰林学士则有余，处辅弼之地则不可”② 等，宋神宗力排众议，一锤定音。张浚先出任枢密使，后又官居宰相，反对者的声浪更大，宋孝宗断然拍板：“朕倚魏公（即张浚）如长城，不容浮言摇夺。”③ 宋代皇帝不断撤换宰相，其中不乏受惩处者。宋代宰相虽无任职年限，但一般任期较短。前后 134 名宰相，任期累计在 120 个月以上者 9 人，仅占 6.7%，其中蔡京四起四落，赵普、吕夷简、文彦博三起三落，秦桧两起两落。终身任宰相者 11 人，仅占 8.2%，任职平均不到 42 个月，其中最长的是王珪，任相 105 个月，可是死后被罢

① 虞云国：《对中国历史上分权制衡的思考》，《浙江社会科学》2002 年第 3 期，第 115—120 页。

② 《宋史》卷 312《韩琦传》，第 10229 页。

③ 《宋宰辅编年录》卷 17 隆兴元年正月庚午“张浚枢密使”，第 1153 页。

相。[1] 由于宰相的命运牢牢地掌握在皇帝手中，像蔡京这样不可一世的权臣在皇帝面前也只能奴颜婢膝。史载：“（蔡）京每闻将退免，辄入见祈哀，蒲伏扣头，无复廉耻。”[2] 君相地位天壤之别，两者互制从何谈起？

十一、“朝廷大患，最怕攻党”

与分权制衡一样，宋代的党派表象，也值得认真地思考，而不是简单地类比。《中国文明的反思》一书高度赞扬宋代的党派政治“有共和的因素”，和平的党派竞争“有力地防止了腐败的发生”，认为“以王安石为偶像的改革党和以司马光为偶像的保守党两党轮流执政近百年，这在中国古代历史上是一个奇迹，说明宋朝社会的高度开放”。这些论断只怕或多或少、有意无意地将宋代的政治现代化了，并且与史实不尽相符。以下四点不宜忽视。

第一，宋代并无现代意义上的党派。党派是各政党或政党中各派别的统称，党派有独特的政治纲领、明确的政治目标、相应的组织机构、一定的组织纪律。这样的党派在宋代是不存在的。在古代，“党”是个贬义词。在古人的观念里，什么朋党比奸、党同伐异、结党营私，均非正人君子所应有的行为。宋人通常认为：“朝廷大患，最怕攻党。”[3] 所谓“攻”即指责、抨击，“攻党”即

---

① 参见周道济《宋代宰相名称与其实权之研究》，《宋史研究集》第 3 辑，台湾中华丛书编审委员会 1966 年版，第 245—264 页。

② 《宋史》卷 472《奸臣二·蔡京传》，第 13727—13728 页。

③ 《贵耳集》卷上。

党争。朝廷明令禁止朋党，如宋仁宗在庆历四年（1044）十一月，“诏戒朋党相讦”[①]。除范仲淹、欧阳修等少数人自称“君子之党”而外，士大夫一般不会承认更不会宣扬自己党同伐异。在宋代，即使是新、旧两党也既无组织架构，又无严密纪律，由于他们无须办理加入党派的任何手续，史家至今无法开列出一张较为准确的新、旧两党成员名单。所谓改革党、保守党或变法派、反变法派之类是当代才有的称呼。至于洛、蜀、朔党，虽然出自宋人之口，但是否确实存在还是个问题，王曾瑜先生认为：“不可能有明确的固定的朋党阵线。”[②]

第二，北宋后期的党争并不“和平”。如果说熙宁年间的党争还兼具政见之争与意气之争双重性质，那么元祐以后则是相当标准的结党营私，什么新法、旧法，只不过是盘剥民众的幌子、打击异己的工具。宋人吕中说：“熙宁之争新法，犹出于公。元祐之自为党，皆出于私者也。”[③] 熙宁以后的党争，无中生有的阴谋，不择手段的陷害，动用酷刑的冤狱，远贬岭南的悲剧，禁锢子孙的连坐，无奇不有。如今仍传世的《元祐党籍碑》就是这段心酸历史的见证。

第三，北宋后期的所谓“两党轮流执政”，并不是新、旧两党“和平”竞争的结果。当时政局变幻，犹如走马灯。其根本原因在于最高统治者的变动，诸如神宗去世、哲宗即位，宣仁去世、哲宗亲政，哲宗去世、徽宗即位，钦圣卷帘、徽宗亲政，徽宗内禅、钦宗即位。钦圣即徽宗初年垂帘听政的神宗向皇后，谥号钦圣献

① 《宋史》卷11《仁宗本纪三》，第219页。

② 王曾瑜：《洛、蜀、朔党争辨》，收入王曾瑜《丝毫集》，河北大学出版社2009年版，第114—134页。

③ 吕中：《宋大事记讲义》卷20《哲宗皇帝·诸君子自分党》，影印文渊阁四库全书本。

肃。北宋后期政权和政局的主宰者不是新、旧两党，仍然是皇帝及代行皇权的太后。北宋后期的两党轮流执政与共和制下的两党轮流执政，在性质上迥然不同。严格说来，北宋后期应当称为两党轮流辅政，两党无非是轮流辅佐皇帝或垂帘太后施政而已。当时并未出现现代意义上的两党轮流执政。

第四，北宋后期的两党轮流辅政不是一大奇迹，而是一大悲剧。无休止的内斗、翻烧饼式的折腾，不是“有力地防止了腐败的发生”，而是腐败愈演愈烈。于是，宣和年间成为北宋历史上最腐败的年代。官逼民反，岂止方腊、宋江揭竿而起，史称：“河朔、山东群盗蜂起，大者攻犯城邑，小者延蔓岩谷，多者万计，少者屯聚。魏博间则有杨天王之流，青徐沂密如高托山等，至不可胜数。”① 即便没有女真族的挥师南下，腐朽的北宋王朝也将被忍无可忍的民众所埋葬。北宋亡于腐败，而无原则、谋私利、很残酷、不停息的党争是促成北宋后期腐败加速的重要原因之一。一句话，党争误国。当时人说：“至宣（和）、靖（康）间，误国者皆进士及第之人也。”② 对于北宋的亡国，因一己私利而残酷内斗的蔡京等进士及第的士大夫，确实难辞其咎。

十二、皇帝与专制，两位而一体

对于宋初加强中央集权，朱熹有最简要的概括：“兵也收了，

① 《三朝北盟会编》卷 218 绍兴二十一年八月四日“孙觌撰公墓志曰”，第 1568—1569 页。

② 《建炎以来系年要录》卷 127 绍兴九年三月己亥，第 2063 页。

财也收了，赏罚刑政，一切收了。”① 30年前，有学者对此基本予以否定，将宋代作为“过分集权于中央也会走向反面的一个典型”。他认为：“过分集权中央，势必造成官僚机构臃肿。中国古代的官制没有比宋代更乱的了。”② 《中国文明的反思》一书则持大体肯定的观点，指出：“宋朝在中央集权制度之下，创造出伟大文明。”见仁见智，均可备一说。

让人不解的是，作者一再强调：宋朝政治的开放“防止了专制的发生和腐败的蔓延”。然而学界通常认为：“皇帝制度必然导致专制独裁。两位一体，不可分离。”③ 君主专制在宋代岂止是现象，而是其根本的政治制度。皇帝独尊、皇权至上、皇位世袭是君主专制制度的基本特征，这些特征宋代一概具备，当时怎么可能连君主专制的现象都被防止、未发生呢？宋朝果真有皇帝而无专制，这倒是个奇迹。

更令人困惑的是，《中国文明的反思》一书竟那样推崇宋朝“中央集权加仁政的政治设计”，认定“这是个成功的政治模式”，可以“作为今天中国政治体制改革的借鉴”。作者反复指出：这一成功的政治模式“至今依然是中国人引以为自豪的成就，其成功的经验在今天仍然有不可忽视的价值”。中国古代的仁政思想无疑应当受到历史的肯定，但“民贵君轻”在帝制时代只能是一种乌托邦式的空想，包括宋朝在内的历代王朝连“为民做主”“爱民如子”也基本上没有做到。置身于21世纪的今日，我们的向往和追求只怕应当是“权为民所赋，权为民所用”。一切权力不是来自皇

① 《朱子语类》卷128《本朝二·法制》，第3070页。

② 王超：《我国封建时代中央与地方关系述论》，《中国社会科学》1983年第1期，第174—175页。

③ 王超：《论皇帝制度与封建专制》，《学术月刊》1980年第1期，第36页。

帝、属于皇帝，而是来自民众、属于民众。姑且不论宋代是否存在“中央集权加仁政的政治设计”，在挣开帝制枷锁百年以后的当今，还有什么必要以宋朝的根本政治制度为效法对象？

（文稿承蒙王化雨、邱志诚、成荫、陈鹤等学友提出修改建议。）

（原载《四川师范大学学报》2011 年第 6 期）

瞻前顾后看宋代

从前人们常说：宋朝的历史太窝囊。鉴于此，我当年有两句打油诗："人云宋史本痛史，我谓宋史亦壮篇。"如果我们睁开两只眼睛看历史，宋代有它很不窝囊、很值得我们中国人引以为荣、引以为自豪的一面。对于宋代的历史地位，就连某些日本学者也有较为客观的看法。宫崎市定与和田清的论述便值得重视。宫崎市定指出："中国的文化，在开始时期比西亚落后得多，但是以后渐渐扭转了这种落后局面，追上了西亚；到了宋代便超过西亚而居于世界最前列了。"① 和田清不赞成"汉民族及汉文化的全盛，至唐达于顶点"②，他认为：与唐代相比，"宋朝文化和社会都是非常进步的"③。第一，宋代横比当时世界各国，超越世界各国，处于领先地位；第二，宋代纵比前代，超越前代，是中国古代历史上继汉朝、唐朝之后的又一座新高峰。以上两点可以称为对两

---

① 宫崎市定：《宋代的煤与铁》，中国科学院历史研究所编译组编译：《宫崎市定论文选集》上册，商务印书馆 1963 年版，第 198 页。

② 和田清：《中国史概说》，吉林大学历史系翻译组、吉林师范大学历史系翻译组译，商务印书馆 1964 年版，第 125 页。

③ 和田清：《东洋史》，中国科学院历史研究所编译组译，商务印书馆 1963 年版，第 47 页。

宋历史地位的两个基本估计。一言以蔽之，宋朝是当时世界上经济最繁荣、文化最先进的国家，在中国历史上是经济腾飞和文化高涨时期，足以同汉朝、唐朝前后相辉映，相互争妍丽。扬唐抑宋，或扬宋抑唐，均大可不必。既然如此，为什么又会有宋代的历史是一部窝囊史之说呢？我个人以为，其原因主要在于受到两种传统偏见的束缚。

一种是旧式的传统偏见，即积贫积弱说。从前人们往往一提到汉朝、唐朝，就褒就捧：盛世治世；一讲到宋代，就贬就抑：积贫积弱。其实，宋代弱而不贫，不能因其弱而称其贫，即社会生产力低下、社会经济不发达。宋代弱，但不贫，这在今天已是不用争辩的事实。如果一定要说宋代贫，也仅仅是指其政府在一段时期内财政比较困难。有宋一代“革命”多。某些学者将宋代石炭即煤的广泛使用并运用于冶炼称为“煤铁革命”或“燃料革命”，其实质为能源革命；将农作物单位面积产量的大幅度提高称为“农业革命”；将城市面貌大改观、坊市制度的打破、商品交易在空间和时间上都不再受限制称为“商业革命”；将纸币的产生称为“金融革命”；将印刷技术的提高以及所引起的书籍逐渐普及称为“印刷革命”，其实质为信息革命，人们储存和传递信息的方式发生了根本性的变化。诸如此类，不一而足。对于上述现象所达到的实际水平和程度究竟如何，使用“革命”一词是否确当，人们可以提出质疑。然而只怕很难否定宋代在不少领域确有较大发展，有的领域甚至可以用“突飞猛进”一词来形容。积贫积弱说之不可取，显而易见。

另一种是新式的传统偏见，即上行下行阶段说。此说于 20 世纪 50 年代由苏联传入。苏联的权威史学刊物《历史问题》曾开展封建社会内部分期问题讨论，最后以编辑部名义发表了总结性文章。这篇文章认为封建社会的发展过程可划分为两个阶段：第一阶段为上行即上升阶段，生产关系适应生产力的性质，促进社会经济顺利地向前发展，甚至突飞猛进；第二阶段为下行即下降阶段，生产关系不适应生产力的性质，成为社会发展的桎梏，社会经济停滞，甚至倒退。当时的流行语言是："苏联的今天就是我们的明天。"我国历史学界同全国各行各业一样，一味盲目学苏联，于是，上行下行阶段说被移植到中国古代史研究中来，用所谓"理论"宰割历史，不加论证就把宋代判定为已进入下行阶段，社会停滞。此说是对生产关系一定适应生产力性质原理的刻板理解和机械运用，将社会发展的模式简单地描述为滑梯式的，由两条笔直的直线所构成的"人"字形，直上直下，陡升陡降，不符合历史实际，不足凭信。如今人们经常谈论的唐宋变革，就不是停滞性的下降型转化，而是前进性的上升型运动。中国古代社会从宋代开始进入了进一步发展的历史新阶段，绝非停滞或下降。

要把握一个时代的历史地位，应当将这一具体历史时代放在历史发展演变的总进程中去做动态考察。不仅要顺看历史，而且要倒看历史。也就是说，既要瞻前，也要顾后。北宋大臣李清臣夸耀："朝廷文明，不愧三代、汉、唐。"① 蒙古出使南宋的使者郝经把宋朝连同先前的汉朝、唐朝盛赞为"后三代"："汉氏之治似乎夏，李唐之治似乎商，而贵朝享国之久则似夫周，可以为'后三代'。"② 李、郝二人之说均属于瞻前，即与前代做比较，确实可以凸显宋代的历史地位。人们经常引用的陈寅恪先生的论断"华夏

① 李清臣：《欧阳文忠公谥议》，吕祖谦编：《宋文鉴》卷135，任继愈主编：《中华传世文选》，吉林人民出版社1998年版，第1199页。

② 郝经：《郝文忠公陵川集》卷39《使宋文移·上宋主陈请归国万言书》，秦雪清点校，山西人民出版社、山西古籍出版社2006年版，第535页。

民族之文化，历数千载之演进，造极于赵宋之世”[1]，也属于瞻前。其实，顾后比瞻前，或许更重要。所谓顾后，即与后代相联系，而不是刻意去论证宋代如何为后代所不及，那样的论证并无多大意义。如果把宋代与后世联系起来考察，至少可以发现以下两点。

第一，开后世之先河。元、明、清时代不仅其社会经济在宋代的基础上发展，其政治制度对宋代因袭之处颇多，而且其某些标志性的突出社会现象早在宋代已见端倪。目前学界论唐、宋变革多，讲宋、明联系少，当然也并不是绝对没有。如朱瑞熙先生的《宋元时代的时文》[2] 一文将明清八股文的雏形即时文追溯到宋代；李弘祺先生的《宋代的举人》[3] 一文论证明清时代举人所享受的种种待遇和特权宋代已有之。诸如此类的现象还很多，只是我们研究不够。如明清时代的居住乡间而有功名，近似于官而异于官，近似于民又在民之上，并代表地方势力的乡绅，北宋时已出现，南宋时为数更多。

第二，为后世留下遗产。据前辈学者研究，主要是两大笔：一笔是物质遗产——发达的江南经济；另一笔是精神遗产——理学。仅就这两大笔遗产而言，宋代对后世的影响也十分深远。已故旅美学者刘子健指出：“中国近八百年来的文化，是以南宋为领导的模式，以江浙一带为重点。”[4] 此前，严复作为启蒙思想家，其认识更高远也更深刻。他说：“古人好读前四史，亦以其文字耳。若研究人心政俗之变，则赵宋一代历史，最宜究心。中国所

---

① 陈寅恪：《邓广铭〈宋史职官志考证〉序》，陈寅恪：《金明馆丛稿二编》，上海古籍出版社 1980 年版，第 245 页。

② 载《历史研究》1990 年第 3 期。

③ 载《国际宋史研讨会论文集》，台北“中国文化大学”1988 年印行。

④ 刘子健：《略论南宋的重要性——黄宽重〈南宋史研究集〉代序》，刘子健：《两宋史研究汇编》，台北联经出版事业公司 1978 年版，第 80 页。

以成为今日现象者，为善为恶，姑具不论，而为宋人之所造就，什八九可断言也。”① 尽人皆知，唐代因对外来文化的优秀成分具有惊人的吸收力而于史有名。对于外来文化，唐朝人胃口好，消化能力强，不怕吃了猪肉长猪肉，相信吃了猪肉长人肉。由于唐代正处于消化外来文化的过程之中，因此，唐朝人难免带有某些所谓“异国情调”。而宋代文化则是在消化过程基本告一段落以后，建立起更加富有中国气派、中国风格的文化。今天我们中国人的价值观念、思维模式、审美观点以至表达感情的方式都具有自己的独特个性。按照严复的看法，所有这些都与宋代、宋朝人和两宋文化有很深的渊源。难怪某些外国学者如曾在 20 世纪 50 年代发起国际性宋史研究计划的已故法国学者巴拉兹（汉名白乐日）就认为，要认识当前的中国，应当从宋代开始。可见，宋代不仅对后世有深远影响，而且具有特殊的认识价值。

一种倾向掩盖另一种倾向。当前学界每探讨历史课题，必首先论述其地位，其中不乏过甚之词。就宋代历史而言，从前的主要倾向是贬低宋代。目前这种现象仍然存在，同时似乎又出现了高估宋代的倾向。如果我们今天仍沿用宫崎市定当年的说法，将宋代视为“东方的文艺复兴时代”，并认为东方的文艺复兴引发了西方的文艺复兴，早于西方的文艺复兴几百年，就不免有哄抬两宋历史地位之嫌。如今在有关书籍中，不时发现将宋代称为中国传统社会的“理想状态”“最佳境界”等提法。在我看来，这些只怕也属于过甚其词。

（原载《河北学刊》2006 年第 5 期，又载《新华文摘》2007 年第 1 期）

---

① 《学衡》第 13 期《严几道与熊纯如书札节钞》，转引自赵铁寒《〈宋史资料萃编〉第一辑代序》，赵铁寒主编：《宋史资料萃编》，台北文海出版社 1970 年版，第 1 页。

宋朝“最腐败”论商讨

对于宋代历史，误读误解不少，新近又添一说：“宋朝是中国历史上‘公务员’工资最高、最腐败的朝代。”凡事均有前后演变，且上层下层差别极大。探究历史问题，只怕离不开过程论与层次感。如果只是说宋朝腐败，虽有不分前期、后期之嫌，大体而言，并无不可。断言宋朝俸禄“最”高、“最”腐败，这两个“最”字似乎就值得斟酌了。

一、千差万别的俸禄

所谓宋朝“公务员”，就是对古代官吏的当代化称呼。“两最”论者称：“宋朝‘公务员的工资’是汉代的 6 倍、清代的 10 倍。”

说得相当具体，其实并不确切①，既与当时人的说法相反，又与现今研究者的结论不同。

宋代官吏俸禄最高吗？北宋文学家杨亿做过较为具体的比较，认为当时官吏的薪俸比前代不是增加而是减少。他说："其俸也，不能致九人之饱，不及周之上农；其禄也，未尝有百石之入，不及汉之小吏。"② "上农"者，富裕农民之谓也。范仲淹认为，不仅比周代、汉代少，而且不如唐代。他指出："唐外官月俸尤更丰足，簿尉俸钱尚二十贯。今窘于财用，未暇增复。"③ 王安石一言以蔽之："方今制禄，大抵皆薄。"并着重为低级官吏叫苦喊穷："自非朝廷侍从之列，食口稍众，未有不兼农商之利而能充其养者也。"④

"什么藤结什么瓜。"杨、范、王作为士大夫阶层的代表人物，其言论或许是在替圈里人说话，不可尽信。需要指出的是，现今研究者的结论与上述说法大致相同。《中国俸禄制度史》一书说："宋初官员俸禄大略只相当于唐时的四分之一。"⑤ 作者认为，史

---

① 如果将新莽等短暂朝代和北汉等地方政权除外，一般说来，历史上官员俸禄最低的朝代只怕不是清代，而是明代。《明史·食货志六》称："自古官俸之薄，未有若此者。"黄惠贤等主编《中国俸禄制度史》指出：清代官员的俸银、俸禄"较之明代，均有增长"。至于清代官员的其他收入，"较之正俸，超过数倍以至数十倍"（第 8 页）。历代官员都闹待遇，其中以明代为最。对于明代官员特别是高级官员的实际收入，也不能估计过低。他们"作为一个特殊的阶层，享受着诸多特权"（第 468 页）。

② 杨亿：《武夷新集》卷 16《表状五·次对奏状》，影印文渊阁四库全书本。

③ 范仲淹：《范文正公集·政府奏议》卷上《答手诏条陈十事》，四部丛刊初编本。

④ 王安石：《王文公文集》卷 1《上皇帝万言书》，上海人民出版社 1974 年版，第 8 页。

⑤ 黄惠贤等主编：《中国俸禄制度史》第六章《两宋俸禄制度》，武汉大学出版社 1996 年版，第 241 页。

书所说“国初士大夫俸入甚微”，“所幸物价甚廉”①，大体属实。北宋初期以后，俸禄逐渐增加，“到南宋后期已‘七八倍’于宋初”②，但因物价不断上涨，官吏所增俸禄往往被物价因素抵消，实际俸禄的总体水平仍然比不上唐代。南宋末年，人们悲叹：“谷高三倍价，人到十分穷。”③ 官员抱怨：“太守若头陀，两粥一饭。”④ 至于“州县小吏”，更是发出了“无以养廉”⑤ 的呼喊。

宋人确实有此一说：“国朝待遇士大夫甚厚，皆前代所无。”⑥ 直到南宋灭亡前夕，以太皇太后身份垂帘听政的宋理宗谢皇后仍宣称：“我国家三百年，待士大夫不薄。”⑦ 清代学人赵翼在《廿二史札记》卷25《宋制禄之厚》《宋恩赏之厚》《宋祠禄之制》《宋恩荫之滥》等条目中对此说有较为详尽的论证。然而稍加留心即可发现，所谓“士大夫”在这里并非泛指数量众多的“公务员”群体，而是专指高官。宋代官吏的俸禄，上层下层差距极大。据《宋史·职官志十一·俸禄》记载，仅就月俸一项而言，最高级别的官员高达“四百千”，最低级别的官吏仅“一千”而已。未入流、无品级者则无记录。所谓“一千”即一缗，又称一贯。两者相差400倍，岂可统而言之。禄粟最高每月200石，最低2石，前者是后者的100倍。正如研究者所说：“五品以上的高官，俸禄高得惊人。”“而广大的低级官员，俸禄很低，连维持基本生活都

① 王栐：《燕翼诒谋录》卷2，中华书局1981年版，诚刚点校，第13页。

② 《中国俸禄制度史》第六章《两宋俸禄制度》，第300页。

③ 戴复古：《石屏诗集》卷3《庚子荐饥》，影印文渊阁四库全书本。

④ 蒋正子：《山房随笔》，陶宗仪：《说郛》卷27，中国书店1986年版，第13页。

⑤ 马端临：《文献通考》卷9《钱币考二·历代钱币之制》，中华书局1986年版，第99页。

⑥ 《燕翼诒谋录》卷5，第46页。

⑦ 脱脱等：《宋史》卷243《理宗谢皇后传》，中华书局1977年版，第8659页。

有一定困难。”① 他们不免牢骚满腹。北宋前期，“三班奉职月俸钱七百，驿券肉半斤”。驿券即驿站发给的纸券，凭此享受有关待遇。有位职居此阶者题诗驿壁，大发其牢骚：“三班奉职实堪悲，卑贱孤寒即可知。七百料钱何日富，半斤羊肉几时肥？”三班奉职，简而言之，即低级武职官吏。另据记载，有位书生投书县尉借米，县尉趁机以诗发泄不满：“五贯五百九十俸，省钱请作足钱用。妻儿尚未厌糟糠，僮仆岂免遭饥冻。赎典赎解不曾休，吃酒吃肉何曾梦。为报江南痴秀才，更来谒索觅甚瓮。”② 所谓“省钱”即“省陌钱”，当时官方规定 77 钱当 100 钱使用。南宋时，由于北方人口大量南移，“吴中羊价绝高，肉一斤为钱九百”。有官吏写下打油诗：“平江（治今江苏苏州）九百一斤羊，俸薄如何敢买尝。只把鱼虾充两膳，肚皮今作小池塘。”③ 凡此种种都是宋代低级官员俸禄不高的佐证。而唐时白居易在做盩厔（即今陕西周至）县尉、江州（治今江西九江）司马时，对俸禄与生计则颇有满足感。其诗云：“今我何功德，曾不事农桑。吏禄三百石，岁晏有余粮。”其文曰：“岁廪数百石，月俸六七万。官足以庇身，食足以给家。”④ 唐、宋两代低级官员的不同感受形成鲜明对照。当然其中也包含着个人志趣与境界的差异。

除品级高低而外，造成官吏收入差距的因素还多。如因机构不同而不同，任职于“闲曹冷局”即清水衙门与“要津剧任”即油水部门的官吏收入多寡悬殊。唐朝官吏便如是说，“闲曹犹得

---

① 《中国俸禄制度史》第六章《两宋俸禄制度》，第 302 页。

② 彭乘：《墨客挥犀》卷 1，中华书局 2002 年版，孔凡礼点校，第 285 页。

③ 洪迈：《夷坚志》丁志卷 17《三鸦镇》，中华书局 1981 年版，何卓点校，第 682—683 页。

④ 《白居易集》卷 1《观刈麦》、卷 43《江州司马厅记》，中华书局 1979 年版，顾学颉点校，第 4—5、932—933 页。

醉，薄俸亦胜耕。”① 宋代官吏更是感叹：“薄禄庇闲曹，且免受逼卒”②，“闲曹奔走徒云仕，薄俸沾濡不逮亲”③。尚书省六部二十四曹之间的差距就很明显，南宋初年出现了这样的顺口溜：“吏勋封考，三婆两嫂。户度金仓，细酒肥羊。礼祠主膳，淡吃齑面。兵职驾库，咬姜呷醋。刑都比门，人肉馄饨。工屯虞水，身生饿鬼。”当时“赂贿公行，冒滥相乘，饷军日滋，赋敛愈繁，而刑狱亦众，故吏户刑三曹吏胥，人人富饶，他曹寂寞弥甚”④。于是官吏们想方设法，改闲曹为剧任，即所谓“众人剪剪兮，趋慕要津”⑤。又如因地区不同而不同，“内任”即京朝官与“外任”即地方官之间差距也不小。唐代后期，藩镇坐大乃至割据，重外任而轻内任，“以朝廷为闲地，谓幕府为要津”⑥。宋代加强中央集权，与唐代后期恰好相反，重内任而轻外任，“指台阁为要津，笑州县为俗吏”，“已参选者力求堂除，得外任者谋改京局。”⑦ “台阁”指中央政府，“堂除”指皇帝授意宰相直接任命官员。宋代官员调动频繁、内任外任不时互换，多少起到了些缩小官员收入差距的作用。然而如何“削峰填谷”是道难题，有宋一代始终未能解决。

---

① 富大用：《古今事文类聚》新集卷32《诸监部》，影印文渊阁四库全书本。

② 《黄庭坚全集》外集卷1《再和答为之》，四川大学出版社2001年版，刘琳等校点，第872页。

③ 董嗣杲：《庐山集》卷5《寄杨云静》，影印文渊阁四库全书本。

④ 陆游：《老学庵笔记》卷6，中华书局1979年版，李剑雄等点校，第82—83页。

⑤ 曾巩：《元丰类稿》卷41《王君俞哀词》，影印文渊阁四库全书本。

⑥ 王谠撰，周勋初校证：《唐语林校证》卷8《补遗》，中华书局1987年版，第693页。

⑦ 李心传：《建炎以来系年要录》卷97绍兴六年正月乙亥，中华书局1988年版，第1599页。

还应当指出，宋代的伎术官与文官武职不能同日而语，在待遇上备受歧视。所谓伎术官又称艺术官，包括天文官、医官以及书艺奉御、图画奉御、棋待诏之类。最高级别的伎术官，其俸禄只能同州县幕职官相比。①

二、美妙幻想的破灭

将俸禄与腐败挂钩是一种历史上早已形成的习惯性思维。清初大学问家顾炎武可谓这一认识误区的集大成者。其名著《日知录》卷12《俸禄》开宗明义："今日②贪取之风，所以胶固于人心而不可去者，以俸给之薄而无以赡其家也。"将贪腐的原因一概归结为俸薄，此说之不妥显而易见。顾炎武旁征博引，依照其列举，至迟从汉成帝开始，历代统治者不断地如是说：官吏"俸禄薄，欲其毋侵渔百姓难矣"③。其实，俸禄与腐败并无必然的、直接的因果关联。俸禄的厚薄与腐败的程度既不成正比，也不成反比。在这一思维定式的支配下，增加俸禄成为反腐倡廉的手段，"高薪养廉"的主张由来已久。北宋开国之初，宋太祖就说："俸禄薄而责人以廉，甚无谓也。"④ 范仲淹后来讲得更明确："养贤之方，

---

① 参见余贵林、张邦炜《宋代伎术官研究》，台北《大陆杂志》第83卷第1、2两期连载。

② "今日"，文渊阁四库全书本作"前明"，显系篡改。

③ 顾炎武著，田汝成集释：《日知录集释》，栾保群等校点，花山文艺出版社1990年版，第548页。

④ 不著撰人：《宋大诏令集》卷160《省西川州县官增俸诏》，中华书局1962年版，第605页。

必先厚禄。厚禄然后可以责廉隅，安职业也。”① 岂止说说而已，宋朝统治者试图从俸禄入手，解决贪腐问题，采取过若干“增俸养廉”的措施，目的在于让官吏在经济上不必贪。值得一说的是，宋朝统治者的以下两种反腐努力，最终化为泡影。

一种是“省官益俸”。冗官与贪赃是宋代常见的两大腐败痼疾。宋人说：“方今之患，在乎官冗。”② “官多则事烦，吏多则民残。欲事不烦，莫若省官；欲民皆安，莫若省吏。”③ 此说之正确性毋庸置疑，宋太祖对此早有较为清醒的认识。鉴于官吏薪俸较低，他在开宝年间颁布省官诏，宣称：“与其冗员而重费，不若省官而益俸。”④ 按照他的设想，此举一箭双雕，可同时解决冗官与贪赃两大腐败痼疾，并且两全其美，既不增加财政支出，又可改善官吏生活，让官吏在经济上无贪腐之必要。宋太祖“省官益俸”的决策在统治集团内部得到较为广泛的认同，“官多俸薄，不如俸厚而官少。衣食既足，廉耻自兴”⑤。清初思想家王夫之对此给予高度评价：“省官以清吏治，增俸以责官廉，开宝之制，可谓善矣!”⑥ “省官益俸”即使在今天也不无一定借鉴意义，其可取之处不在于将增俸与养廉相联系，而在于将省官与增俸相结合。在减少官吏数量的基础上增加俸禄，可避免行政成本过高，不致加重财政负担。

---

① 《范文正公集·政府奏议》卷上《答手诏条陈十事》。

② 黄淮、杨士奇编：《历代名臣奏议》卷 75《内治》“宋神宗熙宁元年侍御史知杂事刘述上奏”，上海古籍出版社 1989 年版，第 1025 页。

③ 陈均：《九朝编年备要》卷 5 至道三年五月，许沛藻等点校，中华书局 2006 年版，第 110 页。

④ 《宋会要辑稿》职官 61 之 1，中华书局 1957 年版，第 3754 页。

⑤ 《九朝编年备要》卷 5 至道三年五月，第 110 页。

⑥ 王夫之：《宋论》卷 1《太祖》，中华书局 1964 年版，第 18 页。

“益俸”在宋代并非空头支票，当时确实时有增俸之举。仅据《宋会要辑稿》职官57《俸禄杂录》记载，地区性增俸多达20次，局部性增俸也有11次之多。全局性的增俸主要有3次，即“祥符增俸”“元丰增俸”“崇宁增俸”。然而官吏贪腐问题并未因此而得到缓解，有宋一代的总趋势是廉未养而愈贪。何以至此，其具体原因在于两个失控。一是官员总数失控，官未减而反增。宋朝统治者始终为冗官问题所困扰，财政不堪负荷。二是市场物价失控，俸名增而实虚。尤其是南宋晚期，物价飞涨，官民怨声载道：“人家如破寺，十室九空。”①

另一种是“重禄重罚”。宋代胥吏长期以来大多基本无俸禄。沈括《梦溪笔谈》记述道：“天下吏人素无常禄，唯以受赇为生，往往致富。”胥吏“无常禄”，居然“致富”，靠的是“受赇”。所谓“赇”者，“贪污受赂”之谓也。王安石为解决这一突出的腐败问题，着眼于俸禄。他主张“尽禄天下之吏”。熙宁三年（1080），宋神宗采纳王安石建议，恩威并用，推行重禄法。当年京城和各地都拨出一大笔专款，用于支付胥吏俸禄。此后“岁岁增广”。同时又“设重法以绝请托之弊”②，宣布“受财者以仓法论”③。“仓法”的全称是“诸仓丐取法”，原本专门针对管理仓库的官吏。其惩处办法是：赃款不满一百文，判处徒刑一年，每增加一百文，加一等（即徒刑半年）治罪。赃款达到一贯，判处流刑二千里，每增加一贯，加一等（即流放五百里）治罪。赃款达到十贯，为首者刺配沙门岛。惩罚可谓重矣。并鼓励检举，其奖励办法是：

① 蒋正子：《山房随笔》，陶宗仪：《说郛》卷27，中国书店1986年版，第13页。

② 沈括撰，胡道静校注：《梦溪笔谈》卷12《官政二》，中华书局1957年版，第133页。

③ 《宋史》卷179《食货志下一·会计》，中华书局1977年版，第4355页。

检举判处徒刑的赃吏，赏钱一百贯；检举判处流刑的赃吏，赏钱两百贯；检举刺配沙门岛的赃吏，赏钱三百贯。奖励亦可谓重矣。重禄法将俸禄同奖惩挂钩，重禄与重罚并行，确有可取之处。

宋神宗、王安石等人深信：重禄可养廉，重罚能治贪。他们的设想是：“吏禄既厚则人知自重，不敢冒法，可以省刑。”然而这一预定目标并未实现，其结果是：“良吏实寡，赇取如故，往往陷重辟。”[①] 何以至此，其具体原因在于财力有限，未能做到“尽禄天下之吏”，于是出现了“重禄公人”与“无禄公人”之分。无禄公人抱怨朝廷口惠而实不至，仍然“自以在官无禄，恣为侵渔”[②]。重禄公人所得俸禄并不太“重”，实际收入不如从前“受赇”所得。他们贪得无厌，不惜以身试法。如果说“省官益俸”在统治集团支持率较高，那么“重禄重罚”则反对者较多。由于“议者不以为善”[③]，重禄法实际施行时间不长。

由上所述不难看出，“衣食既足，廉耻自兴”，“人知自重，不敢冒法”等，都是不切实际的美妙幻想。宋代历史证明，高薪不能养廉。蔡京、秦桧、韩侂胄、贾似道之流俸禄最高最腐败，便是明证。想让贪官污吏在经济上不贪是不可能的。当然，低薪无薪更难促廉。薪俸是个再分配问题，并不具备反腐功能。它应当同经济发展水平、财政收入状况、物价波动幅度相适应。建立一个较为合理的薪俸体系并适时加以调整，其主要作用在于理顺关系，安定人心。解决腐败问题不能着眼于俸禄，把增俸作为反腐手段，注定是会落空的。治乱用重典，叫贪官污吏在行动上不敢

① 《宋史》卷179《食货志下一・会计》，第4355页。

② 《宋史》卷199《刑法志一》，第4977页。

③ 《宋史》卷179《食货志下一・会计》，第4355页。

贪，固然是一项必须采取的手段，但关键在于让他们在思想上不愿贪[①]，特别是在制度上不能贪。用现在的话来说，即是：把权力关进制度的笼子里。

三、仅供参考的议论

宋朝最腐败吗？从当时到现代，与此相反的议论不少。下面列举一些，仅供宋朝“最腐败”论者参考。

北宋哲学家邵雍宣称：“本朝五事自唐虞而下所未有者：一、革命之日，市不易肆；二、克服天下在即位后；三、未尝杀一无罪；四、百年方四叶；五、百年无心腹患。”他临终前不无庆幸地写下 20 个大字：“生于太平世，长于太平世，老于太平世，死于太平世。”[②] 稍后，理学家程颐也说：“自三代而后，本朝有超越古今者五事。如百年无内乱；四圣百年；受命之日，市不易肆；百年未尝诛杀大臣；至诚待夷狄。此皆大抵以忠厚廉耻为之纲纪，故能如此。”[③] 南宋思想家叶适同样肯定宋代尤其是北宋前期：

---

① 宋代确有思想上不愿贪的官员，文臣如范仲淹，他“先忧后乐”，其座右铭为：“作官公罪不可无，私罪不可有。”其长子范纯仁所说“公事胆大，私事胆小”（晁说之《晁氏客语》，《左氏百川学海》第 11 册第 15 页，武进陶氏 1927 年影印宋本），很可能是出自其父亲的教诲。“公罪”指因公务上的过失所获之罪，“私罪”则指因营私所获之罪。武将如岳飞，他有句名言：“文臣不爱钱，武臣不惜死，天下太平矣。”（《宋史》卷 365《岳飞传》，第 11394 页）可惜这类官员太少。

② 邵伯温：《邵氏见闻录》卷 18、卷 20，中华书局 1986 年版，李剑雄等点校，第 196、221 页。

③ 程颢、程颐：《二程集·河南程氏遗书》卷 15《伊川先生语一·入关语录》，中华书局 1981 年版，王孝鱼点校，第 159 页。

“天下无女宠、无宦官、无外戚、无权臣、无奸臣，随其萌蘖，寻即除治。”① 古人有所谓“三代”理想，他们往往把“三代”作为美好时代的代称。晚宋诗人方回将汉、唐、宋相提并论，力主“前、后三代”之说：“前三代，夏、商、周也；后三代，汉、唐、宋也。”②

宋人的议论不免有“王婆卖瓜，自卖自夸”之嫌。值得注意的是，作为蒙古国信使出使南宋的名儒郝经同样把汉、唐、宋盛赞为“后三代”。他上书宋理宗说：“汉似乎夏，唐似乎商，而贵朝则似乎周，可以为后三代。”③ 元朝官修《宋史》认为宋代政治不是最腐败，而是较清明，某些方面甚至超过汉、唐。该书《后妃传》序称：“宋三百余年，外无汉王氏之患，内无唐武、韦之祸，岂不卓然而可尚哉！”明代文豪张溥在《宋史纪事本末·叙》中，称颂宋代有四大“法高前代”之处：“礼臣下，崇道学，后妃仁贤，宗室柔睦。”清代学者徐乾学赞同程颐之说：“程子谓本朝有不可及者五事，岂不信哉！”④

近人蔡东藩所著《宋史演义》不应简单地作为小说家言，而应视为通俗历史读物，且不乏见地。该书一开篇便直抒己见：“宋朝的善政却有数种：第一种是整肃宫闱，没有女祸；第二种是抑制宦官，没有奄祸；第三种是睦好懿亲，没有宗室祸；第四种是防闲戚里，没有外戚祸；第五种是罢典禁兵，没有强藩祸。不但汉、唐未能相比，就是夏、商、周三代恐怕还逊他一筹。”⑤ 历史

① 《历代名臣奏议》卷54《治道》“宋孝宗时叶适应诏上言”，第743页。

② 方回：《桐江续集》卷31《进斋序》，影印文渊阁四库全书本。

③ 吕邦耀编，王瑞来校补：《续宋宰辅编年录校补》卷18景定元年四月己酉“吴潜提举洞霄宫”，中华书局1986年版，第1655页。

④ 徐乾学：《资治通鉴后编》卷8《宋纪·太祖》，影印文渊阁四库全书本。

⑤ 蔡东藩：《宋史演义》，中央编译出版社2008年版，第2页。

学家柳诒徵认为："惟宋无女主、外戚、宗王、强藩之祸。宦寺虽为祸而亦不多。虽间有女主垂帘、宦者得势之时，要皆视两汉、晋、唐为不侔。"① "不侔"者，不能等量齐观也。至于陈寅恪的"登峰造极"论、邓广铭的"空前绝后"说等，人所共知，无须重复。

上述种种说法，既有合理内核，也有偏颇之处。"女宠""女主""女祸"云云，分明是传统时代歧视女性的谬误之说。至于将宋朝称颂为"太平世"，显系夸大其词。莫说宋朝，只怕唐代贞观、开元年间也并非"太平世"。一部中国历史或可以"多难兴邦"四字加以概括。人云亦云，学人所忌。即使对于笔者素所敬仰的陈、邓师生两大家之说，本人也有不甚理解之处。"没有最好，只有更好。""空前"尚可，"绝后"未必。非白即黑，另走极端，用"最腐败"论取代"太平世"说，只怕同样值得斟酌。

四、历史的铁的定律

中国历史究竟哪个朝代最腐败？恕我直言，这只怕是个既很难比较又无多大意义的伪命题。历史有条铁的定律：廉洁兴邦，腐败亡国。各个朝代的历史虽然自有其特点，但历朝历代总是"其兴也勃焉，其亡也忽焉"。大致都经历了初期较廉洁、后期极腐败直至最后灭亡的过程。"六道轮回，出路何在？"有识之士不是纠结于哪个朝代最腐败，而是忧心于如何走出"周期律"这一

① 柳诒徵：《中国文化史》中册，台北正中书局1947年版，第223页。

历史怪圈。① 宋代的总趋势与历朝历代并无二致。不分前期后期，不问此时彼时，笼统地将宋朝视为“最腐败的朝代”，不仅与史实不符，并且不是论证而是忽略了这条铁的历史定律。

北宋初年乃至其前期，吏治较清明。宋太祖如此描述当时的情形：“仓箱有流衍之望，田里无愁叹之声”，“三农不害，百姓小康”。② 虽有夸张之嫌，尚非向壁虚构。北宋晚期最腐败，是个不争的事实。贪官“指取内帑，如囊中物”③；“卖官鬻爵，至有定价”。谣谚云：“三千索，直秘阁；五百贯，擢通判。”④ 直至民怨沸腾：“打破筒，泼了菜，便是人间好世界。”⑤ 与北宋不同，南宋从某种意义上说不是新王朝而是旧王朝。总体而言，南宋重建之初，统治集团就相当腐败。特别是宋高宗宠信秦桧期间，更是变本加厉。秦桧“贪墨无厌”，“其家富于左藏数倍”。他“喜赃吏，恶廉士”，“故赃吏恣横，百姓愈困”。⑥ 所谓“左藏”即国库。至于南宋晚期朝政之腐败，有关民间谣谚描述不少。诸如

---

① 参看叶小文《重提“延安对” 常听诤友言》，《人民日报》2012 年 12 月 31 日第 4 版。

② 《宋会要辑稿》刑法 2 之 1，第 6496 页。

③ 《宋史》卷 470《朱勔传》，第 13684 页。

④ 朱弁：《曲洧旧闻》卷 10，《笔记小说大观》，江苏广陵古籍刻印社 1984 年版，第 8 册第 145 页。

⑤ 吴曾：《能改斋漫录》12《记事・打破筒泼了菜》，上海古籍出版社 1980 年版，第 373—374 页。

⑥ 《建炎以来系年要录》卷 169 绍兴二十五年十月丙申，第 2771—2772 页。

“草头古，百姓苦”[①]，“阎马丁当，国势将亡”[②]，“丁丁董董”[③]，“大蜈蚣，小蜈蚣”[④] 之类。“草头古”指贪官薛极、胡椝。“阎马丁”指阎贵妃及执政马天骥、佞臣丁大全。“董”指宦官董宋臣。奸相贾似道的绰号则是“蟋蟀宰相”“湖上平章”。应当指出的是，即使南宋时期也不可一概斥之以“最腐败”。不同时段，政情有别。如宋孝宗在位期间，经过一番整顿之后，官场作风有所好转。真德秀后来曾称赞：“乾道、淳熙间，有位于朝者，以馈及门为耻；受任于外者，以包苴入都为羞。”[⑤] 问题在于：一个王朝的初期、晚期反差何以如此之大？因南宋不够典型，下面仅以北宋为例。

北宋初年吏治较清明，与宋太祖三管齐下，反腐倡廉，关系极大。第一，严惩贪官。宋太祖“尤严贪墨之罪”[⑥]，宣称，“苟有一毫侵民，朕必不赦”[⑦]。当时“受赃弃市者多矣”[⑧]，仅见于记载、处以极刑者达 20 余人。对此，宋仁宗、英宗、神宗三朝出任宰执大臣的富弼曾言及：“祖宗朝，令犯脏至死者，未尝贷，则国有定法而犯者绝少。近年，臣僚受赇至死，率蒙宽恕，是恩无极

① 叶绍翁：《四朝闻见录》丙集《草头古》，中华书局 1989 年版，沈锡麟等点校，第 128 页。

② 无名氏：《宋季三朝政要》卷 2 宝祐三年六月，《笔记小说大观》第 10 册，第 169 页。

③ 田汝成：《西湖游览志余》卷 2《帝王都会》，浙江人民出版社 1980 年版，第 29 页。

④ 《宋季三朝政要》卷 3 景定元年七月，《笔记小说大观》第 10 册，第 170 页。此语专指宰相吴潜兄弟，不确；泛指大小贪官，“尽是人间业毒虫”，则极是。

⑤ 《宋史》卷 437《儒林七・真德秀传》，第 12961 页。

⑥ 《宋史》卷 200《刑法志二》，第 4985 页。

⑦ 李焘：《续资治通鉴长编》卷 16 开宝八年九月丁酉，中华书局 1979 年版，第 346 页。

⑧ 《续资治通鉴长编》卷 12 开宝四年十月庚午，第 270 页。

刑，而犯者愈多，不足以禁贪墨也。”① 第二，警示官员。宋朝统治者将后蜀后主孟昶塑造为“反面教员”。据《新五代史·后蜀世家》记载，后蜀后主孟昶“据险一方，君臣务为奢侈以自娱，至于溺器皆以七宝装之”②。宋太祖见此七宝溺器，“搘而碎之”，并气愤地说：“所为如是，不亡何待！”③ 稍后，宋太宗亲笔书写下16个大字：“尔俸尔禄，民膏民脂。下民易虐，上天难欺。”④ 要求地方官府刻石立于办公处南面，称为《戒石铭》。宋真宗颁布《文臣七条》，即“清心”“奉公”“修德”“责实”“明察”“劝课”“革弊”，要求官员“公直洁己，则民自服”，“以德化人，不专猛威”，“求民疾苦，而厘革之”。⑤ 所有这些，目的均在于引导官员勤政廉洁，在思想上不愿贪。第三，特别是变“姑息之政”为“防弊之政”，从制度上开始建立并逐渐形成了一套权力制约体系，约束各种权力。宋太祖试图改变“任人而不任法”的状况，于建隆四年（963）七月，颁行《宋刑统》。当时最突出的问题是：“禁卫之兵骄，方镇之权重。”宋人说：“（唐末）一切行姑息之政哉。至于五代，其弊极矣。天下之所以四分五裂者，方镇之专地也。干戈之所以交争互战者，方镇之专兵也。民之所以苦于赋繁役重者，方镇之专利也。民之所以苦于刑苛法峻者，方镇之专杀也。

---

① 徐乾学：《资治通鉴后编》卷2建隆二年四月己未引富弼语，影印文渊阁四库全书本。

② 欧阳修：《新五代史》卷64《后蜀世家·孟知祥子昶》，中华书局1974年版，第805—806页。孟昶是否奢侈无度，这里置而不论，以免枝蔓。

③ 《宋史》卷3《太祖本纪三》，第49—50页。

④ 洪迈：《容斋随笔》续笔卷1《戒石铭》，上海古籍出版社1978年版，第216页。

⑤ 潜说友：《咸淳临安志》卷42《御制》，影印文渊阁四库全书本。

朝廷命令不得行于天下者，方镇之继袭也。”[①] 宋太祖因此“收许多藩镇之权”。朱熹后来概括道：“兵也收了，财也收了，赏罚刑政，一切收了。”[②] 就当时实情而论，这条最大的集权措施同时又是最大的反腐倡廉、便民利民举措。“权重处便有弊。宗室权重则宗室作乱”，“外戚权重则外戚作乱”。[③] 宋太祖“事为之防，曲为之制”[④]，采取的分权限权措施颇多。如在中央建立“中书主民，枢密主兵，三司主财，各不相知”[⑤] 的分权体制，设参知政事以分割宰相之权；在地方建立监司分立的权力系统，用通判以分割知州之权；控制宦官员额，限制阉寺权势；控制后宫规模，防范后妃干政；对外戚虽恩宠有加，但“不使（其）求官爵，亲政事”[⑥]。诸如此类，不一而足。其基本原则及若干措施被有宋一代奉为“祖宗家法”，后世又有所强化和发展。尤其值得注意的是，宋太祖尚能较为自觉地对自己手中的皇权做些自我控制。据记载，宋太祖曾问谋臣赵普：“天下何物最大?”赵普答道：“道理最大!”宋太祖“屡称善”。他作为皇帝，还能赞同天下不是皇帝最大而是道理最大，位居九五之尊也“不当任私意”。[⑦] 另有记载称，一位官员按规定应迁官，宋太祖“素恶其人，不与”。赵普“力请”：

---

① 佚名：《宋史全文》卷1《宋太祖一》乾德三年三月“吕中曰”，黑龙江人民出版社2004年版，李之亮校点，第44页。

② 黎靖德编：《朱子语类》卷128《本朝二·法制》，中华书局1994年版，王星贤点校，第3070页。

③ 《朱子语类》卷134《历代一》，第3209页。

④ 《续资治通鉴长编》卷17开宝九年十月乙卯，第382页。参看邓广铭《宋朝的家法和北宋的政治改革运动》，《邓广铭治史丛稿》，北京大学出版社1997年版，第124—143页。

⑤ 苏轼：《东坡七集·东坡集》卷39《范景仁墓志铭》，《四部备要》第77册，中华书局1989年版，第267页。

⑥ 《宋史全文》卷2《宋太祖二》开宝八年四月“吕夷简曰”，第81页。

⑦ 《宋史全文》卷25上《宋孝宗三》乾道五年三月戊午，第1710页。

“刑赏，天下之刑赏，非陛下之刑赏也。岂得以喜怒专之!”虽几经周折，宋太祖终于“从其请”。① 可见，宋太祖还算比较开明。

北宋晚期何以极腐败，宋徽宗的不少举措与宋太祖恰好相反是个重要原因。对于贪官，宋徽宗不是严惩，而是重用。他所宠信的蔡京、王黼等“六贼”，便是六个特大贪官。至于“戒石铭”之类，不过刻在石头上而已。民间讥讽道：“尔俸尔禄，只是不足。民膏民脂，转吃转肥。下民易虐，来的便着。上天难欺，他又怎知。”② 关键在于宋太祖创立的权力制约体系，到宋徽宗时全面崩溃，三种权力恶性膨胀。一是宦权膨胀。宦官不再限员，“动以千数”③。升迁不再受限，童贯破例官至节度使，破例领枢密院事，成为两宋历史上唯一的宦官执政，号称“媪相”。梁师成突破“貂珰不以典机密”④ 的限制，“御书号令皆出其手”，号称“隐相”。宋人说：“自崇宁以来，祖宗之制坠废殆尽，而政事号令悉出阉寺。”北宋晚期，宦官权势最显赫也最腐败。“其势尤盛，各立门户，公受货赂，以贩鬻官爵。”⑤ “六贼”之外，还有“十恶”，指谭稹、梁方平、李瑴、蓝从熙、王仍、张见道、邓文诰等宦官。二是相权膨胀。按照宋朝的旧制，宰相一般不是一个人，而是一个集体，或两相三参，或三相两参，或三相一参，或三相无参。而蔡京前后独相凡 13 年零 11 个月之久。依照陈规，三公“特拜者不预政事”。而蔡京以太师总领三省，号称“公相”，成为

① 彭百川：《太平治迹统类》卷 2《太祖圣政》，江苏广陵古籍刻印社 1990 年版，第 34—35 页。

② 袁文：《瓮牖闲评》卷 8，丛书集成初编本，第 77 页。

③ 《燕翼诒谋录》卷 5，第 46 页。

④ 不著撰人：《群书会元截江网》卷 17《纪纲·时政》，上海古籍出版社 1991 年版，第 239—240 页。

⑤ 汪藻著，王智勇笺注：《靖康要录笺注》卷 15 靖康二年正月四日，四川大学出版社 2008 年版，第 1520 页。

两宋历史上第一个权相。遵循亲属回避制度，亲属不得同时担任宰执大臣。而蔡京任相期间，其弟蔡卞知枢密院事，其子蔡攸领枢密院事，北宋历史上出现了第一对兄弟宰辅、第一对父子宰执。三是皇权膨胀。依照所谓“祖宗家法”，政令的形成有一套既定的程序。简而言之，即“必谋之大臣，参之给舍，使之熟议，以求公议”①。宋徽宗“御笔手诏”行事，即不与中书省商议，又不交中书舍人起草，也不经门下省审覆，由皇帝专断，并亲笔书写，或由宫中人代笔，直接交付有关机构施行，“违者以大不恭论”②。宋徽宗滥用皇权，一意孤行，干出了“宫新延福，山成万岁，花石应奉”③ 等劳民伤财的坏事、蠢事，直到亡国。延福宫、万岁山、花石纲等既是权力恶性膨胀的象征，又是朝政极度腐败的表现。北宋因极度腐败而亡国，其祸根在于权力的不受约束与恣意滥用。“绝对的权力，绝对的腐败。”权力不受约束与朝政腐败的程度是成正比的。

五、脆弱的制约体系

如前所述，北宋经历了由初期权力受到某些限制到晚期基本不受约束的过程。人们难免会问：其原因到底何在？关键只怕在于皇权政治下的权力制约体系本质上是脆弱的。

---

① 朱熹：《晦庵先生朱文公文集》卷 14《经筵留身面陈四事札子》，《四部备要》第 57 册，第 208 页。

② 《宋史》卷 352《吴敏传》，第 11123 页。

③ 冯琦、陈邦瞻：《宋史纪事本末》卷 50《花石纲之役》“张溥曰”，中华书局 1955 年版，第 403 页。

宋代的皇权究竟有多大，相权是否与皇权并驾齐驱，甚至高于皇权，在学界是个有争议的问题。依我看来，宋代的皇权具有两重性，一方面并非完全不受约束①，另一方面毕竟至高无上。相传，宋太祖曾到相国寺行香。他问僧人："朕见佛，拜是不拜是？"僧人答道："现在佛不拜过去佛！""太祖大喜，遂为定礼。"②当时甚至传说宋太祖本人便是所谓"定光佛"③下凡。可见，皇权岂止仅仅高于相权，无疑高于包括神权在内的一切权力。由于皇权至上，法律具有明显的不确定性，以言代法在所难免。前人说："前主所是著为律，后主所是疏为令。"④宋人说："陛下有言，即法也。"⑤由于皇权至上，执法具有相当大的随意性。《宋史·刑法志》序称赞宋太祖"立法之制严，而用法之情恕"。这个"恕"字便是有法不依较为常见的明证。由于皇权至上，权力制约体系具有先天的脆弱性，尤以制约皇权最难。宋太祖曾对赵普说："朕欲不与，卿若之何？"⑥皇帝如果固执己见，臣下确实无可奈何。皇权是否受到制约在很大程度上取决于最高统治者自觉与否。然而期望皇帝时时处处自我约束，这几乎是件不可能的事。前人说："自古天子居危思安之心同，而居安虑危之心则异，故不得皆

---

① 参见张邦炜《论宋代的皇权和相权》，《四川师范大学学报》1994年第4期。收入《宋代政治文化史论》，人民出版社2005年版，第1—21页。

② 《西湖游览志余》卷14《方外玄踪》，第234—235页。

③ 《曲洧旧闻》卷1载："五代割据，干戈相侵，不胜其苦。有一僧虽佯狂，而言多奇中，尝谓人曰：'汝等望太平甚切。若要太平，须待定光佛出世始得。'至太祖一天下，皆以为定光佛后身者。"（《笔记小说大观》第8册，第121—122页）

④ 班固：《汉书》卷60《杜周传》，中华书局1962年版，第2659页。

⑤ 《东坡七集·东坡集》卷38《赵清献公（抃）神道碑》，《四部备要》第77册，第262页。

⑥ 《太平治迹统类》卷2《太祖圣政》，第34—35页。

为圣明也。”① 岂止“不得皆为圣明”，人们有理由怀疑中国古代历史上究竟有多少“圣明”君主。

“从来就没有什么救世主。”宋太祖并非所谓“圣明”君主，说他是什么“定光佛”下凡救世，无非是生活在五代乱世的苦难民众的“美丽传说”而已。宋太祖之所以较为开明，可用“迫于形势”四字解答。北宋建立之初，兵连祸结，生灵涂炭，政局动荡。“当时之民苦于干戈，苦于赋敛，苦于刑役。”② 如何走出乱世，让新生的北宋政权不至于成为继五代之后的第六个短命王朝，是宋太祖不得不面对的严酷现实。宋太祖感到坐天下“太艰难，殊不若为节度使之乐”。他说：“吾终夕未尝敢安枕而卧也。”③ 并非纯属虚言假语。面对严峻形势，他不得不“居危思安”。当时最大的威胁莫过于不时发生的兵变。宋太祖何以用文臣知州，他的解释是：“朕今选儒臣干事者百余，分治大藩，纵皆贪浊，亦未及武臣一人也。”④ 对他来说，动辄黄袍加身的武将，其危害性远远大于文臣。宋太祖说：“卧榻之侧，岂容他人鼾睡。”⑤ 所谓“他人”，并非专指割据势力，而是泛指一切有可能危及其皇权者。正是出于稳固政权的考虑，他对各种权力采取了一系列限制措施。与北宋初期不同，北宋晚期社会经济发展，城市空前繁华，财政收入增长。尽管社会危机深刻，但被繁荣的表象所掩盖，北宋社会俨然是座金碧辉煌的大厦。宋徽宗更非“圣明”之主，他原本“轻佻”。所谓“轻佻”者，轻浮、轻狂也。宋徽宗面对大好形势，

① 《历代名臣奏议》卷 199《求言》“唐穆宗初立，监察御史杨虞卿上奏”，第 2606 页。

② 《宋史全文》卷 1《宋太祖一》建隆元年正月乙卯“吕中曰”，第 8 页。

③ 《续资治通鉴长编》卷 2 建隆二年七月戊辰，第 49 页。

④ 《续资治通鉴长编》卷 13 开宝五年，第 293 页。

⑤ 《续资治通鉴长编》卷 16 开宝八年十一月己巳，第 350 页。

岂能“居安虑危”，简直忘乎所以。① 据说统治者可分为两类，一类将权力视为负担，一类把权力作为享受。宋太祖、宋徽宗极具典型性。宋太祖显然属于前者，他因此彻夜难眠。宋徽宗无疑属于后者，他“玩物而丧志，纵欲而败度”②，绝无自我约束的意识。正如北宋晚期人所说：“国家承平既久，万事姑息，故爵赏太滥，典刑太轻。”③ 宋徽宗对其宠信的大臣、宦官、佞幸一味放纵，将限权分权之类的措施几乎一概抛到九霄云外，于是各种权力恶性膨胀。“理有固然，事有必至。”北宋权力制约体系走向崩溃，自有其内在的历史必然性。

（本文草稿承蒙成荫、陈鹤学友提出修正意见。）

（原载《四川师范大学学报》2014 年第 4 期）

---

① 这里只是大体而言，其实宋徽宗本人也经历了从“居危思安”到忘乎所以的短暂过程。可参看张邦炜《宋徽宗初年的政争》，《西北师大学报》2004 年第 1 期；《关于建中之政》，《四川师范大学学报》2002 年第 6 期。收入《宋代政治文化史论》第 242—286 页。

② 《宋史》卷 22《徽宗本纪四 · 赞》，第 418 页。

③ 陈公辅：《上钦宗条画十二事》，赵汝愚编：《宋朝名臣奏议》卷 150《总议门》，上海古籍出版社 1999 年版，北京大学中国中古史研究中心校点整理，第 1720 页。

宋代“平民社会”论刍议

——研习钱穆论著的一个读书报告

引言：过犹不及

对于宋代社会，学界有两种看似相近、实则相远的结论性认识。

一种是“平民化”。邓小南认为，平民化是从唐到宋社会变迁的一个重要趋势。过犹不及，凡事都得把握一个“度”。邓小南颇有防范意识，或许正是出于被无限引申的担心，她在访谈中格外强调：“所谓‘化’，是指一种趋向，一种过程，是进行时而非完成时。”① 本人对此深表赞同。20 世纪 90 年代初，我曾草成《宋

① 郑诗亮、孟繁之：《邓小南谈对宋史的再认识》，《东方早报》2016 年 12 月 16 日《上海书评》。

代文化的相对普及》[①] 一文，虽然仅着眼于狭义的文化，但多少包含这层意思。文中的某些认识，或可作为宋代平民化趋势的例证。当年之所以想到这个论题，是受到当代史学大家钱穆《中国文化史导论》一书的启示。他在书中将宋代“社会文化之再普及与再深入”[②] 作为中国文化史上值得大书特书的三件事之一。遗憾的是，当时我并未把《导论》一书读懂，至少领会不深。

另一种是“平民社会”。有学者将宋代称为中国历史上“第一个平民社会”[③]，只怕就失度、过度了。其主要依据是钱穆在《理学与艺术》一文中所说：“论中国古今社会之变，最要在宋代。”“宋以下，始是纯粹的平民社会。除却蒙古、满洲异族（或系‘贵族’之误）入主，为特权阶级外，其升入政治上层者，皆由白衣秀才平地拔起，更无古代封建贵族及此后门第传统之遗存。故就宋代言之，政治经济、社会人生，较之前代莫不有变。”[④] 岂止平民社会而已，并且是“纯粹的”。这段文字，我 20 世纪 80 年代在《婚姻与社会·宋代》一书的《结语》中曾部分加以引用。当时我感兴趣的是其唐宋变革论，对“平民社会”一说虽心存疑义，但

① 张邦炜：《宋代文化的相对普及》，载《宋代政治文化史论》，人民出版社 2005 年版，第 367—400 页。

② 钱穆：《中国文化史导论（修订本）》，商务印书馆 1994 年版，第 175 页。钱穆在此书中，论及“平民社会”及其相关之处较多。

③ 张宏杰：《第一个平民社会》，《新京报》2013 年 1 月 4 日。

④ 钱穆：《理学与艺术》，《中国学术思想史论丛（六）》，《钱宾四先生全集》（以下简称《全集》）第 23 册，台北联经出版事业股份有限公司 1998 年版，第 280 页。

并未深究，仅在注释中有所表达。①

钱穆“贵有‘系统’”“本诸‘事实’”② 的治学主张，重在“寻求历史之大趋势和大变动”③ 的治学方法，受到学者广泛认同。④ 其学问素有博大精深之称，其论著新意迭出，无论对错⑤，均极具启发性与刺激性。由于钱穆名望很高，宋代“平民社会”论当前在学界较为流行。“平民社会”到底何所指？钱穆究竟是如何阐述的？近来我带着这个问题，重新学习钱穆有关论著（以下省称“钱著”），有一些体会和感受。于是写下这个读书报告，其中难免有尚未读懂与妄加评议之处，尚祈同好指教。还要说明的是，钱穆阐述论题，总是瞻前顾后，本文虽以宋代为题，不得不上挂下联，或有离题较远之嫌。

---

① 张邦炜：《婚姻与社会·宋代》，四川人民出版社 1989 年版，第 184 页。钱穆“莫不有变”一语，其意义在于凸显唐宋变革具有一定的系统性，其副作用则在于容易导致唐宋变革论的泛化。唐宋之际，有因有革。值得注意的是，钱穆既强调革变，又注重因袭。他一再指出：“大概宋代以下中国的社会与政治，都逃不出汉唐成规”，“直到宋以下，政治经济，一切规模，都逃不出汉唐成规。”（《中国文化史导论（修订本）》第 244 页）

② 钱穆：《国史大纲·书成自记》上册，商务印书馆 2010 年版，第 2 页。

③ 钱穆：《中国历史研究法》，《全集》第 31 册，第 6 页。

④ 评述钱穆史学思想的著述较多，可参看何兹全《钱穆先生的史学思想——读〈国史大纲〉〈中国文化史导论〉札记》，国际儒学联合会编《国际儒学研究》第一辑，人民出版社 1995 年版，第 1—22 页。

⑤ 如钱穆力主宋代“积贫积弱”说，一味强调宋朝“最贫最弱”“太贫太弱”（《中国历代政治得失》，生活·读书·新知三联书店 2001 年版，第 74、99 页），便具有一定的片面性。又如他认为：“专从政治制度上看，（宋代）也是最没有建树的一环”，“有形势推迁，无制度建立”（同上书，第 74、99 页）。其准确性也令人怀疑。

一、钱穆的原意是什么

我也曾下意识地以为，钱穆将宋代社会视为历史上“第一个平民社会”。多读了些钱著之后才发现，此说并不完全符合钱穆的原意。

第一，钱穆并非仅有平民社会一说。众所周知，他是位学术“常青树”，其学术生命极长。宋代是个什么社会？在不同时期，或因视角有异，或因语境有别，钱穆有多种说法。除平民社会而外，还有“平等社会”“平铺社会”“白衣社会”“科举社会”“进士社会”“士人社会”“四民社会”① 等。其中含义相同或相近者较多，可归纳为两大类，即平民社会和四民社会。钱穆论及四民社会、士人社会之处，甚至多于平民社会。

第二，在钱穆看来，平民社会早已产生于“秦以下”，宋代不是“第一个”。他关于平民社会的阐述，有两个基本点：一是平民社会从秦、汉开始，并非始于宋代。他在许多情况下将秦以下的古代社会看作一个整体，作为一个历史大单元。钱穆说：“秦、汉以下的中国”，“当时已无特殊的贵族阶级的存在，民众地位普遍平等”。又说：秦、汉时代“平等社会开始成立”。还说：“汉唐诸代，建下了平等社会”。二是时至宋代，平民社会更纯粹。钱穆说：“自唐以下，社会日趋平等，贵族门第以次消灭。”② 又说：“一到宋代，社会真成平等，再没有贵族与大门第之存在了。”还

① 《中国历史研究法》，《全集》第31册，第45—48页。

② 《国史大纲》下册，第769页。

说："中国自宋以下，贵族门第之势力全消"①，"社会上更无特殊势力之存在"，"没有特殊的阶级分别"，"不让有过贫与过富之尖锐对立化"，"全国公民受到政府同一法律的保护"。② 诸如此类，不胜枚举。

二、"平等社会"与"士人社会"

何谓平民社会，据我阅读所及，钱穆始终未曾下过明确的定义。但从其众多论述中不难发现，所谓平民社会是指无封建贵族、无特权阶级、无特殊势力的平等社会，"全国人民参政"，"一律平等对待"③。其关键之处在于"平民、贵族两阶级对立之消融"④，"一切力量都平铺散漫"，因此，他又将平民社会称为平铺社会。所谓"平铺"即无高低上下之分，社会各色人等一律平等，都是平头百姓；"散漫"即"无组织，不凝固"，以致"没有力量，无可凭借"，犹如"一盘散沙"。在钱穆的辞典里，平民社会、平铺社会、平等社会是同义词。他断言："中国历史上的传统政治，已造成了社会各阶层一天天地趋向于平等。""中国社会早已是个平等社会。"⑤

如果说平民社会一词较费解，那么平等社会一语则相当直白。平民社会论是对还是错？弄清其含义之后，答案应当是明确的。

---

① 《国史大纲》下册，第 669 页。

② 钱穆：《国史新论》，生活·读书·新知三联书店 2001 年版，第 24、26 页。

③ 《中国历史研究法》，《全集》第 31 册，第 32 页。

④ 《国史大纲》上册，第 117 页。

⑤ 《中国历代政治得失》，第 171—175 页。

“中国社会早已是个平等社会”吗？秦汉以后果真再也没有特殊势力了吗？赞同者想必寥寥。行文至此，或可搁笔。下面要稍加补充的是，钱著中的反证比比皆是。

钱穆的四民社会说与其平民社会论便自相抵牾。他在力主平民社会论的同时，又反复强调：“中国社会自春秋战国以下，当称为‘四民社会’。”① 如前所引，所谓平民社会是平铺的，无组织、无等差。按照钱穆的解释，四民社会则有高下、有领导、有中心。他说：四民社会“以士人为中心，以农民为底层，而商人只成旁枝”。如东汉社会便是“一种士人中心即读书人中心的社会了”。并称：“此种倾向，自宋以后更显著。”② 钱穆反复强调：“中国仍为一四民社会，士之一阶层，仍为社会一中心”③；四民社会“乃由士之一阶层为之主持与领导”④；“于农、工、商、兵诸色人等之上，尚有士之一品，主持社会与政治之领导中心”；“中国社会有士之一阶层，掌握政治教育之领导中心。”⑤ 因此，他又将四民社会称为士人社会。依我之见，士人社会说较之平民社会论有可取之处。既无强大经济实力，又处于无权地位的平民绝无主持与领导社会的可能，平民社会论很难成立。

问题在于：普通士人就能主导社会吗？按照钱穆的论说，士人是“一个中间阶级（或可改作‘阶层’）”⑥，介于贵族与平民两者之间。其下层依然是标准的平民，而其上层则近乎贵族。俗

① 《国史新论》，第 37 页。

② 《国史大纲》下册，第 849 页。

③ 《国史新论》，第 48 页。

④ 《国史大纲》下册，第 561 页。

⑤ 《国史新论》，第 52—53 页。

⑥ 《国史新论》，第 9 页。

话说："书生不带长①，说话都不响。"真正有可能主导社会的不是普通士人，而是钱穆所说的"书生贵族"②，即人们常说的士大夫。什么是士大夫，解释者甚多，如费孝通、陶晋生③等。愚见以为，所谓士大夫是士与大夫的结合，主要是指在朝为官的读书人。正如钱穆所论，士人即使出身平民，一旦出任高官，即在社会上"居于翘然特出的地位"，其"子弟自然有他读书与从政的优先权"，"容易在少数家庭中占到优势"。他将此种情形称为"变相的世袭"。仅由此也可见，"士人社会"之说仍然不妥。如果将士人社会改称士大夫社会或书生贵族社会，其说服力也许会增强许多。

三、两大特殊势力

钱穆的平民社会即平等社会论，其主要依据是："中国自秦以下即无贵族。"④ 尤其是"自宋以下，中国社会永远平等，再没有别一种新贵族之形成"。仅以西周式封建贵族而论，这一论断大体属实。但断言秦以下即是无特殊势力的平等社会，只怕就并非"语语有本，事事着实"⑤ 之论了。人们即刻会想到东汉至唐代的

① 原话是"参谋不带长"，恕我妄改。

② 《中国历代政治得失》，第 35 页。

③ 参看吴晗、费孝通等《皇权与绅权》，上海观察社 1948 年版，第 9 页；陶晋生：《北宋士族（家族·婚姻·生活）》，"中研院"历史语言研究所专刊第 102 号，台北乐学书局 2001 年版，第 2—10 页。

④ 《国史大纲》上册，第 399 页。

⑤ 《国史新论·序言》，第 2 页。

门阀士族和明清时代的绅士。其实，这两大特权阶层或称特殊势力均见于钱著。

对于门阀士族，钱穆曾反复阐述，可谓深中肯綮。他说：士族“端倪早起于西汉末叶，到东汉而大盛，下及魏晋南北朝，遂成为一种特殊的‘门第’”。又说：“门第社会远始于晚汉，直迄唐之中晚而始衰，绵亘当历七百年以上。”① 还说：“魏晋南北朝下迄隋唐，八百年间，士族门第禅续不辍。”② 钱穆将他们称为“变相的世袭”“变相的贵族”“门第新贵族”“封建贵族特权势力”。钱穆在《中国文化史导论》一书中说：他们“多由‘累世经学’的家庭而成为‘累世公卿’的家庭”。在《中国历代政治得失》一书中又说：“爵位不世袭，而书本却可世袭”，他们将学问与书本作为“变相的资本”，由“读书家庭”变为“做官家庭”。钱穆指出：门阀士族“无异于传袭的封建贵族”，是一种“书生贵族”。③ 如果按照钱穆的言说，士族“端倪早起于西汉末叶”，“唐代门第势力正盛”，④ 门阀士族前后延续岂止七八百年而已，而是长达近千年之久。这一特权阶层经久不衰正是秦以下无特殊势力一说的绝好反证。

对于明清时代的绅士，钱穆虽然涉及较少，但对“地方自治”“地方绅士”乃至“土豪劣绅”均有所论述。钱穆所谓“地方自治”，包括经济方面的义庄、义塾、学田、社仓等，营卫方面的保甲、团练等以及乡规民约。他说：“那些地方自治，也可说全由新儒家精神为之倡导和主持。”精神可以倡导，怎能主持？他接着又

---

① 《国史新论》，第 47 页。

② 《国史大纲》下册，第 561 页。

③ 《中国历代政治得失》，第 34—35 页。

④ 《中国历代政治得失》，第 86 页。

说："宋后的社仓，则由地方绅士自己处理。"这下明白了，地方自治的主持者少不了地方绅士，他们或与地方政府共治地方。地方绅士为地方上做了些有益的事。但作为特殊势力，他们"长者"与"豪横"这两种类型或两种面相均兼而有之。① 其豪横者"在地方仗势为恶，把持吞噬"，钱穆出于义愤，斥之为"土豪劣绅"。② 所谓绅士，即曾做官或将做官的读书人。他们可称为继门阀士族之后的又一种"书生贵族"。正如有关研究者所说："绅士是一个独特的社会集团。他们具有人们公认的政治、经济和社会特权以及各种权力。""绅士们高踞于无数的平民以及所谓'贱民'之上，支配着中国民间的社会和经济生活。政府官吏也均出自这一阶层。"③ 明清时代乃至近代的绅士同先前的门阀士族一样，都是平民社会论的反证。

四、两个"无定型时期"

剩下的问题是：西汉与宋代无特殊势力吗？答案同样是否定的。但要回答这个问题，还先得从钱穆在《国史新论》一书中"提出两概念"说起。其一是"有定型时期"，"指那时社会上有某一种或某几种势力，获得较长期的特殊地位"，如西周至春秋的封建贵族。以此为标准，东汉至唐代的门阀士族长期获得特殊地位，

① 可参看梁庚尧《豪横与长者》，载《宋代社会经济史论集》下册，台北允晨文化出版公司 1997 年版，第 474—536 页。

② 《国史大纲》下册，第 699 页。

③ 张仲礼著，李荣昌译：《中国绅士——关于其在十九世纪中国社会中作用的研究》，上海社会科学院出版社 1991 年版，第 1 页。

可视为继西周、春秋之后的又一个有定型时期。其二是“无定型时期”，这一时期从战国延续至汉代（主要是指西汉），“旧的特殊势力（指封建贵族）趋于崩溃，新的特殊势力（指门阀士族）尚未形成”。这个历史阶段，“在社会上并无一个固定的（特权）阶级”。到东汉，“终于慢慢产生出一个固定的（特权）阶级”。而唐代则是第二个无定型时期，“旧的特权势力（指门阀士族），在逐步解体。有希望的新兴势力（当指绅士），在逐步培植。那时的社会，也如西汉般，在无定形的动进中”。① 钱穆在《中国历史研究法》一书中又说：唐代“可称为门第过渡时期”②。过渡时期的含义与无定型时期大体相同。第二个无定型时期延续到宋代，作为两大特殊势力之一的绅士尚未固化。

按照钱穆本人的论述，处于第一个无定型时期的西汉，并非没有特殊势力。西汉初期的诸侯王，即是一例。在秦始皇废除分封制之后，汉高祖又裂土封王。钱穆认为：此举“较之秦始皇时代，不得不说是一种逆退”。除诸侯王而外，还有“无异于往昔之

① 《国史新论》第13—16、21页。

② 《中国历史研究法》，《全集》第31册，第47页。钱穆既称“唐代门第势力正盛”，又说唐代“可称为门第过渡时期”。唐人郑仁表有诗云：“文章世上争开路，阀阅山东拄破天”（王定保：《唐摭言》卷12，中华书局上海编辑所1959年版，第136页）。唐代既“尚官”又“尚姓”，“正盛”说与“过渡”说相比，“过渡”说较妥。这类前后差异明显的说法在钱著中不止于此。如《中国历代政治得失》一书，前面刚说：“政权普遍公开”（第171页），后面就说：“只许读书人可以出来问政”（第173页）。又如在《中国文化史导论（修订本）》一书中，前文称：官员“子弟自然有他读书与从政的优先权”（127—128页），后文又称：宋代官员的弟侄儿孙只能“自己寻觅出路，自己挣扎地位，他们丝毫沾不到父兄祖上已获得的光辉”（161页）。果真如此吗？人们立即会想到宋代的恩荫制度。赵翼《廿二史札记》卷25有《宋恩荫之滥》一条：“一人入仕则子孙、亲族俱可得官，大者并可及于门客、医士。”并有略带夸张的“恩逮于百官者，惟恐其不足”一语（中华书局1963年版，第486—487、485页）。

封君贵族”① 的商贾与任侠。钱穆指出：“‘商贾’与‘任侠’是西汉初期社会上的两种特殊势力，是继续古代封建社会而起的两种‘变相的新贵族’”。这批靠经营盐铁发家的富商大贾被当时人称为“素封”②，其含义为：虽无封邑，但富比封君。与此前的封建贵族和此后的门阀士族不同的是，诸侯王、商贾、任侠这三种特殊势力延续时间不长，尚未固化为阶层，在汉景帝、武帝时即先后被清除。可是汉武帝之后，又有郎吏。所谓郎吏，是指太学生入仕为官，补郎补吏者。钱穆认为，此项制度乃士族之温床，由此“逐渐形成了世袭之士族”③。南朝人沈约所说：“汉代本无士庶之别”④，是身处门阀时代之人倒看历史，专指门阀士族尚未成型，不能作为西汉无特殊势力的佐证。

处于第二个无定型时期的宋代，其情形与西汉相似。钱穆对宋代的特殊势力论述不多，但学界的探讨颇多。当时的特殊势力，既有势官地主，又有士大夫阶层。“势官地主”这一概念由白寿彝提出，他解释道：“势，当时叫作形势户。官，当时叫作官户。势官地主也有政治身份和特权，但所拥有的世袭特权是很有限的。”⑤ 对于官户、形势户，研究最深入、最详尽的是王曾瑜，请参看其《宋朝阶级结构》⑥ 一书及《宋朝的官户》《宋朝的形势

① 钱穆：《秦汉史》，生活·读书·新知三联书店 2004 年版，第 59 页。

② 司马迁：《史记》卷 129《货殖列传》，中华书局 1982 年版，第 10 册，第 3272 页。

③ 《国史新论》，第 40 页。

④ 郑樵撰，王树民点校：《通志二十略·选举略二·杂议论上》，中华书局 1995 年版，第 1287 页。

⑤ 《中国历史的年代：一百七十万年和三千六百年》，《北京师范大学学报》1978 年第 6 期，第 18 页。

⑥ 王曾瑜：《宋朝阶级结构（增订本）》，中国人民大学出版社 2010 年版。

户》[①] 等文。对于宋代的士大夫阶层，既有研究难以备举。可稍加补充者有三：一是钱穆本人指出，宋代科举出身的士大夫“地位崇高”，“为社会之中坚”。[②] 面对这一现实，当时有人将宋代社会直呼为“官人世界”[③]，换言之，即士大夫社会。杂剧人说得更形象：“满朝朱紫贵，尽是读书人。”[④] 二是熙宁四年（1071），枢密使文彦博所说：“为与士大夫治天下，非与百姓治天下也。”[⑤] 吴晗早于20世纪40年代便在《论皇权》一文中引用，并在《论士大夫》一文中列举了士大夫享有的种种特权。[⑥] 三是至迟在南宋时期已有明清时代绅士的雏形。如辞官闲居处州（治今浙江省丽水市）的南宋执政何澹[⑦]与退休回到家乡华亭县（即今上海市嘉定区华亭镇）的明代首辅徐阶就相仿佛，两人虽然面相不尽相同，但在地方上的地位与作为很相似。或许可以如是说：绅士阶层肇端于南宋，成型于明代。

需要指出的是，正因为西汉与宋代都处于无定型时期，其平民化趋势较为明显，只怕是个不争的事实。钱穆将西汉政府称为“平民政府”、西汉政治称为“平民政治”，言过其实。但他所说的“大臣出自民间”，“乡村学者尽有被举希望”，平民学者讲学之风很盛，太学生“不限资格，均可应选”，等等，都是平民化趋向的

---

① 王曾瑜：《涓埃编》，河北大学出版社2008年版，第197—446页。

② 《国史大纲》下册，第492页。

③ 洪迈撰，何卓点校：《夷坚志》支庚卷5《辰州监押》，中华书局1981年版，第3册，第1177页。

④ 张端义：《贵耳集》卷下，《学津讨原》本。

⑤ 李焘撰，上海师范大学古籍室点校：《续资治通鉴长编》卷221熙宁四年三月戊子，中华书局1986年版，第16册，第5370页。

⑥ 《皇权与绅权》第41、68页。

⑦ 参看邓小南《何澹与南宋龙泉何氏家族》，《北京大学学报》2013年第2期，第113—130页。

表征。至于宋代，钱穆的论述不限于所谓平民参政，也不限于平民学者“讲学风气愈播愈盛”，讲学内容“牵涉到政治问题”，等等。其重点在于文化，并使用了“平民化”这个概念。钱穆在《中国文化史导论》一书中，从“文学平民化的趋势”说起，直到“平民的美术”、平民的音乐、平民的工艺，并称：“唐代的美术与工艺，尚多带富贵气”，“否则还不免粗气”。“一到宋代才完全纯净化了，而又同时精致化了”。“民间工艺实在是唐不如宋”。钱穆在《理学与艺术》一文中，又讲到书法特别是绘画的平民化及其与理学精神的关联。① 宋代的平民化趋势涵盖面广，无论是从充实、细化还是梳理、深化的角度，都还有文章可做。

结语：权力社会

世上万事万物均处于变换不居之中，动态是绝对的，静态是相对的。钱穆治史重在“明变”，并将变化分为“大变”与“小变”② 的主张，本人举双手高度赞同。就中国古代特殊势力演变史而论，没有任何一种势力能够实现万世一系、永不倾覆的幻想。确如钱穆所言，总是旧的特殊势力在崩溃，新的特殊势力在形成。这是大变。从小变来说，正如钱穆所说：特别是“宋以后的社会，许多达官显贵家庭，不过三四代，家境便是中落了”。然而也有不

---

① 《理学与艺术》，《全集》第23册，第279—812页。

② 钱穆在《中国历史研究法》一书中说：“历史本身就是一个变，治史所以‘明变’。”“研究历史之变，亦宜分辨其所变之‘大’与‘小’。”（《全集》第31册，第4、6页）

变的，那就是特殊势力和特权家庭在中国古代社会从来不曾缺席。大而言之，贵族之后，士族继起；士族之后，绅士继起。尽管其权势有大小之别，从总体上看“一代不如一代”，呈递减趋势，贵族非士族可比，而士族又非绅士可比。翦伯赞当年曾强调：“不要见封建就反，见地主就骂。”① 对于贵族、士族、绅士应做历史的具体分析，不宜简单地一概否定。然而在中国古代历史上特殊势力始终存在，应该是个不争的事实。

学界有权力社会一说。如果将中国古代社会称为权力社会，从社会形态的角度看，并不确当。但与平等社会一类的说法相比，权力社会一说似乎较为合理，关键在于它揭示了包括宋代在内的秦汉以下社会的不平等性。就宋代而言，与其说是平民社会，不如说是权力社会。由于中国古代社会极具不平等性，于是出现了《不平歌》这类激愤之词：“不平人杀不平者，杀尽不平方太平。”② 不平等社会在古代历史上周而复始，翻来覆去。人们回望往古，才不免有“六道轮回，出路何在”之叹。平等在中国古代只是美妙的向往。当时人曾述说：“此间不问人贵贱，不问官尊卑，但看一念之间正不正尔。”③ “此间”者，虚拟世界阴间也。不平等是我们的祖先不得不面对的严酷社会现实。一言以蔽之，平民社会即平等社会一说只怕是想当然耳，恕我直言不讳。

（成荫、陈鹤两位学友曾对本文提出修改意见。）

（原载《历史教学》2017 年第 16 期）

---

① 翦伯赞：《对处理若干历史问题的初步意见》，《人民教育》1961 年第 9 期，第 4 页。

② 陶宗仪：《南村辍耕录》卷 27《扶箕诗》，中华书局 1980 年版，第 343 页。

③ 《夷坚志》乙志卷 5《司命真君》，第 1 册，第 221 页。

宋代富民问题断想

时下富民是个极易引发联想的敏感词汇。有学者近期较为集中地探讨宋代的富民问题，提出“富民阶层”的概念和“富民社会”的理论体系①，认定富民是唐宋“社会的中坚力量”②。此说在唐宋史学界引起广泛关注，赞同并沿着这一路径深入研究者有之，质疑这一概念和体系的确切性者亦有之，更有提出批评者。批评者认为：“依照马克思主义的史观，被剥削、受压迫的广大劳动大众是历史演进的主干和主角”；尖锐地批评道：“称颂富民”，不关注“劳动大众”，“这不符合史实，也不是马克思主义的史观”。③ 分歧如此严重，引起了我的阅读兴趣。学习之后，脑子里

---

① 林文勋教授的有关论文不少，如：《宋代富民与灾荒救济》，《思想战线》2004第6期，第96—102页；《中国古代的“富民”阶层》，《历史教学问题》2005年第2期，第37—46页；《中国古代“富民社会”的形成及其历史地位》，《中国经济史研究》2006年第2期，第30—37页。这些论文大多收入林文勋《唐宋社会变革论纲》，人民出版社2011年版。

② 林文勋：《唐宋社会变革论纲》，第329页。

③ 王曾瑜：《论中国古代士大夫及士风和名节——以宋代士大夫为中心》，《河北学刊》2011年第1期，第55—61页。王先生的论文又由《新华文摘》2011年第7期全文转载，其主要批评对象是以士大夫为中心的精英史观，并兼及“称颂富民”。以下凡引宋代富民问题研究的批评者所言皆出自此文。

随即闪现出翦伯赞20世纪60年代初那句名言："不要见封建就反，见地主就骂。"[①] 心想：而今我们在古代历史研究中能"见剥削就反，见富民就骂"吗？"过犹不及"，只怕也不能"见富民就捧，见豪门就赞"吧！现不揣浅陋，将没读懂、不理解之处斗胆写出，以就教于宋代富民问题的研究者、质疑者和批评者。

一、不可或缺的"剧中人"

谁是历史的主人或主角？在马克思主义史家内部，就有不同认识。20世纪40年代末，范文澜第一次明确提出："历史是劳动人民的历史，劳动人民是历史的主人。"[②] 翦伯赞在赞同之余，又有所保留。他强调：在中国古代，"劳动人民是在被剥削被压迫的情况之下参加历史创造"，并未"当家作主"。黎澍在20世纪80年代初一再撰文公开质疑范文澜之说，认为应当回到马克思、恩格斯的论断："人们自己创造自己的历史。"他说："历史是人人的历史，所有的人都参与了历史的创造，他们既是历史的剧作者，又是历史的剧中人。"他尤其不赞成"在古代历史上，人民群众早已居于主人或主角地位"[③]。吴江的认识与黎澍大致相同："劳动人民是历史的主人"系"简单化说法"。他认为："世世代代的

① 翦伯赞：《对处理若干历史问题的初步意见》，《人民教育》1961年第9期，第1—7页。又载《光明日报》1961年12月22日。两者个别文字稍有差异。以下凡引翦伯赞语皆出自此文。

② 范文澜：《谁是历史的主人》，《进步日报》1949年5月29日。

③ 黎澍：《论历史的创造者及其他》，《历史研究》1984年第5期。收入《黎澍自选集》，广东人民出版社1998年版，第169—184页。

‘社会人’共同创造历史。”不同之处是吴江同时又强调：“人人都参加历史的创造，但角色各有不同”，其中广大劳动群众和伟大人物的作用最为突出。①

黎澍的看法或有偏颇之处，但似乎不宜轻易地指责为“不是马克思主义的史观”。应当更多地关注下层民众，早已成为包括不少非马克思主义史家在内的广大历史研究者的共识。然而只怕不能因为范文澜有一册《汉奸刽子手曾国藩的一生》刊行，就认为他只关注统治者。同理，也不能因为仅仅写了几篇有关富民的论文，便受到“不关注劳动大众”的批评。翦伯赞强调：历史“不能只写一面”。按照黎澍的观点，被统治者和统治者、受剥削者和剥削者、贫民和富民都是历史不可或缺的“剧作者”和“剧中人”。“研究有重点，学术无禁区。”宋史研究不宜画地为牢，富民问题也应当是宋史研究的题中应有之义。何况有关研究者一再解释，富民属于“民”，属于“编户齐民”，并不完全处于人民群众之外，某些富民甚至还在劳动大众之中。

综观宋代富民问题的研究，在总体上并无“不是马克思主义的史观”之嫌。其研究者正是继不少马克思主义前辈史家之后，从新兴阶层的崛起这一角度揭示唐宋社会的变革。不同的是对于这一新兴阶层的界定和称呼，侯外庐称之为“非品级性地主”②，

---

① 吴江：《马克思主义是一门大史学》，中央编译出版社2002年版，第42—45页。

② 侯外庐主编：《中国思想通史》第4卷《编者的话》，人民出版社1959年版，第1页。

白寿彝称之为“势官地主”[①]，漆侠称之为“庶族地主”[②]，而宋代富民问题研究者则称之为“富民阶层”。他认为：唐宋社会变革“是从汉唐的‘豪民社会’变革为唐宋以来的‘富民社会’”。“‘富民社会’上承汉唐的‘豪民社会’，下启近代的‘市民社会’”。“‘富民社会’就是在‘富民阶层’崛起的过程中形成的”[③]。不同的是，白寿彝认为宋代崛起了两个重要的新兴阶层，一个是取代“门阀地主”的“势官地主”阶层，另一个是取代“荫附农民”的“佃农”阶层。而富民问题的研究者仅论述了取代“豪民阶层”的“富民阶层”。此说是一种新视角，并有一定的史实依据。治史者大概都记得顾炎武所说：宋以上“犹谓之豪民，谓之兼并之徒，宋已下则公然号为田主矣”[④]。至于这一新论断是否比前辈史家的成说更确当则另当别论。

二、“富者”未必等于“不仁”

北宋陈烈《题灯》诗云：“富家一盏灯，太仓一粒粟；贫家一

① 白寿彝：《中国历史的年代：一百七十万年和三千六百年》，《北京师范大学学报》1978年第6期，第18页。他解释道：“势，当时叫作形势户。官，当时叫作官户。势官地主也有政治身份和特权，但所拥有的世袭特权是很有限的。”以下凡引白寿彝语皆出自此文。

② 漆侠：《宋学的发展和演变》，河北人民出版社2002年版，第47页。

③ 林文勋：《唐宋社会变革论纲》，第4页。

④ 顾炎武撰，陈垣校注：《日知录校注》卷10《苏松二府田赋之重》，安徽大学出版社2007年版，第591页。

盏灯，父子相对哭。”① 唐宋社会，贫富悬殊。存在决定意识，仇富心理古已有之。宋人就说：“今之富者，大抵皆奸富也。”② “富家大室多是为富不仁。”③ 用现在的语言来说，即是：大凡有钱人，不是“周扒皮”，就是“刘文彩”④。富民问题研究的批评者的观点，与此颇有相似之处。他评论富民，大体不外两句口头禅——“人无横财不富”“为富不仁”。其实，这两句话是很值得推敲的。

经查，第一句来自民谚，收入《增广昔时贤文》：“人无横财不富，马无夜草不肥。”与宋代俚语“欲得富，须胡做”⑤ 系同义语。第二句出自春秋时代人阳虎之口，见于《孟子·滕文公上》：“为富不仁矣，为仁不富矣。”东汉赵岐注曰：“阳虎，鲁季氏家臣也”；“阳虎非贤者也。”⑥ 阳虎等人协助季氏“聚敛”，以致“季氏富于周公”⑦。此言大致正是其生财之道的总结。如果将这两句话解释为要致富就非发横财不可，或脱贫致富即走向不仁，或目的就是一切，为了达到致富的目的，必须不择手段，只能为富“不仁”，并作为经验之谈加以推广，引导人们怎样致富，指导人们致富之后如何为人，只怕是不折不扣的误导。不可否认，这两

① 晁说之：《晁氏客语》，左圭辑：《左氏百川学海》第 11 册，武进陶氏 1927 年据宋咸淳本影印，第 15 页。

② 罗大经：《鹤林玉露》甲编卷 2《奸富》，王瑞来点校，中华书局 1983 年版，第 23 页。

③ 张端义：《贵耳集》卷下，从书集成初编本，中华书局 1985 年版，第 62 页。

④ 据说《收租院》里的刘文彩与历史上的刘文彩有差异。

⑤ 徐梦莘：《三朝北盟会编》卷 140 建炎四年六月二十二日“戚方犯湖州安吉县”，上海古籍出版社 1987 年版，第 1023 页。

⑥ 赵岐注，孙奭疏：《十三经注疏·孟子注疏》卷 5 上《滕文公上》，整理工作委员会标点，北京大学出版社 1999 年版，第 134 页。

⑦ 何晏等注，邢昺疏：《十三经注疏·论语注疏》卷 11《先进》，整理工作委员会标点，北京大学出版社 1999 年版，第 148 页。

句话揭露和抨击剥削者的贪婪与残酷，实属入木三分的精辟之言。但对于大大小小的富民来说，似乎不宜一概而论，应做具体分析。

按照富民问题研究者的论述，他所说的富民是个很宽泛的概念，上自富可敌国的大贾如唐代富商王元宝之类，下至稍有余钱剩米的小农、小工、小商，包括大富、中富和小富。在富民中，大富较少，小富居多。在小富者中，固然也有“有以谲诈而致富者”①。然而唐时《女论语》中即有此一说：“大富由命，小富由勤。”在小富者中，只怕勤劳致富者应当是大多数。他们致富的方式林林总总，见于记载者，如“躬耕复致富饶”②；“养鲤鱼而致富”③；“（种）好李花致富”④；药师有“以鬻药致富”⑤ 者；画工有因绘画“致富”⑥ 者；“畜猪致富”者将猪称为“乌金”⑦；有的地方还有制作销售“面具”（一种玩具）而“致富”者⑧。开封许大郎便是小民致富的一个实例，他“世以鬻面为业，然仅能自赡。至此老颇留意营理，增磨坊三处，买驴三四十头。市麦于外邑，

① 不著撰人：《东园友闻》，曹溶辑：《学海类编》，上海涵芬楼1920年版，第86册第12页。

② 陆游：《陆游集·渭南文集》卷32《陈君墓志铭》，中华书局1976年版，第2299页。

③ 韩鄂：《岁华纪丽》卷1《正月》，陶宗仪：《说郛》卷69下，《影印文渊阁四库全书》本。

④ 冯贽：《云仙杂记·好李花致富》，马俊良辑：《龙威秘书》第2集第8册，第56页，清乾隆五十九年（1794）石门马氏大酉山房刻本。

⑤ 陶谷：《清异录》卷下《薰燎门·三匀煎》，《惜阴轩丛书》本，清光绪丙申（1896年），长沙。

⑥ 王辟之：《渑水燕谈录》卷2《名臣》，李伟国点校，中华书局1981年版，第20页。

⑦ 曾慥：《类说》卷40《朝野佥载·猪号乌金》，北京图书馆古籍珍本丛刊本，据明天启岳钟秀刻本影印。

⑧ 陆游：《老学庵笔记》卷1，李剑雄等点校，中华书局1979年版，第4页。

贪多务得，无时少缓。如是十数年，家道日以昌盛，骎骎致富矣。”[①] 在佃农中也有致富者，他们“或丁口蕃多，衣食有余，稍能买田宅三五亩，出立户名”[②]。如仙居（今属浙江）郑四客“为林通判家佃户，后稍有储羡，或出外贩贸纱帛、海物”[③]。像许大郎特别是郑四客这类下层民众，他们主要靠勤俭致富，再加智慧和机遇。只怕不能“见富民就骂”，将郑、许等人斥之为“人无横财不富”吧。

随着商品经济的长足发展，财富的力量在唐宋社会明显增长，出现了“至富可敌至贵”“钱足以通鬼神”[④] 一类的说法。然而包括唐宋时期在内的中国古代社会毕竟属于权力社会。如不凭权仗势，很难暴富。当时大发横财者并非普通富民，大抵不外下面两种人。

其一，贪官。南宋初年官至枢密使的将帅张俊，实属贪官暴富的典型。他以“喜殖产”而闻名，“岁收租米六十万斛”[⑤]，“家多银，每以千两铸一球，目为‘没奈何’”[⑥]。其财富的来源主要有二。一是厚禄与滥赐，宋高宗声称：“尽以西湖赐之，曾不为过。”[⑦] 二是经商，他不仅动用军队在临安修建并经营取名太平楼

---

① 洪迈：《夷坚志》支戊卷7《许大郎》，何卓点校，中华书局1981年版，第1110页。

② 胡宏：《五峰集》卷2《与刘信叔书五首（之五）》，吴仁华点校，中华书局1987年版，第119页。

③ 《夷坚志》支景卷5《郑四客》，第919页。

④ 何薳：《春渚纪闻》卷2《二富室疏财》，张明华点校，中华书局1983年版，第15—16页。

⑤ 李心传：《建炎以来系年要录》卷135，绍兴十年四月乙丑，中华书局1988年版，第2162页。

⑥ 《夷坚志》支戊卷4《张拱之银》，第1084页。

⑦ 周密：《齐东野语》卷4《杨府水渠》，张茂鹏点校，中华书局1983年版，第69页。

的大酒店，还派遣士兵越洋过海，经营海外贸易，并“获利几十倍”[①]。当时人指责他“在钱眼内坐”[②]，给他取了个“铁颔”的绰号。所谓“铁颔”者，“无廉耻不畏人者也”[③]。张俊者流确属靠“横财”而暴富，理当受到“为富不仁”的谴责。

其二，官商。所谓官商，即有官方背景的商人。富民问题研究者所论及的唐玄宗时富商王元宝即是一例。如果说张俊之流靠滥用权力而大发横财，那么王元宝之类则有利用权力而暴富之嫌。他以“好宾客，务于华侈”而闻名，“宅中置一礼贤室”，“以延纳四方多士，竞于供送。朝之名寮，往往出于门下。每科场，文士集于其家”。岂止“四方之士尽归而仰焉”，唐玄宗不时召入宫中，并有借用“龙皮扇”[④] 一类的交往。由于“其势可以比封君”[⑤]，王元宝才得以成为“国中巨豪”“王家富窟”[⑥]。难怪富室争相攀附权势，以便保护自己，欺压他人。在宋代，富民入资补官者为数甚多[⑦]；教子读书，以期科举入仕者大有人在。还有与高官显贵乃至皇亲国戚攀亲者，出现了“民争市婚（宗室）为官户”的情形，如开封富室“大桶张家”“帽子田家”不惜花费大量钱财，

① 罗大经：《鹤林玉露》丙编卷2《老卒回易》，王瑞来点校，中华书局1983年版，第269页。

② 罗点：《闻见录》，陶宗仪：《说郛》卷9，中国书店1986年版，第12页上。

③ 庄绰：《鸡肋编》卷下《铜颔铁颔》，萧鲁阳点校，中华书局1983年版，第92页。

④ 王仁裕：《开元天宝遗事》卷2《床畔香童》《富窟》，卷1《豪友》，卷2《龙皮扇》，曾贻芬点校，中华书局2006年版，第37、17、37—38页。

⑤ 何薳：《春渚纪闻》，卷2《二富室疏财》，第16页。

⑥ 王仁裕：《开元天宝遗事》，卷2《富窟》，第37页。

⑦ 参看王曾瑜《宋朝卖官述略》，王曾瑜：《点滴编》，河北大学出版社2010年版，第41—89页。

一再娶县主为媳。[①] 在这类攀附权势的富民当中，“为富不仁”者所占比例无疑较大。

三、两头小中间大

“知今宜鉴古，无古不成今。”古今固然相通，足资参照，但毕竟不能进行简单的古今类比：讨论唐宋富民，立即类比民国时代的“周扒皮”、当今山西的某些煤老板。类比只是一种获得猜想的重要方法、不充分的似真推理，只怕应当将问题放在一定的历史范围之内做具体的论证。宋代富民问题研究的批评者评论宋代的富民，还使用了“豪横”一词。什么是“豪横”，简而言之，即“土豪劣绅、恶霸地主”[②]。古人所谓“长者”，即积财聚德者，它作为“豪横”的反义词，大致近乎今人所说的“开明地主”。不能因为而今关于刘文彩等恶霸地主形象问题的争议便怀疑历史上“豪横”的存在。长达一万余言的《名公书判清明集·惩恶门·豪横类》，即是宋代豪横确实存在的铁证。陈智超、梁庚尧等学者对宋代的豪横与长者已有相当深入的研究。[③]

---

① 参看张邦炜《婚姻与社会·宋代》，四川人民出版社 1989 年版，第 142—144 页。

② 陈智超：《宋史研究的珍贵史料——明刻本〈名公书判清明集〉介绍》，《陈智超自选集》，安徽大学出版社 2003 年版，第 579 页。

③ 陈智超：《南宋二十户豪横的分析》，载邓广铭、徐规等主编《宋史研究论文集（1984 年会编刊）》，浙江人民出版社 1987 年版，第 248—266 页；梁庚尧：《豪横与长者：南宋官户与士人居乡的两种形象》，载梁庚尧《宋代社会经济史论集》下册，台北允晨文化公司 1997 年版，第 474—536 页。

问题在于富民问题研究的批评者追问：究竟“豪横是主流，还是长者是主流”？这个问题本身似乎就不甚确切。在富民中，豪横与长者不是非此即彼，二者必居其一，恶霸与开明是地主阶级中的两极。在这两种人之外，还有既算不上恶霸，也谈不上开明者。批评者认为“豪横是主流”，所占“比例较大”。此说或可再斟酌。两头小中间大，介乎于豪横与长者之间的普通地主只怕才是地主阶级的大多数。政务院 1950 年《关于划分农村阶级成份的决定》是马克思主义的重要文献。《决定》指出：恶霸地主“是地主中特别凶恶者”①。按照当时的规定，恶霸地主通常是要镇压的。如果《决定》不是使用“特别”一词，而是采用“主流”“比例较大”乃至于多数等字眼，不知当年开展的土地改革运动将会出现多大的偏差。

批评者判定“豪横是主流”，其依据不是史实，而是剥削阶级的本性。他强调包括富民在内的一切剥削阶级“追求财富的疯狂性、残酷性和不择手段”。正是从这一立场出发，他超时空地对古往今来的一切剥削阶级的“进步作用”持否定态度，反对肯定剥削，反对“称颂富民”。其实，在一定的场景下给予剥削阶级历史的具体的肯定，恰恰来自马克思、恩格斯。他们在《共产党宣言》中一方面深刻地揭露资产阶级“公开的、无耻的、直接的、露骨的剥削”，另一方面又理直气壮地指出：“资产阶级在历史上曾经起过非常革命的作用。”至于刘少奇 1949 年“天津讲话”中那句名言“剥削有功”②，更是尽人皆知。按照抽象的道德标准，剥削无疑是“恶”。但在还不可能消灭剥削的历史场景下，适度的剥削

① 中央人民政府政务院：《关于划分农村阶级成份的决定》，《人民日报》1950 年 8 月 20 日。

② 艳儿：《刘少奇提出“剥削有功”始末》，《湘潮》2004 年第 3 期。

只怕也不能完全否定。这也就是恩格斯说的“恶”的历史作用吧，涉及如何处理道德评价与历史评价的关系问题。

具体到中国古代历史，马克思主义史家漆侠历史地肯定过剥削制度，他指出：宋代的定额地租制“是当时较为先进的分配制度，是适应了生产力的发展的”。同时具体地称赞过剥削阶级，他认为：“中下层地主阶级，在两宋还不是一个多余的阶级，而是社会上必要的有利于生产的一个阶级。”① 人们可以对此有异议，但只怕不能简单地说“中小地主进步论”“不是马克思主义的史观”吧，而异议者的意见不一定就更符合马克思主义。白寿彝认为宋代的“势官地主”比魏晋隋唐的“门阀地主”进步，宋代富民问题的研究者认为唐宋的“富民”阶层比汉唐的“豪民”阶层进步，只怕并无大错，不应当受到究竟是“红眼病”还是“势利眼”一类的谴责。

四、“富民”何所指

一代人有一代人的史学，历史研究不可能也不应当陈陈相因，需要继承与扬弃、开拓和创新。宋代富民问题研究虽然已经取得不少成绩，但毕竟还是一项正在进行中的新探索，势必有不尽周全之处，难免引起“无较为确定的内涵和外延”一类的质疑。笔者也有些不理解之处，原因大概在于并未读懂。实话实说，“富民”究竟何所指，我就没有弄明白。

其一，唐宋“富民”与汉唐“豪民”有什么区别？研究者说：

① 漆侠：《漆侠全集》第3卷，河北大学出版社2008年版，第25、501页。

“富民”主要是指“乡村中靠土地经营致富的人”。① 接着便引证苏洵的《田制》：“富民之家地大业广，阡陌连接，募召浮客，分耕其中，鞭笞驱役，视以奴仆，安坐四顾，指麾于其间。”问题有三：第一，苏洵描述的是井田制破坏之后的历史状况，还是宋代的现实情景？第二，“鞭笞驱役，视以奴仆”，超经济强制如此强烈，如此残暴地动用“棍棒的纪律”，这样的“富民”同研究者所说的汉唐“豪民”究竟有什么区别？除了获得土地的方式不同之外，在经营方式上有无不同？第三，这些“地大业广，阡陌连接”者分明是地主，但研究者始终没有明确所谓唐宋“富民”主要是指地主还是以地主为代表。

其二，富民有无阶级属性？研究者认同：“中国是一个‘职业分途社会，而不是阶级社会’”②，似乎富民问题的研究仅立足于职业分途，不着眼于阶级划分。可是又采用阶级分析法，认为富民阶层的崛起表明“地主阶级内部的阶层性变化确实已经发生”，并称：“宋代社会中，乡村户分一、二、三、四、五等，与近现代社会中划分阶级时的地主、富农、中农、贫农、雇农序列基本相似。”此说只怕不甚准确之处较多。第一，雇农“一般全无土地与工具”，“完全地或主要地以出卖劳动力为生”③，在宋代通常不在主户之列，应当属于客户。第二，富农与富裕农民并不完全是同一概念，“富农剥削的方式，主要是剥削雇佣劳动”④，富农作为一个特定的阶层出现在近代。宋时难道就有富农阶层吗？第三，

① 林文勋：《中国古代“富民社会”的形成及其历史地位》，《中国经济史研究》2006年第2期，第30—37页。以下凡引宋代富民问题研究者所言而未注出处者皆出自此文。

② 谷更有：《唐宋国家与乡村社会》，中国社会科学出版社2006年版，第149页。

③ 《关于划分农村阶级成份的决定》，《人民日报》1950年8月20日。

④ 《关于划分农村阶级成份的决定》，《人民日报》1950年8月20日。

地主又有大、中、小之分，似乎并非一概属于一等户。宋人有乡村上三等户“乃从来兼并之家”① 一类的说法，第二乃至第三等户中也有地主。

其三，富民是社会的中间层还是上层？按照研究者的解释，富民是“社会的中间层”，应当主要是指宋代的第三等户即研究者所对应的中农阶层吧。但研究者又说：“宋代乡村第三等户是个尚未脱贫致富的阶层”②，连富民都算不上。研究者又将王元宝作为富民的例证，并将“望族”“豪富”“豪门”“豪族”视为“富民”的别称，似乎富民又不是中间层而应当属于上层。

其四，“富”与“贵”是有分有合还是毫不相干？研究者说：富民“所拥有的只有财富，而没有任何特权”。“‘富者’与‘贵者’是一（两）个完全不同的社会阶层”。“任何”“完全”可能强调过分，似有将“富者”与“贵者”完全对立之嫌。当时确实出现了“贫富贵贱，离而为四”这一反映社会变迁的新现象，很值得重视。但只怕不能以偏概全。在唐宋文献中，富、贵并列者固然不少，富贵连称似乎更多。这反映了当时社会上富贵分离与富贵合一的现象兼而有之。具体说来，在小富、中富者当中，富贵分离的状况较多。即使如此，也不能绝对化。在宋代，富裕的乡村上三等户即研究者所特指的“富民”，一旦承担里正一类的职役，便由“民户”变为“吏户”、由“平户”变为“形势户”。王曾瑜《宋朝阶级结构》一书指出：“官户法定特权并不多，吏户的法定特权更少。”③ 但他们的法外权势不小，书中列举了某些吏户

① 韩琦：《上神宗乞罢青苗及诸路提举官》，赵汝愚：《宋朝诸臣奏议》卷111《财赋门·新法三》，北京大学中国中古史研究中心校点整理，上海古籍出版社1999年版，第1208页。

② 谷更有：《唐宋国家与乡村社会》，中国社会科学出版社2006年版，第172页。

③ 王曾瑜：《宋朝阶级结构》，河北教育出版社1996年版，第329页。

仗势为非作歹的种种劣迹。至于在大富、巨富者当中，富贵结合的现象则较多。既有“以贵而富”者，如张俊者流，也有“以富而贵”者，如王元宝之类。研究者正确指出：唐宋社会“兼业现象十分突出”，“有官僚阶层兼营工商业的情况，还有工商业者广置田产兼事农业的情况”。官僚、地主、商人三位一体，如张俊者流，就是当时富贵合一的典型。

五、究竟谁养活谁

古往今来，谁是社会的中坚？20 世纪 50 到 80 年代，人们通常毫不迟疑，斩钉截铁地如是回答：劳动人民！如今宋代富民问题的研究者认为，富民才是唐宋社会力量，其最主要依据是富民养活穷人。其实，此说虽然渊源有自，但并非天经地义的常理，历来有三种各不相同的说法。

其一，穷人养活富人。人们大致都记得《诗经·魏风·伐檀》：“坎坎伐檀兮，置之河之干兮，河水清且涟猗。不稼不穑，胡取禾三百廛兮？……”大致也都记得 20 世纪 50 年代初土改时，那首广为流传的新歌谣《谁养活谁呀》：“你有田，你有地，没有佃农来劳动，光有田地吃狗屁。……”① “……不是咱种粮，地主早就饿断肠。……”② 不是富人养活穷人，而是终年劳作的农民

① 转引自李巧宁《建国初期山区土改中的群众动员——以陕南土改为例》，《当代中国史研究》2007 年第 4 期，第 64 页。当时各地都有这一歌谣，内容大致相同，歌词略有差异。

② 邵燕祥：《1951 年到甘肃参加土改》，刘瑞林主编：《温故（之九）》，广西师范大学出版社 2007 年版，第 5 页。

养活了不劳而食的地主。曾经亲自参加土改的邵燕祥对此说基本予以肯定，但同时又认为，当年的宣传“难免没有简单化的倾向”，其片面性在于“抹杀知识分子的脑力劳动”。知识分子出身的张国焘就是抹杀脑力劳动的典型，他 20 世纪 30 年代前期在川北苏区将人们划分为两大阶级——穷人和富人，划分的标准是手上有无茧疤。手上无茧疤的知识分子被划为富人阶层，作为革命对象。

其二，富人养活穷人。宋代著名思想家叶适说：“富人者，州县之本，上下之所赖也。富人为天子养小民，又供上用。”① 照叶适看来，“富人”（即地主）岂止供养“小民”（即农民），更是供养了整个国家和社会。宋代富民问题的研究者在引证叶适之说后，赓即表示完全赞同，指出：“富民通过占有土地，既提供土地给贫民耕种而使贫民得以生存，同时又为国家提供赋税。”并强调：“离开富民，社会经济很难正常运行。”叶适的“功利之学”无疑应当受到历史的肯定，但他的富人养活穷人，笔者实难苟同。人们不免会问：地主如果离开佃农，能够生存吗？社会如果离开农民，经济能够正常运行吗？

其三，富人与穷人相互养活。朱熹的认识不同于叶适，他说：“佃户既赖田主给佃生借以养家活口，田主亦借佃客耕田纳租以供赡家计，二者相须，方能存立。”很清楚，在朱熹看来，田主与佃户，谁也离不开谁，如果谁离开了谁，双方都不能生存。朱熹的“主佃相须”论显然要比叶适的“富人养活小民”论近乎实情，合乎常理。朱熹作为地方官，曾下令：“佃户不可侵犯田主，田主不

---

① 叶适：《叶适集·水心别集》卷 2《民事下》，刘公纯等点校，中华书局 1961 年版，第 657 页。

可挠虐佃户。"① 从文字上看，条文不偏不倚，中立公正。姑且不论朱熹本人的阶级立场问题，在当时的历史条件下，佃户处于无权地位，而田主则有势可仗，佃户与田主在现实生活中是不可能平等的。

宋代富民问题的研究者将富民视为唐宋"社会的中坚力量"的另一主要依据是："'富民'是国家赋税和财富的主要来源"，"国家赋税最主要的缴纳人"。确实如研究者所说，实行两税法以后的主要计税原则是"以贫富为差"，"资产少者，则其税少；资产多者，则其税多"，无田产的佃农原则上不应当承担土地税。然而众所周知，当时的分配体制是：佃户交租，田主完粮，粮从租出，租为粮本。田赋分明是地租的分割，田赋来自地租。羊毛出在羊身上，佃农是田赋的实际承担者，是官府税收的重要来源。他们作为直接生产者，不是社会的累赘，而是社会财富的增殖者。佃农用辛勤劳动为社会做出了极大的贡献。如果说宋代社会经济的长足发展在中国古代历史上是个"奇迹"，那么以佃农为主体的农民阶级只怕应当是这个"奇迹"的主要创造者。一言以蔽之，将佃农排除在外，片面地将富民视为唐宋社会的中坚力量，或有进一步斟酌的必要。

（原载《四川师范大学学报》2012年第4期）

① 朱熹：《朱子大全》卷100《劝农文》，《四部备要》第58册，中华书局、中国书店1989年影印，第1735页。

宋代士大夫问题的一些再思考

一、借古说今宜审慎

如何评价宋代的士大夫？而今学者各执一词，两种观点极端对立。“君子论”者将宋代盛赞为“君子时代”，颂扬“宋朝的文人士大夫是中国历史上最高傲、最有骨气的一群知识分子”，“具有独立的人格而不趋炎附势，不巴结权贵”。“粪土论”者则针尖对麦芒，断言：宋代士大夫大多数“是卑鄙龌龊之徒，更有巨恶大憝之辈”。其将士大夫从总体上斥为“群小”，比喻为“粪土”，认为“范仲淹等人无非是一堆牛粪土上开出的几朵鲜花”。并指责为数甚多的宋史研习者“关注士大夫”，“称颂士大夫”，至少犯下三大错误：一“不符合史实”，二“不是马克思主义的史观”，三还“是一双双势利眼”。笔者先前对宋代士大夫阶层做过某些历史性的肯定，曾提出诸如“士大夫——皇亲国戚的克星”① 一类的

① 张邦炜：《宋代皇亲与政治》，四川人民出版社 1993 年版，第 342 页。

论点。火力如此猛烈的抨击对我极具刺激性，触动着我重温范文澜、翦伯赞等马克思主义历史学家的论著，对以往的认识做些再思考。

20世纪50年代初，范文澜曾自我反思其旧本《中国通史简编》“由于片面地‘反封建’和‘借古说今’所造成的非历史观点”。他说：“无分析的一律抹杀或一律颂扬，都是主观主义的、非历史主义的表现。”在他看来，“‘借古说今’并不是绝对不可以”，但不能“古今不分，漫谈时事”，“因‘借古说今’而损害了实事求是的历史观点”。[①] 翦伯赞50年前曾强调：不能“对自己的历史盲目歌颂”，也不能“对自己的历史采取虚无主义的态度，把自己的历史写成罪恶的堆积”。并提出了若干“不要”，诸如：“不要见封建就反，见地主就骂”；“不要先提出结论，把结论强加于史实”；“不要依据孤证，武断历史”。[②] 前辈史家的这些告诫，在事隔数十年之后，仍然不乏针对性。恕我直言，“君子论”恐属“一律颂扬”“盲目歌颂”，“粪土论”则有“一律抹杀”“虚无主义”之嫌。对于“君子论”，笔者在《不必美化赵宋王朝》[③] 一文中曾略抒己见：就个体而论，宋代士大夫鱼龙混杂，良莠不齐，绝非个个人格高尚，人人均系谦谦君子。下面主要就“粪土论”谈些粗浅看法，相信有关学者会不吝赐教。

---

① 范文澜：《关于中国历史上的一些问题》，《范文澜历史论文选集》，中国社会科学出版社1979年版，第18—19页。

② 翦伯赞：《对处理若干历史问题的初步意见》，《人民教育》1961年第9期，第1—7页。

③ 张邦炜：《不必美化赵宋王朝——宋代顶峰论献疑》，《四川师范大学学报》2011年第6期，第130—143页。

二、一簇鲜花与新兴阶层

历史学家漆侠去世时，王曾瑜深情地将他推崇为“一位真诚的马克思主义史学家”①。此言相当中肯。漆侠早在20世纪50年代初，便依据马克思主义的原理，主张“正确认识历史上的封建统治阶级和封建王朝”，反对“封建统治阶级中没有一个好家伙”一类的说法，强调“不能一笔抹杀三千年来的封建统治阶级”②。在众多的宋代士大夫的所谓称颂者中，他无疑名列前茅。范仲淹只是牛粪上开出的一朵鲜花吗？漆侠并不这样认为。将其论文《范仲淹集团与庆历新政》③同“粪土论”相比较，至少有三个实质性的不同。

第一，漆侠认为，范仲淹集团“是由才俊之士组成的政治集团”。换言之，仅就范仲淹集团而论，在其成员当中也并非仅有一朵或几朵鲜花而已，这个政治集团整体上便是一簇香味扑鼻的鲜花。漆侠引用韩愈的诗句“同官尽才俊”称颂范仲淹集团。他说：“在整个封建时代里，前无古人，后无来者，没有任何一个政治集团凝聚了这样多的人才，做出了这样绚丽多彩的贡献。”这批士大

① 王曾瑜：《一位真诚的马克思主义史学家》，《漆侠先生纪念文集》，河北大学出版社2002年版，第593—596页。收入王曾瑜《丝毫编》，河北大学出版社2009年版，第502—512页。

② 漆侠：《正确认识历史上的封建统治阶级和封建王朝》，《新建设》1953年第7期。收入《漆侠全集》第9卷，河北大学出版社2008年版，第359—370页。

③ 漆侠：《范仲淹集团与庆历新政——读欧阳修〈朋党论〉书后》，《历史研究》1992年第2期。收入《漆侠全集》第9卷，第215—235页。

夫个个是才俊，朵朵是鲜花。

第二，“皮之不存，毛将焉附。”按照马克思主义的史观，范仲淹这样的政治人物理应是一定阶级阶层利益的代表者。“粪土论”将范仲淹作为孤立的个人，把鲜花与牛粪割裂开来，并予以对立。擅长运用阶级分析法的漆侠则阐述了范仲淹这批鲜花的阶级阶层属性，一再强调“以范仲淹为代表的封建士大夫”。在漆侠看来，范仲淹集团自有其深厚的社会基础，即“以中下层地主阶级为主，包括部分上层农民在内的中间阶层”。范仲淹集团并非无本之木，无源之水。

第三，从某种意义上说，“粪土”论与“君子”论如出一辙，均重在以超时空的善恶标准对士大夫个人做道德评价。漆侠则重在从社会发展的角度对士大夫阶层做历史评价。他认为，范仲淹所代表的封建士大夫是中唐以后才逐渐登上政治舞台的、新兴的阶层。也就是说，范仲淹等鲜花不是附着在臭不可闻的粪土之上，而是植根于新兴阶层这片沃土之中。漆侠指出：这一新兴阶层“不仅经济地位的上升有了更多的可能性，而且还可以通过科举考试在政治上取得一定的地位。正是这样一批来自中下层地主阶级的士大夫”，“在政治上形成了一个富有改革意识的政治集团”①，并且“在思想上表现了生动活泼的创造性”②。“满朝朱紫贵，尽

① 漆侠：《宋学的发展和演变》，《漆侠全集》第6卷，第41页。

② 《漆侠全集》第9卷，第220页。

是读书人。”[①] 以科举出身的读书人[②]为主要成分的士大夫阶层（或称官僚阶层）取代门阀士族等级成为地主阶级的当权阶层，是宋代社会阶级结构最重大的变动之一。王曾瑜在《从门第到有无出身》一文中指出：“这无疑是唐宋之际从官场到社会的一个变化，也是一种进步。”[③] 对此，学者多有论述，这里不必重复。

当然，马克思主义的解释权绝非漆侠一人所能独享，他既无意也无法加以垄断。学者见仁见智，对漆侠的上述论断有不同认识是正常的。然而只怕无论如何都不能将其指斥为“不是马克思主义的史观”。众所周知，漆侠既是宋史专家，又是农民战争史专家。王小波、李顺等农民领袖和范仲淹、王安石等封建士大夫都是他的主要研究对象。漆侠晚年还着重探究宋代士大夫的学术——宋学，有《宋学的发展和演变》一书传世。漆侠作为后继者，履践了前辈史家翦伯赞的忠告：历史“不能只写一面”。我等自当信心满满，在关注社会下层的同时，理直气壮地关注士大夫，实无畏首畏尾、怕狼怕虎之必要。

---

① 张端义：《贵耳集》卷下，丛书集成初编本，第 63 页。

② 据台湾学者李弘祺介绍，日本学者荒木敏一《宋代科举制度研究》一书认为，“读书人”一词始见于《宋史》（《宋代教育散论》，台北东升出版公司 1980 年版，第 35 页）。此论不确，《隋书》中早已有之。《隋书》卷 42《李德林传》载：有官员建议隋文帝“尽诛（北周皇族）宇文氏”，内史令李德林“固争，以为不可”。隋文帝“作色，怒云：‘君读书人，不足平章此事。’于是遂尽诛之”（中华书局 1973 年版，第 1199 页）。藐视“读书人”之意溢于言表。与前代相比，宋代读书人不仅人数大大增加，而且地位明显提升。《宋史》卷 3《太祖本纪三》载：“（宋太祖）曰：‘作相须读书人。’由是大重儒者。”（中华书局 1977 年版，第 50 页）元人戴表元称：宋代“名卿士大夫，十有八九出于场屋科举”（《剡源文集》卷 9《陈晦父诗序》，影印文渊阁四库全书本）。“十有八九”，揣测之词，不足尽信，然证诸史实，占大多数则是事实。

③ 王曾瑜：《从门第到有、无出身》，《燕京学报》新 22 期。收入《丝毫编》，第 30—59 页。

三、精神伟力岂可小视

按照马克思主义的观点，主流精神并非大多数人所奉行的精神，而是大多数人所认同的精神。而时代精神则顺应历史潮流，体现时代趋向，并对社会发展产生积极影响。宋代士大夫的主流精神是什么？有学者回答道：先忧后乐，有志天下。[①] “粪土论”者的答案则是：读书做官，卑鄙龌龊，颇为糟糕。其实，宋代读书人的学习目的是多元的，其中较为常见的大致有以下三种：

一是为谋生而读书。蔡戡指出：“士之仕也，所以为贫。”其目的在于“事父母，育妻子”[②]，即养家糊口。某些上层士大夫自以为高雅，将这些为仰俯计、为生计谋的读书应举者作为嘲笑对象，轻鄙地称之为“岁糜廪禄”的“米虫”[③]，显然很不公道。连朱熹也认为：“今之士大夫应举干禄，以为仰事俯育之计，亦不能免。”[④] 生存是人的第一基本需求。为谋生而读书，固然算不上高尚，也不能斥之为糟糕，无非是平常人要活下去的起码生存欲望而已。但因科举录取率极低，读书人大多名落孙山，落得个“满头霜雪，满面尘埃”，“别无收拾，只有清贫”，空自叹息：“功名

① 王瑞来：《宋代士大夫主流精神论——以范仲淹为中心的考察》，《宋史研究论丛》第6辑，河北大学出版社2005年版，第169—198页。

② 黄淮、杨士奇编：《历代名臣奏议》卷51《治道》“宋孝宗时蔡戡对策”，上海古籍出版社1989年版，第696页。

③ 田汝成：《西湖游览志余》卷22《委巷丛谈》，上海古籍出版社1980年版，第395页。

④ 黎靖德编：《朱子语类》卷118《训门人六》，王星贤点校，中华书局1986年版，第2837页。

富贵真难致。”[①] 正如陆游所说：“士之埋没无闻者何可胜计!”[②]在民间教书办学是广大失意读书人的主要出路之一，他们被称为“乡先生”[③]。乡先生的水平参差不齐，其中白字先生不少。如将“‘郁郁乎文哉’讹为‘都都平丈我’”，但却颇受学生欢迎。“时人为之语云：‘都都平丈我，学生满堂坐。郁郁乎文哉，学生都不来。’”[④] 他们在社会底层推广教育，普及文化，功不可没。“粪土论”者将这些下层士大夫从总体上一律予以否定，只怕有欠斟酌。

二是为做官而读书。杨时说：“彼读书者，应举得官而止耳。”[⑤] 罗大经说：“今世儒生，竭半生之精力，以应举觅官。幸而得之，便指为富贵安逸之媒。”[⑥] 如“家甚微”的张绎“出闻邑官传呼声，心慕之。问人曰：‘何以得此?’人曰：‘此读书所致尔。’即发愤力学，遂以文名”[⑦]。可见，读书做官确实是当时读书人相当普遍的追求。《孟子·滕文公下》曰：“士之仕也，犹农

① 洪迈：《夷坚志》三志己卷7《善谑诗词》、支丁卷6《南陵仙隐客》，何卓点校，中华书局1981年版，第1353、1017页。

② 陆游：《渭南文集》卷26《跋周茂叔通书》，《四部备要》第79册，中华书局1989年版，第180页。

③ 探讨宋代“乡先生”并肯定其历史贡献的论著较多，足资参考。如：邹重华《“乡先生”——一个被忽略的宋代私学教育角色》，香港中文大学《中国文化研究所学报》1999年新8期，收入邹重华、粟品孝主编《宋代四川家族与学术论集》，四川大学出版社2005年版，第359—392页；许怀林《南宋的民办书院与乡先生的职业化》，收入杭州师范大学国学院等编《徽音永著——徐规教授纪念文集》，华东师范大学出版社2012年版，第355—376页。

④ 《西湖游览志馀》卷25《委巷丛谈》，第450页。

⑤ 杨时：《龟山集》卷2《语录·余杭所闻》，丛书集成初编本，第2367册，第39页。

⑥ 罗大经：《鹤林玉露》乙编卷2《赠头陀诗》，王瑞来点校，中华书局1983年版，第154页。

⑦ 《宋史》卷428《张绎传》，第12733页。

夫之耕也。”为做官而读书并不一概可耻。欧阳修在《读书》一诗中就坦言，自己青少年时代曾为做官而读书，并获得成功：“中间尝忝窃，内外职文翰。官荣日清近，廪给亦丰羡。”① 欧阳修显然并非龌龊之徒，卑鄙的只是那些将“好官亦不过多得钱耳”② 奉为信条的贪官。他们“贪利禄而不贪道义，要做贵人而不要做好人”③。有人认为“科举害人”，朱熹并不完全赞同。他一方面说：“科举累人不浅。”④ 另一方面又说：科举“也废他不得”⑤。科举制度虽然具有实质性的缺陷，但在当时起到了推动文化发展、促进社会流动等积极作用，理当受到历史的肯定。须知，马克思主义的原理是具体的、历史的，不是抽象的、教条的、超时空的。

三是为救世而读书。宋人许翰说：“士之仕也，高则欲行其道。”⑥ 这些高尚之士“忧国忘家，每言及国事，辄感愤慷慨”⑦。这一类型的代表人物首推范仲淹。据南宋僧人居简记述，范仲淹

---

① 欧阳修著，洪本健校笺：《欧阳修诗文集校笺·居士集》卷9《读书》，上海古籍出版社2009年版，第247页。

② 司马光：《涑水记闻》卷1，邓广铭、张希清点校，中华书局1989年版，第7页。

③ 朱熹：《晦庵先生朱文公文集》卷74《又谕学者》，《四部备要》第58册，第1338页。

④ 《朱子语类》卷13《力行》，第245—246页。

⑤ 《朱子语类》卷109《论取士》，第2697页。

⑥ 许翰：《襄阳文集》卷11《孙使君墓志铭》，影印文渊阁四库全书本。

⑦ 《朱子语类》卷132《中兴至今人物下》，第3182页。

读书求学时的志向是："达则为贤相，穷则为良医。"[①] 此语又作："不为良相，愿为良医。"意思是："仕而不至于相，则其泽之所及，顾不若医之博耳。"[②] 史称：范仲淹"少有大节，于富贵、贫贱、毁誉、欢戚，不一动其心，而慨然有志于天下"。入仕为官后，"一以自信，不择利害为趋舍。其所有为，必尽其方"[③]。范仲淹说："不能利泽生民，非士大夫之志。"[④] 其境界无比高尚。

范仲淹先忧后乐、有志天下[⑤]的精神确实并非当时大多数士大夫所能践行。正如宋人梅让所说："士之仕也，进而取荣禄易，欲行其志而无愧于心者难!"[⑥] 苏轼曾感叹："呜呼，士不以天下

---

① 释居简：《北涧集》卷2《湖州宝云彬文仲净业记》，影印文渊阁四库全书本。范仲淹此语既不见于其文集，又不见于其传记资料，于是有学者怀疑出自杜撰。余新忠《"良医良相说"源流考论》(《天津社会科学》2011年第4期，第129—131页)旁征博引，论述甚详。值得注意的是，此语与范仲淹的"先忧后乐"之志是一致的。李丛昕的读史札记《不为良相　便为良医——从范仲淹的人生追求说起》(《光明日报》2013年4月25日)肯定此语系范仲淹所说，并指出行医是失意读书人的另一条出路，称："自范仲淹以后，良医始被尊为儒医，医术亦被称为仁术。"《宋史》卷406《崔与之》传载："父世明，试有司连黜，每曰：'不为宰相则为良医'，遂究心岐、黄之书，贫者疗之，不受直。"(第12257页)

② 陈桷：《石山医案》附录《石山居士传（李汛）》，影印文渊阁四库全书本。

③ 《欧阳修诗文集校笺·居士集》卷20《资政殿学士户部侍郎文正范公神道碑铭（并序）》，第587页。

④ 吴曾：《能改斋漫录》卷13《文正公愿为良医》，上海古籍出版社1979年版，第381页。

⑤ 杨慎：《丹铅续录》卷6《先忧后乐》称："'先忧事者后乐事，先乐事者后忧事。'此曾子《立事》篇语，《大戴礼》所载同。范文正公先忧后乐之语本此。"(丛书集成初编本，第81页)曾子此语，见《大戴礼记》卷4《曾子立事第四十九》(黄怀信等汇校集注，三秦出版社2005年版，第502页)。但曾子此言同"凡事预则立，不预则废"一语含义相近，与范仲淹先忧后乐、有志天下的精神有实质性的不同。杨慎所谓"本此"，仅从语源上说，并非就语义而言。

⑥ 《欧阳修诗文集校笺·居士集》卷31《太子中舍梅君（让）墓志铭》，第833页。

之重自任久矣!"[①] 任何时代走在时代前列的先行者总是极少数，不应因范仲淹精神是所谓极少数人的精神而加以忽视，其精神伟力不可低估。以下三点值得注意：

第一，范仲淹精神为当时的士大夫所普遍认同和称道。史载：范仲淹生前，"天下想闻其风采，士大夫以不获登其门为耻"[②]。死后，士大夫更是赞不绝口。黄庭坚云："范文正公在当时诸公间，第一品人。"[③] 吕中曰："先儒论本朝人物，以范仲淹为第一。"[④] 范仲淹是王十朋崇拜的楷模、效法的榜样，他不断歌咏道："堂堂范公，人中之龙。正色立朝，奸邪不容。""平生敬慕范文正，遗像向来祠楚东。""先忧后乐范文正，此志此言高孟轲。""私心窃慕范文正，后天下乐先其忧。"[⑤] 诸如此类，不一而足。或许正是依据这些，李华瑞将先忧后乐、有志天下称为"当时士大夫们的共同理想"[⑥]。

第二，范仲淹精神对当时社会产生重大作用。庆历以前，士风不振，主政大臣往往"主安静之说而弊事不革"[⑦]。范仲淹一反先前士大夫"厚重沉默"的作风，在他的力行和倡导下，风气为

① 苏轼：《东坡集》卷24《乐全先生文集叙》，《四部备要》第77册，第182页。

② 徐自明：《宋宰辅编年录》卷5"庆历五年正月乙酉范仲淹罢参知政事"，王瑞来校补，中华书局1986年版，第261—262页。

③ 黄庭坚：《黄庭坚全集》正集卷26《跋范文正公诗》，刘琳等校点，四川大学出版社2001年版，第689页。

④ 吕中：《宋大事记讲义》卷10《仁宗皇帝：朋党·君子·小人》，影印文渊阁四库全书本。

⑤ 梅溪集重刊委员会编：《王十朋全集》文集卷6《国朝名臣赞·范文正公》，诗集卷23《梦人赠范文正公集》、卷24《读岳阳楼记》、卷28《诸公和诗复用前韵》，上海古籍出版社1998年版，第671、413、447、535页。

⑥ 李华瑞：《视野、社会与人物——宋史、西夏史研究论文集》，中国社会科学出版社2012年版，第342页。

⑦ 《宋大事记讲义》卷9《仁宗皇帝：馆阁》。

之一变。朱熹说："范文正方厉廉耻，振作士气。"又说："本朝惟范文正公，振作士大夫之功为多。"① 范仲淹将其先忧后乐、有志天下的理念变为行动，推行庆历新政。后来实际影响更大的王安石变法在很大程度上便是庆历新政的继续。连对王安石变法颇有讥评的吕中也说："荆公以天下自任之志，不减于范文正。"② 在某些宋人看来，"王荆公之变法即范文正公之遗意"③。范仲淹、王安石不愧为宋代士大夫这一新兴阶层的杰出代表。

第三，范仲淹精神对后世具有深远影响。北宋人李孝彦当时就断言：范仲淹之高风亮节将"为天下后世之仰服"。不出所料，此后不少士大夫将范仲淹称颂为"千载一人""百世之师""殊绝人物"。明人陈凤梧诗云："青天白日仰希文，自是先朝第一人。"④ 范仲淹"愿为良医"之志在宋代没有引起足够的重视，元代以后影响越来越大。元人姚燧说："范文正公之言曰：'得志愿为贤宰相，不得志愿为良医。'其真知言哉!"⑤ 元人魏初《题阴德记后》诗云："不为良相愿为医，落落胸中亦自奇。一片活人心思在，百年名笔有真知。"⑥ 将范仲淹先忧后乐、有志天下的精神称为宋代士大夫的主流精神，恐无不妥。漆侠指出：范仲淹等士大夫站在"时代的最前列"。⑦ 李华瑞认为：先忧后乐、有志天下是两宋时期"时代的最强音"⑧。范仲淹精神实可视为有宋一代的时代精神。

---

① 《朱子语类》卷129《本朝三·自国初至熙宁人物》，第3086页。

② 《宋大事记讲义》卷9《仁宗皇帝：两制》。

③ 《宋大事记讲义》卷首《原序（刘实甫）》。

④ 《范文正公集》补编卷3《跋文正公手书伯夷颂墨迹》，四部丛刊初编本。

⑤ 姚燧：《牧庵集》卷9《易安斋记》，影印文渊阁四库全书本。

⑥ 魏初：《青崖集》卷2《题阴德记后》，影印文渊阁四库全书本。

⑦ 《漆侠全集》第9卷，第228页。

⑧ 《视野、社会与人物——宋史、西夏史研究论文集》，第342页。

四、片言只语不足凭信

两宋历史上最为重大的事件莫过于女真贵族、蒙古贵族先后以大规模战争的残酷手段灭亡北宋、南宋。在山河破碎、国破家亡的两大历史关键时刻，士大夫的态度与表现究竟如何，无疑是对他们进行评论的重要着眼点。《宋史·忠义传序》高度评价宋代的士大夫："靖康之变，志士投袂，起而勤王，临难不屈，所在有之。"又曰："及宋之亡，忠节相望，班班可书。"视士大夫为"群小"的"粪土论"者对此痛加批驳，然而其依据不是史实，主要是当时人的两句片言只语，其可靠性相当有限。

其一，"金人相与言：'辽国之亡，死义者十数，南朝惟李侍郎（若水）一人。'"此言引自《宋史·忠义传》，其实在同一记载中便有不少反证。首先，仅就金方所称赞者而言，就绝非只有被金军杀害于金营的宋朝使者李若水，还有因固守中山府（治今河北定州）而遇害的知府陈遘。《忠义传》载："金人入见其尸曰：'南朝忠臣也。'"[①] 其次，在《忠义传》有记载的所谓"死节者""死义者"除李、陈二人之外，还有出使金营而被金军杀害的资政殿学士刘韐、吏部员外郎傅察，战死于隆德府（治今山西长治）的知府张确，战死于太原的知朔宁府（治今山西朔州市朔城区）孙益，战死于蔡州（治今河南汝南）的知崇阳县（今属湖北）李涓，因固守汾州（治今山西汾阳）而遇害的知州张克戬，因固守怀州（治今河南沁阳）而遇害的知州霍安国、通判林渊，在金营

① 《宋史》卷446—455《忠义传》，第13149—13383页。

遇害的太学生徐揆，等等。再次，《忠义传》的记载有缺失。此传达十卷之多，赵翼还认为遗漏不少，他在《廿二史札记·宋史列传又有遗漏者》条中有所补充。其例证之一是俞文豹《清夜录》所载："靖康之变，上皇将赴金军，中书舍人姜尧臣极谏不可往。番使以骨朵击之，死。"引述之后，赵翼赞叹道："忠节凛然，史传所必宜载者。"① 可见，《忠义传》所说忠义之士"临难不屈，所在有之"，大抵属实。

其二，南宋遗民汪元量的诗句："满朝朱紫尽降臣。"夸张是诗歌常用的艺术手法，但这个"尽"字显然不确切，名垂青史的文天祥、陆秀夫等便是其反证。如果将"满朝朱紫"延伸到整个士大夫群体，这个"尽"字就更不确切了，在汪元量的诗集《湖山类稿》中反证比比皆是。如《醉歌》云："国母已无心听政，书生空有泪成行。"《江上》描述元军接管太学诸斋时的情景："潮落潮生天外去，人歌人哭水边来。"《彭州》书写南宋灭亡后彭州（四川今市）的实况："我到彭州酒一觞，遗儒相与话凄凉。……岐路茫茫空望眼，兴亡滚滚入愁肠。"对于这些只知哭泣流泪的书生，仅能"话凄凉"，"入愁肠"的"遗儒"，只怕仅可批评其无能，不可指责其无耻。其实，汪元量本人就是个反证。他"声声骂杀贾平章"，抨击权臣贾似道腐败误国；谴责以太皇太后身份垂帘听政的宋理宗谢皇后降元："侍臣已写归降表，臣妾佥名谢道清。"② 汪元量的民族气节素来深受人们景仰。与他诗歌唱和的士人如马廷鸾、刘辰翁、林石田、曾子良、李珏、徐恺、周方、章

① 赵翼：《廿二史札记》卷 24，中华书局 1963 年版，第 465 页。姜尧臣不仅《宋史》无传，且现存相关史料极少，其生平事迹待考。

② 汪元量：《增订湖山类稿》卷 1《醉歌》《江上》，卷 4《彭州》，孔凡礼辑校，中华书局 1984 年版，第 13—16、26—27、142 页。

杭山、陈自堂、毛敏仲、刘桃冈等，均与其志趣相投。他们在南宋灭亡后，与汪元量一样，隐居不仕，终老山林。《忠义传》称："及宋之亡，忠节相望，班班可书"，或许言过其实。但据元史研究者陈得芝统计，在晚宋 328 名进士中，以身殉国者占 21.65%，入元不仕者占 53.05%，归降仕元者仅占 25.3%。① 其结论很清楚，归降仕元者仅约占 1/4，占多数的是入元不仕者，如果加上以身殉国者则占绝对多数。

五、品评人物最难

认识自然界难，洞察社会更难，品评人物最难。人之为人，很难穿越时空，总是一种面相。处于不同场景，位于不同时段，面相往往不尽相同，乃至截然相反。秦桧就是一个突出的例子。他北宋末年系大义凛然的斗士，南宋初期则为卑鄙龌龊的权奸。愚见以为，"粪土论"者只怕是把复杂的问题简单化了一些。其主要表现有二：一是将士大夫简单地区分为卑鄙之徒与高尚之士两大类。不少士大夫介乎于两者之间，既够不上高尚，又算不上卑鄙。某些士大夫虽有龌龊之行，但并非卑鄙之徒。素以刚正著称的寇准即是一例，他天禧元年（1017）在判永兴军（治今陕西西安）任上，曾参与伪造天书，"中外皆以为非"②。二是将历史文本与人物原形之间的关系简单地归纳为一味美化。两者之间的关

① 陈得芝：《论宋元之际江南士人的思想和政治动向》，收入《蒙元史研究丛稿》，人民出版社 2005 年版，第 571—595 页。

② 《宋史》卷 281《寇准传》，第 9532 页。

系相当复杂，应做具体分析。历史是由书写者书写的，其书写目的各不相同，以致在史料中存在下面三种较为常见的问题：

其一，隐恶扬善。对于这个问题，“粪土论”者格外强调，其正确性毋庸置疑。赵翼《廿二史札记·宋史各传多回护处》条指出：宋史各传“多据各家事状、碑铭编缀成篇”，“有过必深讳之”，“有功必详著之”。接着便举出事例12条，以证实之。赵翼还言犹未尽，又在《各传附会处》《宋史数人共事，传各专功》两条中补充了10条例证。① 赵翼所言未必事事准确，但史料中溢美之处、吹嘘之词确实较多。这里仅再举一例。《东都事略》载，张方平“为御史中丞，尝附（宰相）贾昌朝”。其著者王称感叹道：“固正士之所不与也。”② 可是，苏轼在张方平生前，为其《乐全先生文集》作叙，将他比喻为孔融、诸葛亮，死后又在《张文定公墓志铭》中加以重复。这一比喻显然太夸张，张方平本人并不认同。他说：“孔明吾岂敢望！”又说：“北海（即孔融）或似之，然不至若是之戆也。”③ 苏轼如此吹捧张方平，原因在于张方平有恩于苏氏父子兄弟。苏轼在其《墓志铭》中说：张方平“与轼先大夫游”，“轼与弟辙以是皆得出入门下”④。《宋史·张方平传》记述得更详细些：张方平“守蜀日，得眉山苏洵与其二子轼、辙，深器异之。尝荐轼为谏官。轼下制狱，又抗章为请。故轼终身敬

---

① 《廿二史札记》卷23、24，第452—464页。

② 王称：《东都事略》卷74《张方平传》，孙言诚等点校，《二十五别史》第13册，齐鲁书社2000年版，第618、621页。

③ 苏轼：《仇池笔记》卷下《孔北海》，华东师范大学古籍研究所点校注释，华东师范大学出版社1983年版，第238页。张方平认为孔融“戆”，苏轼很不理解：“北海以忠义气节冠天下，其势足与曹操相轩轾，决非两立者，北海以一死捍汉，岂所谓轻于鸿毛者，何名为戆哉。”这表明张、苏二人的正统观存在严重分歧。

④ 苏轼：《东坡后集》卷17《张文定公墓志铭》，《四部备要》第77册，第381页。

事之，叙其文，以比孔融、诸葛亮”①。苏轼称颂张方平：“天下伟人则必以公为首。”② 这类溢美之词，均不可信以为真。贤达如苏轼尚且如此，他人可想而知。

其二，隐善扬恶。值得注意的是，在各种史料中，对士大夫一味美化者固然甚多，蓄意诋毁者也为数不少。突出的事例莫过于托名梅尧臣所著《碧云騢》和伪托苏洵所著《辨奸论》，前者诽谤范仲淹等士大夫③，后者将王安石斥责为“大奸慝”④。宋代“专暴人之短”的谤书绝不止此两种，还可举出《碱砆录》。⑤ 这类著述的编撰者不是被诋毁者的政敌，便是其仇人。熙宁二年（1069），新党开始当政，“二相（曾公亮、陈升之）皆闽人，二参政（唐介、王安石）皆楚人”。史载，旧党党魁、河东人氏司马光指责道：“闽人狡险，楚人轻易”⑥，显然出于派系偏见，外加地域歧视，是不能作为的评的。在《宋史》等史籍中，旧党偏见较为常见，大有凡具新党倾向者即受攻击之势。如在熙宁年间曾两度拜相的韩绛，虽因其“数荐司马光可用”而受到一定的肯定，但“终以党王安石复得政”，遭到“清议少之”一类的谴责，⑦ 外

---

① 《宋史》卷318《张方平传》，第10358—10359页。

② 《东坡集》卷24《乐全先生文集叙》，《四部备要》第77册，第182页。

③ 参看刘子健《梅尧臣〈碧云騢〉与庆历政争中的士风》，收入刘子健《两宋史研究汇编》，台北联经出版事业公司1987年版，第103—116页。

④ 参看邓广铭《〈辨奸论〉真伪问题的重提与再判》，《国学研究》第3卷，北京大学出版社1995年版。收入《邓广铭全集》第9卷，河北教育出版社2005年版，第456—483页。

⑤ 周煇：《清波杂志》卷4《碧云騢》，刘永翔校注，中华书局1994年版，第144页。

⑥ 朱熹：《三朝名臣言行录》卷7《丞相温国司马文正公（光）》，四部丛刊初编本。

⑦ 《宋史》卷315《韩绛传》，第10304页。

号人称“传法沙门”①。然而范纯仁所撰《司马康国韩公（绛）墓志铭》② 则对韩绛一概颂扬。可见，《宋史》等史籍毕竟不同于素有“谀碑”之称的碑志，并非一味美化士大夫。

其三，真假难辨。这类问题颇多，且相当复杂。如宋仁宗朝曾拜相的贾昌朝是否串通宫人、宦官就是个问题。《碧云騢》载：“昌朝在府，政事多内相关应，故主恩甚隆”③，云云。这类“士人少之”的丑闻，固然为王安石《贾魏公（昌朝）神道碑》④、王珪《贾文元公昌朝墓志铭》⑤ 所不载，但此情不能因其见于谤书而简单地视为乌有之事。《宋史·贾昌朝传》涉及这一碑铭讳莫如深的丑闻：“数有（台谏）攻其结宦官、宫人者。”⑥ 其史料来源为宋人笔记。⑦ 苏轼《东坡志林》载：“温成皇后（即宋仁宗张贵妃）乳母贾氏，宫中谓之贾婆婆。贾昌朝连结之，谓之姑姑。台谏论其奸，吴春卿（即参知政事吴育）欲得其实而不可。近侍有进对者曰：‘近日，台谏言事，虚实相半。如贾姑姑事，岂有是哉！’上默然久之，曰：‘贾氏实曾荐昌朝。’”⑧ 宋仁宗此语毕竟

① 李焘：《续资治通鉴长编》卷252熙宁七年四月丙戌，上海师范大学古籍整理研究所等点校，中华书局1988年版，第6170页。

② 范纯仁：《范忠宣集》卷15《司马康国韩公（绛）墓志铭》，影印文渊阁四库全书本。

③ 托名梅尧臣：《碧云騢》，陶宗仪：《说郛》卷38下，影印文渊阁四库全书本。

④ 王安石：《王文公文集》卷83《赠司空兼侍中文元贾魏公神道碑》，上海人民出版社1974年版，第887—892页。

⑤ 王珪：《华阳集》卷56《贾文元公昌朝墓志铭》，影印文渊阁四库全书本。

⑥ 《宋史》卷285《贾昌朝传》，第9620—9621页。

⑦ 《宋史》取材于笔记小说等私家著述之处甚多，可参看赵铁寒《由宋史之取材论私家传记之史料价值》，台湾宋史座谈会编《宋史研究集》第6辑，中华丛书编审委员会1958年印行，第209—242页。

⑧ 苏轼：《东坡志林》卷3《贾婆婆荐昌朝》，华东师范大学古籍研究所点校注释，华东师范大学出版社1983年版，第112页。

出自传闻，《宋史·贾昌朝传》持审慎态度，称：“验问无事实。”[1]又如李心传《建炎以来朝野杂记》记述了韩侂胄及其集团的若干贪腐事例，诸如犬吠村庄、由窦尚书、屈膝执政，等等。周密《齐东野语》称：“《杂记》所载，赵师罿犬吠，乃郑斗所造，以报挞武学生之愤。至如许及之屈膝，费士寅狗窦，亦皆不得志抱私仇者撰造丑诋。”[2] 王应麟《困学纪闻》则予以肯定：“《朝野杂记》载开禧贪浊之事详矣，继其后者又甚焉。”[3] 韩侂胄集团的贪腐丑闻太多，周密并不一概否定。他说：“《朝野杂记》所载韩平原（韩侂胄封号为平原郡王）送寿礼物，各列之天庆观廊间，观者为之骇然。”仅认为贾似道后来更恶劣，“其视平原之事，何翅万万”[4]。韩侂胄一伙民愤极大。民谣云：“满潮（朝）都是贼”，“冷（韩）底吃一盏（斩）”。伶人语：“苦苦苦，坏了许多生菱（灵）。”[5]《朝野杂记》所载犬吠村庄三事，或许“失真”，“固亦不免”[6]。然而种种迹象表明，李心传所说“自（韩）侂胄用事，贿赂盛行，四方馈遗，公至宰执、台谏之门”[7] 云云，从总体上看，应当是事实。

---

① 《宋史》卷285《贾昌朝传》，第9620—9621页。

② 周密：《齐东野语》卷3《诛韩本末》，张茂鹏点校，中华书局1983年版，第51页。

③ 王应麟：《困学纪闻》卷15《考史》，栾保群等标点，上海古籍出版社2008年版，第1717页。

④ 周密：《癸辛杂识》后集《馈送寿物》，吴企明点校，中华书局1988年版，第91页。

⑤ 叶绍翁：《四朝闻见录》戊集《满潮都是贼》《优伶戏语》，沈锡麟等点校，中华书局1989年版，第189—191页。

⑥ 永瑢等：《四库总目提要》卷81《史部三十七·政书类一·建炎以来朝野杂记四十卷》，中华书局1965年版，第695页。

⑦ 李心传：《建炎以来朝野杂记》附录一《拾遗》，徐规点校，中华书局2000年版，第920页。

六、“群小”之说待商量

“有一分史料说一分话”，“无一句无来历”一类的话语时下不时被引用，但其片面性显而易见。如果反其道而行之，代之以“无一分史料说十分话”，“无一句有来历”，那就不只是片面，近乎荒唐了。历史岂能想当然，无须依据史实，仅仅依据“什么藤结什么瓜”，依据统治阶级的阶级本性，即断定宋代士大夫大多数是卑鄙龌龊之徒，只怕是忘记了翦伯赞生前的告诫：“不要用原则代替历史，而是从历史引出原则。”士大夫人数太多，品评人物最难，现存史料有限且真假难辨，对此确实无法做出较为精确的统计，但倒也并非全无量的考察的可能。借助有关研究成果，仍可对宋代士大夫的道德状况做粗略估计。下面仅抽样式地举出三例，或许即可证明“粪土论”之不可信。

其一，宰相。在两宋 137 名宰相中，既有王安石、司马光、李纲、文天祥、陆秀夫等高尚刚正之士，也有蔡京、王黼、秦桧、贾似道等“巨恶大憝之辈”，但卑鄙龌龊之徒是否占多数则是个问题。所幸许怀林在《江西通史》中对两宋江西籍宰相乃至执政大臣做过相当具体的考察。依据其研究，北宋江西籍宰相凡 6 人，即王钦若、晏殊、陈执中、刘沆、王安石、曾布；执政大臣共 12 人，即陈恕、陈彭年、夏竦、李谘、欧阳修、王韶、王安礼、刘奉世、邓润甫、吴居厚、聂昌、王寓。南宋江西籍宰相凡 9 人，即陈康伯、洪适、周必大、赵汝愚、京镗、马廷鸾、江万里、文天祥、章鉴；副相共 12 人，即徐俯、张焘、洪遵、汪澈、施师点、萧燧、王刚中、罗点、刘德秀、包恢、陈宗礼、曾渊子。对于上述顶级士大夫，许怀林依据史实，基本予以肯定。他尤其称道南宋9位江西籍宰相，“都能主持正义”。在这39人中，许怀林仅对少数人略有微词，如夏竦“自奉尤侈”，陈执中“不能治家”，王安礼“疏于细谨”，洪适“无大建明”之类。并为王钦若、陈彭年辩解，认为他们并非“奸臣”“佞幸”。在他看来，卑鄙龌龊之徒仅一人而已，即北宋末年不敢出使金营的尚书左丞王寓①。这一考察未必完全准确，宋真宗时促成天书封祀的王钦若、陈彭年，宋宁宗时阿附韩侂胄的京镗、刘德秀，均有相当恶劣的龌龊之行，绝非高尚之士。但卑鄙之徒在这批士大夫中不占多数，这一结论似乎确切无疑。

其二，翰林学士。据杨果研究，两宋翰林学士凡397人，他们大多是来自“社会各阶层的优秀分子”，“具有较高封建文化修养”，属于“道德文学之流”。② 杨果认为：“从个人来说，多数是学问渊博、才干超群的佼佼者；从群体来说，无论知识结构或智能结构，都是堪称一流的。”她将宋代的翰林学士称为“一个素质优良、结构合理的人才团队”③。由于翰林学士人数众多，杨果不可能对每个人一一进行具体研究。王瑞来的《代王言者》一文将其探讨范围集中在宋真宗一朝。④ 据他统计，真宗时翰林学士凡22人，即宋白、宋湜、杨砺、王旦、梁周翰、朱昂、王钦若、师颃、梁颢、赵安仁、晁迥、李宗谔、杨亿、陈彭年、李维、王曾、

① 许怀林：《江西通史·北宋卷》第294—322页；《江西通史·南宋卷》第374—387页，江西人民出版社2009年版。

② 杨果：《宋翰林学士人员结构考述》，《武汉大学学报》1988年第6期，第92—95页。

③ 杨果：《中国翰林制度研究》，武汉大学出版社1996年版，第89页。

④ 王瑞来：《代王者言——以宋真宗朝翰林学士为中心的考察》，《漆侠先生纪念文集》，河北大学出版社2002年版，第172—189页。

钱惟演、李迪、盛度、刘筠、晏殊、李谘。王瑞来将这22人从总体上称为“士大夫阶层的翘楚”，“在当时多负盛名，为士大夫们所倾慕崇拜”。依据其考察，在这22人中，虽无突出的高尚刚直之士，但可视为卑鄙龌龊之徒者仅王钦若、陈彭年、钱惟演三人而已。

其三，御史中丞。宋人炫耀：“国朝任台谏之法远出前代，台谏亦最号得人。”① 虞云国《宋代台谏制度研究》一书大体赞同此说，他认为：“宋代言官之盛在整个中国古代社会中是一个最令人注目的朝代。”② 刁忠民《两宋御史中丞考》具体地考察了两宋169名御史中丞的事迹，其基本结论是：“仁宗以来御史得人为盛，有裨时政者良多。”③ 同时指出，其中忠直、奸回并存。以宋仁宗朝而论，御史中丞凡31人，即刘筠、薛奎、王臻、程琳、李及、晏殊、王曙、王随、蔡齐、范讽、孔道辅、李仲容、韩亿、杜衍、张观、柳植、贾昌朝、王拱辰、张方平、高若讷、鱼周询、杨察、郭劝、田况、王举正、孙抃、张昪、包拯、韩绛、赵概、王畴。依据刁忠民的考察，包拯以及刘筠、薛奎、王臻、李及、晏殊、王曙、蔡齐、孔道辅、韩亿、杜衍、张方平、杨察、郭劝、王举正、孙抃、张昪、韩绛、赵概、王畴等20人大体属于刚直敢言之士。王随、李仲容、张观、柳植等人则是“无所建明”或“无大建明”的得过且过者。至于程琳、贾昌朝、王拱辰、高若讷、鱼周询等人，实乃卑鄙之士或有龌龊之行。宋仁宗时期，朝政相对清明，刚直敢言之士占多数不难理解。据刁忠民考察，宋徽宗朝御史中丞共27人，即丰稷、王觌、赵挺之、钱遹、石豫、

① 洪业等编：《琬琰集删存》卷2《杜御史莘老行状（查籥）》，中华书局1990年版，第328页。

② 虞云国：《宋代台谏制度研究》，上海社会科学出版社2001年版，第20页。

③ 刁忠民：《两宋御史中丞考》，巴蜀书社1995年版，第1页。

席旦、许敦仁、朱谔、侯蒙、余深、卢航、吴执中、石公弼、张克公、俞㮚、王黼、蒋猷、陆蕴、王安中、陆德先、张劝、李森、翁彦国、陈过庭、郭三益、周武仲、何㮚。其中，陈过庭是北宋晚期著名的刚正高尚之士，丰稷、王觌、席旦、侯蒙、蒋猷、陆蕴、李森、翁彦国、周武仲等人有“直声”，王黼是巨奸大恶，赵挺之、钱遹、石豫、许敦仁、朱谔、余深、王安中、陆德先等人相当卑鄙或有龌龊之行。卢航、石公弼、张克公、吴执中虽有刚直之言，但据说分别党附童贯、郑居中、张商英、蔡京。但朱熹有不同看法，他认为：吴执中“议论刚正，凡所陈述，殊无顾忌，颇有古直之操”，“非蔡氏之党矣，未知本传何所据”。[①] 至于张劝、郭三益，资料太少，事迹不详。可见，即使是在北宋历史上最腐败的徽宗时期，也很难说当时的御史中丞大多数是卑鄙龌龊之徒。

最后需要说明，笔者并无全盘否定“粪土论”之意。毋庸讳言，前面所引有关学者的个别论断不免言过其实。笔者从前所持“士大夫——皇亲国戚的克星”一说也确有再斟酌之必要，这一全称式肯定判断未免欠周延，上文所述贾昌朝串通内宫一事即是其反证。“粪土论”者的尖锐批评，其积极意义在于警醒我等，对历史当常怀敬畏之心，切莫动辄妄发新奇离谱之论。宋代士大夫阶层有无带倾向性的弱点或劣根性？答案是肯定的。由于士大夫阶层处于当权地位，这些弱点对有宋一代的政局曾产生相当深刻的负面影响。“粪土论”启发我思索这个问题，日后或有《宋代士大夫阶层的劣根性》一文刊出，以再就教于同行学友。

（原载《人文杂志》2013 年第 7 期）

---

① 《晦庵先生朱文公文集》卷 71《偶读谩记》，《四部备要》第 58 册，第 1261 页。

重文轻武：赵宋王朝的潜规则

开拓新领域与深化旧论题是推进学术研究的两翼，前者固然非常重要，后者似乎也不可或缺。旧论题往往在本学科领域具有绕不过、避不开的关键性，且其中不无某些值得再探究的新问题。宋代重文轻武即是一例。若干年前，笔者依据前辈学者的研究，归纳为："强干弱枝、重文轻武、守内虚外是宋朝的三大基本国策。"并称："重文轻武的格局确立于太宗时期。"重文轻武"在北宋前期具有一定的历史正当性"，其"弊病在太宗时期开始暴露，到真宗时期趋于严重"。① 这些较为传统的说法如今仍然相当盛行，同时又受到诸多质疑，乃至颠覆性挑战。在宋代重文轻武论者当中，见解也不尽相同。有鉴于此，现将近年来在原有基础上通过学习新近研究成果所形成的一些粗浅认识写在下面。谬误之处，恳请匡正。

---

① 张邦炜：《中国封建王朝兴亡史·两宋卷》，广西人民出版社1996年版，第37、19、37、55页。这本通俗性读物写于20世纪80年代后期，因故延误出版。

一、论题的症结所在

宋代重文轻武，可谓老生常谈。前辈史家大多力主此说。如陈登原说：宋朝“重文轻武，疑忌武人”①。钱穆在其《国史大纲》中，将“不能再让军人操纵政权”和“优待士大夫”视为“宋王室历世相传更不放弃”的两条家训，并称其目的在于“永远让文人压在武人头上”②。刘子健认定：“宋代重文轻武，直至南宋亡国都没有觉悟。”③ 蒋复璁、赵铁寒则将重文轻武称为赵宋王朝的国策。蒋复璁说：“宋代强干弱枝，转变而为重内轻外，再转变而为重文轻武，积习相传，牢不可破。”④ 但是他们的探讨重点在于强干弱枝，对于重文轻武着墨甚少。难怪有学者感到：“所谓‘重文轻武’现象，虽曾被提高到‘国策’的水平来探讨，但严格的研究著作并不多。”他们认为其中疑问甚多，诸如“这一政策由何人提议，有无经过讨论，何时开始推行”⑤ 等。进入新世纪后，

---

① 陈登原：《国史旧闻·北宋武力何以不振》第 2 分册，中华书局 1962 年版，第 275 页。

② 钱穆：《国史大纲（修订本）》下册，商务印书馆 1994 年版，第 540 页。

③ 刘子健：《略论宋代武官群体在统治阶级中的地位》，收入刘子健《两宋史研究汇编》，台北联经出版事业公司 1987 年版，第 183 页。

④ 蒋复璁：《宋代一个国策的检讨》，《大陆杂志》第 9 卷第 7 期，1954 年 10 月 15 日；赵铁寒：《关于宋代“强干弱枝”的管见》，《大陆杂志》第 9 卷第 8 期，1954 年 10 月 31 日。两文均收入台北宋史座谈会编《宋史研究集》第 1 辑，中华丛书编审委员会 1958 年印行，第 407—453 页。

⑤ 曾瑞龙、赵雨乐：《唐宋军政变革史研究述评》，包伟民主编：《宋代制度史研究百年（1900—2000）》，商务印书馆 2004 年版，第 186—187 页。

在邓小南、陈峰、何冠环、范学辉等学者的积极参与下，相关研究取得较大进展[①]，解决问题不少，遗留问题仍存，争论且有增大的趋势。

如果说重文轻武与崇文抑武之争在很大程度上属于表述之争[②]，或可两说并存，那么宋代是否重文轻武则属于实质性的争议。早在20世纪80年代，便有学者认为，宋朝重视军事建设，“是‘重武’不是‘轻武’”[③]。笔者当时未加思索，即简单予以回应：“重文轻武的含义虽然较广，但其关键在于重用文臣，压抑武将，与是否重视军事建设关系不大。”近年来才发现质疑者的看法并非全然无据。

质疑者问：“宋朝哪个皇帝提出‘重文轻武’?”“宋朝是谁把‘重文轻武’作为国策的?”[④] 此问着实切中要害。我的回答是：

---

① 如邓小南：《试论宋朝的“祖宗之法”：以北宋时期为中心》，《国学研究》第七辑，北京大学出版社2000年版；《谈宋初“欲武臣读书”与“用读书人”》，《史学月刊》2005年第7期。陈峰：《武士的悲哀——北宋崇文抑武现象透析》，陕西人民教育出版社2000年版；《北宋武将群体与相关问题研究》，中华书局2004年版。何冠环：《北宋武将研究》，中华书局2003年版。范学辉：《宋人本朝军政体制论争试探》，《文史哲》2007年第4期。

② “崇文抑武”一语从前似乎极少使用，仅见于何忠礼《王嗣宗手搏得状元辨析》一文：“在‘崇文抑武’的宋代，这便成了文人们的一个话柄。”（《浙江学刊》1984年第6期，第16页）。有学者认为“重文轻武”四字不甚确当，当以“崇文抑武”一语代之，并赋予新意。参看陈峰《试论宋朝“崇文抑武”治国思想与方略的形成》，张希清等主编：《10—13世纪中国文化的碰撞与融合》，上海人民出版社2006年版，第350—370页。愚以为此说颇有道理。在我看来，作为政策，称“崇文抑武”较好；作为社会风气，以称“重文轻武”为宜。本文为行文方便起见，仍按多年来形成的习惯，统称“重文轻武”。

③ 宋衍申：《是“重武”不是“轻武”——谈北宋的一项基本国策》，《光明日报》1985年9月4日。

④ 宋朝粉丝：《谁最先污蔑宋朝重文轻武的》，铁血社区网《铁血军事·铁血历史论坛》；东方名将：《宋朝“重文轻武”的谎言》，铁血社区网《铁血军事·铁血历史论坛》。

据我所知，宋朝最高统治者从未公开宣称“本朝重文轻武”。仅就言辞而言，宋代重文轻武论往往引此为证：“上（指宋太宗）欲兴文教，抑武事。”[①] 此语分明不是宋太宗所说，也非宰执大臣所云，而是出自宋代史家的观感。南宋建立之初，武将势力膨胀，进士出身的起居郎胡寅对此很是不满。他于建炎三年（1129）九月上书宋高宗：“右文左武者，有国不易之道。”史称：“疏入，（宰相）吕颐浩恶其切直，罢之。”[②] 宰相“罢之”，恰恰表明胡寅之说未能体现乃至违背朝廷意图。而“罢之”的理由是所谓“切直”，则表明“右文左武”即使是朝廷的国策也不应广而告之。此事并未引起宋代重文轻武论者的重视，“重文轻武”四字系某些后世史家自身依据史实做出的判断。

照我看来，质疑宋代重文轻武，还有一条更为过硬的理由：宋朝统治集团所津津乐道的不是重文轻武，而是文武并用。如陈祥道《论语全解》曰：“圣人文武并用。”[③] 其弟陈旸《乐书》云：“文武并用，长久之道。”[④] 与胡寅上书的结局不同，陈氏兄弟的《乐书》等著作得到朝廷的肯定和褒奖。《宋史·陈旸传》载：“礼部侍郎赵挺之言，旸所著《乐书》二十卷贯穿明备，乞援其兄祥道进《礼书》故事给札。既上，迁太常丞，进驾部员外郎，为讲

① 彭百川：《太平治迹统类》卷28《祖宗科举取人·太宗》，江苏广陵古籍刻印社1990年版，第474页。李焘《续资治通鉴长编》卷18将此事系于太平兴国二年正月，中华书局1979年版，第3册第394页。其史料来源均为司马光《稽古录》卷17：“（太平兴国二年）正月，擢进士吕蒙正等百三十三人及第，皆除京官、通判，以兴文教，抑武事。”（影印文渊阁四库全书本）

② 李心传：《建炎以来系年要录》卷27建炎三年闰八月庚寅，中华书局1988年版，第543、549页。

③ 陈祥道：《论语全解》卷8《卫灵公第十五》，影印文渊阁四库全书本。

④ 陈旸：《乐书》卷172《乐图论·圣朝乐舞》，影印文渊阁四库全书本。

议司参详礼乐官。”[①] 如果说陈氏兄弟还只是一般性地讲大道理，那么苏轼作为主考官在《策问》中则如此具体地称颂道：“国家承平有年，文武并用，所以辅成人才者，可谓至矣。”[②]

上面所引均为北宋人所说。南宋大敌压境，形势越发严峻，文武官员尤应“协和相与，同心共济”[③]，救亡图存。无怪乎当时人的这类说法更多。如朱熹声称：“圣人文武并用。”[④] 杨万里强调：“文武并用，而莫知其孰先，莫知其孰后。”[⑤] 如果说朱、杨二人只是泛泛而谈，那么韩元吉则赞扬“陛下（指宋孝宗）文武并用”[⑥]。赵汝愚声称：“朝廷本意，盖只欲文武并用。”[⑦] 马光祖恭维“皇帝陛下（指宋理宗）文武并用，功德兼隆”[⑧]。赵、韩、马三人当时均非宰执重臣，其言论尚不足以体现朝廷意图。周麟之在宋孝宗时官至同知枢密院事，他身为执政大臣，将文武并用提升到祖宗家法的高度：“文武并用之道，祖宗相传之规。”[⑨] 特别值得注意的是，宋孝宗居然认同此说：“大抵治体不可有所偏。”

---

① 脱脱等：《宋史》卷432《陈旸传》，中华书局1977年版，第12848页。

② 苏轼：《苏轼文集》卷7《策问六首·五路之士》，孔凡礼点校，中华书局1986年版，第216页。

③ 黄淮、杨士奇等：《历代名臣奏议》卷162《建官》“孝宗时赵汝愚上奏”，上海古籍出版社1989年影印本，第2120页。

④ 朱熹：《晦庵先生朱文公文集》卷73《杂著·郑公艺圃折衷》，《四部备要》第58册，中华书局1989年版，第1319页。

⑤ 杨万里：《杨万里集》卷88《千虑策·论将上》，辛更儒笺校，中华书局2007年版，第7册，第3485页。

⑥ 韩元吉：《措置武臣关升札子》，曾枣庄、刘琳主编《全宋文》卷4786《韩元吉四》，上海辞书出版社、安徽教育出版社2006年版，第215册，第355页。

⑦ 《历代名臣奏议》卷162《建官》“孝宗时赵汝愚上奏”，第2120页。

⑧ 马光祖、周应合：《景定建康志》卷36《奏状·马光祖到任谢表》，《宋元方志丛刊》第2册，中华书局1990年版，第1926页。

⑨ 周麟之：《海陵集》卷6《除同知枢密院事谢表》，影印文渊阁四库全书本。《全宋文》第217册，第195页。

“治天下者，文武并用，则为长久之术，不可专于一也。”①

如果仅仅依据宋代统治集团的言辞，宋朝的基本国策似乎不是重文轻武，而是文武并用。难怪质疑者甚至将宋代重文轻武论称为“谎言”，斥为“诬蔑”。② 言语虽然尖锐，倒也并非向壁虚造。可见，宋朝是否重文轻武，实乃本论题的症结所在。否则“这一政策由何人提议，有无经过讨论，何时开始推行”等问题，均无从谈起。

二、半真半假的宣言

重文轻武与强干弱枝一样，通常被视为宋朝的基本国策。对于前者，宋朝统治者公开声称：“我国家强干弱枝。”③ 对于后者，他们始终讳莫如深，反而一再夸耀朝廷文武并用。其原因究竟何在？试解答如下。

第一，宋朝统治者有难言之隐。重文轻武与强干弱枝不同，强干弱枝是早在先秦时代就形成的传统治国理念。汉人曰：“强干

---

① 佚名：《增入名儒讲义皇宋中兴两朝圣政》卷 54 淳熙三年十月己卯，阮元辑《宛委别藏》第 29 册，江苏古籍出版社 1988 年版，第 1672 页。

② 宋朝粉丝：《谁最先污蔑宋朝重文轻武的》，铁血社区网《铁血军事·铁血历史论坛》；东方名将：《宋朝“重文轻武”的谎言》，铁血社区网《铁血军事·铁血历史论坛》。

③ 胡寅：《斐然集》卷 12《仲偪转一官》，影印文渊阁四库全书本。此文系胡寅绍兴年间在中书舍人任上代拟的制书。制书是古代帝王诏令文书中的一种。《全宋文》第 189 册，第 24 页。

弱枝，所以为治。”[①] 唐人云：“强干弱枝，自古通规。”[②] 宋朝统治者当然可以理直气壮地声言：“为强干弱枝之固，则内外安矣”[③]，“此强干弱枝之道，最今日急务”[④]。并尽情称颂：“我太祖能强干弱枝，制治于未乱。”[⑤] 至于重文轻武，则非“自古通规”。宋朝统治者很难公开宣布轻武、抑武，只能正面强调重文、右文。如宋太宗曰：“朕方以文治天下。”[⑥] 宋理宗云：“国家以儒立国。”[⑦] 至于文武并用，则是“自古通规”。唐人说：“文武并用，古之格言。”[⑧] 读读《史记·陆贾传》便知，至迟从西汉初年开始，重文轻武便成为一种传统的治国方针。[⑨] 因而宋人说：“文武并用，文武相配，汉之政也。”[⑩] 与此相抵触的重文轻武，显然是拿不上桌

---

① 范晔：《后汉书》卷1上《光武帝纪第一上》，中华书局1965年版，第26页。

② 王溥：《唐会要》卷54《省号上·给事中》，中华书局1991年版，第1100页。

③ 李焘：《续资治通鉴长编》卷133庆历元年九月辛酉，上海师范大学古籍整理研究所、华东师范大学古籍整理研究所点校，中华书局1988年版，第3178页。

④ 李心传：《建炎以来系年要录》卷46绍兴元年八月，中华书局1988年版，第838页。

⑤ 司马光：《涑水记闻》卷1，邓广铭、张希清点校，中华书局1988年版，第13页。

⑥ 罗从彦：《遵尧录》卷2《太宗》，黄宝华整理，朱易安等主编《全宋笔记》，大象出版社2006年版，第2编第9册，第125页。

⑦ 佚名：《宋史全文》卷34淳祐十年十月丙午，李之亮点校，黑龙江人民出版社2005年版，第2291页。

⑧ 宋敏求编：《唐大诏令集》卷65《大臣·录勋·叙用勋旧武臣德音》，商务印书馆1959年版，第352页。

⑨ 在宋人看来，文武并用的首倡者为孔子乃至周公。“孔子曰：‘有文事者，必有武备。’”（富弼：《上仁宗论武举武学》，《宋朝诸臣奏议》卷82《武举》，第891页）孔子此言被宋人反复引证。

⑩ 方大琮：《铁庵集》卷26《策问武举》，影印文渊阁四库全书本。“汉之政”，《全宋文》作“汉之事”（第322册，第244页）。

面的。宋朝统治者不能不承认："文武并用，贤能两进"[①]，"文武并用，本不偏废"[②]。宋朝统治者的苦衷还在于：就权谋方略来说，公开宣称重文轻武，有害无益，不利于文臣、武将"协和相与"。一言以蔽之，重文轻武不是赵宋王朝的明规矩，而是其心照不宣的潜规则。

第二，某些宋人的言论往往虚虚实实。他们夸耀朝廷文武并用是虚，批评当局重文轻武是实。如乾道年间，"近臣"的"抗疏"便是先溢言虚美："国家留意人才，文武并用，故有太学，有武学。"继而实话实说，州学生员"惟文士耳，习武举者一无所豫"。进而抨击地方官府"甚失国家并用文武之意"。宋孝宗"可其奏"。[③] 方大琮《策问武举》一文同样使用"先扬后抑""前肯后否"的笔法，开篇歌颂朝廷文武并用："国家武举之科，视前世为尤备。"赓即批评道："今三年大比，会试天府，而登名仕版，仅及文科十之一，殆轻之欤？"[④]"近臣"的"抗疏"只是将矛头指向地方官府，方大琮则将锋芒直指朝廷。他们不免转弯抹角，某些官员则直截了当。如宋仁宗后期曾一度废罢武举，枢密院及有关官员一再上疏反对："此举不可废罢"，建议"复此科"，其理由是："文武并用，废一不可。"[⑤] 诸如此类的批评恰恰表明重文

---

① 张耒：《张耒集》卷44《议·广才篇》，李逸安等点校，中华书局1993年版，第704页。

② 《宋史》卷153《舆服志·舆服五·士庶人服》，第3578页。

③ 林表民辑：《赤城集》卷6《台州州学建武斋记（方嵘）》引"近臣抗疏"，影印文渊阁四库全书本。《全宋文》第288册，第415页。

④ 方大琮：《铁庵集》卷26《策问武举》，影印文渊阁四库全书本。《全宋文》第322册，第244—245页。

⑤ 徐松辑：《宋会要辑稿》崇儒3之28，中华书局1957年版，第2221页。又见《宋会要辑稿·崇儒》，苗书梅等点校，王云海审订，河南大学出版社2001年版，第184—185页。

轻武这条潜规则确实存在。

《论语》曰："听其言而观其行。"宋朝最高统治者的宣言往往半真半假，不可全信。如前引宋孝宗所说：文武并用"不可专于一"，"不可有所偏"。前半句是真，历朝历代任何统治者都不可能只用文臣，不用武将，反之亦然。至于后半句"不可有所偏"，分明是假话。后来官至宰相的留正在入仕之初，上奏宋孝宗，指责"国家右文而略武备"。照他看来，重文轻武是北宋灭亡的主要原因之一，"承平日久，边不为备，至敌人长驱而不能支"。留正恳求宋孝宗从中汲取惨痛教训，"今当改辙，使文武并用"。史称："孝宗嘉叹。"① 朝廷口称文武并用，实则重文轻武，留正几乎将这一实情和盘托出。宋孝宗"嘉叹"，即予以默认。宋人与留正相似的言论较多。如北宋富弼曰："国家文既富矣，武未甚备"，"重文雅而轻武节"。② 南宋吕祖谦云："文治可观而武绩未振。"③ 后世史家判定宋代重文轻武，其直接来源正是留正等人的言论，只是更加简明扼要而已。前面说到的重文科轻武举、重太学轻武学、重习文者轻习武者，都是宋代重文轻武的例证。研究者们对此论述甚多且言之凿凿，这里大可不必炒陈饭。④

宋代重文轻武之所以受到质疑，主要原因在于它并非明规矩而是潜规则。宋朝统治者只做不说，不留墨迹，或可称为争议之源、问题之源。正因为如此，才出现了重文轻武与崇文抑武的表述之争。也正因为如此，"这一政策由何人提议，有无经过讨论"，

① 《宋史》卷391《留正传》，第11972页。

② 富弼：《上仁宗论武举武学》，赵汝愚编：《宋朝诸臣奏议》卷82《武举》，北京大学中国中古史研究中心校点整理，中华书局1999年版，第891、892页。

③ 吕祖谦：《东莱集》卷3《淳熙四年轮对札子二》，影印文渊阁四库全书本。《全宋文》第261册，第39页。

④ 参看陈峰《试论宋朝"崇文抑武"治国思想与方略的形成》。

史籍没有留下记载，无白纸黑字、真凭实据可查。有学者说："宋太祖制定了'重文轻武'的方针。"① 这一论断只怕缺乏依据。由于强干弱枝是明规矩，其倡行者为宋太祖及其谋臣赵普，记载明确，毫无疑义。由此进而推断重文轻武这条潜规则也由赵普提议、宋太祖拍板，则有想当然之嫌。强干弱枝与重文轻武虽然密切相关，但两者毕竟不是一回事。依我之见，此事无从考索，似乎也没有弄个水清石头现的必要。

三、文武地位的转换

五代重武轻文②，是个"粗人以战斗取富贵"③ 的时代。当时这类口头禅颇多："安定国家在长枪大剑，安用毛锥"④；"朝廷大

① 剑峰：《宋太祖"重文"的贡献》，《海南大学学报》1992 年第 2 期，第 29—32 页。

② 宁可指出，唐代前期"文武不殊途，将相得兼任"。文武关系问题始于唐中叶以后，因文武殊途而文武相轻。他认为："从唐中叶的文武殊途和相轻到北宋的重文轻武，中间还经历了一个重武轻文的阶段，这就是唐末五代。"（《宋代重文轻武风气的形成》，见《学林漫录》第 3 集，中华书局 1981 年版，第 59—66 页）

③ 《续资治通鉴长编》卷 5 乾德二年正月己丑，第 119 页。

④ 司马光：《资治通鉴》卷 289 后汉隐帝乾祐三年四月戊辰，中华书局 1956 年版，第 9422 页。

事，莫共措大商量”①。武人得意忘形，文士忍气吞声。② 清人赵翼感叹：“士之生于是时者，絷手绊足，动触罗网，不知其何以全身也。”③ 与此相反，宋朝重文轻武，“非进士及第者不得美官”④，统治集团形成了所谓“满朝朱紫贵，尽是读书人”⑤ 的格局。问题在于：宋朝重文轻武，何时开始推行？元朝官修《宋史·文苑传》序称：“艺祖（即太祖）革命，首用文吏而夺武臣之权。”⑥ 或许受此说影响，有学者断言：“宋太祖重文轻武。”⑦ 在我看来，重文轻武始于宋初之说对错兼而有之。其实，北宋初年介于重武轻文与重文轻武两者之间，处于从武人政治到文臣政府必经的转换阶段。我早年在《中国封建王朝兴亡史·两宋卷》一书中认为：“宋太祖文武并重。”⑧ 现略申述如下。

宋太祖重文，当属不刊之论。从言论上说，宋太祖号召“武臣尽读书”，许诺“宰相须用读书人”，表示“事业付之书生”，立

---

① 薛居正等：《旧五代史》卷 107《史弘肇传》，中华书局 1976 年版，第 1407 页。

② 此处只是就五代时期的主流状况而言，当时的某些统治者也有重文的一面。梁太祖朱温便号称“优待文士”（张齐贤《洛阳搢绅旧闻记》卷 1，影印文渊阁四库全书本）。此外，如《旧五代史》卷 128《翟光邺传》载：后周枢密副使翟光邺“好聚书，重儒者”（第 1698 页）。欧阳修《新五代史》卷 70《东汉世家》称：北汉主刘承钧“益重儒者”（中华书局 1974 年版，第 868 页）。至于南方的吴越、南唐等，更是不可一概而论。

③ 赵翼：《廿二史札记》卷 22《五代幕僚之祸》，中华书局 1963 年版，第 431 页。

④ 司马光：《司马光奏议》卷 15《贡院乞逐路取人状》，王根林点校，山西人民出版社 1986 年版，第 162 页。

⑤ 张端义：《贵耳集》卷下，中华书局 1959 年版，第 77 页。

⑥ 《宋史》卷 439《文苑传一》，第 12997 页。

⑦ 梁天锡：《从遵尧录观宋初四朝之军事与政治》，台湾宋史座谈会编：《宋史研究集》第 12 辑，中华丛书编审委员会 1980 年印行，第 487—500 页。

⑧ 《中国封建王朝兴亡史·两宋卷》，第 21 页。

誓“不杀士大夫及上书言事者”。从制度上说，他既改革科举，废止公荐，推行复试、殿试，又提高进士授官品级，还任用文臣出任地方行政长官。诸如此类，都是明证。难怪宋人说：“国家自艺祖开基，首以文德化天下。”① 《宋史》甚至认为：宋太祖“大重儒者”②。这个“大”字未免言过其实，但与五代相比，宋太祖无疑注重文治。

至于认为宋太祖轻武，只怕与史实不尽相符，至少失之笼统。其依据不外乎收兵权，即罢宿将典禁军与削夺藩镇之权。对此考论最为详尽者，当推前辈史家聂崇岐。他在《论宋太祖收兵权》一文中有两条颇为重要的结论：第一，罢宿将典禁军，所谓“宿将”，仅限于资深位高望重者，并且只是其中的少数人；第二，削夺藩镇之权，“此种政策之完成盖已在真宗之世”③。从中不难看出，宋太祖轻武之说依据相当有限。而本人则对宋太祖重武有所阐述，认为：“与注重文治相比，他在加强武备方面的措施更多。”诸如扩充军队、严格纪律、淘汰冗员、提高待遇等。并称：宋太祖“不以文治著称，而以武功见长”。④

需要补充的是，南宋人叶梦得指出：“国初犹右武。”⑤ 所谓“右”，即重也。陈登原在《国史旧闻》一书中专门辟有《宋初优容武人》一条，列举事例不少。⑥ 其中最突出的是信任御边将领，经济上给予边将财赋支配权、商业贸易权、免征商税权，军事上

---

① 《宋史全文》卷 26 上淳熙三年十月己卯，第 1797 页。

② 《宋史》卷 3《太祖本纪三》，第 50 页。

③ 聂崇岐：《论宋太祖收兵权》，《燕京学报》总第 34 期，1948 年。收入聂崇岐《宋史丛考》，中华书局 1979 年版，第 263—282 页。

④ 《中国封建王朝兴亡史·两宋卷》，第 21—23 页。

⑤ 叶梦得：《避暑录话》卷上，徐时仪整理，《全宋笔记》第 2 编第 10 册，第 265 页。

⑥ 《国史旧闻·宋初优容武人》第 2 分册，第 262—266 页。

给予边将不经请示自行处置权。正如吕中所说："太祖既削方镇之权矣，然于边将任之久，责之专，虽无方镇之名而享方镇之利。"① 这一举措备受称道。如宋人罗从彦曰：太祖"兵力雄盛，武功盖世，良由得猛士以守边，推赤心以御下之所致也"②。明人陆粲云："昔之人主，称善任将者，莫如宋太祖。"③ 清人徐乾学的评论尤其惊人："（宋）太祖之为君，智略如汉高而忠厚过之，谦雅如光武而豁达过之，勤敏如唐太宗而方正过之。""三代以降，质美而可与希帝希王者，一人而已。"④ 对于宋太祖是否"忠厚"之类，人们难免提出异议。但他文武并重，结束五代重武轻文旧格局，开启宋代重文轻武新局面，最终走出五代乱世。从当时的历史实际出发，其意义确实不小。至于如何动态审视重文轻武的利弊得失，研究者们的意见较为一致，无须多说。重文轻武确有促进文化繁荣等积极意义，但其负面影响则有导致尚武精神沦丧等，且越到后来越发严重。明朝号称"重开大宋之天"，行重文轻武之政。《明史·选举志》曰："终明之世，右文左武。"⑤ 在清人看来，此乃明朝灭亡的重要原因之所在。清乾隆帝弘历云："明季重文轻武，以致宗社丘墟。"⑥

---

① 吕中：《宋大事记讲义》卷2《太祖皇帝·命将帅》，影印文渊阁四库全书本。

② 《遵尧录一·太祖》，《全宋笔记》第2编第9册，第107页。

③ 陆粲：《陆子余集》卷7《拟上备边状》，影印文渊阁四库全书本。

④ 徐乾学：《资治通鉴后编》卷8开宝九年"臣乾学曰"，影印文渊阁四库全书本。

⑤ 张廷玉等：《明史》卷70《选举志二》，中华书局1974年版，第1695页。

⑥ 爱新觉罗·弘历：《评鉴阐要》卷12《明·庄烈帝》，影印文渊阁四库全书本。

四、"正当尚武之世"

宋太祖说："卧榻之侧，岂容他人鼾睡乎!"① 所谓"他人"，虽专指当时仍盘踞江淮的南唐政权，其实也泛指一切有可能危及其统治者，既包括文臣，又涵盖武将。宋太祖是个严重的失眠症患者，常常因此"睡不能着"。他还是个夜游神，不时深更半夜微行至功臣之家，以致赵普"退朝不敢脱衣冠"②，夜间只能和衣而卧。宋太祖既防范武将，又限制文臣，两个方面的措施都不少。但就其内心深处而言，无疑认为文臣的威胁小于武将，并时有流露。如他说："朕今选儒臣干事者百余，分治大藩，纵皆贪浊，亦未及武臣一人也。"③ 在他看来，"措大眼孔小，赐与拾万贯，则塞破屋子矣"④。宋太祖不甚担忧文臣贪腐，心中唯恐武将捣乱。他对宿将再三大谈其"为君难"："天子亦大艰难，殊不若为节度使之乐，吾终夕未尝敢安枕而卧也。"⑤ 甚至居然如是说："此处无人，尔辈要作官家者，可杀我而为之。"⑥ 显而易见，其最大心病在于武将策动兵变，以致黄袍加身。需要指出的是，宋太祖虽然心存重文轻武之想，但不得不施行文武并重之政，其主要原因

① 《太平治迹统类》卷1《太祖平江南》，第26页。

② 《续资治通鉴长编》卷9开宝元年七月丙午，第205、204页。

③ 《续资治通鉴长编》卷13开宝五年，第293页。

④ 朱熹：《五朝名臣言行录》卷1之1《中书令韩国赵忠献公（普）》，《四部丛刊》初编本。

⑤ 《续资治通鉴长编》卷2建隆二年七月戊辰，第49页。

⑥ 王巩：《闻见近录》，戴建国整理，《全宋笔记》第2编第6册，第22页。

可归纳为以下三点：

其一，就时代背景而言，必须一切服从战争需要。诚如吕中所指出："太祖当尚武之世"，"后世当右文之日"。① 当时举国处于血雨腥风的战争年代，宋太祖绝无轻武的可能。宋人王应麟说："祖宗之制，不以武人为大帅。"② 罗球庆说得对：此处所谓"祖宗之制"并非宋太祖之制，而是"仁宗以后之制"。③ 宋太祖不仅在边境地区久任专任边将，而且在出兵作战时，一概任用石守信、慕容延钊、王全斌、李继勋、曹彬等宿将担任都部署，并给予他们"便宜行事"权。宋人说："今之都部署，昔之大总管。""元戎之任，无不统摄。"④ 足见其权势之大。起用文臣担任武职，始于宋太宗时。宋人说："至道故事，用文吏领兵，以辖边界。"⑤ 至道系太宗的最后一个年号。到真宗时逐渐增多，仁宗以后成为常态，于是才有此一说："知州则一州之将，知县则一县之将。"⑥ 这绝非宋初的实情。

其二，就个人因素来说，宋太祖武将禀性难移。史称，他"少亲戎事，性喜艺文"⑦，是个喜欢读书的武人。然而宋太祖毕竟生长在五代乱世，又是行伍出身，难免对知识及读书人带有行

---

① 《宋大事记讲义》卷3《太祖皇帝·幸太学》。

② 王应麟：《困学纪闻（全校本）》卷20《杂识》，栾保群等校点，上海古籍出版社2008年版，第2168页。

③ 罗球庆：《北宋兵制研究》，香港《新亚学报》第3卷第1期，1958年印行，第222页。

④ 孙何：《上真宗乞参用儒将》，《宋朝诸臣奏议》卷64《百官门·诸将》，第711页。

⑤ 《宋史》卷337《范镇传附从子范百禄传》，第10791页。

⑥ 司马光：《上哲宗乞罢将官》，《宋朝诸臣奏议》卷64《百官门·诸将》，第715页。

⑦ 张舜民：《画墁录》，汤勤福整理，《全宋笔记》第2编第1册，第207页。

业性偏见。“之乎者也，助得甚事。”① 这分明是一句极端轻视文化的话，宋太祖竟脱口而出。他习惯性地将文士贬称为“措大”，诸如“此措大儿语”②“此措大索事分”③ 等。军校史珪作为宋太祖的亲信，深知其武人本性，才敢于在他跟前挑拨离间：“今之文臣亦未必皆善。”并诬告文臣知州梁梦升。谁知宋太祖另有重文的一面，居然称赞道：“梦升真清强吏也!”④ 并予以提拔。开宝八年（974）二月殿试时，陈识与王嗣宗难分高下，宋太祖“命二人角力以争之”，结果王嗣宗得胜。角力又称手搏，是古代的一种基本武艺。王嗣宗“手搏得状元”⑤，传为笑谈。此事或可反映宋太祖既提倡学书又鼓励习剑，颇有些文武并重的意味。

其三，以现实状况而论，士大夫群体尚待培育。宋太祖说：“宰相须用读书人。”只是一张空头支票，在当时的条件下难以变为现实。宋人指出：“建隆以后，为宰相者，往往不由文翰。”⑥ 宋初宰相范质、王溥虽是五代进士，但不仅是前朝旧人，而且水平有限。宋太祖“叹宰相寡闻”⑦，指的正是他们。翰林学士窦仪、陶穀学问优博，皆有才名。宋太祖有意拔擢窦仪，而窦仪并无拜相之心。与窦仪不同，陶穀上进心切，“意希大用”，百般巴结开国新君。宋太祖受禅大典即将举行，“独未有周帝禅代制书”，正当为难之际，“陶穀出诸袖中，进曰：‘制书成矣。’遂用之”⑧。

---

① 文莹：《湘山野录》卷中，郑世刚等点校，中华书局1984年版，第35页。

② 龙衮：《江南野史》卷3《后主》，影印文渊阁四库全书本。

③ 《遵尧录一·太祖》，《全宋笔记》第2编第9册，第118页。

④ 《遵尧录一·太祖》，《全宋笔记》第2编第9册，第115页。

⑤ 王明清：《玉照新志》卷6，影印文渊阁四库全书本。“陈识”，一作“赵昌言”，误。参看何忠礼《王嗣宗手搏得状元辨析》。

⑥ 魏泰：《东轩笔录》卷1，李裕民点校，中华书局1983年版，第5页。

⑦ 李攸：《宋朝事实》卷2《纪元》，中华书局1955年版，第25页。

⑧ 《续资治通鉴长编》卷1建隆元年正月癸卯，第4页。

殊不知马屁拍在马腿上，宋太祖厌恶“其为人倾险狠媚”，不仅嘲笑其为文“年年依样画葫芦”[1]，而且常说：“陶穀一双鬼眼。”[2]宋太祖只能长期任用赵普为相，此人虽精通“吏道”，并能出谋献策，但寡学术，且多为不法，并非宋太祖心目中的“读书人”。[3]宋初学校未兴，科举未艾，赵宋王朝自身培育的人才尚在成长之中。南宋人叶梦得认为，这正是当时未能重文轻武的原因所在。他说：“国初犹右武，廷试进士多不过二十人，少或六七人。自建隆至太平兴国二年更十五榜，所得宰相毕文简公（士安）一人而已。”毕士安系宋太祖乾德四年（966）进士，是个相当标准的读书人，但他出任宰相，迟至宋真宗景德元年（1004）。在叶梦得看来，宋太宗以后才有重文轻武的可能。他说：宋太宗“取人益广，得士益多”，“广致天下之士以文治”。[4]《宋史》卷354《论曰》：“自太宗岁设大科，致多士，居首选者躐取华要，有不十年至宰相，亦多忠亮雅厚，为时名臣。”[5]总之，宋太祖虽有“大重儒者”之意，尚无“大重儒者”之举，只是开始注重文治而已。重文轻武的格局确立于宋太宗时期。

① 《东轩笔录》卷1，第5页。

② 《画墁录》，《全宋笔记》第2编第1册，第209页。

③ 邓小南对此考论甚详，参看其《祖宗家法：北宋前期政治述略》，生活·读书·新知三联书店2006年版，第149—183页。

④ 叶梦得：《避暑录话》卷上，《全宋笔记》第2编第10册，第265页。

⑤ 《宋史》卷354《论曰》，第11172页。

五、并非一概势如水火

谈到宋代重文轻武，人们立即想到那句谚语："做人莫做军，做铁莫做针。"① 其实，从军行伍不失为宋代向上层社会流动的途径之一，② 武官武职也是统治集团的一个组成部分。刘子健指出："武官群仍然是官"，"还是属于统治阶级"。③ 漆侠认为：宋朝"把文臣放在第一位，武将第二位"④。这些论断很值得重视。至于钱穆所说宋朝"永远让文人压在武人头上"，或许稍有强调过分之嫌。宋代重文轻武，依据相当充分。之所以还有异议，只怕与简单化的解释和绝对化的理解有关。文武并非全然对立，一概势如水火，以下两点或可证明。

其一，文臣大多并不赞同重文轻武。人们往往下意识地以为"臀部指挥脑袋"，文臣必定是重文轻武的力主者。其实并不尽然，相反的事例比比皆是。如范仲淹的主张便不是重文轻武，而是文武相济："文武之道相济而行，不可斯须而去焉。"他担忧"人不知战，国不虑危"，建议宋仁宗"与大臣论武于朝，以保天下。先命大臣密举忠义有谋之人，授以方略，委之边任；次命武臣密举

---

① 佚名：《新编五代史平话·汉史平话》卷上，古典文学出版社 1954 年版。

② 此说由何冠环提出："沙场实在是科场以外另一个可以争胜腾达的场所。"参看其《宋初三朝武将的量化分析——北宋统治阶层的社会流动现象新探》，《北宋武将研究》第 1—24 页。

③ 《两宋史研究汇编》第 174 页。

④ 漆侠：《宋太宗与守内虚外》，收入《漆侠全集》第 9 卷，河北大学出版社 2008 年版，第 156 页。

壮勇出群之士，试以武事，迁其等差。壮士蒙知，必怀报效，列于边塞，足备非常”①。富弼与范仲淹相似，主张文武“交相为用”，“王者治天下，唯二柄，文武之谓也。大概文以饰治平而武以靖祸乱”。② 蔡襄强调：“今天下大患者在兵。”“今之为政，此（指强兵）第一事。”认为：“凡人之材，各有所能。”“吏治之材，使之临兵戎之事，则时有不能。”主张文武各归其位：“词令之职还于文士”，“兵戎之职还于武士”。③ 如果说这些尚属泛泛而谈，那么某些文臣的主张则针对性极强。如王禹偁认为：“兵势患在不合，将臣患在无权。”④ 他主张：“合兵势以重将权”，“抑文士以激武夫”。⑤ 贾昌朝批评朝廷“每命将帅，必先疑贰”，认为在边境战事中处于被动地位的原因是重文轻武，“以屡易之将，驭不练之士，故战则必败”。⑥ 余玠讲得具体些，他先陈述重文轻武的现状：“今世胄之彦、场屋之士、田里之豪，一或即戎，即指之为粗人，斥之为哙伍。”所谓“哙伍”者，“樊哙之徒”也。余玠接着向宋理宗进言：“愿陛下视文武之士为一，勿令偏有所重，偏必至于激。”并警告道：“文武交激，非国之福。”⑦

---

① 范仲淹：《范仲淹全集·范文正公文集》卷9《书·奏上时务书》，李勇先、王蓉贵校点，四川大学出版社2007年版，第200—201页。

② 《上仁宗论武举武学》，《宋朝诸臣奏议》卷82《武举》，第891页。

③ 蔡襄：《蔡襄集》卷22《国论要目·四曰赏功实·任材》，吴以宁点校，上海古籍出版社1996年版，第383—384页。

④ 王禹偁：《上太宗答诏论边事》，《宋朝诸臣奏议》卷129《边防门·辽夏一》，第1427页。

⑤ 《五朝名臣言行录》卷9《王禹偁》。

⑥ 《宋史》卷285《贾昌朝传》，第9615页。

⑦ 《宋史》卷416《余玠传》，第12469页。有学者称余玠为名将，或欠妥。他虽非进士出身，但曾就读于白鹿洞书院。他虽以军功补武职，但不久改授文官。何况此后他还带华文阁待制、徽猷阁学士、龙图阁学士、端明殿学士、资政殿学士等职，并出任兵部侍郎、四川安抚制置使。

其二，文臣、武将既相轻相争，又合作协同。李纲诗云：“武夫恶文士，每见辄不喜。排纷须大剑，安用毛锥子。”① “武夫恶文士”的事例不少，如景德元年冬，在对辽作战前线，老将高琼嘲讽文臣执政冯拯：“君以文章致位两府，今敌骑充斥如此，君何不赋一诗咏退敌骑耶！”② 反之，“文士恶武夫”的例证或许更多，如天禧年间，寇准任枢密使，武将曹利用任副职，“准素轻利用，议事有不合者，准辄曰：‘君武夫耳，岂解此国家大体邪！’”③ 北宋灭亡之后、南宋建立之初，文武双方更是互相攻讦。武将谴责道：“今日祸乱，皆文臣所致耳。”文臣则将朝廷信用的武将指斥为“三四庸将耳”。④ 值得注意的是，文武之间并非总是相轻相争，相互提携的事例也每每见于记载。如宋太祖时中进士、太宗时官至翰林学士的宋白，先前曾受到武将张琼的关照。史载：宋白“尝馆于张琼家，琼武人，赏白有才，遇之甚厚”⑤。又如名将种师道曾推荐“士大夫宗仰之”的名儒尹焞。史载：“靖康初，种师道荐焞德行可备劝讲。召至京师，不欲留，赐号和靖处士。”⑥ 至于宋初宰相赵普与武将枢密使李崇矩，岂止协同，还结为儿女亲家。他们“厚相交结”，颇有勾结之嫌。宋太祖“闻之，不喜”⑦，以致李、赵二人先后被罢官、罢相。狄青只怕是北宋时期受到文臣蔑视、中伤、攻击最多的武将，但这只是事情的一个方面。在他成长的过程中，受到文臣的眷顾也不少。不应当遗忘，

① 李纲：《叔易得水晶笔格赋诗见意》，北京大学古文献研究所编：《全宋诗》卷1560，北京大学出版社 1995 年版，第 27 册，第 17712 页。

② 《宋史全文》卷 5 景德元年十一月，第 203 页。

③ 《宋史全文》卷 6 天禧四年六月，第 259 页。

④ 《建炎以来系年要录》卷 27 建炎三年闰八月庚寅，第 543 页。

⑤ 《宋史》卷 439《宋白传》，第 12998 页。

⑥ 《宋史》卷 428《尹焞传》，第 12734 页。

⑦ 《续资治通鉴长编》卷 13 开宝五年九月庚午，第 289 页。

其宽恕者是范雍[①]，其推荐者是尹洙，其提拔者是韩琦、范仲淹，建议其出任广南经制使[②]的是庞籍，力赞其升任枢密使的是梁适，他们均为一代名臣。即使是欧阳修等所谓狄青的中伤者，也并非一定是其冤家对头。他们大多肯定“其心不为恶”，“未见其过”。[③] 狄青与广南东西路安抚使孙沔在广南前线，则是文武合作的范例。狄青“尤喜推功与将佐。贼既平，经制余事，悉以诿沔”。“沔始叹其勇，既而服其为人。自以为不如也”。狄青与其推荐者尹洙，更是莫逆之交。“尹洙以贬死，青悉力赒其家事。”[④] 武将曹利用虽然与某些文臣冤怨作对，但曹利用之死并非文臣心狠手毒，而是宦官落井下石。史称：“宦者多恶利用。”在其贬官途中，“行至襄阳驿，（宦官杨）怀敏不肯前，以语逼之，利用素刚，遂投缳而绝，以暴卒闻”[⑤]。总之，不能将武将的遭遇与不幸一概归结为文臣陷害所致。尽人皆知，在为岳飞冤狱鸣不平者当中，文官甚至多于武将。

六、武官内斗与党争

文臣、武官作为宋代统治集团中的两大群体，两者均非铁板

---

① 《续资治通鉴长编》卷158庆历六年正月戊子载：范雍“颇知人，喜荐士，后多至公卿者。狄青初为小校，坐法当斩，雍贷之”（第3818页）。

② 其官职全称为：“宣徽南院使、荆湖北路宣抚使、提举广南东西路经制贼盗事。”

③ 欧阳修：《欧阳修全集》卷109《奏议十三·论水灾疏（至和三年）》，李逸安校点，中华书局2001年版，第1660页。

④ 《宋史》卷290《狄青传》，第9718—9721页。

⑤ 《宋史》卷290《曹利用传》，第9708页。

一块，都不是结合紧密、不可分裂的整体。从前探讨宋代文武关系，多半聚焦于文武相争。其实，文武关系相当复杂。除文武相争之外，无论文臣还是武官，均不乏窝里斗，并且两种争斗之间又有交叉。研究者近年来对以下两种现象的有益探讨，颇有助于揭示宋代文武关系的复杂性。

现象之一是武官内斗。如宋初猛将张琼就不是死于文武相争，而是死于武官内斗。史载：张琼“性粗暴，多所陵轹。时军校史珪、石汉卿等方得幸，琼轻目为‘巫媪’。珪、汉卿衔之切齿”。史、石二人借故诬告张琼。宋太祖一怒之下，“令击之”。石汉卿狠下毒手，“奋铁檛，击其首。气垂绝，乃曳出”。张琼被迫“自杀”①。杨业之死也并非由于文臣作祟，其原因在于后周、北宋禁军派系的将领与北汉降将之间的争斗。又如北宋末年，以种师道为代表的种氏和以姚平仲为代表的姚氏两大武将集团明争暗斗。史称：“种氏、姚氏素为山西巨室，两家子弟各不相下。”② 姚、种两家的争功邀赏直接导致姚平仲夜劫金营的失利。再如隆兴年间，李显忠与邵宏渊两大将领之间的钩心斗角使得宋军兵败符离（在今安徽宿州境内），以致张浚北伐迅速失败。何冠环《论宋太祖时武将之党争》《论宋太宗时武将之党争》两文可谓开风气之先。这项研究或许还有拓展与深入的可能。一望而知，“武将党争”一语欠妥。正如研究者本人所说：此处“采用‘党争’一词，盖为行文方便之故。严格地说，这些武将的结党和派系斗争行为，并非基于相同的政治理念或政策主张”③。因此，本文不称“武将党争”，而称“武官内斗”。

① 《续资治通鉴长编》卷4乾德元年八月壬午，第101页。

② 《宋史》卷349《姚兕附子姚古传》，第11061页。

③ 《北宋武将研究》第25页。

现象之二是武官参与“文臣党争”。如景德元年（1004），在以毕士安、寇准为首的以战促和派和以王钦若、陈尧叟为首的不战而逃派相争中，武官王继英、高琼乃至曹利用均属于以战促和派。① 宋真宗晚年，在以寇准为首领的太子党与以丁谓为头目的皇后党的争斗中，曹利用站在丁谓一边②，而永兴军（治今陕西西安）巡检朱能则站在寇准一边。在熙宁年间的新旧党争中，武将种谔大抵倾向新党，而郭逵则倾向旧党。③ 在秦桧专权期间，张俊、杨存中等党附秦桧④，岳飞、韩世忠等则与秦桧对立⑤。最为明显的例证，当推在崇宁初年刊布的“元祐党籍碑”中，列有“武臣二十五人”，包括“张巽、李备、王献可、胡田、马谂、王履”⑥ 等人。其实，将新旧党争等称为“文臣党争”，同“武将党争”一样欠准确。党争的参与者除以文臣为主之外，不仅有武官，往往还有外戚、宗室、后妃乃至宦官。如“元祐党籍碑”列有“内臣二十九人”，包括“梁惟简、陈衍、梁知新、张士良、李倬、

① 从前人们将这两派分别称为主战和主和派，我个人认为不甚确当，改称以战促和、不战而逃派。参看张邦炜《澶渊之功数第三——北宋枢相王继英事迹述略》，收入张邦炜《宋代政治文化史论》，人民出版社 2005 年版，第 259—302 页。

② 《续资治通鉴长编》卷 95 天禧四年六月丙申：丁谓、曹利用“恨（寇）准”，“及同为枢密使，遂合谋欲排准”（第 2196 页）。

③ 《宋史》卷 315《韩绛传》载：熙宁四年，被称为“传法沙门”的新党重要人物、宰相韩绛宣抚陕西，“绛素不习兵事”，“用知青涧城种谔策，欲取横山，命诸将听命于谔”（第 10303 页）。同书卷 290《郭逵传》载，宣抚使郭逵曰：“谔，狂生尔!”韩绛“怒，以为沮挠，奏召逵还”（第 9725 页）。

④ 《建炎以来系年要录》卷 165 绍兴二十三年十月壬午载：“时秦桧秉政久，而张俊、杨存中为桧所厚。”（第 2703 页）《宋史》卷 369《张俊传》载：“俊力赞和议，与秦桧意合，言无不从。”“（俊）独以杨沂中为腹心。”（第 11475、11476 页）

⑤ 《宋史》卷 364《韩世忠传》载：世忠“抵排和议，触桧尤多”（第 11368 页）。

⑥ 马纯：《陶朱新录》，陶宗仪纂：《说郛》卷 39，中国书店 1986 年版，第 6 册，第 11 页。

谭扆”① 等人。所谓“文臣党争”，或许仅称“党争”即可。就争斗规模尤其是社会影响来说，武官内斗显然不能同党争等量齐观。可见，宋代统治集团的主要争斗不是文武之争，而是参与者相当广泛的党争。更值得注意的是，宋代党争双方或三方的首领都不是也不可能是武官，而是也只能是文臣。这恰恰表明宋代文臣的地位总是高于武将，武将在一定程度上对文臣处于从属地位。此情从又一角度证明，宋代重文轻武之说只怕很难被颠覆。

（本文初稿承蒙成荫、陈鹤学友提出修改意见。）

（原载《四川师范大学学报》2015 年第 1 期）

① 《陶朱新录》，《说郛》卷 39，第 6 册，第 11 页。

战时状态与南宋社会述略

北、南两宋在不少问题上均不可统而言之。知名宋史专家徐规生前指出："南宋和北宋具有重大的区别和不同。"① 已故旅美学者刘子健认为："一般讲宋史，动辄称两宋，容易误以为南宋延续北宋，并无多大差异，不需要重视。其实不然。"② 在他看来，举凡背海立国、包容政治等都是南宋有别于北宋的重要特点。愚意以为，两宋的最大不同之处在于：北宋大多数时段处于和平环境，而南宋则长期处于战时状态或准战时状态。要弄清并理解南宋历史的若干（不是一切）实情、南宋社会的诸多（不是所有）方面，只怕都离不开政权南北对峙、处于战时状态这一南宋历史的大局。此说或许早为人所熟知，但在探究具体问题时往往又有意无意地被淡忘。有鉴于此，本文拟略加述说。论题涉及面较广，只能大题小做，不免挂一漏万。

---

① 徐规：《何忠礼、徐吉军〈南宋史稿〉序言》，载何忠礼、徐吉军《南宋史稿》，杭州大学出版社1999年版，第3页。徐先生同时又指出：两宋"政策制度大抵雷同"。

② 刘子健：《黄宽重〈南宋史研究〉代序——南宋历史的重要性》，载黄宽重《南宋史研究》，台北新文丰出版公司1985年版，第1页。

引言："国之大事，和战而已"

两宋历史经历了从"百年无事"到"天下多事"的前后演变。毋庸讳言，北宋战事不少。但宋太祖为巩固政权、拓展疆土所发动的一系列战争不是被动挨打，而是主动出击，战事进行得相当顺利。用宋人的话来说，即是："所向皆捷，二十年中，边塞肃清。"[①] 到开宝末年特别是景德初年以后，从全国范围来说，战争状态基本结束。难怪宋人多有北宋"百年无事"之说，说得最多、最夸张的当推北宋名儒自号"安乐先生"的邵雍。他一再声称："一百年来号太平"，"天下太平无一事"[②]，不厌其烦地强调："身经两世太平日，眼见四朝全盛时"，"生来只惯见丰稔，老去未尝经乱离"，"生于太平世，长于太平世，老于太平世，死于太平世"。[③] 在他的《伊川击壤集》中，诸如此类的言辞比比皆是。南宋人度正回顾北宋历史，讲得同样十分夸张："承平百年，天下无事，四方无狗吠之警，中国有安靖之福。"[④] 读读《建炎以来系年要录》等史籍，不难发现在南宋人的话语中，"承平时"几乎成为北宋时期的代名词。尽人皆知，北宋绝非"太平无事"。边境几乎

① 黄淮、杨士奇：《历代名臣奏议》卷335《御边》"宋孝宗时蔡戡又论守边奏曰"，上海古籍出版社1989年版，第4348页。

② 邵雍：《伊川击壤集》卷5《秋日登崇德阁二首》、卷17《观棋小吟》，陈明点校，学林出版社2003年版，第46、230页。

③ 《伊川击壤集》卷10《插花吟》、卷15《观盛化吟》、卷19《病亟吟》，第126、194、259页。

④ 度正：《性善堂稿》卷6《条奏便民五事》，影印文渊阁四库全书本。

始终存在辽朝的威胁、西夏的困扰，内地人祸天灾、官逼民反的事件层出不穷。但就整体而言，北宋大体处于和平环境，虽然和平多半是用“岁币”换来的。宣和、靖康之际，北宋这座貌似金碧辉煌的大厦一触即溃，其根本原因固然是统治腐朽、社会溃烂，但在某种意义上亦可谓“大意失荆州”，最高统治集团忘记了“居安思危”的古训。南宋人楼钥说：“靖康艰难，事出仓猝，承平百年，衣冠如云，习于久安，不知所为。”①

与北宋不同，南宋重建于危急之中，一建立就不得不艰难地应对残酷的战争。正如当时人所说：“军兴以来，天下多事。”②南宋在东南站稳脚跟以后，宋金双方的力量对比渐渐趋于势均力敌，谁也很难攻灭谁。虽然如此，金方一旦主攻派得势，便举兵南下江浙，如兀术南下、完颜亮南下。宋方一旦主战派当政，就挥师北伐中原，如岳飞北伐、张浚北伐、开禧北伐、端平入洛。宋金战争尽管打打停停，停战时间远远长于开战时间，然而即使在停战期间，南宋也处于备战、迎战状态。绍兴和议将达成，韩世忠大致是出于对和议的不满，“欲献一骏马”，宋高宗“令留以备用”，韩世忠反问道：“今和议已定，岂复有战陈事？”连极力主和的宋高宗也如此回答：“不然。敌虽讲和，战守之备，何可稍弛。”诸将当“乘此闲暇，广武备以戒不虞，足以待强敌矣。和议岂足深恃乎！”③ 某些士大夫更是认为：“战守者实事，和议者虚

---

① 楼钥：《攻媿集》卷49《王节愍公（伦）覆谥议》，丛书集成初编本。

② 脱脱等：《宋史》卷161《职官志一·中书省》，中华书局1977年版，第3787页。

③ 李心传：《建炎以来系年要录》卷127绍兴九年四月戊辰，中华书局1988年版，第2071页。

名，不可恃虚名害实事。”① 难怪隆兴和议达成后，宰相兼枢密使周必大仍言：“今北方情伪罔测，正陛下经武整军之时。”② 嘉定和议达成后，国子监祭酒袁燮还说：“边境未宁，干戈未息，正国家多事之秋。”③

与从和平环境到战时状态的时局变换相适应，两宋的时代主题明显不同。如果说北宋的时代主题是和平发展，那么南宋则是救亡图存。下面两点即是其证。

一是对战争的态度不同。正因为北宋大体处于和平环境，士大夫一再旧调重弹：“兵者凶器，战者危事。”熙宁元年（1068），元老重臣富弼建议宋神宗：“二十年口不言兵。”此言分明片面性极大，但在当时却赢得广泛认同：“仁人之言，其利博哉!”④ 而南宋长期处于战时状态，韩世忠晚年“口不言兵”是对当政者软弱退让、屈膝求和的无声抗议。他发出了“自古英雄都是梦”⑤等悲愤之语。宋孝宗时，户部侍郎钱端礼迎合宰相汤思退，一再声称“兵者凶器”⑥ 则遭到讥评。可见南宋是个绝不可“口不言兵”的时代。

二是关注的焦点转换。北宋统治集团总是围绕着如何变法图强而争执乃至打斗不休，其中以新旧党争影响最大。因此，今人讲述北宋历史往往以三次改革即宋初强化中央集权、庆历新政、

---

① 孙觌：《鸿庆居士集》卷38《宋故资政殿大学士王公墓志铭》，影印文渊阁四库全书本。

② 周必大：《文忠集》卷127《乞令宰臣兼枢密使札子》，影印文渊阁四库全书本。

③ 《历代名臣奏议》卷162《建官》“嘉定九年袁燮上奏曰”，第2124页。

④ 《宋史》卷313《富弼传》，第10255、10264页。

⑤ 周密：《齐东野语》卷19《清凉居士词》，张茂鹏点校，中华书局1983年版，第361页。

⑥ 《宋史》卷385《钱端礼传》，第11830页。

熙丰变法为线索。南宋人一再说："国之大事，和与战而已。"①"御外之策莫过于和、战、守，理内之道无出于兵、民、财。"②"足食足兵，今之先务。"③ 南宋统治集团总是围绕着和、战、守而展开争论乃至厮杀。因此今人讲述南宋历史常常以三个和议即绍兴和议、隆兴和议、嘉定和议为线索。南宋虽然"更化"甚多，但所谓更化并不等于变法。诸如皇帝即位退位，太后垂帘卷帘，权臣上台下台，乃至更改年号，均称之为更化。正如当时人所说："有更化之名，无更化之实。"④ 即使是人们谈论较多的"嘉定更化""端平更化"，也未必可以视为变法，至少很难同北宋时期的庆历新政、熙丰变法相提并论。刘子健说得对：南宋"极少讲求改革"⑤。

一、经济："退缩东南，逼向海洋"

南宋经济的时代特征是什么？有学者将其归纳为"头枕东南，面向海洋"，并称其意义在于"由大陆帝国向海洋帝国转型"，系"具有路标性意义的重大转折"。⑥ 这一概括虽然不无道理，但似

① 《历代名臣奏议》卷234《征伐》"宋光宗时蔡戡论和战奏曰"，第3088页。

② 《历代名臣奏议》卷150《用人》"宋理宗时知绍兴府李复鸣奏曰"，第1964页。

③ 《建炎以来系年要录》卷86绍兴五年闰二月丁卯，第1425页。

④ 《历代名臣奏议》卷309《灾祥》"嘉定九年著作郎赵崇鼎因闵雨上奏曰"，第4009页。

⑤ 刘子健：《两宋史研究汇编·引言》，台北联经出版社1987年版，第11页。

⑥ 葛金芳：《宋代经济史讲演录》，广西师范大学出版社2008年版，第47—66页。

乎不尽周全。其实，南宋经济的诸多方面（包括所谓“面向海洋”在内）均深受战时状态的制约。南宋经济以优先保障战争需要为主要目标，具有战时经济的某些特点，诸如税收增加、通货膨胀之类。以下数端或可为证。

一是逼向海洋。宋元时期在中国历史上是海外贸易发展的鼎盛阶段，受航海技术进步等因素驱动，南宋在北宋的基础上又有进一步的发展。有学者指出：“在宋室南渡、定都临安之后，南宋朝廷依赖外贸、面向海洋的发展倾向表现得更为强烈。”① 这里需要补充的是，这种发展倾向不是南宋朝廷的自觉选择，而是不得已而为之。其主要原因有二：一则为了摆脱因军费开支巨大而造成的财政困境，南宋朝廷不得不发展海外贸易以拓展财源；再则因政治中心、经济重心的南移和分立政权的阻隔，传统的陆上丝绸之路难以畅通，不得不加紧建造海上陶瓷之路。一言以蔽之，战争迫使南宋“退缩东南”，战争逼迫南宋“面向海洋”。南宋帝王的主观意愿不是“退缩东南，面向海洋”，而是“头枕三河（河内、河东、河南），面向四方”，因而都城临安不称京城而称行在，帝王陵寝不叫陵墓而叫攒宫。然而由于其腐败无能，他们空有恢复中原之想，而并无北伐得胜之力。还值得注意的是，南宋朝廷在“面向海洋”的同时，也不得不开拓内陆，如“往大西南拓展”②。岂止南宋，在中国历史上没有任何一个朝代改变了以农立国的传统经济格局，可称之为海洋帝国。所谓帝国者，其必备条件之一是疆域非常辽阔。至于南宋，只怕既非海洋帝国，又非大陆帝国。称之为“半海洋帝国”，也显得很勉强。当然也不宜沿袭

① 葛金芳：《南宋手工业史》，上海古籍出版社2008年版，第11页。

② 《黄宽重〈南宋史研究〉代序——南宋历史的重要性》，《南宋史研究》第3页。

从前的思维定式，将其贬抑为“偏安王朝”。

二是片面（以不用“畸形”二字为宜）发展。依据魏明孔主编、胡小鹏著《中国手工业经济通史·宋元卷》[①] 以及葛金芳《南宋手工业史》等专书的论述：南宋矿冶业低迷徘徊，但农业生产突飞猛进；铸钱业勉强维持，但兵器生产规模巨大；造船业领先世界，但煤铁生产不如北宋。凡此种种均表明：北宋经济的进步较为全面，而南宋经济的发展则比较失衡。其原因何在？因素虽多，其中尤其重要的无疑是战争带来的直接或间接的刺激和影响。矿冶业、铸钱业、煤铁生产的衰退分明是战争造成的恶果，兵器生产乃至造船业、制瓷业的发展也与战争有直接或间接的关联。陆游说：“北方多石炭（即煤炭），南方多木炭，而蜀又有竹炭。”[②] 由于盛产煤铁的北方地区的丧失，南宋官民“思石炭之利而不可得”[③]，煤铁生产长期低迷不振。研究者们常说宋代曾出现突飞猛进的“煤铁革命”和“农业革命”。即便确实如此，所谓“煤铁革命”是就北宋而言，而“农业革命”主要就南宋而论。诗曰：“吴越天下富”，“陇亩尽膏腴”[④]。“谚曰：‘天上天堂，地下苏杭。’又曰：‘苏湖熟，天下足。’”[⑤] “语曰：‘苏常熟，天下足。’”[⑥] 这类说法在南宋时期流传更广。需求刺激经济，技术促进生产。南宋尤其是江南地区农业生产的长足发展，与军事需求

① 魏明孔主编，胡小鹏著：《中国手工业经济通史·宋元卷》，福建人民出版社2004年版。

② 陆游：《老学庵笔记》卷1，李剑雄等点校，中华书局1979年版，第12页。

③ 庄绰：《鸡肋编》卷中，萧鲁阳点校，中华书局1983年版，第77页。

④ 黄榦：《勉斋集》卷40《石门》，影印文渊阁四库全书本。

⑤ 范成大：《吴郡志》卷50《杂志》，陈振岳点校，江苏古籍出版社1999年版，第660页。

⑥ 陆游：《渭南文集》卷20《常州奔牛闸记》，《四部备要》第79册，中华书局1989年版，第139页。

的增长（如军粮供应）和战争迫使北方人口大量南迁[①]不无关联。其中如稻麦轮作制的推广与战争的关系更为明显。有学者在分析其原因时指出："更为重要的原因还是租佃制度中的利益分配机制向佃农阶层倾斜所致。"[②] 此说只怕并不全面。没有战争迫使偏好面食、会种小麦的北方民众的大量南迁，南宋小麦生产的迅速发展是不可想象的。《鸡肋编》卷上称："西（北）人食面几不嚼也。南人罕作面饵。""建炎之后，江、浙、湖、湘、闽、广，西北流寓之人遍满。绍兴初，麦一斛至万二千钱，农获其利，倍于种稻。""于是竞种春稼，极目不减淮北。"[③] 岂止东南地区，"四川田土无不种麦"[④]。南宋牧羊业有较大起色[⑤]，其原因与此相似。史称："中原之民，翕然来归，扶老携幼，相属于道。"[⑥] 好吃羊肉的北方民众大量南来，使得东南地区如平江府即苏州"羊价绝高，肉一斤为钱九百"[⑦]。市场需求旺盛推动南宋牧羊业发展提速，但为气候条件所制约，其发展水平始终不能同北方相比。

三是大发纸币。北宋纸币的印行和使用大体仅局限于四川地区，南宋则出现了不少地方性的纸币，如东南会子、湖会、淮交

---

① 《建炎以来系年要录》卷 86 绍兴五年闰二月壬戌载左中奉大夫樊宾言："中原士民扶携南渡，不知其几千万人，则人有余力。"（第 1422 页）"几千万人"系或然数字，不足为据。据吴松弟估算，两宋之际北方人口南迁者约达 500 万人之多。见吴松弟著《北方移民与南宋社会变迁》第五章第一节《移民数量估计》，台北文津出版社 1993 年版，第 134—137 页。

② 葛金芳：《南宋全史（五）》，上海古籍出版社 2012 年版，第 259 页。

③ 《鸡肋编》卷中，第 36 页。

④ 汪应辰：《文定集》卷 4《御札再问蜀中旱歉》，丛书集成初编本。

⑤ 参看张显运《试论宋代东南地区的畜牧业》，《农业考古》2010 年第 4 期，第 390—396 页。

⑥ 《宋史》卷 390《周淙传》，第 11958 页。

⑦ 洪迈：《夷坚志》丁志卷 17《三鸦镇》，何卓点校，中华书局 1981 年版，第 682—683 页。

等。与面向海洋相同，大发纸币并非南宋统治者的自觉选择，而是不得已而被动为之。宋孝宗曾说："以会子之故，几乎十年睡不着。"① 他唯恐纸币发行过多，引起物价猛涨，不许滥印纸币，以致当时纸币贵如黄金、重于现钱。后来果然不出宋孝宗所料，出现了嘉定纸币贬值、宋季纸币危机。然而即使对纸币持保守态度的宋孝宗也不可能停止印行纸币。原因何在？战争显然是个重要因素。宋金、宋元战争造成物价上涨，铸造铜钱得不偿失，以致铜钱铸造量大减，仅达北宋的5%左右②，南宋朝廷只得印行纸币。此其一。其二在于军费开支巨大，达财政收入的十之六七乃至八九③，朝廷不堪负荷，将印行纸币作为弥补财政缺口、摆脱财政困局的手段。绍兴年间朝廷在临安创行纸币，固然是适应并促进商品经济发展的重大举措，但其目的在于"佐国用"④。

四是赋役繁重。备战是南宋的当务之急，为满足军事需要，很难做到"上无乏兴，下不知扰"。如果处理不当，势必扰民。如开禧"边事起，市军需，造戎器，江东西骚动"⑤。何况苛捐杂税多如牛毛。对此较早集中予以揭示的是清人赵翼。讲到北宋，他感叹道："财取于万民，不留其有余。"说到南宋，他指出："取民无艺"，并以经总制钱、添酒钱、卖糟钱、牙税钱、头子钱、房

---

① 洪迈：《容斋随笔》三笔卷14《官会折阅》，上海古籍出版社1978年版，第584—585页。

② 参看汪圣铎《两宋货币史》第二编第四章《南宋铜钱》，社会科学文献出版社2003年版，第387—415页。

③ 参看汪圣铎《两宋财政史》附表25《两宋人关于军费及养兵之费在财政支出中所占比例的议论简表》，中华书局1995年版，第771—773页。

④ 马端临：《文献通考》卷9《钱币考二·会子》，中华书局1986年版，第98页。

⑤ 刘克庄：《后村先生大全集》卷149《巴陵通守方君墓志铭》，王蓉贵等点校，四川大学出版社2008年版，第3814页。

钱、月桩钱、板帐钱、和买折帛钱等为例，哀叹道：“民之生于是时者，不知何以为生也。”① 其实，当时不少统治者对此心知肚明。不仅大臣直言不讳：“赋役烦重，人不聊生。”② 连宋孝宗也公开承认：“税赋太重”，“横敛及民”。③ 赵翼将其原因归结为战争需要：“南渡后，因军需繁急，取民益无纪极。”④ 宋孝宗当时就解释道：“朕意欲使天下尽蠲无名之赋，悉还祖宗之旧，以养兵之费，未能如朕志。”⑤ 加之统治者以军需为幌子，敲诈勒索百姓。如绍兴年间，礼部尚书刘大中就指出：“自艰难以来，奸臣持不恤之说，虐用其民，为国敛怨，民被其毒。”⑥ “奸臣持不恤之说”，其借口无非是“艰难”（即战争）。苛捐杂税如此沉重，民众理所当然起而反抗，如淳熙年间广西发生李接事变。当时人朱熹说：“李接寇广西，出榜约‘不收民税十年’，故从叛者如云，称之为‘李王’。反谓官兵为贼。以此知今日取民太重，深是不便。”⑦ 然而百姓负担如此沉重，民众的反抗居然相对平和，并未星火燎原，特别是南宋初期钟相、杨么事变之后，无重大民变发生，始终没有形成全国性的反抗行动。原因何在？梁庚尧《南宋的农村经济》一书认为，官民对立、贫富冲突没有广泛走向恶化，

---

① 赵翼：《廿二史札记》卷25《宋制禄之厚》《南宋取民无艺》，中华书局1963年版，第485、490—492页。

② 《建炎以来系年要录》卷117绍兴七年十二月庚申，第1889页。

③ 佚名：《宋史全文》卷25上乾道五年九月丙寅，李之亮校点，黑龙江出版社2005年版，第1714页。

④ 《廿二史札记》卷25《南宋取民无艺》，第490页。

⑤ 《宋史全文》卷25上乾道四年二月，第1701页。

⑥ 《建炎以来系年要录》卷117绍兴七年十二月庚申，第1889页。

⑦ 黎靖德编：《朱子语类》卷133《本朝七·盗贼》，王星贤点校，中华书局1994年版，第3187页。

是由于某些自觉的富家起到了调节作用。[①] 依我看来，其主要原因只怕在于女真贵族、蒙古贵族大敌当前，即从前人们常说的一句老话："民族斗争转移了阶级斗争的视线。"

五是人身依附。马克思、恩格斯认为，人身依附关系是传统社会"最内部的秘密""隐蔽着的基础"。凡是了解我的老师金宝祥先生的人都知道，他是马恩的虔诚崇拜者，敬奉马恩著作为至宝。金先生生前一再强调马克思解剖资本主义社会从商品入手，我们剖析中国传统社会应当以人身依附关系这一最普遍、最一般的关系为切入点。[②] 20 世纪 60 年代初，华山对宋代佃农的人身依附关系实际状况和发展趋势做过相当深入的考察，认为两宋走向相反的方向，北宋逐步减轻，南宋"逐渐增强"。他说："南宋灭亡前夕，江南农民已完全失去人身自由，走上了第二次农奴化的道路。"[③] 如今看来，此说未必准确。朱熹的"主佃相须"论、陈傅良的"主客相资"论、熊克的"主客相依"论、袁采的"存恤佃客"论、杨万里夫人罗氏的"奴婢亦人子"[④] 论，这些大同小异的主张表明，南宋时期佃农的地位从总体上看并不一定比北宋时期更低。南宋时期人身依附关系强烈的地域除边远落后地区（如夔州路）外，主要是战争前沿地区或战乱频仍地区。如绍兴年间淮南、荆湖等地所出现的身份低下的"随田佃客"，其原因在于

---

① 参看梁庚尧《南宋的农村经济》，台北联经出版公司 1984 年版。

② 参看金宝祥师著，魏明孔、杨秀清选编《陇上学人文存·金宝祥卷》，甘肃人民出版社 2012 年版。

③ 华山：《再论宋代客户的身份问题》，《光明日报》1961 年 4 月 12 日《史学》。收入华山《宋史论集》，齐鲁书社 1982 年版，第 49—54 页。

④ 罗大经：《鹤林玉露》丙编卷 4《诚斋夫人》，中华书局 1983 年版，第 309 页。罗氏此说是就奴婢而言，佃客的地位通常高于奴婢。

“比经兵火，所以凋瘵”①。值得注意的是，南宋的某些“山寨”“水寨”与魏晋南北朝时期的“坞堡”类似②，因战乱而形成，“大姓结为山寨以自保”③，其内部人身依附关系强烈。南宋的“寨子”以初期、晚期为数最多。初期，“既为金人之所践蹂，豪杰强壮多依山寨以相保聚”④，“自保山寨者不知其几千万人”⑤。晚期，据《宋史》记载，淳祐六年（1246）“五月庚申，诏贾似道措置淮西山寨城筑”⑥。宝祐三年（1255）“三月己酉，诏：沿边耕屯，课入登羡，管屯田官推赏，荆襄、两淮及山寨如之”⑦。足见其时山寨较普遍，只因行文太简略，其性质难以判定。⑧ 绍定年间，所谓“闽贼”晏梦彪所据汀州“连城（福建今县）本十有二寨”，所谓“赣寇”陈三枪所据“三路数州六十寨”⑨，显然并非官方军事堡垒，而是民间山寨。宝庆年间，沔州（治今陕西略阳）通判高稼“创山寨八十有四，且募义兵五千人，与民约曰：

① 王之道：《相山集》卷22《乞止取佃客札子》，影印文渊阁四库全书本。

② 参看黄宽重《从坞堡到山水寨——地方自卫武力》，《南宋史研究》第343—388页。

③ 《建炎以来系年要录》卷87绍兴五年三月癸卯，第1460页。

④ 李纲：《李纲全集》卷63《团结教阅札子》，王瑞明点校，岳麓书社2004年版，第676页。

⑤ 《宋史全文》卷16下建炎二年三月丙戌，第916页。

⑥ 《宋史》卷43《理宗本纪三》，第835页。

⑦ 《宋史》卷44《理宗本纪四》，第855页。

⑧ 参看赵俪生师《靖康、建炎年间各种民间武装势力性质的分析》，《文史哲》1956年第11期，第53—62页。收入《赵俪生文集》，兰州大学出版社2002年版，第1卷，第305—328页。黄宽重：《南宋时代抗金的义军》，台北联经出版事业公司1988年版。黄宽重：《南宋地方武力——地方军与民间自卫武力的探讨》，台北东大图书公司2002年版。南宋的山寨和水寨，其性质比较复杂，特别是其内部结构及人际关系有待揭示。此处只是简略而言，以后如有可能，再做进一步讨论。

⑨ 《宋史》卷419《陈韡传》，第12562—12563页。

‘敌至则官军守原堡，民丁保山寨，义兵为游击’”①。这些山寨显然并非纯属军事性质的城堡。景炎、祥兴年间，“以资力雄乡里”的赣州（今属江西）土豪陈子敬“挺身艰难际，虎穴连里闾”。他“举兵黄塘（寨），连结山寨不降”②。黄塘等山寨更是典型的民间山寨。应当指出的是，南宋中后期，山寨也不少，尤其是在战争前沿地区。如宋宁宗时，崔与之说：“今山寨相望。”他在主管淮东安抚司公事任上，“因滁有山林之阻，创五寨，结忠义民兵，金人犯淮西，沿边之民得附山自固”③。签书枢密院事李宗勉建议在荆襄地区“招集山寨，保固江流”④。民间山寨的首领多系“豪右大姓”，如钟离（即今安徽凤阳）土豪王惟忠，人称“静衔三郎”。他于南宋初年，创“韭山寨，垒石为城，周匝四里。又作大寨，七里环绕之。战御之具稍备，民之愿来依者凡万余人。惟忠选强壮充兵，韭山之势巍然而立”⑤。此外诸如外号“小张飞”的滁州（今属安徽）土豪张仲宝的琅邪山寨⑥、庐江（安徽今县）卢姓豪右的矾山寨⑦等，其情况均与韭山寨相似。“民之愿来依者”动辄“万余人”，分明是由于战乱。战乱使得势单力弱的孤立个人或家庭难以独立生存，不得不投靠有势力者。“来依者”

① 《宋史》卷449《忠义四·高稼传》，第13231页。

② 文天祥：《集杜诗·陈督干第一百二十五》，日本明治五年壬申仲夏新刊本。“黄塘”，《宋史》卷454《忠义九·何时传附陈子敬传》作“黄塘寨”（第13356页）。

③ 《宋史》卷406《崔与之传》，第12258—12259页。

④ 《宋史》卷405《李宗勉传》，第12237页。

⑤ 徐梦莘：《三朝北盟会编》卷138“建炎四年五月七日濠州土豪王惟忠弃韭山寨”，上海古籍出版社1987年版，第1005—1006页。

⑥ 《三朝北盟会编》卷132“建炎三年十月十五日李成陷滁州琅邪山寨”，第963页。

⑦ 《三朝北盟会编》卷141“建炎四年八月十日张琪移屯于襄安镇”，第1030—1031页。

与土豪势必形成强烈的人身依附关系。这显然是战乱给南宋社会带来的一大重要影响。治史者皆知，唐宋变革不开始于北宋，而开始于中唐前后。从人身依附关系变化的角度看，所谓“宋元变革”只怕并不开始于元代，而开始于南宋，特别是其晚期。

二、政治：“马上图治之时”

南宋处于战时状况影响着南宋社会的方方面面，其中以对政治体制的影响更为显著。南宋人说：“今天下多事之际，乃人主马上图治之时。”① 如果说北宋初期最高统治集团的治国方略是力图从“马上得天下”转换为“马下治天下”，从重武轻文转换为崇文抑武，那么南宋帝王则不得不“马上图治”。所谓“马上图治”，其含义与战时政治相近。人们不难发现在政治领域，南宋与北宋相比，有若干相当明显的变化。而这些变化大体都与南宋处于战时状况有关。下面略举四例。

一是权臣反复出现。南宋人吕中说：“南渡之后，一坏于绍兴之桧，再坏于开禧之韩，三坏于嘉定之史。”宋遗民李有说：“理宗四十年在御，一坏于嵩之，再坏于大全，三坏于似道。”② 南宋时期，秦桧、韩侂胄、史弥远、史嵩之、丁大全、贾似道等权臣何以不断出现，较早予以专题考察者当推香港学者林天蔚。他的

---

① 《建炎以来系年要录》卷21建炎三年三月丁未，第458页。

② 李有：《古杭杂记》，陶宗仪编：《说郛》卷4，中国书店1986年版，第36页。

长篇论文《宋代权相形成之分析》[1]，其重点在于探讨制度性根源，诸如：独相者多；继世为相及再相者众；加平章军国事衔，位于宰相之上；等等。此文的不足之处在于，只字未提制度性根源背后的时局性动因。南宋不仅“合三省为一”，往往“以一相专之”[2]，而且枢密使常常由宰相兼任，其缘故均在于“兵兴”。南宋宰相兼枢密使，其理由是“宰相之职无所不统”[3]，其依据是“庆历故典”。庆历二年（1042），“会西边出师，用富弼之言，诏宰相吕夷简、章得象并兼枢密使”。南宋北方军情“比之西边，事体尤重”[4]，宰相范宗尹因此在建炎四年（1130）兼任枢密使。史称：“自庆历后，宰相不兼枢密者八十余年，其复兼盖自此始。”[5]“其后，兵兴则兼枢密使，兵罢则免。至开禧初，始以宰臣兼枢密为永制。”又称：“维时多艰，政尚权宜。御营置使，国用置使，修政局置提举，军马置都督，并以宰相兼之。”[6] 一言以蔽之，“中兴多以宰相兼领兵政、财用之事”[7]。南宋相权复振、权臣迭现，其深层原因分明在于战时状况，亟须军政协同、快速应对，民政、兵政、财政三权分割无法适应战时需要。

二是武将权势增大。“天下安，注意相；天下危，注意将。”[8]

---

① 林天蔚：《宋代权相形成之分析》，《思与言杂志》第10卷第5期，1973年1月。收入宋史座谈会编《宋史研究集》第8辑，中华丛书编审委员会1976年版，第141—170页。

② 《文献通考》卷50《职官考四·门下省》，第456页。

③ 李心传：《建炎以来朝野杂记》甲集卷10《御营使》，徐规点校，中华书局2000年版，第197页。

④ 周必大：《文忠集》卷127《乞令宰臣兼枢密使札子》。

⑤ 李幼武：《宋名臣言行录·别集》上卷2《范宗尹》，影印文渊阁四库全书本。

⑥ 《宋史》卷161《职官志一·序》，第3770页。

⑦ 《宋史》卷162《职官志二·御营使》，第3803页。

⑧ 熊克：《中兴小纪》卷13绍兴二年十月庚戌，影印文渊阁四库全书本。

这句古人言被南宋人一再加以引用。南宋初年，张俊、韩世忠、刘光世等诸大将扩军自雄，各自为政，政治上暴贵，经济上暴富，公然号称某家军。当时人说："今日之兵，隶张俊者，曰张家军；隶岳飞者，曰岳家军；隶韩世忠者，曰韩家军。"① 诸大将又"别置亲随军，谓之'背嵬'"，"统制而下，与之亢礼，犒赏异常，勇健无比"。② 士大夫担忧："诸将权太重。"③ 朝廷因此有所谓"第二次削兵权"之举④，但武将势力膨胀的问题并未也不可能解决。《文献通考》称："渡江后，以用兵故，张俊、韩世忠为太傅，刘光世为太保。"继张、韩、刘之后，"乾道初，杨沂中、吴璘并为太傅"。⑤ 太傅、太保虽是虚衔，但地位崇高。"四世专蜀兵"⑥的吴氏武将集团更是一个突出的事例。吴玠、吴璘、吴挺、吴曦相继执掌四川兵权，被士大夫指斥为："吴氏世袭兵柄，号为吴家军，不知有朝廷。"⑦《建炎以来朝野杂记》载："元丰改官制，武臣不为二府。""自建炎以来，枢密使、副参用文武。"⑧ 武臣提刑"乾道六年（1170）五月复置，诸路各一员"，"于是武宪横于四方"。"又有管内安抚者，自军兴以来有之"。⑨ 南宋武将出任地方行政长官的事例远远多于北宋。如余玠并非科举出身，一武职人员而已，竟出任四川安抚制置使、重庆知府、四川总领、夔州路

---

① 《建炎以来系年要录》卷137绍兴十年七月乙卯，第2201—2202页。

② 赵彦卫：《云麓漫钞》卷7，傅根清点校，中华书局1996年版，第121页。

③ 《建炎以来系年要录》卷119绍兴八年四月戊子，第1924页。

④ 参看虞云国《论宋代第二次削兵权》，《上海师范大学学报》1986年第3期，第96—103页。

⑤ 《文献通考》卷48《职官考二·三公总序》，第444页。

⑥ 《宋史》卷392《赵汝愚传》，第11982页。

⑦ 《宋史》卷391《留正传》，第11974页。

⑧ 李心传：《建炎以来朝野杂记》甲集卷10《枢密参用文武》，第203页。

⑨ 《建炎以来朝野杂记》甲集卷11《武臣提刑》《安抚使》，第227、228页。

转运使，并可便宜行事，自行辟用地方官员，这在北宋和平时代是不可想象的。南宋武将势力明显增大，原因无疑在于战争。正因为处于战争状态，武将才敢于更加理直气壮地说："吾平生轻文人，以其不事事也。"① 出于作战需要，朝廷对武将不得不放权。与北宋不同，南宋无李宪、童贯、谭稹、梁方平等权宦统率大军出征的现象再现。南宋朝廷不用宦官领兵，废止宦官监军②，即可视为一条放权措施。同时又力图坚守崇文抑武的祖宗家法。放权，武将尾大不掉；削权，又有"自毁长城"之虞。南宋朝廷陷入两难选择的困境，正如当时人所说："上无驭将之术，而将有中制之嫌。"③ 其结果是文臣、武将双方均颇为不满，军队的战斗力也无法切实加强。

三是言官力量削减。所谓言官主要是台谏官，即御史台和谏院官员。刘子健明确指出，与北宋相比，"南宋言官始终没有力量"④。有学者认为：这一变化"决非单纯的职官制度的变化，而是当时政治局势的缩影"⑤。他所说的政治时局专指权相政治。用当时人的话来说，即是："权臣用事，言路壅塞。"⑥ 这里需要补充的是，其深层原因只怕也与战时状态和主战、主和之争相关。如宋高宗主和，便偏袒其同调秦桧。主战言官如若敢于弹劾秦桧，其结局只能是被罢免。宋孝宗主战，则庇护其同道张浚。他一再表示："朕依魏公（即张浚）如长城，不容浮言摇夺"，"今日边

① 《宋史》卷450《忠义五·杨霆传》，第13258页。

② 参看张邦炜《宋代皇亲与政治》第四章第二节《南宋宦官权势的削弱》，四川人民出版社1993年版，第304—333页。

③ 《宋史》卷187《兵志一·禁军上》，4570页。

④ 刘子健：《南宋君主和言官》，《两宋史研究汇编》，第12页。

⑤ 刁忠民：《宋代台谏制度研究》，巴蜀书社1999年版，第77页。

⑥ 《文献通考》卷50《职官考四·门下省·谏议大夫》，第460页。

事，倚卿为重，卿不可畏人言而怀犹豫”。[1] 宋孝宗甚至指责大胆陈词的言官是“卖直”[2]，即以刚直敢言而沽名钓誉。某些士大夫抨击谏官“多以立异为心，扰乱政事”。强调：“况处多事之时，运筹决胜，其机贵密，其发贵果，尤不宜使好异利口者喋喋其间。”少除乃至不除台谏官是南宋帝王控制言路的重要手段之一，即所谓“姑设一二人，比诸饩羊”[3]。饩羊者，徒具形式之意也。而所谓“南渡简易之制”[4]，即处于战时状态理当简政缩编，又为他们提供了口实。《宋史·职官志序》称：“当多事时，诸部或长贰不并置，或并郎曹使相兼之，惟吏部、户部不省不并。”[5] 当时朝廷有相当充足的理由，对台谏官的员额予以削减。言官素称“耳目之臣”，帝王不倚重言官，势必以佞幸为耳目乃至心腹。所谓佞幸，指因谄媚而深受帝王宠幸之人。帝王宠信佞幸，实乃传统政治的一大痼疾。相比之下，南宋较突出。

四是从严掌控舆论。压制言官只是南宋朝廷严格控制言路的组成部分之一。其举措还有禁小报、禁私史、兴文字狱等。宋高宗时，文字狱频发。[6] 赵翼《廿二史札记》对此有简要概述：“秦桧赞成和议，自以为功，惟恐人议己，遂起文字之狱，以倾陷善类。因而附势干进之徒，承望风旨，但有一言一字稍涉忌讳者，无不争先告讦，于是流毒遍天下。”所谓“忌讳”，分明是指对金

---

① 《宋史》卷361《张浚传》，第11308—11310页。

② 《建炎以来朝野杂记》甲集卷5《隆兴台谏》，第125页。

③ 《文献通考》卷50《职官考四·门下省·谏议大夫》，第460页。

④ 岳珂：《愧郯录》卷8《给舍论驳》，《知不足斋丛书》本。

⑤ 《宋史》卷161《职官志一·序》，第3771页。

⑥ 参看黄宽重《秦桧与文字狱》，《宋史论丛》，台北新文丰出版公司1993年版，第41—72页。

主战。秦桧“禁野史，许人首告，并禁民间结集经社”①。宋宁宗嘉泰二年（1202），更加严厉地施行私书之禁。史载：“其秋，商人载十六车私书，持子复（即熊克）《中兴小历》《九朝通略》等书，欲渡淮盱眙军（即今江苏盱眙）以闻，遂命诸道帅、宪司察郡邑书坊所鬻书凡事干国体者，悉令毁弃。”② 总之，南宋统治者从严控制舆论，其主要理由无非是战时状态必须采用非常手段。他们强调：“当国家多事之日”，“议论不可以不一”③；“议论不定则规模不立，规模不立而国家之势危矣”④。

三、文化：“生为忠义臣，死为忠义鬼”

不同时代有不同的时代背景，不同时代有不同的主流文化。存在决定意识，与长期处于战时状态的时代背景和救亡图存的时代主题相适应，南宋文化具有某些救亡文化的特征。仅在《宋史·忠义传》里，临危不惧、意气昂扬的悲壮之语便不胜枚举，如“宁作赵氏鬼，不为他邦臣”⑤；“生为忠义臣，死为忠义鬼”⑥；“头可断，膝不可屈”⑦；“生为宋民，死为宋鬼，赤心报国，一死

① 《廿二史札记》卷26《秦桧文字之祸》，第514—516页。
② 《建炎以来朝野杂记》甲集卷6《嘉泰禁私史》，第149—150页。
③ 许应龙：《东涧集》卷8《转对札子》，影印文渊阁四库全书本。
④ 《宋名臣言行录·别集》上卷7《綦崇礼》。
⑤ 《宋史》卷447《忠义二·杨邦乂传》，第13195页。
⑥ 《宋史》卷452《忠义七·林空斋传》，第13309页。
⑦ 《宋史》卷454《忠义九·刘子荐传》，第13343页。

而已”[①]。“赤心报国”是国难当头的南宋最具凝聚力的响亮口号。文学史研究者许总将“扫胡尘”“靖国难”称为南宋中期诗坛的“主旋律”[②]。我个人认为是很有见地的。下面再举四例。

一是“仰祈神相，早遂驱除”。祠庙、寺观充满神秘气氛，其实难以超越现实。某些祠庙、寺观在南宋时期甚至成为救亡图存的“精神武器”。宋高宗即位之初，曾指责宗泽：“在磁（州，即今河北磁县）每下令，一听于崔府君。”李纲为宗泽辩解：“古人亦有用权术，假于神以行其令者。”[③] 其实，宋高宗本人及南宋统治者又何尝不是如此。南宋人文及翁《贺新郎》词曰：“国事如今谁倚仗，衣带一江而已，便都道江神堪恃。”[④] 如绍兴三十一年（1161），完颜亮率金军大举南下，南宋朝廷发布《敌人犯边用兵奏告四圣五岳祝文》，同时又发布《奏告显应观旌忠观吴山忠清庙祚德庙祝文》。《祝文》云：“仰祈神相，早遂驱除，如公山草木之灵，建淝水风声之绩。”[⑤] 旌忠观是凤翔府和尚原（在今陕西宝鸡西南）三圣庙的别祠，绍兴三年应张俊、杨沂中之请，兴建于临安，以祭祀为国战死的普州（治今四川安岳）景氏三兄弟思忠、思立和思谊。忠清庙供奉春秋末年最终率兵战败楚国，以报父兄之仇的吴国大夫伍员。祚德庙祭祀春秋时期晋国著名的忠义之士程婴、公孙杵臼以及公忠体国的贤臣、英勇善战的骁将韩厥，并被南宋朝廷分别加封为忠勇诚信侯、通勇忠智侯和忠定义成侯。

---

① 《宋史》卷454《忠义九·刘士昭传》，第13356页。

② 许总：《宋诗史》，重庆出版社1992年版，第643页。

③ 《建炎以来系年要录》卷6建炎年六月戊辰，第155页。

④ 刘一清：《钱塘遗事》卷1《游湖词》，上海古籍出版社1985年版，第25—26页。

⑤ 洪适《盘洲文集》卷18《奏告显应观旌忠观吴山忠清庙祚德庙祝文》，影印文渊阁四库全书本。

至于显应观，供奉的是当时家喻户晓的崔府君。邓小南对此别具慧眼，在《关于“泥马渡康王”》一文中有深入探究。崇奉崔府君之所以“超乎一般”，既出于“统治集团‘神道设教’的企图”，又顺应“北方民众重返故里的期待”①。崔府君崇奉事关和战，秦桧对此不以为然。“桧一日奏事，因奏：‘北使将来，若见此祠而问，将何以对?’遽命移于湖上。”② 显应观因此在绍兴二十四年从龙山西移往涌金门外。南宋太学建于岳飞故居，端平二年(1235)，联蒙灭金之后，朝廷奉岳飞为太学土地神并建庙。景定二年（1261)，赐庙额曰“忠显”，其敕文称：“缅怀中兴名将之居，阴相首善京师之地”，申以“春秋复仇之义”。③ 其主旨与前文所述胡安国的主张完全一致。上述显应观、忠显庙等具有浓厚政治色彩的祠庙均在临安，这类祠庙外地也不少。这里仅以位于长江岸边的镇江为例。宋孝宗有诗云：“崒然天立镇中流，雄跨东南二百州。敌骑每临须破胆，何劳平地战貔貅。”④ 足见镇江战略地位之重要。此地既有祭祀抗金名将韩世忠的旌忠庙，又有供奉魏胜的褒忠庙。魏胜勇猛善战，隆兴年间在对金作战中战死。旌忠、褒忠二庙之兴建多半属于官府行为，宇文绍节祠的建立则属于民间的自发行动，以表彰并怀念其前任知府。《嘉定镇江志》载：“开禧丙寅（1206)，敌骑犯仪真（即今江苏扬州)，（镇江都统制）郭倪自焚瓜州，阖郡惶惧，公力镇静，赖以按堵。郡人德

① 邓小南：《关于“泥马渡康王”》，《北京大学学报》1995年第6期。收入《朗润学史丛稿》，中华书局2010年版，第95—111页。

② 《朱子语类》卷44《论语二十六·宪问篇》，第1136页。

③ 潜说友：《咸淳临安志》卷11《太学·后土氏之神》，《宋元方志丛刊》，中华书局1990年版，第4册，第3469页。

④ 祝穆等：《方舆胜览》卷3《镇江府》，施和金点校，中华书局2003年版，第64页。一说，此诗的作者系宋高宗。

之，为立生祠。”① 镇江城隍庙供奉的是在楚汉相争中被项羽烧死的汉将军纪信，据说他在对金战争中曾显灵。《至顺镇江志》称：“（绍兴）三十一年，金人犯瓜州，前守臣赵公称祝于祠下，以求阴相，未几，其酋自毙。”② 陆游《镇江府城隍忠祐庙记》③ 记述甚详。庙额忠祐系乾道元年（1165）诏赐。诸如此类，恕不一一列举。

二是从“胡汉语境消解”到“夷夏观念益严”。“夷夏观”或“华夷观”在唐宋时代几经变化。台湾学者傅乐成早年在《唐代夷夏观念之演变》一文中指出：唐代前期的主流观念是“华夷一家”；唐代后期，夷夏之防渐严；至宋夷夏观念益严。并一再强调：“唐代后期国人之夷夏观念，犹不若宋人之严。”④ 此文探讨的重点在唐代，且确有释疑发覆之功，但其“至宋夷夏观念益严”一说则不免失之笼统。香港学者牟润孙的看法与傅乐成不尽相同。他从研究两宋春秋学的演变入手，认为北宋、南宋差别明显，“严华夷之辨”始于南宋。牟润孙说：“北宋解《春秋》者偏重尊王”，旨在“为宋人中央集权制张目”。南宋胡安国《春秋传》始“以明复仇之义、严华夷之辨，为其主旨”。并进而指出：“北宋治《春

---

① 卢宪：《嘉定镇江志》卷7《宫室》，《宛委别藏》第44册，江苏古籍出版社1988年版，第182页。

② 俞希鲁：《至顺镇江志》卷8《神庙》，杨积庆等校点，江苏古籍出版社1999年版，第322—323页。

③ 《渭南文集》卷17《镇江府城隍忠祐庙记》，《四部备要》第79册，第116—117页。

④ 傅乐成：《唐代夷夏观念之演变》，《大陆杂志》第25卷第8期，1962年。收入邢义田等主编《台湾学者中国史研究论丛·社会变迁》，中国大百科全书出版社2005年版，第217—229页。

秋》者好论内政，南宋治《春秋》者好论御侮，其言多为当时而发。”[①] 北宋岂止尚未“严华夷之辨”，在邓小南看来，五代、宋初经历了“胡汉”语境消解的过程。她说：这一过程“与民族关系整合的总体走势有关，也与时人的观念意识有关”[②]。不仅如此，近期有学者进一步认为：北宋“呈现出超越‘夷夏’的族群意识”[③]。此说言而有据，程颐将“至诚以待夷狄”作为“本朝有超越古今者五事”之一，便是其明证。需要指出的是，北宋王朝敢于“至诚以待夷狄”并不是“民族自卑感的表现”或“外交挫折的反应”，相反只怕是其自信心的体现。辽朝和西夏对北宋虽有压力，但程度有限，而北宋多半处于主动地位。北宋王朝虽非汉唐一类的大一统帝国，但以“天下一家”的中原正统王朝自命。正是从这一观念出发，某些统治者主张“善待夷狄”。如知曲水县（在今甘肃文县西）宇文之邵上疏宋神宗，反对利州路转运使司敲诈勒索边民，其理由是：“方岁俭饥，羌夷数入寇，不可复困之以求利。”而依据则是：“天下一家也，祖宗创业守成之法具在。”[④] 范仲淹更是“善待夷狄”的典范，他在宋仁宗时任陕西经略安抚招讨副使，“威德著闻，中外耸服，属户蕃部率称曰‘龙图老子’。至于元昊，亦以是呼之”[⑤]。可见，当时虽然正与西夏作战，但并未远离“华夷一家”的认同。从总体上说，南宋与北宋不同，不

① 牟润孙：《两宋春秋学之主流》，《大陆杂志》第5卷第4期，1951年。收入《注史斋从稿》，中华书局1987年版，第140—161页。

② 邓小南：《试谈五代宋初“胡汉”语境的消解》，《文史哲》2005年第5期。收入邓小南《朗润学史丛稿》，第74—94页。

③ 熊鸣琴：《超越“夷夏”：北宋“中国”观初探》，《中州学刊》2013年第4期。

④ 《宋史》卷458《隐逸中·宇文之邵传》，第13449页。

⑤ 王辟之：《渑水燕谈录》卷2《名臣》，吕友仁点校，中华书局1981年版，第14页。

是胡汉消解，而是夷夏对立。南宋官民先对女真贵族，后对蒙古贵族，动辄以“胡儿”“胡虏”相称。如在南宋初年亲身遭受战祸苦难的陈与义便发出了“灭胡猛士今安有”① 的呼唤。朱熹在学术上与二程有不可分割的继承关系，但在“夷夏观”上则大不相同。程颐主张“善待夷狄”，而朱熹则宣称“杀尽残胡”。其诗云：“胡马无端莫四驰，汉家元有中兴期。”将“胡”与“汉”对称。又云：“渡淮诸将已争驰，兔脱鹰扬不会期。杀尽残胡方反旆，里闾元未有人知。”“杀气先归江上林，貔貅百万想同心。明朝灭尽天骄子，南北东西尽好音。”② 朱熹对“残胡”发出了“杀尽”“灭尽”的怨愤之声。南宋在对金作战中还有“中兴”的希望和可能，而对元作战则越来越被动，直到彻底失望。越是被动，“夷夏观”越发走向极端。如身处晚宋的郑思肖强调：“君臣、华夷，古今天下之大分也。”甚至说：“夷狄素无礼法，绝非人类。”“圣人也，为正统，为中国；彼夷狄，犬羊也，非人类，非正统，非中国。”③ 由“善待夷狄”到“杀尽残胡”，抽象而论，无疑是个大倒退。历史地看，则是女真贵族、蒙古贵族的暴行所致，完全可以理解。应当指出，上述激愤之语主要是针对女真、蒙古。南宋王朝与其他少数民族通常尚能保持较为友好的关系，一旦发生冲突，往往采用“盟誓”的办法予以怀柔。如淳熙十五年（1188），与青羌冲突之后，其首领失落盘率众投降，“乞通交市”。朝廷

① 陈与义：《陈与义集》卷 27《雨中再赋海山楼诗》，吴书荫等点校，中华书局 1982 年版，第 439 页。

② 朱熹：《晦庵先生朱文公集》卷 2《闻二十八日之报喜而成诗七首》《次子有闻捷韵四首》，《四部备要》第 57 册，第 81 页。“胡马”“残胡”，文渊阁四库全书本擅改为“戎马”“凶残”。

③ 《郑思肖集·杂文·古今正统大论》《杂文·大义略叙》《久久书·久久书正文》，陈福康点校，上海古籍出版社 1991 年版，第 132、177、103 页。

“令兵官赵鼎等引至威武神祠，杀牛饮血立誓，犒以钱帛而去”。①

三是从重“统”到重“正”。历史上的所谓“正统论”，其目的无非在于论证一朝一代帝王“家天下”统治的合法性。对于两宋正统论的演变，既有研究较多②，这里仅将其前后变化并不周全地简略概括为以下三种趋向，大致可折射出两宋时代背景和现实政治需要的不同。其一，北宋重“统”，南宋重“正”。欧阳修的正统论在北宋颇具代表性，他格外强调“大一统”：“王者大一统。正者，所以正天下之不正也；统者，所以合天下之不一也。”③ 这一标准反映了北宋统治者决不允许五代十国分裂割据局面重演，试图实现“天下一家”，至少收复燕云的政治诉求。然而这一标准显然不利于南宋，反倒有利于金、元。完颜亮便宣称：“天下一家，方可以为正统。”于是“恃其累世强盛，欲大肆征伐，以一天下”④。对于这一标准，南宋士大夫当然不能认同。刘过就不注重“统”，而强调“正”。他说：“有正者不必有统”，“有正者不责其统”。“无统而存其正，以正之不可废也”。⑤ 所谓“正”者，公正、正义也。其二，“北宋尊魏，南宋尊蜀”。⑥ 尹洙不以

---

① 《建炎以来朝野杂记》乙集卷19《丁未三开乙卯曳失索之变》，第866—867页。

② 如范立舟：《宋儒正统论之内容与特质》，《安徽师范大学学报》1999年第2期；金鑫、曹家齐：《说欧阳修的正统论思想》，《史学史研究》2005年第2期。

③ 欧阳修撰，洪本健校笺：《欧阳修诗文集校笺·居士集》卷16《正统论三首》，上海古籍出版社2009年版，第493页。

④ 《金史》卷129《佞幸·李通传》，中华书局1975年版，第2783页。

⑤ 周密：《癸辛杂识》后集《正闰》，吴企明点校，中华书局1988年版，第99页。

⑥ 陈芳明：《宋代正统论的形成背景及其内容》，《食货月刊》第1卷第8期，1971年。收入《宋史研究集》第8辑，中华丛书编审委员会1976年版，第29—54页。

蜀汉而以曹魏为正统，其理由是："平定南土，方为正统。"[①] 司马光的见解与尹洙相似，其《资治通鉴》称"某年某月诸葛亮入寇"。朱熹则认为："三国当以蜀汉为正。"[②] 他批评司马光："温公谓魏为正统，使当三国时，便去仕魏矣。"[③] 张栻《〈经世纪年〉序》称："汉献之末，曹丕虽称帝，而昭烈以正义立于蜀，诸葛亮相之，则汉统乌得为绝？故献帝之后，即系昭烈年号，书曰'蜀汉'。"[④] 朱熹表示赞同："《经世纪年》，其论甚正。"[⑤] 黄震甚至强调蜀不应称蜀，而应称汉。他说："蜀者，地之名，非国名也。昭烈以汉名，未尝以蜀名。不特昭烈，虽孙氏之盟亦曰：'汉吴既盟，同讨魏贼。'"[⑥] 两宋的正统论何以有此一大差别？《四库全书总目》的解释触及要害。《总目》说："宋太祖篡立近于魏，而北汉、南唐迹近于蜀，故北宋诸儒皆有所避而不伪魏。高宗以后，偏安江左，近于蜀，而中原魏地全入于金，故南宋诸儒乃纷纷起而帝蜀。"[⑦] 其三，北宋认可"用夏变夷"，南宋则不予认同。张方平将北魏尊为正统，其依据除据有中原而外，主要是因为北魏"用夏变夷"，即"出令作法，变风迁俗"，并将孝文帝比喻为"夏禹之出东夷，文王之祚西羌"[⑧]。欧阳修并未将北魏视为正统，重

---

① 尹洙：《河南先生文集》卷3《河南府请解投贽南北正统论一首》，四部丛刊初编本。

② 《朱子语类》卷105《朱子二·论自注书》，第2637页。

③ 《朱子语类》卷134《历代一》，第3207页。

④ 张栻：《张栻全集》卷14《〈经世纪年〉序》，杨世文等校点，四川大学出版社1999年版，第747页。

⑤ 《晦庵先生朱文公集》卷45《答廖子晦》，《四部备要》第57册，第767页。

⑥ 黄震：《黄氏日抄》卷48《读史三·三国志》，影印文渊阁四库全书本。

⑦ 永瑢等：《四库全书总目》卷45《正史类一·三国志六十五卷》，中华书局1965年版，第403页。

⑧ 张方平：《乐全集》卷7《南北正闰论》，影印文渊阁四库全书本。

要原因在于北魏未能实现大一统。尹洙甚至将西魏、北周尊为正统。两宋之交的胡寅尚未注重夷夏之辨，在《致堂读史管见》一书中，赞扬“（魏）孝文帝慨然有志于先王之道”，“美政良法，非人君诚信而愿为，其孰能强之”。[①] 叶适虽然赞同“报仇明耻，贵夏贱夷”[②] 的主张，但同时又肯定魏孝文帝“慨慕华风，力变旧俗”的作为，并称：“用夏变夷者，圣人之道也。”[③] 张栻则严华夷之辨，断然将包括北魏在内的北朝统统逐出正统。他说：“由魏以降，南北分裂，如元魏、北齐、后周，皆夷狄也，故统独系于江南。”[④] 朱熹比张栻还要严格，其《资治通鉴纲目·凡例》第一句话便是：“凡正统，谓周、秦、汉、晋、隋、唐。”[⑤] 南宋末年，战事异常危急，郑思肖更念念不忘争正统：“火德继正统，东南气运昌。”[⑥] 如认同“用夏变夷”，无异于归顺元朝。郑思肖当然不能接受，他说：“臣行君事、夷狄行中国事，古今天下之不祥，莫大于是。”“夷狄行中国之事曰‘僭’，人臣篡人君之位曰‘逆’。”岂止北朝，郑思肖甚至将唐代也拒之于正统之外。他认为：“若论中国古今正统，则三皇、五帝、三代、西汉、东汉、蜀汉、大宋而已。”郑思肖说：“贞观、开元太平气象，东汉而下未之有也，姑列之于中国，特不可以正统言。”原因仍在严夷夏之辨：李唐

---

① 胡寅：《致堂读史管见》卷11《齐纪·武帝》，台湾商务印书馆影印宋嘉定十一年（1218）刻本，第730—731页。

② 叶适：《叶适集·水心文集》卷12《纪年备遗序》，中华书局1961年版，208页。

③ 叶适：《习学记言》卷34《魏书·帝纪》，中华书局1977年版，第491页。

④ 《张栻全集》卷14《〈经世纪年〉序》，第749页。

⑤ 朱杰人等主编：《朱子全书》第11册《资治通鉴纲目》附录一《凡例》，严文儒校点，上海古籍出版社、安徽教育出版社2002年版，第3475页。

⑥ 《郑思肖集·大义集·火德》，第23页。

“实夷狄之裔，况其诸君家法甚缪戾”①。

四是“既重贞节，更重忠义”。宋人说：“贞女不事二夫，忠臣不事两君。”② 在今人看来，此言相当迂阔。但忠义与贞节大体并重是当时人较为普遍的观念。由于长期处于战争状态，南宋时期这一观念似乎发生了一些微妙的变化，人们在忠、贞并重的同时，更重忠义。《宋史·列传女》入传者，北宋9人，南宋31人，南宋多于北宋。但这并不能证明南宋的贞节观念重于北宋。南宋这31位所谓“节烈妇女”，并非纯属“不事二夫”者。其中，既有刲股为粥疗亲者，又有亲事治家有法者，还有忍受酷刑，以死抵制冤狱者，更有13位妇女因抗金、抗蒙而遇害或自尽。如建炎年间，金军攻打饶州（今属江西），赵氏掩护其夫监上高酒税王袤撤离，“金人追之不得，怒赵欺己，杀之”③。又如宋理宗时，元军攻打四川，利州路常平司干办刘当可之母王氏毅然勉励其子抗元：“汝食君禄，岂可辞难。”“元军屠兴元（即今陕西汉中），王氏义不辱，大骂投江而死。其妇杜氏及婢仆五人，咸及于难。”④ 朝廷追赠王氏为和义郡太夫人。元军进犯安仁（江西今县），谢枋得母桂氏支持儿子起兵抗元，她“处之泰然”，并说：“义所当然也。”“人称其贤母”。⑤ 元军攻陷岳阳（今属湖南），韩氏女希孟“赴水死”，留诗一首：“失身戎马间，宁当血刃死。”“长号赴洪流，激烈摧心肝。”⑥ 元初名儒郝经称赞“其诗悲婉激切，辞意壮

① 《郑思肖集·杂文·古今正统大论》，第132—134页。

② 汪藻著，王智勇笺注：《靖康要录》卷15靖康二年正月二十七日，四川大学出版社2008年版，第1589页。

③ 《宋史》卷460《列女·王袤妻传》，第13487页。

④ 《宋史》卷460《列女·刘当可母传》，第13486页。

⑤ 《宋史》卷460《列女·谢枋得妻传》，第13489页。

⑥ 《宋史》卷460《列女·韩氏女传》，第13492页。

烈，有古义士未到者”[①]。元军攻打福建，招抚使刘仝子起兵抗元。其妻林氏被俘，厉声说：“林、刘二族，世为宋臣，欲以忠义报国。”“吾与兄，忠义之心则一也。”[②] 遂遇害。特别值得注意的是，高邮（今属江苏）妓女毛惜惜以妓女而入《列女传》，其事迹尤其感人。史载：“端平二年（1235），别将荣全率众据城以畔。”“与同党王安等宴饮，惜惜耻于供给，安斥责之。”惜惜痛斥荣全、王安叛宋降蒙：“妾虽贱妓，不能事畔臣！”“全怒，遂杀之。”[③] 毛惜惜以身殉国后，朝廷“特封英烈夫人，且赐庙”。潘枋《英烈夫人》诗称颂道：“淮海艳姬毛惜惜，蛾眉有此万人英。恨无七首学秦女，向使裹头真杲卿。”[④] 杲卿即唐常山太守颜杲卿，因拒不投降而被安禄山杀害。郑思肖《追奖》诗云：“谁谓伊人贱？犹怀事贼羞。挺身持大义，正语叱狂酋。名在春逾艳，骨香花不愁。有灵知国事，地下笑王侯。”[⑤] 方岳作《后义倡传》，盛赞毛惜惜“慷慨引大义，折逆贼，乃一城士大夫所不能”，“可谓倡名而士行者矣”。[⑥] 元人陶宗仪将毛惜惜盛誉为“忠倡”，并浩叹：“当是时也，奸凶得志，势焰熏天，虽厚禄重臣、峨冠世儒罔不效力执事，战兢奔走于指挥之下，而倡优下贱，乃能奋不顾身。”[⑦] 此外，淮阴张生之妻卓氏在绍兴年间被金军头目俘获后，“即与之配”。但她最终趁机拔刀将金军头目置于死地，于是“闻者交称”，这位再

---

① 郝经：《郝文忠公陵川文集》卷10《巴陵女子行》，秦雪清整理，山西人民出版社2006年版，第142页。

② 《宋史》卷460《列女·刘仝子妻传》，第13492—13493页。

③ 《宋史》卷460《列女·毛惜惜传》，第13493页。

④ 陈世崇：《随隐漫录·佚文》，孔凡礼点校，中华书局2010年版，第59页。

⑤ 《郑思肖集·中兴集·追奖》，第66页。

⑥ 方岳：《秋崖集》卷34《后义倡传》，影印文渊阁四库全书本。

⑦ 陶宗仪：《南村辍耕录》卷7《忠倡》，中华书局1958年版，第91—92页。

嫁妇女被誉为“节妇”。[①] 从上述情况看，在大敌当前的南宋时期，“生为忠义臣，死为忠义鬼”[②] 的忠义意识似乎比“饿死事极小，失节事极大”[③] 的贞节观念更加深入人心。《宋史·列女传》从某种意义上可以说是一部南宋妇女在战乱中的深重苦难史和悲壮反抗史。

总之，上述方方面面的变化都表明，南宋与北宋不可一概而论。至于这些差异形成的原因，大抵均与南宋处于战时状态相关。最后有两点需要说明：第一，南宋长期处于战时状态或准战时状态，是就总体而言。不同时段、不同地区危急程度不尽相同乃至差别较大，应做具体分析。第二，笔者绝无低估、矮化南宋之意。南宋时期成就辉煌，对后世的影响大于北宋。学界多有论述[④]，笔者并无异议。

（原载《西北师范大学学报》2014年第1期）

---

① 洪迈：《夷坚志》支丁卷9《淮阴张生妻》，何卓点校，中华书局1981年版，第1039页。

② 《宋史》卷447《忠义七·林空斋传》，第13309页。

③ 朱熹编：《河南程氏遗书》卷22下《伊川先生语八下·附杂录后》，程颢、程颐：《二程集》，王孝鱼点校，中华书局1981年版，第301页。

④ 如何忠礼《略论南宋的历史地位》，《浙江社会科学》2008年第9期，第72—80页；朱瑞熙《不可割断的南宋史》，《杭州通讯（生活品质版）》2008年第7期，第20—23页。

应当怎样看待宋元易代

中华文明源远流长，历数千年之发展嬗变，始终一脉相承。国人每每为此深感自豪。中华文明从未中断，在世界上绝无仅有。这一几乎众口一词、别无异议的定论，近年来遭遇颠覆性挑战。“崖山之后无中国，明亡以后无华夏”，此说而今流传很广。岂止文明中断，“中国曾经两次亡国”“宋朝之亡亡天下”“元朝根本不是中国的一个朝代”，诸如此类的说法相当常见。照此说来，“二十四史”这一由来已久的传统观念应该修正，《辽史》《金史》《元史》将被排除在外，辽金元史研究者有改称外国史研究者之虞。或许由于本人的某些认识早已固化，对这类说法未免感到惊奇与不解。在重温孙中山以及范文澜、翦伯赞等前辈史家的有关论述之后，下面仅就所谓“第一次亡国”论略抒浅见，以就教于中华文明中止论者。不敢自以为是，欢迎批评指正。

一、孙中山的贡献与局限

“两次亡国”论据说来自伟大的民主革命先行者孙中山。不错，他当年曾说："中国几千年以来，受过了政治力的压迫以至于完全亡国，已有了两次，一次是元朝，一次是清朝。"他还专门讲到"第一次亡国"："宋朝被蒙古所灭。宋亡之后，到明朝才复国。"① 然而对于孙中山的民族主义思想，有以下三点值得注意：

第一，前后变化。众所周知，孙中山在辛亥革命前后经历了从汉民族主义者到中华民族主义者的转化。他在 1905 年主持制定的《中国同盟会总章》和 1910 年拟订的《中华革命党誓书及联系暗号》的不同之处就很明显。前者宣称："本会以驱除鞑虏、恢复中华、建立民国、平均地权为宗旨。"后者誓言："同心协力，废灭鞑虏清朝，创立中华民国，实行民生主义。"其宗旨不再是"驱除鞑虏"，而是"废灭鞑虏清朝"，突出强调"倾覆满洲专制政府"。辛亥革命后，孙中山进一步用"五族共和"的施政方针取代"驱除鞑虏"的革命口号。1912 年元旦，《临时大总统宣言书》声明："国家之本，在于人民。合汉、满、蒙、回、藏诸地方为一国，即合汉、满、蒙、回、藏诸族为一人。是曰民族之统一。武汉首义，十数行省先后独立。所谓独立，对于清廷为脱离，对于各省为联合，蒙古、西藏意亦同此。行动既一，决无歧趋，枢机成于中央，斯经纬周于四至。是曰领土之统一。"② 稍后，孙中山在《建国方略》中较早采用"中华民族"这一新概念，后来又公开宣布"中国境内各民族一律平等"③。

第二，不宜误解。"驱除鞑虏，恢复中华"的口号出于反对民族压迫，推翻清王朝，终结皇帝专制制度的革命需要。其正当性毋庸置疑，其局限性也显而易见。当时出现了一些极端言论，如

① 《孙中山选集》下册，人民出版社 2011 年第 2 版，第 654—655、688 页。

② 《孙中山全集》，中华书局 1981 年版，第 1 册第 284、439 页，第 2 册第 1、2 页。

③ 《孙中山选集》下册，第 614 页。

在整体上称满族为“豺狼之族”，并发誓“不可不除”。[①] 孙中山及时察觉，立即对“革命者志在扑满而兴汉”多次加以解释和限定。如他《在东京民报创刊周年庆祝大会的演说》中一再声明：“最要紧一层不可不知：民族主义，并非是遇着不同族的人便要排斥他”；“民族革命是要尽灭满洲民族，这话大错”；“我们并不是恨满洲人，是恨害汉人的满洲人”。孙中山将“满洲人”与“满政府”区别开来，强调：“满政府穷凶极恶，今已贯盈。义师所指，覆彼政府。”[②] 而今对于孙中山最大的误解莫过于将他错认为中华文明中止论者，其实他恰恰是中华文明从未中断论的首倡者之一。孙中山在《建国方略》中说：“中华民族，世界之至大者也，亦世界之至优者也。”“自庖羲画卦，以迄于今，文字递进，逾五千年。”“侵入之族不特不能同化中华民族，反为中国所同化，则文字之功为伟矣。”“中国为世界最古之国，承数千年文化，为东方首出之邦。……即间被外族入寇，如元清两代之僭主中国，然亦不能不奉中国之礼法。”[③] 他在《三民主义·民族主义》的讲演中强调：“这两次亡国，都是亡于少数民族，不是亡于多数民族。那些少数民族，总被我们多数民族所同化。所以中国在政权上，虽然亡过了两次，但是民族还没有受过大损失。”[④] 从中不难看出，他的“两次亡国”论与“文明中止”说不是一回事，与“崖山之后无中国，明亡以后无华夏”有实质性差异。

第三，对错并存。孙中山的民族理论，贡献与局限兼而有之。他采用“中华民族”新概念，主张“中国境内各民族一律平等”，

① 《章太炎全集》第4册，上海人民出版社1985年版，第192—193页。

② 《孙中山选集》上册，第62、95—96、82页。

③ 《孙中山选集》上册，第398、145—146、195页。

④ 《孙中山选集》下册，第655页。

无疑是对民族理论与政策的重大贡献。然而某些认识一旦固化为思维定式，改变起来实在太难。孙中山直至晚年，仍称蒙、满等民族为“外族”“异族”，有意无意地将这些少数民族排除在中华民族之外，视为外国人。孙中山不是主张促进民族融合，而是主张实行民族同化，这一主张与他提出的民族平等原则相违背。孙中山形成于辛亥革命前的“两次亡国”论，到辛亥革命后仍无根本性改变。可见，孙中山始终没有完成从汉民族主义者到中华民族主义者的转化，他的中华民族主义是不够彻底的。一言以蔽之，孙中山的论断并非句句是真理。时至21世纪，我们不能完全以孙中山之是非为是非。

二、不应“以宋朝人自居”

如何正确处理中国历史上的民族关系是个颇为繁难的问题。唯其如此，20世纪后期曾经开展两次较为广泛而深入的讨论。一次在50年代末、60年代初，范文澜、翦伯赞、吕振羽等史学大家发表了不少具有指导意义的见解。另一次在80年代初，白寿彝、谭其骧、翁独健等前辈史家参与其中。虽然分歧仍存，毕竟共识居多，研究者们几乎一致赞成应当用民族平等的原则处理历史上不平等的民族关系。这些共识对孙中山的中华民族主义思想既有继承、发展，又有补充、修正。在这些共识中，下面“两个不能等同”针对性很强。

一是不能将中国史等同于汉族史。中国长期以来就是一个统一的多民族国家，我国的历史由各族人民共同缔造。汉族作为主体民族，在中国历史上起主导作用。翦伯赞一方面强调不能否定汉族的主导作用："权利是应该平等的，作用是不可能平等的。"同时又指出："除汉族以外，还有很多民族。作为一个民族，他们都是各为一个民族；但作为多民族国家的一个成员，他们都是中国人。""不要把汉族以外的各民族作为外国人对待。"① 白寿彝具体地讲到宋辽金元时期："契丹、女真、蒙古这三个民族一开始就是中国的民族。"而所谓"第一次亡国"论者则将蒙古族"作为外国人对待"②，与历史事实并不相符。

二是不能将历史上的中国等同于"汉族王朝"。翁独健指出："不能把历史上的中国与历代封建王朝划等号，更不能与汉族王朝划等号。""历史上的中国不仅包括中原王朝，而且也包括中原王朝以外的少数民族建立的国家或政权。""把王朝和历史上的中国等同起来不符合我们多民族国家发展的历史事实。"③ 谭其骧主张，中国史上的民族在中国范围之内所建立的政权都是中国史上的政权。他说："我们绝不能把中国看成汉族的中国，我们中国是各族人民共同的中国。""王朝跟中国不能等同起来，应该分开。"他强调："汉族是汉族，中国是中国，中原王朝是中原王朝，这是不同的概念。"我们不应当"以宋朝人自居"，"以宋朝人心目中的中国为中国"。④ 作为现代的中国人，我们固然是宋朝人的后代，但辽朝人、西夏人、金朝人、大理人、吐蕃人、元朝人都是我们的祖先。我们不能仅仅站在宋朝人的立场上看待历史问题。

---

① 翦伯赞：《对处理若干历史问题的初步意见》，《北京大学学报》1978 年第 3 期，第 17—18 页。

② 白寿彝：《关于中国民族关系史上的几个问题》，《北京师范大学学报》1981 年第 6 期，第 3 页。

③ 翁独健：《在中国民族关系史研究学术座谈会闭幕会上的讲话》，载翁独健主编《中国民族关系史研究》，中国社会科学出版社 1984 年版，第 23—24 页。

④ 谭其骧：《历史上的中国和中国历代疆域》，《中国边疆史地研究》1991 年第 1 期，第 41、40、35 页。

中国历史上并立的王朝无非是“国中之国”，古人对此已有所认知。具有等差性与封闭性的“大中国”观由来已久。① 宋辽金元时代，“天下一家”的概念在观念层面上有所深化，特别是在实践层面呈现出等差缩小、走向开放的趋势。如果说宋太祖的名言“天下一家，卧榻之侧，岂容他人鼾睡乎”②，只是就行将被统一的南唐政权而言，那么苏轼所说“今天下一家，二虏且未动也，而吾君吾相终日皇皇焉”③，毕竟是将被称为“二虏”的辽朝与西夏包括在“天下一家”的“大中国”之内。金朝大臣刘筈说：“今天下一家，孰为南北?”侯挚以此为理由，主张对金朝境内的汉族居民一视同仁。他对金章宗说：“今天下一家，河朔之民皆陛下赤子。”金世宗认为：“所为一家者，皆一类也。”他不赞成女真族官员在升迁时享受特殊待遇，并就此质询大臣：“天下一家，独女直有超迁格，何也?”④ 上述种种言论虽然只是个别人物的个别主张，但显示的是一种不可忽视的趋势。据赵永春研究，“辽人在自称‘中国’的同时，仍然称宋朝为‘中国’”；金人“自称‘中

---

① 有关论述甚多，可参看罗志田《先秦的五服制与古代的天下中国观》《夷夏之辨的开放与封闭》，罗志田《民族主义与近代中国思想》，台北东大出版公司 1998 年版，第 1—60 页。

② 李焘：《续资治通鉴长编》卷 16 开宝八年十一月己巳，中华书局 1979 年版，第 350 页。

③ 苏轼：《东坡七集·东坡应诏集》卷 1《策略第二》，《四部备要》，中华书局 1989 年版，第 77 册，第 605 页。

④ 《金史》卷 78《刘筈传》、卷 108《侯挚传》、卷 88《唐古安礼传》，中华书局 1975 年版，第 1772、2386、1964—1965 页。

国'，但他们并没有将辽、宋排除在'中国'之外"①。其实，宋人也并未将辽、西夏、金、蒙古绝对地排斥在"大中国"之外。众所周知，宋朝称西夏为"西朝"，西夏称宋朝为"东朝"②，宋朝称辽、金、蒙古为"北朝"，辽、金、蒙古称宋朝为"南朝"。③甚至远在罗布泊以西地域的喀喇汗王朝可汗也自称"东方与中国之王"。喀喇汗学者认为当时的"秦"即"中国"分为三部分：宋朝为"上秦"，契丹为"中秦"，喀喇汗为"下秦"。④

北宋时期可称为新三国时期，南宋时期则是新南北朝时期。元人王袆即有此一说："其事（指辽宋金分立）适类于魏蜀吴⑤、东晋后魏之际。"⑥ 魏蜀吴三国鼎立与辽、宋、西夏并存的差异，

---

① 赵永春：《试论辽人的"中国"观》，《文史哲》2010年第3期，第78—90页；《试论金人的"中国观"》，《中国边疆史地研究》第19卷第4期，第12页，2009年12月。熊鸣琴在《金人"中国"观特质新论》一文中认为："金人的'中国'观呈现出狭隘性与超越性并存的特点。"（《江西社会科学》2014年第8期，第149页）可参看赵永春《金宋关系史》，人民出版社2005年版；熊鸣琴《金人"中国"观研究》，上海古籍出版社2014年版。

② 吴天墀依据田况《儒林公议》、陈师道《后山谈丛》等史籍，在《西夏史稿（增订本）》中说："西夏统治者自称'西朝'，而呼辽朝为'北边'，称赵宋为'东朝'或'南朝'。"（四川人民出版社1983年版，第35页）

③ 对于宋朝与辽朝互称南北朝，有学者提出质疑，自有其缘故。从现存文献看，无论在官方书面文书还是口头语言中，这一情形并不少见。前者如宋朝礼制称辽朝国信使为"北朝国信使"（《宋史》卷219《礼志二十二》，中华书局1977年版，第2805、2807页）、称辽朝皇太后为"北朝皇太后"（《宋史》卷224《礼志二十七》，第2897、2898、2899页）。后者如富弼庆历年间出使辽朝时说："北朝无故求割地，南朝不即发兵拒却，而遣使好辞。"（彭百川《太平治迹统类》卷8《仁宗朝契丹议关南地界》，江苏广陵古籍刻印社1990年版，第175页）

④ 参看魏良弢《喀喇汗王朝史稿》，新疆人民出版社1986年版。第51—54页。

⑤ "吴"字原逸，据冯家昇《辽史证误三种·辽史源流考》所引《金华丛书》本增补。（中华书局1964年版，第21页）

⑥ 王袆：《正统论》，李修生主编：《全元文》，凤凰出版社2004年版，第55册，第356页。

同宋金、宋蒙对峙的区别，仅仅在于魏蜀吴均为所谓“汉族政权”，而后者则为不同民族所建立的王朝。契丹为什么改国号为“大辽”？西夏为什么国号“大夏”？据罗炳良研究，是为了表明它们是汉、唐王朝的延续者，与“大汉”“大唐”“大宋”并无二致，“大夏”还有继承夏朝的意思。① 元朝应当怎样官修辽、宋、金史，争执虽然大，但最终决定：“三国各与正统，各系其年号。”②《辽史》《宋史》《金史》三史并修，意味着这三个并立王朝无非是“大中国”范围之内的“国中之国”。在“驱逐胡虏，恢复中华”的口号声中建立起来的明朝，一建立即着手官修《元史》，表明明朝人认为元朝攻灭南宋、明朝取代元朝无非是改朝换代而已，同所谓“中国灭国与复国”丝毫不相干。传统的“二十四史”之说即是对辽、金、元三朝均为中国正统王朝的认定。

三、遗民憎恨的双向性

“崖山之后无中国”一语的出处，据我所知，尚无确考。有一种说法：由明末清初文人钱谦益的诗句衍化而成。钱谦益《后秋兴之十三》诗云：“海角崖山一线斜，从今也不属中华。”③“崖山之后无中国”在某种意义上表达了宋朝遗民的哀惋情绪，无疑具

① 参看刘开军《从深层次上认识中国历史——读〈历史文化认同与中国统一多民族国家〉》，《光明日报》2015年2月15日。

② 权衡撰，任崇岳笺证：《庚申外史笺证》，中州古籍出版社1991年版，第44页。

③ 钱谦益：《牧斋杂著》上册，钱曾笺注，钱仲联标校，上海古籍出版社2007年版，第73页。

有一定的历史正当性。但有下面两点应当指出。

第一，范文澜、谭其骧等不少当代史家认为赵宋王朝的覆灭不值得惋惜。他们对元朝攻灭南宋、统一全国给予很高评价。范文澜指出："蒙古灭金和宋，都是合乎规律的事情"，"是一件好事。四分五裂的中国，蒙古把金、南宋、西夏、大理、西域都统一起来，这件好事蒙古人做了，试问当时哪一个国家（或可改为'政权'）能做这件好事?"他说：蒙古灭宋，中原地区"遭到严重的损失"，但"损失是暂时的，利益却是永久的。对来侵者不必过分憎恨，可憎恨的应是不能自强、丧失抵御能力的汉族统治阶级"。[①] 谭其骧指出：蒙古族"对我们的贡献太大了"。当时"整个中国分成七八块，每一块中间还不统一。由于从成吉思汗到忽必烈祖孙三代的经营，才出现了一个大统一的局面，这个大统一的局面多么珍贵啊!"他说："元朝的统治使中国各地区之间长期分裂又合在一起。没有蒙古的话，怎么能形成这样大的统一？这样的分裂局面继续下去的话，那就不可想象。"[②] 同时应当正视蒙古贵族发动的战争破坏性极大。丘处机诗云："十年兵火万民愁，千万中无一二留。""无限苍生临白刃，几多华屋变青灰。"[③] 某些地区如四川损失尤其惨重。范、谭两大家的上述论述不一定完全准确，或许过分强调破坏是统一的代价、统一是破坏的补偿，因而对蒙古贵族的残暴性、破坏性估计不足、谴责不够，但总是值得我们认真参考的吧。

---

① 范文澜：《中国历史上的民族斗争与融合》，《历史研究》1980 年第 1 期，第 7、9 页。

② 谭其骧：《历史上的中国和中国历代疆域》，《中国边疆史地研究》1991 年第 1 期，第 40、41 页。

③ 李志常：《长春真人西游记》，见《丘处机集》，赵卫东辑校，齐鲁书社 2005 年版，第 206、227 页。

第二，“崖山之后无中国”一语并未完整准确地反映宋朝遗民的情绪。他们的心情很复杂，与前面所引范文澜的论述相当接近。读读宋朝遗民的诗文便知，他们惋惜与憎恨并存，既痛恨蒙古贵族的残暴，更憎恨晚宋王朝的腐朽。这类诗文太多，仅以汪元量的《湖山类稿》为例。他在晚宋时曾任宫廷琴师，宋亡一度出家为道士，最后终老湖山。汪元量充满故国之思：“羯鼓喧吴越，伤心国破时。雨阑花洒泪，烟苑柳颦眉。事去千年速，愁来一死迟。”“南朝千古伤心事，每阅陈编泪满襟。我更伤心成野史，人看野史更伤心。”他愤怒谴责蒙古贵族的残暴凶狠：“黑雾压城尘涨天，西方杀气成愁烟。钓鱼台畔古战场，六军战血平三川。”“芦荻飕飕风乱吹，战场白骨暴沙泥。淮南兵后人烟绝，新鬼啾啾旧鬼啼。”汪元量同时又憎恨宋朝官员的屈膝投降：“淮襄州郡尽归降”，“满朝朱紫尽降臣”。埋怨太后软弱无能：“国母已无心听政，书生空有泪成行。”“侍臣已写归降表，臣妾佥名谢道清。”①垂帘听政的太皇太后谢道清毕竟是宋朝的象征，汪元量在她去世时声泪俱下地写下《太皇谢太后挽章》二首。其二云：“大漠阴风起，羁孤血泪县。忽闻天下母，已赴月中仙。哀乐浮云外，荣枯逝水前。遗书乞骸骨，归葬越山边。”汪元量最痛恨的是身为平章军国政事的权臣贾似道，他“声声骂杀贾平章”：“援兵不遣事堪哀，食肉权臣大不才。见说襄樊投拜了，千军万马过江来。”“师相平章误我朝，千秋万古恨难销。萧墙祸起非今日，不赏军功在断桥。”“群臣上疏纳忠言，国害分明在目前。只论平章行不法，

① 汪元量：《增订湖山类稿》卷3《太皇谢太后挽章》、卷1《答林石田》、卷4《闻父老说兵》、卷2《湖州歌（其三十二）》，孔凡礼辑校，中华书局1984年版，第106—107、26、154、43页。

公田之后又私田。”① 总之，晚宋王朝已腐朽不堪，蒙古贵族不过是摧枯拉朽。正如范文澜所说：蒙古灭宋是“打倒老朽”②。而“崖山之后无中国”的感叹不免有替腐朽的晚宋王朝唱挽歌之嫌。

四、元代社会有进有退

“崖山之后无中国”一说之所以相当流行，与高估宋代、低估元代关系极大。和宋代社会相比，元代社会既非大发展，也非大倒退，而是有进有退。对于其进步与倒退，既不可缩小，也不应夸大。

元代社会的基本特征或可概括为空前的大统一与局部的社会倒退相交织。中国古代历史上先后出现过三次大分裂，即战国、魏晋南北朝、五代十国辽宋金。元朝继汉朝、唐朝之后实现了中国历史上第三次即最后一次大统一，结束了中国历史上最后一次大分裂。元朝统一的规模和程度超过汉、唐，对边疆地区的有效管理远非汉、唐可比。诸如在东北设立辽阳行省；在西南设立云南行省；在蒙古地区设立岭北行省；在西藏地区封藏传佛教萨迦派首领八思巴为国师，领宣政院事，主管藏区事务。正是在大统一的格局下，才出现了最早的汉语普通话，周德清的《中原音韵》

---

① 《增订湖山类稿》卷3《太皇谢太后挽章》、卷1《醉歌》、卷2《越州歌》，第107、13—16、58—63页。

② 范文澜：《中国历史上的民族斗争与融合》，《历史研究》1980年第1期，第7页。

即是其标志。[①] 由于大统一，“郭守敬设立的观测点，北到西伯利亚，南到南海，这是以前做不到的”[②]。他才可能依据广泛采集到的数据，主持制订当时非常先进的《授时历》。元朝空前的大统一扩大了中国人的国际视野，增强了中国对世界历史发展进程的影响。

文明程度较低的蒙古贵族统治全国，势必造成中原地区社会历史的倒退。但是元代社会的倒退在程度上是有限的。翦伯赞指出：蒙古贵族“进到中原地区以后，所碰到的是高于他们本族的生产方式，因而他们不能不服从‘永恒的历史规律’，让原来的生产方式维持下去”。他说：蒙古贵族“统治整个中国的时期，汉人仍然在中国史上起着主导作用”[③]。蒙古贵族没有也不可能改变中原地区社会的根本性质，最终只能基本上用“汉法”治“汉地”。元代的社会倒退在地区上是局部的。蒙古贵族把中原人民变为“驱口”，沦为农奴，主要是在北方。南方基层社会大体上无变化。蒙文通说：“租庸调进一步是二税法，二税法退一步是租庸调。”在他看来，元朝将赋役制度从二税法拉回到租庸调，但“南北不同，南方依然是二税制”[④]。王瑞来认为，宋元鼎革“不过是改朝换代。政治体制虽有变异，而更多的是遗传”。元代江南社会“一

① 此处采用赵荫棠之说。他在《〈中原音韵〉研究》一书中指出：元人周德清《中原音韵》“奠定现代国语之基础，这是中国语言革命史上最可纪念的一页”（上海商务印书馆1936年版，第1页）。钱玄同对赵书评价很高：“考辨之精，论断之确”，“综观全书，精彩极多”（见书前所载《审查报告》）。

② 张帆：《元朝开启了“大中国”时代》，《澎湃新闻·思想·私家历史》2015年6月14日。

③ 翦伯赞：《关于处理中国历史上的民族关系问题》，《中央民族学院学报》1979年第1、2期合刊，第11页。

④ 《蒙文通文集》第5卷《古史甄微》，巴蜀书社1999年版，第354—355页。

切没有大变化”。[1] 或许正是从这个角度看，孙中山指出：宋朝虽然亡于蒙古，“但是民族还没有受过大损失”[2]。不仅“没有受过大损失”，元代在某些方面进步不小。以下“三个提高”就相当明显。

第一，对外交往的程度提高。元代陆上丝绸之路比汉唐时期更畅通。元朝统治者“比宋代奖励海外贸易又进了一步”。唐宋时期海上丝绸之路处于“发展时期”，元代进入“极盛时期”[3]，泉州与埃及的亚历山大港并称世界第一大港。元朝对外开放的程度高于宋代。元代外来宗教甚多，如也里可温教（即基督教）、伊斯兰教、婆罗门教、一赐乐业教（即犹太教）等的传入与传播[4]，即是其重要佐证之一。元朝皇帝与罗马教皇互派使者、互赠礼品，这在宋代是不可想象的。韩儒林指出：“元朝统治时期，中国与世界各国的关系，较之前代有很大的发展。”[5] 估价虽高，只怕难以置疑。

第二，商品经济的程度提高。元代有利于商品经济发展的因素不少，诸如全国统一、市场扩大；以棉花在北方广泛种植为代

---

① 王瑞来：《写意黄公望——由宋入元：一个人折射的大时代》，《国际社会科学杂志（中文版）》2011 年第 4 期，第 61 页。

② 《孙中山选集》下册，第 655 页。

③ 陈炎：《略论“海上丝绸之路”》，《历史研究》1982 年第 3 期，第 165—177 页。

④ 参看《陈垣学术论文集》第 1 集，中华书局 1980 年版，第 1—56、255—307、542—561 页。

⑤ 韩儒林主编：《元朝史》下册，人民出版社 1986 年版，第 449 页。

表的商品性农业发展[①]；水路重修运河，陆路广建驿站，海路近海航线向北延伸，交通运输比从前便利许多。元人王礼夸张地说："适千里者如在户庭，之万里者如出邻家。"[②] 元朝统治者又实行重商主义政策，发行全国通用、无须定期兑换的永久性纸币，以致钱币退居辅币地位，商税轻于宋代。元代的商业比宋代更繁荣，初步形成了北棉南运、南布北运、北煤南运、南粮北运的南北经济互补格局。城市比宋代更繁华，杂剧的兴盛在很大程度上便是城市繁华和市民阶层壮大的体现。萧启庆认为：元代"全国市场形成"[③]。郑天挺甚至认为：在元末杭州的丝织业中出现了具有资本主义萌芽性质的雇佣劳动。[④]

第三，汉族文明的推广程度提高。蒙古贵族实行民族歧视政策，将臣民按民族划分为四等人。元代无疑是一座民族压迫的大监牢，但同时又是民族融合的大熔炉。汉族这个多民族的化合体融入了更多的少数民族。先进的汉族文明推广到广大边疆少数民族地区，边疆少数民族的文明程度都有程度不等的进步。在少数民族中，涌现出不少著名的文学家、艺术家、科学家。据陈垣考证，《农桑衣食撮要》的著者鲁明善、诗人萨都剌、书法家高克恭

---

① 元代的农业总体状况不妙，但蒙文通认为："和宋相比，农业生产，毫无进步"（《蒙文通文集》第5卷《古史甄微》，第292页），只怕言过其实。元代棉花的广泛种植是中国农业史和社会生活史上的一件大事。认为蒙古贵族始终不重视农业生产，也不是事实。元代"三大农书"特别是大司农司《农书》的出现，绝非偶然。手工业生产也并非一无是处，官营手工业规模空前，军事手工业、棉纺织业、酿酒业相当发达。

② 王礼：《义塚记》，《全元文》第60册，第654—655页。

③ 萧启庆：《元代的族群文化与科举》，台北联经出版事业有限公司2008年版，第17页。

④ 郑天挺：《关于徐一夔的"织工对"》，《历史研究》1958年第1期，第65—76页。

等都是“色目人”，他们所宗奉的是正宗的汉族文化。[①] 萧启庆在《论元代蒙古人之汉化》一文中，从“姓名字号的采用”“礼俗的变化”“汉学的研习”三大方面，论证了蒙古人对“汉文化的吸取”[②]。

长期以来，人们对元代文化误解较多。元代“汉文化不受尊崇”[③]，便是一大误解。其实，元代文化具有复杂的多元性，汉族文化是元朝统治者尊崇的重要对象之一。出乎人们意料的是，陈高华认为：“由少数民族统治者建立起来的金元二朝，在尊孔崇儒方面，超过了前代。”[④] 早在窝阔台汗五年（1233），即“诏以孔子五十一世孙元措袭封衍圣公”[⑤]。不仅袭封时间早，而且政治地位高：按照宋朝制度，衍圣公仅八品而已，到元末已升至二品。据蒋寅介绍，“经过近年的整理，享国不到百年的元代，诗文作品存世量之多远远超出我们的想象。仅诗歌即有约十四万首，比《全唐诗》三倍还多”[⑥]。特别值得注意的是，元朝统治者提倡程朱理学。[⑦] 理学兴起于北宋，直到宋理宗时才开始受到尊崇，但尚未作为科举考试的唯一依据和标准。《元史·选举志》载：“太宗（窝阔台汗）始定中原，即议建学，设科取士。”元仁宗延祐年间，一开科取士，便尊崇理学。其主要考试科目于“《大学》《论

---

① 陈垣：《元西域人华化考》，上海古籍出版社 2000 年版。

② 萧启庆：《蒙元史新研》，台北允晨文化实业公司 1994 年版，第 217—264 页。

③ 羽田亨：《元代对汉文明的态度》，转引自萧启庆《蒙元史新研》第 99 页。

④ 陈高华：《金元二代衍圣公》，载陈高华《元史研究论稿》，中华书局 1991 年版，第 342 页。

⑤ 《元史》卷 2《太宗纪》，中华书局 1976 年版，第 32 页。

⑥ 蒋寅：《除了元曲，元代还有文学么》，《澎湃新闻·思想·翻书党》2015 年 6 月 14 日。

⑦ 参见王明荪《略述元代朱学之盛》，载王明荪《辽金元史学与思想论稿》，台北花木兰文化出版社 2009 年版，第 270—286 页。

语》《孟子》《中庸》内设问，用朱氏章句集注”①。简言之，即“贡举法行，非程朱学不试于有司”②。程朱理学从此正式确立为中国传统社会的主流意识形态。学界对此评价不一，然而仅由此也可见，元朝的建立绝不意味着中华文明的中止。不但并未中止，上述种种一概表明，以汉族文化为主要代表的中华文明在元代又有新的发展和进步。③

（本文初稿承蒙成荫、陈鹤学友阅读并提出修改建议。）

（原载《人文杂志》2015年第11期）

① 《元史》卷81《选举志一》，第2032、2019页。

② 欧阳玄：《赵忠简公祠堂记》，《全元文》第34册，第520—521页。

③ 姚大力在《崖山之后是否真无中国》一文中，将“文人画”“元杂剧”“元青花”称为“元代汉文明的三座高峰”。见《澎湃新闻·思想·私家历史》2014年11月7日。

宋代四川经济发展的不平衡性

宋代无疑是中国封建时代经济急剧发展的时期，然而这一发展又极不平衡。北方与南方的经济状况不能等量齐观，南宋学者章如愚指出："天下地利古盛于北者，今盛于南。"① 在南方，"湖南地广人稀"② 而"七闽地狭人稠"③，荆楚"荒墟无聚落"④ 而"全吴富庶推第一"⑤，不同地区之间呈现出明显的差别。即使在同一地区之内，经济发展水平同样参差不齐。如两浙地区尽管"概号富饶"，可是"浙东之贫不可与浙西并称"，钱塘江以东的"所谓富家巨室，富不足当浙西困弱最下之户"⑥。这种地区之间和地区内部的经济差异比比皆是。本文拟就宋代四川经济发展不平衡的状况和原因做一初步探讨。

---

① 章如愚：《群书考索》续集卷 49，影印文渊阁四库全书本。

② 彭龟年：《止堂集》卷 1《乞权住湖北和籴疏》，影印文渊阁四库全书本。

③ 廖刚：《高峰集》卷 1《投省论和买银札子》，影印文渊阁四库全书本。

④ 黄震：《黄氏日钞》卷 68《读叶水心文集》，影印文渊阁四库全书本。

⑤ 方回：《桐江续集》卷 13《续苦雨行》，影印文渊阁四库全书本。

⑥ 王柏：《鲁斋集》卷 7《赈济利害书》，影印文渊阁四库全书本。

一

四川足以作为宋代经济发展不平衡的一个典型，这从下面三个方面可以得到证明。

首先就经济地位而言，四川与江南是宋代最主要的两大经济区，两者各有千秋，不相上下。章如愚在盛赞当时南方经济的兴盛时，就是把剑南以南的四川与长江以南的江南相提并论的。他说："长江、剑阁以南，民户止当诸夏中分，而财赋所入当三分之二。"① 四川以其人口众多、地域广大、物产丰富，在宋代受到人们的格外重视。北宋时，宋朝管辖区总人口达到1亿左右，而四川人口突破1000万大关，占总人口的1/10以上。南宋时，宋辖区总人口接近6500万，而四川人口发展到1300多万，占总人口的1/5以上。北宋时，宋辖区总面积为250万平方公里，而四川面积达29万平方公里，约占总面积的12%。南宋时，宋辖区的总面积为172万平方公里，而四川面积达32万平方公里，约占总面积的19%。② 四川物产丰富，如被称为"国之所资，民恃为命"③的茶叶，其年产量便高达3000万斤，几乎占全国茶叶年产量的2/3。"天下商税，四蜀独重。"④ 熙宁七年（1074）商税总额为641万贯，而四川一地即达166万贯之多，约占总额的26%。⑤ 川

① 《群书考索》续集卷49。

② 两宋总面积及各路面积，据袁震《宋代户口》，《历史研究》1957年第3期。

③ 徐松辑：《宋会要辑稿·食货》31之11，中华书局1957年版。

④ 马端临：《文献通考》卷14《征榷考一》，《国学基本丛书》本。

⑤ 《宋会要辑稿·食货》16之15—20。

峡四路“土植宜柘”①，北宋政府一年布帛的总收入为1135万余匹，而四川一地即达179万余匹，约占布帛总收入的16%。② 蜀锦“天下第一”③，如果以锦绮、鹿胎、透背等高级丝织物计算，四川所占比例更高。到了南宋，四川的经济地位越发重要。绍兴三十年（1160），宋朝军粮不计四川“为米三百万斛”④，而四川一地即供应军粮156万余斛⑤，占总额的1/3以上。孝宗末年以后，南宋政府一年的缗钱总收入为8200万贯，其中包括茶盐榷货、经总制钱、上供和买折帛、四川钱引等项，而四川钱引一项即达3300万余贯，约占总收入的40%。⑥ 高宗时，南宋政府一年的酒税总额为1400万贯，而四川一地即达690余万贯，约占总额的40%。⑦ 总之，四川在宋代经济的各个领域几乎都占有很大的比重和很高的地位。

其次就经济特点而言，四川历来具有相对的独立性。四川盆地群山环抱，北面剑门天下雄，东边三峡天下险，与外界来往十分困难；内部自然资源丰富多样，全国各地出产的东西，这里几乎应有尽有，封建经济自给自足特性表现得格外明显。从地理环境和自然条件上说，两广与四川相仿，但两广开发较晚，经济发展水平远远赶不上四川。因此，就经济上的相对独立性而论，四川堪称全国之最。这正是四川何以在历史上容易形成地方势力、

① 脱脱等：《宋史》卷89《地理志五》，中华书局1977年点校本。

② 《宋会要辑稿·食货》16之1—16。

③ 太平老人：《袖中锦·天下第一》，丛书集成初编本。

④ 《文献通考》卷24《国用考》。

⑤ 李心传：《建炎以来朝野杂记》甲集卷15《四川军粮数》，中华书局2000年版。

⑥ 叶适：《水心集》卷4《财总论二》，四部备要本。

⑦ 《建炎以来朝野杂记》甲集卷14《四川酒课》。

反复出现割据局面的物质基础和关键所在。在宋代，中原地区与江南地区的经济联系明显加强。南宋诗人刘克庄的诗句“南船不至城无米，北货难通药阙参”①，便是对这一状况的形象描绘。可是由于蜀道难，四川与其他地区的经济往来仍然较少。当时大多数地区铜钱或铜铁钱兼用，唯独四川使用铁钱和交子。这正是四川经济相对独立的具体反映。在这样的经济局面下，以加强集权为基本国策的宋朝中央政府也不得不让四川地方军政长官“独当一面”“各专号令”，授予他们包括财政大权在内的“便宜之权”。② 南宋学者吕祖谦曾经指出：“蜀中井盐自赡一方之用，于大农之国计不与焉。”③ 不仅如此，在宋朝政府进行财政经济统计时，往往把四川与其他地区分开，作为特殊地区，单独进行统计。四川在经济上、财政上的这种相对独立性，在宋金战争、宋蒙战争期间表现得更为明显。总之，四川经济是宋代封建经济的一个缩影。

再次就经济状况而言，宋代四川经济发展的不平衡性尤其突出。宋代四川的经济状况究竟如何？在文献中，各说不一。《宋史·地理志》说：川峡四路“地狭而腴，民勤耕作，无寸土之旷，岁三四收”。而《长编》卷二一四又说：“川峡四路与内地不同，刀耕火种。”《宋史·冯康国传》也说：“四川地狭民贫。”其实，这两种截然相反的说法都不是对地域广大的整个四川的经济状况的科学概括。这一分歧恰好反映了四川各地经济发展的极不平衡。这里既有在全国居于前列的经济发达地区，也有宋辖区内数一数二的生产落后地区，不可一概而论。

---

① 刘克庄：《后村先生大全集》卷2《小斋》，四部丛刊本。

② 《宋史》卷416《余玠传》。

③ 吕祖谦：《历代制度详说》卷5《盐法》，江苏广陵古籍刻印社1990年版。

基于以上缘故，我们把宋代四川经济当作一只“麻雀”加以解剖，虽属管中窥豹，或许可见一斑。

二

四川在宋代是川峡四路的省称。成都府路并非“刀耕火种”，夔州路不是“地狭而腴”，川峡四路经济发展极不平衡。下面主要依据统计数字，分别从农业、手工业、商业三个方面对此略加揭示。

农业。我们的考察就从封建经济的这个最主要的部门开始，其发展的不平衡状况有下列三项数字可以说明。

首先，人口分布极不均衡。先列表于后，再略做分析。[①]（见表一）

从表一可以看出，成都府路的人口占川峡四路总人口的 40％以上，它的人口密度大大超过宋辖区和川峡四路的平均数，在北宋时与两浙路不相上下，到南宋时成为全国唯一的一个每平方公里平均居住人口达到 100 人以上的地区，两浙屈指第二。第三名便是梓州路，它的人口占川峡四路总人口的 26.6％—32.5％，人口密度也比宋辖区和川峡四路的平均数多出不少。这说明成都府路、两浙路和梓州路是宋代人口最集中、经济最发达的地区。至于夔州路和利州路，人口分别仅占川峡四路总人口的 8％—16.8％，人口密度每平方公里内居民平均不足 20 人，低于宋辖区

① 表中的数字依据《文献通考》卷 11、《宋史·地理志》、《宋会要辑稿·食货》69。

和川峡四路的平均数。特别是夔州路在南宋后期减少到 10 人以下，连“人稀土旷”① 的广南东路也不如，仅略高于广南西路。这说明夔州路和利州路是宋辖区内人烟最稀少、经济最落后的地区之一。

表一　四川各路户数、人品数比较

项目 路别	年代	户数	人口数	人口所占四路总数的百分比（%）	土地面积（平方公里）	每平方公里人数
川峡四路	元丰三年（1080）	1798216	8991060	100	296737.83	30.3
	绍兴三十二年（1162）	2661226	13306180	100	323722.21	41.1
	嘉定十六年（1223）	2590092	12950460	100	同上	40
成都府路	元丰三年（1080）	771533	3857665	42.9	54818.37	70.4
	绍兴三十二年（1162）	1097787	5488985	41.3	同上	100.1
	嘉定十六年（1223）	1139790	5698950	44	同上	104
梓州路	元丰三年（1080）	478171	2390835	26.6	55092.83	43.4
	绍兴三十二年（1162）	805364	4026820	30.3	同上	73.1
	嘉定十六年（1223）	841129	4205645	32.5	同上	76.3

① 《宋史》卷 90《地理卷六》。

续表

项目 / 路别	年代	户数	人口数	人口所占四路总数的百分比（%）	土地面积（平方公里）	每平方公里人数
利州路	元丰三年（1080）	301991	1509955	16.8	79516.07	19
	绍兴三十二年（1162）	371097	1855485	13.9	106580.43	17.4
	嘉定十六年（1223）	401174	2005870	15.5	同上	18.8
夔州路	元丰三年（1080）	246521	1232605	13.7	107310.58	11.5
	绍兴三十二年（1162）	386978	1934890	14.5	同上	18
	嘉定十六年（1223）	207999	1039995	8	同上	9.7

其次，土地利用率相差很远。有下表（见表二）可证。

表二　四川各路土地面积和耕地面积比较①

项目 / 路别	土地面积（平方公里）	耕地面积（亩）	每平方公里内耕地面积（亩）
成都府路	54818.37	21612777	394
梓州路	55092.83	—	—
利州路	79546.07	1288089	16
夔州路	107310.88	224720	2

① 表中数字依据《文献通考》卷4《田赋考四》。

北宋元丰年间每平方公里内的平均耕地面积，整个宋辖区为184亩，两浙路为296亩，而成都府路高达394亩，大大超过总平均数，比两浙路几乎多出100亩。单就成都府一路而言，说它“无寸土之旷”是不算夸张的。至于夔州路和利州路则远远低于总平均数，甚至不如广南东路，仅仅高于广南西路。特别是夔州路，每平方公里内平均耕地只有2亩。成都府路每平方公里内平均耕地分别是利州路的24倍多，夔州路的197倍，差异之大实在惊人。

再次，二税收入多寡悬殊。二税作为宋代乡村中最基本的土地税，收入的多寡反映了各地农业生产水平的高低。现列表如下，以便做比较。（见表三）

表三　四川各路二税收入比较①

项目 路别	元丰年间二税现催额 （贯、石、匹、斤、两……）	所占四路总额的百分比 （%）
川峡四路	2567407	100
成都府路	926732	36
梓州路	834187	32
利州路	665306	26
夔州路	141182	6

从上表所示可知，成都府路的二税收入达夔州路的6倍之多。无怪乎苏轼要称颂这里“千人耕农万人食”②，一个农业人口即可养活9个非农业人口。如果说苏轼的话难免掺杂着对故乡的怀恋之情，不尽可信，那么苏州人范成大应当是公允的，他说成都一

① 表中数字依据《文献通考》卷4《田赋考四》。

② 苏轼：《东坡七集·东坡集》卷1《和子由蚕市》，四部备要本。

带的农业状况“极似江南”①，同他的家乡两浙相比，绝无高下之别。而梓州路的二税收入也是夔州路的5倍有余，《蜀中广记》卷五十七盛称此处“有桑麻黍粟之饶”。至于夔州路，单由其二税收入甚少一端也可看出，陆游的诗句“峡中天下最穷处，万州萧条谁肯顾”②，并非纯属文学性的渲染。总之，宋代四川农业生产发展极不平衡，即有“极似江南”的全国最先进地区，也有宋辖区内“最为贫瘠”③ 的落后地区。

手工业。章如愚说：“机巧之利，古称青齐，今称巴蜀。”④在宋代，从总体上说，四川的手工业居于领先地位。但具体而言，四川各路的手工业发展状况同样是十个指头不一般齐。手工生产部门繁多，这里仅将几个重要行业的有关数字制成四张统计表。（见表四至七）

表四　四川各路布、帛、丝棉岁入比较⑤

项目 / 路别	布		帛		丝　棉	
	数量（区）	所占总额的百分比（%）	数量（区）	所占总额的百分比（%）	数量（区）	所占总额的百分比（%）
川峡四路	569589	100	1129706	100	3674208	100
成都府路	554739	97.4	454918	40.3	1480480	40.3
梓州路	11787	2.1	490630	43.4	1234702	33.6

① 《范成大笔记六种·吴船录》卷上，中华书局2002年点校本。
② 陆游：《剑南诗稿》卷3《偶忆万州戏作短歌》，四部备要本。
③ 度正：《性善堂稿》卷6《重庆府到任奏便民五事》，影印文渊阁四库全书本。
④ 《群书考索》续集卷49。
⑤ 表中数字据《宋会要辑稿·食货》64。

续表

项目 / 路别	布		帛		丝　棉	
	数量（区）	所占总额的百分比（%）	数量（区）	所占总额的百分比（%）	数量（区）	所占总额的百分比（%）
利州路	585	0.1	155367	13.8	854913	23.3
夔州路	2478	0.4	28791	2.5	104113	2.8

表五　四川各路井盐年产量比较①

项目 / 路别	井数	年产量	
		产量（万斤）	所占总额的百分比（%）
川峡四路	565	1629.5	100
成都府路	98	422.6	26
梓州路	318	708.9	43.5
利州路	129	61	3.7
夔州路	20	437	26.8

表六　四川各路茶税岁入比较②

项目 / 路别	岁入（贯）	所占总额的百分比（%）
川峡四路	64027	100
成都府路	30301	47.3
梓州路	7270	11.4
利州路	7597	11.9
夔州路	18859	29.4

① 表中数字据《文献通考》卷15《征榷考二》。

② 表中数字据《宋会要辑稿·食货》29之16。

表七　四川各路酒课岁入比较①

项目 路别	熙宁十年(1077)以前				熙宁十年			
	酒务数（务）	钱额（贯）	钱额所占总额的百分比(%)	其他	酒务数（务）	钱额（贯）	钱额所占总额的百分比(%)	其他
川峡四路	420	2201467	100	布 6100 匹	397	242338	100	布 3100 匹 银 126 两
成都府路	168	1298369	59	布 1680 匹	160	135950	56.1	布 1680 匹
梓州路	121	591443	26.8	布 4420 匹	118	70391	29	布 1420 匹
利州路	124	306305	14	—	119	35997	14.9	银 126 两
夔州路	7	5240	0.2	—	—	—	—	—

①　表中数字据《宋会要辑稿·食货》29 之 16—19。

从上列四张统计表中可以看出，在纺织、制盐、制茶、酿酒等各个手工业部门中，四川各路的生产发展都不平衡。成都府路的匹帛、丝棉、茶税、酒税四项岁入分别占四路总额的40%—59%，麻布岁入更是遥遥领先，占总额的97%以上。只有制盐业逊色一些，但年产量毕竟占了总额的26%，仍然超过四路平均数。可见，成都府路的手工业生产在四川各路中名列前茅。梓州路的手工业生产也比较发达，其井盐产量以及匹帛、丝棉、茶税，酒税等各项岁入分别占四路总额的11%—43%，麻布岁入虽然仅占总额的2.1%，但仍高于利州、夔州两路。而利州、夔州两路则相当落后，两路的麻布岁入和夔州路的酒税岁入低到不足总额的1%。当然，它们也并非事事不如他路，如夔州路的井盐年产量甚至比成都府路还略胜一筹。

商业。商品经济的发展是商税征收的基础，各地商税收入多少反映了商业发达的程度。现据《宋会要辑稿·食货》一六，制成熙宁十年（1077）四川各路商税额比较表。（见表八）

表八　熙宁十年（1077）四川各路商税额比较

项目 路别	商税额（贯）	所占四路总额的百分比（%）
川峡四路	1668460	100
成都府路	725787	43.5
梓州路	348339	20.9
利州路	363382	21.8
夔州路	230952	13.8

由表八可见，成都府路商税额占到四川各路商税总额的

43.5%，而夔州路仅占 13.8%，商税收入多寡悬殊。这是就路而论，如果以府州、以场镇而言，差距更大。黎州（治今汉源县清溪镇），岁额仅 3000 多贯，茂州（治今茂县）岁额仅 100 多贯，而兴元府（治今陕西汉中市）和彭州（治今彭州市）岁额达 8 万余贯。成都府岁额更高达 17 万余贯，占了四川各路商税总额的 10%以上。涪州（治今重庆市涪陵区）陵江场和温山场岁额仅 10 贯，三泉县（治今陕西宁强县）金牛镇和青鸟镇岁额仅几贯，而涪州白马津岁额达 4000 余贯，彭州濛阳镇岁额更高达 1 万余贯，差距之大令人惊叹。成都府路何以商税收入独多？关键在于成都府路商业特别发达。不仅成都城内“市民聚百货”，“物品何其多”，[①] 而且成都府路所属的不少州城、县镇商品经济也相当活跃。如彭州“城市繁华锦不如”，有“小成都”“小洛阳”[②] 之称。连农村中也是，“村落细民，间日而集，有无相易”[③]。而夔州路情况恰恰相反。这里“地僻而贫”，“常自足，无所仰于四方”，“商人罕复贩鬻”，[④] 甚至有的州城也“无郭郛，通衢不能客车马，市无百货之列”[⑤]。可见，夔州路商税收入少绝非偶然，正是这里商品交易分外冷落的如实写照。

综观上述农业、手工业、商业三个方面，不难得出这样一个总的认识：在四川各路中，成都府路经济最为发达，梓州路次之，利州路又次之，而夔州路则最为落后。这里需要特别强调指出的

---

① 田况：《正月五日州南门蚕市》，见杨慎《全蜀艺文志》卷 17，线装书局 2003 年版。

② 汪元量：《水云诗钞·彭州歌》，见吴之振等编选《宋诗钞》，中华书局 1984 年版。

③ 吕陶：《净德集》卷 25《著作佐郎李府君墓志铭》，丛书集成初编本。

④ 《宋会要辑稿·食货》17 之 18。

⑤ 欧阳修：《欧阳文忠公集·居士集》卷 39《夷陵县至喜堂记》，四部丛刊本。

是，上面只是把路作为整体，相互比较而言。其实，在一路之内经济发展照样很不平衡，经济发达的路中有经济特别落后的地方，经济落后的路里又有经济相当发达的州县。如在四川各府州中，生产落后、商税收入最少的黎、茂二州恰恰属于经济最发达的成都府路。相反，“邑屋富盛，人民繁庶”①，生产状况和商税收入仅仅次于成都府的兴元府，则属于经济比较落后的利州路。生产相当发达的梓州路辖有“地无桑麻，每岁畬田”② 的泸州（治今泸州市）和“土瘠事刀耕，家无终岁蓄”③ 的富顺监（治今富顺县城关镇）等经济落后的地方。相反，经济最为落后的夔州路又辖有“民食稻鱼，凶年不忧”④ 的涪州和“地皆膏腴”⑤“耕桑被野”⑥ 的南平军（治今重庆市綦江区赶水镇）等生产比较发达的州县。在每个州县之内又有差别，如前面提到的涪州陵江场和温山场就不能与长江岸边的水码头白马津同日而语。总之，经济发展的不平衡状况错综复杂，难于历述。

三

四川经济发展的不平衡性在宋辖区内表现得尤其突出，这是由多种因素所促成的。归纳起来，大致有下面四点：

---

① 文同：《丹渊集》卷 34《奏为乞置兴元府学教授记》，影印文渊阁四库全书本。

② 王象之：《舆地纪胜》卷 153，中华书局 1992 年版。

③ 《舆地纪胜》卷 167。

④ 《舆地纪胜》卷 174。

⑤ 《宋史》卷 89《地理志五》。

⑥ 《舆地纪胜》卷 180。

第一，从地理环境上说，各地条件有优劣之分。四川盆地地势起伏、地形多样，四周是山地，西部是成都平原，中部是丘陵，东部是平行岭谷。就盆地而言，各类地形的百分比为：平原占7.2%，丘陵占51.9%，山地占40.9%。封建时代的主要经济部门是农业，而当时人们征服自然的能力又比较低，这样就使得平原地带的自然条件显得格外优越，丘陵也比较易于利用，而山地则难于征服。在宋代，川中丘陵早已"田里垦辟"①，"所向皆山石"的盆周山区仍然"少平陆，鲜稻谷"②。特别是号称"多山甲天下"的夔州路山区，更是耕地绝少、野兽出没。陆游有诗句描写道："峒民无地习耕稼，射鹿捕虎连昼夜。"③ 由上所述，不难发现这样一个带规律性的现象：平原即是经济发达地区，山地即是生产落后地区，而丘陵地带则往往处于中间状态。需要指出的是，四川盆地尚非宋属四川的全部，它还管辖着陇南、陕南、鄂西、滇黔以及川西高原山地的一部分地区。在这个广阔的地区之内，不仅平原、盆地、丘陵、山地、高原五大地貌样样俱全，相差悬殊，而且气候多样。川西高原冬长夏无、春秋不分，横断山区一山有四季、十里不同天，这些地方的气候与春早、夏热、冬暖、无霜期长的四川盆地相比，有着天壤之别。地理环境差异如此之大，宋代四川经济当然不可能齐步走。

第二，从历史因素上说，各地开发有先后之别。众所周知，地理环境虽然是社会发展的必要条件之一，但它绝不能成为社会发展的主要原因。只有人民群众才是征服自然、推动社会发展的决定因素。同时，地理环境也不是一成不变的。随着生产力水平

① 《舆地纪胜》卷188。

② 曹学佺：《蜀中广记》卷55，影印文渊阁四库全书本。

③ 《剑南诗稿》卷2《书驿壁》。

的提高，人们可以利用自然特性改善自然环境。成都府一带的优越条件就并非自古而然，而是人们世代开发的结果。在都江堰修建以前，岷江水患几乎毁灭成都平原；秦代兴建都江堰之后，才变水患为水利，为往后农业生产的发展奠定了坚实的基础。《宋史·河渠志》说得好："李冰始凿离堆"，"而后西川沫水之害减，而耕桑之利博矣"。宋代又进一步建立起岁修制度，年年岁岁及时整修，"旱则引灌，涝则疏导，故无水旱"，使得成都平原经济的继续上升更有保障，当时人把这里生产发展、"熟也常倍"的原因归结于"人事勤尽""就工尤力"① 是很有见地的。川中丘陵区和川南丘陵区同处于"红色盆地"底部，地形都以丘陵为主，间有平坝。山势不高，土壤较好，自然条件基本相同。但在宋代，川中"地里垦辟"。而川南的泸州、叙州（治今宜宾市）、富顺监等地，"地无桑麻"。两者经济状况差距不小。究其原因，主要在于两者开发有先后之分，因此生产力水平有高低之别。川中"人服其田"②，善于耕作，而川南的不少地方生产粗放，刀耕火种。至于夔州路的经济落后，更与开发时间晚关系很大。直到唐代，朝廷仍把此处视作不毛之地，作为获罪近臣贬职谪居之所。仅忠州（治今忠县城关镇）一地，就先后有刘晏、陆贽、李吉甫等宰执大臣遭贬于此。即使到了宋代，"巴峡少田平，每苦天宇窄"，人们依然望山兴叹，束手无策；"杀人以祭鬼"③ "信巫而不求医"④，夔州路的不少地方还处在很不文明的蒙昧状态之中。总之，开发愈晚，底子愈薄，生产就愈落后；相反，开发愈早，基础愈好，

---

① 高斯得：《耻堂存稿》卷5《宁国府劝农文》，影印文渊阁四库全书本。

② 《舆地纪胜》卷158。

③ 范纯仁：《范忠宣公集》卷16《张公行状》，康熙丁亥岁寒堂刊本。

④ 李复：《潏水集》卷6《夔州药记》，影印文渊阁四库全书本。

经济就愈繁荣。这是宋代四川地区的又一个带规律性的现象。

第三，从居民构成上说，各地所住民族有差别。宋代四川是个多民族地区，少数民族“被边十余郡，绵亘数千里”，地域分布极广，人口“殆千万计”。[①] 这也是造成经济发展不平衡的一个重要因素。以居民的民族构成而言，宋代四川大致可以划分为三个区域：汉族居住区主要在平原、丘陵地带以及东北部山区，经济比较发达；少数民族聚居区主要是在盆地四周山地，生产相当落后；少数民族和汉族杂居区主要是在盆底边缘地带，经济情况不佳。由于种种历史原因，少数民族群众征服自然的能力一般较汉族人民低，再加上他们居住的地区自然条件往往较差，这样就形成了少数民族居住区通常落后于汉族居住区的状况，前面说到泸州、叙州、富顺监等川南丘陵地带开发较晚、生产落后，便同这一带“夷夏杂居”[②]，“夏人少，蛮僚多”，“民俗半夷风，火田租赋薄”[③]，不无关系。夔州路山区的不文明状态，同样是由于这里是民族杂居区，而少数民族当时是“俗尚鬼”“无医药的”。至于宋朝政府在那里设置羁縻州的少数民族聚居区，生产更加落后。如土地肥沃、宜于农耕的西昌安宁河谷地区在宋代尚未开发，其主要原因便是少数民族聚居。他们“不喜耕稼”，过着“随畜牧迁徙亡常”[④] 的游牧生活。这与汉族居住区精耕细作的集约化农业相比，相差甚多。当然，宋代是四川各地经济继续高涨的重要时期，少数民族地区的经济发展同样十分显著。如作为民族杂居区的南平军，到南宋时发展到了“斌斌然与东西川等”[⑤] 的程度，

① 《宋史》卷 496《蛮夷传四》。

② 乐史：《太平寰宇记》卷 79，清光绪金陵书局刻本。

③ 《舆地纪胜》卷 160。

④ 《宋史》卷 496《蛮夷传四》。

⑤ 《蜀中广记》卷 57。

而叙州管辖的7个少数民族聚居的村庄不仅“多沃壤，宜耕稼”，而且“比屋覆瓦如华人之居，饮食种艺多与华同”，[①] 不过，从总体上说，少数民族地区的经济仍比汉族地区落后得多。

第四，从社会发展上说，各地所处阶段有不同。汉族地区与少数民族地区在生产上的差异，同他们分别处于不同的社会发展阶段密切相关。在宋代，四川至少同时并存着封建制和奴隶制两种不同的社会形态。少数民族首领所采用的统治方法和剥削方式都迥乎不同于汉族封建地主，按着宋人的说法即是：“治其众”，“不以中国之法治之”。[②] 他们“喜险阻，善战斗”，“大肆虏掠”，“侵扰他种”，尽管宋朝政府一再命令他们“各守封疆，勿相侵犯”，但收效甚微。究其原因，关键在于这些少数民族尚处于奴隶制时代，虏掠人口，补充奴隶，是他们维系奴隶制度所必不可少的手段。按照他们的法律，“杀人者，出牛马三十头”，称之为“骨价”。[③] 杀人不偿命而偿财，奴隶的价格按牲口计算，这正是标准的奴隶制法律。少数民族首领甚至把人命当儿戏，“以杀伤为笑戏”[④]，恰好说明他们是对奴隶拥有生杀大权的奴隶主贵族。上述这些是少数民族聚居区的通常情况，至于其他地区，无疑已经进入封建社会，但又处于两个不同的历史阶段。大体而言，民族杂居区仍停留在比较落后的封建领主制阶段，而汉族居住区早已发展到了高度发达的封建地主制阶段。如果说“田之所入，已得

---

① 《建炎以来朝野杂记》乙集卷20《辛未利店之变》。

② 范镇：《送冯枢密还朝诗序》，见傅增湘《宋代蜀文辑存》卷9，香港龙门书局1971年版。

③ 《宋史》卷496《蛮夷传四》。

④ 《太平寰宇记》卷79。

其半，耕者得其半”①，与佃户“中分其利”② 的汉族富豪是典型的封建地主，那么“各有地客千家”“筑城堡以自固”的“南川（治今綦江县城关镇北岸）熟夷李光吉、王衮、梁承秀”③ 便是地道的封建领主。人们经常提到的皇祐官庄逃移法、淳熙比略人法、开禧范荪新法，就具体地反映了封建领主制下地客地位的低下，但是，应当注意，这些统统是施行于夔州一路的专法，至多仅能代表民族杂居区的生产关系，无论如何也代表不了整个四川，特别是盆地腹心地区的状况。落后的生产关系的存在，既是宋代四川经济发展不平衡的表现，也是宋代四川经济发展不平衡的原因。在生产关系落后的地区，每当旧的生产关系被新的先进的生产关系所代替，这里的生产就迅速发展，与先进地区之间的差距就大大缩小，经济发展的不平衡状况就有所改变。如南平军李光吉等封建领主势力的铲除，泸南地区封建租佃制的推行，都引起了经济的飞跃发展。总之，各地处于不同的社会发展阶段，是宋代四川经济发展的不平衡性表现尤其突出的症结所在。宋代的四川只是一时一地、一个事例而已。其经济发展状况已经如此复杂，以小见大，全国自不待言。可见，要把中国封建经济史的研究引向深入，加强区域经济史的研究极其重要。

（原载孙毓棠等主编《平准学刊》第 2 辑，中国商业出版社 1990 年版，与贾大泉合著）

---

① 苏洵：《嘉祐集》卷 5《田制》，四部备要本。

② 《东坡七集·东坡奏议集》卷 2《论给田募役状》。

③ 彭百川：《太平治迹统类》卷 17《神宗置南平军》，江苏广陵古籍刻印社 1990 年版。

唐宋变革

TANGSONG BIANGE

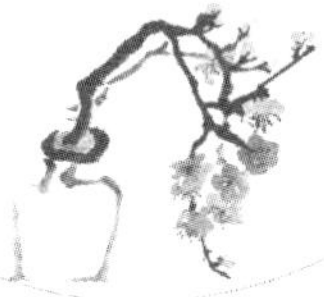

“唐宋变革”论的首倡者及其他

何谓“唐宋变革”，学者见仁见智。有研究者认为，“‘唐宋变革’是一种历史分期”；“‘唐宋变革’的起点是中唐”；不应混淆“唐宋变革”与“唐宋变化”；不能在“唐宋变革期”与“唐宋时期”之间画等号。上述论断或可成为学界共识。这位研究者同时又强调：“唐宋变革”论“最早由日本的京都学派提出”。① 此说几成定论，其实并不确切。以下四点只怕是我们应当知道但又常常容易被忽视的事实，正视这些事实并非无关紧要。

一、“唐宋变革”论的首倡者不是日本学者，而是南宋史家郑樵

“唐宋变革”论的发明权果真非日本学者莫属吗？不，在不少论著中都有其反证。如有研究者指出：“中国史家对唐宋之际所发生的巨大社会变迁亦早有认识。”他引用明人陈邦瞻（1557—

① 柳立言：《何谓“唐宋变革”》，《中华文史论丛》2006年第1辑。

1623）《宋史纪事本末·叙》：“宇宙风气，其变之大者有三：鸿荒一变而为唐虞，以至于周，七国为极；再变而为汉，以至于唐，五季为极；宋其三变，而吾未睹其极也。”并解释道：“陈邦瞻认为我国从原始社会（‘鸿荒’）进入阶级社会（‘唐虞’），经夏商周古代以迄战国，这是第一阶段；汉唐以迄五代为第二阶段；宋代进入第三阶段。”① 另一位学者也说：“陈氏在这里提出了中国社会发展可分为三个阶段的理论。”② 这二位学者的阐释很有道理，但存在两个缺陷：第一，陈邦瞻认为中国历史经过三大变革、四大阶段，即鸿荒、唐虞至战国、汉至五季、宋以后，并非三个阶段。这还在其次。第二，更重要的是，“唐宋变革”论者在陈邦瞻之前早已有之，南宋史家郑樵（1104—1162）就比陈邦瞻早，而且要早四百多年之久。

郑樵《通志》卷二十五《氏族略》称：“自隋唐而上，官有簿状，家有谱系，官之选举必由于簿状，家之婚姻必由于谱系。”“自五季以来，取士不问家世，婚姻不问阀阅。”这段名言言简意赅，不是枝枝节节的史料，而是高屋建瓴的史论。它准确无误地表明郑樵是个相当标准的“唐宋变革”论者。此外，如北宋沈括、南宋王明清以及清初顾炎武等人从不同角度、在不同程度上对“唐宋变革”都有所涉及。他们有关“婚姻之变”“氏族之乱”、从“豪民”到“田主”等论述，治史者无人不晓，无须一一征引。沈括在时间上早于郑樵，但他对“唐宋变革”只是有所察觉而已。顾炎武对“唐宋变革”的揭示虽然既深又广，但在时间上远远晚于郑樵。可见，“唐宋变革”论并非舶来品。

有关研究者或许会说，郑樵等人的论述属于古代史家的传统

---

① 葛金芳：《唐宋变革期研究》，湖北人民出版社 2004 年版，第 4 页。

② 何忠礼：《宋代政治史·绪言》，浙江大学出版社 2007 年版，第 3 页。

史学观点，不是近代史学体系规制下的学说。可是即使就近代而言，在内藤湖南（1866—1934）之前，我国学者夏曾佑（1863—1924）便率先提出“唐宋变革”论。内藤《中国近世史》一书和《概括的唐宋时代观》一文刊行于20世纪初期，而夏氏《中国古代史》一书是其20世纪初年的讲稿。他认为：“自传说时代至周末，为上古之世；自秦至唐，为中古之世；自宋至今，为近古之世。”① 夏氏与内藤在时代上并无古代与近代之分，夏氏的“近古”说与内藤的“近世”论都应当属于近代史学体系规制下的学说。值得注意的是，“内藤于1902年会见过夏曾佑，对他的学问多有褒赞”，“内藤湖南从夏曾佑的书中，获得了某些启发，引起了思想共鸣”。② 总之，不是内藤影响夏氏，而是夏氏影响内藤。而夏氏和内藤都受提倡“史界革命”的梁启超（1873—1929）影响。已有研究者指出：“中国新史学先锋之一的夏曾佑的中国史分期、日本著名学者内藤湖南的中国史分期‘三分法’均在不同程度上与梁氏分期说有着内在联系。”③

二、在我国影响最大的“唐宋变革”论者不是日本学者，而是我国学者

20世纪30年代以后，我国的“唐宋变革”论者可分为马克

---

① 夏曾佑：《中国古代史》，《民国丛书》第二编73册，上海书店1990年版，第5页。

② 钱婉约：《内藤湖南研究》，中华书局2004年版，第88、99页。

③ 顾天羽：《梁启超的中国史分期“三段论”说述论》，《历史教学问题》2005年第3期。

思主义史家与非马克思主义史家。他们的“唐宋变革”论的形成虽然晚于日本学界，但大体上是独立发展的结果，并非日本学者影响下的产物。

就非马克思主义史家而言，最具代表性和影响力的“唐宋变革”论者莫过于钱穆。在其1939年出版的《国史大纲》一书中就有关于“唐宋变革”的论述。他在1942年出版的《中国文化史导论》一书中，更是将中国历史划分为三个时期：“先秦以上可说是第一期，秦汉、隋唐是第二期，以下宋、元、明、清四代，是第三期。”并称：第三期“可说是中国的近代史”①。由于《国史大纲》作为教材一再重印，而读者往往又将它与《中国文化史导论》合读，钱穆的“唐宋变革”论在我国影响之大可想而知。此后，钱穆的“唐宋变革”论又有新发展，集中地体现在其《理学与艺术》② 一文中。从时间上说，内藤湖南提出“唐宋变革”论，早于钱穆。20世纪三四十年代，宫崎市定继承并发展内藤的有关理论，大约与钱穆同时。钱婉约《内藤湖南研究》一书认为，钱穆的“近代”说与内藤的“近世”论系“不谋而合”，“并没有发现钱穆直接或间接受到过内藤湖南的影响”③。

钱穆的“唐宋变革”论可能有两个来源：一是其前辈学者夏曾佑。钱穆对夏曾佑很崇敬，其《中国历史教科书》是他反复精研熟读的著作。他在《师友杂忆》中回忆道：“读夏曾佑《中国历史教科书》，因其为北京大学教本，故读之甚勤。余对此书得益亦甚大。”“此后余至北平教人治史，每常举夏氏书为言。”后来又

① 钱穆：《中国文化史导论（修订本）》，商务印书馆1994年版，第175页。
② 钱穆：《理学与艺术》，《故宫季刊》第7卷，1974年第4期。
③ 《内藤湖南研究》第115页。

“细读夏氏书”，订正其“疏失，凡一百七十余条”。① 二是其恩师吕思勉。吕思勉是钱穆在常州府中学堂读书时的历史、地理两课老师，钱穆当时对老师就“争相推敬”，以后又长期保持联系，或通信或登门请益。吕思勉还是其《国史大纲》初版的审订者，对钱穆有“特加赏识之恩”。② 据虞云国考察，吕思勉就是一位“唐宋变革”论者。他指出：“对唐宋之际一系列重大变化，吕思勉表现了充分的关注，给出了自己的解释。”③ 总之，钱穆的“唐宋变革”论有可能源自我国学者夏曾佑、吕思勉的潜移默化的影响。

除钱穆而外，还有某些非马克思主义史家提出“唐宋变革”论。如蒙文通“较早注意到唐宋之间的社会变革”④，他将周秦至明清的中国古代社会划分四个阶段，认为“唐前唐后之变最为剧烈”，并强调：“旧者息而新者盛，则在庆历时代。”⑤ 据蒙文通自述，他的历史分期主张虽然正式发布于1957年，但早在30年代就已形成。

就马克思主义史家而言，最具代表性和影响力的“唐宋变革”论者当推侯外庐。他在1959年接连发表两篇论文：一篇是《中国封建制社会的发展及其由前期向后期转变的特征》，作为第一章刊载于他主编的《中国思想通史》第四卷；另一篇是《中国封建社会前后期的农民战争及其纲领口号的发展》。他认为：“中国封建

① 钱穆：《八十忆双亲·师友杂忆》，生活·读书·新知三联书店2005年第2版，第87—88页。此事承蒙陈鹤学友告知。

② 《八十忆双亲·师友杂忆》，第58—62页。

③ 虞云国：《论吕思勉的宋史观》，《史林》2007年第6期，第158页。此文承蒙陈鹤学友推荐。

④ 朱瑞熙：《文通师论宋史》，蒙默编：《蒙文通学记（增补本）》，生活·读书·新知三联书店2006年版，第168页。

⑤ 蒙文通：《中国历代农产量的扩大和赋役制度及学术思想的演变》，《四川大学学报》1957年第2期。

社会可分为前期和后期两个阶段。”“唐代则以建中两税法为转折点，处在由前期到后期的转变过程中。”① 侯外庐提出“唐宋变革”论虽晚于内藤乃至宫崎，但其理论与日本学者并无因袭关系。他从马克思主义的基本观点出发，分析“唐宋变革”，既注重经济基础，认为这一变革的关键在于“中唐以后，由于生产力的发展与劳动熟练程度的提高，以实物地租为支配的形态，代替了以劳动为支配的形态”②；又突出阶级斗争，指出：“前一时期的农民起义主要表现在反徭役并争取人身权方面”，“后一时期的农民起义主要表现在分产均产方面”。③ 侯外庐特别强调“以建中两税法为转折点”，固然由于“唐宋变革”确实肇端于中唐前后，同时又与当时中国大陆学者普遍致力于“打破王朝体系”这一时代背景关系极大。稍后因舆论导向转变，研究者又普遍认为不能“腰斩古代王朝”，于是“中唐前后变革”论演变成为“唐宋之际变革”论。其实，两者在本质上并无二致。

三、“唐宋变革”论在我国学界不是第一次，而是第二次成为热门论题

不应当忘记，“唐宋变革”论在我国学界第一次受到广泛关注和热议，是在20世纪五六十年代之交。当时史学战线掀起群众性

① 侯外庐主编：《中国思想通史》第4卷，人民出版社1959年版，第1页。

② 《中国思想通史》第4卷，第107页。

③ 侯外庐：《中国封建社会前后期的农民战争及其纲领口号的发展》，《历史研究》1959年第4期。

的修史热潮，将要编写的中国通史"不是按照王朝断代，而是按照社会性质分期"，因此出现了如何"打破王朝体系"的争议，并开展了中国封建社会内部分期问题的讨论。在"打破王朝体系"的过程中，产生了"连王朝的称号和王朝本身的历史也要从中国通史中削减或删去"的倾向。1959年，翦伯赞站出来纠偏，指出："这等于在倾倒脏水的时候，连小孩也一并倒掉。"① 郭沫若也说："打破王朝体系，并不是要把中国历史上的朝代抹掉。事实上既存在过朝代，如何能抹得掉呢？"② 于是，研究者们又转而强调一般不要"腰斩王朝"，即在进行历史分期时，保持王朝自身的完整性，不必将一个王朝的前期和后期分别划分到两个不同的历史发展阶段。

侯外庐的"唐宋变革"论正是在这一时代背景下提出的。关于中国封建社会内部分期问题的讨论，参与者甚多，几乎是整个中国古代史学界。学者的认识各不相同，有两分法、三分法、四分法等多种主张。每种主张当中，又有种种歧见。如金宝祥、赵俪生、陈守忠力主四分法，他们以生产方式为基础、阶级斗争为线索，将中国封建社会分为形成、巩固、发展、衰落四个时期。③ 漆侠力主三分法，他主张以黄巾大起义和黄巢大起义为界标，将中国封建社会划分为三个历史阶段。④ 这类论文太多，难以一一列举。在这些论文中，都不乏有关"唐宋变革"的论述。

---

① 翦伯赞：《关于打破王朝体系的问题》，《新建设》1959年第3期。

② 郭沫若：《关于目前历史研究中的几个问题——答〈新建设〉编辑部问》，《新建设》1959年第4期。

③ 甘肃师范大学历史系中国古代中世纪史教研室（金宝祥、赵俪生、陈守忠执笔）：《关于中国封建社会内部的分期问题》，《历史教学与研究》1959年第2期。

④ 河北大学历史系中国古代史教研组集体讨论，漆侠执笔：《中国封建社会历史分期问题》，《河北大学学报》1961年（无期号）。

在这场讨论的参与者中，特别值得一提的是胡如雷。他可称为继侯外庐之后又一大“唐宋变革”论者。他“把中国中世纪史划分为封建社会的早期和盛期两个阶段”，认为“由均田制的最终破坏至北宋初”，“是中国封建社会发生巨大变革的历史阶段”。他强调以“北宋的建立划分历史阶段最合适”①，旨在避免“腰斩王朝”，保持王朝自身的完整性。此后，胡如雷在《中国封建社会形态研究》一书中对“唐宋变革”有进一步的阐释。② 显而易见，胡如雷等人的“唐宋变革”论与内藤等人的论著并无关联。

四、日本学者的“唐宋变革”论在我国影响增大是在20世纪80年代以后

早在1934年，周一良便有《日本内藤湖南先生在中国史上的贡献》③ 一文发表。或许是由于抗日战争不久爆发，内藤的论著在我国学界的影响很有限。1963年，商务印书馆出版《宫崎市定论文选集》。其中虽有阐述“唐宋变革”论的论文，但此书作为内部读物发行，影响并不大。直到1981年，《中国史研究动态》第2期发表夏应元《内藤湖南的中国史研究》一文。此后，该刊又陆续刊载若干介绍性文章。特别是90年代中华书局出版刘俊文主编的《日本学者研究中国史论著选译》，其中收有内藤湖南、宫崎市

① 胡如雷：《唐宋之际中国封建社会的巨大变革》，《史学月刊》1960年第7期。

② 胡如雷：《中国封建社会形态研究》，生活·读书·新知三联书店1979年版。

③ 周一良：《日本内藤湖南先生在中国史上的贡献》，《史学年报》第2卷第1号，1934年。

定等人的多篇颇具代表性的论文。此后，更有介绍与研究并重的论著问世，如钱婉约《内藤湖南研究》一书。

只怕中国大陆学者应当记得，最初接触日本学者的“唐宋变革”论时，我们的感觉不是欣然同意，而是不理解，甚至很诧异。无论是其“宋代近世说”还是其“宋代中世论”，中国大陆学者大多至今仍然难以认同。我们只是抽象地赞成其宋代进入中国历史新阶段的见解。至于其具体论点，则不敢苟同之处较多。如果说内藤等人好用“独裁”，而中国大陆学者好用“专制”，只是语言习惯的差异，那么内藤等人在阐述“六朝至唐中叶”的历史时，几乎言必称“贵族”，我们不免感到很刺眼。历史上的“门阀”与“贵族”自有其不同的质的规定性，不能混淆。内藤等人论著中的所谓“贵族政治”“贵族时代”“贵族阶级”，在我们看来，“贵族”一词均应改为“门阀”或“士族”。至于宋代“宰相的地位不再是辅佐天子，而变得和秘书官差不多”① 一类的说法，不免言过其实。然而内藤等人的论著毕竟为我们提供了不少新的信息，其借鉴价值毋庸置疑。

进入新世纪后，“唐宋变革”论在我国第二次成为热门论题。其内因应当在于不少唐宋史研究者力图摆脱研究中的琐碎化倾向。而其外因无疑是内藤等人的论著的正面影响和负面刺激。当前关于“唐宋变革”问题的热议，有两大可喜现象。一是史学界探究的范围早已不局限于经济基础与阶级斗争，而是涉及经济、政治、文化以及社会生活等诸多领域的方方面面。二是不仅史学界，而且文学史界、哲学史界都十分关注“唐宋变革”。在文学史界，“近十年来，唐宋文化与唐宋文学转型成为学界的热点话题，成为

① 内藤湖南：《概括的唐宋时代观》，刘俊文主编、黄约瑟译：《日本学者研究中国史论著选译》第1卷《通论》，中华书局1992年版，第13页。

唐宋文学研究中最流行的一个‘主题词’，甚至构成一种研究范式”①。哲学史家同样认为：“唐宋之际是中国历史上值得高度重视的一个转折阶段，无论从政治史、经济史、社会史还是思想文化史角度看，这一时期都可谓是个重要的分水岭。”② 不同专业背景学者的共同参与，不同学术门类的交叉与互动，势必推动“唐宋变革”论的研究向更深更广的方向发展。

总之，正视上述事实，并非毫无意义。它至少给予我们三个启示：第一，“唐宋变革”论研究不能局限于介绍和阐释日本学者的有关理论；第二，还应追溯从郑樵到顾炎武，回顾从夏曾佑到钱穆，总结从侯外庐到胡如雷；第三，更应将“唐宋变革”论作为虽然并非唯一，但确实颇有价值的认知体系，从史实再出发，站在史论结合的应有高度，纲举目张，切实推进唐宋史研究。

（王化雨、成荫、邱志诚、陈鹤等学友曾对本文草稿提出修改意见和建议。）

（原载《中国史研究》2010年第1期）

① 陈元锋：《唐宋之际：一个历久弥新的学术史话题》，《江西师范大学学报》2006年第5期。

② 徐洪兴：《唐宋间中国思想转型及其提供的思考》，《解放日报》2008年7月27日，第8版。

唐宋变革论的误解和正解

——仅以言必称内藤及会通论等为例

唐宋之际发生了一场具有划阶段意义的社会变革，至迟在20世纪五六十年代之交，已基本成为我国学界的共识。多年来围绕这一论题争议颇多，涉及变革的属性、程度以及起始、路标等诸多问题，因而形成各不相同或不尽相同的多种唐宋变革论①，但从总体上否定唐宋变革论的研究者似乎极少。近期唐宋变革论似乎遇到颠覆性质疑。有鉴于此，草成本文，谈些感想。

一、从是“对”还是“错”说起

唐宋变革是个较为复杂的论题，唐宋变革论又各式各样，只

---

① 唐宋变革论在我国曾有宋代社会继续发展与宋代社会停滞僵化两说，分别以白寿彝、任继愈为代表。20世纪80年代以后，继续发展说取代停滞僵化说，居于主导地位，但阐释多种多样。参看张邦炜《唐宋变革论与宋代社会史研究》，李华瑞主编：《“唐宋变革”论的由来与发展》，天津古籍出版社2010年版，第1—62页。

怕很难以是“对”还是“错”，一字以蔽之。前些日子，有篇访谈录《唐宋变革论错在哪》（以下简称《错在哪》）在网上盛传。标题相当吸引眼球，加之受访者是一位当今在中古史学界颇具影响力的学者，于是访谈录收到奇效，点击率甚高。因访谈录谈及陈寅恪、唐长孺、田余庆、刘子健、张广达等大家，在习惯于浅阅读的某些读者中又流传：“陈寅恪等大家都是唐宋变革论的反对者。”访谈录公布稍前，已有一篇书评《宋代发生了一场“城市革命”吗——读包伟民教授〈宋代城市研究〉》[①] 在网上热传，据说同样对唐宋变革论持否定态度。学友推荐，立即阅读。一读便发现：访谈录、书评与受访者、书作者的原意不尽相符。

受访者并未一概否定唐宋变革论，访谈录居然题为《错在哪》。一查方知，此标题系某网络编者所为。访谈录原载2016年5月29日《东方早报·上海书评》，题为《陆扬谈唐宋变革论》。《澎湃新闻》发布这篇访谈录，标题是《唐宋变革论究竟是怎么回事》，与受访者的原意吻合。日前有幸偶遇陆扬教授，虽无暇深谈，但他证实：《错在哪》的标题和他无关，与其原意不符。不仅标题被误改，访谈录中的个别文字只怕也有记录之误。下面两句话就比较明显，一句话是：“陈寅恪从来没有关心过中唐。”众所周知，陈老有关中唐的论著颇多，其中最著名者当推《元白诗笺证稿》。另一句话是：陈寅恪“好像没有‘中唐（变革）论’这个说法”[②]。习唐宋史者都记得，陈老《论韩愈》一文所说：“唐代之史可分前后两期，前期结束南北朝相承之旧局面，后期开启赵宋以降之新局面，关于政治社会经济者如此，关于文化学术者亦

---

① 周云逸：《宋代发生了一场“城市革命”吗——读包伟民教授〈宋代城市研究〉》，《中华读书报》2016年2月17日第13版。

② 饶佳荣：《陆扬谈唐宋变革论》，《东方早报·上海书评》2016年5月29日。

莫不如此。”[①] 也记得，张泽咸曾引经据典，以此作为重要依据之一，认为唐宋之际变革论“还不如唐中叶变革说有力”[②]。上面两句话似乎不应出于受访者之口。

至于“陈寅恪等大家都是唐宋变革论的反对者”，更是出自某些读者的误会。据我所知，唐长孺、田余庆因其研究重点不在宋代，并未对唐宋变革论公开发表否定或肯定的意见。而张广达则是唐宋变革论的阐释者，且颇有深度。[③] 对于将陈寅恪的中唐变革论与唐宋变革论对立起来，柳立言已指出：“这恐怕是误解，因为内藤湖南、宫崎市定等人大多主张‘唐宋变革’的起点是中唐。”[④] 中唐变革论与唐宋变革论其实是一回事，前者是就其起点而言。刘子健固然是两宋之交变革论的倡导者，但他同时又是唐宋变革论的赞成者。刘氏曾说：“从宋代开始，中国已经步入近代时期，阶级区分远不及唐代以前那样严格、硬性，阶级之间的流动性比较大，世族没落，平民式的家族抬头，都和近代社会相像或相近。”[⑤] 在我看来，其中“近代”一类的词句未免欠妥。但刘子健并不反对唐宋变革论，应无疑问。此事并不奇怪，如王瑞来便既主张宋元变革论，又认同唐宋变革论。他说：“唐宋变革论与

① 陈寅恪：《论韩愈》，《历史研究》1954 年第 2 期，第 105—114 页。收入陈寅恪《金明馆丛稿初编》，上海古籍出版社 1980 年版，第 285—297 页。

② 张泽咸：《“唐宋变革”论若干问题的质疑》，中国唐史学会编：《中国唐史学会论文集》，三秦出版社 1989 年版，第 11—23 页。

③ 张广达：《内藤湖南的唐宋变革说及其影响》，邓小南、荣新江执行主编：《唐研究》第 11 卷，北京大学出版社 2005 年版，第 5—71 页。

④ 柳立言：《何谓“唐宋变革”》，《中华文史论丛》2006 年第 1 辑，第 125—171 页。收入柳立言《宋代的家庭和法律》，上海古籍出版社 2008 年版，第 3—42 页。

⑤ 全汉昇：《略论宋代经济的进步》附“刘子健发言”，台北《大陆杂志》第 28 卷第 2 期，1963 年。收入全汉昇《中国经济史研究》，台北稻香出版社 1991 年版，下册第 554—558 页。

宋元变革论并不矛盾对立。”①

至于前面提到的书评，恕我直言，只怕有将书作者包伟民塑造为唐宋变革论的反对者之嫌。书评反复说，唐宋变革论者如何认为，书作者又如何另有主张，将两者置于绝对对立的境地。在我的印象中，包伟民是一位相当标准的唐宋变革论者。他在《宋代财政史研究述评》一文中说：“中外史学界比较一致的看法，认为唐宋之际构成了中国传统历史发展中一个比较重要的转折期”②，并从财政史角度梳理出“赵宋以降之新局面”的三个重要表现。近年，他又是李华瑞主编的《“唐宋变革”论的由来与发展》一书的参与者之一，著有《唐宋转折视野之下的赋役制度研究》一文。③“转折”只怕不是“变革”的反义词，应当是其近义词。包伟民新近又说：“如何理解、对待‘唐宋变革’这个概念是值得进一步讨论的。”④

《宋代城市研究》一书创见颇多，但并非颠覆旧说之作。书作者说：“发展范式（除加藤的坊市制度崩溃论而外，还包括伊懋可的宋代城市革命说）有着充分的依据，是基本符合历史事实的归纳。本书遵循前贤的这一思路，试图有所推进。”他所反对的是“范式过度强化”，但仍对唐宋之际城市所发生的革命性变化持肯定态度。此书的最后一段话是：“总之，经过自中唐以来长达两三

---

① 王瑞来：《王瑞来学术文丛·近世中国》自序，山西教育出版社 2015 年版，第 2 页。

② 包伟民：《宋代财政史研究述评》，包伟民主编：《宋代制度史研究百年（1900—2000）》，商务印书馆 2004 年版，第 330—331 页。

③ 包伟民：《唐宋转折视野之下的赋役制度研究》，李华瑞主编：《“唐宋变革”论的由来与发展》，第 263—277 页。

④ 于淑娟：《如何探索“大宋史”研究的新可能》，《澎湃新闻·思想·私家历史》2016 年 9 月 26 日。

百年的历史演进，大致到南宋时期，中国的传统城市终于进入其发展的一个新阶段，并由此建构了此后近千年的基本格局。”① 而书评则说：《宋代城市研究》一书“从城市史研究切入，揭示了宋史研究范式转向的路径——从片面的唐宋变革论转向更为客观的唐宋会通论，并提供了精彩的研究范例”。唐宋会通论与变革论究竟是什么关系？是“转向”还是“正向”？留待后文再议。矫枉难免过正，但从此极端跳向彼极端，终究不宜。

二、谁将内藤奉为圭臬

我个人认为，而今对唐宋变革论的最大误解在于：每提及唐宋变革，言必称内藤湖南，将一切唐宋变革论均视为“内藤假说”② 影响所致，把所有唐宋变革论者都看作“内藤假说”的信徒。访问者与书评作者便具有这种倾向。前者称：“内藤湖南提倡的唐宋变革论影响极大。”后者更是说：内藤的唐宋变革论“直至今天，依然被宋史研究界奉为圭臬”。

“影响极大”“奉为圭臬”之说只怕不妥。仅就日本学界而言，就不是“内藤假说”一统天下，绝非独此一家，别无他店。我们应当知道，日本学界曾有以内藤湖南、宫崎市定为代表的京都学派和以前田直典、周藤吉之为代表的东京学派之争。他们虽然都主张唐宋变革，但并不相同。前田的“宋代中世说”与内藤的

① 包伟民：《宋代城市研究》，中华书局 2014 年版，第 391、25、395 页。

② “内藤假说”是欧美学界对内藤唐宋变革论的称呼，为行文方便起见，本文有时借用。

“宋代近世说”针锋相对，周藤的“宋代农奴说”与宫崎的“宋代自由佃农说”互不相让。加藤繁是东京学派开山祖师白鸟库吉的弟子，与内藤不是一回事。书评作者只怕仅知其一而不知其二，有将加藤与内藤混为一谈之嫌。2006 年 6 月 19 日，加藤的弟子斯波义信曾在北京大学中国古代史研究中心座谈唐宋变革。在回答提问时，斯波直言不讳：“这一点我和日本京都学派（内藤虎次郎）的看法很不同。”这不免让人怀疑某些言必称内藤者，对于日本学界乃至“内藤假说”究竟知道多少。曾到日本大学做访问学者、对日本学界了解较深的虞云国指出：“支持其唐宋变革说或宋代近世说的整个内藤中国史观，却脱不开他的时代与立场的烙印。”① 如果对其“烙印”略有所知，相信更不会将其奉为圭臬。②

尤其应当正视，唐宋变革论在我国学界源远流长，不是舶来品，并非纯粹属于所谓“东洋教条”。以下四点即是其证。

其一，“唐宋变革论的首倡者不是日本学者，而是南宋史家郑樵。”③ 几年前，我曾如是说。我们不应当忘记，郑樵有句名言：“自隋唐而上，官有簿状，家有谱系，官之选举必由于簿状，家之婚姻必由于谱系。”“自五季以来，取士不问家世，婚姻不问阀阅。”④ 这不是简单的史料，而是精辟的史论。岂止郑樵一人，在他之前有沈括，在他之后如王明清、胡应麟、顾炎武等人，他们对唐宋变革均有所洞察。沈括侧重婚姻习俗的变化：隋唐“重族

---

① 虞云国：《两宋历史文化丛稿》自序，上海人民出版社 2011 年版，第 4 页。

② 参见杨栋梁《在常识与良知之间——国策学者内藤湖南的“支那论”》，《史学月刊》2014 年第 7 期。

③ 张邦炜：《唐宋变革论的首倡者及其他》，《中国史研究》2010 年第 1 期。

④ 郑樵：《通志二十略·氏族略第一·氏族序》，王树民点校，中华书局 1995 年版，第 1 页。

望”，士庶不通婚，“其俗至唐末方渐衰息”。[①] 王明清着眼高门士族的衰败：“唐朝崔、卢、李、郑及城南韦、杜二家，蝉联珪组，世为显著。至本朝绝无闻人。”[②] 胡应麟披露门阀制度的崩溃：“五代以还，不崇门阀。谱牒之学，遂绝不传。”[③] 顾炎武揭示土地私有的演进：土地占有者在汉朝、唐朝被贬称为“豪民”“兼并之徒”，“宋已下则公然号为‘田主’矣”。[④] 诸如此类的论述均表明：唐宋在中国，唐宋变革论的根不在外国，也在中国。我们岂有数典忘祖之理。

其二，20世纪前半期，近代学科体系建立以后，我国主张唐宋变革论的史家甚多，或可以夏曾佑、吕思勉、钱穆等人为代表。夏曾佑与内藤系并世之人，主张有相似之处。夏氏认为：“自宋至今，为近古之世。”[⑤] 两人相识且相交，内藤对夏氏“多有褒赞”，“从其书中，获得某些启发，引起思想共鸣”[⑥]。照此看来，即便不是内藤受夏氏启发，至少也是相互影响。据虞云国研究，吕思勉“对唐宋之际中国历史有一个重大变化的基本观点，从未改变和动摇过”。虞云国对吕老与“内藤假说”的关系持审慎态度，他

① 沈括：《梦溪笔谈》卷24《杂志一》，胡静宜整理，朱易安等主编：《全宋笔记》第二编，大象出版社2006年版，第3册，第183页。

② 王明清：《挥麈录》前录卷2，中华书局上海编辑所1962年版，第20页。

③ 胡应麟：《少室山房笔丛》卷39《华阳博议下》，中华书局1958年版，第515页。

④ 顾炎武撰，黄汝成集释：《日知录集释》卷10《苏松二府田赋之重》，上海古籍出版社1984年版，第813页。顾炎武此说不甚准确。“田主”之称，在唐代已有之。唐人颜师古注《汉书》曰：豪民，“田主也”（班固：《汉书》卷24上《食货志上》，中华书局1962年版，第1138页）。这一称呼到宋代更普遍。

⑤ 夏曾佑：《中国古代史》，《民国丛书》第二编，上海书店1990年版，第73册，第5页。

⑥ 钱婉约：《内藤湖南研究》，中华书局2004年版，第88、99页。

说："不能断定是否受到日本学者内藤湖南的影响。"① 钱穆当年对唐宋变革论述最多。研究者称，钱穆的"近代"说与内藤的"近世"论系"不谋而合"，"并没有发现钱穆直接或间接受到过内藤湖南的影响"②。如果定要追根溯源，钱穆的唐宋变革论很可能来源于其崇敬的前辈学者夏曾佑和恩师吕思勉。吕思勉是其《国史大纲》初版的审订者。钱穆称，吕老对他有"特加赏识之恩"③。可见，即使就这一阶段的情形而言，所谓"内藤假说""影响极大"一说也难以成立。

其三，20世纪50至70年代，我国历史学大体处于独立自主、锁闭发展时期。这个阶段有两点特别值得注意：一是我国学者有自己的唐宋变革论，与日本学者明显不同。20世纪五六十年代之交，中国古代史学界开展了一场中国封建社会内部分期问题的讨论，参与者甚多，讨论很热烈，涌现出不少唐宋变革论。其中，以侯外庐的论述最具代表性。1959年，侯老接连发表《中国封建制社会的发展及其由前期向后期转变的特征》④《中国封建社会前后期的农民战争及其纲领口号的发展》⑤ 两篇论文，每篇均达数万字之多。侯老是当年我国历史学界的"五老"⑥ 之一，其威望之高、权威性之强、影响力之大，在今天是无法想象的。于是，

① 虞云国：《论吕思勉的宋史观》，《史林》2007年第6期，第158页。

② 钱婉约：《内藤湖南研究》，第115页。

③ 钱穆：《八十忆双亲·师友杂忆》，生活·读书·新知三联书店2005年版，第58—62页。

④ 侯外庐：《中国封建制社会的发展及其由前期向后期转变的特征》，侯外庐主编：《中国思想通史》第4卷第1章，人民出版社1959年版。

⑤ 侯外庐：《中国封建社会前后期的农民战争及其纲领口号的发展》，《历史研究》1959年第4期。

⑥ "五老"指郭沫若、范文澜、翦伯赞、吕振羽、侯外庐，是当年我国的五大马克思主义历史学家。

唐宋变革几成定论。1960 年，胡如雷《唐宋时期中国封建社会的巨大变革》① 一文问世。他后来在《中国封建社会形态研究》一书第五编“中国封建社会史的分期”② 中对其唐宋变革论有更充分的阐释和进一步的拓展。侯老以及胡氏从马克思主义的基本观点出发，注重经济基础，突出阶级斗争，与内藤、宫崎等人并无因袭关系，是“两股道上跑的车”。以侯老等为代表的唐宋变革论，或可称为我国学界的学术基因。二是对“内藤假说”持批判态度，且火力相当猛烈。1963 年，中科院历史所编译室编译《宫崎市定论文选集》，由商务印书馆作为内部读物，供批判用。编者在“前言”部分批判宫崎“故意歪曲中国历史的发展”，“建立起一套荒谬的中国历史分期说”。其主要论据之一是内藤、宫崎“断言中国自‘唐宋以来，资本主义成分即日益发展’，至宋代‘资本主义’已很发达”③。由于《选集》系内部读物，在学界流布不广。所收论文有限，宫崎的代表作《东洋的近世》《从部曲走向佃户》未收入。

其四，“内藤假说”正式传入我国为时甚晚，传入后赞同者极少。1981 年，夏应元发表《内藤湖南的中国史研究》④ 一文以后，日本学者的唐宋变革论在我国学界才渐渐广为人知。国内学者读到日本学者的代表作，如内藤《概括的唐宋时代观》之类，则迟至刘俊文主编的《日本学者研究中国史论著选译》于 1992 年由中

---

① 胡如雷：《唐宋时期中国封建社会的巨大变革》，《史学月刊》1960 年第 7 期，第 23—30 页。收入胡如雷《隋唐五代社会经济史论稿》，题目改为《唐宋之际中国封建社会的巨大变革》，中国社会科学出版社 1996 年版，第 324—344 页。

② 胡如雷：《中国封建社会形态研究》，生活·读书·新知三联书店 1979 年版，第 381—421 页。

③ 中国科学院历史研究所编译室编译：《宫崎市定论文选集》前言，商务印书馆 1963 年版，上卷第 1—11 页。

④ 夏应元：《内藤湖南的中国史研究》，《中国史研究动态》1981 年第 2 期。

华书局出版之后。日本学者的唐宋变革论传入我国后，学界的反映不是一致叫好，而是很难认同。有学者说："日本学者的唐宋变革期学说是企图将中国史纳入世界史范围这一努力的产物。大致而言，其所谓'古代'相当于奴隶社会，所谓'中世'相当于'封建时代'，'近世'是指资本主义。无论是将晚唐视作'古代'(即奴隶社会)，还是将宋代视为'近世'，都是我们无法认同的。"① 还有学者如实指出："大多数中国学者既不赞成（宫崎的宋代）自由佃农说，也不认同（周藤的宋代）农奴论。"② 并以我的《北宋租佃关系的发展及其影响》③ 一文为例证。此外，如内藤将六朝至唐中叶称为"贵族时代"、把当时的政治称为"贵族政治"之类④，我国学者均感到不可思议。

事情原本很清楚，为什么会出现言必称内藤的情形呢？或许与接受过程有关。而今活跃在第一线的宋史学者大多是在20世纪80年代以后才开始研习历史的，他们对唐宋变革论的由来和发展知之不多，首先听说的是"内藤假说"，于是先入为主，人云亦云，积久成习，很难扭转。20世纪五六十年代开始研习历史者，其情况则大不相同。以本人为例，高中生时代就知道唐宋变革论。当年所读历史教材系前辈史家陈乐素、汪篯、王永兴等所编，侯外庐、邓广铭等撰文给予积极评价，称赞这套教材"严肃而审

---

① 葛金芳：《唐宋变革期研究》，湖北人民出版社2004年版，第7页。

② 张雨：《契约选择与效率分析：唐宋租佃关系新探》，包伟民、刘后滨主编：《唐宋历史评论》第1辑，社会科学文献出版社2015年版，第99页。

③ 张邦炜：《北宋租佃关系的发展及其影响》，《甘肃师范大学学报》1979年第3、4期连载。此文1964年为征求意见，曾铅印成册，国家图书馆有收藏。

④ 内藤湖南：《概括的唐宋时代观》，刘俊文主编：《日本学者研究中国史论著选译》第一卷《通论》，中华书局1992年版，第10—18页。

慎”[①]。按照教材和老师[②]所讲，唐代中叶均田制瓦解，随后府兵制崩溃，两税法取代租庸调制，宋代不再恢复均田制，这就叫作唐宋变革。唐宋变革论并不玄妙，原本如此朴实，也如此实在，只怕是很难被颠覆。上大学后得以加深，读研究生时刻骨铭心。1962年，我在金宝祥老师指导下写成并发表了第一篇宋史习作《论宋代的官田》。此文第一句话就是：“中唐前后，土地所有制形式发生重大变革。宋代是沿着中唐以后的路线发展的。”[③] 因而本人自称“较为固执的唐宋变革论者”，一再声言：我的唐宋变革论的形成与“内藤假说”没有半分钱的关系。话虽然说得较粗俗，但道出的是实情。1963年以后，开始陆续接触并阅读宫崎乃至内藤等日本学者的论著。我的态度不是视而不见，全然拒绝，而是有鉴别地加以吸取，有批判地予以利用。如我赞成宫崎宋代是“看不见篡夺”[④] 的时代一说，认为此说与史实大体相符。至于引用宫崎《从部曲走向佃户》[⑤] 一文，其实是为我所用，抽象认同，具体否定。在我的概念里，部曲不是农奴，而是荫附农民，佃户不是自由佃农，而是身份地位有所提高、并未完全获得人身自由的租佃农民，与宫崎有实质性的区别。此后，我从婚姻关系、学校制度等方面论述唐宋变革，与“内藤假说”并无多少干系，前

① 侯外庐：《介绍高级中学中国历史教科书》，邓广铭：《介绍初级中学课本中国历史第一册》，均载《历史教学》1956年7月号。

② 1955—1957年，在成都十二中读高中时，我的历史老师兼班主任孔庆邦1935年毕业于北京大学史学系，有《北京大学历史学系历届本科学生名录（1910—2000）》可证。

③ 张邦炜：《论宋代的官田》，《甘肃师范大学学报》1962年第4期，第23—31页。

④ 宫崎市定：《宋元的经济状况》，《宫崎市定选集》，上卷第130页。

⑤ 宫崎市定：《从部曲走向佃户》，刘俊文主编：《日本学者研究中国史论著选译》第五卷《五代宋元》，中华书局1993年版，第1—71页。

者直接继承沈括、郑樵之说，后者则源于吕思勉。他说：“国子学与太学，初本是二，后乃合而为一。”① 吕老此言对我启发很大。至于在课堂上，我主要介绍的是改进版的胡如雷之说，同时对日本学者的两种唐宋变革论也略做简介，强调的是“道不同不相为谋”，我们中国学者的“口径”与日本学者是不同的。这些，相信学生们会记得。忆及这些往事，我不免要问：究竟谁将“内藤假说”奉为圭臬？

三、纠偏补弊的若干正解

学术需要潜沉，而非起哄。凡事一“热”，往往就出问题。20世纪与21世纪之交，唐宋变革论又“热”起来，随之出现了一些应当反思的偏向和弊端。其主要表现是对唐宋变革论做夸大化引申和断裂化处理。继柳立言②等学者之后，书作者包伟民与受访者陆扬相继站出来纠偏补弊。他们对唐宋变革论提出了若干值得重视的正解，本人深受教益。

“唐宋变革是个筐，一切变化往里装。”将唐宋变革的范围无限放大，这种偏向较为常见。陆扬反对胡乱贴标签。他说：“唐宋变革论如今时常沦为一种分析古代社会变迁的‘方便法门’，对唐宋这段时期很多复杂的现象，学者在提供解释时往往贴上一个

① 吕思勉：《燕石续札·国子太学》，上海人民出版社1985年版，第132页。

② 柳立言《何谓“唐宋变革”》一文称：“‘唐宋变革’是一种历史分期。”所谓变革“不是一般的转变，而是一些巨变，这些巨变有一个特色，就是它们对政治、社会和经济等造成‘根本的改变’”。他强调，不应混淆“唐宋变革”与“唐宋变化”；不能在“唐宋变革期”与“唐宋时期”之间画等号。

'唐宋变革'的标签"，并指明其后果："这就逐渐形成一种方法论层面的惰性，从而使唐宋变革论这一概念失去解释的力度，甚至对未来的研究产生误导。"这一偏向被研究者们称为泛化。它之所以产生，只怕在很大程度上是将唐宋变革视为解释唐宋历史的唯一模式所致。邓小南、荣新江正确地指出："就唐宋时期长达六七个世纪的历史进程而言，'唐宋变革'显然不是唯一的认识角度。"① "事不孤起，必有其邻。"② 唐宋变革固然具有一定的整体性，如均田制、租庸调制、府兵制的崩溃，三者在时间上虽然并不同步，但紧密相连，都是唐宋变革的重要内容。这是事情的一个方面。另一方面，唐宋时期所发生的变化甚多，如南食和北食两大饮食系统的形成、起坐方式的改变（从席地而坐到垂脚而坐）之类，虽然属于社会生活领域的重大变化，但与社会变革并无多少关联，不应将其纳入唐宋变革的范围之内。

唐宋变革不是突变，而是渐变。它不是一种社会制度取代另一种社会制度，并非翻天覆地、天崩地裂的社会革命，而是一个剪不断、理还乱的渐进过程，很难一刀两断。探究唐宋变革，宜用过程论。陆扬在访谈录中说得对："以前往往认为宋代是反五代的，其实宋代对五代也有很大的继承性"，并举例以证明之："五代为后来施行文治奠定了一个基础。"的确，五代重武轻文，只是概而言之。五代某些统治者有重文的一面。如梁太祖朱温号称

① 邓小南、荣新江：《唐宋时期的社会流动与社会秩序研究专号·序》，《唐研究》第11卷，第2页。

② 罗志田：《事不孤起，必有其邻：蒙文通先生与思想史的社会视角》，《四川大学学报》2005年第4期。

“优待文士”[①]，后周枢密副使翟光邺“好聚书，重儒者”[②]，北汉主刘承钧“益重儒者”[③]。再如书院兴于唐、盛于宋，宋代书院的开创者窦禹钧、戚同文，严格说来是两位五代人。

唐宋变革不是断裂，而是因革。邓小南、荣新江认为唐宋两代既“存在着明显的反差”，又具有“连续性”。[④] 他们将唐宋时代称为“延续与更革”的时代是相当准确的。从前研究者们探讨唐宋变革，往往采用唐宋对比法。本人即是一例。我早年所著《婚姻与社会·宋代》开篇就说：“本书将采取把宋代同以唐代为主的前代相对比的方法。”而今反思，对比法的长处或许在于凸现更革，而弊端则在于忽略延续，局限性大，不甚可取。我要感谢书评作者，是她的评介引起了我对唐宋会通论的重视。包伟民在《宋代城市研究》一书中所倡导的唐宋会通论，可谓纠正唐宋断裂化偏向的一剂良方妙药，很值得传扬和推广。我的理解稍有不同：唐宋会通论对唐宋变革论不是简单的否定、颠覆，而是正面的充实、提升，不是唐宋变革论的转向，而是其正向。正如包伟民本人所说，他的思路是“因袭与变革并重”[⑤]。唐宋变革论与会通即因袭论并无抵牾之处，两者相辅相成、兼容互补、相得益彰。

尤其值得重视的是，书作者与受访者对理论预设或前提预设均颇有微词。尤以书作者为甚，他较为明确地反对“强烈的理论

---

① 张齐贤：《洛阳缙绅旧闻记》卷1《梁太祖优待文士》，俞钢点校，傅璇琮等主编：《五代史书汇编》，杭州出版社2004年版，第4册第2387—2389页。

② 薛居正等：《旧五代史》卷129《翟光邺传》，中华书局1976年版，第1698页。

③ 欧阳修：《新五代史》卷70《东汉世家》，中华书局1974年版，第868页。

④ 邓小南、荣新江：《唐宋时期的社会流动与社会秩序研究专号·序》，《唐研究》第11卷，第1—2页。

⑤ 包伟民：《宋代城市研究》，第173页。

预设”和“明显的目的论取向”。[1] 何谓理论预设，我理解不透，似乎主要是指欧洲历史的概念和框架，以致不惜削中国历史实际之足，适欧洲历史框架之履。无可否认，宫崎对此有所警觉。他说：“欧洲是世界全体中的一个特殊地域，不言自明。把特殊地域的历史发展模型，原封不动地应用于其他地域，自然有很大的危险。”[2] 然而在其论著中，用欧洲模型解释中国历史之处并不少见。中华文化从未中断，中国既无欧洲“黑暗的中世纪”，又无后来伟大的文艺复兴。宫崎有意无意地把魏晋隋唐类比欧洲的中世纪，认为其时“文化停滞，欠缺灿烂光辉”，十分明确地将宋代称为东方的文艺复兴时代。更有甚者，把中国历史上的少数民族内迁与欧洲历史上的蛮族入侵相提并论。宫崎说：“东洋的文艺复兴比西洋的文艺复兴早三个世纪。”他笔下的宋代不乏欧洲文艺复兴时代的影子，如宋代皇帝代表民众，犹如欧洲近世国王与第三等级的关系之类。包括本人在内的我国某些学人似乎也或多或少地沾染了这一倾向，如按照欧洲文艺复兴时代的情形来理解乃至解释宋代的城市、城市居民和市民文艺。这可能是我们应当引以为戒的。外国学者研究中国历史，其优势或许在于旁观者清，敏感性强；其劣势可能在于隔靴搔痒，偏离实情。就学术水准而论，内藤、宫崎可谓外国学者中难得的佼佼者，他们有不少精妙的假说乃至论断，但依然难以完全避免其劣势。与欧洲相比，中国古代的城市兴起甚早，往往是政治中心、军事城堡、工商业都会三位一体。其政治性大于经济性，消费意义大于生产意义。这一特性在宋代并无根本性的改变。而宫崎则认为：“宋代都市几乎变为

---

① 包伟民：《宋代城市研究》，第 16 页。

② 宫崎市定：《东洋的近世》，刘俊文主编：《日本学者研究中国史论著选译》第一卷《通论》，第 153—242 页。以下凡引宫崎所言，皆出自此文。

完全的商业都市”，无疑与史实不符。宋代皇帝是士大夫阶层利益的肩负者，士大夫一方面对皇帝具有依附性，另一方面又不时表现出“从道不从君”“以道驭君”的铁骨和傲气，绝非百依百顺。而宫崎则宣称：宋代“士大夫阶层有如羊一样顺从天子”，显然片面性极大。某些外国学者甚至认为唐宋社会变革之巨超越春秋战国时期，断言：“宋朝是前所未有的变化的时代。”① 读者只能怀疑是否译文有误。我国学者研究我国历史，身处其境，知悉国情，优势很明显。我等理当学人所长、避人所短，发扬自身固有的天然优势。

（学友陈鹤对本文有所贡献）

（原载《中国经济史研究》2017 年第 5 期）

① 伊沛霞：《内闱——宋代的婚姻和妇女生活》，胡志宏译，江苏人民出版社 2004 年版，第 1 页。王曾瑜认为：唐宋时代“若与春秋、战国时期相比，则至多只能算是一个小变革期”（《宋朝阶级结构》，河北教育出版社 1996 年版，第 1 页）。他的估计或许又偏低。

“唐宋变革”论与宋代社会史研究

进入21世纪以后，“唐宋变革”论这个相当古老的论题在我国学界第二次受到广泛关注和热议。近十年来，有关研究在取得明显进展的同时，还存在若干有待厘清和深入研究的问题。本文立足于宋代社会史研究，试图对“唐宋变革”论的由来与发展做些力所能及的回顾和反思。需要事先说明并请求读者原谅的是，有关论著较多，笔者见闻有限，遗漏在所难免。

一、有关唐宋社会变革的种种歧见

唐宋之际中国社会发生了一场具有划阶段意义的变革，此说如今在学界得到大多数学者的认同。不赞成者为数较少，且理由欠充足。如有的学者说：“广泛流行的‘唐宋变革’论者是以唐亡为分界线。”他反对这个看法，认为唐宋之际变革说“还不如唐中叶变革说有力”[①]。柳立言指出：“这恐怕是误解，因为内藤湖南、宫崎市定等人大多主张‘唐宋变革’的起点是中唐。”[②] 然而围绕“唐宋变革”这一论题则产生了种种歧见。早年日本学界的京都学派与东京学派之争，已为人所熟知，这里置而不论。当前，不同认识主要集中在以下四个方面。

其一，变革的路标何在？

关于“唐宋变革”的分水岭，有以安史之乱、两税法的实施、唐末农民起义、北宋的建立、“庆历更革”[③] 乃至南宋的建立为标志等多种说法。对此，有三点值得注意。

一是“唐宋变革”是个长过程。1989 年，笔者在《婚姻与社会·宋代》一书的“结语”中说：“人类社会历史的发展总是死的拖住活的，很难一刀两断。”“何况中国封建社会内部的这场变革，不是一个阶级推翻另一个阶级、一种社会制度代替另一种社会制度，并非严格意义上的‘社会革命’。它不是以突变的形式出现，而是一个‘剪不断，理还乱’的渐进过程。”[④] 因为是个漫长的渐变过程，才出现了以安史之乱到南宋的建立为路标等多种说法，是完全可以理解的，不必也不可能强求一致。

二是不宜将唐宋时期等同于“唐宋变革”期。朱瑞熙在《宋代社会研究·前言》中指出：“由唐代中叶开始的社会发展变化，到宋代几乎完全定型。”[⑤] 笔者的认识与此大致相同，认为：“这

---

① 张泽咸：《唐代阶级结构研究》，中州古籍出版社 1996 年版，第 504—509 页；《“唐宋变革”论若干问题的质疑》，中国唐史学会编：《中国唐史学会论文集》，三秦出版社 1989 年版，第 11—23 页。

② 《宋代的家庭和法律》第 17 页注 2。

③ 参看吴天墀《北宋庆历社会危机述论》，《吴天墀文史存稿》，四川大学出版社 1998 年版，第 117—151 页。

④ 张邦炜：《婚姻与社会·宋代》，四川人民出版社 1989 年版，第 184 页。

⑤ 朱瑞熙：《宋代社会研究》，中州书画社 1983 年版，第 1 页。

场变革前后经历了两三百年之久，大致开始于中唐前后，基本完成于北宋前期”，可“把它简要地表述为发生在唐宋之际”。① 所谓“唐宋变革期”，通常是指从中唐前后到北宋前期。而“唐宋变革”可视为“唐宋之际社会变革”的简称。柳立言针对日本学者佐竹靖彦、大泽正昭“把唐宋两代统统算作‘变革期’”，香港学者赵雨乐针对“‘唐宋变革期’是指唐五代迄宋”提出异议。他说：“将起自中唐终于宋初约 200 多年的‘唐宋变革期’，拿来泛称从初唐（618）经五代而至宋末（1279）约 662 年的‘唐宋时期’”，是“把‘唐宋变革期’与‘唐宋时期’混淆”。② 柳立言的意见值得重视。

三是可以北宋的建立为路标。早在 1960 年，胡如雷在《唐宋时期中国封建社会的巨大变革》一文说：“我觉得，以公元 960 年北宋的建立划分历史阶段最合适。”如此处理，虽然并不也不可能精准，但可以避免“腰斩古代王朝”。作为一种处理方法，笔者认为具有可行性。可见，将北宋的建立作为社会变革的路标并不是宋史研究者的偏见，恰恰是由唐史研究者胡如雷较早提出。

其二，变革的属性如何？

关于“唐宋变革”属于什么性质，有许多不同的论断。如钱穆将由唐入宋定性为从门第社会到平民社会的转化，而漆侠则侧重于经济制度，认为是由庄园农奴制至封建租佃制占主导地位的演变。又如胡如雷论定北宋的建立是中国封建社会进入后期的标志，而朱瑞熙则主张宋代处于“中国封建社会的中期”③。再如何

① 《婚姻与社会·宋代》，第 184 页。

② 《宋代的家庭和法律》，第 21 页及注 2。

③ 《宋代社会研究》，第 172 页。

怀宏将宋代社会视为有别于“世袭社会”的“选举社会”[①]，而台湾学者黄宽重干脆将其称为“科举社会”，他著有《科举社会下家族的发展与转变——以宋代为中心的观察》[②] 一文。林文勋在《中国古代“富民社会”的形成及其历史地位》一文中将宋代社会称为有别于“豪民社会”的“富民社会”。[③] 他说：“我们主张将唐宋社会乃至其后的明清社会称之为一个‘富民社会’。”[④] 这项有新意的研究引人注目，近年来探讨宋代“富民”问题的论著为数不少。刁培俊的《宋代的富民与乡村治理》[⑤]、高楠与宋燕鹏的《宋代富民融入士人社会的途径》[⑥]，即是其例。关于“唐宋变革”的属性问题，有两点应当指出。

一是上述各种说法各有其意义，大多从一个重要方面揭示宋代社会的特质。如称宋代为平民社会，如实反映了当时社会生活的平民化趋势。称宋代为科举社会，则是当时科举取士制度对社会影响力增大的真实写照。认为宋代处于中国封建社会的中期，其意图在于表明宋代尚未出现资本主义萌芽。而主张宋代是封建社会后期的开端，目的则在于强调中国封建社会自有其特色，它

---

① 何怀宏：《选举社会及其终结》，生活·读书·新知三联书店 1998 年版。

② 黄宽重：《科举社会下家族的发展与转变——以宋代为中心的观察》，邓小南、荣新江主编：《唐研究》第 11 卷《唐宋时期的社会流动与社会秩序研究专号》，北京大学出版社 2005 年版，第 337—354 页。

③ 林文勋：《中国古代“富民社会”的形成及其历史地位》，《中国经济史研究》2006 年第 2 期。并参看林文勋《中国古代“富民”阶层研究》，云南大学出版社 2008 年版。

④ 林文勋、谷更有：《唐宋乡村社会力量与基层控制·前言》，云南大学出版社 2005 年版，第 1 页。

⑤ 刁培俊：《宋代的富民与乡村治理》，《河北学刊》2005 年第 2 期。

⑥ 高楠、宋燕鹏：《宋代富民融入士人社会的途径》，《史学月刊》2008 年第 1 期。

始终"没有发展到自己的天然终点"。①

二是上述各种说法又各有其局限，大多存在涵盖性不强或不够确切的问题。如唐代实行庄园农奴制之说不一定确当，邓广铭早有《唐宋庄园制度质疑》② 一文发表。科举未必能够左右整个宋代社会，宋代官户、形势户等特权阶级的势力不能低估。关履权曾对科举社会、平民社会一类说法提出异议："如果认为科举可以改变社会的性质，那是毫无根据的。更何况中国的封建社会自始至终都没有出现一个所谓的'平民'阶级。"③ 有学者认为，富民社会无较为确切的内涵和外延，富民致富方式不同，文化程度迥异，无共同的价值取向，相互缺乏认同感，很难称为一个阶层。总之，无法取得一致、难以形成共识的局面将长期延续。其实，诸说并存的状况并不一定是坏事。

其三，变革意味着什么？

在这个问题上，白寿彝与任继愈便有较为明显的分歧。任继愈认为由唐入宋意味着从发展到停滞，他在《论儒教的形成》一文中说："隋唐以前封建社会在发展、在前进，宋元明以后封建社会制度则开始停滞以至僵化。"④ 而白寿彝则认为从唐到宋意味着继续发展，他在《中国历史的年代：一百七十万年和三千六百年》一文中说："从 907 年到 1368 年（即五代宋元时期），是中国封建

① 《中国封建社会形态研究》，第 412 页。

② 邓广铭：《唐宋庄园制度质疑》，《历史研究》1963 年第 6 期。后收入《邓广铭全集》第 7 卷，河北教育出版社 2005 年版，第 174—198 页。

③ 关履权：《宋史的历史地位》，关履权：《两宋史论》，中州书画社 1983 年版，第 7 页。

④ 任继愈：《论儒教的形成》，《中国社会科学》1980 年第 1 期。

社会的进一步发展时期。”[①] 对此，需要说明之处有二。

一是与白寿彝相同或相近的学者为数较多。金宝祥等早在1959年就明确地指出，宋代处于“中国封建社会的发展时期”[②]。法国学者谢和耐既是一位唐宋社会转型论者，又是一名宋代社会发展论者。他1959年在《南宋社会生活史》一书中说：“12世纪和13世纪时的中国与8世纪时有过最辉煌时期的唐代，其间的差异是很大的，在这400年间中国有了剧烈的变化。”“13世纪的中国其现代化的程度是令人吃惊的”，“中国是当时世界上首屈一指的国家，其自豪足以认为世界其他各地皆为化外之邦。”[③] 谢和耐后来在《中国社会史》一书中又表达了相同的观点：“11—13世纪期间，在政治、社会或生活诸领域中没有一处不表现出较先前时代的深刻变化。”“纵观11—13世纪的整个中国社会，大家便会得到一种经济和文化均取得了令人震惊之发展的印象。”[④] 关履权1983年在《宋史的历史地位》一文中断言：“宋代仍然属于中国封建社会的发展时期。宋代既没有资本主义新因素的发生发展，也不是什么平民社会。”[⑤] 朱瑞熙同年在《宋代社会研究》一书中说：“多年来，人们总把宋代看成是中国历史上一个积贫积弱的朝代，甚至有人认为汉、唐时经济比较发展，到宋代就出现了‘停滞’的趋势。其实，积贫积弱只是表面现象，它只反映财政上的

---

① 白寿彝：《中国历史的年代：一百七十万年和三千六百年》，《北京师范大学学报》1978年第6期。

② 《关于中国封建社会内部的分期问题》，《历史教学与研究》1959年第2期。

③ 谢和耐著，马德程译：《南宋社会生活史》，台北“中国文化大学”出版部1982年版，第2、5页。译者刘东将此书书名译为《蒙元入侵前夕的中国日常生活》，江苏人民出版社1995年版。

④ 谢和耐著，耿昇译：《中国社会史》，江苏人民出版社1995年版，第265、306页。

⑤ 《两宋史论》，第7页。

入不敷出和对外关系上的软弱无能，从整个社会经济的发展看，它要比汉、唐富裕得多。”① 他后来在《宋辽西夏金社会生活史》一书的前言中又指出：“历史进入辽宋西夏金时代，是中国封建社会继续发展的时期。”② 为了反驳“汉唐是盛世，宋代积弱走下坡路”的说法，程溯洛在 1986 年发表《宋代封建社会继续发展的若干特征》③ 一文，从五个方面进行论证。类似说法很多，不再一一列举。

二是笔者并不认同宋代社会停滞论，十分赞成宋代社会发展说。我在《婚姻与社会·宋代》一书中曾表明：“唐宋之际的社会变革不是下降型的转化，而是上升型的运动”，它“并不意味着中国封建社会从发展到停滞”，而“标志着宋代进入了中国封建社会进一步发展的新阶段”。④ 后来又在《瞻前顾后看宋代》⑤ 一文中有进一步的说明，这里不再重复。

其四，变革的程度有多大？

关于“唐宋变革”的程度究竟应当如何估计，大致有三种不同的认识。

第一种估计过高。甚至将它同春秋战国之际相提并论：“唐宋之间，是由领主制向地主制转化的时期，其变化之巨，并不亚于春秋战国之际的转变。”⑥ 此说不仅有言过其实之嫌，而且将唐代视为领主制时期，令人很费解。

---

① 《宋代社会研究》，第 19—20 页。

② 朱瑞熙、张邦炜、刘复生、蔡崇榜、王曾瑜：《宋辽西夏金社会生活史》，中国社会科学出版社 1998 年版，第 1 页。

③ 程溯洛：《宋代封建社会继续发展的若干特征》，《历史教学》1986 年第 6 期。

④ 《婚姻与社会·宋代》，第 183 页。

⑤ 张邦炜：《瞻前顾后看宋代》，《河北学刊》2006 年第 5 期，第 99—101 页。

⑥ 张其凡：《两宋历史文化概论》，广东人民出版社 2002 年版，第 55 页。

第二种是估计偏低。如王曾瑜在《宋朝阶级结构》一书中说："的确，人们可对比唐宋时代，从阶级状况，到政治制度、军事制度、文化等，列举出不少变化的史实。然而若与春秋、战国时期相比，则至多只能算是一个小变革期。"从"至多"二字及其所说"唐朝和宋朝都是以租佃关系为基础的农业社会"[①] 不难看出，他岂止估计偏低，而且不甚认同"唐宋变革"论。

第三种意见介乎于过高与偏低之间。如笔者曾自称"是个较为固执的'唐宋变革'论者"，认为唐代"是把魏晋南北朝和宋代这两个很不相同的历史时期连接起来的一座必不可少的桥梁"，"宋代是个与魏晋南北朝乃至唐代不尽相同的历史时期"。但同时又说："这场变革的性质无疑属于封建社会内部的变革"，"把宋代无论看作取贵族社会而代之的平民社会，还是视为取中世纪时代而代之的近世时代，都属于缺乏根据的想当然"。[②]

至于"唐宋变革"的具体内容，涉及面甚广。下面将从宋代社会史研究的角度，分别从社会结构、婚姻领域、妇女生活、家族形态、衣食住行、文体娱乐等几个方面做些回顾和反思。

二、解析社会结构变动的不同视角

所谓"唐宋变革"，应当是唐宋之际社会变革的简称。探讨"唐宋变革"，社会结构或社会阶级结构的变动是首要问题。内藤

① 王曾瑜：《宋朝阶级结构》，河北教育出版社 1996 年版，第 1 页。

② 《婚姻与社会·宋代》，第 185、182、183 页。

湖南当年便关注“贵族的衰落”“人民地位的变化”[①]，宫崎市定的《从部曲走向佃户》[②]、周藤吉之的《宋代的佃户制》[③] 则是探讨社会结构变动的专论。此后，柳田节子、丹乔二、佐竹靖彦、千叶熙、草野靖、高桥芳郎等日本学者都对此做过研究。柳田节子的探讨范围相当广泛，涉及佃户、地客、雇佣人、奴婢、形势户、坊郭户、户等制等问题[④]。至于我国学界对于唐宋社会结构变动的研究状况，可简要归纳为以下几点：

其一，两种不尽相同的视角。

对于宋代社会阶级结构的探究，用力最勤、着力最多者当推王曾瑜。他于 20 世纪 70、80 年代之交，接连发表《宋朝阶级结构概述》《宋朝的差役和形势户》[⑤]《宋朝的官户》[⑥] 等一系列论文，1996 年又出版了《宋朝阶级结构》一书，2000 年又刊出专论《宋朝社会结构》[⑦]。王曾瑜的这项研究有两个特点：

一是并非着眼于“唐宋变革”。笔者在评论《宋朝阶级结构》一书时，曾说：其作者“并不一定属于‘唐宋变革’论者”，他总

---

① 内藤湖南：《中国近世史》，《中国史通论——内藤湖南博士中国史学论著选译》上册，第 323、328 页。

② 宫崎市定：《从部曲走向佃户》，《日本学者研究中国史论著选译》第 5 卷《五代宋元》，第 1—71 页。

③ 周藤吉之：《宋代的佃户制》，《日本学者研究中国史论著选译》第 5 卷《五代宋元》，第 105—165 页。

④ 柳田节子：《宋元社会经济史研究》，东京创文社 1995 年版，第 40—84、106—220 页。

⑤ 王曾瑜：《宋朝阶级结构概述》，《社会科学战线》1979 年第 4 期；《宋朝的差役和形势户》，《历史学》1979 年第 1 期。

⑥ 朱家源、王曾瑜：《宋朝的官户》，邓广铭、程应镠等主编：《宋史研究论文集（中华文史论丛增刊）》，上海古籍出版社 1982 年版，第 1—32 页。

⑦ 王曾瑜：《宋朝社会结构》，周积明、宋德金主编：《中国社会史论》下册，湖北教育出版社 2000 年版，第 249—275 页。

是强调“唐宋变革”是“小变革”、唐宋阶级变动是“小变动”。但“书中依据大量史实所作出的不少结论，恰恰起到了为‘唐宋变革’论张目的作用”①。如他探讨了坊郭户的形成与某些法定贱民的消亡这两大历史过程，而这些照“唐宋变革”论者看来，正是唐宋社会阶级结构变动的重要表征。

二是尤其注重户口分类制度。王曾瑜将户口分类制度作为剖析宋朝阶级结构的突破口，认为：“宋朝的乡村客户、乡村下户、乡村上户、形势户、坊郭户等，作为户口分类制度下的法定户名，在相当程度上可以说是反映了宋朝的阶级结构。”同时又指出：“户口分类制度所反映的阶级结构只是近似的，不能将户口分类等同于阶级划分和阶级结构的分析。”他强调：“在某种意义上说，宋朝户口分类制度的确立，正是隋唐以来阶级结构变化的终结。”②

与王曾瑜不同，不少研究者有意识地从深化、细化“唐宋变革”论的目的与需要出发，探讨当时社会阶级结构的变动。如朱瑞熙在《宋代社会研究》第二章《宋代的社会阶级结构》③中指出，唐宋“社会的阶级结构发生较大的变化”，并对门阀士族和部曲奴客制度分崩离析之后，“代之而起的新的阶级结构”做了较具体的分析。又如周宝珠、陈振主编的《简明宋史》辟有《北宋的户等划分与阶级构成》④专节，漆侠在其《宋代经济史》⑤一书中

---

① 张邦炜：《蓄之既久，其发必厚——读王曾瑜〈宋朝阶级结构〉》，《宋史研究通讯》1997年第1期。

② 《宋朝阶级结构》，第25、8页。

③ 《宋代社会研究》，第23—54页。

④ 周宝珠、陈振主编：《简明宋史》，人民出版社1985年版，第124—137页。

⑤ 漆侠：《宋代经济史》，上海人民出版社1987年版，第503—534、722—742、965—978页。

分别对宋代的地主与农民两大主体阶级以及城镇居民的构成做出了自己的概括。

其二，关注地主阶级内部新兴阶层的崛起。

研究者们较普遍地认为，唐宋之际地主与农民两大主体阶级的构成都发生了较显著的变化。关于地主阶级内部的变动，王曾瑜着重探讨两大历史现象。一是官户、形势户正式作为法定户名。他指出：唐会昌年间“衣冠户一词的出现，适应了门阀士族阶层消亡的社会现实”。“宋代正式将官户作为法定名称，并且确定了比官户范围更大，包括富裕吏户在内的形势户的法定户名。”二是非官僚地主法定户名的出现。他说：“非官僚地主，唐代尚无正式的法定名称”，“宋代则大致以乡村上户和坊郭上户为名”。王曾瑜认为：“总的看来，在唐宋之际，地主阶级内部似未出现重要的阶层性变动。”①

与王曾瑜有别，多数研究者对地主阶级内部的变动估计较高，并集中关注取门阀士族等级而代之的新兴主体阶层。对于宋代地主阶级内部的这一新兴主体阶层，侯外庐等人将其称为“非品级性地主”“非身份性地主”“庶族地主”。② 白寿彝则将其称为“势官地主”，以区别于此前魏晋隋唐时期的门阀地主和此后明清时期的官绅地主。他说：“势，当时叫作形势户。官，当时叫作官户。势官地主也有政治身份和特权，但所拥有的世袭特权是很有限的。”③ 而漆侠一向认为宋代“庶族地主和中小地主的地位有所提高”，他晚年在《宋学的发展和演变》一书中概括道：宋代“庶族

① 《宋朝阶级结构》，第3—4页。

② 《中国思想通史》第4卷《编者的话》，第1页。

③ 白寿彝：《中国历史的年代：一百七十万年和三千六百年》，《北京师范大学学报》1978年第6期，第18页。

地主和中下层地主。不仅经济地位的上升有了更多的可能性，而且还可以通过科举考试在政治上取得一定的地位。正是这样一批来自中下层地主阶级的士大夫"，"在政治上形成了一个富有改革意识的政治集团"。① 李华瑞在《两宋改革的特点和历史作用》一文中也说：北宋"一些非身份的庶族地主迅速崛起"，"中等地主和小地主在地主阶级中占了绝大多数"。"北宋时期的政治变革运动是由中下层地主士大夫形成的改革力量发动的"。②

庶族与士族是相对而言，既无士族，何来庶族？朱瑞熙对"宋代庶族地主"的表述提出异议，他认为："因宋代已不存在门阀士族，所以不称庶族地主，而称为官僚地主。"指出："非身份性的官僚地主已经成为宋代地主阶级的主体。"③ 他在《唐宋之际地主阶级身份地位的演变》④ 一文中，着重论述了"由门阀士族到官僚地主"的演变。宋人称："满朝朱紫贵，尽是读书人。"⑤ 出于充分正视这一历史现实的考虑，王曾瑜将这一阶层称为"以科举入仕为核心的新的官僚地主阶层"⑥。笔者将士大夫阶层与官僚地主阶层作为近义词，认为："宋代主要由科举出身的读书人所组成的士大夫阶层当权。"而某些台湾学者则习惯于使用"北宋士族"或"宋代士族"一词，在笔者看来，使用此词"容易引起误

① 漆侠：《宋学的发展和演变》，河北人民出版社 2002 年版，第 41 页。

② 李华瑞：《两宋改革的特点和历史作用》，《西北师大学报》1994 年第 4 期。后收入李华瑞《宋史论集》，河北大学出版社 2001 年版，第 105 页。

③ 《宋代社会研究》，第 26 页。

④ 朱瑞熙：《唐宋之际地主阶级身份地位的演变》，历史研究编辑部编：《中国封建地主阶级研究》，中国社会科学出版社 1988 年版，第 288—313 页。

⑤ 张端义：《贵耳集》卷下，学津讨源本。

⑥ 《宋朝阶级结构》，第 3 页。

解，以致将质的规定性大不相同的魏晋士族和宋代士族混为一谈”①。

宋代的士大夫阶层与从前的门阀地主等级究竟有哪些不同的质的规定性？钱穆认为，他们“由白衣秀才平地拔起”②，缺乏根基，并强调“士大夫的自觉”③，即主体意识的增强。内藤湖南判定，他们只能以天子为靠山，“失去天子这座靠山时，则将完全丧失权力”④。笔者认为，其不同特质在于：门阀士族地主等级具有排他性、世袭性，即所谓“官有世胄，谱有世官”。而士大夫阶层则具有开放性、非世袭性，即“骤得富贵”，“其家不传”。但是不能笼统地“认为宋代士大夫政治力量远非从前的门阀士族可比”。“就个体来说，宋代士大夫的政治力量确实远非门阀士族可比。”“就整体来说，宋代士大夫的政治力量又不可小视，甚至并不小于门阀士族。”⑤

对于“宋代中小地主阶层”和“士大夫阶层”的表述，王曾瑜有不同意见。他说：“笔者不甚赞成将宋朝地主阶级划分为大地主和中小地主两个阶层，而主张划分为官户、乡村上户和城郭上户三个阶层。”并明确表示不赞成“中小地主进步论”。⑥ 王曾瑜还说：“士大夫可以作为研究宋朝社会文化教育层次的一个名词，但要作为一个阶级的观念，恐怕是不妥当的。士大夫可以横跨官

① 张邦炜：《宋代政治文化史论》，人民出版社 2005 年版，第 16 页；《黄宽重〈宋代的家族与社会〉读后》，《历史研究》2007 年第 2 期。

② 《理学与艺术》，《宋史研究集》第 7 辑，第 2 页。

③ 《国史大纲》，第 359 页。

④ 内藤湖南：《中国近世史》，《中国史通论——内藤湖南博士中国史学论著选译》上册，第 327 页。

⑤ 《宋代政治文化史论》，第 16—17 页。

⑥ 王曾瑜：《王安石变法简论》，《中国社会科学》1980 年第 3 期，第 150—153 页。

和民两个层次，却又不能用于指武官，甚至不能用于指某些文官，故使用士大夫一词，似宜慎重。”①

其三，探讨直接生产者身份地位的变化。

研究者们大多认同宋代农民阶级的主体是客户，于是客户问题成为宋史研究的一大热门论题。陈乐素早在20世纪40年代便有《主客户对称与北宋户口的统计》② 一文问世，华山在60年代初接连发表《关于宋代的客户问题》《再论宋代客户的身份问题》③ 两文。由于宋代的客户身份问题关系到如何判定“唐宋变革”的性质，这个问题成为争论的焦点。

宫崎市定的论文《从部曲走向佃户》，这个题目简要表明唐宋之际农民阶级的主体身份地位的变化。他将宋代的佃户等同于自由佃农，因而受到质疑。周藤吉之在《宋代的佃户制》一文中针锋相对，认为宋代的佃户不是自由佃农，而是农奴。在我国学界有与日本学者相近的看法。如束世澂的看法与宫崎相近，他在《论北宋时资本主义关系的产生》一文中认为：宋代的客户“是可以来去自由没有人身隶属关系的”。在《论汉宋间佃农的身份》一文中又认定：北宋中期“有一半佃农是自由佃农”④。笔者曾对此提出异议。⑤ 王方中、李埏的看法则与周藤相近。王方中认为，

① 《宋朝社会结构》，《中国社会史论》下册，第275页。

② 陈乐素：《主客户对称与北宋户口的统计》，《浙江学报》第1卷第2期，1947年10月。后收入陈乐素《求是集》第2集，广东人民出版社1984年版，第68—99页。

③ 华山：《关于宋代的客户问题》，《历史研究》1960年第1—2期；《再论宋代客户的身份问题》，《光明日报》1961年4月12日。后收入华山《宋史论集》，齐鲁书社1982年版，第30—48、49—54页。

④ 束世澂：《论北宋时资本主义关系的产生》，《华东师范大学学报》1956年第3期；《论汉宋间佃农的身份》，《中华文史论丛》第3辑，中华书局上海编辑所1963年版。

⑤ 张邦炜：《宋代存在着大量的身份自由的佃农吗？——与束世澂先生商榷》，《光明日报》1965年8月11日。

宋代佃农“在身份上强烈依附于地主”，“就其性质上来说就是农奴”，宋代“正是经济外强制最严格的时候”。[①] 李埏强调：“就实质上说，它们（指宋代庄园）是农奴制的庄园。”其依据是：宋代“佃农被束缚于土地，‘非时不得起移’”，“主人对于佃客，不仅‘役其身’，而且‘及其家属妇女皆充役作’。”他们“是主人的私属”，“主人对于佃客，享有法律上的特权。”[②] 笔者也曾对此提出异议。[③]

然而大多数学者既不赞成宫崎、柬世澂的自由佃农说，也不认同周藤、李埏的农奴论，认为宋代农业直接生产者的身份地位有明显提高，但并未完全获得人身自由，并以此作为唐宋社会转型的重要表现之一。朱瑞熙在《宋代社会研究》一书中，论述了“宋代客户的新特点”：“客户一般已经成为农民阶级的主要组成部分——租佃土地的农民的专称”；“法律开始对客户的迁徙自由权作出明确的规定”；“法律开始对客户的社会地位作出明确的规定”。[④] 后来又在《宋代佃客法律地位再探索》[⑤] 一文中做了进一步的阐释。王曾瑜在《宋朝阶级结构》一书中，论述了宋代佃农成为编户齐民这一历史走向。他指出：“自五代至宋，正式确定了乡村主、客户的分类，佃农在原则上须以乡村客户的身份，实际上也时或以乡村下户的身份，列入国家的户籍登记。这是禁止佃农脱离国家的管辖，而成为地主‘私属’的根本规定和措施”，并

① 王方中：《宋代民营手工业的社会经济性质》，《历史研究》1959年第2期。

② 李埏：《〈水浒传〉中所反映的庄园和矛盾》，《云南大学学报》1958年第1期。后收入李埏《不自小斋文存》，云南人民出版社2001年版，第164—222页。

③ 张邦炜：《北宋租佃关系的发展及其影响》，《甘肃师范大学学报》1980年第3、4期。

④ 《宋代社会研究》，第36—43页。

⑤ 朱瑞熙：《宋代佃客法律地位再探索》，《历史研究》1987年第5期。后收入朱瑞熙《疁城集》，华东师范大学出版社2001年版，第339—352页。

强调："这是租佃关系发达和成熟的反映。"① 笔者在《北宋租佃关系的发展及其影响》一文中，从佃农退佃"自由"的争得——辨析天圣诏的全国性和皇祐法的地方性、私家佃农而负担国家赋役——并说丁赋不仅见于南方、超经济强制权力的削弱——略论两种不同的封建政治统治方式及其交错嬗替等三个方面试图证明："北宋佃农对地主的人身依附关系较之前代有了相对的减轻。"② 看法大致相近，但各有心得的论文还有很多，如关履权《宋代的封建租佃制》③、漆侠《宋代封建租佃制及其发展》④、梁太济《读〈袁氏世范〉并论宋代封建关系的若干特点》⑤、陈智超《〈袁氏世范〉所见民庶地主》⑥、葛金芳《农民阶级内部构成的变动和北宋租佃经济的确立》⑦、郭东旭《论宋代乡村客户的法律地位》⑧ 等，难以一一列举。

---

① 《宋朝阶级结构》，第 4 页。

② 《北宋租佃关系的发展及其影响》，《甘肃师范大学学报》1980 年第 3 期，第 15—24 页。

③ 关履权：《宋代的封建租佃制》，《历史学》1979 年第 1 期。后收入关履权《两宋史论》，第 163—179 页。

④ 漆侠：《宋代封建租佃制及其发展》，《陕西师范大学学报》1982 年第 4 期。

⑤ 梁太济：《读〈袁氏世范〉并论宋代封建关系的若干特点》，《内蒙古大学学报》1978 年第 2 期。后收入梁太济《两宋阶级关系的若干问题》，河北大学出版社 1998 年版，第 1—18 页，题目改为《经济和社会关系的若干特点——从〈袁氏世范〉说起》。

⑥ 陈智超：《〈袁氏世范〉所见民庶地主》，中国社会科学院历史所宋辽金元史室编：《宋辽金元史论丛》第 1 辑，中华书局 1985 年版。后收入《陈智超自选集》，安徽大学出版社 2003 年版，第 300—344 页。

⑦ 葛金芳：《农民阶级内部构成的变动和北宋租佃经济的确立》，《历史研究》1983 年第 1 期。后收入葛金芳《唐宋变革期研究》，湖北人民出版社 2004 年版，第 107—176 页。

⑧ 郭东旭：《论宋代乡村客户的法律地位》，《河北大学学报》1985 年第 3 期。后收入郭东旭《宋朝法律史论》，河北大学出版社 2001 年版，第 242—264 页。

在探讨唐宋之际农业领域直接生产者身份地位的变化时，不少研究者注意到空间和时间上的差异。就空间的差异而言，漆侠特别强调各地区发展的不平衡性。他在《宋代社会生产力的发展及其在中国古代经济发展过程中所处的地位》① 一文中认为：北不如南，是量的差别。“西不如东，不仅是量的问题，而且是质的差别的问题。”也就是说宋代东部地区盛行封建租佃制，而西部地区仍停留在庄园农奴制阶段。为此，他发表了《宋代以川峡路为中心的庄园农奴制》② 一文。就时间的差异而言，华山在《关于宋代的客户问题》一文中提出南宋是否出现第二次农奴化的问题：“在宋代大约三百多年的时间里，客户的封建隶属关系是继续着前一时期的发展趋势逐步减轻呢，还是走着第二次农奴化的道路逐步加强?”他的看法是：“各地方的情况不一致，但总的趋势则是在曲折地、蹒跚地向着减轻的道路上前进。”③ 胡如雷后来曾说：“我怀疑南方是否出现了第二次农奴化。”④ 笔者认为，第二次农奴化以称“第二次依附化”为宜，确实是个值得研究的问题，包括“第二次依附化的原因、状况和影响”⑤。但对此迄今似乎尚无深入的探讨。

宋代社会无疑属于农业社会，研究者们因而格外关注农业领域的直接生产者，但对手工业领域的直接生产者也并未忽视。漆

① 漆侠：《宋代社会生产力的发展及其在中国古代经济发展过程中所处的地位》，《中国经济史研究》1986 年第 1 期。后收入邓广铭、漆侠《两宋政治经济问题》，知识出版社 1988 年版，第 53—90 页。

② 漆侠：《宋代以川峡路为中心的庄园农奴制》，漆侠：《求实集》，天津人民出版社 1982 年版，第 93—112 页。

③ 《宋史论集》，第 43 页。

④ 《中国封建社会形态研究》，第 420 页。

⑤ 《北宋租佃关系的发展及其影响》，《甘肃师范大学学报》1980 年第 4 期，第 90 页。

侠对此着力较多，他在《宋代手工业内部诸关系的变革》① 一文中，论述了“矿冶业中从应役制到召募制的变革”“官府作坊中工匠从应役制到和雇制的发展”，特别是某些私营手工业作坊的雇工与作坊主之间“结成了‘雇身卖力’的‘工直’关系”。他指出：这“是一种货币关系，而不是封建依附关系”，“是历史的一个重要进步”。朱瑞熙在《宋代社会研究》一书中指出：“在唐代中叶以后工匠身份地位变化的基础上，宋代的工匠具有一些新特点。”这些特点包括：官营手工业大量使用“从民间召募来的厢军中的工匠即兵匠”；“一般不再无偿征调民间工匠服役，而是采用一种新的介于征调与雇募之间的方式——‘差雇’”；民营手工业中“和雇制的普遍采用”。② 王曾瑜在《宋朝阶级结构》一书第四编《宋朝非主体阶级》中专门辟有《手工业者》一章。他指出：“宋代官营手工业对军匠和民匠原则上实行雇佣制。这种雇佣制当然不同于近代的自由雇佣制，但与前朝官营手工业中广泛采用的奴隶制和差役制相比，多少是一种历史的进步。”并认为：“在宋时的社会条件下，出现了较为固定的手工业主与雇佣者之间的经济关系。”③ 与对佃农的探讨相比，学者对手工业者的研究毕竟较薄弱，深入探讨的余地较大。

其四，研究贱民等级的衰亡。

唐代在法律上有严格的良人与贱民的区分，两者的法律地位明显不同。但中唐以来，特别是北宋建立以后，贱民等级走向衰亡，这被视为唐宋社会变革的内容之一。朱瑞熙在 1983 年出版的《宋代社会研究》一书中，从家内服役者的角度探讨了这个问题。

---

① 《两宋政治经济问题》，第 162—182 页。

② 《宋代社会研究》，第 44—51 页。

③ 《宋朝阶级结构》，第 455—486 页。

他说：“唐代的家内服役者主要是奴婢，其次是‘随身’。”“宋代的家内服役者不同于唐代”，有三个新特点：“已经不存在将大批罪犯以及罪犯子女籍没入官为奴的制度”；“家内服役者主要是受雇佣的劳动者‘人力’和‘女使’”；“‘人力’和‘女使’的身份、地位比唐代的奴婢要高”。他认为：“人力、女使代替了大部分作为奴隶制严重残余的奴婢等等，这一阶级结构的变动说明中国封建社会内部发生了一次重要的变革。”①

唐代乃至宋代的奴婢等贱民是否仅局限于家内服役，柯昌基认为并不尽然。他在1983年发表的《宋代的奴隶》一文中指出：“宋代是中国封建社会里奴隶劳动发生最本质变化的朝代。”在他看来，“最本质变化”主要有三：一是“世袭奴的废除”；二是“由罪奴、世袭奴向雇佣制过渡，大量的奴隶劳动被名为奴隶、实为雇佣劳动者的劳动所代替”；三是“部曲的奴隶性质也在逐渐消失，唐代尚是不折不扣的奴隶——部曲，在宋代尽管仍带有一些奴隶的痕迹，严格地说，他们已不是奴隶，只能算作是封建关系意义上具有依附性的自由人”。②

王曾瑜虽然从总体上并不认同宋代有什么“最本质变化”，但他在《宋朝阶级结构》一书中认为：“宋人抛弃了奴婢‘类同畜产’的观念，反映了唐宋之际在阶级结构方面一个较重要的进步和变动。”他指出：“唐律中原先规定的奴婢和部曲、客女两等贱民（在宋代）都趋向消亡。”“部曲作为一种特殊的贱民，在宋朝已不复存在。”“宋朝奴婢一词，在很多场合下可与人力、女使通用。”③ 专门探讨这个问题的论文还有郭东旭的《论宋代婢仆的社

① 《宋代社会研究》，第51—54页。

② 柯昌基：《宋代的奴隶》，《四川师范学院学报》1983年第2期。

③ 《宋朝阶级结构》，第5—6页。

会地位》[1]、宋东侠的《试论宋代的“女使”》[2] 等。

进入21世纪后，李天石在2003年出版的《中国中古良贱身份制度研究》一书中认为：“真正反映唐宋奴婢自身性质变化并对中古贱民制度的衰亡产生重大影响的，应是唐宋奴婢的雇佣化问题。”[3] 因此，他在此书最后一章《唐宋奴婢的雇佣化趋势及中古良贱身份制度的衰亡》中专门探讨了这个问题。此后，李天石又在《中古门阀制度的衰落与良贱体系的瓦解》一文中进一步指出：“唐中叶以来门阀世族的衰败与中古良贱身份体系的瓦解，基本是同步的。这是因为，中古良贱制度的形成，是与以部曲奴婢劳动制为特征的世族土地所有制的存在紧密相关的。当唐宋之际门阀世族土地所有制彻底瓦解从而导致部曲奴婢劳动制解体，部曲奴婢等贱民身份大量改变之时，中古良贱身份制度也就无法继续下去了。这从一个方面体现出了唐宋社会的巨大变化。”[4] 戴建国的论文《“主仆名分”与宋代奴婢的法律地位》依据新发现的《天圣令》有关令文，认为：“北宋时期还存在着良贱制度，这种制度到南宋时才完全消亡。”“宋代奴婢的法律地位随着良贱制度的存亡而上下波动。”[5]

其五，论述商人阶层地位的提高。

---

① 郭东旭：《论宋代婢仆的社会地位》，《河北大学学报》1993年第3期。后收入《宋朝法律史论》，第265—280页。

② 宋东侠：《试论宋代的“女使”》，漆侠等主编：《宋史研究论文集（1994年年会编刊）》，河北大学出版社1996年版，第259—270页。

③ 李天石：《中国中古良贱身份制度研究》，南京师范大学出版社2003年版，第407页。

④ 李天石：《中古门阀制度的衰落与良贱体系的瓦解》，《江汉论坛》2006年第3期，第97—100页。

⑤ 戴建国：《“主仆名分”与宋代奴婢的法律地位》，《历史研究》2004年第4期，第55—73页。

唐代中叶以后，随着商品经济的发展，商人阶层社会地位的上升是唐宋之际社会阶级结构变动的重要表现之一。宋晞早年在《宋代士大夫对商人的态度》① 一文中即对此有所关注。漆侠的《宋代的商业资本与高利贷资本》② 一文也曾涉及这一问题。

王曾瑜在《宋朝阶级结构概述》一文中探讨了坊郭户问题，在《宋朝阶级结构》一书中又有进一步的深入研究。他认为：唐宪宗时已有“坊郭户”一词，“宋朝更将坊郭户和乡村户的区分，作为基本的户口分类之一”。指出：“坊郭户作为法定名称的确立，在相当程度上标志着工商业者队伍的壮大”，以致有的宋人甚至“干脆更改将工商视为末业的旧观念，认为工商同样是本业”。③

对这个问题做较为全面系统的探讨的是朱瑞熙。他在《论宋代商人的社会地位及其历史作用》④ 一文中指出：宋代“商人尤其是富裕的商人还通过各种途径提高自己的地位”。他认为其主要途径有五：“送其子弟进入官办的州县学就读”；“参加科举考试并出任官职”；“向官府进纳钱粟而挤入仕途”；“交结宗室、贵戚、官员，甚至与之联姻，借此猎取官位”；“接受官府的招募，为国家管理税收，充当出使随员，以及立军功等等而晋官加爵”。他认为宋代商人对社会虽有消极作用，但同时又强调：“他们顺应历史的发展，按照社会的分工做了一些有益的、必要的事情，对社会

① 宋晞：《宋代士大夫对商人的态度》，《学术季刊》第 1 卷第 4 期，1953 年。后收入台湾宋史座谈会编《宋史研究集》第 2 辑，第 199—212 页，中华丛书编审委员会印行。

② 漆侠：《宋代的商业资本和高利贷资本》，邓广铭、郦家驹等主编：《宋史研究论文集》，河南人民出版社 1984 年版。后收入邓广铭、漆侠《宋史专题课》，北京大学出版社 2008 年版，第 187—213 页。

③ 《宋朝阶级结构》，第 4、6 页。

④ 朱瑞熙：《论宋代商人的社会地位及其历史作用》，《历史研究》1986 年第 2 期。后收入《疁城集》，第 315—338 页。

起了积极的作用。”

有关文章还很多，如林立平的《唐宋时期商人社会地位的演变》[①]、常大群的《宋代商人的社会地位》[②] 等。林文勋一人即有《宋代商业观念的变化》《唐宋时期财富力量的崛起与社会变革》《商品经济与唐宋社会变革》[③] 等文发表。对于宋代商人的社会地位，研究者们的估计有偏高与偏低之分，如何估计才比较准确，仍然是个问题。商人自身又有大、中、小之分，他们是否有统一的地位，同样是个问题。

其六，关于社会流动。

所谓社会流动，是指一个社会成员或社会群体从一个社会阶级或阶层转到另一个社会阶级或阶层、从一种社会地位向另一种社会地位、从一种职业向另一种职业转变的过程。它是社会结构自我调节的机制之一。社会流动的程度与社会分层体系封闭或开放的程度密切相关。所谓唐宋社会变革，在很大程度上指的是唐宋时期的社会流动。如南宋史家郑樵所称“取士不问家世”“婚姻不问阀阅”，长期以来研究者们所说“从门阀士族到官僚地主”“从部曲到佃农”，宋晞、漆侠等人所探讨的“由商而士”问题，诸如此类都属于社会流动。

据罗祎楠在《社会流动理论与历史研究——以美国宋代社会史的讨论为例》一文中介绍，“西方汉学家探索中国社会流动问题的原因在于对中国社会平等与开放性的关注。”有的主张“宋代社

---

① 林立平：《唐宋时期商人社会地位的演变》，《历史研究》1989 年第 1 期。

② 常大群：《宋代商人的社会地位》，《社会科学辑刊》2001 年第 3 期。

③ 林文勋：《宋代商业观念的变化》，《中州学刊》1990 年第 1 期；《唐宋时期财富力量的崛起与社会变革》，台湾大学历史学系主编：《转变与定型：宋代社会文化史学术研讨会论文集》，2000 年；《商品经济与唐宋社会变革》，《中国经济史研究》2004 年第 1 期。

会的流动性很强”，有的又“否认宋代的社会流动性”。其差异据说主要来源于着眼点不同，前者“以家族作为讨论对象”，后者“以个人为研究单位”。① 如柯睿格 1947 年在《帝国时代中国的家庭与功名》一文中认为：“从南宋绍兴十八年（1148）和宝祐四年（1256）的两次考试中发现，57.3%的中举者出身平民，没有先世为官的记载。这个数字甚至高于北宋，尽管科举出身者在整个官僚队伍中所占比例不断受到侵蚀已成一种趋势，但出身寒族的人数似乎一直在增加。”② 韩明士在《政治家与绅士：两宋江西抚州的精英》一书中，批评柯睿格“低估了进士及第者中有一定家世背景者的比例，从而高估了科举制度所带来的社会流动性”③。贾志扬在《宋代科举》一书中指出：“科举考试的制度化及其广泛运用主要出现在宋朝。因此中国宋朝可谓历史上第一个考试取向的社会。”他表示赞成其老师柯睿格“考试推动了社会向上流动”的论断，并“进一步认识到考试具有连接社会和政治的重要意义”。④

旅美学者刘子健早在 20 世纪 60 年代就说：“从宋代开始，中国已经步入近代时期，阶级区分远不及唐代以前那样严格、硬性，

---

① 罗祎楠：《社会流动理论与历史研究——以美国宋代社会史的讨论为例》，北京大学中古史研究中心主办的“唐宋时期的社会流动与社会秩序”研讨会论文（未刊稿），2004 年。

② 柯睿格：《帝国时代中国的家庭与功名》，《哈佛亚洲学报》第 10 卷，第 103—123 页，1947 年。参看柯睿格《宋代社会：在传统之内的变迁》，收入柯睿格等著、陶晋生等译《宋史论文选集》，台北编译馆 1995 年版。转引自李弘祺《宋代官学教育与科举》，台北联经出版事业公司 1994 版，第 241 页。

③ 韩明士：《政治家与绅士：两宋江西抚州的精英》，剑桥大学出版社 1987 年版。转引自包伟民《精英们“地方化”了吗——试论韩明士〈政治家与绅士〉与“地方史”研究方法》，《唐研究》第 11 卷，第 656 页。

④ 贾志扬：《宋代科举·中文本序》，台北东大图书股份有限公司 1995 年版，第 1—2 页。

阶级之间的流动性比较大，世族没落，平民式的家族抬头，都和近代社会相象或相近。”① 在我国学界，较早专门研究这一课题的代表性论文当推香港学者孙国栋的《唐宋之际社会门第之消融——唐宋之际社会转变研究之一》② 和台湾学者陈义彦的《以布衣入仕情形分析北宋布衣阶层的社会流动》③。孙国栋的论文分为三节：第一节“辩明晚唐社会仍以门第人物为核心”；第二节“述门第破坏诸原因”；第三节“比较晚唐、五代、北宋三期社会人物之成份，以明此百年大动乱前后社会人物之升沉转换”。他认为，由科举而飞黄腾达的显要官员人数有稳定增长的趋势，到 11 世纪，有近 40%的显要官员是科举出身的寒素之士。陈义彦在其论文中，对北宋时期在《宋史》有传的 1953 人的家庭背景进行统计分析，结论是有 55%以上的人其先世没有为官的纪录。台湾学者李弘祺认为，陈义彦的数据“并不十分可靠”。他“经过重新统计”，发现“北宋时期传于《宋史》者仍有 32.5%出身于非官僚家庭”，“出身平民的显要官员占有很大的比例”。④ 李弘祺在《宋代教育散论》一书中指出：“宋代是传统中国由门第贵族社会解体之后到明清士绅社会形成之前的一个过渡时期。考试制度和解额的分配所造成布衣入仕的局面应当对宋代社会有影响——促进了

---

① 全汉昇：《略论宋代经济的进步》附“刘子健发言”，《大陆杂志》第 28 卷，第 2 期，1963 年。转引自黄宽重《宋史丛论》，台北新文丰出版公司 1993 年版，第 73—74 页。

② 孙国栋：《唐宋之际社会门第之消融——唐宋之际社会转变研究之一》，《新亚学报》第 4 卷第 1 期，1959 年。后收入孙国栋《唐宋史论丛》，香港商务印书馆 2000 年版，第 211—308 页。参看赵雨乐《论孙国栋及其“唐宋变革”的史学视野》，《唐研究》第 11 卷，第 635—652 页。

③ 陈义彦：《以布衣入仕情形分析北宋布衣阶层的社会流动》，《思与言》第 9 卷第 4 期，第 48—57 页，1971 年。

④ 李弘祺：《宋代官学教育与科举》，第 240—241 页。

新的士绅阶层的兴起。”同时又认为：“传统中国社会是一个‘单线社会流动’的社会，除了通过考试制度晋升科名之外，可以说没有其他有意义的社会流动。”他强调：“上升的机会十分有限。”① 台湾学者梁庚尧的《中国社会史教学有关宋代的讲题》一文强调科举的作用：“科举考试成为塑造宋代社会性质的一项重要因素。科举社会的特色是社会上下阶层的流动性较以往增加，平民子弟仕进的机会大增。”②

在中国大陆，关履权1984年发表的《宋代科举考试制度的变化与地主阶级》一文较早地探讨了科举考试制度与社会流动的关系，他指出：宋代“统治阶级的当权派现也不是身份性的士族地主，而是非身份性的官僚地主”。“这些官僚地主不是凭先世门第的高低，而是根据现在官职的大小和占有土地的多少，决定他们的政治地位”③。笔者此前就有《论北宋“取士不问家世”》④ 一文刊行，此文虽然没有使用“社会流动”这个词汇，但认为：北宋的“官、民之别，与从前的士庶之分相比，差别相对缩小。从前‘士庶天隔’，很难逾越；如今‘贱不必不贵’，可以转化”。笔者此后又有《两宋时期的社会流动》⑤ 一文发表，指出：“传统社

① 李弘祺：《宋代教育散论》，台北东升文化事业有限公司1980年版，第7、33、3页。

② 梁庚尧：《中国社会史教学有关宋代的讲题》，赵雅书主编：《宋史教学研讨会论文集》，台湾大学历史学系1993年版，第56页。后收入梁庚尧《宋代社会经济史论集》下册，台北允晨文化实业股份有限公司1997年版，第652页。

③ 关履权：《宋代科举考试制度的变化与地主阶级》，《中国史研究》1984年第4期，第54页。

④ 张邦炜：《论北宋“取士不问家世”》，《四川师范学院学报》1982年第2期。后收入《宋代政治文化史论》，第401—420页。

⑤ 张邦炜：《两宋时期的社会流动》，《四川师范大学学报》1889年第2期。后收入张邦炜《宋代婚姻家族史论》，人民出版社2003年版，第346—359页。

会是个封闭式的凝固态社会，犹如死水一潭，人们的政治地位、经济地位以至职业一概具有非运动性。宋代与前代相比，呈现出较为明显的社会流动倾向。”并将其表现粗略地概括为三个方面：“政治上：‘贱不必不贵’”；“经济上：‘贫不必不富’”；“职业上：‘士多出于商’”。最后指出：社会流动倾向“不仅使人们的门第观念相对淡化，而且给宋代社会带来某些生气”。

对于社会流动，从前研究者关注较少。进入21世纪以后，有关论著增多。如林文勋在《商品经济与唐宋社会变革》一文中强调：“商品经济的发展促成了唐宋社会的变革，这种变革主要表现为社会要素的流动及其重要组合。”冻国栋的论文《唐宋历史变迁中的“四民分业”问题》① 认为：“在唐宋历史变迁的过程中，社会的职业结构所发生的某些变化是引人注目的，最主要的变化乃在于‘四民分业’界限的相对模糊以至混杂，此外则是城市居民职业的广泛性，已远非‘四民’所可涵盖。”李华瑞在《论宋代乡村客户的流动》② 一文中指出：“贫富转化、身份流动在宋代社会已是很普遍，但占总户数35%左右的乡村客户，其上流动不易，而下流动又很有限，总体处在相对稳定而又贫困的状态，亦即乡村客户的分层结构相对封闭、固定。”杜文玉的论文《唐宋时期社会阶层内部结构的变化》③ 认为：“唐宋时期皇室、官吏、农民等社会阶层的内部结构和身份的确发生了较大的变化，但是每个社会阶层的变化时期却不完全相同，有的始于唐代中叶，有的在唐宋之交，并且各个阶层完成这种变化的过程长短也不相同。”

---

① 冻国栋：《唐宋历史变迁中的“四民分业”问题》，《暨南史学》第3辑，暨南大学出版社2004年版。

② 李华瑞：《论宋代乡村客户的流动》，《唐研究》第11卷，第621—634页。

③ 杜文玉：《唐宋时期社会阶层内部结构的变化》，《江汉论坛》2006年第3期。

台湾学者黄宽重着眼于从家族的兴衰看社会流动，认为：“宋代是个竞争性强、开放性高的社会。”“开放社会所导致的世代交替，也是中国基层社会在不同时代仍能呈现多样的面貌和活力，而非死水一潭、僵硬无力的原因吧！”① 他在20世纪90年代初便有《南宋两浙路社会流动的考察》② 一文发表，他有关四明（即今浙江宁波）、饶州（治今江西鄱阳）等地士人家族的研究③在很大程度上是为社会流动提供实例。此后此类著述相当多，诸如柳立言的《从赵鼎〈家训笔录〉看南宋浙东的一个士大夫家族》④、笔者的《宋代盐泉苏氏剖析》⑤、许怀林的《鄱阳洪氏家族的升腾与殒落》⑥、王善军的《北宋青州麻氏家族的忽兴与骤衰》⑦、马玉臣和杨高凡的《宋代毕氏家族论略》⑧，等等。凡此种种，举不胜举。

尤其值得注意的是，邓小南、荣新江共同主持的教育部人文社会科学重大项目“唐宋时期的社会流动与社会秩序研究”，并且其成果之一《唐宋时期的社会流动与社会秩序研究专号》，已作为

---

① 黄宽重：《科举社会下家族的发展与转变》，《唐研究》第11卷，第346、351页。

② 黄宽重：《南宋两浙路社会流动的考察》，《中兴大学历史学报》创刊号，1991年。后收入《宋史丛论》，第73—103页。

③ 黄宽重：《宋代的家族与社会》，台北东大图书股份有限公司2006年版，第67—249页。

④ 柳立言：《从赵鼎〈家训笔录〉看南宋浙东的一个士大夫家族》，《第二届华学研究会议论文集》，台北“中国文化大学”1991年版。后收入《宋代的家庭和法律》，第153—210页。

⑤ 张邦炜：《宋代盐泉苏氏剖析》，《新史学》第5卷第1期，1994年。后收入《宋代婚姻家族史论》，第274—304页。

⑥ 许怀林：《鄱阳洪氏家族的升腾与殒落》，《江西师范大学学报》1999年第1期。

⑦ 王善军：《北宋青州麻氏家族的忽兴与骤衰》，《齐鲁学刊》1999年第6期。

⑧ 马玉臣、杨高凡：《宋代毕氏家族论略》，《河南大学学报》2006年第4期。

《唐研究》第11卷，于2005年由北京大学出版社出版。这一项目研究试图改变“唐史学者与宋史学者各自为战、欠缺沟通”，“微观研究与宏观研究的结合部往往失于浮泛模糊”的状况，与具有不同学科背景的学者乃至社会学家相互讨论，共同探讨。社会流动与社会秩序相反相成，“‘流动’中有‘秩序’，‘秩序’中亦有‘流动’”。流动与秩序二者的矛盾与互动，确实是个很有价值的研究论题。《专号》汇集的24篇论文和7篇书评都是有关唐宋社会史的研究成果，大多很有分量。

三、围绕“婚姻不问阀阅”的争议

某些研究诸如探讨新娘从坐花车到坐花轿的变化、唐宋婚俗中喝交杯酒的差异乃至提倡中表婚、禁止族际婚之类，虽然属于唐宋婚姻领域的变化，但研究者的着眼点不在唐宋之际的社会变革，其内容与“唐宋变革”无关，不属于本文回顾的范围。而笔者的《婚姻与社会·宋代》一书“从某种意义上说，不外是从婚姻的角度，为唐宋社会变革提供证据”①。其主要内容与“唐宋变革”相关。

婚姻自来是社会变革的“晴雨表”。众所周知，最早在南宋时，史家郑樵就从婚姻的角度揭示唐宋社会的变革：“自五季以来”，“婚姻不问阀阅”。如今研究者们的有关争议大致围绕如何理解“婚姻不问阀阅”而展开。有关争议可归纳为三点。

---

① 《婚姻与社会·宋代》，第182页。

其一，不问阀阅与门当户对。

笔者在《试论宋代“婚姻不问阀阅”》① 一文中认为，不问阀阅不止确有其事，而且构成了宋代婚姻制度的一大特色。其主要依据有三：1.“士庶婚姻浸成风俗”；2. 后妃“不欲选于贵戚”；3. 宗室婚姻“不限阀阅”。从唐代“士庶不婚”到宋代“不问阀阅”，显示唐、宋两代人们选择配偶的标准发生了相当深刻的变化，表明历史的车轮已经迈出了严格的门阀政治时期，进入了典型的官僚政治阶段，是唐宋社会变革的重要内容之一，是个具有划阶段意义的历史性进步。

陶晋生一方面赞同“北宋士族的婚姻关系的一个特点是‘不问阀阅’，士庶之间通婚相当普遍”，另一方面又强调“北宋士族婚姻的第一个特点是士族之间相互为婚姻”。他以王旦、韩亿等家族为例，说明北宋士族在婚姻方面仍“讲究门当户对”，“标榜他们是名族，夸耀其祖先的飞黄腾达”。甚至认为：“至十一世纪中叶，士族联姻似乎已达到了形成‘新阶级’的程度。”② 黄宽重指出：“宋代婚姻现象相当复杂”，不问阀阅“只能显示历史趋势而非社会全貌”。③ 王善军《宋代三槐王氏家族的仕宦、婚姻与文化成就》④ 一文中，具体地论证了王氏联姻“注重对方家族的现实

---

① 张邦炜：《试论宋代“婚姻不问阀阅”》，《历史研究》1985 年第 6 期。后收入《宋代婚姻家族史论》，第 39—61 页。

② 陶晋生：《北宋几个家庭间的婚姻关系》，《“中央研究院”第二届国际汉学会议论文集·历史与考古组》下册，台北“中央研究院”1989 年版，第 933—943 页；陶晋生：《北宋士族（家族·婚姻·生活）》第四章《士族的婚姻》，台北“中央研究院”历史语言研究所 2001 年，第 101—136 页。

③ 黄宽重：《评介张邦炜〈婚姻与社会·宋代〉》，《新史学》第 2 卷第 1 期，1991 年。后收入《宋史丛论》，第 311—324 页。

④ 王善军：《宋代三槐王氏家族的仕宦、婚姻与文化成就》，《河北学刊》2003 年第 2 期。

政治地位”即门第。他指出：“在王氏家族子弟所娶之妻中，其家族大多具有较高的政治地位，基本上是门当户对的。在王氏家族女子所嫁之婿中，大部分也是门当户对的。”

问题的关键在于不能将“阀阅”等同于“门第”。朱瑞熙等在《宋辽西夏金社会生活史》一书中认为：“宋代不像唐代那样，婚姻重门阀世族”，但“重新科举官僚”。[①] 姚兆余在《论北宋世家大族的择偶标准》[②] 一文中指出：“‘门第’和‘阀阅’是两个不同的概念，前者是指一个家族在现实生活中的政治地位，后者主要指一个家族以往的历史。‘不问阀阅’并不等于‘不问门第’，而是可以不考虑姻亲在‘历史上’的门第，但却不能不重视其近世的门第。”台湾学者彭利芸在《宋代婚俗研究》一书中甚至认为：“宋代婚姻门第观，表现得比汉、唐更为严格而具体。”[③] 可惜并未详加论证。

其二，宋代婚姻论“财”与论“才”。

宋代“婚姻不问阀阅”又问什么？《历史研究》杂志 1986 年继《试论宋代“婚姻不问阀阅”》之后，又刊载了方建新的论文《宋代婚姻论财》[④]。论文揭示了宋代婚姻“不顾门户，直求资财”的社会倾向，并分析了这一社会现象的影响及其形成原因。他认为，宋代婚姻论财的根源在于“商品经济的发展”，“随着妇女身份的商品化，婚姻也深深地打上了商品经济的烙印，变成了赤裸裸的讨价还价的商品交换的过程”。宋东侠在《宋代厚嫁述论》[⑤] 一文中指出：宋代“商品经济的高度发展、义利观念的根本转变，

---

① 《宋辽西夏金社会生活史》，第 135 页。

② 姚兆余：《论北宋世家大族的择偶标准》，《甘肃社会科学》2002 年第 6 期。

③ 彭利芸：《宋代婚俗研究》，台北新文丰出版公司 1988 年版，第 77 页。

④ 方建新：《宋代婚姻论财》，《历史研究》1986 年第 3 期。

⑤ 宋东侠：《宋代厚嫁述论》，《兰州大学学报》2003 年第 2 期。

导致婚姻关系中的门第婚让位于财婚，婚姻论财成为一种颇具时代特征的社会现象。这种社会现象又不可避免地促成遍及社会各个阶层的厚嫁风气，给当时社会造成极大的消极影响”。

继《宋代婚姻论财》之后，《未定稿》杂志又刊载了笔者的论文《宋代的“榜下择婿”之风》①。论文的主要论点，简而言之，即宋代婚姻论“才”。笔者认为，“如果说‘家之婚姻必由于谱系’的约定俗成，标志着魏晋乃至隋唐是极端讲究门当户对的时期，那么榜下择婿之风的盛行，便意味着两宋是相当标准的郎才女貌时代”。“就实质而论，榜下择婿只不过是‘尚官’的表现，仍旧是以地位取人。”“从这个意义上说，榜下择婿无非是在新的历史条件下，达到新的门当户对的一种特殊手段。”总之，此风的出现、形成和发展，折射出由魏晋经隋唐至两宋，社会从“尚姓”到既“尚姓”又“尚官”，再到“尚官”的前后变迁。吴旭霞在《试论宋代婚姻重科举士人》② 一文中说：“婚姻重科举士人是宋代婚姻史上的一个较重要的特点”，“它与当时科举制度的发展、商品经济的繁荣是分不开的”。朱瑞熙在《宋代社会风尚概述》③一文中指出，“宋代人们在婚姻上，把乡贯、族望放在次要地位，而更加重视对方及其家属的官职或钱财。贵戚们择婿，不重视男方的家世，只要省试中榜，即符合标准。”

其实，宋代婚姻论“财”与论“才”并非绝对对立，非此即彼。姚兆余在《论北宋世家大族的择偶标准》一文中认为：“由于每个家族的家境状况不同，价值观念和治家理念不同，每个家族

① 张邦炜：《宋代的“榜下择婿”之风》，《未定稿》1987年第4期。后收入《宋代婚姻家族史论》，第62—85页。

② 吴旭霞：《试论宋代婚姻重科举士人》，《广东社会科学》1990年第1期。

③ 朱瑞熙：《宋代社会风尚概述》，《抚州师专学报》1991年第1期。

的择偶标准也就不尽相同，甚至有的家族‘以财论婚’、‘以财定婚’，但总体来看，这是极个别的现象，并不具有普遍性。可以说，重视门第和重视才学，是宋代世家大族择偶的两个主要标准。”邓小南指出：“在宋代，‘婚姻不问阀阅’并不能全然排斥议婚时‘门当户对’的考虑；而所谓‘人物相当’更受到社会条件包括各阶层不同的活动范围及文化背景的制约。”①

其三，宗女卖婚与进士卖婚。

宋代士商通婚的较为盛行，是商品经济发展所带来的一大直接影响，反映了唐宋社会变迁。漆侠在《宋代的商业资本和高利贷资本》一文中指出：“通过婚姻而与官僚士大夫结合”，是商人向官僚地主转化的又一形式。② 而士商通婚往往通过买卖即财婚、卖婚而实现。财婚历代多有，然而宋代的卖婚自有其时代特征。

如果说唐代女性卖婚者多为世家旧族，男性买婚者多为新兴官僚，那么宋代女性卖婚者多为宗室即皇族，男性买婚者多为商人。笔者在《试论宋代“婚姻不问阀阅”》一文的第三节《宗室联姻不限阀阅》中，分析了宋代“宗室以女卖婚民间”的现象，认为这一现象形成于宋真宗以后，随着皇族人口的剧增，出现了宗室贫困的问题并渐趋严重，以致北宋后期宗室女子竟定价出售，县主“每五千贯一个”。而其买方如“大桶张家”“帽子田家”之类，大多是财力雄厚的工商业者。吴旭霞在《试论宋代宗室之婚姻》③ 一文中认为，宋代宗室婚姻重门第，但随着商品经济的发展，其门第观念发生了变化。她指出：“他们往往不顾门第高低，

① 邓小南：《宋代士人家族中的妇女——以苏州为例》，袁行霈主编：《国学研究》第5卷，北京大学出版社1998年版，第519—556页。

② 邓广铭、漆侠：《宋史专题课》，北京大学出版社2008年版，第208页。

③ 吴旭霞：《试论宋代宗室之婚姻》，《江西社会科学》1996年第4期。

与商人联姻。”

如果说唐代卖婚以女性居多，卖婚者以世家旧族为主，他们收取的是“以赔门望”的“赔门财”，那么宋代男性卖婚者为数不少，多为新科进士，他们收取的是“系捉钱”“遍手钱”。方建新的《宋代婚姻论财》、笔者的《宋代的“榜下择婿”之风》对宋代“进士娶妻论财”现象均略有论述。

四、关于妇女社会地位问题的讨论[①]

最早全面深入探讨宋代妇女问题的著述当推徐规 1945 年完成、1999 年刊布的长篇论文《宋代妇女的地位》[②]。该文虽称宋代妇女“社会地位逐降”，但着眼点并非唐宋社会变革。然而早在 20 世纪 20 年代，中国妇女史研究的奠基人陈东原的名著《中国妇女生活史》就将妇女的地位与社会的变迁联系起来加以考察，反对男尊女卑，主张提升女权。陈东原认为，中国古代妇女史“是一部被摧残的女性底历史”，古代妇女“无职业、无知识、无意志、无人格”。并一再指出：“宋代实在是妇女生活的转变时代”，“宋代尤其是（妇女社会地位）急转直下的时代”。其原因据说在于理学形成于宋代，而理学家极端歧视妇女。他说：“宋代出

① 参看李华瑞《宋代妇女地位与宋代社会史研究》，邓小南主编：《唐宋女性与社会》下册，上海辞书出版社 2003 年版，第 884—905 页。

② 徐规：《宋代妇女的地位》，徐规：《仰素集》，杭州大学出版社 1999 年版，第 315—403 页。

了一班儒者，遂使宋代为中国学术思想以至风俗制度的转变时代。”[①] 董家遵的有关研究又较为有力地支持了陈东原的观点。如其《历代节妇烈女的统计》[②] 一文称，见于《古今图书集成》所载的节妇烈女，隋唐61人，宋代274人。他因而认为：“宋代是节烈妇女数目剧增的时代。”

恩格斯在《社会主义从空想到科学的发展》一书中，曾转述并肯定傅立叶所说：“在任何社会中，妇女解放的程度是衡量普遍解放的天然尺度。”[③] 20世纪50年代以后，傅立叶的名言被研究者们视为探讨妇女问题的出发点，陈东原的研究方法和基本论点被人们广泛地接受，宋代妇女地位下降成为宋代社会“停滞”“走下坡路”的重要依据之一。杨国宜虽然不赞成宋代社会“停滞”，但肯定宋代妇女地位下降。他在《男尊女卑的历史考察》[④] 一文中说：“唐宋时期，我国封建社会进入鼎盛阶段，夫权也借助政权的力量而达到了极盛。”宋代是“大讲‘理学’的时代，对广大妇女不讲理。”朱瑞熙一方面将宋代称为中国古代历史上的“新的发展时期”，另一方面又认为宋代“夫权得到加强，女权进一步被剥夺”。[⑤] 他在《宋代社会研究》一书第八章《宋代妇女的社会地位》中从婚姻自主权、财产继承权、裹足、戴盖头等四个方面对此做了具体论证。台湾学者彭利芸、梁庚尧至今仍大致认同陈东

---

① 陈东原：《中国妇女生活史》，商务印书馆1937年版，第19、18、139、1、129页。

② 董家遵：《历代节妇烈女的统计》，《现代史学》第3卷第2期，1934年。后收入董家遵《中国古代婚姻史研究》，广东人民出版社1998年版，第245—251页。

③ 恩格斯：《社会主义从空想到科学的发展》，《马克思恩格斯选集》第3卷，人民出版社1966年版，第461页。

④ 杨国宜：《男尊女卑的历史考察》，《安徽师范大学学报》1978年第2期。

⑤ 《宋代社会研究》，第1、115页。

原的看法。彭说：“中国历史上，妇女贞节观念，当以宋代为转捩点。”“自经程、朱倡为夫死不嫁之说后，世俗遂以再嫁为奇耻大辱。”梁称：“妇女地位的走向低落，一般认为宋代是关键性的时代。”①

80年代以后，以陈东原为代表的宋代妇女社会地位“急转直下”论受到质疑。1984年在杭州召开的中国宋史研究会第三届年会上，笔者提交《宋代妇女再嫁问题探讨》② 一文，着眼于“唐宋变革”，对陈东原的论点提出不同意见，认为：“宋代不是贞节观念骤然增长、妇女地位急转直下的时期”，“唐宋两朝情况大体相同”，“宋代仅仅处在妇女地位下降的过程之中，并非这一过程的转折点”；“理学不是宋朝政府的官方哲学和主要统治思想”，“理学兴起于两宋，流弊主要在明清”；“宋代不是中国古代社会开始走下坡路、进入停滞阶段的路标”，“宋朝的建立是中国古代社会进一步发展的新起点”。此后有关著述逐渐增多，并有专著问世③，主要从妇女再嫁、财产继承、女性生计等方面对宋代妇女的社会地位问题展开讨论。

其一，唐宋妇女再嫁有无转折性的变化？

陈东原认为宋代妇女社会地位下降，其主要依据是：“男子可以再娶，女子却不能再嫁。男子可以休妻，女子却不能离夫。”④董家遵的看法和陈东原大致相同：“两汉、魏晋、南北朝、隋唐、

---

① 《中国社会史教学有关宋代的讲题》，《宋代社会经济史论集》下册，第653页。

② 张邦炜：《宋代妇女再嫁问题探讨》，邓广铭、徐规等主编：《宋史研究论文集(1984年年会编刊)》，浙江人民出版社1987年版，第582—608页。后收入《宋代婚姻家族史论》，第149—180页。

③ 段塔丽：《唐代妇女地位研究》，人民出版社2000年版；宋东侠：《宋代妇女地位研究》，中国文史出版社2006年版。

④ 陈东原：《中国妇女生活史》，第6页。

五代和宋初，封建礼教的锁链还未严格束缚妇女，寡妇再嫁尚未被认为是一种可耻、不体面的行为。宋代中叶以后，才把女子再嫁称之为‘失节’。”① 范文澜的认识与陈东原略有差异：“北宋时，女人再嫁是不受斥责的。”“南宋以后，提倡死守贞节。”② 称再嫁妇女唐代较多而宋代特别是南宋时极少，其量化数据是唐代公主再嫁者25名，三嫁者3名，而宋代仅2名而已。③ 于是，研究者断言：“唐代妇女是中国古代妇女中比较幸运的一群”④；“唐代妇女生活是多姿多彩的”⑤。

对于唐代妇女再嫁者较多而宋代极少的说法，聂崇岐在1946年发表的《女子再嫁问题之历史演变》⑥ 一文中持不同见解。他引用有关史料力图证实：“蒙元以前女子再嫁并不为社会低视”，当时“国君不贱再嫁，士大夫不贱再醮”。笔者在《宋代妇女再嫁问题探讨》中认为：“就整个社会而论，宋代妇女再嫁者不是极少，而是较多。”而其原因在于：“宋代法律在原则上允许妇女再嫁”；“宋代舆论并不笼统谴责妇女改嫁”；“理学家非难妇女再嫁

---

① 董家遵：《从汉到宋寡妇再嫁习俗考》，《中大文史月刊》第3卷第1期，1937年。收入董家遵《中国古代婚姻史研究》，广东人民出版社1998年版，第252—276页。

② 范文澜：《经学讲演录》，中国社科院近代史所编：《范文澜历史论文选集》，中国社会科学出版社1979年版，第325页。

③ 据董家遵《从汉到宋寡妇再嫁习俗考》。

④ 高世瑜：《唐代妇女》，三秦出版社1988年版，第4—5页。

⑤ 傅乐成：《唐人的生活》，《食货》复刊第4卷第1—2期。陕西人民出版社将标题改为《唐代妇女的生活》，收入《守节·再嫁·缠足及其它——中国古代妇女生活面面观》，陕西人民出版社1990年版，第207—222页。

⑥ 聂崇岐：《女子再嫁问题之历史演变》，《大中》第1卷第4期，1946年。后收入《守节·再嫁·缠足及其它——中国古代妇女生活面面观》，第117—127页。

的说教影响有限”。笔者此后又在《两宋时期的性问题》① 一文中对“宋代厉行性禁锢”这一颇为流行的说法提出异议，认为：“不宜在将宋代指斥为实行性禁锢的同时，有意无意地将唐代渲染为性自由奔放期。唐代前期的宫廷性生活并非当时社会现实的缩影，相当开放的敦煌性文化只怕也难以代表唐代全国各地的整体状况。”“从总体状态上说，唐、宋两代均处于性压抑期，并无实质性的不同，只有程度上的差异。”邢铁的《宋代家庭研究》上篇第四节《从婚育过程说宋代妇女的家庭地位》② 不“把兴奋点放在名贵女人的身上”，“主要想通过结婚和生育过程具体描述一下她们（普通女人）在家庭关系中的位置和角色”。他在做具体考察后指出：“不论是哪种类型的离婚，都直接和间接地表明女性在婚姻问题上有一定的自主权，而且离婚的女人比寡妇改嫁还快还普遍。”此外，与聂崇岐观点相近并有所阐发的论文还有很多，如唐代剑《宋代妇女再嫁》③、吴宝琪《宋代的离婚与妇女再嫁》④、贾贵荣《宋代妇女地位与二程贞节观的产生》⑤、宋东侠《论宋代妇女改嫁盛行的原因》⑥、臧健《宋代家法与女性》⑦、辛更儒《论宋

---

① 张邦炜：《两宋时期的性问题》，《唐宋女性与社会》上册，第 447—464 页。后收入《宋代婚姻家族史论》，第 129—148 页。

② 邢铁：《宋代家庭研究》，上海人民出版社 2005 年版，第 80—102 页。

③ 唐代剑：《宋代妇女再嫁》，《南充师院学报》1996 年第 3 期。

④ 吴宝琪：《宋代的离婚与妇女再嫁》，《史学集刊》1990 年第 1 期。

⑤ 贾贵荣：《宋代妇女地位与二程贞节观的产生》，《山东社会科学》1992 年第 3 期。

⑥ 宋东侠：《论宋代妇女改嫁盛行的原因》，《青海师范大学学报》1996 年第 1 期。

⑦ 臧健：《宋代家法与女性》，田余庆主编：《庆祝邓广铭九十华诞论文集》，河北教育出版社 1997 年版，第 306—321 页。

代妇女改嫁不受舆论非议》① 等。

朱瑞熙《宋代社会研究》一书的看法与聂崇岐的观点不同，他认为："在宋代妇女逐步丧失离婚权的同时，妇女要求改嫁或者招进后夫的权利也日趋减少。""从宋仁宗时开始，有些政治家和理学家开始提倡妇女寡居守节，不赞成改嫁。"同时"在民间传统的迷信观念中，增添了谴责妇女改嫁的新内容"。"尤其到了宋理宗后，由于理学在思想领域定于一尊，妇女的离婚权几乎完全被剥夺。"② 与这一观点相近并有所阐发的论文有钟年、孙秋云的《肉体和精神的双重禁锢——宋代妇女生活》③ 等。

中国大陆学界 20 世纪 80 年代以来所开展的这场讨论引起了外国学者的关注和参与。美国学者伊沛霞在 1993 年写成的《内闱——宋代的婚姻和妇女生活》一书中专辟"再婚"一章，指出："在宋代，丧偶的青年无论男女一般都再婚。""走进第二次婚姻的寡妇不得不应对的感情冲突远比得到继任妻子的男子所经历的要坏。"④ 日本学者柳田节子试图参加这场讨论，她在《宋代庶民的妇女们》一书的"序言"中说："历来说到前近代的妇女，人们立刻想到的便是节妇烈女之类的形象。""本书欲暂时抛开节烈、隶从等固有的观念，尽可能地接近庶民妇女本来的生存形态。"⑤ 她

① 辛更儒：《论宋代妇女改嫁不受舆论非议》，《妇女研究论丛》1999 年第 3 期，第 31—35 页。

② 《宋代社会研究》，第 118、120、121、124 页。

③ 钟年、孙秋云：《肉体和精神的双重禁锢——宋代妇女生活》，《文史杂志》1996 年第 1 期。

④ 伊沛霞：《内闱——宋代的婚姻和妇女生活》，胡志宏译，江苏人民出版社 2004 年版，第 180 页。

⑤ 柳田节子：《宋代庶民的妇女们》，东京汲古书院 2003 年版，第 2 页。参见程郁《柳田节子新作〈宋代庶民的妇女们〉评介》，《中国史研究动态》2005 年第 7 期，第 28—30 页。

在《宋代妇女的离婚、再嫁与义绝》① 一文中指出：“程颐的‘饿死事极小，失节事极大’之名言为人所熟知，但程颐并非仅要求女性守贞，实际也批判了男性的再婚。在他看来，无论男女，夫妇之契都应是一生只有一次的。”大泽正昭《“唐宋变革”时期的婚姻与家族》② 认为：“在宋代，意识形态的压力虽然强大，妻子们的行动仍十分自由，有许多不符后世礼教规范之处。”

学者柳立言在《浅谈宋代妇女的守节与改嫁》③ 一文中，从方法论的角度对大陆学者的有关论文做了评论，认为：“守节作为一个观念在宋代不如明清普遍”，当时“贞节观并未大众化”，“政府似未积极提倡”。陶晋生《北宋妇女的再嫁与改嫁》④ 一文的看法较超脱，他说：“我们不能断言当时守节的妇女较多，也不能断言再嫁的妇女一定比守节的多。现存的资料不容许我们作定论。虽然如此，我想再嫁和改嫁的妇女的数目应当比我们能够从传记资料中看到的多了很多。”他指出：“北宋士族妇女在丈夫死后并非只有守节的一条路可走。他们可以选择守节或者再嫁。”“实际的考虑导致寡妇的父母和族人主张她们再嫁。”

其二，宋代妇女的财产权利是否被剥夺问题。

陈东原虽然认为宋代妇女的社会地位“直转急下”，但并未涉及妇女的财产权利问题。较早将妇女财产权利与唐宋社会变革联

① 柳田节子：《宋代妇女的离婚、再嫁与义绝》，《庆祝邓广铭九十华诞论文集》，第290—297页。后收入《宋代庶民的妇女们》，第64—75页。

② 大泽正昭：《“唐宋变革”时期的婚姻与家族》，《国史专题第五届讨论会论文集》，台北“国史馆”2000年版，第485—510页。后收入大泽正昭《唐宋时代的家族·婚姻·女性》，东京明石书店2005年版，第45—100页。

③ 柳立言：《浅谈宋代妇女的守节与改嫁》，《新史学》第2卷第4期，1991年。后收入《宋代的家庭和法律》，第211—244页。

④ 陶晋生：《北宋妇女的再嫁与改嫁》，《新史学》第6卷第3期，1995年。

系起来考察的学者是朱瑞熙。他在《宋代社会研究》一书中，一方面认为“宋代妇女的财产继承权逐步减少”，另一方面又指出她们“也还有一定的财产继承权”，其财产权利被剥夺殆尽是在“元、明以后”，“妇女业已丧失了对于随嫁田产的自主权”。[①] 大约同时，陈智超在《〈袁氏世范〉所见南宋民庶地主》一文中也较概括地探究了这个问题，认为：宋代“妇女在一定条件下也有一定的财产权和继承权”，“既然妇女有一定的继承权，与拥有土地的妇女联姻当然可以获得土地”。[②] 研究者们此后的探讨更加细化、具体化，至于其论点则各自强调不同方面。

对于这一问题较早进行具体研究的是袁俐，她在其长篇论文《宋代女性财产权述论》[③] 中，分别从父家财产的继承、随嫁资产的转移、寡妇财产权益的得失等三大方面做探讨。她将在父家财产的继承方面分为法定承分和遗嘱承分两种情况，又将法定承分情况分为在室女（尚未出嫁者）、出嫁女、归宗女（出嫁后因故居父家者）三种类型。仅由此即可见其探讨之仔细，其结论是：宋代“在室女的财产继承权一直稳定不变；出嫁女从宋代起则只能承分三分之一的户绝财产，并为后代所承袭；归宗女的承产量在宋代经历了递减的变化”。但她不赞成“由此推论女子地位的下降”，而认为“是女子财产继承法逐渐趋于完善、趋于‘合理’的表现”，“女子的财产继承法在宋代经历了具有关键性的进步过程”。

此后，有的论文强调宋代妇女财产权利下降。如姚红在《从

① 《宋代社会研究》，第 124—126 页。

② 《陈智超自选集》，第 311—312 页。

③ 袁俐：《宋代女性财产权述论》，杭州大学历史系宋史研究室编：《宋史研究集刊》第 2 辑（浙江省社联《探索》增刊），第 271—308 页，1988 年。

寡妇财产权的变化看两宋女子地位的升降》① 一文中认为：南宋中期以后，“寡妇对家庭财产的支配权也日益被剥夺”。并进而指出：“两宋社会确实是妇女地位严重下降的转折时期。”唐自斌在《略论南宋妇女的财产与婚姻权力问题》一文中指出：“这种权利很有限”，“不可对此估计过高”。②

相反，较多的著述则强调宋代妇女有一定的财产所有权和继承权，甚至较前扩大。如邓小南在《宋代士人家族中的妇女——以苏州为例》一文中指出：“从妇女的社会实践活动来看，她们中的不少人事实上管理着家族产业，成为家族事务正常运转所倚重的对象；其中有些更以不同的方式辅助乃至介入了夫君子嗣的事业。”宋东侠在《简析宋代在室女的财产权》一文中认为：宋代“在室女的财产权较前扩大，除与兄弟分析家产外，亦可继承户绝财产的全部或绝大部分，同时又可借助嫁资而获得部分财产继承权”③。邢铁的长篇论文《唐宋时期妇女的分家权益》跨越唐、宋两代，对妇女在家庭财产的析分和家庭门房的继立两个方面的权益进行全面考察之后，指出：“妇女在参政、社交方面确实不如男子，如果从家庭地位方面看，在作为女主人当家理财方面却不比男子低。”④ 李智萍在《宋代女户的财产来源》一文中认为：“女户是由妇女担任户主的民户。宋代女性取得了一定的财产继承权，部分继承了财产的女性方能改立女户。其中，女儿和寡妇是绝户财产名实合一的继承者，夫亡子幼家庭中寡母则以无名有实的间

---

① 姚红：《从寡妇财产权的变化看两宋女子地位的升降》，《浙江学刊》1993 年第 1 期。

② 唐自斌：《略论南宋妇女的财产与婚姻权力问题》，《求索》1994 年第 6 期。

③ 宋东侠：《简析宋代在室女的财产权》，《青海师范大学学报》2002 年第 1 期。

④ 邢铁：《唐宋时期妇女的分家权益》，张国刚主编：《家庭史研究的新视野》，生活·读书·新知三联书店 2004 年版，第 101—133 页。

接方式继产。”① 奁产陪嫁是女性参与娘家财产分配的最主要的方式，有的研究者以此作为探讨对象。邢铁在《宋代的奁田和墓田》一文中指出：“宋代的陪嫁之风很盛。”“置备陪嫁奁产是父母对女儿的最重要的义务，也是女儿的一种财产权利。”“一般富户的嫁女奁田为六七十亩。”② 高楠、王茂华在《宋代家庭中的奁产纠纷——以在室女为例》一文中认为：“终宋之世，以妆奁嫁女是为法律所规定并为社会所认可的。当在室女的奁产权受到侵犯时，她们甚至不惜采用诉讼这一大多数中国人所不愿面对的方式，以维护自己的权益。这些诉讼行为在一定程度上反映了其自身所具有的法制观念和经济观念。”③ 高楠在《宋代家庭中的奁产纠纷——以已婚女为例》一文中指出：“宋代家庭中夫妻之间、已婚女与丈夫族人之间的奁产纠纷不乏其例。透过这个窗口，我们可以观察到两宋时期已婚女性的法制观、财产观及家庭内部在经济利益作用下的人际关系变化。”④

关于宋代妇女财产权利问题的讨论同样引起了外国学者和海外学者的重视。如伊沛霞在《内闱——宋代的婚姻和妇女生活》一书中指出：“史料表明宋代妇女有很大的财产权。从现存的法律判决看，每当判官被请去监督财产分割时，就会为女儿留出一份相当于儿子那一份一半的财产以作嫁妆。不仅如此，带嫁妆的女人婚后有生之年始终有相当大的权力控制着它们的使用和处置，再婚时甚至可以带走。”他还认为：“自唐代至北宋”，“嫁资的数

① 李智萍：《宋代女户的财产来源》，《平顶山学院学报》2005 年第 6 期。

② 邢铁：《宋代的奁田和墓田》，《中国社会经济史研究》1993 年第 4 期。

③ 高楠、王茂华：《宋代家庭中的奁产纠纷——以在室女为例》，《贵州文史丛刊》2004 年第 2 期。

④ 高楠：《宋代家庭中的奁产纠纷——以已婚女为例》，《中国社会经济史研究》2004 年第 3 期。

量在升高”。[①] 美国学者柏清韵在《唐代至宋代的婚姻和财产法：从父系体系的疏离》[②] 一文中指出：在宋代财产不是更严格地由男子继承并完全保留在男性宗族中，而是被赋予女儿和寡妇继承或控制，从而进入异姓家庭。柳田节子的论文《宋代女子的财产权——南宋时期家产分割中的女承分》[③] 从“改嫁与妆奁财产”“改嫁与亡夫的财产”“女合承男之半”及“女子田产所有”等四方面说明宋代妇女具有一定的财产权。而柳立言则有《宋代女儿的法律权利和责任》[④]《宋代分家法“在室女得男之半”新探》[⑤]等长篇论文发表。他认为：宋代“单就继承财产的角度来说，女儿绝对受惠”。“宋代若干男性执法者相当维护女性的权益”，其主要原因之一在于：宋代“愈来愈多的士大夫来自中产家庭，他们在成长的过程中就处处受惠于女性，深切知道女性对家庭的奉献和重要性”[⑥]。

其三，如何理解“女无外事”？

早年的妇女史研究有个较为明显的缺陷，即将儒家的理念等同于社会的实情，妇女史研究只不过是为这些固有的概念作注释。可喜的是，这种局面如今已有改观。比如对于所谓“男外女内”

---

① 《内闱——宋代的婚姻和妇女生活》，第 5、234 页。

② 柏清韵：《唐代至宋代的婚姻和财产法：从父系体系的疏离》，《唐宋女性与社会》下册，第 849—866 页。

③ 柳田节子：《宋代女子的财产权——南宋时期家产分割中的女承分》，《刘子健博士颂寿纪念宋史研究论集》，东京同朋社 1989 年版，第 231—242 页。后收入《宋代庶民的妇女们》，第 3—28 页。

④ 柳立言：《宋代女儿的法律权利和责任》，张国刚主编：《家庭史研究的新视野》，生活·读书·新知三联书店 2004 年版，第 155—205 页。

⑤ 柳立言：《宋代分家法“在室女得男之半”新探》，《法制史研究》第 5、6 卷，2004 年。后收入《宋代的家庭和法律》，第 408—494 页。

⑥ 《宋代女儿的法律权利和责任》，《家庭史研究的新视野》，第 202—205 页。

“女无外事”，就不能做绝对化的理解。古代妇女并非完全局限于小天地，“无职业，无知识”，大门不出，二门不迈。台湾学者刘静贞依据宋代的大量墓志碑铭，在《女无外事？——墓志碑铭所见之北宋士大夫社会秩序理念》[①]一文中对此提出质疑。

其实，早在20世纪30年代，全汉昇的《宋代女子的职业与生计》[②]一文实际上反驳了古代妇女“无职业”之说。他列举了宋代妇女较为广泛地参与各种社会经济活动以谋生的史实，其中包括实业、游艺、杂役等各方面。仅就实业而言，又有“开茶肆的”“开食店的”“开药铺的”“作小贩的”等。为了扭转古代妇女的全部生活不过是围着锅台转，她们的历史作用无非是生儿育女这一传统观念，笔者有《两宋妇女的历史贡献》[③]一文，从参与政治、主持家政、发展经济、繁荣文化等方面揭示宋代妇女的社会活动和历史贡献，认为：“历史毕竟比概念更丰富，即使是‘女无外事’‘女子居内’之类也不是外延可以无限延伸的概念。”吴旭霞在《浅谈宋代妇女的就业》[④]一文中指出：“宋代妇女就业的种类不是十分广泛，主要局限于服务性、商业性、手工业等行业。”“宋代广大妇女就业，投入社会，对她们社会地位的提高有很大的影响。”“宋代中下层妇女已经迈出了争取自身解放的第一步，虽然多少有些无奈，但也是难能可贵的。”宋东侠在《浅议宋

① 刘静贞：《女无外事？——墓志碑铭所见之北宋士大夫社会秩序理念》，台湾大学人口研究中心编：《妇女与两性学刊》第4期，1993年。后收入宋史座谈会编《宋史研究集》第25辑，第95—142页，台北中华丛书编审委员会1995年版。

② 全汉昇：《宋代女子的职业与生计》，《食货半月刊》第1卷第9期，1935年。后收入陕西人民出版社编《守节·再嫁·缠足及其它——中国古代妇女生活面面观》，第223—234页。

③ 张邦炜：《两宋妇女的历史贡献》，《社会科学研究》1997年第6期。后收入《宋代婚姻家族史论》，第181—191页。

④ 吴旭霞：《浅谈宋代妇女的就业》，《学术研究》1997年第10期。

代妇女在社会生产中的作用》① 一文中认为："宋代与前代相较，妇女尤其江南地区的妇女相对较多地投入到社会劳动之中，主要是手工业和商业领域，成为社会生产中不可或缺的一支重要力量，因之其社会地位亦相应地得以提高。""宋代妇女已由传统家庭角色一元化模式演变为兼家庭、社会、自我的多元化模式，为宋代社会的发展做出了重大贡献"，"成为宋代妇女社会地位提高的重要构件之一"。鲍家麟、吕慧慈在《妇人之仁与外事——宋代妇女和社会公共事业》② 一文中指出：宋代妇女"并不完全被杜绝于所谓的公共领域之外，她们参预闺户外的公共事业，其行动、见解、捐助都对社会乡里社区有所贡献"。张金花的《宋代女性经商探析》③ 一文在分析了其基本形式、主要特征和社会根源之后，认为："在商品经济条件下，宋代妇女已经部分地脱离家庭，走上社会，承担着一定的社会责任。"

其四，视域拓展与分类研究。

当前这项研究的发展趋势，有以下两点值得注意：

一是研究视域逐渐拓展。从前研究者们论证宋代妇女的社会地位，往往局限于婚姻自主权和离婚再嫁权。如今这种局面已被打破，有关论著不仅涉及财产继承权、社会参与权，还着眼于政治、法律、文化等各种权益乃至意识的觉醒。如宋东侠在《宋代妇女的法律地位论略》④ 一文中认为："宋代妇女在刑事法律中的地位发生了很大变化，不仅本人犯罪在量刑上受到减等的优待，

---

① 宋东侠：《浅议宋代妇女在社会生产中的作用》，《青海社会科学》2000 年第 6 期。

② 鲍家麟、吕慧慈：《妇人之仁与外事——宋代妇女和社会公共事业》，《唐宋女性与社会》下册，第 263—274 页。

③ 张金花：《宋代女性经商探析》，《中国史研究》2006 年第 4 期。

④ 宋东侠：《宋代妇女的法律地位论略》，《青海师范大学学报》1997 年第 3 期。

而且无辜被罪的范围缩小，宋代法律给予妇女越来越多的人身自由权利。”舒红霞在《执著与背叛：宋代女性意识之觉醒》① 一文中指出：“宋代女性意识之觉醒主要体现在她们对于女性作为‘人’的本质需要的执著追求，具体说是对婚姻中爱情的追求，对封建伦理角色之外的女性个人价值的追求：即接受教育与进行文艺创造、关怀现实与参与社会活动等个人生存空间的努力开掘。这种追求是人性觉醒之表现，也是对礼教规范的传统女性角色之背叛。”铁爱花在《宋代女性阅读活动初探》② 一文中认为：“宋代女性的阅读内容非常广泛”，“具有多元性、自主选择性及持续性的特点。她们通过阅读学习知识，并以多种方式作用于社会，对于提高国民素质、传承文明有着积极的意义。”杨果、铁爱花的《从唐宋性越轨法律看女性人身权益的演变》③ 一文依据大量过去未受关注的史料，别开生面地指出：“宋代社会较为重视女性的人身权益”，“通过对唐宋有关性越轨的主要法律条文与司法实践的比照与分析，可以看到宋代女性人身权益比唐代有一定程度的伸张。”铁爱花在《论宋代国家对女性的旌表》④ 一文中认为：“宋代国家通过朝廷和地方两级，以多种方式，对孝行显著、节行突出、为地方和国家作出重要贡献的女性进行旌表。”学者关注范围的扩大是研究走向深入的表现，今后应当还有再拓展的空间。

二是注重分层研究与分类研究。高世瑜在《发展与困惑——

---

① 舒红霞：《执著与背叛：宋代女性意识之觉醒》，《大连大学学报》2003 年第 1 期。

② 铁爱花：《宋代女性阅读活动初探》，《史学月刊》2005 年第 10 期。

③ 杨果、铁爱花：《从唐宋性越轨法律看女性人身权益的演变》，《中国史研究》2006 年第 1 期。

④ 铁爱花：《论宋代国家对女性的旌表》，《历史教学》2008 年第 12 期。

新时期中国大陆的妇女史研究》① 一文中正确地指出：“妇女史建立的前提就是妇女是个‘共同体’，有着群体共性与整体性，否则，作为社会群体史的妇女史便失去了存在的依据。”然而从前的妇女史研究确实存在强调共性、同一性，忽视个性、多样性，将复杂的问题简单化的倾向。邓小南在《六至八世纪的吐鲁番妇女：特别是她们在家庭以外的活动》② 一文中很有见地认为：“对于今天的妇女史研究者而言，有意义的论题不是中国古代妇女社会地位简单的‘上升’或者‘下降’，而是应该以历史的眼光去认识妇女实际社会角色丰富而复杂的内涵。”不同民族、不同地域、不同阶层、不同身份、不同角色乃至不同家庭、不同个体的妇女并不存在相同或完全相同的历史命运和社会地位。为了较好地处理共性与个性、同一性与多样性两者之间的关系，研究者们越来越注重对宋代妇女做分层、分类、分民族、分地域的较为具体的研究。如今这类研究成果逐渐增多，有专门研究下层妇女的论文，如王曾瑜的《宋代奴婢、人力、女使和金朝的奴隶制》③、王延中的《宋代奴婢实态研究》④、柳田节子的《宋代的雇佣人和奴婢》⑤、宋东侠的《宋代“女使”简论》⑥ 以及谢桃坊的《宋代歌妓考

---

① 高世瑜：《发展与困惑——新时期中国大陆的妇女史研究》，《史学理论研究》2004 年第 3 期。

② 邓小南：《六至八世纪的吐鲁番妇女：特别是她们在家庭以外的活动》，季羡林主编：《敦煌吐鲁番研究》第 4 卷，北京大学出版社 1999 年版，第 215—238 页。

③ 王曾瑜：《宋代奴婢、人力、女使和金朝的奴隶制》，《文史》总第 29 期，中华书局 1988 年版。

④ 王延中：《宋代奴婢实态研究》，《史学集刊》1989 年第 4 期。

⑤ 柳田节子：《宋代的雇佣人和奴婢》，邓广铭、漆侠主编：《国际宋史研讨会论文选集》，河北大学出版社 1992 年版，第 3—16 页。后收入柳田节子《宋元社会经济史研究》，东京创文社 1995 年版，第 64—84 页。

⑥ 宋东侠：《宋代“女使”简论》，《河北学刊》1994 年第 5 期。

略》[1]、梁庚尧的《宋代伎艺人的社会地位》[2]、柏文莉的《宋代的家妓和妾》[3] 等；有专门研究上层妇女的著述，如笔者的《宋代的公主》[4]、魏志江的《论宋代后妃》[5]、张明华的《“靖康之难”被掳北宋宫廷及宗室女性研究》[6] 以及汪圣铎的《宋代女性享受俸禄研究》[7] 等；也有将特定阶层与具体地域结合起来做专门研究的论文，如邓小南的《宋代士人家族中的妇女——以苏州为例》等。

五、宋代家族的主要形态究竟是什么

正如柳立言所说：“‘唐宋变革’就是一种历史分期。”不少家族史和宋史研究者在论述家族史分期时，都涉及“唐宋变革”。如徐扬杰在《中国家族制度史》一书中指出：中国家族制度“经历

---

① 谢桃坊：《宋代歌妓考略》，《中华文史论丛》1983 年第 4 期。

② 梁庚尧：《宋代伎艺人的社会地位》，邓广铭、漆侠主编：《国际宋史研讨会论文选集》，河北大学出版社 1992 年版，第 89—99 页。后收入《宋代社会经济史论集》下册，第 100—116 页。

③ 柏文莉：《宋代的家妓和妾》，张国刚主编：《家庭史研究的新视野》，第 206—217 页。

④ 张邦炜：《宋代的公主》，《思与言》第 28 卷第 1 期，1990 年。后收入《宋代婚姻家族史论》，第 207—232 页。

⑤ 魏志江：《论宋代后妃》，《扬州师范学院学报》1994 年第 1 期。

⑥ 张明华：《“靖康之难”被掳北宋宫廷及宗室女性研究》，《史学月刊》2004 年第 5 期。

⑦ 汪圣铎：《宋代女性享受俸禄研究》，载汪圣铎《宋代社会生活研究》，人民出版社 2007 年版，第 252—262 页。曾以《宋代女性享受俸禄考》为题，载《文史》2003 年第 3 辑。

了先后承继、闯过递相蝉联的四种不同形式：原始社会末期的父家长制家族、殷周时期的宗法式家族、魏晋至唐代的世家大族式家族、宋代以后的近代封建家族”①。柯昌基在《中国古代农村公社史》一书中认为：“宋代，家族公社（即共居共财的家族共同体，也称‘义门’）达到了高峰，是它发展的黄金时代。”“宗法公社（即虽分家但聚居的宗法共同体）始于宋，盛于明清。”② 李文治、江太新在《中国宗法宗族制和族田义庄》一书中指出，宗法宗族制的发展变化大致可以划分为三个时期：“（1）由西周至春秋初期，世袭领主制占统治地位，宗法制体现为贵族宗子制”；（2）东汉后期至唐代中叶，“宗法宗族制以世家权贵门第为特征，等级性强，重谱牒”；（3）宋代以后，“以宦室与庶民户对等为特征，而且庶民地主和官僚地主可以相互转化。这时族姓之间的门第等级关系相对削弱”。③ 笔者在《黄宽重〈宋代的家族与社会〉读后》一文中认为：“在中国家族史上，不同的时代有不同的主角。”“先后经过五次大的变化，即：商周乃至秦代的封建贵族——两汉的豪宗巨族——魏晋乃至隋唐的门阀士族——宋元的士人家族——明清的绅士家族。其中，先秦的贵族、魏晋的士族以及明清的绅士家族属于典型形态，而汉代的豪族以及宋代的士人家族则属于过渡形态。”④

在某些外国学者和海外学者看来，唐宋两代的家族各有其特点。如法国学者安德烈·比尔基埃等主编的《家庭史》第三编

① 徐扬杰：《中国家族制度史》，人民出版社1992年版，第18页。

② 柯昌基：《中国古代农村公社史》，中州古籍出版社1989年版，第104、235页。

③ 李文治、江太新：《中国宗法宗族制和族田义庄》，社会科学文献出版社2000年版，第2—3页。

④ 张邦炜：《黄宽重〈宋代的家族与社会〉读后》，《历史研究》2007年第2期，第178页。

《遥远的年代》第十二章《中国，家庭——权力的中继站》认为唐代的特征是“大家族的形成”，将其时称为世家大族的“贵族帝国”；认为宋代的特征是“等级森严的家庭组织”，将其时称为靠科举获取官职的“士族”时代。[①] 日本学者佐竹靖彦在《〈清明上河图〉为何千男一女》一文中指出：“北宋处于从上一代大家族结合体制向后一代宗族的结合体制转变的过渡期”，其特点为宗族构成单位为“自立的中型家族”。[②] 台湾学者陶晋生在《北宋士族：家族·婚姻·生活》一书中认为：11 世纪“好像世家大族复兴了。但是北宋的新兴士族和唐代的大族是有很大的差别的”[③]。梁庚尧在《中国社会史教学有关宋代的讲题》一文中指出：“门第社会破坏而科举社会成立之后”，出现了“新的平民化家族形态，时间范围自宋至清”。“其中平民化的族谱、救助族人的义庄以及为祭祀祖先而设立的祠堂，均起于宋代，尤其关乎新家族制的特色。”[④] 黄宽重在《宋代的家族与社会》一书中认为：“唐代以前，世家大族在政治、社会乃至经济上都具有举足轻重的地位，形成门第社会。到了宋代，科举考试成为步入政治的主要阶梯，也是影响家族荣枯的重要因素。经济的发达与教育的普及，使新兴起的士人家族，逐渐成为新时代的主角。”[⑤] 正是从这个角度，他将宋代社会称为“科举社会”。

由上所述已经不难看出，学者们的看法同中有异。较为明显

---

① 安德烈·比尔基埃等主编：《家庭史》，袁树平等译，生活·读书·新知三联书店 1998 年版，第 704—714 页。

② 佐竹靖彦：《〈清明上河图〉为何千男一女》，《唐宋女性与社会》下册，第 822 页。后收入《佐竹靖彦史学论文集》，中华书局 2006 年版，第 305 页。

③ 《北宋士族：家族·婚姻·生活》，第 5 页。

④ 《中国社会史教学有关宋代的讲题》，《宋代社会经济史论集》下册，第 652—653 页。

⑤ 《宋代的家族与社会》，第 27 页。

的差异大致可归纳为以下三点：

其一，具有代表性的不尽相同的认识。

学者论述“唐宋变革”在家族制度方面的体现，见解不尽相同。其中，以朱瑞熙的“家族重组”论、王善军的“收宗敬族”论和邢铁的“宋型家庭”论最具代表性。

朱瑞熙在《宋代社会研究》一书第七章《宋代的封建家族组织》中认为：经过唐末五代的战乱，门阀士族“旧式的以血缘关系为纽带的宗族组织也随之崩溃”。宋仁宗时，地主士大夫“利用农村公社的残余，建立起新的封建家族组织”。宋代的新的封建家族组织的新特色是：“一般实行‘小宗之法’”；“常常选立官僚地主为宗子（族长）”；“以一定数量的族产作为物质基础”；“依靠族谱来结合全族族人”；“以祠堂作为全族祭祀祖先、举行重要典礼、宣布重要决定等活动的中心”；“依靠‘家法’‘义约’‘规矩’等条法即族规来统治族人”。①

王善军在《唐宋之际宗族制度变革概论》一文中指出：唐中叶以后，“门阀宗族制度逐渐丧失了它的活力，日渐衰落”。“经过五代、宋初宗族形态的变迁，以‘收宗敬族’为特征的宗族制度在宋代社会逐渐确立下来”。“收宗敬族”宗族主要是通过谱牒制、族产制、家法族规制、族塾义学制、祭祖制、族长房长制等几项具体制度组织起来的。② 他的这些认识在其《宋代宗族和宗族制度研究》③ 一书中有进一步的发挥。

邢铁在《试论“宋型家庭”》一文中认为：“宋代是家庭结构

① 《宋代社会研究》，第98—114页。

② 王善军：《唐宋之际宗族制度变革概论》，邓广铭、王云海等主编：《宋史研究论文集（1992年会编刊）》，河南大学出版社1993年版，第146—166页。

③ 王善军：《宋代宗族和宗族制度研究》，河北教育出版社2000年版。

的转型和定型的重要时期”，“宋型家庭”介于“汉型家庭”和“唐型家庭”两者之间。“所谓‘宋型家庭’，就是通常说的‘三代五口’之家，其中主要是‘三代’结构，即以中间的壮年夫妇为核心，上养老人，下育子女，都是直系血缘关系。这种家庭类型在宋代形成以后，历经元代和明清，直到近代都没有发生大的变化。可以说‘宋型家庭’是宋代以后我国通常的家庭形态。”①

其二，宋代家族的主要组织形式是否是“义门”?

研究者们长期以来普遍认为，“义门”是宋代家族的主要组织形式。所谓“义门”是指以世代同居、财产公有为特征的大家族。徐扬杰指出：宋代“家族组织主要有两种形式，一是许多个体小家庭聚族而居，二是一个大家庭累世同居共财。不论哪种形式，都有严密的组织系统”②。柯昌基认为：“宋代，家族公社（即‘义门’）在五代残破的废墟上开始了它从未有过的蓬勃发展时期，它存在之普遍，几乎俯拾即是。”③ 正是基于这一认识，20 世纪 80 年代的宋代家族个案研究以义门为重点，具有代表性的论文有漆侠的《宋元时期浦阳郑氏家族之研究》④ 以及许怀林的《江州“义门”与陈氏家法》《陆九渊家族及其家规述评》《〈郑氏规范〉剖析——兼论“义门”聚居的凝聚力》⑤，等等。

---

① 邢铁：《试论“宋型家庭”》，《河北师范大学学报》2003 年第 6 期。

② 《中国家族制度史》，第 20 页。

③ 柯昌基：《宋代的家族公社》，《南充师范学院学报》1982 年第 3 期。

④ 漆侠：《宋元时期浦阳郑氏家族之研究》，《刘子健博士颂寿纪念宋史研究论集》。后收入漆侠《知困集》，河北教育出版社 1992 年版，第 196—210 页。

⑤ 许怀林：《江州“义门”与陈氏家法》，邓广铭、漆侠等主编：《宋史研究论文集（1987 年会编刊）》，河北教育出版社 1989 年版，第 387—400 页；《陆九渊家族及其家规述评》，《江西师范大学学报》1989 年第 2 期；《〈郑氏规范〉剖析——兼论“义门”聚居的凝聚力》，邓广铭、漆侠主编：《中日宋史研讨会中方论文选编》，河北大学出版社 1991 年版，第 153—165 页。

其实，宋代“义门”“存在之普遍，几乎俯拾即是”的论断并无较为准确的数字作依据，只是举出若干个别事例为证而已。难怪进入90年代以后，这一论断受到较多质疑。笔者便认为：“宋代家族的主要形态不是累世同居、共财同炊，而是别籍异财。‘义门’在当时的家族当中，绝对数字不大，所占比例更小。”①它只是作为魏晋隋唐门阀世族式家族的残留而稀疏地存在。即使对于宋代“许多个体小家庭聚族而居”的说法，有的研究者也表示怀疑。王善军指出：宋代“个体家庭的频繁迁移（尤其是广大客户）也使许多社会成员游离在宗族组织的控制之外，这是宋代宗族制度的时代特点”②。而邢铁更是将“义门”称为“特殊的累世同居的大家庭”③。因此90年代以后，宋代家族个案研究的重点不再是“义门”，而是一般士大夫家族。如王德毅的华阳范氏、丹棱李氏④，王曾瑜的相州韩氏、河南程氏⑤，朱瑞熙的江阴葛氏，邓小南的苏州龚氏家族研究⑥，包伟民的明州楼氏⑦，李裕民的麟州折氏⑧，王章伟的河南吕氏⑨，蔡东洲的阆州陈氏⑩，张剑的澶州晁

① 张邦炜：《宋代盐泉苏氏剖析》，《宋代婚姻家族史论》，第274页。

② 《唐宋之际宗族制度变革概论》，《宋史研究论文集（1992年会编刊）》，第147页。

③ 《宋代家庭研究》，第41页。

④ 王德毅：《范祖禹的史学与政论》《李焘评传》，王德毅：《宋史研究论集》，台湾商务印书馆1993年修订版，第1—64、65—116页。

⑤ 王曾瑜：《锱铢编》，第245—272、273—315页。

⑥ 两文均载《中国近世家族与社会学术研讨会论文集》，台北“中央研究院”历史语言研究所1998年。

⑦ 包伟民：《宋代明州楼氏家族研究》，《大陆杂志》（台北）第94卷第5期，1997年，第31—39页。

⑧ 李裕民：《折氏家族研究》，《陕西师范大学学报》1998年第2期。

⑨ 王章伟：《宋代河南吕氏家族研究》，香港中文大学哲学硕士学位论文，1991年。

⑩ 蔡东洲：《宋代阆州陈氏研究》，天地出版社1999年版。

氏家族研究①以及王善军的华阳王氏，粟品孝的井研李氏、简州刘氏②，金生扬的眉山苏氏家族研究等。诸如此类，不胜枚举。

其三，宋代家庭的规模究竟是增大还是缩小？

这个问题与如何认定宋代家族的主要组织形式关系极大。柯昌基由于将宋代视为“义门”即所谓“家族公社”的“黄金时代”，他认为在宋代作为个体家庭复合体的家族“规模庞大”。他说：“宋以前，百人以至几百人同居共财的并不很多，宋代这样规模的家族公社非常普遍，几乎随处皆有。”③ 唐代剑也指出：“宋代是中国封建大家庭极盛时期”，“赵宋政权也是中国历史上最重视大家庭的王朝”。大家庭在宋代是“贯彻封建专制的楷模”“组织社会生产的基本单位”“培养封建人才的基地”“调和阶级矛盾的场所”。④ 对于此说，朱瑞熙、程郁提出异议。他们认为：“首先大家庭是否如作者所认为的那样兴盛是值得怀疑的，其次应将同居共财的大家庭与强势的大宗族分开来，更要将制定的理想家庭蓝本与现实区分开来。”“如果大家庭在宋代不成为主流，那么其社会职能的程度恐怕也值得考虑。”⑤

宋代家庭的平均人口到底是多少？学者的估测差异较大。吴松弟“估计宋代家庭平均人口在 5.5 口左右”⑥。程民生认为，“宋代每个家庭约有子女 5 人，一个三代同堂的标准家庭约 9 人，

---

① 张剑：《宋代文学与家族——以澶州晁氏为中心》，北京出版社 2006 年版。

② 邹重华、粟品孝主编：《宋代四川家族与学术论集》，四川大学出版社 2005 年版，第 51—78、148—211、212—233、277—290、322—338 页。

③ 《中国古代农村公社史》，第 105 页。

④ 唐代剑：《试论宋代大家庭的社会职能》，《社会科学》1993 年第 7 期。

⑤ 朱瑞熙、程郁：《宋史研究》，福建人民出版社 2006 年版，第 271 页。

⑥ 吴松弟：《中国人口史》第 3 卷《宋辽金元时期》，复旦大学出版社 2000 年版，第 156 页。

加上一定数量的小家庭和鳏寡孤独，社会平均家庭人口约 7 人。其中，北方户均人口稍多，约 9 人；南方户均人口稍少，约 6 人。”① 王曾瑜指出：“唐宋时农户的平均家口数有可能比某些朝代略高，但平均数也大体在一家七口以内。”② 邢铁则把“宋型家庭”与“唐型家庭”做比较，认为：“大约每家 5 人左右，比‘唐型家庭’稍少一些。”③

值得注意的是，冯尔康将家庭的小型化视为宋代家庭规模发展的总趋势，并把这一趋势同唐宋社会变革联系在一起。他说：“与地主制相适应，随着低等级人家上升到平民地位，许多人家摆脱过去士族、世族地主的控制，成为独立的个体家庭。”④ 宋代著名的“义门”江州陈氏在嘉祐年间，“由三千余口聚居的家族，变为约三百人的小家庭”⑤，便是宋代大家族小型化的实例。许怀林的论文《陈氏家族的瓦解与“义门”的影响》对这个实例进行了剖析。大家族的小型化表明，同居共财的“义门”作为魏晋隋唐门阀世族的遗风余绪，在商品经济活跃、土地私有制深化的宋代已难以维持。一言以蔽之，大家族的小型化是唐宋社会变革的重要表征之一。

---

① 程民生：《宋代家庭人口数量初探》，《浙江学刊》2000 年第 2 期。

② 王曾瑜：《宋代农户平均家口数的估计》，云南大学中国经济史研究所、历史系编：《李埏教授九十华诞纪念文集》，云南大学出版社 2003 年版，第 226—230 页。

③ 《宋代家庭研究》，第 33 页。

④ 冯尔康：《中国社会结构的演变》，河南人民出版社 1994 年版，第 141 页。

⑤ 许怀林：《陈氏家族的瓦解与“义门”的影响》，《中国史研究》1994 年第 2 期。

六、日常生活领域中的“唐宋变革”

学界对宋代衣食住行等日常生活领域的发展变化研究较多，但对这些发展变化与社会变革的关系则研究较少。其实，宋代政治上门阀制度崩溃、等级差别缩小，经济上商品经济活跃、都市城镇兴旺，这些在日常生活领域里都有相应的反映。有关学者对此已有某些探索性的研究，下面两点即是其例。

其一，等级限制的突破。

服饰方面最为明显。朱瑞熙在《宋代服饰的风尚》① 一文中指出：宋代民间往往突破朝廷制定的服饰等级制度，违禁穿戴官员才有资格穿用的衣冠。刘复生在《宋代“衣服变古”及其时代特征》② 一文中对宋代“衣服变古”这一历史现象做了深入的剖析。他认为，所谓“衣服变古”主要包括“衣服无章，上下混淆”、“胡服”与汉服的交融、“服妖”现象等三个方面的内容，其中两个方面都与唐宋社会变革相关。“服饰等级制度从宋初就未被严格遵行”，到南宋时更是“贵贱几无差等”。这是“严格的等级‘身份’已经有了松动”的表现。而所谓“服妖”，即新奇服装层出不穷，则是从一个侧面反映了下层民众比前代得到较多的人身自由。吴旭霞在《宋代的服饰与社会风气》③ 一文中也认为，突破等级差异是宋代服饰文化的特征之一。

① 朱瑞熙：《宋代服饰的风尚》，《文史知识》1989 年第 2 期。

② 刘复生：《宋代“衣服变古”及其时代特征》，《中国史研究》1998 年第 2 期。

③ 吴旭霞：《宋代的服饰与社会风气》，《江汉论坛》1998 年第 3 期。

除此而外，朝廷在其他日常生活领域里的等级性规定也不断被突破。如居室，刘复生在《宋辽西夏金社会生活史》一书第4章中指出：宋代“朝廷对居室甚至器用常常颁发一些禁令”，“禁令的颁布从另一方面反映了这些制度并未得到很好的遵行”。① 又如用具，朱瑞熙在《宋代的生活用具》一文中认为，当时的实际状况是“人自为制，无复纲纪”②。再如乘轿，程民生在《略论宋代陆路交通》③ 一文中指出：朝廷“多次有禁令不准百官士庶乘轿”，其实“普及到了全社会”。

其二，服务行业的兴盛。

以北宋开封、南宋临安的餐饮业最兴旺。随着商品经济的发展，开封、临安城里的不少工商业者家中不煮饭，仰仗于饭店。北宋开封繁华地段“处处拥门，各有茶坊酒店，勾肆饮食”。在南宋临安众多的店铺中，有三分之二以上属于饮食业。酒楼、食店、饼店、茶肆等饮食店铺全天营业，既有供应达官富室的高档大饭店，也有服务普通民众的低档小食店。对此，周宝珠在《北宋东京研究》④ 一书第7章《商业（二）》中、林正秋在《南宋都城临安的商业》⑤ 一文中有详略不同的论述。而当时社会上所谓的“四司六局”也是一种服务性行业，专门为官府和富贵之家操办宴会，王俊奇《宋代操办酒席的“四司六局”》⑥ 一文有介绍。成荫在《北宋开封饮食服务业述论》⑦ 一文中指出：“饮食服务业在

① 刘复生：《宋辽西夏金社会生活史》第4章《居室和居室用具》，第68页。
② 朱瑞熙：《宋代的生活用具》，《上海师范大学学报》1986年第3期。
③ 程民生：《略论宋代陆路交通》，《暨南学报》1992年第3期。
④ 周宝珠：《北宋东京研究》，河南大学出版社1992年版。
⑤ 林正秋：《南宋都城临安的商业》，《史学月刊》1982年第3期。
⑥ 王俊奇：《宋代操办酒席的“四司六局”》，《烹调知识》2000年第2期。
⑦ 成荫：《北宋开封饮食服务业述论》，《四川师范大学学报》2003年第2期。

北宋开封城市经济中占有举足轻重的地位，这可以从市场状况、行业组成、行业分布、行业规模、从业人员、经营特点等方面得到反映。”他认为：“北宋开封饮食服务业已发展到比较成熟的阶段，程度较深地介入了社会生活的各个领域，为活跃开封的城市经济发挥了重大作用。”论述宋代都市饮食服务业的论文还有魏天安的《宋代东京的饮食业》①、徐吉军的《南宋临安饮食业概述》②、吴涛的《北宋东京的饮食生活》③、冷辑林和乐文华的《论两宋都城的饮食市场》④ 等。

此外，宋代服务业的经营范围涉及不少领域。如王曾瑜在《宋辽西夏金社会生活史》一书第5章中论及开封的租赁业，当时人们出行，可租车乃至“赁驴”。⑤ 又如林正秋在《南宋都城临安》⑥ 一书第8章中论及临安的“小经纪”，他们上门服务，服务的项目包括“供香饼”“提茶瓶”“打炭墼”“补锅子”“泥灶”“整漏”等。

这类文章较多，不胜枚举。但有一个较为常见的通病，即大多属于概述性文字，对日常生活领域里的这些变化与“唐宋变革”的关系或语焉不详，或避而不论。其实，这恰恰是个应当深入探究的问题。

---

① 魏天安：《宋代东京的饮食业》，《中州古今》1983年第3期。

② 徐吉军：《南宋临安饮食业概述》，《浙江学刊》1991年第6期。

③ 吴涛：《北宋东京的饮食生活》，《史学月刊》1994年第2期。

④ 冷辑林、乐文华：《论两宋都城的饮食市场》，《南昌大学学报》1997年第1期。

⑤ 王曾瑜：《宋辽西夏金社会生活史》第5章《交通与通信》，第95页。

⑥ 林正秋：《南宋都城临安》，西泠印社出版社1986年版。

七、文体娱乐活动与“唐宋变革”

唐宋之际的社会变革体现在社会生活的方方面面，包括文体娱乐领域。有关学者对此有所研究，大多认为其主要表现有下面三点。

其一，文体活动的商业化趋势。

程民生在《略论宋代市民文艺的特点》① 一文中指出：宋代的市民文艺具有“商业气息浓郁”“形成文艺市场并使文艺商品化”“追求感官享受的娱乐性”等特点，反映了“宋代城市的成熟和市民阶层正式登上历史舞台”。龙登高在《南宋临安的娱乐市场》② 一文中认为：“娱乐业中商业化经营活跃，并形成了功能性的行业组织。”谭凤娥在《试论宋代的市民文艺和商业》一文中说：“在家家灯火、处处管弦的大型群众文娱活动里面，人们几乎随时随地都可以呼吸沐浴到的是那浓郁的唯利是图的商业化气息。文艺与商业的联姻，促成了各种经过长期孕育的市民文艺的成熟。它推动了整个社会发生深刻的变革，即市民将时代与社会的审美心理结构纳入了经济生活的运行轨道之中。”③

瓦舍、勾栏作为宋代商业性的娱乐中心和演出场所，成为研究者探讨的重点之一。迟崇起在《论瓦舍勾栏的文化市场性质》④

① 程民生：《略论宋代市民文艺的特点》，《史学月刊》1998 年第 6 期。

② 龙登高：《南宋临安的娱乐市场》，《历史研究》2002 年第 5 期。

③ 谭凤娥：《试论宋代的市民文艺和商业》，《贵州文史丛刊》2003 年第 3 期。

④ 迟崇起：《论瓦舍勾栏的文化市场性质》，《河北学刊》1995 年第 4 期。

一文中指出："在中国文化史上，宋代的瓦舍、勾栏，可谓极为独特的文化现象。其独特性即在于，它与传统的非经营型的文化娱乐活动方式迥然有别，而以产业经营的方式从事文化娱乐活动，因而具有文化市场的性质。"吴晟在《宋代瓦舍的创设及其文化意义》① 一文中认为："经营管理、演出竞争的商业化，形成瓦舍文化鲜明的商业性特征。"黄伟在《宋代体育与宋代社会》② 一文中指出：宋代"瓦肆里一般都有相扑表演"，"反映了体育商品化的趋势"。朱东方在《南宋体育的特点和形成原因》③ 一文中认为：南宋"体育的发展呈现出表演化、技巧化、商业化、职业化的倾向"。

节日期间，娱乐性消费最为集中，娱乐性市场达到高潮。朱瑞熙在《宋代的节日》④ 一文中已论及宋代的节日娱乐性、商业性在增长。吴晓亮在《从城市生活变化看唐宋社会的消费变迁》⑤ 一文中指出：宋代"随着社会的发展，人们物质生活水平的提高，节庆活动也越来越丰富，也由此带来日益扩大的节庆消费，形成一种起自精神或文化，最终又与物质享受相融合的消费"。魏华仙在《宋真宗与宋代节日》一文中认为："宋代是传统节日文化的成熟、丰满时期，娱乐活动丰富多彩。"⑥ 康瑾娟在《从节日民俗词

---

① 吴晟：《宋代瓦舍的创设及其文化意义》，《江西师范大学学报》2000 年第 3 期。

② 黄伟：《宋代体育与宋代社会》，《史学月刊》1992 年第 6 期。

③ 朱东方：《南宋体育的特点和形成原因》，《浙江体育科学》1993 年第 1 期。

④ 朱瑞熙：《宋代的节日》，《上海师范大学学报》1987 年第 3 期。

⑤ 吴晓亮：《从城市生活变化看唐宋社会的消费变迁》，《中国经济史研究》2005 年第 4 期。

⑥ 魏华仙：《宋真宗与宋代节日》，《中华文化论坛》2007 年第 2 期。

看宋代的节日经济》① 一文中指出：“节日的经济蕴涵在节日的文化氛围中。宋代节日经济中，节日经济消费的全民化、节日经济交换的规模化、节日演进与经济利益的双赢在宋代的节日民俗词中都有着广泛的展现。”

在宋代，商业娱乐广告已相当流行。张金花在《宋代的广告与城市市场》② 一文中指出：“宋代广告既反映了城市市场的繁荣，又成为市场竞争的重要手段，适应和推动了宋代城市市场的发展，广告和城市市场之间呈现出以城市市场为主导的互动共荣的发展态势。”罗铭在《宋代商人的广告意识特点简析》③ 一文中认为：“在激烈的市场竞争中，宋代商人重视广告的宣传促销功能，不断丰富广告的形式。”魏岚、陈刚峰在《论北宋时期商业广告的发展》④ 一文中指出：“北宋时期，商业得到了长足发展，广告也空前繁荣，形成了城市市场与广告之间的互动关系。”李鹏涛在《略论宋代非纸质广告媒介》⑤ 一文中认为：宋代“对广告媒介的利用由单一形式趋向多样化，出现将‘告示’‘样品’与声势浩大的游行宣传、文娱活动、免费品评相结合的综合动态广告”。

其二，文体活动的大众化走向。

为赢得商业利益，必须更广泛地满足人们的需求。从这个意义上说，文体活动的商业化与大众化趋势是一致的。余江宁在

---

① 康瑾娟：《从节日民俗词看宋代的节日经济》，《全国商情（经济理论研究）》2008 年第 11 期。

② 张金花：《宋代的广告与城市市场》，《中国社会经济史研究》2004 年第 1 期。

③ 罗铭：《宋代商人的广告意识特点简析》，《皖西学院学报》2007 年第 6 期。

④ 魏岚、陈刚峰：《论北宋时期商业广告的发展》，《东南传播》2008 年第 2 期。

⑤ 李鹏涛：《略论宋代非纸质广告媒介》，《重庆师范大学学报》2007 年第 1 期。

《论宋代京城的娱乐生活与城市消费》[①] 一文中认为：宋代“新兴市民开始占据娱乐生活的主体，这与当时城市相对廉价的消费水平是不无关系的”。吴晓亮在《从城市生活变化看唐宋社会的消费变迁》一文中指出：宋代“大众性的享乐消费异军突起”。其特点是：“为大众提供了观赏各种表演的场所”；表演“内容都是人们喜闻乐见的”。黄伟在《宋代体育与宋代社会》一文中认为：“宋代不少体育项目一改或为宫廷独有、或为众所鲜为的旧貌”，“逐渐步出宫廷、府第而走向社会，为一般市民所享有，如马球活动”。

与大众化走向相适应，宋代的娱乐活动呈现出通俗化趋势。龙登高在《南宋临安的娱乐市场》一文中认为：“初兴的市民群体成为娱乐市场的主体”，“市民文化成为贯穿娱乐市场的主线”。如说唱表演，于天池、李书在《宋代说唱伎艺的演出场所》[②] 一文中指出：“宋代的说唱伎艺极为普及，成为典型的市民文艺形式。”王水照在《宋代文学通论》一书中更是从总体上认为，包括娱乐活动在内的宋代文化的发展演变趋势是从“雅”到“俗”。[③] 所谓“雅”即符合上层社会需要，“俗”即适应下层民众需求。

其三，体育运动对抗性减弱、技巧性增强。

黄伟在《宋代体育与宋代社会》一文中认为：“宋代及其以后，力量型、竞技型体育日渐衰落，文人从事体育活动鲜少。”他以激烈竞争的马球、足球为例，由于为士大夫“所不容”，“已呈衰落之势”。“唐代盛行的步打球活动，宋代已演变为非对抗性体

---

① 余江宁：《论宋代京城的娱乐生活与城市消费》，《安徽教育学院学报》2004 年第 2 期。

② 于天池、李书：《宋代说唱伎艺的演出场所》，《文艺研究》2006 年第 2 期。

③ 王水照：《宋代文学通论・文体篇》第 2 章《雅、俗之辨》，河南大学出版社 1997 年版，第 50—61 页。

育项目”。而“棋类、投壶在文人士大夫阶层中流行”。施惠康在《宋代的球类运动》① 一文中指出：宋代的捶丸“由步打球改革而成，变原来有身体冲撞的直接对抗比赛为比较和缓的间接对抗竞赛”。他在《宋代的球鞠之戏》② 一文中认为：宋代的球类运动“运动技巧提高了，娱乐成分增加了，参加人数也扩大了，不管什么政治身份，不受年龄、性别的限制”。

与上述看法不尽相同，张元在《南宋城市体育的历史特点和历史价值》③ 一文中认为：宋代“轻体意识与重体实践相交织”。一方面，“宋代统治者在思想上是轻视体育的”。在当时，“那些弄水使棒、打球蹴鞠、射弓弩者被称作‘闲人’‘闲汉’‘贱人’‘食客’……被人瞧不起”。另一方面，“在实践中又很重视武事和体育。为了选拔武艺人材，统治阶级兴武举、办武学。为了享乐，他们养了一大批技艺高超的‘文体专业队’。”对于宋代人们在思想上轻视体育的情形，研究者们普遍认为，其根源在于朝廷崇文抑武的政策和社会上重文轻武的风气。

结语：再谈几点浅见

如上所述，不难看出，在“唐宋变革”论视野下研究宋代社会史，尚有拓展的空间、深入的余地，至今仍是一个大有可为的

① 施惠康：《宋代的球类运动》，《上海师范大学学报》1991 年第 2 期。
② 施惠康：《宋代的球鞠之戏》，《西安体育学院学报》1989 年第 4 期。
③ 张元：《南宋城市体育的历史特点和历史价值》，《浙江体育科学》1992 年第 2 期。

领域。本文行将结束，最后再补充或重申几点浅见。

其一，切忌“‘唐宋变革’是个筐，一切变化往里装”。

邓小南、荣新江二位说得对：“就唐宋时期长达六七个世纪的历史进程而言，‘唐宋变革’显然不是唯一的认识角度。”① 如果视为“唯一”角度，有关研究难免“泛化”。柳立言在《何谓“唐宋变革”?》一文中指出：所谓变革“不是一般的转变，而是一些巨变，这些巨变有一个特色，就是它们对政治、社会和经济等造成‘根本的改变’”②。他强调，“唐宋变革”不应“由专称变为泛称”，不能将“唐宋比较”等同于“唐宋变革”。为了避免“唐宋变革”研究的“泛化”倾向，有以下两点应当指出：

一是唐宋时期的不少变化与当时社会结构的变革并无多大关系，不必硬加联系。如宋代南食和北食两大饮食系统的正式形成，主要是适应南方人与北方人的饮食习惯和需求。③ 宋代茅屋减少、瓦舍增多，是由茅屋容易引起火灾以及砖瓦生产的发展等因素所促成。宋代最终完成从席地而坐到垂脚而坐这一起坐方式的重大变化，在很大程度上是高足家具的出现和普及的结果。即使是某些研究者着重探讨的宋代妇女地位问题，也很难说与唐宋社会变革有多少直接的关联。这些研究者如果仅仅停留在证实唐宋妇女地位与权益究竟发生了什么变化，而对这些变化与唐宋社会结构的变革到底有什么实质性的关联不予论证，仍不免给人以牵强附会之感。

二是某些宋代社会史研究论著并未与“唐宋变革”强行挂钩，

---

① 邓小南、荣新江：《唐研究》第11卷《唐宋时期的社会流动与社会秩序研究专号·序》，第2页。

② 《宋代的家庭和法律》，第21页注2、第10页。

③ 朱瑞熙：《宋代的北食与南食》，《中国烹饪》1985年第11期。

同样不失为有价值的研究，并且可以做得深入而富有新意。以妇女史为例，伊霈霞研究宋代妇女，“唐宋变革”是其出发点之一。她说：“宋朝是前所未有的变化的时代，是漫长的中国历史中的一个转折点。”“唐宋时期的重大变化很难不波及妇女领域。”① 她的《内闱——宋代的婚姻和妇女生活》一书是一本较为优秀的著作。而邓小南关于宋代妇女的研究，主要并不立足于“唐宋变革”，仍然受到学界的肯定，有的研究者如实地指出：“目前的宋代妇女史研究以邓小南为代表。”② 而笔者所写有关文字，目的恰恰在于说明唐宋两代妇女的状况并无根本性的变化，只怕也可聊备一说。此外，如王德毅关于宋代灾荒救济的研究③、刘静贞关于宋代生育问题的研究④、汪圣铎关于宋代社会生活的研究⑤、游彪关于宋代特殊群体的研究⑥、张文关于宋代社会救济的研究⑦、方燕关于巫文化视域下的宋代女性研究⑧等宋代社会史著作，大致均与“唐宋变革”较少关联，但其价值毋庸置疑。

其二，“唐宋变革”是个颇有价值的认知体系。

在社会史研究复兴之初，学界对于开展衣食住行、婚丧节令、生老病死等社会生活问题的研究曾发生争论。一方强调历史内容的多样性，认为：“社会生活是人类丰富多彩的历史的重要组成部分”，不能“将社会生活这一重要历史内容的研究视为‘庸俗’、

① 伊沛霞：《内闱——宋代的婚姻和妇女生活》，第 2、5 页。
② 宋东侠：《宋代妇女地位研究·序言》第 5 页，中国文史出版社 2006 年版。
③ 王德毅：《宋代灾荒的救济政策》，台湾商务印书馆 1970 年版。
④ 刘静贞：《不举子——宋人生育问题》，台北稻香出版社 1998 年版。
⑤ 汪圣铎：《宋代社会生活研究》，人民出版社 2007 年版。
⑥ 游彪：《宋代特殊群体研究》，商务印书馆 2006 年版。
⑦ 张文：《宋代社会救济研究》，西南师范大学出版社 2001 年版。
⑧ 方燕：《巫文化视野下的宋代女性》，中华书局 2008 年版。

‘烦琐’而逐之于史学门槛之外”。[①] 另一方强调历史研究不能低俗化，指出：“对这些事物的研究，不论是今天，还是到明天，也都是而且不能不是居于次要地位的。”并认为：当前“确实出现了一些‘庸俗’的东西”[②]。在我看来，双方的看法各有其道理。的确，历史不是杂乱无章的流水账，研究历史不必也不可能凡事必录必究，应当分清主次，抓住关键，即发展趋势和时代潮流。然而主次又是可以转化的，某些看似琐碎的事物，其实反映历史的本质，只是我们尚未认知。

对于宋代社会史研究，“唐宋变革”这一认知体系至少具有两大功能：一是避免低俗化，突出重点，揭示历史发展大趋势；二是化琐碎为深刻，让历史内容更丰富，时代特色更鲜明。如前面讲到的榜下择婿，在宋代无非是一种并不高雅的习俗而已。然而如果站在“唐宋变革”的高度认知这一习俗，便不难发现榜下择婿之风的出现、形成和发展，折射出由魏晋经隋唐至两宋，社会从“尚姓”到既“尚姓”又“尚官”，再到“尚官”的前后变化。又如占卜，研究者固然不无理由将它视为低俗的迷信形式而不屑一顾。可是，杨晓红则把它看作值得研究的社会现象，她在《宋代占卜与宋代社会》一文中指出：“宋代卜者人数增多、占卜书籍增多、占卜方式增多，占卜被社会各阶层广泛地运用于社会生活各领域，各种政治势力将占卜作为政治斗争的工具。”并进而着眼于“唐宋变革”，分析其盛行的原因，认为：“具体原因虽多，但

① 《历史研究》杂志评论员：《把历史的内容还给历史》，《历史研究》1987年第1期，第77页。

② 范今（即漆侠）：《报刊必须坚持双百方针》，《河北大学学报》1991年第1期，第113页。

关键在于当时社会流动的趋势增大。”① 这项研究虽然欠深入，但其意义只怕是显而易见的。

其三，避免线性分析的局限。

在唐宋社会变革研究中，一因一果、非此即彼的线性分析法至今仍较为常见。如研究者注意到宋代东南某些地区杀婴成风，便认为当时“多子多福”的观念动摇。这种非此即彼的分析显然并不科学，因而也缺乏说服力。又如，宋代究竟盛行薄葬还是厚葬？力主厚葬者有之，如徐吉军。他在《论宋代厚葬》一文中断言：“宋代是一个习尚厚葬的社会。”② 力主薄葬者亦有之，如朱瑞熙。他在《宋代的丧葬习俗》一文中判定：“宋代薄葬蔚为风气。”③ 其实，不同阶层的丧葬习俗不尽相同，厚葬之风不可能在劳苦大众当中盛行。即使在士大夫群体当中，也有恣意厚葬与厉行薄葬的不同追求。研究者往往将经济发展作为厚葬盛行的重要原因之一，然而经济发展与厚葬并无必然联系，一因未必一果，一因还可能二果乃至多果。再如对于宋代是否“女无外事”，前面已经讲到，说是说否者都大有人在，而邓小南并未做出非此即彼的简单回答。她认为：宋代士人家族中的女性“一方面具有自立意识及实际能力，有强烈的人生追求与期冀；另一方面又比较‘自觉’地认同用以规范人际关系与日常生活的儒家伦理观念，以‘女正位乎内，男正位乎外’为精神支撑”④。“研究者既看到家族结构与秩序对于女性的束缚挤压，体会到她们的无助与苦闷，又

① 杨晓红：《宋代占卜与宋代社会》，《四川师范大学学报》2002 年第 3 期，第 49 页。

② 徐吉军：《论宋代厚葬》，《浙江学刊》1992 年第 6 期，第 164 页。

③ 朱瑞熙：《宋代的丧葬习俗》，《学术月刊》1997 年第 2 期，第 69 页。

④ 邓小南：《宋代士人家族中的妇女——以苏州为例》，《国学研究》第 5 卷，第 519 页。

感觉到女性强化这种结构和秩序的努力。”① 她的回答显然较完整，说服力也较强。

如果说杀婴、薄葬之风尚属比较具体的社会现象，那么在分析唐宋社会发展大势时，线性分析法似乎更常见。如宋代社会生活风尚，究竟是“繁杂而保守”还是“简易而变古”，学界存在较大争议。② 其实，不同阶层、不同地域未必存在完全相同的生活风尚，所有领域、一切方面的走向很难完全一致，只怕不能一刀切。又如关于宋代社会生活的总体发展趋势，有两种同样流行的说法。一种说法是与唐代相比，宋代社会生活趋向于平民化、世俗化，即从“雅”到“俗”。另一种说法是唐代社会生活相对开放、外倾，宋代社会生活相对封闭、内倾，即转向内在。从“雅”到“俗”说与转向内在说是否绝对对立、非此即彼？两说可否兼容并包、亦此亦彼？③

其四，重视变革的地域性差异。

地域之间发展的不平衡性问题，早年并未引起笔者的重视。评论者称：“张邦炜60年代论文主张凡宋庄园皆行租佃制。”④ 这个“皆”字显然带有批评之意，并且十分中肯。漆侠的“北不如南，西不如东”之说无疑要高明得多。前面已经提到，他认为宋代东部地区盛行封建租佃制，而西部地区仍停留在庄园农奴制阶段。漆侠的地域发展不平衡论主要立足于经济史，宋代社会史研究者同样不应忽视“唐宋变革”的地域个性。

---

① 邓小南：《“内外”之际与“秩序”格局：兼谈宋代士大夫对于〈周易·家人〉的阐发》，《唐宋女性与社会》上册，第118页。

② 参看《宋辽西夏金社会生活史》，第3—7页。

③ 参看虞云国《略论宋代文化的时代特点与历史地位》，《浙江社会科学》2006年第3期。

④ 朱瑞熙等：《宋史研究》，第190页。

应当肯定，研究者剖析某些具体的社会现象，注意到地域差异。如揭示火葬之俗，将两浙、河东等盛行地区与其他地域区分开来；阐释杀婴之风，把东南山区等流行地域与其他地区区别开来。然而探讨另外一些社会现象，只怕又存在忽视地域差异的问题。如研究家族组织，在笔者看来，如何“进一步凸现地域个性”，“揭示不同地域家族的不同地域特性”，仍然是个有待加强的问题。①

至于从总体上探讨“唐宋变革”，学界对于地域个性的揭示不仅有关论著少，而且不够充分。佐竹靖彦对宋代福建地区地域个性的探讨，实属凤毛麟角。他认为，“华北汉人的南迁和定住”和“少数民族的汉化”两大因素引起福建社会发生“本质性变化”。他又将福建分为两个地域，即“与原住民没有发生同化的客家的居住区域”和“实现了与原住民同化的客家之外的地域”。然而对于这些变化甚至包括“建州地区由武至文的风气变化”等②，是否与唐宋社会变革有关，究竟有什么关联，作者缺乏较为深入的讨论。再以宋代四川地区为例，研究者的设想大致是，宋代四川地区落后于全国各地，仍大体保存唐代社会的旧貌，停留在门阀社会阶段。其主要依据之一是苏轼《眉州远景楼记》。苏轼称：“其士大夫贵经术而重氏族”，“盖有三代、汉、唐之遗风，而他郡之所莫及也”。而“重氏族”的表现则是：“大家显人以门族相上，推次甲乙，皆有定品，谓之‘江乡’。非此族也，虽贵且富，不通

① 《黄宽重〈宋代的家族与社会〉读后》，《历史研究》2007年第2期，第177—178页。

② 佐竹靖彦：《宋代福建地区的土豪型物资流通和庶民型物资流通》《宋代建州地域的土豪和地方行政》，《佐竹靖彦史学论文集》，第200—201、214、228页。

婚姻。”① 可是苏轼仅就眉州（治今四川眉山）而言，好在元代文豪虞集补充道：“昔者，吾蜀文献之懿，故家大族子孙之盛，自唐历五季至宋，大者著国史，次者州郡有载记。……盖犹有九品中正遗风，谱牒之旧法，不独眉俗为然也。”② 然而宋代四川地区各地的社会经济发展又是不平衡的。成都府路乃至潼川府路是当时全国最先进的地区之一，足以同两浙路相提并论，有“极似江南”③ 的美誉。而夔州路则被称为“天下最穷处”④，是全国最落后的地区之一，只能与广南西路相比。就民族分布而言，宋代四川地区既有汉族居住区，又有少数民族居住区，还有不同民族杂居区。其社会发展不可能齐步走，唐宋社会变革在四川各地的表现不可能没有差别。四川地区如此，其他地域社会发展的不平衡状况也大同小异。揭示社会发展的地域不平衡性，只怕是“唐宋变革”论与宋代社会史研究的题中应有之义。

（王化雨、成荫、邱志诚等学友曾对本文草稿提出修改意见。）

（原载李华瑞主编《“唐宋变革”论的由来和发展》，天津古籍出版社2010年版）

---

① 苏轼：《苏轼文集》卷11《眉州远景楼记》，孔凡礼点校，中华书局1986年版。

② 虞集：《道园学古录》卷10《题晋阳罗氏族谱图》，四部丛刊本。

③ 范成大：《范成大笔记六种·吴船录》卷上，孔凡礼点校，中华书局2002年版。

④ 陆游：《剑南诗稿》卷3《偶忆万州戏作短歌》，四部备要本。

宋代学校教育的时代特征

——着眼于唐宋变革与会通的观察

一、“广开来学之路”

教育史是一门交叉学科，宋代的学校教育为教育学者和历史学者所共同关注。由于两门学科性质不同，其出发点和落脚点存在着较为明显的差异。教育学者往往强调一个“鉴”字：“总结其经验教训，为今天的教育提供镜鉴。”① 历史学者常常突出一个“变”字，代表性著作有袁征的《宋代教育——中国古代教育的历史性转折》②、陈雯怡的《由官学到书院——从制度与理念的互动

① 苗春德、赵国权：《南宋教育史》，上海古籍出版社 2008 年版，第 1 页。此前苗春德曾主编《宋代教育》，河南大学出版社 1992 年版。

② 袁征：《宋代教育——中国古代教育的历史性转折》，广东高等教育出版社 1991 年版，第 310—312 页。

看宋代教育的演变》①。从副标题即可看出，探寻社会历史变迁的路向与轨迹是他们的着力点。②

历史学者探讨宋代学校教育，或着眼于唐宋社会变革。如20世纪80年代初，李弘祺在《宋代教育散论》一书中就强调："宋代是传统中国由门第贵族（或可改为'士族'）社会解体之后到明清士绅社会形成之前的一个过渡时期。"③ 稍后，朱瑞熙和我曾共同探究宋代教育问题，主旨与李弘祺相似。我们在《论宋代国子学向太学的演变》一文中认为："宋代国子学向太学的演变具有变往开来、除旧布新的意义。它变西晋已降国子学独立建校的陈规，开明、清而下国子学、太学合二为一的新制。""从一个侧面显示了我国传统社会的历史车轮驶至宋代，已进入一个新的阶段。"④

问题在于：宋代教育的时代特征究竟如何表述为好？宫琦市定用"从部曲走向佃户"⑤ 一语表述唐宋之际生产关系领域的变化，王曾瑜用"从门第到有、无出身"⑥ 八个字表述由唐入宋官场乃至社会的变迁，均相当确当且简要。举一反三，由此及彼。

---

① 陈雯怡：《由官学到书院——从制度与理念的互动看宋代教育的演变》，台北联经出版事业股份有限公司2004年版。

② 因两者侧重点不同，历史学者的研究极易被教育学者视为"为历史而研究历史"（《南宋教育史》第1页）。其实并非全然如此。如袁征将"文化专制主义的进一步加强"认定为"宋代教育发展的一个基本趋势"（《宋代教育》第310—312页），姑且不论是否确当，这一结论分明饱含他对社会现实的深切关怀。

③ 李弘祺：《宋代教育散论》，台北东升出版事业公司1980年版，第7页。此后，李弘祺又有《宋代官学教育与科举》一书出版，台北联经出版事业股份有限公司1994年版。

④ 张邦炜、朱瑞熙：《论宋代国子学向太学的演变》，邓广铭等主编：《宋史研究论文集》，河南人民出版社1984年版。

⑤ 宫琦市定：《从部曲走向佃户》，《东洋史研究》第29卷第4号，1971年。

⑥ 王曾瑜：《从门第到有、无出身》，《燕京学报》新22期，2007年9月。

可否将“由官学到书院”作为宋代教育的时代特征呢？思之再三，只怕欠妥。其一，视书院为新事物，固然是事实，但不能简单地一概视官学为旧体制，将两者绝对地对立起来。其二，宋代书院并未取官学而代之，成为学校教育的一统天下，相反倒是书院趋于官学化。其三，宋代官学自身前后变化不小，朝着“广开来学之路”的路向演进，与书院趋同。然而书院与官学两者之间的影响毕竟不是单向的，而是相互的。

“广开来学之路”一语见于南宋人袁甫《记前廊题名》：“今天子（指宋理宗）御极六年，广开来学之路。”① 仅就宗学而言，且有歌功颂德之嫌，尤其是那个“广”字，相当夸张。但这六个字在很大程度上反映了宋代学校教育的实情。在当时的官方文书中，“广招贤之路”，“示国家育才之广”②，这类言辞屡见不鲜。与“广开来学之路”的举措相呼应，社会上初步形成了“读书人人有分”③ 的理念。宋代学校的身份性、等级性门槛降低，其社会作用着实不小。如果说“取士不问家世”为平民子弟提供了科举入仕的机会，那么“广开来学之路”则为他们铺设了读书应举的桥梁。于是“群起而趋之”，读书人“不可胜数”。苏辙渲染道：“凡今农工商贾之家，未有不舍其旧而为士者也。”④ 这意味着从前门阀士族由垄断文化而垄断政治的格局被打破，由科举出身的读书人所组成的士大夫作为一大新兴阶层跃然登上政坛。用当时人的

① 潜说友：《咸淳临安志》卷11《学校》，《宋元方志丛刊》，中华书局1989年版，第3450页。

② 王应麟：《玉海》卷112《学校下·庆历四门学》，江苏古籍出版社、上海书店1990年版，第2070页。

③ 施德操：《北窗炙輠》卷上，丛书集成初编本，第13页。

④ 苏辙：《苏辙集》卷21《上皇帝书》，陈宏天等点校，中华书局1990年版，第370页。

话来说即是："满朝朱紫贵，尽是读书人。"① 这些穿朱着紫的高官，出身寒微者为数不少。正如张载所说："朝廷无世臣。且如公卿，一日崛起于贫贱之中，以至公相。"②

20世纪80年代末，我在《婚姻与社会·宋代》一书的结语中，将教育方面的"广开来学之路"作为唐宋社会变革的重要表征之一。③ 如果套用"从什么到什么"模式，也可表述为"从严控入学之门"到"广开来学之路"。而今旧话重提，一是由于从前语焉欠详，二是鉴于唐宋变革论近来遭受到颠覆性质疑。④ 自知观念旧、知识面窄，仍将本文刊布，旨在请教。

二、"国学教胄子，太学招贤良"

学校向什么人敞开大门，将什么人拒之于校门之外，学校以什么人为教育对象，决定着学校的根本性质。从这个角度观察，由汉至唐，中央官学大致经历了从"汉型"到"晋型"再到"唐型"三次体制性改动。而宋代中央官学则由"唐型"回归"汉型"。下面从汉代说起。

---

① 张端义：《贵耳集》卷下，《学津讨原》本。

② 张载：《张载集·经学理窟·宗法》，章锡琛点校，中华书局1978年版，第259页。

③ 张邦炜：《婚姻与社会·宋代》，四川人民出版社1989年版，第182页。

④ 近期，一篇访谈录在网络上盛传，《唐宋变革论错在哪》相当吸引眼球。种种唐宋变革论，似乎皆可一概以一字蔽之：错！剩下的问题仅仅在于：错在哪？经查，访谈录原载2016年5月29日《东方早报·上海书评》，题为《谈唐宋变革论》。《澎湃新闻》摘编此文，其标题是：《唐宋变革论究竟是怎么回事》。唐宋变革论错在哪，只怕并非受访者原意，而是网络编者个人的看法。

汉代实行太学单轨制，有太学而无国子学，太学是不折不扣的最高学府，因而汉人宣称："太学，天子教化之宫。"① 汉武帝为太学定规立制，其生员选择的标准为："民年十八以上，仪状端正者。"所谓"端正"，无非是指"好文学，敬长上，肃政教，顺乡里"，属于学业与道德品质方面的要求，并非身份性、等级性的限制。汉成帝末年，"或言孔子布衣养徒三千人，今天子太学弟子少，于是增弟子员三千人"②。太学向社会各阶层开放，颇有孔子"有教无类"的意味，因而出现了"汉世向学者多孤寒之士"的现象乃至"布衣卿相"③ 的局面，如丞相公孙弘"初牧豕海上"，御史大夫倪宽幼时"贫无资用"，代理丞相匡衡"世农夫"、曾"庸作"④ 等。这分明是井田制解体、封建贵族制崩溃之后，社会走向平民化的表征。难怪南朝人沈约针对西晋人刘毅"下品无高门，上品无贱族"一说，格外强调："汉代本无士庶之别。"⑤ 后来，唐朝人柳芳在《姓系论》中同样指出：汉代"不辨士与庶族"⑥。

西晋实行国子学、太学双轨制。其原因是："汉型"太学生员士庶混"杂"，"高门子弟耻非其伦"⑦。这一士庶矛盾发端于曹魏时，到西晋时激化。《南齐书》称："晋初太学生三千人，既多猥

① 范晔：《后汉书》卷30下《襄楷传》，中华书局1965年版，第1080页。

② 班固：《汉书》卷88《儒林传》，中华书局1962年版，第3594页。

③ 参见赵翼《廿二史札记》卷2《汉初布衣将相之局》，中华书局1963年版，第31—32页。

④ 吕思勉：《燕石续札·汉世向学者多孤寒之士》，上海人民出版社1985年版，第123—124页。

⑤ 郑樵：《通志二十略·选举略二·杂议论上》，王树民点校，中华书局1995年版，第1287页。

⑥ 欧阳修、宋祁：《新唐书》卷199《儒学中·柳冲传》，中华书局1975年版，第5677页。

⑦ 陈寿：《三国志·魏志》卷15《刘馥传》，中华书局1959年版，第464页。

杂，惠帝时欲辨其泾渭，故元康三年（293）始立国子学，官品第五以上得入国学。”“太学之与国学，斯是晋世殊其士庶，异其贵贱耳。然贵贱士庶，皆须教成，故国学、太学两存之也。”① 于是形成双轨制，即所谓“国学教胄子，太学招贤良”② 的格局。作为士族子弟学校的国子学，其地位远远高于庶族子弟就读的太学。值得注意的是，庶族在晋代并非平民的同义词，而是专指统治集团中的非士族或无特权的富有者。当时严控入学之门，平民子弟既被排除在国子学之外，也无进太学的资格。由于双轨制体现高门士族利益，适应门阀制度需要，魏晋南北朝各政权大多设立国子学。如东晋沿用“旧制”：“国学生皆取冠族华胄。”③ 所谓“旧制”，即西晋之制。南齐“立国学，置学生百五十人，取王公以下子孙，年十五以上，二十以下”④。梁武帝兴国子学，“诏皇太子及王侯之子，年在从师者，皆入学”⑤。北魏孝文帝迁都洛阳后，“立国学、太学、四门、小学”⑥。北齐“国子一学，生徒数十人”⑦。北周也有国子学之设。《周书》载：薛裕“初为太学生时，黉中多是贵游”。其实他本人也是“河东著姓”⑧ 之后。可见，直到北朝晚期，岂止国子生，即使太学生也多为“贵游”“著姓”子弟。

唐代实行国子学、太学、四门学三级制。其渊源可追溯到北

---

① 萧子显：《南齐书》卷 9《礼志上》，中华书局 1972 年版，第 145 页。

② 《玉海》卷 112《学校下・晋两学》，第 2059 页。

③ 《通志二十略・选举略二・学校》，第 1321—1322 页。

④ 《通志二十略・选举略二・学校》，第 1322 页。

⑤ 李延寿：《南史》卷 6《梁本纪上》，中华书局 1975 年版，第 192 页。

⑥ 《通志二十略・选举略二・学校》，第 1322—1323 页。

⑦ 李百药：《北齐书》卷 44《儒林传》，中华书局 1972 年版，第 582 页。

⑧ 令狐德棻等：《周书》卷 35《薛端传附弟薛裕传》，中华书局 1971 年版，第 662 页。

魏。唐高祖在建立政权之初，即令“国子学置生七十二员，取三品已上子孙；太学置生一百四十员，取五品已上子孙；四门学生一百三十员，取七品已上子孙”。三所学校分别属于高级、中级、初级官员子弟学校，将平民子弟一概拒之于校门之外。这与“晋型”中央官学并无实质性区别，而与“汉型”中央官学迥然不同。稍后设立的“小学”，其教育对象是“皇族子弟及功臣子弟”①，更是十足的勋贵子弟学校。唐代太学的生员定额虽然多于国子学，但地位低于国子学。和西晋一样，唐代的最高学府不是太学，而是国子学。因此，唐人说：“国学之盛，近古未有。”② 唐高宗以后，对唐高祖最初的规定有所调整，一是生员定额大大增多，二是身份性、等级性要求更加细密具体，主要是将四门学生员的入学资格部分调整为“庶人之俊异者”③，这就为平民子弟入学推开一扇窗户，但中央官学的官员子弟学校性质基本不变。

三、“国家养天下士于太学”④

吕思勉说：“国子学与太学，初本是二，后乃合而为一。”⑤ 宋初大体沿袭唐代旧制，但此后中央官学的体制逐渐由“唐型”向“汉型”回归，国子学走向太学化，即经历了从严控入学之门

① 刘昫等：《旧唐书》卷189上《儒学传上》，中华书局1975年版，第4940页。

② 王定保：《唐摭言》卷1《两监》，中华书局1959年版，第5页。

③ 《新唐书》卷44《选举志上》，第1159页。

④ 脱脱等：《宋史》卷287《赵安仁传附孙君锡传》，中华书局1977年版，第9660页。

⑤ 吕思勉：《燕石续札·国子太学》，第132页。

到广开来学之路的转化过程。对此，元人袁桷在《国学议》中有所揭示："宋朝承唐之旧，而国学之制日隳。至于绍兴，国学愈废。虽名三学，而国学非真国子矣。当时布衣从公卿牒补入国学，而真国子入学者十无一二。"① 这一转化过程可分为四个阶段。

第一阶段：北宋初至庆历，太学生附读于国子学。《宋史·选举志三·学校试》开篇便说："凡学皆隶国子监。国子生以京朝七品以上子孙为之"，"太学生以八品以下子弟若庶人之俊异者为之"。② 这是就北宋初期制度层面的规定而言。从中不难看出，当时的中央官学基本属于"唐型"，对生员的入学资格有严格的身份性、等级性规定。因而宋人说："本朝学制大抵仿唐之旧。"③ 但稍加比较即可发现，两者既有相同之处，又有不同之处。相同之处是中央官学大体保持官员子弟学校的性质，国子生的地位仍在太学生之上。不仅如此，当时国子学为独一无二的中央官学，太学生附读于国子学，称太学馆，并无独立的太学。不同之处是对国子生的太学生家庭出身的要求放宽，太学生由"五品已上子孙"降低到"八品以下子弟"，并兼及"庶人之俊异者"。国子生由"三品已上子孙"降低到"京朝七品以上子孙"，国子学从唐代的高级官僚子弟学校变为高、中级官僚子弟混合学校。这是就纸面上的规定来说。当时实际情况是国子学很不景气，十分混乱，"学舍虽存，殊为湫隘。生徒至寡，仅至陵夷"④。关键在于不少官员

① 袁桷：《国学议》，李修生主编：《全元文》，凤凰出版社 2004 年版，第 23 册，第 139 页。

② 脱脱等：《宋史》卷 157《选举志三·学校试》，中华书局 1977 年版，第 3657 页。

③ 苏颂：《议学校法》，曾枣庄、刘琳主编：《全宋文》，上海辞书出版社、安徽教育出版社 2006 年版，第 61 册，第 4 页。

④ 杨亿：《武夷新集》卷 17《代人轮对论太学状》，四川大学古籍整理研究所编：《宋集珍本丛刊》，线装书局 2004 年版，第 2 册，第 357—358 页。

子弟“系籍而不至”①，成为国子学的挂名生员。而各地各阶层子弟则以冒充、旁听等办法诵入，将国子学作为他们准备科举考试的地方。对于中央官学的“混乱”局面，孙何等官员颇为不满，主张严控中央官学之门，“太学不得补庶人之子”。孙何在上疏中说：“国家必欲开孤进之路，辟至公之门”，可实行分途而进方略，“使寒俊之士由乡里以升闻，世禄之家自成均而出仕”②。有的官员建议朝廷：“明敕公卿大夫，凡子弟才及弁髦，即皆隶籍。”③朝廷也曾采取若干措施，如“诏令元系籍而听习不阙”④ 等。然而，所谓“混乱”局面，实属历史潮流。朝廷的各种措施均未见成效，只得放宽入学条件：“远乡久寓京师，其文艺可称，有本乡命官保任，监官验之，亦听附学充贡。”⑤ 于是，国子学在很大程度上成为各阶层子弟的寄读学校。难怪当时人感叹：“但为游士寄应之所，殊无国子肄习之法。”⑥ 后来，袁桷更是一语破的：“国学非真国子矣。”

第二阶段：庆历至熙宁，太学独立办学。国子学作为中央官办学校，“仅此一家，别无分店”的格局是在庆历三年（1043）打破的。这年二月，“立四门学，以士庶子弟为生员，以广招贤之路”⑦。《宋史·选举志三·学校试》载：“初立四门学，自八品至

① 徐松：《宋会要辑稿》崇儒一《太学》，刘琳、刁忠民等点校，上海古籍出版社 2014 年版，第 5 册，第 2742 页。

② 赵汝愚：《宋朝诸臣奏议》卷 78《儒学门·学校上》，北京大学中国中古史研究中心校点整理，上海古籍出版社 1999 年版，第 848 页。

③ 《武夷新集》卷 17《代人轮对论太学状》，第 358 页。

④ 《宋会要辑稿》崇儒一《太学》，第 5 册，第 2742 页。

⑤ 《宋史》卷 157《选举志三·学校试》，第 3658 页。

⑥ 马端临：《文献通考》卷 42《学校考三·太学》，中华书局 1986 年版，第 395 页。

⑦ 《玉海》卷 112《学校下·庆历四门学》，第 2070 页。

庶人子弟充，岁一试补。”[①] 次年四月，太学独立建校，国子学、太学并立的局面再现。太学的招生对象与四门学相似，只是在“庶人”之后加了个限制词“俊异者”，两者均为士庶子弟混合学校。明代学者胡应麟说：“五代以还，不崇门阀。”[②] 时至宋代，“士庶”二字的含义已不同于魏晋，应解读为“官民”。宋代太学一经出现，其性质便与唐代太学大不相同。如果说太学在唐代为中级官僚子弟的特殊学校，那么它在宋代则为混杂士庶子弟的普通学校。太学一经设立，四门学旋废，又出现了国子学、太学二学并立的局面。从庆历四年到熙宁元年（1068），短短 30 多年间，包括国子生、太学生在内的国子监学生（简称“监生”）定额从 200 人猛增到 900 人，实际人数超过定额。增加的监生名额，太学生占多数，“太学至不能容”。其原因之一固然是教育家胡瑗、孙复曾任教太学，深受学生拥戴。据记载，胡瑗讲《易》，“常有外来请听者，多或至千数人”。孙复说《春秋》，听者“莫知其数”，“立听户外者甚众”。[③] 更重要的原因在于朝廷不得不满足平民阶层的要求。宋仁宗嘉祐三年（1058）七月增加监生员额诏，将其主因和盘托出：“远方孤寒之士多在京师。”[④] 太学校门敞开，“孤寒之士”纷纷进入太学，以致某些官员感叹：“国子监以国子名，而实未尝教养国子。”[⑤]

第三阶段：熙宁至北宋末，实行“舍选”。宋代太学的兴盛局

---

① 《宋史》卷 157《选举志三·学校试》，第 3659 页。

② 胡应麟：《少室山房笔丛》卷 39《华阳博议下》，中华书局 1958 年版，第 515 页。

③ 程颢、程颐：《二程集·河南程氏文集》卷 7《伊川先生文三·回礼部取问状》，王孝鱼点校，中华书局 1981 年版，第 2 册，第 568 页。

④ 《宋会要辑稿》职官二八《国子监》，第 3753 页。

⑤ 《文献通考》卷 42《学校考三·太学》，中华书局 1986 年版，第 396 页。

面出现在熙宁四年以后，朝廷实行“详于诸生，略于国子”① 的方针。一方面，限制国子学规模，如“元符元年（1098），诏许命官补国子生毋过四十人”②。另一方面，在经济上、政治上提高太学生待遇。就经济待遇而言，当时称为“食钱”的助学金，上舍、内舍生由每月 300 文提高到 1300 文，外舍生从无到有，并进而提高到 1240 文。③ 朝廷还给予太学生乃至州县学生某些免征赋役权。崇宁三年（1104）规定：“凡州县学生曾经公、私试者复其身，内舍免户役，上舍仍免借借如官户法。”④ 所谓“借借”是一种杂税。⑤ 至于政治待遇，主要是实行“舍选”。“舍选”又称“学选”，即通过太学考试，直接选拔进士乃至官员。舍选的源头可追溯到熙丰年间。元丰三年（1080）规定：“上等以官，中等免礼部试，下等免解。”⑥ 崇宁三年，废除科举，全面实行舍选，“天下取士悉由学校升贡”⑦。宣和三年（1121），在保留舍选的同时，恢复科举，两者并行。但朝廷偏重舍选，舍选状元“名望重于科举状元”⑧。进入太学即可享受公费，又可减免赋役，而且还是一条重要的入仕途径，太学的吸引力倍增。反对者上疏朝廷：“自三舍法行，系籍学生并免差科，以是兼并上户之家皆遣子弟入

---

① 不著撰人：《宋大诏令集》卷 157《政事十·学校·大司成薛昂乞置国子正录以典教御批》，中华书局 1962 年版，第 591 页。

② 《宋史》卷 157《选举志三·学校试》，第 3662 页。

③ 参见李弘祺《北宋国子监与太学的经费》，《宋代教育散论》，第 73—96 页。

④ 《宋史》卷 157《选举志三·学校试》，第 3663 页。

⑤ 参见朱瑞熙《宋朝的借借》，《中国史研究》1983 年第 4 期。

⑥ 《玉海》卷 112《学校下·元丰太学三舍法》，第 2074 页。

⑦ 《宋史》卷 155《选举志一·科目上》，第 3622 页。

⑧ 赵升：《朝野类要》卷 2《举业·释褐》：“上舍试中优等者释褐，以分数多者为状元，其名望重于科举状元。”（王瑞来点校，中华书局 2007 年版，第 54 页）

学，非人人俊彦也，往往以厚科假手，滥处庠序。”① 这恰好从另一个方面表明当时太学的诱惑力极大。为适应包括上户在内的平民子弟的入学需求，朝廷进一步敞开太学大门，不断增加太学生定员，到崇宁三年已由从前的数百人增加到 3800 人。即便如此，仍难以满足需求，又采取补救措施，如“元祐间，置广文馆生二千四百人，以待四方游士试京师者”②。广文馆系无身份等级性要求的中央官办补习学校，从前员额有限，这时大大增加。

第四阶段：南宋时期，国子生附读于太学。章如愚《群书考索》载：太学“建炎南渡废。绍兴十二年（1142），权于临安府措置增展”。“十三年，始复建太学。”③ 值得注意的是，吴自牧《梦粱录》曰：“高宗自南渡以来，复建太、武、宗三学于杭都。”④ 耐得翁《都城纪胜》称：“都城内外，自有文武两学、宗学。”⑤ 有关记载均未提及国子学，可见当时并无国子学之设。与北宋不同，南宋人所谓“三学”不再是国子学、太学、四门学的省称，而是指太学、武学和宗学；“两学”不再是国子学、太学的合称，而是指“文、武两学”，即太学与武学。《咸淳临安志》卷 11《学校》载：太学生“今为额一千七百十有六（原注：上舍三十人，内舍二百六人，外舍一千四百人，国子生八十人）”⑥。国子学不再独立建校，“国子生附太学”，“于太学辟一斋以处之”。⑦ 于是袁桷有“至于绍兴，国学愈废”一说。宋代国子学太学化的过程

---

① 章如愚：《群书考索》后集卷 27《士门・学制类》，影印文渊阁四库全书本。
② 《宋史》卷 155《选举志一・科目上》，第 3657 页。
③ 《群书考索》后集卷 11《官制门・太学类》。
④ 吴自牧：《梦粱录》卷 15《学校》，山东友谊出版社 2001 年版，第 199 页。
⑤ 耐得翁：《都城纪胜・三教外地》，中国商业出版社 1982 年版，第 16 页。
⑥ 《咸淳临安志》卷 11《学校》，《宋元方志丛刊》，第 3453 页。
⑦ 《宋会要辑稿》崇儒一《宗学》，第 2734 页。

至此大体告终。

北宋初期，官民子弟混合的太学生附读于作为官员子弟学校的国子学。到南宋初期，官员子弟国子生附读于作为官民子弟混合学校的太学。这一历史性演变在很大程度上即是“广开来学之路”的过程。中央官学的校门越敞越开，越开越大。至迟到北宋中期以后，太学生中平民子弟已占多数。如王十朋出身农家，入太学前是位以“聚徒”“受业”① 谋生的“乡先生”。王次翁更是个比王十朋更标准的穷书生，他“入太学，贫甚，夜持书就旁舍，借灯读之”②。嘉定年间，官方宣称：“国家开设学校，收拾四方寒俊之士，教育以成其材，冀为异日之用。”③

至于元代，又回归国子学单轨制，有国子学而无太学。《元史·成宗本纪四》载：大德八年（1304）“二月丙戌，增置国子生二百员，选宿卫大臣子孙充之”④。元代国子学与西晋何其相似。袁桷说：“国朝国学定制，深有典乐教胄子之古意。”⑤《元史·武宗本纪二》又载：至大二年（1309）十一月“丁未，择卫士子弟充国子学生”⑥。元代国子学与西晋又不尽相同。对此，吕思勉在《燕石续札》中有所揭示。⑦

---

① 《宋史》卷387《王十朋传》，第11882页。
② 《宋史》卷380《王次翁传》，第11709页。
③ 《宋会要辑稿》职官二八《国子监》，第3777页。
④ 宋濂等：《元史》卷21《成宗本纪四》，中华书局1976年版，第457页。
⑤ 袁桷：《国学议》，《全元文》，第23册，第139页。
⑥ 《元史》卷23《武宗本纪二》，第519页。
⑦ 参见《燕石续札·元仁宗重视国学》，第141—142页。

四、“无贵贱高下，愿学者即授”

魏晋以降，以至于唐，地方官学是否属于贵胄子弟学校？虽然尚未发现见诸文字的制度性规定，但有些突出的个案。如东晋豫章（治今江西南昌）太守范宁“在郡大设庠序”，“并取郡四姓子弟，皆充学生”。[①] 南齐荆湘二州刺史萧嶷“开馆立学”，“置生四十人，取旧族父祖位正佐台郎年二十五以下，十五以上补之”。[②] 唐代永州（今属湖南）刺史韦宙兴办官学，“取仕家子弟十五人充之”[③]。这些地方官学的性质属于贵胄子弟学校，至少是以教育贵胄子弟为主。

吕思勉说：“宋以后郡县之学，较唐以前为盛。”[④] 与魏晋隋唐不同，宋代地方官学通常向平民子弟开放。庆历四年三月，范仲淹主持新政期间，宋仁宗下“州县立学诏”。据《宋会要》记载，此诏对地方官学入学资格的规定是：“其州、军、监初入学人，须有到省举人二人委保，是本乡人，或寄居已久，无不孝不悌逾滥之行，及不曾犯刑责，或曾经罚赎而情理不重者，方得入学。”[⑤] 其中除道德品质方面的要求而外，对学生的家庭出身无任何限制。

---

① 房玄龄等：《晋书》卷75《范汪附子范宁传》，中华书局1974年版，第1988页。

② 《南齐书》卷22《豫章文献王嶷传》，第408页。

③ 《新唐书》卷197《循吏传·韦丹附子韦宙传》，第5631页。

④ 《燕石续札·郡县乡里之学上》，第145页。

⑤ 《宋会要辑稿》崇儒二《郡县学》，第2763页。

值得注意的是，李焘《长编》的记载与《宋会要》不尽相同："所禁有七：曰隐忧匿服；曰尝犯刑责；曰行亏孝弟，有状可指；曰明触宪法，两经赎铜，或不经赎罚，而为害乡党；曰籍非本土，假户冒名；曰父祖犯十恶四等以上罪；曰工商杂类，或尝为僧道，皆不得预。"① 主要不同之处在于："工商杂类，或尝为僧道，皆不得预。"《嘉泰会稽志》的记载与《长编》大致相同，只是在诏令之后，赓即指出："有司方奉行，会仲淹罢，于是学校之令皆弛。"② 所谓"尝为僧道"是指"僧道还俗"者。北宋初期早有此禁，宋太祖在开宝五年（972）曾下《禁寄褐道士诏》③。对于此禁，宋太宗有解释："此辈不能专一科教，可验操履，他日在官，必非廉洁之士。"可是，禁而难止，"此辈"非但进入地方官学，还"有赴举者"④。至于"工商杂类不得预于士伍"⑤，是字面上沿袭唐朝旧规，并且予以放宽。皇祐四年（1052）诏引《贡举条制》称："工商杂类有奇才异行者，亦听取解。"⑥ 在制度上为所谓"工商杂类"进入仕途打开缺口，实际情形是"下至工商杂类，方游太学、广文"⑦。无怪乎当时人说："糊名考校中，诸行百户，何所不有！"⑧ 至于地方官学，更是"何所不有"。如南宋后期，南剑州州学、嘉兴府学"虽胥吏、市人子，有可教者，亦收置黉

---

① 李焘：《续资治通鉴长编》卷147庆历四年三月乙亥，中华书局1985年版，第3564—3565页。

② 沈作宾、施宿等：《嘉泰会稽志》卷1《学》，《宋元方志丛刊》，第6726页。

③ 《宋大诏令集》卷223《政事七十六·道释上·禁寄褐道士诏》，第860页。

④ 《续资治通鉴长编》卷24太平兴国八年十二月癸卯，第560页。

⑤ 《旧唐书》卷48《食货志上》，第2089页。

⑥ 《续资治通鉴长编》卷202治平元年六月癸卯，第4890页。

⑦ 《宋朝诸臣奏议》卷78《儒学门·学校上》，第848页。

⑧ 周密：《癸辛杂识》续集下《大辟登科》，中华书局1988年版，第206—207页。

序，亲授经史，其所成就居多"[①]。有地方官员建议严格县学学习考试制度，理由是："生员在县学月日得足，庶使天下寒俊，一概不至滞留。"[②] 从中不难看出，地方官学生员以"寒俊"居多。

地方学校中，书院比官学更值得关注。其原因之所在，马端临已道明：一是"未有州县之学，先有乡党之学"；二是州县学"或作或辍，不免具文"，书院"前规后随，皆务兴起"；三是书院"田土之锡、教养之规，往往过于州县学"[③]。就兴起先后而言，书院在先，官学在后，只怕并非由官学到书院，而是由书院到官学。宋代地方官学兴盛于庆历前后[④]，而书院宋初早已有之[⑤]，其渊源可追溯到前唐五代。吕思勉将书院称为"民间新兴之事"[⑥]。作为新生事物，书院具有不少新特点，如新兴阶层的学校、理学传播的阵地以及注重素质教育、教学方法灵活多样等。书院与地方官学最为明显的差别或许在于：功利性较弱，不以应试中第为目的；平民性更强，广泛地向包括"工商杂类"在内的社会各阶

① 真德秀：《汤武康墓志铭》，《全宋文》第314册，第103—104页。

② 《宋会要辑稿》崇儒二《郡县学》，第2774页。

③ 《文献通考》卷46《学校考七·郡国乡党之学》，第431页。

④ 北宋初期，州县一般有孔庙而无官学。俞希鲁《至顺镇江志·学校》称：润州（治今江苏镇江）州学"始于太平兴国八年（983）。宝元初，郡守范仲淹新而广之"（杨积庆等校点，江苏古籍出版社1999年版，第426页）。读原注即知，从前有庙无学，范仲淹知州，才请赐闲田，聘师兴学。又如润州丹阳（今属江苏），"初，县未有学，而县治东则有夫子庙。宋庆历间，始依庙为学"（同上书，第453页）。苏州昆山（今属江苏），项公泽等《淳祐玉峰志·学校》曰："至雍熙间，县令边仿因遗址，重立庙，门阙甚丽。""景祐初，范文正请立郡庠，于是亦有学。"（《宋元方志丛刊》，第1062页）苏州常熟（今属江苏），孙应时等《琴川志·庙学》云："逮至和，始创学。"（同上书，第1156页）

⑤ 刘子健《略论宋代地方官学和私学的消长》前面说："《通考》《玉海》等说宋初就有书院，不确。"后面又说："北宋初期，地方上没有官学，而有规模的私学也极少。"（《"中央研究院"历史语言研究所集刊》第36本，1965年）当以后面所说为是。

⑥ 《燕石续札·郡县乡里之学上》，第145页。

层开放。五代后期，燕山窦禹钧以教子有方、五子登科而闻名，他兴办的书院颇具开放性。范仲淹记述道："凡四方孤寒之士，贫无供须者，公咸为出之。无问识不识，有志于学者，听其自至。"在范仲淹看来，窦氏书院人才辈出："凡四方之士，由公之门登贵显者，前后接踵。"① 大约同时，戚同文招收生徒，同样不分士庶、"不问家世"，其弟子许骧出身商贾之家，"世以财雄边郡"②。

窦、戚两大教育家在有宋一代名望很高③，他们举办书院的宗旨为程颐、朱熹等后继者所继承和发扬。程颐曾讲学于嵩阳书院，晚年又在伊水之滨创办书院。如果说许骧还不算很典型，那么程颐的高足张绎"本一酒家保"，自称"下贱人"，更是相当标准的"工商杂类"。程颐选择学生的原则是："无贵贱高下，但有志于学者，即授之。"④ 朱熹晚年讲学于建阳（今属福建）沧州精舍（后称考亭书院），其得意门生李燔"少孤，依舅氏"，是个贫穷人。在李燔后来的学生中，贫寒子弟居多。李燔告诫门徒："仕宦至卿相，不可失寒素体。"⑤ 至于信州（治今江西上饶）象山精舍的创办者陆九渊，本人就出身"工商杂类"，其"先世为药

---

① 范仲淹：《范仲淹全集·范文正公别集》卷4《窦谏议录》，李勇先、王蓉贵点校，四川大学出版社2002年版，第512页。

② 《宋史》卷277《许骧传》，第9435页。

③ 窦禹钧以教子有方、五子登科而闻名。冯道赠诗曰："燕山窦十郎，教子有义方。灵椿一株老，丹桂五枝芳。"（《范仲淹全集·范文正公别集》卷4《窦谏议录》，第510页）《三字经》有句云："窦燕山，有义方。教五子，名俱扬。"

④ 《北窗炙輠》卷上，丛书集成初编本，第13页。

⑤ 《宋史》卷430《道学传四·李燔传》，第12783、12785页。

肆”[①]。朱熹曾说:“陆家亦作铺买卖。”[②] 陆九渊不是“官二代”[③]，而是“商后代”，达官傲气少，平民气息重。他在书院讲学，“听者贵贱老少，溢塞途巷”[④]，“音吐清响，听者无不感动兴起”[⑤]，很能满足社会各界民众的需求。一言以蔽之，书院异军突起，“来学之路”更宽广。

从前学者往往认为，书院官学化始于元代。其实，宋代的书院就并非纯属民办私学，多半在不同程度上具有民办官助乃至亦私亦公、公私合办的性质。书院的兴办主要依靠以富民为主的民间力量[⑥]，往往离不开地方官员的参与和朝廷的支持。书院与地方官学既矛盾对立，又互补互动，或此兴彼废，或“合而为一”[⑦]。书院开创之初，官方色彩就不小。[⑧] 理宗以后，书院被纳入官办学校体系，更是“官气”十足，最终走向官学化。[⑨] 从前

① 陆九渊:《陆九渊集》卷28《宋故陆公墓志》，钟哲点校，中华书局1980年版，第322页。

② 黎靖德编:《朱子语类》卷113《训门人一》，王星贤点校，中华书局1986年版，第2752页。

③ 陆九渊出身累世同居的“义门”，但其父陆贺并未入仕为官。其八世祖据说是唐昭宗宰相陆希声，但已是两百多年前的旧事。

④ 《陆九渊集》卷33《象山先生行状》，第390页。

⑤ 《陆九渊集》卷36《年谱》，第501页。

⑥ 书院的兴办往往依靠民间力量。其实某些地方官学何尝不是如此，秀州华亭(即今上海松江)县学即是一例。《云间志·学校》载:“天禧间，有夫子庙而已。”“后六十五年，陈侯谧始欲兴学。邑人卫公佐公望献县之东南地，且自度殿材，为买国子监书以资诸生。如是数年，至令刘鹏，始克就绪。”(《宋元方志丛刊》，第9页)

⑦ “合而为一”一语出自洪迈。其《容斋随笔》三笔卷5《州郡书院》云:“及庆历中，诏诸路州郡皆立学，设官教授，则所谓书院者当合而为一。”(上海古籍出版社1978年版，第477—478页)

⑧ 王夫之《宋论》卷3《真宗》称:“咸平四年(1001)，诏赐《九经》于聚徒讲诵之所，与州县学校等，此乃书院之始也。”(舒士彦点校，中华书局1964年版，第53页)书院此前已有，“书院之始”四字不确，视为书院官学化之始则较确当。

⑨ 参见顾宏义《试论宋代书院的官学化》，《中国书院》第2辑，1998年。

后演变看，似乎也并非由官学到书院，而是由书院到官学。

马端临说：州县官学“皆欲仿四（大）书院”[①]。“由官学到书院”一说或许来源于马氏此说，着眼于官学受书院教育模式的多方面影响。然而，官学与书院之间的影响是双向的。宋代书院受官学影响，以负面为主。其主要表现是功利性加大，学校以应试为目的，学生为做官而读书，跟着科举考试的指挥棒团团转。书院这一新生事物倒退、逆转了。官学受书院影响则正面、负面兼而有之。从正面影响来说，平民性有所增强，官学教育更多惠及普通民众。这可视为官府“广开来学之路”的重大措施。就负面影响而言，官学到南宋后期，同书院一样，以理学为主要教学内容。而当时的理学从总体上看，已由正面走向反面。范文澜指出：“宋人讲经有个特点：敢于怀疑。这就把汉唐认为‘经’是神圣不可侵犯的一套都推倒了。”并给予积极评价：“敢于怀疑，这是好的。”[②] 理学的兴起是思想解放、敢于怀疑的产物，因而被称为“新儒学”。宋孝宗、光宗、宁宗三朝，理学和书院受到冷落乃至打压。其时正是理学成就最大、书院最具特色的辉煌时期。宋理宗尊崇理学，将理学钦定为官方正统学说。此后，理学由思想解放的成果逐渐沦落为禁锢人们思想的枷锁，人们的知识与思想被束缚在狭小的范围之内。“其所读者，止《四书》《近思录》《通书》《太极图》《东西铭》《语录》之类。”“而士子场屋之文，必须引用以为文，则可以擢巍科，为名士。”这些名士以至“达官”往往“愦愦冬烘”。当时就有人担忧：“异时必将为国家莫大之祸，

① 《文献通考》卷46《学校考七·郡国乡党之学》，第431页。

② 范文澜：《经学讲演录》，《范文澜历史论文选集》，中国社会科学出版社1979年版，第326页。

恐不在典午清谈之下。”[①] 总之，南宋后期，官学和书院趋同，同样千篇一律地死记硬诵《四书》《语录》之类。书院随着理学的逆转而逆转。

五、“乡校俚儒教田夫牧子”

对于“广开来学之路”，梁庚尧认为，民间私学贡献尤大。[②] 吕思勉指出：“私家教授之盛不始于东汉”，西汉时此风已盛。所举例证有：“疏广家居教授，学者自远方至”，“赣遂教授数百人”，翟方进“徒众日广”，翟宣“居长安教授，诸生满堂”[③]，等等。私人讲学之风绵延至魏晋南北朝。有学者认为，当时官学重门第，私学则不然。只怕未必全然如此。如南朝时，伏挺“于宅讲《论语》，听者倾朝”[④]。张绾在豫章（治今江西南昌）讲学，“四姓衣冠士子听者常数百人”[⑤]。所谓“四姓”，简而言之，即门阀士族。

宋代民间私学，重现汉代盛况，有过之而无不及。耐得翁《都城纪胜·三教外地》曰：都城内外“乡校、家塾、舍馆、书会，每一里巷须一二所，弘诵之声，往往相闻”。苏州附近的情况

---

① 周密：《癸辛杂识》续集下《道学》，吴企明点校，中华书局 1988 年版，第 169 页。

② 参见梁庚尧《宋代科举社会》第六讲《私学的兴盛》，台湾大学出版中心 2015 年版，第 95—114 页。

③ 《燕石续札·私家教授之盛不始于东汉》，第 119 页。

④ 姚思廉：《梁书》卷 50《文学传下·伏挺传》，中华书局 1973 年版，第 720 页。

⑤ 《梁书》卷 34《张缅传附弟绾传》，第 504 页。

同样是“师儒之说始于邦，达于乡，至于室，莫不有学”①。发达地区如此，某些欠发达地区也如此。如南剑州（治今福建南平）号称：“五步一塾，十步一庠，朝诵暮弦，洋洋盈耳。”② 城市郊区如此，某些穷乡僻壤也如此。晁冲之《夜行》诗云：“孤村到晓犹灯火，知有人家夜读书。”③

民间私学隆盛，主要原因有二：一是民众有此需求。徽州（治今安徽歙县）的情况是：“比年以来，乡人子弟愿学者众。”④饶州（治今江西鄱阳）的情形更夸张：“为父兄者，以其子与弟不文为咎；为母妻者，以其子与夫不学为辱。”⑤ 二是师资来源充足。⑥ 宋代“习儒业者”“习进士业者”甚多，他们备考期间，往往“讲学自给”⑦。然而中举登科者极少，“开门教授”“为童蒙之师”是他们的主要退路。南宋人袁采说：“习进士业者，上可以取科第、致富贵，次可以开门教授，以受束脩之奉。不能习进士业者，上可以事笔札、代笺简之役，次可以习点读，为童蒙之师。”⑧

---

① 张伯玉：《吴郡州学六经阁记》，吕祖谦编：《宋文鉴》卷 79，吉林人民出版社 1998 年版，第 772 页。

② 《（嘉靖）延平府志》卷 1《风俗》，天一阁藏明代方志选刊本，上海古籍书店 1961 年版。

③ 晁冲之：《夜行》，北京大学古文献研究所编：《全宋诗》，北京大学出版社 1998 年版，第 21 册，第 13893 页。

④ 朱熹：《朱文公文集》卷 78《徽州婺源县学藏书阁记》，《四部备要》，中华书局 1989 年版，第 58 册，第 1392 页。

⑤ 《容斋随笔》四笔卷 5《饶州风俗》，第 665—666 页。

⑥ 参见邹重华《“乡先生”——一个被忽略的宋代私学教育角色》，香港中文大学《中国文化研究所学报》新第 8 期，1999 年。收入邹重华、粟品孝主编《宋代四川家族与学术论集》，四川大学出版社 2005 年版，第 359—392 页。

⑦ 《宋史》卷 264《沈伦传》，第 9112 页。

⑧ 袁采：《袁氏世范》卷 2《处己 · 子弟当习儒业》，知不足斋丛书本。

宋代私学的平民性自不待言。欧阳修所说“乡校俚儒教田夫牧子”①，一语道破。然而，平民子弟进入私学，受到两大限制。一是身份上受限。在私学中，族学、家塾所占比例不小②，系富裕人家兴办，其主要教育对象是族属和家人。如被称为“市井人”的曹州（治今山东曹县）工商业者于令仪所办家塾，“择子侄之秀者”③ 而教之，具有明显的排他性。有的族学、家塾局部对外开放，但容量很有限。二是经济上受限。贫困家庭既急需劳动人手，又难以承担“束脩”一类的上学费用。官府乃至民间力量虽有某些助学举措④，但实际惠及面并不大。

鉴于上述种种因素，“田夫牧子”尽管有上学念书的机会，然而变机会为现实的可能性相当小。宋代的入学率和识字率无疑高于前代⑤，但仍然很低。有个数字可供参考：崇宁三年（1104），整个宋朝辖区总人口约1亿，官学生总数21万余人⑥，仅约占总人口的0.2%。假设当时平均寿命为48岁，且同龄人相等，那么

---

① 欧阳修：《新五代史》卷55《杂传·刘岳传》，中华书局1976年版，第632页。

② 参见王善军《宋代族塾义学的兴盛及其社会作用》，《中国史研究》1999年第2期，第103—110页。

③ 王辟之：《渑水燕谈录》卷3《奇节》，吕友仁点校，中华书局1981年版，第30页。

④ 参见张文《宋朝社会救济研究》，西南师范大学出版社2001年版，第267—277页。

⑤ 参见包伟民《中国9到13世纪社会识字率提高的几个问题》，《杭州大学学报》1992年第4期，第79—87页。

⑥ 据彭百川《太平治迹统类》卷27《祖宗科举取人·徽宗》引罗靖《杂记》，江苏广陵古籍刻印社1990年版，第497页。《群书考索》后集卷27《士门·学制类》载宋徽宗大观二年（1108）正月一日所作《辟雍记》称：“如今天下被教养之惠，凡一十一万余人。”“庠序之盛，多士济济，视古无愧矣。”“一十一万”或许系“二十一万”之误。

8 岁至 17 岁应入学的青少年约为 2100 万人，入学率为 1%。宋人有诗云："行行蛇蚓字相续，野农不识何由读。"① 岂止"野农"大字不识，有钱人中也有"不识字"② 者，如前面说到的许骧之父、富商大贾许唐即是其例。可见，对宋代"广开来学之路"的实际成效不能估计过高。

六、汉宋相似与宋元逆转

如前所述，"广开来学之路"并非宋代首次出现的社会现象，汉代早已如此。宋代国子学太学化，无非是中央官学体制经历了魏晋以来国子学、太学双轨制之后，向汉代太学单轨制回归。此外，如"私家教学之盛""向学者多孤寒之士"之类，汉、宋两代均有惊人的相似之处。岂止如此，汉宋相似之处还很多。如在社会生产领域，租佃制盛行、商品货币经济繁荣、工商业发达；在政权结构方面，"不辨士与庶族"，"布衣卿相"③ 格局。人们难免会问：汉、宋相似，原因何在？关键只怕在于两次土地所有权的"下放"④，即春秋战国井田制的破坏和中唐前后均田制的瓦解。井田制破坏后，时至汉代，封建贵族"流水落花春去也"，而门阀士族尚未成形。均田制瓦解后，时至宋代，门阀士族已是"旧时

---

① 利登：《野农谣》，《全宋诗》，第 63 册，第 39724 页。

② 《宋史》卷 277《许骧传》，第 9436 页。

③ 参见赵翼《廿二史札记》卷 2《汉初布衣将相之局》，中华书局 1963 年版，第 31—32 页。

④ 参见赵俪生师《中国土地制度史》，《赵俪生文集》第 2 卷，兰州大学出版社 2002 年版。

堂前燕”，而士绅阶层还在酝酿之中。因此，汉代、宋代在经济、政治乃至文化等方面都出现了较为明显的平民化倾向。至于钱穆将汉、宋社会视为“平民社会”[①]，或许言过其实。汉代特别是东汉已有门阀士族的雏形，如四世三公的弘农杨氏、四世五公的汝南袁氏之类。宋代尤其是南宋不乏士绅阶层的身影，被不少学者称为“地方精英”。自先秦以来，特权阶层在中国古代历史上从来不曾缺位，何曾出现“平民社会”。自先秦至明清，贵族、士族、士绅等具有典型意义的特权阶层先后登上历史舞台。然而这三大特权阶层所拥有的特权一代不如一代，呈现明显的递减趋势。凡此种种一概表明，光辉而沉重的中国古代历史毕竟在曲折而蹒跚地前行。

否定之否定，螺旋式上升。两宋社会不是两汉社会简单的复制或再版，宋代是个与汉代既相似又不同的时代。如工商业，汉代大量使用“僮仆”即奴隶，动辄“僮仆指千”，以致有学者将汉代称为农业上的租佃制、工商业上的奴隶制。[②] 宋代则开始使用雇佣劳动，局部实行“雇值制”，以致某些学者将“雇值制”以及后面将说到的“钱租制”作为资本主义萌芽的标志。又如官员选拔制度，汉代实行推荐制，即“乡举里选”。正如钱穆所说：“由地方官员采纳乡里舆论，而最后的决定权还是在地方官员手里”，官员“不免来自民间之一个狭小的圈子里”。[③] 宋代实行科举制，“取士不问家世”，“一切考诸试篇”。同时采取弥封、誊录等措施，

① 参见钱穆《中国文化史导论》，生活·读书·新知三联书店上海分店 1988 年版。

② 参见金宝祥师《唐史论文集》，甘肃人民出版社 1982 年版。

③ 钱穆：《中国文化史导论》，第 126 页。

号称“无情如造化，至公如权衡”，寒俊之士晋升的可能性较大。[①] 再如租佃制，西汉董仲舒曰：“或耕豪民之田，见税十五。”[②] 北宋李觏云：“佃人之田、居人之地者，盖多于主户矣。”[③] 宋代比汉代租佃制更普遍，地租形态多样化。汉代通常实行分成租制、对半分制，宋代则是新的定额租制（“包租”）与旧的分成租制（“分租”）并行。“分租”中除对半分而外，还有四六分、倒四六分、三七分、倒三七分以及二八分等，甚至还出现了一定数量的“钱租制”[④]。顾炎武敏锐地指出：土地占有者，汉、唐“谓之‘豪民’、谓之‘兼并之徒’，宋已下则公然号为‘田主’矣”[⑤]。这表明宋代比汉代产权较明晰，土地私有制趋于深化。

值得注意的是，“田主”之称、“包租”之制，唐代已有之。唐人颜师古注《汉书》曰：豪民，“田主也”[⑥]。陆贽云：（京畿）“私家收租亩一石”[⑦]。可见唐宋变革不是突变而是渐变，不是断裂而是会通。宋代出现的不少新现象，其源头往往来自唐代。前

① 参见张邦炜《试论北宋“取士不问家世”》，《四川师范学院学报》1982年第2期，第60—69页。

② 班固：《汉书》卷24上《食货志上》，中华书局1962年版，第1137页。

③ 李觏：《寄上孙安抚书》，《全宋文》第42册，第11页。吕大钧《论限民田以责守宰疏》称：“天下之自耕，而为天子之农者，十无二三。耕而食于富人，而为之农者，盖七八矣。”（《全宋文》第73册，第233页）据他估计，租佃农民甚至占农村总人口的十之七八。

④ 参见包伟民《论宋代的折租制和钱租的性质》，《历史研究》1988年第1期，第147—161页。

⑤ 顾炎武：《日知录集释》卷10《苏松二府田赋之重》，黄汝成集释，上海古籍出版社1984年版，第813页。

⑥ 《汉书》卷24上《食货志上》，颜师古注，第1138页。

⑦ 《新唐书》卷52《食货志二》，第1357页。

文所述唐代中期中央官学为寒俊之士入学推开一扇窗户[1]，书院兴于唐、盛于宋，均是其例。招生生徒不分士庶的窦禹钧、戚同文，严格说来，是两位五代人。探究唐宋变革，宜用过程论，对比法不甚可取。关于会通论，包伟民在《宋代城市研究》[2]一书中有很好的阐述。会通论对纠正唐宋变革研究中的断裂化倾向颇有助益，值得参考。笔者早年所著《婚姻与社会·宋代》开篇就说："本书将采取把宋代同以唐代为主的前代相对比的方法。"而今反思，对比法局限性不小。

如果说宋代国子学的太学化是历史曲折前行的表现，那么元代书院的官学化以及回归国子学单轨制则可视为倒退。除此而外，还可举出：元代统治者将中原民众变为"驱口"，使之沦为农奴；将赋役制度从两税法拉回到租庸调制；等等。应当指出的是，元代社会有进有退，当时的种种倒退毕竟在地域上是局部的、在领域上是部分的、在程度上是有限的、在时间上是短暂的。从长时段看，其最终结果仍然是否定之否定，螺旋式上升。特别值得注意的是，元代的某些倒退现象在宋代尤其是南宋已见端倪，如书院的官学化以及人身依附关系的逆转之类。这些，笔者在有关文章中已涉及。[3]

（原载《四川师范大学学报》2016 年第 6 期）

---

① 至迟在唐中叶，太学中便不乏号称"寒士"者。王定保《唐摭言》卷 1《两监》载：李华、萧颖士、赵骅、邵轸四友"未冠游太学，皆苦贫共被。四人登科，相次典校"。其中，赵骅就并非"寒士"，其父官至殿中侍御史。

② 包伟民：《宋代城市研究》，中华书局 2014 年版。

③ 参见张邦炜《应当怎样看待宋元易代》，《人文杂志》2015 年第 11 期，第 78—84 页。

从社会流动看宋代社会的自我调节与活力

在我国历史上，宋代只怕是被误读最多的朝代。最大误读有二，一是“积贫积弱”①。其实，宋代弱而不贫。所谓“弱”，只是相对汉朝、唐朝强盛时期而言。北宋、南宋亡国，极度腐败所致，并非落后挨打。宋代横比当时世界各国，超越世界各国，居于领先地位；纵比前代，超越前代，是中国古代历史上继汉朝、唐朝之后的又一座新高峰。宋朝在当时世界上是经济最繁荣、文化最先进的国家；在我国历史上是一次经济腾飞，一次文化高涨，足以同汉朝、唐朝前后相互辉映，互争妍丽。难怪元朝人郝经将汉、唐、宋盛赞为“后三代”②。二是“走下坡路”，认为传统社会“停滞以至僵化”开始于宋代。③ 其实，宋代社会仍然在前进、

---

① 钱穆将北宋王朝称为“贫弱之新中央”，认为“宋代对外积弱不振”“对内积贫难疗”（《国史大纲》上册第12页，商务印书馆1994年版）。

② 郝经：《郝文忠公陵川集》卷39《使宋文移·上宋主陈请归国万言书》，秦雪清点校，山西人民出版社、山西古籍出版社2006年版，第535页。

③ 任继愈在《论儒教的形成》一文中认为：“隋唐以前封建社会在发展、在前进，宋元明以后封建社会制度则开始停滞以至僵化。”（《中国社会科学》1980年第1期）

在发展，并非死水一潭、僵硬无力。有学者认为："宋代是个竞争性强、开放性高的社会。"[①] 我基本赞同。下面仅就社会流动问题略抒管见。

所谓社会流动，简而言之，是指人们的社会地位以及职业的变动。社会流动是社会自我调节的重要机制之一，是社会是否富有活力的一个重要标志。从总体上说，社会流动的程度与社会开放的程度成正比。面对社会流动增大的现实，宋人感慨太多："今日万钟，明日弃之；今日富贵，明日饥饿。"[②] 宋代社会流动趋势增大，主要表现在以下三个方面。

其一，政治上"贱不必不贵"[③]。魏晋南北朝时期，门阀士族世代为官，把持政权，其社会地位在很大程度上具有非运动性。这种状况在唐代没有根本性改变。"或父子相继居相位，或屡数世而屡显，或终唐之世不绝。"[④] 五代表面上是乱，实质上是变。时至宋代，"大臣亦世守禄位"已经成为一去不复返的"古道"[⑤]，"朝廷无世臣"，"无百年之家"[⑥]。据有关学者统计，在《宋史》有传的1953名官员中，出身于非官僚家庭者多达1077名，约占55.14%。即便从严考究，也有606名，约占31%。[⑦] 宋代的134名宰相零星地分布在126个家族，继世为相的现象极少。而唐代

① 黄宽重：《科举社会下家族的发展与转变》，《唐研究》第11卷，北京大学出版社2005年版，第346页。

② 《张载集·经学理窟·自道》，中华书局1978年版，第291页。

③ 刘跂：《学易集》卷6《马氏园亭记》。

④ 欧阳修、宋祁：《新唐书》卷72上《宰相世系表》。

⑤ 李焘：《续资治通鉴长编》卷25雍熙元年三月乙卯。

⑥ 《张载集·经学理窟·宗法》，中华书局1978年版，第259页。

⑦ 参看李弘祺《宋代教育散论》，台北东升文化出版有限公司1980年版，第54—55页。

的369名宰相集中分布在98个家族，“一门十相者良多”①。

与魏晋南北朝乃至隋唐时期不同，宋代已无士庶之分，只有官民之别。从前“士庶天隔”②，士庶界限很难逾越。宋代“贱不必不贵”，官民之间可以转化。既有向上流动，由贱而贵；又有向下流动，由贵而贱。北宋时期，以沈伦为例。他原本是个“以讲学自给”的穷书生，宋初官拜宰相。他去世后，“家破，其子孙鬻银器”③。宋太宗叹息：“大臣子孙皆鲜克继祖父之业。”④ 南宋时期，以章良能、章良朋兄弟为例。二章幼时“清贫”，“衣不掩胫”，与宰相沈该为邻里，遭到沈氏子弟嘲笑。后来，二章双双出任高官。沈氏家道衰败，出卖房屋，宁宗时官至参知政事的章良朋“买之以居”⑤。难怪宋代民谚说：“莫言家未成，成家子未生；莫言家未破，破家子未大。”⑥

宋代政治上的社会流动，与科举改革关系极大。和唐代不同，宋代“取士不问家世”“一切考诸试篇”，采取弥封、誊录等措施，号称“无情如造化，至公如权衡”，平民子弟仕进的可能性增大。⑦ 沈伦、二章均因中第而入仕，以至飞黄腾达。明代学者胡应麟说：“五代以还，不崇门阀。”⑧ 宋代门第观念相对淡薄，并影响到社会生活的方方面面。唐朝人说：“文章世上争开路，阀阅

① 方勺：《泊宅编》卷1。

② 沈约：《宋书》卷42《王弘传》。

③ 苏辙：《龙川别志》卷上。

④ 《续资治通鉴长编》卷25雍熙元年三月乙卯。

⑤ 周密：《癸辛杂识》别集卷上《二章清贫》。

⑥ 《袁氏世范》卷下《治家》。

⑦ 参见张邦炜《试论北宋“取士不问家世”》，《四川师范学院学报》1982年第2期，第60—69页。

⑧ 胡应麟：《少室山房笔丛》卷39《华阳博议下》，中华书局1958年版，第515页。

山东拄破天。”[①] 与科举乃至官职相比，他们往往更加看重门第。宋朝人则说：“十年勤苦无人问，一日成名天下知。”[②] 与门第相比，他们常常更加看重科举和官职。从前士庶不通婚、不交往一类的旧习俗有所改变，出现了“婚姻不问阀阅” “所交不限士庶”[③] 之类的新现象。

其二，经济上“贫不必不富”[④]。魏晋南北朝时期，自然经济浓重。中唐前后，商品经济有所发展。当时人有诗云：“客行野田间，比屋皆闭户。借问屋中人，尽去作商贾。”[⑤] 时至宋代，更上一层楼，大有“贾区夥于白社，力田鲜于驵侩”[⑥] 之势。商品经济竞争性强，胜负盈亏难料。盈利者往往“累千金之得，以求田问舍”[⑦]。政治权力向经济力量屈服，宋朝政府不得不减少对土地买卖的限制和干预。宋人袁采一言以蔽之：“有钱则买，无钱则卖。”[⑧] 于是，土地作为商品较多地进入流通领域，土地所有权转换频率明显加快。“千年田换八百主”[⑨]，“庄田置后频移主”[⑩]，这类话语在宋人诗文中屡见不鲜。

“田宅无定主”，其结果必然是“贫富无定势”[⑪]。如今人们常说：“富不过三代。”其实，宋时已有此一说：“此今之富民，鲜有

---

① 王定保：《唐摭言》卷12《自负》。
② 《夷坚志》支庚卷6《汪八解元》。
③ 朱熹：《晦庵集》卷74《增损吕氏乡约》。
④ 刘跂：《学易集》卷6《马氏园亭记》。
⑤ 姚合：《姚少监诗集》卷6《庄居野行》。
⑥ 夏竦：《文庄集》卷13《贱商贾》。
⑦ 李新：《跨鳌集》卷20《上王提刑书》。
⑧ 《袁氏世范》卷下《治家》。
⑨ 辛弃疾：《稼轩词》卷2《最高楼》。
⑩ 刘克庄：《后村集》卷1《故宅》。
⑪ 袁采：《袁氏世范》卷下《治家》。

三世之久者。”① 苏洵曾感叹：“富者之子孙或不能保其地，以复于贫。”② 这类事例不少。如天台（今属浙江）田主宋某“家本富后贫，鬻田于邻”。他以诗抒发胸中块垒：“自叹年来刺骨贫，茺庐今已属西邻。殷勤说与东园柳，他日相逢是路人。”③ 商人比田主风险更大，“有朝为富商，暮为乞丐者”④。岂止富民，达官显宦也很难摆脱由富而贫的命运。如宋初名将郭进，在其新居落成之日，当着众多宾客，指着儿子说：“此卖宅者。”不出所料，郭进死后，新居“果为他人所有”⑤。

由贫而富的实例同样较多。在洪迈《夷坚志》中，就有宿松（今属安徽）吴十郎“初以织草履自给，渐至卖油。才数岁，资业顿起，殆且巨万”（支志癸卷3）。缙云（今属浙江）潘姓贫民，后来“积财逾数十百万”（甲志卷11）。开封许大郎以卖面粉为业，“颇留意营理”，“骎骎致富”（支志戊卷8）。他们均因勤劳、智慧而致富。对于经济上的社会流动，宋人概括道：“富儿更替做”⑥，“贫富久必易位”⑦。并出现了不少谚语：“白屋多起家，膏粱易偷惰”⑧，“若还懒惰必饥寒，莫到饥寒方怨命”⑨。社会竞争如此激烈，人们因而格外重视家庭教育：“人生至要，无如教

① 吕浩：《上邱宪宗卿书》，曾枣庄、刘琳主编：《全宋文》，上海辞书出版社、安徽教育出版社2006年版，第287册，第232页。

② 苏洵：《嘉祐集》卷5《田制》。

③ 仇远：《稗史·志善·富邻还券》，陶宗仪：《说郛》卷2，中国书店1986年版，第16页。

④ 黎靖德编：《朱子语类》卷130《本朝四·自熙宁至靖康人物》。

⑤ 沈括：《梦溪笔谈》卷9《人事一》。

⑥ 《袁氏世范》卷下《治家》。

⑦ 黄震：《黄氏日钞》卷78《七月初一日劝上户放债减息榜》。

⑧ 何垣：《西畴老人常言·讲学》，《说郛》卷8下。

⑨ 罗大经：《鹤林玉露》卷5。

子。”[①] 其主要目的在于防止家道衰败。

其三，职业上“士多出于商”。在我国古代，人们的身份被固化为四大类别——士农工商。士列四民之首，商居四民之末，等级差别明显，高低贵贱分明。直到唐代，按照礼法，仍然是“工商杂类不得预于士伍”[②]。随着商品经济的发展，“贵者始富，贱者不富”[③] 的旧格局被打破，出现了“贫富贵贱，离而为四”[④] 的新趋势。唐玄宗对长安富商王元宝说：“至富可敌贵。朕天下之贵，元宝天下之富。”[⑤] 四民由四种不同的身份逐渐演变为四种不同的职业，且有相互转化的可能。范仲淹《四民诗》将四民一视同仁，并为商人鸣不平：“尝闻商者云，转货赖斯民。远近日中合，有无天下均。上以利吾国，下以藩吾身。”“吾商则何罪，君子耻为邻。”[⑥] 清人沈垚说：“古者，四民分；后世，四民不分。”[⑦] 在他看来，所谓“后世”始于宋代。

随着商人地位的提高，宋代士商相混。苏辙渲染道：“凡今农工商贾之家，未有不舍其旧而为士者也。”[⑧] 沈垚更夸张：“天下之士多出于商。”[⑨] 由于工商不得就读官学、不得参与科举等旧规被突破，商人之子摇身一变而为士，再变而为官者大有人在。宋

---

① 刘清之：《戒子通录》卷 6《教子语（家颐）》。

② 刘昫等：《旧唐书》卷 48《食货志上》。

③ 王应麟：《困学纪闻》卷 2，《全宋笔记》第 7 编本，第 68 页。

④ 《黄氏日钞》卷 5《读尚书》。

⑤ 钱易：《南部新书》卷 8。

⑥ 范仲淹：《范文正集》卷 1《四民诗·商》。

⑦ 沈垚：《落帆楼文集》卷 24《费席山先生七十双寿序》，《续修四库全书》本，第 663 页。

⑧ 苏辙：《苏辙集》卷 21《上皇帝书》，陈宏天等点校，中华书局 1990 年版，第 370 页。

⑨ 《落帆楼文集》卷 24《费席山先生七十双寿序》，第 663 页。

仁宗时出任都转运使的郑骧、宋神宗时官拜参知政事的冯京就是两个突出的实例。宋人说："钱之为钱，人所共爱，势所必争"[①]，"钱如蜜，一滴也甜"[②]。在金钱的诱惑下，下自士人，上至达官，文臣武将，经商成风。"官大者往往交赂遗，营资产"，"官小者贩鬻乞丐，无所不为"。[③] 岂止士商不分，甚至一身二任。亦官亦商者，如绰号"钱眼内坐"[④] 的张俊。他既是枢密使，又是临安大酒店太平楼主，还经营海外贸易，因私役士兵经商而暴富。亦商亦官者，如尉氏（今属河南）马季良。他家本茶商，因附凤攀龙，官至兵部郎中、龙图阁直学士、同知审官院。

最后有必要指出，社会流动与社会控制是社会自我调节的两翼，社会流动绝非越大越好。尤其是经济上的向下流动，一旦规模过大，贫困户猛增，暴发户飙升，势必造成社会动荡。宋代大多数时间，在全国范围内，社会流动尚属适度。这正是宋代既富有活力，又始终不曾发生全国规模的民众反抗事件的一个重要原因。宋代的社会流动是有限的，有学者称之为"单线社会流动"[⑤]，贫者贱者上升的概率不大，远远不足以填平贫富贵贱分化、阶级阶层分野的鸿沟。

（原载《光明日报》2017年1月2日第6版）

---

① 李之彦：《东谷随笔·钱》，《说郛》卷73下。

② 释惠洪：《冷斋夜话》卷8《钱如蜜》。

③ 王安石：《王文公文集》卷1《上仁宗皇帝言事书》。

④ 罗点：《闻见录》，《说郛》卷9。

⑤ 李弘祺：《宋代教育散论》，第33页。

冯京“由商而士”问题探讨

——北宋时期社会流动的一个实例

前言：士多出于商

社会流动是指社会成员或群体在经济地位、政治地位和社会职业等各个方面所发生的结构性变动。社会流动的程度愈大往往表明社会分层体系的开放程度愈高，反之则意味着社会越发封闭。宋代的社会流动问题因此受到研究者关注，而“由商而士”是其重要内容之一。较早涉及这一论题的有宋晞①、漆侠②、朱瑞熙③

① 宋晞：《宋代富商的由商而士》，《中央日报·文史周刊》第69期，1947年11月24日。收入台湾宋史座谈会编《宋史研究集》第2辑，第210—212页，中华丛书编审委员会1964年印行。

② 漆侠：《宋代的商业资本和高利贷资本》，邓广铭、郦家驹等主编：《宋史研究论文集》，河南人民出版社1984年版。收入《漆侠全集》，河北大学出版社2008年版，第8卷，第506—533页。

③ 朱瑞熙：《论宋代商人的社会地位及其历史作用》，《历史研究》1986年第2期。收入朱瑞熙《疁城集》，华东师范大学出版社2001年版，第315—338页。

等学者。笔者从前曾将“士多出于商”称为“职业上的社会流动”①，其实“由商而士”的本质属性应当是政治地位方面的结构性变动。

王应麟《困学纪闻》称：“先王之制，贵者始富，贱者不富也。”注释者补充道：“贫富贵贱，离而为四，起于后世。”② 唐代中叶以后，随着商品经济的发展，并非“贵者”、仅是“富者”的工商业者力图集“富者”与“贵者”于一身。在北宋时期，原籍寿州（治今安徽寿县）、徙居开封的茶商陈子城就很典型。他仰仗其巨资，“关节至禁中”③，拟将其女送入宫中，“杨太后（即宋真宗杨淑妃）尝许以为后”，宋仁宗欲“纳其女为后”。④ 只因吕夷简、王曾、宋绶等大臣以及宦官阎文应竭力反对而未果，否则陈子城已集富贵于一身。如果说陈子城送女入宫、正位中宫的美梦难圆，那么先住成都、后居开封的银匠刘美（本姓龚）此前送妻入宫、正位中宫则如愿以偿。他将其前妻刘氏⑤认为妹妹，送入宫禁，虽然几经波折，终于被宋真宗立为皇后，史称章献明肃太后。刘氏在宋仁宗前期垂帘听政达11年之久，而刘美一家“特以外家故，恩宠无比”⑥，高官满门。尉氏（今属河南）茶商马季良

① 张邦炜：《两宋时期的社会流动》，《四川师范大学学报》1989年第2期，收入张邦炜《宋代婚姻家族史论》，人民出版社2003年版，第346—359页。

② 王应麟：《困学纪闻（全校本）》卷2《书》并注，翁元圻等注，栾保群等点校，上海古籍出版社2008年版，第269页。

③ 吴曾：《能改斋漫录》卷13《记事》，上海古籍出版社1979年版，第389页。

④ 《宋史》卷468《阎文应传》，中华书局1977年版，第13656页。

⑤ 李焘《续资治通鉴长编》卷56景德元年正月乙未：“刘氏始嫁蜀人龚美，美携以入京，既而家贫，欲更嫁之。”（上海师范大学、华东师范大学古籍整理研究所点校，中华书局1993年版，第1225页）

⑥ 《宋史》卷463《刘美传附子从德传》，第13550页。

又因“娶刘美女”[①] 而官至兵部郎中。此后，开封富商帽子田家“家凡十县主”[②]，大桶张家“至有三十余县主”[③]。他们凭借其经济实力，屡屡娶皇室近亲之女为妻，因而一再获得官职。可是刘美等人由商人而外戚，并非严格意义上的“由商而士”。刘美、马季良系“由商而官”，帽子田家、大桶张家则是“亦商亦官”。

所谓“由商而士”，主要是就商人之子步入读书—中举—为官之途而言。清人沈垚指出：“古者四民分，后世四民不分。古者士之子恒为士，后世商之子方能为士。此宋、元、明以来变迁之大较也。”他强调：宋代以后，“天下之士多出于商”[④]。漆侠认为：“商人之向官僚地主转化，首先是‘读书为士人’，而后中科举、释褐为官。”[⑤] 他将许骧、冯京视为“由商而士”的典型。有关事例不少，如绰号“吴纱帽”的饶州（治今江西鄱阳）帽匠吴翁“教子任钧读书”[⑥]，鄂州（治今湖北武昌）富商武邦宁令其次子武康民“读书为士人”[⑦]，陆九渊“自先世为药肆以养生”[⑧]，因而

---

① 《宋史》卷463《刘美传附马季良传》，第13552页。

② 《续资治通鉴长编》卷472元祐七年四月戊午，第11264页。

③ 朱彧：《萍洲可谈》卷1，《丛书集成初编》，中华书局1985年版，第2754册，第4页。

④ 沈垚：《落帆楼文集》卷24《费席山先生七十双岁寿序》，《续修四库全书》，上海古籍出版社2002年版，第1525册，第669页。傅衣凌在《明清时代的商人及商业资本》一书中首先引用沈氏此言（人民出版社1956年版，第41页）。

⑤ 《漆侠全集》第8卷，第527页。

⑥ 洪迈：《夷坚志》补卷2《吴任钧》，何卓点校，中华书局1981年版，第1562页。

⑦ 《夷坚志》支庚卷5《武女异疾》，第3册，第1174页。

⑧ 陆九渊：《陆九渊集》卷28《宋故陆公（九叙）墓志》，钟哲点校，中华书局1981年版，第322页。

朱熹有“陆家亦作铺买卖”① 之说。凡此种种，不一而足。然而所有这些，只是片言只语，均未加以论证。

本文选择冯京作为北宋时期社会流动的实例予以考察，原因有二：一是有关资料较多，有可能大体展示其“由商而士”的过程；二是其出身问题迷雾重重，实有厘清的必要。② 由于冯京是否出身商人家庭，至今仍是个有待论证的问题，下面的探讨就从这里开始。

上篇　出身之疑：四者必居其一吗？

冯京（1021—1094），字当世，宜州龙水（即今广西宜州）人③。其知名度相当高，一是由于冯京的生平事迹包括家世、降生、求学、科第、婚姻等诸多方面均颇具传奇色彩，从南宋时起即成为戏曲中的主人公。在宋元南戏剧目中有《冯京三元记》，其

---

① 黎靖德编：《朱子语类》卷113《训门人一》，王星贤点校，中华书局1986年版，第2752页。

② 邓小南《剪不断，理还乱：有关冯京家世的“拼织”》（黄宽重主编：《基调与变奏：七至二十世纪的中国》第1册《政治思想》，台湾政治大学历史学系2008年印行，第169—189页），拨开了冯京家世的不少迷雾。需要说明的是，本文初稿与《剪不断》一文大致同时完成，在探讨过程中得到邓小南教授指教。

③ 祝穆《方舆胜览》卷41《庆远府》称：冯京“生长于宜”，宜州乃“冯三元毓秀之邦”（施和金点校，中华书局2003年版，第744—745页）。宜州于咸淳元年（1265）升为庆远府，其治所在龙水县。司马光《涑水记闻》卷9云：“冯京字当世，鄂州人。”（邓广铭、张希清点校，中华书局1989年版，第177页）《宋史》卷317《冯京传》载：“冯京字当世，鄂州江夏人。”（第10338页）其实，江夏（即今湖北武昌）仅是其寄居应考之地。

改编本留传至今。① 在当代的俗语中，有“错把冯京当马凉”一语。二是因为冯京不仅历知江宁府（治今江苏南京）、开封府、太原府、河南府（治今河南洛阳）、成都府、大名府（治今河北大名）等名都重镇，而且曾任知制诰、御史中丞、翰林学士等要职，特别是在熙宁、元丰变法的关键时期，官至参知政事、枢密使，两次担任执政大臣②，累计长达10年之久。其致位通显是个不争的事实。问题在于，冯京究竟出身于什么家庭？

一、种种歧见

关于冯京的家庭出身，主要有以下四种各有其依据的说法。

一是商人说。漆侠在《宋代的商业资本和高利贷资本》一文中说：“冯京也是来自商人家庭。”③ 并将冯京与许骧一并作为“由商而士”的成功事例。此说源于南宋罗大经《鹤林玉露·冯三元》：“其父商也。”④ 可是明人杨慎认为“小说不足信”，并称：“（冯）京父未尝为商，又不名商也。”⑤

二是官员说。其依据主要是1981年在河南密县（现称新密市）发现的彭汝砺撰《宋故宣徽南院使太子太保致仕赠司徒谥文简冯公墓志铭》（以下简称《冯京墓志》）⑥。按照《冯京墓志》

---

① 毛晋：《六十种曲》第2册《三元记》，中华书局1982年版，第1—98页。

② 冯京两次官至执政大臣，第一次：自熙宁三年（1070）七月至熙宁八年正月，历任枢密副使、参知政事；第二次：熙宁九年十月至元丰四年（1081）正月，先知枢密院事，后任枢密使。

③ 《漆侠全集》第8卷，第527页。

④ 罗大经：《鹤林玉露》乙编卷4《冯三元》，王瑞来点校，中华书局1983年版，第192页。

⑤ 杨慎：《丹铅续录》卷3《考证·冯京》，《影印文渊阁四库全书》（以下简称《四库》），台湾商务印书馆1983年版，总第855册，第173页。

⑥ 河南省文物研究所、密县文物保管所：《密县五虎庙北宋冯京夫妇合墓》附录《宋故宣徽南院使太子太保致仕赠司徒谥文简冯公墓志铭》，《中原文物》1987年第4期，第88—90页。以下凡引《冯京墓志》均据此。

记载，冯京的曾祖到父亲均系有官职之人，特别是其父曾任左侍禁。笔者因此曾认为，冯京出身“小官门户”①。

三是寒畯说。其依据是李心传《建炎以来系年要录》载，绍兴五年（1135）九月，参知政事沈与求称：“臣闻皇祐元年，沈文通（即沈括之侄沈遘）考中第一。仁宗曰：‘朕不欲以贵胄先天下寒畯。’遂以冯京为第一，文通第二。”② 王安石《沈内翰墓志铭》另有一说：“公（指沈遘）初以祖荫补郊社斋郎，举进士，于廷中为第一，大臣疑已仕者例不得为第一，故以为第二。”③ 其原因并不在于沈遘为“贵胄”、冯京系“寒畯”，而是因为沈遘系“已仕者”。与世居杭州，族中不乏进士、官员的钱塘沈氏家族相比，冯京的家世不免显得寒微。即使宋仁宗确实将冯京作为“寒畯”的代表而予以优待，所谓“寒畯”也只是相对而言。

四是殷实说。王珪《永寿郡太君朱氏（即冯京母）墓志铭》（以下简称《朱氏墓志》）称：“其治家有法。自冠婚丧祭、牲帛俎醢，莫不有礼意。接内外姻族，尊者恭之，下者拊之，而恩勤一也。又自薄奉养，虽尺帛不妄费。一有嫁婚，视箧中所积，盖十具八九。故冯氏虽甚贫，而嫁婚能不失其时。”④ 邓小南据此指出：“冯家虽非显赫官宦之家，但在当时当地应该属于中等殷实门户。尽管冯母墓志中称冯家曾经‘甚贫’，但家中规矩、生活方

① 张邦炜：《黄宽重〈宋代的家族与社会〉读后》，《历史研究》2007年第2期，第173页。

② 李心传：《建炎以来系年要录》卷93绍兴五年九月乙亥，中华书局1988年版，第1545页。

③ 王安石：《王文公文集》卷94《沈内翰墓志铭》，上海人民出版社1974年版，第976页。

④ 王珪：《华阳集》卷55《永寿郡太君朱氏墓志铭》，《四库》总第1093册，第406—407页。

式，不似贫窘人户。”①

商人乎官员乎？寒畯乎殷实乎？有关说法并不一定相互排斥，很难做出非此即彼的取舍。要给冯京定个家庭成分，谈何容易。下面先分别从其祖上、父、母三个方面做些考察，再试图做一概括性的综合评估。

二、冯氏祖上

宋代“作碑谀墓”之风盛行，“谀碑多故吏门生之笔”②。《冯京墓志》的撰写者彭汝砺系治平二年（1065）进士第一，冯京当时正担任知贡举。彭汝砺作为冯京的门生，他所撰墓志不免有夸大不实之处，但从中仍不难看出，冯京并非出身于高官显宦之家。《冯京墓志》称：“（冯公）曾祖碧，著作佐郎；祖考禹谟，崇公，殿中丞；考式，蜀公，左侍禁：皆赠太师、中书令兼尚书令。冯氏旧家河朔，五代之乱，避地走宜（‘宜’原作‘空’，误）藤间。宋兴，天下定，崇公出，献诗百篇，太祖伟而官之，亦不克试。”在这段文字中，有以下四点值得注意。

第一，据王安礼所撰《冯京曾祖碧赠太师中书令可赠兼尚书令制》《祖禹谟赠太师中书令兼尚书令可追封崇国公制》《父式赠太师中书令兼尚书令昌国公可追封蜀国公制》③ 可知，冯碧、冯禹谟等人的太师、中书令、尚书令等高官，崇国公、昌国公、蜀国公等爵位，都是在冯京官拜执政大臣之后追赠、追封的。

第二，著作佐郎，唐制为从六品上，宋制为正八品；殿中丞，唐制为从五品上，宋制为从七品；左侍禁，武阶官名，北宋前期

---

① 邓小南：《剪不断，理还乱：有关冯京家世的“拼织”》，第169—189页。以下凡引邓小南语，皆出自此文。

② 不著撰人：《群书会元截江网》卷30《国史·时政》，上海古籍出版社1991年版，第441页。

③ 王安礼：《王魏公集》卷2《制敕》，《四库》总第1100册，第19—20页。

为正八品。① 所有这些均非位高权重的要职。

第三，冯京的曾祖冯碧即使确实曾任著作佐郎，也应当是五代时期的往事，对判定冯京的家庭出身，意义并不太大。

第四，崇公即冯京的祖父冯禹谟，因“献诗百篇”，宋太祖拟“官之”，当指授予殿中丞一职，但“不克试”，实际情况是并未赴任。

三、冯京之父

要判定冯京的家庭出身，关键在于其父。明代学者杨慎称：“（冯）京父未尝为商，又不名商也，小说不足信，当依正史之传可也。”② 冯京之父“不名商”，言而有据，但称其父“未尝为商”，则有待讨论。

乾道初年，广西经略司主管机宜郭见义在《三元祠记》中说：“冯公名京，字当世，世为宜之龙江人，从其父商，遨游四方。”③或许是出于对“从其父商”一语的误读，清人汪森《粤西丛载·冯京》称：“冯京父冯商。”④《［雍正］湖广通志》卷 73《流寓志》又添枝加叶：冯商“字式之，一名式”⑤。冯京之父名式，有《东斋记事》一书可证：“冯当世（即冯京）参政之父式。”⑥ 其作者范镇与冯京并世而年长，此书写成于元丰年间。王称《东都事略·冯京传》亦称：冯京“父式”⑦。最准确的资料当推 20 世纪

---

① 龚延明：《宋代官制辞典》，中华书局 1997 年版，第 241、263、591 页。

② 《丹铅续录》卷 3《考证·冯京》，第 173 页。

③ 金鉷等：《广西通志》卷 108《艺文》，《四库》总第 568 册，第 243 页。

④ 汪森：《粤西丛载》卷 5《冯京》，《四库》总第 1467 册，第 423 页。

⑤ 迈柱等：《［雍正］湖广通志》卷 73《流寓志》，《四库》总第 533 册，第 721 页。

⑥ 范镇：《东斋记事》卷 5，汝沛点校，中华书局 1980 年版，第 39 页。

⑦ 王称：《东都事略》卷 81《冯京传》，《四库》总第 382 册，第 524 页。

80年代初出土的《冯京墓志》："（冯公）考式。"

冯京之父冯式"尝为商"，并非纯属向壁虚构之说。前面引用郭见义所言"从其父商，遨游四方"，罗大经所云"其父商也"，均是其证。此外，还有记载称：冯式"少游商，之京师"①；冯式"微时，与父烧炭于郡西北岸山"，"后生（冯）京，带至楚江夏为商"。② 行文到此，不禁忆及范仲淹《四民诗·商》："尝闻商者云，转货赖斯民。远近日中合，有无天下均。上以利吾国，下以藩吾身。"③ 苏轼所盛赞的白居易《朱陈村》诗："家家守村业，头白不出门。生为陈村民，死为陈村尘。田中老与幼，相见何欣欣。一村唯两姓，世世为婚姻。"④ 如果说传统时代的农民重在"守村业"，乃至"不出门"，那么商人则以沟通远近、周游天下为特征。冯氏"随所至而往"⑤，冯京有"东南西北人"⑥ 之称，开封、江陵（今属湖北）、余杭（即今浙江省杭州市余杭区）、宁远（今属湖南）等地均是其足迹所至之所，以致其籍贯很难确定，有宜州、江夏、镡津（即今广西藤县）、咸宁（今属湖北）等多种说法。冯式"遨游四方"，或可作为其"尝为商"的佐证。只是为史料所限，冯式从事工商业的具体情况不得而知。

前文已论及，冯式曾任左侍禁。《东斋记事》曰："冯当世参政之父式，为左侍禁以终。"⑦ 《东都事略·冯京传》云：冯京

① 汪森：《粤西文载》卷68《人物》，《四库》总第1467册，第170页。

② 《粤西丛载》卷5《冯京》，第423页。

③ 范仲淹：《范文正公集》卷1《古诗·四民诗·商》，《四部丛刊》初编，上海书店1989年重印，第9页。

④ 白居易著，朱金城笺校：《白居易集笺校》卷10《朱陈村》，上海古籍出版社1988年版，第511页。

⑤ 祝穆：《方舆胜览》卷41《庆远府》，第744—745页。

⑥ 汪森：《粤西诗载》卷5《五言古》，《四库》总第1465册，第50页。

⑦ 《东斋记事》卷5，第39页。

“父式为左侍禁以终”①。此事又为冯京母朱氏和冯京本人的墓志所证实。值得注意的是，左侍禁只是无执掌的低级武臣阶官。正因为其品阶低、无执掌，冯式“自以负所学而不得志”，对于此职颇为不满。在其妻朱氏的劝告下，才“屈而遂之”②。由此看来，称冯京出身“小官门户”，自有其一定依据。③

问题在于，冯式的官职是如何得来。邓小南认为：“冯式得官来历虽不清楚，但很有可能是靠进纳买得‘侍禁’。”这一推测不无道理。据王曾瑜研究，北宋朝廷正是用侍禁之类的低级阶官授予进纳买官者；侍禁在景德年间的卖价为粮食 9000 到 13500 石。④对一般人来说，这个数字太惊人。但在冯式生意兴隆时，拿出这笔钱财，并不太难。这类官职的买方“皆豪猾兼并之徒，屠酤市贩之辈”⑤，非士豪，即商贩。由此看来，冯式只是普通商人而已，并非富商大贾。

四、冯京之母

《朱氏墓志》称：“谆谆尚书，知女所从，不择高华，而择于冯。”⑥ 所谓“尚书”是指朱昂，他官至翰林学士，死时赠刑部尚书。照此说来，冯母朱氏是位大家闺秀，她与冯式门第悬殊。在

---

① 《东都事略》卷 81《冯京传》，第 524 页。

② 《华阳集》卷 55《永寿郡太君朱氏墓志铭》，第 407 页。

③ 迈柱等：《［雍正］湖广通志》卷 73《流寓志》载：“（冯）式本宜州龙水人，寓咸宁金城乡，为著作郎。”（《四库》总第 533 册，第 721 页）冯式曾“为著作郎”，不知所据，待考。

④ 王曾瑜：《宋朝卖官述略》，《史学集刊》2006 年 4 期，第 60—78 页。参见徐松辑《宋会要辑稿》职官 55 之 30—32，中华书局 1957 年版。

⑤ 《宋会要辑稿》职官 55 之 39。

⑥ 《华阳集》卷 55《永寿郡太君朱氏墓志铭》，第 408 页。

本文写作过程中，邓小南建议笔者将朱氏墓志与朱昂行状[1]对读。这才发现朱氏是否朱昂之女、是否出身“高华”，很成问题。其疑点主要有三。

第一，父女年龄差距大。朱昂生于后唐同光三年（925），死于北宋景德四年（1007），享年83岁。朱氏生于宋太宗至道元年（995），死于宋英宗治平三年（1066），享年72岁。也就是说，朱氏生时，朱昂已是古稀老人。此事或可用老娶少妻作解，但毕竟相当稀罕。

第二，父女事迹不相符。《朱氏墓志》称：“始，尚书（指朱昂）为翰林学士，请老江陵。方是时，夫人年十四，端重寡言。尚书爱贤夫人，择所宜归。及见给事（指冯式）[2] 所为文，大器之，遂以归。”朱昂选择冯式为女婿，如果是在朱氏14岁时，则为宋真宗大中祥符元年（1008），但这并非朱昂“请老江陵”之年，而是其去世一年之后，他已在黄泉之下。而朱昂行状载，朱昂请老江陵，“公年七十七矣”。这年是宋真宗咸平四年（1001），朱氏才7岁，尚无出嫁的可能。

第三，尤其可疑的是，“父亲”行状中居然无此女。朱昂行状称：“女二人，长适故左正言、直史馆兼直秘阁夏侯嘉正，次适今尚书右丞、集贤院学士冯公亮。”据邓小南考证，“冯公亮”并非“冯公式”之误，而是“马公亮”之误。

邓小南说得对，朱昂与朱氏“这种父女关系实难确认”。如何解释此事？推测不外庶出与攀附两种，而攀附的可能性较大。朱氏许配冯式，并非高华下嫁寒素。但从其教养来看，朱氏应当出

---

① 夏竦：《文庄集》卷28《赠刑部侍郎朱公（昂）行状》，《四库》总第1087册，第271—278页。

② 称冯式为给事，是由于他死后赠官给事中。

身于小康以上人户，与冯氏的门户差距不会太大。总之，冯京的母系也并非出自名门。

综上所述，或可如此概括冯京的家世：其先人既非高官显宦，也非富商豪贾，家境较殷实，很可能曾经营工商业，并拥有因进纳而得来的低级官员头衔。当然，在高官显宦特别是皇上眼中，冯京无非是个“寒畯”子弟而已。冯京是否一定出身商人家庭，虽然无法确考，但他个人及其家庭是个社会流动的实例则无疑义。按照传统时代的观念，冯京的家庭地位不仅与出身士人家族的沈遘相比，即使与出身富商家庭的许骧相较，都不免相形见绌。许氏“资产富殖”，“罄家产为（许）骧交当时秀彦”，宋太宗在任开封府尹时已“知之”①。而冯氏不过殷实之家而已，有时甚至较贫困。冯京的前程很难一帆风顺。

下篇　仕进之路：世路无媒着脚难

在冯氏家庭中，冯京是位超迈前辈、光耀门楣的关键性人物。他博得“两娶相家之女，三魁天下之儒”② 的雅誉，是个标准的“天子门生宰相婿”。不仅冯京个人功成名就，而且其上三代因冯京跻身执政大臣而追赠、追封高官显爵。冯氏由中等殷实人家一举跃居达官显宦门户，实现了上升型社会流动。按照宋代的常规，一个家族或家庭的兴盛大致取决于四大因素，即经济、科举、联

① 《宋史》卷277《许骧传》，第9435—9436页。

② 不著撰人：《氏族大全》卷1《一东·冯·两娶相女》，《四库》总第952册，第76页。

姻、关系。用现在的话来说，即是：经济是基础，科举是关键，联姻很重要，关系不可少。冯京这个“寒畯”子弟终于致位通显，因素甚多，远不止于上述四种。

一、望子成龙

宋代有句格言：“人生至乐无如读书，至要无如教子。”① 宋人往往“思教子以兴宗绪”②。冯式夫妻更是几乎将一切希望寄托于其第三子冯京身上，并将此事作为家中第一要务。

冯式本人光宗耀祖的愿望便极其强烈，试图走读书—应试—高中—显宦这条仕进之路，但他是这条路上的失败者。冯式对其左侍禁这一低级武阶官颇为不满，“自以负所学而不得志”③。他的失败更让他一心促成儿子成功。《冯京墓志》称：“蜀公（即冯式）知书，善教子，然于公（指冯京）尤力。”据记载，冯式有四子：冯襄、冯衮、冯京、冯奕，冯京排行第三。冯式“心知公（指冯京）异日必贵，尝取公所诵书，题官次、服色于后。及公被命，视所书，无一字异。”章定《名贤氏族言行类稿》载：“（冯）式常取其（指冯京）所诵书题其后，云：‘将作监丞通判荆南军府事冯京。’（冯）式既退十一年，（冯）京举进士，自乡选至廷对，俱策名第一，为将作监丞、通判荆南，如（冯）式之言。时人谓（冯）式为知子。”④

冯京仕进之路成功，与其母朱氏关系更大。《朱氏墓志》称：“方困约时，惟知教子之为乐。”在其夫死后，“携诸孤，居鄂州，自教读书”。她不仅亲自辅导冯京兄弟读书，而且决定让冯京寄籍

① 刘清之：《戒子通录》卷6《教子语（家颐）》，见《治家格言·戒子通录》，吴敏霞等点校，三秦出版社1998年版，第37页。

② 《宋史》卷277《许骧传》，第9435页。

③ 《华阳集》卷55《永寿郡太君朱氏墓志铭》，第407页。

④ 章定：《名贤氏族言行类稿》卷1《冯一》，《四库》总第933册，第29页。

江夏应试。朱氏还为冯京出人头地，多方编织各种社会关系，如尽力结交名士：“宾客之过门者，夫人知其贤，尝躬为饮食之。故其子虽少，而名动京师。”① 甚至攀附“高华”，自称名臣朱昂之女，都是为儿子的前程而努力。她还为冯京选择大家闺秀为妻，以便替儿子日后的晋升打开方便之门。总之，朱氏望子成龙，用心良苦，不遗余力。

二、三魁天下

据记载，冯京“庆历中，以鄂州首荐”②。他在鄂州获得解元后，皇祐元年（1049）又在省试、殿试中拔得头筹，人称“冯三元”。其省试赋《无逸为元龟》、殿试赋《盖轸象天地》皆“清婉浏亮，典丽遒密，曲尽声律之妙，遂为多士魁。四方之人传诵其文，模拟、窃取、乞灵、假宠以雄长于词林者，不可胜数”③。

在科举时代，中进士难，中状元更难，连中三元最难。《宋史·论曰》：“进士自乡举至廷试皆第一者才三人，王曾、宋庠为名宰相，冯京为名执政。”④ 此说有误，查《文献通考·选举考五》可知，天圣二年（1024）的省元是吴感，宋庠当时名叫宋郊，仅为殿元即状。⑤ 当以南宋史家李心传所说为是：“孙汉公（即孙何），淳化三年（992）举进士，自开封至南省、廷试皆第一，前未有也。至咸平五年（1002），王沂公（即王曾）青州（今属山东）、南省、廷试皆第一。庆历二年（1042）杨审贤⑥（即杨寘），

① 《华阳集》卷55《永寿郡太君朱氏墓志铭》，第407页。

② 吴曾：《能改斋漫录》卷3《辨误》，第67页。

③ 《粤西文载》卷37《碑文（祠庙）》，第296页。

④ 《宋史》卷317《论曰》，第10352页。

⑤ 马端临：《文献通考》卷32《选举考五·举士》，中华书局1986年影印，第305页。

⑥ “杨审贤”原作“杨审言”，误，据《四库》本改。《宋史》卷443《文苑传五·孙唐卿传》附《杨寘传》载：“杨寘，字审贤。”（第13100页）

皇祐元年冯当世（即冯京），复皆第一。宋有国二百余年，为三元者止此四人耳。”① 足见，连中三元在当时实属凤毛麟角。②

冯京何以“所试皆第一，名声走天下”③？当时人的解释主要有两种。一种是天才论，如郭见义《三元祠记》称：“公（指冯京）生而英爽俊迈，气盖一时，翰墨蹊径，绝人远甚。”④ 另一种是宿命论，这类稀奇古怪的说法太多。如有的认为是由于冯京的祖父冯禹谟的坟墓埋得好：“其地形乃照天烛也，其光在顶。适葬于绝巘之巅，最为奇穴。（堪舆名家）廖金精题曰：‘一山正，一山斜，状元出在别人家。’后（冯）京发于江夏，果奇验。”⑤ 有的以为是因为冯京的父亲冯式积德行善所致：“（冯式）壮年无子，将如京师，其妻授以白金数笏，曰：‘君未有子，可以此为买妾之资。’及至京师，买一妾，立券偿钱矣，问妾所自来，涕泣不肯言。固问之，乃言其父有官，因纲运欠折，鬻妾以为陪偿之计。遂恻然不忍犯，遣还其父，不索其钱。及归，妻问买妾安在，具告以故。妻曰：‘君用心如此，何患无子？’居数月，妻有娠，将诞，里中人皆梦鼓吹喧阗迎状元。（冯）京乃生。”⑥ 有的甚至编造冯京是文曲星下凡的神话：“冯京将诞，其邻梦鼓吹喧阗，送状

---

① 李心传：《建炎以来朝野杂记》甲集卷13《取士·国朝三元》，徐规点校，中华书局2000年版，第271—272页。

② 所谓“连中三元”，通常是就进士科而言，不包含明经科。《宋史》卷342《王岩叟传》载：“（仁宗）初置明经科，岩叟年十八，乡举、省试、廷对皆第一。”（第10891页）有学者认为王岩叟“连中三元”，不确。

③ 中国文物研究所、河南文物研究所编：《新中国出土墓志·河南（一）》，文物出版社1994年版，下册，第351页。

④ 《广西通志》卷108《艺文》，第243页。

⑤ 《粤西丛载》卷5《冯京》，第423页。

⑥ 《鹤林玉露》乙编卷四《冯三元》，第192页。

元至冯家，觉而京生。”① 这些荒诞不经的说法或出自杜撰，或出自附会，虽不可取，但在宿命论盛行的传统时代不足为怪。

冯京的科举之路获得成功，主要是其多年“苦学”的结果。正如《冯京墓志》所说：“公少苦学，终老未尝一日弃书。”他当年曾叹息：“丰年足酒容身易，世路无媒着脚难。”② 这位“苦学”者青年时代游学四方，经历一番苦斗，遭遇挫折不少，不乏趣闻轶事。下面仅举三例。

例一：在余杭遭受欺凌。方勺《泊宅编》卷上载：“冯当世未第时，客余杭县，为官逋拘窘，计无所出，闷题小诗于所寓寺壁。一胥魁范生见之，为白县令，丐宽假。令疑胥受赇游说，胥云：‘冯秀才甚贫，但见所留诗，他日必贵显。’因诵其诗，令遽释之。诗云：‘韩信栖迟项羽穷，手提长剑喝西风。可怜四海苍生眼，不识男儿未济中。’”③ 冯京此诗以项羽、韩信自况。此外，他在“未济”时所留下的诗句，如：“琴弹夜月龙魂冷，剑击秋风鬼胆粗”；“吟气老怀长剑古，醉胸横得太行宽。”④ 诸如此类，“皆不凡”⑤。

例二：在咸宁展示才华。《鹤林玉露·冯三元》载：“（冯京）家贫甚，读书于潜山僧舍。僧有犬，京与共学者烹食之。僧诉之县，县令命作《偷狗赋》，援笔立成。警联云：‘团饭引来，喜掉续貂之尾；索绹牵去，惊回顾兔之头。’令击节，释之，延之上

---

① 《粤西丛载》卷5《冯京》，第423页。

② 北京大学古文献研究所编：《全宋诗》卷578《冯京》，北京大学出版社1991年版，第6797页。

③ 方勺：《泊宅编》卷上，许沛藻、杨立扬点校，中华书局1983年版，第69页。

④ 《全宋诗》卷578《冯京》，第6797页。

⑤ 《鹤林玉露》乙编卷四《冯三元》，第192页。

座。明年，遂作三元。”① 如果说“手提长剑喝西风”等诗显示其抱负，《偷狗赋》则展示其才气。

例三：在江夏幸逢知己。周煇《清波别志》卷下载：“（冯京）早年薄游里巷，夜为街卒所系，鄂守王素亟释之。”② 可见，冯京求学时代并不顺利，甚至可谓四处碰壁。

冯京岂止求学碰壁，应举同样遭遇挫折。祝穆《古今事文类聚》前集卷25《监试主盟》载：“冯当世秋试于乡里，主司坚欲黜落，已而缀之榜末。时，鄂倅南宫诚监试，当拆封，大不平，力主之，遂至魁选。”③ 如果不是南宫诚“大不平，力主之”，冯京已名落孙山。史载：“冯当世，庆历中，以鄂州首荐。至大江，风涛汹涌，几至沉没。”④ 这在很大程度上描述的是冯京赴京赶考的心情，他担心其前程是否“风涛汹涌”乃至“沉没”。

冯京最终并未“沉没”，而是大获成功，也与机遇有关。诸如前面讲到的余杭、咸宁知县的爱才，鄂州知州王素、通判南宫诚的公正，乃至宋仁宗的开明等种种偶然因素。冯京对南宫诚、王素等人的大恩大德始终铭记在心。皇祐元年，冯京入仕为官不久，即任荆南（治今湖北江陵）通判，而南宫诚则调任潭州（治今湖南长沙）通判。文莹《湘山野录》载：冯京“释褐除荆南倅，南宫迁潭倅，公以诗寄谢”。冯京诗曰：“尝思鹏海隔飞翻，曾得天

---

① 《鹤林玉露》乙编卷四《冯三元》，第192页。

② 周煇：《清波别志》卷下，《笔记小说大观》第4辑，江苏广陵古籍刻印社1983年版，第7页。

③ 祝穆：《古今事文类聚》前集卷25《仕进部·监试主盟》，《四库》总第925册，第406页。

④ 《能改斋漫录》卷3《辨误》，第67页。

风送羽翰。恩比丘山何以戴，心同金石欲移难。”① 南宫诚死后，冯京仍不忘其恩德。史载：“始，（冯）京乡居，受恩通判南宫诚（‘诚’原作‘成’），追贵，以郊恩官其子。”② 治平二年（1065），冯京出任陕西安抚使，与正在知渭州（治今甘肃平凉）任上的王素相逢。周煇《清波别志》卷下载：“后，冯（京）使关中，王（素）方帅渭，宾燕甚欢。冯（京）贻以诗。”冯京诗云：“吞炭难忘当日事，积薪深愧后来恩。”③

三、两娶相女

冯京的婚事均非以感情为基础，而是以利益为归依，都着眼于个人的前程与家庭的兴盛，具有政治婚姻的性质。以下三点颇为引人注目。

其一，不婚外戚。《冯京墓志》载：“公皇祐元年及第，时张尧佐介外戚势，欲以女妻公。即使吏卒拥公至其第。以金腰公，曰：‘此出自上意。’公辞曰：‘老母尝议王氏矣。’顷之，中人以酒肴来，微示公妆奁数。其一曰金五百两。公笑而掩之。出，僦马归。即纳采于王氏。”据钱公辅《翰林学士冯公妻王氏夫人墓志铭并序》（以下简称《王文淑墓志》）记载，张尧佐对冯京软硬兼施：“张氏之人奔华驷，拥健从，挟而归于其家，饮之酒而迫促之。”而冯京的态度异常坚定：“吾婚决矣，奈何屈我以势？吾头可截，婚终不可易！”④ 张尧佐者，宋仁宗所宠爱的张贵妃之伯父也。张贵妃死后追封为皇后，谥温成，史称温成皇后。此事因被作为“榜下择婿”的典型而加以渲染，几乎尽人皆知。冯京不婚

---

① 文莹：《湘山野录》卷中，郑世刚、杨立扬点校，中华书局 1984 年版，第 30 页。

② 《宋史》卷 317《冯京传》，第 10340 页。

③ 《清波别志》卷下，第 7 页。

④ 《新中国出土墓志·河南（一）》下册，第 347—348 页。

外戚，不难理解。虽然张尧佐“势重倾天下”，但其社会形象极差。《宋史·张尧佐传》称：张尧佐“以戚里进，遽至崇显，恋嫪恩宠，为世所鄙”[①]。正如冯京所说：“彼张氏炎炎，炙手可热，吾敢以足蹈其焰而富贵权豪之诱哉!”[②] 不仅如此，宋代吸取前朝教训，对外戚实行虽“崇爵厚禄”，但“不畀事权”的政策[③]，外戚任职受到种种限制，关键在于不给实权。按照当时的规定，“后妃之家毋得除二府职位”[④]。冯京一旦联姻张氏，很可能成为他日后晋升路上的绊脚石。

其二，联姻文臣。冯京拒婚张氏，而娶王文淑为妻，实属较佳选择。冯京说：“吾闻王氏女贤且有容德，吾诚欲室之。”[⑤] 其实，关键在于王文淑有个“好”家庭、“好”父亲。《王文淑墓志》载：其“父讳丝，官至尚书兵部员外郎、三司盐铁判官，以清节闻于时”[⑥]。王丝与范仲淹同为大中祥符八年（1015）进士，其《墓表》为范仲淹所作。[⑦] 他历任衢州（今属浙江）通判、袁州（治今江西宜春）通判、荆湖南路安抚使、广南东路转运按察使等职，所至政绩卓著。如在广南东路，博得“金珠御史”的美誉。叶廷珪《海录碎事》载：“会稽王丝以侍御史为广南东路转运使，

---

① 《宋史》卷463《外戚传上·张尧佐传》，第13558页。

② 《新中国出土墓志·河南（一）》下册，第347—348页。

③ 参看张邦炜《宋代皇亲与政治》，四川人民出版社1993年版，第234—262页。

④ 《续资治通鉴长编》卷169皇祐二年闰十一月己未，第4067页。

⑤ 《新中国出土墓志·河南（一）》下册，第347—348页。

⑥ 《新中国出土墓志·河南（一）》下册，第348页。

⑦ 《范文正公集》卷14《权三司盐铁判官尚书兵部员外郎王君（丝）墓表》，第6—8页。

兼提举市舶。旧，番货（税）[1] 之来，十税其一，必择精者。丝令精粗兼取，夷人悦之，目为‘金珠御史’。”[2] 其声誉与张尧佐迥异。难怪冯京“归心于王氏”，并斩钉截铁地宣称：“吾头可截，婚终不可易！”冯京说：“吾自度一书生，犹以其台省家，势位不吾敌。”[3] 他攀上这门婚事，或许与王文淑的长兄王霁是其同年进士有关。《王文淑墓志》称：“于是京师士大夫翕然以贤于公，而称王氏之女得其归。”王丝喜得状元为东床，冯京一跃而为贤士大夫家中的乘龙快婿，两家可谓双赢。就冯氏来说，这门婚事的决策者是冯京之母朱氏。《冯京墓志》载，冯京称：“老母尝议王氏矣。”朱氏可谓颇有心计，一心为儿子日后的飞黄腾达开路架桥。

其三，“两娶相女”。此说并不完全确切。元人所编《氏族大全》将“两娶相女”解释为先“富弼妻以女”，后“再娶晏殊女”[4]，更是与史实不符，且辈分混淆。在冯京的夫人中，无宰相晏殊之女。在晏殊的女婿中，无冯京其人，而有冯京的第二位岳父富弼。欧阳修《侍中晏公神道碑铭并序》载：晏殊“女六人，长适户部侍郎、同中书门下平章事富弼，次适礼部侍郎、三司使杨察，其四尚幼”[5]，即是其证。所谓“两娶相女”，是指冯京有两位夫人，均系宰相富弼与其晏氏夫人所生。《富氏墓志》载：“翰林学士冯公京两娶富氏，皆今枢密使、检校太师、礼部尚书、同中书门下平章事富公（即富弼）之女，赠侍中元献晏公（即晏

---

① “货”，原作“税”，据范仲淹《权三司盐铁判官尚书兵部员外郎王君（丝）墓表》改。

② 叶廷珪：《海录碎事》卷 9 下《愁乐门》，《四库》总第 921 册，第 470 页。

③ 《新中国出土墓志·河南（一）》下册，第 347—348 页。

④ 《氏族大全》卷 1《一东·冯·两娶相女》，第 76 页。

⑤ 欧阳修：《欧阳文忠公文集·居士集》卷 22《侍中晏公神道碑铭并序》，《四部丛刊》初编，第 13 页。

殊）之外孙。”① 应当指出的是，前富氏夫人在世时，富弼尚未拜相，仅官至枢密副使。严格说来，冯京仅“一娶相女”②。冯京首婚于皇祐元年（1049），王文淑19岁时，与冯京成婚，次年便去世。他再婚于至和元年（1054），王陶《故太和县君富氏墓铭》载，富氏“年二十二，归冯氏。当翰林（指冯京）为太常丞、直集贤院时，奉薄族众，几无以赡朝夕。夫人斥卖其服饰玩好之物，一无爱惜。故旨甘享祀以时，不阙”③。她次年即病故。冯京三婚于嘉祐三年（1058），据记载，“前富氏卒，其妹再与冯京续室。年二十归冯，至元祐三年（1088）四月十三日不起，享年五十”④。后富氏夫人作为冯氏主妇，时间最长，达30年之久。蔡驷《宋故安化郡夫人富氏墓志铭》称：“方是时，文简公（指冯京）官未显，族众禄微，用不给。而夫人日捐奁箱所有，以佐其阙。”⑤ 可见，她对冯氏贡献也最大。

富弼作为宋仁宗、英宗、神宗三朝的宰辅重臣，在北宋中期的历史上具有举足轻重的地位。其权位与影响绝非王丝可比。就冯京择偶来说，如果王丝之女是其较佳人选，那么富弼之女堪称最佳人选。特别是在后富氏夫人出嫁之初，冯京“官未显”，但富弼已拜相，其财力、势力、影响力都更大。《宋故安化郡夫人富氏墓志铭》载：“岁时，文忠公（指富弼）或遣人问遗，物无多少，悉归之堂上，弗以自奉。”⑥ 足见富弼何等疼爱其女，自然爱及女婿，并且绝非仅限于物质。冯京此后的仕宦前程，都与他的这位

① 《新中国出土墓志·河南（一）》下册，第348页。

② 参见邓小南前揭文。

③ 《新中国出土墓志·河南（一）》下册，第348页。

④ 蔡全法：《冯京墓志考释》，《中原文物》1987年第4期，第97页。

⑤ 《新中国出土墓志·河南（一）》下册，第352页。

⑥ 《新中国出土墓志·河南（一）》下册，第352页。

宰相岳父关系颇大。总之，探究冯京的仕进与冯氏的兴盛，王丝尤其是富弼不失为一个重要因子。

四、平弱大臣

宋人说：“一举首登龙虎榜，十年身到凤凰池”[①]，“五百人中第一仙，等闲平步上青天”[②]。其实，进士乃至状元在宋代不过是晋升的必备条件，官场险恶，要平步青云还得靠奋斗和善处。冯京与并世的王安石、司马光以及吕惠卿、蔡确、章惇、曾布等人明显不同。蔡确、章惇等人得意时，皇上言听计从；失意时，惨遭贬逐。而冯京入士之路不乏险阻，但为官以后相当顺当。在他数十年的宦海生涯中，最大挫折莫过于熙宁八年（1085）正月，因受郑侠案牵连，宋神宗迫于吕惠卿等人的压力，解除冯京参知政事，守本官，知亳州（今属安徽）。这在宋代很常见，算不上多大的处分。元丰四年（1081）正月，年逾花甲的冯京被解除枢密使，纯属自愿，应视为荣退。史载：“（冯）京数以疾求解机务”，神宗批准其请求，并下制褒奖，其中有“始终眷遇，出入显荣”[③]等语。冯京的为官之路较为顺当[④]，与其两大从政作风关系极大。

其一，苟且执政。冯京可谓考场内的高手，政坛上的庸才，从政才干很有限。宋神宗对冯京的总体评价不外乎“平”“弱”两

① 沈括：《（新校正）梦溪笔谈》卷23《讥谑》，胡道静校注，中华书局1957年版，第229页。

② 陶宗仪：《说郛三种·说郛（宛委山堂本）》卷11《宜斋野乘（吴枋）》，上海古籍出版社1988年版，第3册，第538页。

③ 徐自明撰，王瑞来校补：《宋宰辅编年录校补》卷8“元丰四年正月辛亥冯京罢枢密使”，中华书局1986年版，第490页。

④ 笔者在《冯京的角色定位与熙丰党争》一文（《四川师范大学学报》2010年第4期）中已涉及，此处仅简而言之。

个字。他说："（冯）京如何，似平稳。"① 又说："京弱。"② 所谓"弱"者，平庸也，低能也。宋神宗的评论相当中肯，冯京实属"平""弱"大臣。以下两"无"，即是其证。一无明显政绩。《宋史》本传对于其政绩，记载相当笼统，无非是"其为郡守，诸县公事至，即历究之"③ 云云。恰恰表明，冯京政绩平平。他仅有一事略显才干，即熙宁九年在知成都府任上，用修好的办法平息了茂州（治今四川茂县）少数民族事变。难怪王安石说：冯京"充位耳"④。邓绾亦称："冯京预政日久，殊无补益。"⑤ 二无突出政见。宋人赵汝愚编《宋朝诸臣奏议》及明人黄淮、杨士奇编《历代名臣奏议》收录冯京奏议数均为零。很清楚，从赵汝愚到黄淮、杨士奇都认为，冯京的奏议质量太差，充数而已，无收录价值。冯京是个多栽花、少种刺，遇到棘手问题绕道走的官僚。御史中丞杨绘将冯京与王珪相提并论，上疏请求宋神宗"指挥冯京、王珪等，令各振其职，无苟且焉"⑥。众所周知，王珪绰号"三旨相公"⑦，而冯京或可称为"苟且执政"。总之，冯京政绩不突出，但政治地位突出；为官平庸，但仕途坦荡。庸官少风险，能臣多坎坷，这在传统时代很常见，不足为奇。

其二，争而不力。南宋史家吕中指出："当（王）安石变法之

① 洪业等编：《琬琰集删存》卷3《冯文简公京传（实录）》，上海古籍出版社1990年版，第392—395页。

② 《续资治通鉴长编》卷213熙宁三年七月壬辰，第5167—5168页。

③ 《宋史》卷317《冯京传》，第10340页。

④ 《续资治通鉴长编》卷213熙宁三年七月壬辰，第5167页。

⑤ 魏泰：《东轩笔录》卷5，李裕民点校，中华书局1983年版，第53页。

⑥ 《续资治通鉴长编》卷220熙宁四年二月甲子，第5346—5347页。

⑦ 《宋史》卷312《王珪传》，第10243页。

时……力与之争者，唐介也。争而不力者，赵抃、冯京也。”① 此说相当中肯。冯京并非旧党首领，只是个较为理性的旧党人士，有以下三点可证。一是并不一概否定新法。他主张对新法予以适度肯定：“朝廷立法，本意出于爱民。然措置之间，或有未尽。”②其态度并无偏激之嫌。冯京说：“天下事，不可急。”王安石反驳道：“有一日行之，而立见效者，亦不可不急。”③ 冯京说：“此等事不宜仓卒。”王安石的回答是：“因循至今，所以不免仓卒。”④冯京与王安石之争在一定程度上是轻重缓急之争。二是党派偏见并不太深。冯京与新党人士并非一概势不两立。如新党薛向在元丰三年（1080）九月被解除同知枢密院事时，据《冯京墓志》记载，冯京曾“从容开说，以为可惜”。即使与王安石，冯京至少也能对话。如熙宁五年底，“（王）安石固求罢，上不许”。宋神宗“令冯京、王珪谕旨，于是安石复入视事”⑤。冯京与旧党中人也并非无争执。如他与旧党孙固“同在枢府”，“屡于上前争论”。⑥御史中丞吕诲作为旧党人士，竟高调弹劾冯京：“所至嗜利，西人目为金毛鼠。”⑦ 尤其值得注意的是，冯京居然将其次女许配新党中坚蔡确之子蔡懋（原名蔡渭）。与冯京关系更为融洽的固然是号

---

① 吕中：《宋大事记讲义》卷17《神宗皇帝·罢市易法》，《四库》总第686册，第360页。

② 佚名：《宋史全文》卷12上熙宁七年四月己丑，李之亮校点，黑龙江人民出版社2005年版，第604页。

③ 《续资治通鉴长编》卷220熙宁四年二月丁丑，第5359页。

④ 《续资治通鉴长编》卷251熙宁七年三月壬寅，第6110页。

⑤ 《宋史全文》卷12上熙宁六年正月辛亥，第597页。

⑥ 司马光：《涑水记闻》卷14，第286页。

⑦ 洪业等编：《琬琰集删存》卷3《冯文简公京传（实录）》，上海古籍出版社1990年版，第393页。

称“中立无与”① 者，如熙丰宰相吴充，他与王安石同中有异，与司马光异中有同，是位较为理性的新党。冯京诗云：“天密丛云晓，风清一雨余。三长太史笔，二典帝皇书。”② 他对吴充可谓敬重有加。三是王安石尚可接受的人物。冯京先任枢密副使，后任参知政事，宋神宗都同王安石商量，并取得其赞同。熙宁三年七月神宗问王安石：“令作枢密副使，如何?”王安石说：“欲用之，何不可!”③ 冯京于是出任枢密副使。王安石甚至排斥其儿女亲家吴充而容忍冯京。神宗“初欲用（吴）充参知政事”，王安石说：“充岂能忘形迹，若论议之间，顾形迹则害国事。”冯京因而在熙宁三年九月取代吴充，任参知政事。史载：“充性谨密，在两府数乘间，言安石政事不便。上以其中立无私。”④ 可见，王安石之所以不认同吴充，关键在于政见。至于王安石何以尚可接受冯京，其主要原因在于冯京能力较弱，又无坚定立场，不碍事。当时人说：“冯京、王珪同列预政，皆依违自固，不扶颠持危。”⑤ 又说：“冯京知而不言，王珪曲事安石，无异厮仆。”⑥ 总之，冯京并非态度偏激的旧党。

俗话说：“树大招风。”冯京在朝廷里不是扶颠持危的中流砥

---

① 《宋史》卷312《吴充传》，第10240页。

② 王明清：《挥麈录》后录卷1《神宗诏史院赐宴，史官就席赋诗》，中华书局上海编辑所1961年版，第55页。

③ 《琬琰集删存》卷3《冯文简公京传（实录）》，第393页。

④ 彭百川：《太平治迹统类》卷13《神宗任用安石》，江苏广陵古籍刻印社1990年版，第278页。

⑤ 赵汝愚编：《宋朝诸臣奏议》卷116《财赋门·新法八·上神宗分析曾布札子（刘挚）》，北京大学中国中古史研究中心校点整理，上海古籍出版社1999年版，第1268页。

⑥ 陈均：《皇朝编年纲目备要》卷19熙宁五年八月“贬唐坰”，许沛藻、金圆等点校，中华书局2006年版，第455—456页。

柱，而是个较少作为的“平”“弱”大臣；在旧党内不是个呼风唤雨的领军人物，而是个依违自固的普通成员。正是由于他不露锋芒，其仕进之途才得以既晋升较快，又无大起大落。

结语：无百年之家

北宋时期的名门望族往往骤然而兴、倏然而衰，这是当时社会流动的一大表征。张载说：“今骤得富贵者，止能为三四十年之计。”“朝廷无世臣”，“无百年之家”。[①] 冯氏骤然而兴，可以冯京皇祐元年（1049）中状元为标志。至迟到南宋初期，冯氏已无闻人。其兴盛时间至多七八十年而已。

《冯京墓志》载：冯京“凡三治产，皆捐诸宗族”，“荫补自兄弟始，次其侄，次其子”。他试图将一个家庭的兴盛扩展到整个宗族。在宋代，一个家庭或家族要发达兴旺，其主要手段有应试为官、联姻高门、花钱买官等。[②] 冯氏起家时，这三大“妙”法运用得近乎极致；发家后，仍在科举与联姻两大方面继续努力。

就科举而言，冯氏并不成功。冯京五个儿子，两个夭折。在他三个长大成人的儿子中，未发现有考取进士的记录。其长子冯谌在崇宁年间，任职于讲议司，担任盐泽检讨官；五子冯询在两宋之际曾知庐州（治今安徽合肥）。其三子冯诩只知起初荫补为右承奉郎。可见，从冯京的下一代开始，便呈现出明显的衰败迹象。

---

① 张载：《经学理窟·宗法》，《张载集》，章锡琛点校，中华书局1978年版，第258—259页。

② 参见漆侠前揭文。

至于其联姻对象则高第多、高官多，情形相当可观。在冯京的儿媳中，既有宋仁宗朝参政程琳之子、宰相贾昌朝之婿程嗣弼的女儿，又有宋仁宗、英宗、神宗三朝宰相韩琦的长子韩忠彦之女。在冯京的女婿中，既有宋初宰相赵普的后人赵思恭，又有熙宁执政、元丰宰相蔡确的儿子蔡懋。在冯京的孙女婿中，既有宋哲宗朝执政、徽宗初年宰相韩忠彦的次子韩澡，又有元祐六年(1091)进士第二朱谔（原名朱绂)，还有元祐元年状元马涓。其中，朱谔大观元年（1107）官至尚书右丞，当年便去世。马涓曾任秦州（治今甘肃天水）签判、应天府（治今河南）少尹，崇宁二年（1103）入“元祐党籍碑”。蔡懋宣和六年（1124）同知枢密院事，靖康元年（1126）任尚书左丞，建炎元年（1127）贬英州(治今广东英德)。[①] 他们或因疾病、或因党争、或因劣迹而均不得善终。

总之，冯京及其家庭不失为北宋时期社会流动的一个典型事例。当时较为具体的“由商而士”的实例虽然不多，但社会流动的例证则不少。梁庚尧说：“科举考试成为塑造宋代社会性质的一项重要因素。科举社会的特色是社会上下阶层的流动性较以往增加，平民子弟仕进的机会大增。”[②] 李弘祺则说：“传统中国社会是一个‘单线社会流动’的社会，除了通过考试制度晋升科名之外，可以说没有其他有意义的社会流动。”“由于当时的社会是一个单线上升的社会，上升的机会十分有限。”[③] 两种说法虽然强调

① 参见邓小南前揭文。

② 梁庚尧：《中国社会史教学有关宋代的讲题》，赵雅书主编：《宋史教学研讨会论文集》，台湾大学历史学系 1993 年印行，第 56 页。收入梁庚尧《宋代社会经济史论集》，台北允晨文化实业股份有限公司 1997 年版，下册，第 652 页。

③ 李弘祺：《宋代教育散论》，台北东升文化事业有限公司 1980 年版，第 33 页。

的方面不同，但不是非此即彼，都颇有见地，实可互补。

（成荫、陈鹤两位学友纠正了文稿中的若干错讹，谨表谢意。）

（原载《西北师大学报》2011年第2期，与吴菁菁合著）

往复于抽象与具体之间

——黄宽重《宋代的家族与社会》读后

家族史受到历史研究者的格外关注是理所当然的。众所周知，家庭是社会最基本的细胞，而家族则是家庭的复合体，有“微型社会”之称。这一以血缘与婚姻关系为纽带结合而成的社会群体，在中国传统时代是社会的基本单位，历代当政者将它作为维护基层社会秩序的重要支柱。台湾学者黄宽重先生的新著《宋代的家族与社会》①（以下简称《家族》）分为三篇，共301页，凡20余万言。此书是作者多年潜心探索的结晶，既总结以往，又面向将来。它给我的第一感受是宽重先生以研治宋史而知名，其成就是多方面的，尤其有功于宋代家族史研究。他往复于抽象与具体之间，将这一领域的研究不断引向深入。

① 黄宽重：《宋代的家族与社会》，台北东大图书股份有限公司2006年版。

一、80年代：以“义门”为研究重点

有学者指出：宋代家族“真正的研究是从20世纪80年代兴起的”①。的确，80年代在中国当代学术史上不愧为思想解放、理论创新的时代，研究者们无所顾忌，拓展领域，意气风发，追求突破。宋代家族史研究勃兴于此时，徐扬杰先生《宋明以来的封建家族制度述论》② 一文可谓开风气之先，此后有关论著接踵而出，达数十种之多。③ 回顾当年的研究状况，特点十分鲜明，局限也相当明显。在我个人看来，其特点及局限主要有以下三点。

一是在研究取向上以“义门”为重点。所谓“义门”，以财产为家族公有、世代同灶共炊为特征。如江州德安（今属江西）陈氏到宋仁宗天圣年间已“聚居二百年，食口二千”④。抚州金溪（今属江西）陆氏“累世义居”，“阖门百口，男女以班，各供其

① 朱瑞熙、程郁：《宋史研究（二十世纪中国人文学科学术研究史丛书·史学专辑）》，福建人民出版社2006年版，第269页。

② 徐扬杰：《宋明以来的封建家族制度述论》，《中国社会科学》1980年第4期，第99—122页。

③ 已有学者对宋代家族史研究做了较为全面的概述，如王曾瑜《中国大陆宋代家族与社会研究的回顾》，王曾瑜：《锱铢编》，河北大学出版社2006年版，第316—323页。又如《宋史研究（二十世纪中国人文学科学术研究史丛书·史学专辑）》第五章第五节《家族研究的全面繁荣》，第269—279页。

④ 李焘：《续资治通鉴长编》卷101，宋仁宗天圣元年十二月癸亥，中华书局2004年版，第2344页。参看漆侠《宋元时期浦阳郑氏家族之研究》，漆侠：《知困集》，河北教育出版社1992年版，第196—210页。

职，闺门之内，严若朝廷”。① 婺州浦江（今属浙江）郑氏从宋代开始到元武宗至大年间，“其家十世同居，凡二百四十余年，一钱尺帛无敢私”，“家庭中凛如公府”。② 陈氏、陆氏、郑氏等“义门”一度成为主要探讨对象③，这固然有助于加深对古代社会结构的认识，然而任何历史时代，总是旧的拖住新的，“死者捉住生者”④，旧的模式与新的形态并存。宋代家族的形态除累世同财共炊的“义门”而外，还有个体小家庭聚族而居的非“义门”。同财共炊的“义门”只不过是魏晋隋唐门阀士族的遗风余绪，在商品经济活跃、土地私有制深化的宋代，已难以维持，呈衰颓之势。如金溪陆氏“公堂之田，仅足给一岁之食。家人计口打饭，自办蔬肉，不合食。私房婢仆，各自供给”⑤。用现在的话来说，即是大锅饭很难再吃下去，以大家族公共食堂为核心的“义门”摇摇欲坠。南宋初期人便指出：“自大宋有天下，垂二百年，民之析户者至多。”⑥ 还值得注意的是，宋朝政府对“义门”的政策，并非

① 《宋史》卷434《儒林四·陆九龄传》，中华书局1977年版，第12878—12879页。参见许怀林《陆九渊家族及其家规述评》，《江西师范大学学报》1989年第2期，第45—51页。

② 《元史》卷197《孝友一·郑文嗣传》，中华书局1976年版，第4451—4452页。

③ 许怀林：《江州“义门”与陈氏家法》，邓广铭、漆侠等主编：《宋史研究论文集（1987年会编刊）》，河北教育出版社1989年版，第387—400页；许怀林：《〈郑氏规范〉剖析——兼论“义门”聚居的凝聚力》，邓广铭、漆侠主编：《中日宋史研讨会中方论文选编》，河北大学出版社1991年版，第153—165页。

④ 马克思：《资本论》第1卷《初版的序》，郭大力、王亚南译，人民出版社1963年版，第11页。

⑤ 罗大经：《鹤林玉露》丙编卷5《陆氏义门》，王瑞来点校，中华书局1983年版，第323页。

⑥ 李心传：《建炎以来系年要录》卷88，宋高宗绍兴五年四月辛未，中华书局1988年版，第2册，第1476页。

一味大力提倡，而是“既奖励扶持，又加以限制”①。扶持是出于维护家长制及基层社会秩序的需要，而限制则是为了防止大家族势力膨胀，以致危及地方政府乃至朝廷。宋仁宗嘉祐七年（1062）下诏强令德安陈氏别籍分居，即是朝廷打击“义门”的例证。黄宽重先生在《家族》一书中，以熙宁十年（1062）朝廷令地方官强迫德兴（今属江西）大族张氏析产异籍为例，进一步证实朝廷并非一味提倡“义门”。总之，宋代家族的主要形态不是共财同炊，而是别籍异财。“义门”在当时的家族中，绝对数字不大，所占比例更小。非“义门”作为宋代最普遍的家族组织形式，其认识价值显然高于“义门”，理当成为宋代家族史研究的主要对象。

二是在史料使用上以族规、宗谱为重要依据。如此使用史料，与将“义门”作为研究重点有关。如研究婺州（治今浙江金华）“义门”郑氏，主要借助于郑氏族规《郑氏规范》，其史料价值之高毋庸置疑。但宋元族规毕竟传世极少，《郑氏规范》实属凤毛麟角。何况纸上条文不能等同于社会现实，其施行状况究竟如何，还应同有关史实相印证。至于如今仍传世的宗谱，几乎概莫能外地编定于宋代以后。如研究者据以研究宋代江州（治今江西九江）“义门”陈氏的《义门陈氏大成宗谱》便编成于清代道光二十七年（1847），其卷首所载《陈氏家法三十三条》很难证明它确实形成于宋代乃至元朝。不少后世编成的宗谱往往以讹传讹，甚至故意

① 戴建国：《宋代家族政策初探》，《宋代法制初探》，黑龙江人民出版社 2000 年版，第 304 页。

造假。[①] 与宋代族规相比，作为史料，清代宗谱的局限性显然更大。

三是这一领域的研究毕竟方兴未艾，某些论题未免太抽象、较笼统。同探讨任何历史问题一样，研究宋代家族当然应当站在应有的理论高度上，对其总体状况做宏观把握。但在未做深入的具体研究之前，就急于对带趋势性的大问题下判断，做概括。这些判断和概括难免简单化，不准确。如果说朱瑞熙先生的专著《宋代社会研究》第七章《宋代的封建家族组织》[②]、王善军先生的论文《唐宋之际宗族制度变革概论》[③] 还属于从微观到宏观的考察，那么我那篇短文《中国封建时代的家庭制度》[④] 大而无当、大题小做的弊病则较为明显。从那时研究尚处于起步阶段的实际情况出发，只怕应当避免太抽象，从较为具体的个案考察做起。正如黄宽重先生所说："个案研究的好处是提供基础的掌握。一开始做家族或社会史的研究，就想得到通盘全面的了解，就宋代来讲不太可能。透过积累个案，也许可以得出较整体的看法。"[⑤]

---

① 参见邓广铭《对有关〈杨氏宗谱〉报导的质疑》，《人民政协报》1983 年 9 月 21 日，第 4 版，收入《邓广铭全集》第 8 卷《宋代人物·史事》，河北教育出版社 2005 年版，第 8—9 页；胡道静：《伪造的沈括家谱》，《社会科学报》1987 年 3 月 5 日，第 3 版；朱瑞熙：《〈须江郎峰祝氏族谱〉是伪作》，《学术月刊》1988 年第 3 期，第 77—81 页。

② 朱瑞熙：《宋代社会研究》第七章《宋代的封建家族组织》，中州书画社 1983 年版，第 98—111 页。

③ 王善军：《唐宋之际宗族制度变革概论》，邓广铭、王云海等主编：《宋史研究论文集（1992 年会编刊）》，河南大学出版社 1993 年版，第 146—166 页。

④ 张邦炜：《中国封建时代的家庭制度》，《四川师范学院学报》1983 年第 3 期，第 27—30 页，收入《宋代婚姻家族史论》，人民出版社 2003 年版，第 265—273 页。

⑤ 黄宽重、刁培俊：《学科整合、国际化趋势与数位化时代的史学研究与教学——著名学者黄宽重先生访谈录》，《历史教学》2006 年第 4 期，第 16 页。

二、90年代：开掘史料宝库——墓志铭

或许正是基于对上述研究状况的深入了解和仔细分析，黄宽重先生同柳立言先生一道，联络陶晋生、马伯良、佐竹靖彦先生以及我等大陆学者在内的12位宋史学界同行，从1993年开始，共同开展了为期三年的“宋代家族与社会”研究计划，目的在于将宋代家族史研究引向深入。1998年印行的《中国近世家族与社会学术研讨会论文集》① 便是其重要成果之一。宽重先生作为这一研究计划的发起者，他的《家族》一书集中地体现了研究计划的开拓创新、务实求真精神。其主要特色大致可归纳为以下三点。

首先，在史料运用上尤其重视墓志铭。黄宽重先生指出：“在明清时代可以借丰富的族谱及地方志的资料，将家族发展变化的图像清楚地勾勒出来。但是，宋代的族谱及相关资料，由于年代久远保留不易。除了极少数之外，以个人生平事迹为主的传记资料，成为描绘家族发展历程的主要凭借。”而墓志铭便是一种很重要的传记资料。一提到墓志铭，人们往往立即想到盛行于唐宋时代的“作碑谀墓”之风，怀疑墓志铭的准确性及史料价值。宋人曾说：“近世行状、墓志、家传，皆出于门生、故吏之手，往往文过其实，人多喜之，率与正史不合。”② 此说虽然不无道理，但也未免失之片面。其实，墓志铭对于墓主的自然状况，诸如先世、

① 《中国近世家族与社会学术研讨会论文集》，台北“中研院”历史语言研究所，1998年6月。

② 赵彦卫：《云麓漫钞》卷8，傅根清点校，中华书局1996年版，第134页。

籍贯、迁移、寿命、婚姻、科第、仕宦、子孙等的记载均较详尽并大致可信。正因为如此，对于家族史研究，其史料价值尤其高。《家族》一书第一篇《墓志史料与家族史研究》第二章《墓志史料的价值与限制》，以樊氏夫人墓志铭和孟邦雄墓志为例，做了既具体又全面的中肯分析，认为墓志铭确有“文过其实”以及隐恶扬善乃至理想化等弊病，但“有不可忽视的价值”，既应“充分利用”，又需“斟酌考订”。宽重先生20世纪90年代初所作《宋代四明袁氏家族研究》一文在史料运用上便以充分利用并仔细考订墓志铭为特色。① 我作为《宋代家族与社会》研究计划的参与者，在探讨盐泉（在今四川省绵阳市游仙区玉河镇）苏氏、仁寿（今属四川）虞氏家族时，便以《四明袁氏》一文为蓝本，从着力搜集有关墓志铭入手。但凡家族史研究者都有这样的体会，如果未能发现几份有价值的墓志铭，将无法理清任何家族的来龙去脉。进入90年代以后，宋代家族史的研究者们纷纷将墓志铭作为史料宝库而尽力加以挖掘，并出现了以研读墓志铭为主题的读书会。这一研究风气的形成，与宽重先生的提倡与示范不无关系。

值得注意的是，黄宽重先生尤其重视数量颇多而又未加充分利用的新出土宋代墓志铭。他下功夫搜集到宋代墓葬资料317件，其中墓志资料较完整的有172件，并对它们一一进行研究。《家族》一书第一篇第一章《近五十年出土宋人墓志史料》分门别类，列举许多实例，仔细论证出土墓志资料的价值。如以王拱辰、曹豳等6件墓志为例，说明墓志可增订《宋史》列传；以王纯中、刘瑾等9件墓志为例，说明墓志可辑补、校勘宋名臣文集；以赵汝适、宋德章等12件墓志为例，说明《宋史》无传的宋人墓志广

① 黄宽重：《宋代四明袁氏家族研究》，《中国近世社会文化史论文集》，台北“中研院”历史语言研究所，1992年6月，第105—131页。

泛地反映了宋代社会的种种面相，史料价值极高。宽重先生还以府州（治今陕西府谷）折氏、饶州（治今江西鄱阳）洪氏、眉州（治今四川眉山）苏氏等9个家族为例，说明出土墓志对厘清家族兴衰过程以及名人的先世与后代的特殊价值。同时又指出，这些墓志资料“有点校误谬、校对不精等现象，甚至有考订错误的情况出现”，强调使用者“应该进一步去查核、考订”。

对于出土墓志资料在家族史研究中的价值，我个人有切身体会。既有正面的经验，如在探讨仁寿虞氏时，起初对虞允文次子公著一系知之甚少，后来读到1982年四川彭山出土的《虞公著碑志拓本》《留氏碑志拓本》①，才将虞氏家族的发展过程厘清，并得知虞允文与宋光宗朝宰相留正系儿女亲家。留正在任四川安抚使时，为报答虞允文当年的提携之恩，将其女嫁与虞公著。也有反面的教训，如为了论证宋代的社会流动，我与一些同行一样，曾一再著文将宋真宗时官至工部侍郎的许骧和宋神宗时任枢密使的冯京作为由商而士的典型。许氏由商而士依据正史，富商李唐“思教子以兴宗绪”，“罄家产”② 为其子许骧聘名师，许骧于太平兴国二年（977）中进士。冯氏由商而士则仅仅根据笔记，冯京“其父商也”③。近读1981年河南密县④出土的冯京墓志铭，才知

① 四川省文管会、彭山县文化馆：《南宋虞公著夫妇合葬墓》，《考古学报》1985年第3期，第399—400页。

② 《宋史》卷277《许骧传》，第9435—9436页。

③ 《鹤林玉露》乙编卷4《冯三元》，第192页。

④ 河南密县，现为河南新密市。

冯京出身"小官门户"①，其曾祖冯碧为著作佐郎，祖父冯禹谟为殿中丞，父亲冯式为左侍禁，"知书，善教子"②。冯京的父、祖虽无墓志资料传世，但其母亲朱氏墓志铭今存。其墓志铭称：因其"自薄奉养"，"故冯氏虽甚贫，而嫁婚能不失其时"。又称：朱氏在其夫去世后，"方困约时，惟知教子之为乐，不以不自给为忧"③。此言或"文过其实"，但冯京应举时，家境并不宽裕，绝非富商之子。明代学者杨慎早已指出："（冯）京父未尝为商，又不名商也。小说不足信，当依正史之传可也。"④ 可惜我等未加细察。其实，宋代由商而士的事例不是绝无仅有，而是为数不少。刚讲到的仁寿虞氏家族，即是一例。虞氏"岁久家富族滋"，"素倚牢盆为助"。⑤ 所谓"牢盆"，即以煮盐为业。虞祺在政和五年（1115）中进士后，虞氏才由商而士。在《家族》一书中，如四明高氏"以手艺为业"，"经二代辛苦经营，颇具财富"，后来才实现了"由商向儒的转变"；德兴张氏因辛勤经营包括工商业在内的产

---

① 《建炎以来系年要录》卷93宋高宗绍兴五年九月乙亥载："皇祐元年（1049），沈文通考中第一。仁宗曰：'朕不欲以贵胄先天下寒俊。'遂以冯京为第一，文通第二。"（第2册，第1545页）王珪《华阳集》卷55《永寿郡太君朱氏墓志铭》曰："谆谆尚书，知女所从，不择高华，而择于冯。"（影印文渊阁四库全书本，第7页）称冯京为"寒俊"，认为冯氏并非"高华"，均系相对而言。

② 河南省文物研究所、密县文物保管所：《密县五虎庙北宋冯京夫妇合葬墓》，《中原文物》1987年第4期，第77—90页。其资料很宝贵，但其释文或有误。如"五代之乱，避地走空藤间"，"空藤"或系"宜（州）、藤（州）"或"容（州）、藤（州）"之误。又如冯京之祖父"冯禹"恐当作"冯禹谟"。因该刊所载《冯京墓志局部》图片不清晰，尚无法断定。

③ 王珪：《华阳集》卷55《永寿郡太君朱氏墓志铭》，影印文渊阁四库全书本，第7页。

④ 杨慎：《升庵集》卷50《冯京》，影印文渊阁四库全书本，第23页。

⑤ 赵琦美：《赵氏铁网珊瑚》卷5《杨椿〈书虞秦公祺传〉》，影印文渊阁四库全书本，第1页。

业而家产日富，便聚集图书，延聘良师，让子弟专心举业，由科举入仕；浮梁（在今江西景德镇北）程氏因从事渔业产销而致富，让子弟程节、程筠读书应举，二人相继登科入仕。所有这些都是宋代由商而士，社会流动的实例。

其次，在研究方法上特别注重个案研究。黄宽重先生认为："以个案方式进行研究，可以避免选题太大、过于宏观、见林不见树、流于空泛的弊病。"但与从前不同，他所说的个案并不是以"义门"家族为重点的个案，而是"环绕着中型士人家族为中心的个案"。宋代的家族虽然有"同居共财大家庭""基层社会中的强宗豪族""专制政治中的世家"等多种类型①，但只有士人家族才是"新时代的主角"。在宽重先生看来，研究中型士人家族，有两大优点："一是资料量适中，适宜在一定时间内搜集讨论"；"二是便于反映宋代家族的特性"。对宋代家族做个案研究并非始于宽重先生，但他着手较早，用力至勤，成果最多。从 90 年代开始，继四明袁氏家族之后，他又专题探讨了四明楼氏、汪氏、高氏，德兴张氏，浮梁程氏等家族。《家族》一书的第二篇《四明家族群像》、第三篇《江西家族群像》便是以这些脚踏实地的探讨为基础，再做新的整合和升华而成。从中不难看到，这些家族的兴起大致都经过先发家致富，再教子读书，后登第入仕的道路。宋人张载说："朝廷无世臣"，"无百年之家"。② 此说不免绝对了些，但这些家族确实兴衰起伏不常。而这正是宋代家族的主要特性之一。至于其兴衰起伏的决定性因素，依照本书的研究，使用现在

① 参见王善军《宋代宗族和宗族制度研究》下篇《宋代几项重要宗族类型的分析》，河北教育出版社 2000 年版，第 139—212 页。

② 张载：《张载集·经学理窟·宗法》，章锡琛点校，中华书局 1978 年版，第 259 页。

的语言，大致可以简要地归纳为：经济是基础，科举是关键，联姻很重要，关系不可少。据此，宽重先生得出了一个值得重视的结论："宋代是一个竞争性强、开放性高的社会。"并进而指出：因此社会"能呈现多样的面貌和活力，而非死水一潭，僵硬无力"。

个案研究也有其弊病与局限，较为常见的弊病是公式化。在研究者笔下，任何家族的演进历程无非是崛起—兴盛—衰败三部曲，至多再加起伏。探究其原因，则不外乎从家产、教育、仕进、婚姻、交游等几个方面着手。宽重先生在探索中追求同一性与多样性的统一，力求抓准各个家族的不同特点，尽量避免千篇一律。如四明袁氏、高氏均为学术文化名门。但袁氏作为陆学传人，在当地弘扬陆学。而高氏起初则"传承洛学，是四明理学的先驱"。研究袁氏着重阐述其"因注重教育而再获功名，也因推广教育而名垂四明"。探讨高氏则论述其后代在政治上"与理学家疏远，在学术上由经学转向史学及文学"。又如从致力于地方公共事务切入研究四明楼氏，并由此观察当地社会发展的状况。研究汪氏家族则探讨其何以"在高、孝、光、宁四朝，成为推动四明地区社会文化建设的中流砥柱"。再如德兴张氏推行治生与仕宦相结合的家族发展规划，在让一些子弟尽力经营产业的同时，又让另一些子弟安心读书应考。研究张氏家族，便以剖析这个士、商并重的发展规划为重点，进而指出："科举与经济是中国传统家族兴衰的重要标志。"（第 224 页）而研究浮梁程氏则抓住其起家既靠科举、更靠荫补的特点，分析道："荫补也能适度地维系家族的发展。不过这种累代靠荫补入仕的情况，对家族的发展固然具有稳定作用，却也同时降低了家族的竞争力。"并认为这是程氏家族兴盛时期仅有两代的重要因素。这些分析全面、客观，说服力强。

对于个案研究的局限，黄宽重先生有清醒的认识。他说："由于资料不足，以致于我们对更多发展失败或一般平民家族，缺乏了解，使得宋代家族的研究，难以勾勒出多样发展的社会面貌。”（第3页）如何挖掘有关发展失败家族及一般平民家族的资料并加以研究，是个应当正视但又很难解决的问题。这不禁让人想到前面讲到的包括行状、家传在内的墓志资料。其书写对象远远多于正史有传者，并不完全局限于达官显贵、社会上层。它不仅是研究士人家族，而且是探讨平民家族的史料宝库。在一定程度上仍奉行重本抑末政策的宋代，商人家族属于平民家族。在宋代为数众多的墓志中，有商人的资料。如秦观撰《徐君主簿行状》，其书写对象便是高邮（今属江苏）“金钱邸第甲于一乡”的富商徐成甫。此人的主簿一职系捐纳而来：“熙宁某年，以入粟试将作监主簿。又五年，始至京师，授潭州宁乡主簿，皆非其好也。”从中不难看出，他并未离乡赴任，而是仍在高邮经商。所谓主簿挂名而已，徐氏是个比较标准的商人家族。徐成甫的治家之道是：“子当读书，女必嫁士人”，希望后代通过应举与联姻两条途径，实现家族由商而士的转化。然而直至他去世时，仍因其商人身份而被士人看不起，即所谓：“不幸以多赀之故，士大夫以嫌自戒者，或不能究言。”① 因此，像高邮徐氏这样的商人家族从某种意义上也可称为发展失败家族。近年来已有学者从研读商贾墓志铭入手，探讨宋代的商贾家族。② 这可以说是开启了一条研究宋代平民家族和失败家族的门径。

最后，在研究取向上注重将个案研究的深度与区域研究的广

① 秦观：《淮海集》卷36《徐君主簿行状》，影印文渊阁四库全书本，第10—12页。

② 参见郑铭德《宋代的商贾墓志铭》，载《东吴大学历史学报》第12期，2004年12月，第197—216页。

度相结合。一个家族的崛起、发展与变化既有其内在因素，也有其外在原因。内在因素包括前面强调的教育、科举以及人丁、寿命等，外在原因则主要是指与其他个人或家族之间的人际关系，诸如同乡、同学、同年、交游、婚姻等错综复杂、盘根错节的关系网络。而诸如此类的人际关系往往离不开地区这个场域。此其一。其二，士人家族参与社会活动，其目的固然是经营人际关系以维系其家族地位，但其结果则影响到地方政治乃至基层社会、地域文化的面貌。如果我们的理解不错，黄宽重先生正是基于上述考虑，特别强调家族与社会密不可分。《绪言》指出："因此透过家族间的互动，也是观察宋代基层社会现象的重要指标。鉴于以往研究家族的学者对这一方面较少关注，因此在本书中有较多的着墨。这也是本书以"家族与社会"为题的重要理由。"本书并非就家族论家族，而是为剖析社会而探讨家族。从中也不难看出，《家族》一书的价值与意义、宽重先生的成绩与贡献并不仅仅限于家族史。为了更好地将家族个案研究与区域社会研究相结合，90年代开展"宋代家族与社会"研究计划时，大致是按区域分工。如我分工探讨宋代四川地区的家族，而宽重先生本人从那时起便着重研究明州（治今浙江宁波）即四明以及饶州地区的家族。①《家族》一书第二篇《四明家族群像》、第三篇《江西家族群像》所论述的6个家族正是分别属于这两个地区。

家族的确不是一个孤立的社会组织，而是与当地和外界有着千丝万缕、错综复杂的联系的社会群体。即使就教育、科举等所

① 《家族》一书绪言称"宋代江南西路饶州"（第4页）。其实，饶州整个两宋时期都不属于江南西路，而属于江南东路。"西"字恐为"东"字之笔误。本书第三篇题为《江西家族群像》，其中"江西"一词是个现代概念，如改为《饶州家族群像》更确当。

谓内在因素来说，其实也并不是纯内在的。如“陆门四弟子”袁燮、杨简、沈焕、舒璘都是四明人，他们有共同尊从的师长——陆九渊兄弟，有共同信仰的学术——陆学。而这种因受教育而结成的同学乃至学术团体的关系，加强了四明地区家族之间的群体凝聚力，是袁氏等家族兴盛的重要因素。又如四明楼氏与袁氏有师生、同学等多重关系，楼郁是袁毂的老师，楼钥兄弟又与袁方、袁燮同学，而袁燮在中进士前，又在楼氏精舍任教，弟子众多。这种关系增进了彼此之间的深厚情谊，对两个家族的发展均有助益。再如德兴张氏聚集图书，聘请教师，让张氏子弟与本地有希望的青年学子彭汝砺、熊本、刘正夫、程节等人一起读书学习，从而与其他士人家族建立了良好关系。后来彭、熊等人任职于朝，与张氏子弟彼此援引、互相支持，是张氏成为饶州名族的重要因素。同年是因科举考试而形成的一种重要的社会关系。如汪大猷与宋孝宗朝宰相史浩既是四明同乡，又同为绍兴十五年（1145）进士，友谊深厚，并且在官场中交游甚广，互为奥援。这是汪大猷能够在朝廷任高官的原因之一。所有这些关系往往又以缔结婚姻的方式而加以强化，将彼此之间的关系由友情提升到亲情，从而建构起牢不可破的社会网络。无论在四明还是饶州，名门望族之间往往亲上加亲，结成盘根错节的婚姻关系网。总之，家族要发达兴旺，必须在地方上、社会上营造各种关系，任何家族组织都离不开地方基层社会。黄宽重先生在《家族》一书的《序》里说：“为了结合以往研究成果、扩展研究范畴，我准备着力探讨唐宋基层社会，感觉现在应该是告别家族史研究的时候了。”（第4页）其实，基层社会研究在很大程度上是家族史研究合乎逻辑的扩展和延伸。正如宽重先生所说：“从家族延伸到社会，可以观察社会文化发展的一面，以及地方社会一些共同性或特殊性的问题。”① 他近年从家族走向社会与当年为剖析社会而探讨家族，目标完全一致，均瞄准“社会”这个历史研究的主题。

还值得注意的是，每个地区的名门望族几乎无不热心于服务桑梓，回报社会。只有这样，他们才能在乡里受到尊重，增强影响力，成为地方名族。如德兴张氏正是靠积极参与地方公共事务，诸如救灾、办学、造桥补路、排解纠纷等而跻身德兴名门望族。又如四明汪氏虽然在功名、仕宦、学术等各个方面都不能同史氏、袁氏、楼氏等相提并论，可是其家族成员相继施展组织才能，联络当地名族共同推进公共事务，成为四明地区公益事业的主要推动者，在地方上的实际影响超过史、袁、楼等名族而取得领导地位。服务桑梓、回报社会不仅出自确立名族地位的实际需要，而且源于传统学术文化的理性追求。南宋人楼钥说：“四明乡谊最重。”② 四明地区洛、陆、吕（祖谦）三学并兴，陆学尤盛。四明作为学术文化重镇，名族乡里观念极重、团体意识最浓是完全可以理解的。由于众多名族的积极组织和参与，四明地区的地方公共事业和文化建设事业尤其兴盛，并涉及社会生活的方方面面。其中有两件事特别引人注目。一是建立乡曲义庄。四明地区最初出现的家族义庄显示这里的士人“超越‘家’而重视‘族’的意识”。经过酝酿、筹办，到绍熙元年（1190）正式运作的乡曲义庄则“显示从个别家族兴衰的考虑延伸到对乡里整个士人阶层的关怀”，并且表明由“临时性的赈济”发展到“地方家族间集体公益

---

① 《学科整合、国际化趋势与数位化时代的史学研究与教学——著名学者黄宽重先生访谈录》，《历史教学》2006年第4期，第16页。

② 袁桷等：《延祐四明志》卷14《学校考·本路乡曲义田庄·楼钥〈义庄记〉》，《宋元方志丛刊》第6册，中华书局1990年版，第6344页。

活动常态化、制度化”。二是乡里定期聚会。士人结社由来已久，既非始于宋代，也非始于四明。但南宋时期的士人结社则以四明地区最典型。绍兴年间参加五老会的“四明五老”都是进士出身的致仕官员，此后的八老会、尊老会、真率会，“由于参与成员的资历不等，逐渐转而加强乡谊的成分，而成为更具乡里交游性质的聚会”。乡里定期聚会“不仅巩固、增进了彼此的情谊，更易于引发共同兴趣，凝聚集体的观念”。德高望重的士人在一起讨论共同关心的乡里议题，推动乡里公共事务的开展。所有这些都表明，四明地区士人的乡里集体意识特别强，家族之间的来往与合作尤其频繁。他们在政治上互为奥援，以致在朝廷内成为一大势力。难怪南宋时有此一说：“满朝朱紫贵，尽是四明人。”①

三、未来：新的研究增长点何在？

研究任何问题只怕都应当从抽象到具体、从具体到抽象，如此循环往复，最后对问题做出新的、抽象的、较准确的概括。如果说宋代家族史研究从前曾出现选题往往较笼统，大而无当、大题小做的弊病，那么当前似乎走向另一个极端，又出现选题一般较具体，小而无当、小题大做的倾向。如何将具体与抽象、微观与宏观很好地结合起来，或许是宋代家族史研究所应当面对的问题。黄宽重先生这位当年个案研究的推动者，进入新世纪以后认为：“个案研究的论文已经够多了，以后除非有新资料出现，个案

① 张端义：《贵耳集》卷下，学津讨源本，第33页。

研究恐怕不容易有大的发展，此时应该是做总结的时候。”① 《家族》一书以大量微观的具体研究为基础，在题为“科举社会下家族的发展与转变”的结论中，从“家族发展的轨迹”“家族与地方社会”“家族兴衰与社会流动”三个方面，对宋代家族问题做了较为抽象和宏观的概括。概括虽然简要，但既总结过去，更指向未来，启发研究者去思考新的研究增长点何在。宽重先生指出：“家族在地方角色的扮演，也影响基层社会运作。”② 从探讨家族组织进而研究基层社会，无疑是一条合乎逻辑的深入门径，并且近年来已经取得可喜的成绩。宽重先生的论文《唐宋基层武力与基层社会的转变——以弓手为中心》便是一例。即使就宋代家族史研究自身而言，仍有拓展的余地，仍可百尺竿头更进一步。具体说来，至少可以从下面三个方面着手。

其一，进一步凸显地域个性。《家族》一书选取各具特色的明州、饶州进行研究，其目的之一即是揭示不同地域家族的不同地域特性。明州“民富于蟹稻之利，地大物萃”，“人才英拔，比他郡为甲。”③ 这里既是“人才汇集、经济发达的要区”，又是“东海航路和南海航路的重要贸易港口”，还是“推动道学、宏扬学术的重镇”。明州史氏、袁氏、楼氏等家族“相继成为对朝政乃至学术都有极大影响力的全国知名望族”，这里地方公共事业和文化建设事业尤其兴盛，自在情理之中。而饶州虽然素有“物产丰饶”

① 《学科整合、国际化趋势与数位化时代的史学研究与教学——著名学者黄宽重先生访谈录》，《历史教学》2006年第4期，第16页。

② 黄宽重：《唐宋基层武力与基层社会的转变——以弓手为中心》，《历史研究》2004年第1期，第16页。

③ 王象之：《舆地纪胜》卷11《两浙东路·庆元府·风俗形胜》，中华书局1992年版，第1册，第613、614—615页。

“家富户羡”之称，并有“饶阳因富得州名”之说，① 但与发达地区明州相比，毕竟仅属于次发达地区，饶州张氏、程氏等家族只是地方名族，其地位与影响不能与明州史氏、袁氏等家族相提并论，完全可以理解。在饶州，黄宽重先生又选择富县浮梁和穷县德兴进行研究。德兴虽然是穷县，但“荐士德兴为最”。② 据宽重先生统计，两宋时期德兴获进士者占饶州总数的 35.5%，而浮阳仅占 18.2%。这或许是由于德兴有特别重视教育的传统。不必讳言，《家族》一书对明州、饶州家族的地域个性的揭示还谈不上全面，仍有待深入。但作为宋代四川家族的研究者之一，我不免感到惶愧。因缺乏研究，时至今日，我们仍然只能说：“我们目前主要关注的是四川与全国的共性，至于个性，则是下一步要探讨的内容。”③ 苏轼《眉州远景楼记》称：“吾州之俗，有近古者三：其士大夫贵经术而重氏族，其民尊吏而畏法，其农夫合耦以相助。盖有三代、汉、唐之遗风，而他郡之所莫及也。”④ 在苏轼看来，这里“重氏族”的主要表现是：“大家显人以门族相上，推次甲乙，皆有定品，谓之‘江乡’。非此族也，虽贵且富，不通婚姻。”“重氏族”是否是宋代眉州乃至四川家族的个性之一？我们还不能做出肯定或否定的回答。北宋初期有记载：“西川及山南诸州百姓祖父母、父母在者，子孙多别籍异财。”⑤《宋史·地理志》亦称：

---

① 祝穆撰，祝洙增订：《方舆胜览》卷 18《江东路·饶州·事要》，施和金点校，中华书局 2003 年版，上册，第 323、326 页。

② 《方舆胜览》卷 18《江东路·饶州·事要》，上册，第 323 页。

③ 邹重华、粟品孝主编：《宋代四川家族与学术论集·序》，四川大学出版社 2005 年版，第 2 页。

④ 苏轼：《东坡七集·东坡集》卷 32《眉州远景楼记》，四部备要本，第 5 页。

⑤ 《续资治通鉴长编》卷 9 宋太祖开宝元年六月癸丑，第 203 页。

川峡四路“亲在多别籍异财”①。“多别籍异财”仅存在于北宋前期，还是有宋一代都如此？它是否是四川地区独有的现象？能否作为宋代四川家族的个性？我们同样难以给予明确的回答。足见，在宋代家族史研究中，如何凸现地域个性可视为新的研究增长点。

其二，进一步把握时代共性。要把握宋代家族的时代共性，就必须将它放到历史发展的总进程中去做动态考察。黄宽重先生指出：“以往学界囿于断代研究之限，将唐宋的历史问题明显区隔，分别讨论，以致将历史现象孤立化，缺乏联系。”② 他认为：“唐代以前，世家大族在政治、社会乃至经济上都具有举足轻重的地位，形成门第社会。到了宋代，科举考试成为步入政治的主要阶梯，也是影响家族荣枯的重要因素。经济的发达与教育的普及，使新兴的士人家族，逐渐成为新时代的主角。”在中国家族史上，不同的时代的确有不同的主角。依据前人的研究，按照我个人的理解，先后经过五次大的变化，即：商周乃至秦代的封建贵族—两汉的豪宗巨族—魏晋乃至隋唐的门阀士族—宋元的士人家族—明清的绅士家族。其中，先秦的贵族、魏晋的士族以及明清的绅士家族属于典型形态，而汉代的豪族以及宋代的士人家族则属于过渡形态。贵族作为西周时代的主角，经历春秋、战国以至秦末的变乱而瓦解，汉代家族重组，豪族逐渐形成。然而汉代的豪族并非典型形态，它只不过是魏晋士族的雏形而已。如果说西周的贵族为封土建邦的制度所规定，那么魏晋的士族则以注重婚宦的传统为支柱。士族作为魏晋乃至隋唐时代的主角，经历唐末五代的变乱而解体，宋代家族重组，士人家族逐渐形成。如果说魏晋

① 《宋史》卷89《地理五・夔州路》，第2230页。

② 《唐宋基层武力与基层社会的转变——以弓手为中心》，《历史研究》2004年第1期，第3页。

的士族以传统为支柱，宋代的士人家族在很大程度上则为政策所缔造。正如宽重先生所说："这些新兴的士人家族是宋代重文政策及科举仕进制度化的受惠者。"并认为它们大致具有耕读传家、富不过三代等共同特性。不过应当承认，我们对中国古代家族的演进历程以及宋代士人家族的总体认识仍然比较笼统，有待进一步深化。而宋代家族的主角如何简称为宜，因事关这一总体认识，有必要附带指出。《家族》一书有时将宋代家族的主角称为名门望族，简称名族，更多地则将其称为士人家族，简称士族。陶晋生先生也这样简称，他在《北宋士族——家族·婚姻·生活》一书中说："最常见关于士人家族的称呼是'士族'。"① 这一简称虽然在宋代的史料中可以找到某些依据，但容易引起误解，以致将质的规定性大不相同的魏晋士族和宋代士族混为一谈。我个人认为，宋代士人家族以简称名族为宜。

其三，进一步做长时段研究。要认清宋代名族的时代特征，不仅要瞻前，即与唐五代相比较，而且要顾后，即同元明清相联系。瞻前与顾后，各有其意义，不可或缺。邓小南教授说得对："'唐宋'并提，将宋作为一系列变化的整理定型期；而'宋元明'的概念则将其视为一系列新发展的开端。"② 然而，目前学界谈唐宋变革多，论宋明因袭少。③ 其实，就家族史而论，元明清时代对宋代的因袭是有脉络可寻的，并且较为清晰。黄宽重先生指出："宋与明清的家族史研究虽然重点不同，但从中仍可观察出中国家

① 陶晋生：《北宋士族——家族·婚姻·生活》，台北"中研院"历史语言研究所2001年版，第7页。

② 邓小南：《近年来宋史研究的新进展》，《中国史研究动态》2004年第9期，第19页。

③ 参看葛兆光《"唐宋"抑或"宋明"——文化史和思想史研究视域变化的意义》，《历史研究》2004年第1期，第18—32页。

族发展接续脉络。本书中讨论的几个家族的兴起与衰落，均与仕进相系。这样的现象延续到明清家族更为清楚。”如果说汉代的豪宗巨族是魏晋乃至隋唐时代的门阀士族的雏形，那么宋代以至元代的士人家族则是明清时代的绅士家族的先驱。什么是绅？“‘士大夫居于乡者为绅。’绅也就是缙绅，是专指那些有官职科第功名居乡而能得到乡里敬重的人士。”“典型的绅士一定是居乡的士大夫，是有功名科第的退休林泉的官员。”① 因此，绅士亦称乡绅或官绅。《家族》一书所论及的“庆历五先生”“陆门四弟子”“四明五老”“四明八老”等，如果使用明清时代的语言，实属名副其实的绅士。甚至连明清时代绅士的继替方式也源于宋代。在明清时代，“一般乡间的绅士都是在四十多岁的时候就仿效他们的父祖一齐回到故乡，继承先业”②。早在北宋时期，便有这类事例。如黄庭坚所记述的戎州（治今四川宜宾）王默。此人系治平四年（1067）进士，历任通泉（在今四川射洪境内）知县等职，官至朝奉郎，即“请老而归，年始四十有八”。他返乡后，扶持弱者，“于乡邻恤其无而收其弱”，主持公道，“至其无赖者，众会唾辱之，里人畏之，甚于刑罚”，并代表乡里，监督地方官府：“性狷介，不能容人之非，州县有过举，辄上书论之。”③ 王默其人与明清时代的绅士没有多大差别。南宋时期这类事例更多，如《家族》一书论及的四明汪大猷。他与王默仅有两个不同之处：一是王默系“请老”，汪大猷是“被罢”；二是汪大猷回乡年龄大于王默。他“五十六岁即赋闲在家，回到乡里，参与旧有的诗社等组织，

① 史靖：《绅权的本质》，吴晗、费孝通等：《皇权与绅权》，天津人民出版社1988年版，第131、132页。

② 史靖：《绅权的继替》，《皇权与绅权》，第140页。

③ 黄庭坚：《黄庭坚全集》正集卷30《墓志铭·朝奉郎致仕王君墓志铭》，刘琳、李勇先、王蓉贵点校，四川大学出版社2001年版，第2册，第810、811页。

以及推动乡里建设”。“凡里中义事，率自公倡之”。正是因为汪大猷居乡达 25 年之久，汪氏才在四明地区确立了领袖地位。诸如此类，不一而足。如果逆向考察，倒看历史，将宋代与元明清时代联系起来做长时段探讨，深入研究的余地是显而易见的。总之，宋代家族史研究应做、可做的事情还很多，绝非山穷水尽，而是柳暗花明。

（原载《历史研究》2007 年第 2 期）

天水人物

TIANSHUI RENWU

孟昶形象问题的史源学思考

一、昏君乎？明君乎？

后蜀开国之君、先主孟知祥称帝仅半年即去世，正如当时蜀地民谚所云："不得登，登便倒。"① 而后主孟昶（919—965）虽是亡国之君，但在位长达31年（934—965）之久，几乎与后蜀历史相始终。他在五代十国史和四川地方史上是个相当重要的历史人物。孟昶在北宋时期的典籍中有两种截然相反的形象，即难得的明君和典型的昏君。受亡国之君即昏君这一思维定式以及种种因素的影响，孟昶的昏君形象压倒明君形象，他千百年来备受指

① 不著撰人：《分门古今类事》卷2《帝王运兆门下·仲明天数》引《成都广记》所载"孟蜀丐者语"，文渊阁四库全书本。张唐英原著、王文才、王炎校笺：《蜀梼杌校笺》卷3《后蜀先主》称："知祥好学问，性宽厚，抚民以仁惠，驭卒以恩威，接士大夫以礼。薨之日，蜀人甚哀之。"（巴蜀书社1999年版，第326页）可见，孟知祥当时在四川民众中威望相当高。

责。古人斥责他“奢纵失国”①，近人谴责他“荒淫无度”②，而今人则径直将他称为“著名的荒淫之君”③。这些评论太简单，有欠公允。

由于孟昶的两种形象都有相当充足的史料支撑，20 余年来，某些研究者以阶段论、功过论为理论依据，试图对孟昶的不同形象加以调和、折中。于是，主张孟昶前明后昏或功大于过的论著相继问世。这些论著较深刻地揭示了孟昶自身固有的两面性和确实存在的前后变化，将后蜀史研究引向深入。④ 然而他们大致均立足于对不同历史文本的一概信从。

其实，孟昶的不同形象来源于不同的历史文本，而不同的历史文本又反映不同书写者的不同立场，是书写者的不同利益、不同意愿和不同情感的体现和流露。只怕还应对塑造孟昶不同形象的不同历史文本做些去伪存真的辨析工作，从史源学的角度思考孟昶的形象问题。只要稍加辨析，即可发现，塑造孟昶不同形象的两种不同历史文本分别由以宋太祖为首的北宋统治集团和以蜀士即四川士人为代表的四川民众群体书写，而孟昶的昏君形象压倒明君形象的演变过程归根到底是四川民众对北宋朝廷的态度由对立到认同的前后转化的必然结果。

众所周知，陈垣先生所倡导的史源学以“找寻史源，正其讹

---

① 冯琦原编，陈邦瞻纂辑：《宋史纪事本末》卷 4《平蜀》“张溥曰”，中华书局 1955 年版，第 18 页。

② 蔡东藩：《宋史演义》第 9 回《破川军孱王归命　受蜀俘美妇承恩》，上海文化出版社 1981 年版，下册，第 60 页。

③ 韩国磐：《隋唐五代史》，人民出版社 1977 年版，第 430 页。

④ 参见武建国《略论孟昶》，《历史教学》1986 年第 6 期，第 7—10 页；陶懋炳：《五代史略》，人民出版社 1985 年版，第 289—293 页；杨伟立：《前蜀后蜀史》，四川省社会科学院出版社 1986 年版，第 136—147 页。

误”为目的，其要旨为“二句金言”，即“毋信人之言。人实诳汝”。[①] 下面的讨论就从“七宝溺器”之说是否可信开始。

二、“七宝溺器”可信否

称孟昶为昏君，确实事出有因，其典型例证莫过于七宝溺器。此事在历史上颇负“臭”名，朱元璋将它与陈友谅的镂金床相提并论。《明史·陈友谅传》载：“友谅豪侈，尝造镂金床，甚工，宫中器物类是。既亡，江西行省以床进，太祖叹曰：‘此与孟昶七宝溺器何异?’命有司毁之。”[②] 如今流传更广，可谓尽人皆知。然而值得注意的是，在北宋特别是其前期，此事仅见于体现宋朝朝廷立场的官方或半官方著述，而不见于反映四川民众意志的地方史乘。而官方著述从其利益与需要出发，在书籍中夸大其词乃至无中生有，实在是太常见。人们完全有理由怀疑七宝溺器之说的真实性。现分为四点，申述于下。

第一，查现存各种史籍，七宝溺器一事较早见于北宋石介（1005—1045）、欧阳修（1007—1072）的著述。石介《三朝圣政录·宝装溺器》曰：“太祖平伪蜀，阅孟昶宫中物，有宝装溺器，遽命碎之，曰：‘以此奉身，不亡何待!’”[③] 欧阳修《新五代史·后蜀世家》云：后蜀“君臣务为奢侈以自娱，至于溺器，皆

---

① 参见陈智超编注《陈垣史源学杂文（增订本）·前言》，生活·读书·新知三联书店2007年版，第1—11页。

② 张廷玉等：《明史》卷123《陈友谅传》，中华书局1975年版，第18页。

③ 曾慥编：《类说》卷19《三朝圣政录·宝装溺器》，影印文渊阁四库全书本。

以七宝装之"①。《三朝圣政录》《新五代史》虽非官修正史，而是私人著述，但其著述体现宋朝朝廷立场，实可称为半官方著述。《三朝圣政录》系石介宝元元年（1038）任嘉州（治今四川乐山）军事判官时，"撮取太祖、太宗、真宗三圣之政为书"②。他曾按照右司谏韩琦的意见修改。韩琦《三朝圣政录序》称赞此书"上以述列圣之美，次以达一人之听"③。《三朝圣政录》很大程度上是部歌功颂德之作，石介《序》云："若太祖之英武，太宗之神圣，真宗之文明，授受承承，以兴太平，可谓跨唐而逾汉，驾商、周而登虞、夏者也。"④ 难怪此书"上之，仁宗嘉纳焉"⑤。仁宗肯定此书，足见此书的性质。欧阳修主张："史者，国家之典法也。"认为：史书应当记述"君臣善恶、功过，与其百事之废置"。目的在于"垂劝戒，示后世"⑥。其实，这也是他修《新五代史》的出发点。《宋史·欧阳修传》载：欧阳修"奉诏修《唐书》纪、志、表，自撰《五代史记》，法严词约，多取《春秋》遗旨"⑦。很清楚，《唐书》（即《新唐书》）系官修正史，而《五代史记》（即《新五代史》）则是私人著述。晁公武《郡斋读书志·正史类·五代史记》称："欧阳修永叔以薛居正史繁猥失实，重加修定，藏于

---

① 欧阳修：《新五代史》卷64《后蜀世家·孟知祥附子昶》，中华书局1974年版，第805—806页。

② 王应麟：《玉海》卷49《艺文·政要宝训（圣政）》，江苏古籍出版社1990年版，第928页。

③ 韩琦：《安阳集》卷22《三朝圣政录·序》，影印文渊阁四库全书本。

④ 石介：《徂徕石先生文集》卷18《三朝圣政录序》，陈植锷点校，中华书局1984年版，第209页。

⑤ 晁以道：《景迂生集》卷1《奏议·元符三年应诏封事》，影印文渊阁四库全书本。

⑥ 欧阳修：《欧阳文忠公文集·奏议》卷12《论史馆日历状》，四部丛刊本。

⑦ 脱脱等：《宋史》卷319《欧阳修传》，中华书局1977年版，第10381页。

家。永叔没后，朝廷闻之，取以付国子监刊行。《国史》称其可以继班固、刘向，人不以为过。”① 从朝廷的态度及《国史》的评价看，《新五代史》分明反映官方立场。除七宝溺器一事而外，《新五代史》还称：“（孟）昶好打球走马，又为方士房中之术，多采良家子以充后宫”，“年少不亲政事”。② 凡此种种，使孟昶的昏君形象进一步加深。

第二，其实，最早记载此事的应当是大中祥符九年（1016）二月完成的宋太祖、太宗《两朝国史》。③ 《宋史·太祖本纪三》载：太祖“见孟昶宝装溺器，捺而碎之，曰：‘汝以七宝饰此，当以何器贮食？所为如是，不亡何待！’”《宋史·西蜀孟氏世家》又载：“初，（孟）昶在蜀，专务奢靡，为七宝溺器，他物称是。”④ 清代史家赵翼《廿二史札记》颇有凭据地一再指出：“宋代《国史》，国亡时皆入于元。元人修史时，大概只就宋旧本稍为编次。”⑤《宋史》所载出自宋代《国史》，《国史》代表宋朝朝廷立场，不必多说。按照《宋史》即宋代《国史》的记述，孟昶岂止“专务奢靡”，而且“赋敛无度”。《宋史·五行志四》载：“时西川孟昶赋敛无度，射利之家配率尤甚，既乏缗钱，唯仰在质物。”⑥ 一言以蔽之，其目的在于表明孟昶“不亡何待”即自取灭亡，而宋朝攻打后蜀则是以有道伐无道的正义战争。

---

① 晁公武：《郡斋读书志》卷5《正史类·五代史记》，上海古籍出版社1990年版，第194页。

② 《新五代史》卷64《后蜀世家·孟知祥附子昶》，第803、804页。

③ 关于两朝国史的编修情况，可参看蔡崇榜《宋代修史制度研究》，台北文津出版社1991年版，第117—121页。

④ 《宋史》卷3《太祖本纪三》、卷479《西蜀孟氏世家》，第49—50、13881页。

⑤ 赵翼：《廿二史札记》卷23《宋史多国史原本》，中华书局1963年版，第450页。

⑥ 《宋史》卷66《五行志四·金》，第1446页。

第三，如果说《新五代史》虽然反映官方立场，但毕竟是私人著述，那么薛居正《旧五代史》则属于标准的官修正史，其成书年代又早于《两朝国史》。史载，开宝六年（973）四月“戊申，诏参知政事薛居正监修梁、后唐、晋、汉、周《五代史》”。七年闰十月“甲子，监修国史薛居正等上新修《五代史》百五十卷”。① 需要补充的是，薛居正在开宝六年九月，由参知政事升任同平章事，即拜相。然而经查在《旧五代史》中居然无孟昶七宝溺器一事。至于其原因，无非三种可能。一是《旧五代史》主要依据五代实录，对于十国史事记述很简略。二是现存《旧五代史》并非其原貌，此事被遗漏。三是所谓七宝溺器最初并无此说，是稍后才被“层累地造成”的。果真如此，其真实性则更令人质疑。值得注意的是，《旧五代史》与《新五代史》、宋代《国史》的目标是一致的，均一味贬损后蜀。如《旧五代史·周书·世宗纪二》显德二年（955）五月载，“秦、凤人户怨蜀之苛政，相次诣阙，乞举兵收复旧地”②。《旧五代史》的作者竭力歌颂北宋攻灭后蜀的战争：“及皇上（指宋太祖）之平蜀也，煦之以尧日，和之以舜风，故比户之民，悦而从化。”③ 其语言十分夸张，甚至将宋太祖与尧、舜相提并论。

第四，与宋代《国史》等朝廷官方或半官方著述不同，北宋蜀籍士人张唐英《蜀梼杌》、句延庆《锦里耆旧传》等私人著述并无七宝溺器一事的记载。《蜀梼杌》是张唐英早年的著述，完稿于宋仁宗嘉祐年间（1056—1063），写定于英宗治平年间（1064—

① 李焘：《续资治通鉴长编》卷14开宝六年四年四月戊申、卷15开宝七年闰十月甲子，中华书局1979年版，第300、326页。

② 薛居正：《旧五代史》卷115《周书·世宗纪二》，中华书局1976年版，第1529页。

③ 《旧五代史》卷136《僭伪传三·孟知祥传附昶》，第1824页。

1067)。《四库全书总目》称："其书本《前蜀开国记》《后蜀实录》，仿荀悦《汉纪》体，编年排次，于王建、孟知祥据蜀事迹，颇为详备。"① 由于来源于西蜀官方史籍，其立场与北宋官方史籍有异乃至对立，自是情理中事。王文才先生进而指出：《蜀梼杌》"非专赖二书"，"多据蜀史，故与中原载籍，时有出入。复核其书，于蜀中官书私史外，更博采前代杂史，小说诗文。"② 可见，此书取材范围广泛，包括蜀中私史以及蜀地民间口述资料。而这些资料难免体现蜀地民众的情感与意愿。《锦里耆旧传》成书早于《蜀梼杌》。陈振孙《直斋书录解题》卷7《传记类》称："开宝三年（970），秘书丞刘蔚知荣州（治今四川荣县）得此传，其词芜秽，请（句）延庆修之，改曰《成都理乱记》。"③ 《四库全书总目》指出："书中于后蜀主多所称美，疑出蜀人之词。孟昶时有校书郎、华阳（即今四川成都）句中正者，后入宋为屯田郎中，延庆疑即其族。"④ 朱彝尊《曝书亭集·续锦里耆旧传跋》进而断言："延庆，字昌裔，成都人。"⑤《锦里耆旧传》确实"于后蜀主多所称美"，诸如"边陲无扰，百姓丰肥"，"时平俗阜"等。并借他人之口，颂扬后蜀"被山带江，足食足兵，实天下之强国也"；后蜀主"本仁祖义，允文允武，乃天下之贤主也"⑥。《蜀梼杌》同样称颂"（孟）昶幼聪悟才辨，自袭位，颇勤于政，边境不耸，国内阜安"⑦。可见，"蜀人之词"与官方之语确实大不相同。按

---

① 永瑢等：《四库全书总目》卷66《史部·载记类》，中华书局1965年版，第587页。

② 《蜀梼杌校笺·序》，第5—6页。

③ 陈振孙：《直斋书录解题》卷7《传记类》，影印文渊阁四库全书本。

④ 《四库全书总目》卷66《史部·载记类》，第587页。

⑤ 朱彝尊：《曝书亭集》卷44《跋三·续锦里耆旧传跋》，四部丛刊本。

⑥ 句延庆：《锦里耆旧传》卷3，影印文渊阁四库全书本。

⑦ 《蜀梼杌校笺》卷4《后蜀后主》，第448页。

照北宋无名氏《五国故事》的记载，孟昶绝非奢侈、荒淫之君，而是节俭、仁慈之主。《五国故事》卷下载：孟昶“寝处惟紫罗帐、紫碧绫帷褥而已，无加锦绣之饰。至于盥漱之具，亦但用银，兼以黑漆木器耳。每决死刑，多所矜减”。《五国故事》虽非“蜀人之词”，但它作为民间私史，所载史实与官方国史相左。某些具体史事，甚至截然相反。如《新五代史》指责孟昶“好打球走马”，而《五国故事》则称：“昶后体重，遂不乘马。内厩惟饲一打球马，而久不按习，亦不堪乘跨。”① 总之，北宋时期，孟昶在民间与官方确实是两种不同的形象。

三、孟昶《官箴》确有其事

称孟昶为明君，节俭、仁慈还在其次，其最为确切的例证莫过于他著《官箴》。孟昶《官箴》的精彩之处不外16个字：“尔俸尔禄，民膏民脂。”“下民易虐，上天难欺。”强调不是官员养活百姓，而是百姓养活官吏。换言之，即官员并非百姓父母，百姓才是官员的衣食父母。传统时代的君主就有这样的认识，实可称为亲民君主。即使停留在口头上，也属较为难得。然而对于孟昶著《官箴》，北宋官修、半官修史籍竭力加以掩盖。关于此事，有以下三点需要指出。

第一，在现存北宋著述中，孟昶《官箴》首见于北宋初年四川士人景焕所著《野人闲话》。陈振孙《直斋书录解题》卷11《小说家类》称：“《野人闲话》五卷，成都景焕撰，记孟蜀时事，

① 不著撰人：《五国故事》卷下，见《说库》，浙江古籍出版社1986年版。

乾德三年（965）序。”① 其自序曰：“野人者，成都景焕，山野之人也。”② 其实，他是一位博雅之士。陶谷《清异录》卷4《文用·副墨子》云：“蜀人景焕，博雅士也，志尚静隐，卜筑玉垒山，茅堂花榭，足以自娱。”③ 黄休复《茅亭客话》卷9《景山人》称：“玉垒山人景焕，有文艺，善画龙，涉猎经史。”④ 郭若虚《图画见闻志》卷6《近事·应天三绝》载：“处士景焕，一名朴，善画。焕与翰林学士欧阳炯为忘形之友。”⑤ 清人吴任臣《十国春秋》依据各种资料，作《景焕传》。⑥ 但其生卒年不可考，只知其为后蜀、宋初人。景焕称：孟昶“承（高）祖纂业，性多明敏，以孝慈仁义，在位三纪已来，尊儒尚道，贵农贱商”⑦；“能文章，好博览，知兴亡，有诗才”；“开献纳院，创贡举场，不十余年，山西潭隐者俱起，肃肃多士，赳赳武夫，亦一方之盛事。”⑧ 总之，在景焕笔下，孟昶是位难得的明君。《野人闲话》五卷，如今仅存数则。现存《野人闲话·颁令箴》称：“蜀主能文章，尝为箴诫，颁诸字子，各令刊刻于坐隅，谓之班令。”其《官箴》云：“朕念赤子，旰食宵衣。托之令长，抚养惠绥。……”⑨ 凡24句。张唐英《蜀梼杌》将“（孟）昶著《官箴》，颁于郡国”一事系于

① 《直斋书录解题》卷11《小说家类》。

② 陶宗仪：《说郛》卷17《野人闲话·序》，中国书店1986年影印本。

③ 陶宗仪：《说郛》卷120《清异录·文用·副墨子》，宛委山堂本。

④ 黄休复：《茅亭客话》卷9《景山人》，朱易安等主编：《全宋笔记》第2编第1册，大象出版社2006年版，第71—72页。

⑤ 郭若虚：《图画见闻志》卷6《近事·应天三绝》，四部丛刊本。

⑥ 吴任臣：《十国春秋》卷56《后蜀九·景焕传》，徐敏霞、周莹点校，中华书局1983年版，第823页。

⑦ 《说郛》卷17《野人闲话·颁令箴》。

⑧ 王明清：《挥麈录·余话》卷1《景焕述野人闲话》，中华书局上海编辑所1991年版，第291—292页。

⑨ 《说郛》卷17《野人闲话·颁令箴》。

广政四年（941）五月，所载《官箴》24 句与前引文字略有出入，但“尔俸尔禄，民膏民脂”“下民易虐，上天难欺”16 字则完全相同。《蜀梼杌》同时又记载，孟昶谴责因荒淫而亡国的前蜀后主：“王衍浮薄，而好轻艳之辞，朕不为也。”并称赞孟昶“好学，凡为文皆本于理”。①

第二，对于孟昶著《官箴》，北宋官修、半官修史籍始终讳莫如深。为掩盖此事，甚至将宋太宗《戒石铭》也略而不载。在《宋史》中便既无孟昶著《官箴》，又无宋太宗《戒石铭》的记载。前文说，《宋史》源出宋朝国史，足以体现宋朝官方立场。官修史籍有关于宋太宗《戒石铭》的记载始见于南宋前期。无名氏《中兴两朝圣政》卷 11 载，绍兴二年（1132）六月“癸巳，颁黄庭坚所书太宗御制《戒石铭》于郡县，命长吏刻之庭石，置之坐右”②。《四库未收书目提要》指出：《中兴两朝圣政》“汇合两书而冠以‘中兴两朝’之名”③。所谓两书是指《高宗圣政》《孝宗圣政》。陈振孙《直斋书录解题》卷 5《典故类》曰：“《高宗圣政》五十卷④、《孝宗圣政》五十卷，乾道、淳熙中所修，皆有御制序此二帙，书坊钞节，以便举子应用之储者也。”⑤《宋史·陈居仁传》云：“诏修《高宗圣政》，妙选僚属，与范成大并充检讨官。”⑥ 可知，《中兴两朝圣政》虽系民间“书坊钞节”之书，但所据《高宗圣政》则是标准的官修史籍，其作者为范成大、陈居

---

① 《蜀梼杌校笺》卷 4《后蜀后主》，第 345 页。

② 不著撰人：《中兴两朝圣政》卷 11 绍兴二年六月癸巳，宛委别藏本。李心传《建炎以来系年要录》卷 55 亦载此事，但《要录》成书晚于《圣政》。

③ 《四库全书总目》附录《四库未收书目提要》，第 1853 页。

④ 《宋史》卷 203《艺文志二·故事类》著录“《高宗圣政》六十卷”，第 5103 页。与《直斋书录解题》所载卷次不同。

⑤ 《直斋书录解题》卷 5《典故类》。

⑥ 《宋史》卷 406《陈居仁传》，第 12271 页。

仁，系宋孝宗时所修。《中兴两朝圣政》在记述此事时，引用“留正等曰”。留正淳熙末年、绍熙年间官至宰相，他们仍不愿指出宋太宗《戒石铭》的来源，仅称：告诫官员“以虐民欺天为戒，悉心于爱民”，“此太宗皇帝制铭之深意”。① 较早正视其事的是汪应辰和洪迈。汪应辰在乾道元年至四年（1165—1168）曾任四川制置使、知成都府，他在抄录孟昶著《官箴》之后，接着说：“右蜀主孟昶之文也。太宗皇帝摘其中数语，曰：‘尔俸尔禄，民膏民脂。下民易虐，上天难欺。’圣意至深远也。”并强调：“愚恐岁月浸久，而莫详《戒石铭》之所自者，故书昶所著全文而识其事云。”② 洪迈在其开始流传于乾道淳熙年间的《容斋随笔》一书中指出：宋太宗采用“夺胎换骨法”，将“语言皆不工”的《官箴》改造为“言简理尽”的《戒石铭》。并称赞“（孟）昶区区爱民之心，在五季诸僭伪之君为可称也”③。南宋中期以后，“莫详《戒石铭》之所自者”终于成为过去，宋太宗《戒石铭》源于孟昶著《官箴》已成为无法掩盖的公认的事实。扈仲荣等所编《成都文类》卷48《箴》收录此文，庆元三年至五年（1197—1199）任四川制置使、知成都府的袁说友为此书作《序》。《四库全书总目》明确指出：“今世官署戒石所刻‘尔俸尔禄，民膏民脂。下民易虐，上苍难欺’四语，自宋代以黄庭坚书颁行州县者，实摘录孟昶广政四年所制《官箴》中语。”④

第三，孟昶对官员的告诫并不仅仅停留在口头上，而是部分加以施行。他所任用的御史中丞杨昭俭便尽力贯彻其反腐倡廉的

① 《中兴两朝圣政》卷11绍兴二年六月癸巳引“留正等曰”。

② 汪应辰：《文定集》卷10《题跋·记〈戒石铭〉》，影印文渊阁四库全书本。

③ 洪迈：《容斋随笔》续笔卷1《戒石铭》，上海古籍出版社1978年版，第216—217页。

④ 《四库全书总目》卷66《史部·载记类》，第587页。

思想。宋人马永易《实宾录》卷8《杨雕》称："伪蜀杨昭俭仕孟昶，为御史中丞，击搏权贵，正色当官，时号'杨雕'。"① 人们往往将孟昶与李煜相提并论，其实孟昶在政治上并不缠缠绵绵，而是敢作敢为。如张业因有功于后蜀而官至司空兼中书侍郎、同平章事，后又加司空兼判度支。此人"性豪侈，强市人田宅，藏匿亡命于私第，置狱，系负债者或历年，至有庾死者"。对于这个位高权重的贪腐高官，孟昶仍严惩不贷。史载，"（张）业入朝，蜀主命壮士就都堂击杀之，下诏暴其罪，籍没其家"②。又如申贵历任昌（治今重庆大足）、渝（治今重庆市渝中区）、文（治今甘肃文县西）、眉（治今四川眉山）四州刺史，他所在"残虐聚敛"，孟昶将其"下狱"并"赐死"，"人皆相贺"。③ 与孟昶的反腐倡廉举措有关，后蜀也不乏廉吏。如后蜀的元老重臣，官至守司徒、平章事、判三司的赵季良便受到四川民众的爱戴。史载，他"性宽厚，居常无喜愠之色"，"所上遗表言不及私，蜀人韪之"。④ 又如保宁军节度使张公铎"为政严猛，僚吏畏惮民。时承前蜀之弊，狱讼繁多，案牍堆积。公铎量其所犯，随意裁决，无不称当，在任六年，民被其惠"⑤。总之，确如杨伟立先生在《前蜀后蜀史》中所说："孟昶的政绩，主要在整顿吏治方面，所以后蜀吏治比前蜀修明。"⑥

---

① 马永易：《实宾录》卷8《杨雕》，影印文渊阁四库全书本。

② 司马光：《资治通鉴》卷288后汉高祖乾祐元年七月甲子，中华书局1959年版，第9394页。

③ 《蜀梼杌校笺》卷4《后蜀后主》，第344页。

④ 路振：《九国志》卷7《后蜀·赵季良传》，宛委别藏本。

⑤ 《九国志》卷7《后蜀·张公铎传》。

⑥ 《前蜀后蜀史》第147页。

四、民众的眼睛是雪亮的

孟昶是昏君还是明君？孟昶作为四川地区的“四十年偏霸之主”①，四川民众对孟昶的态度是解决孟昶形象问题的重要依据。北宋前期，四川地区的人心不倾向宋朝，而倾向于后蜀。前蜀降后唐、后蜀降北宋的降表均为宰相李昊所作。《蜀梼杌》载：“蜀人鄙其所为，夜书其门曰：‘世修降表李家。’”② 有的记载还嫌如此记述不足以表达蜀人对李昊的愤恨，采用了“蜀人愤之”“见者哂之”③ 等词句。无论此事是当时的实情，还是后人的追述，都足以反映当时四川民众的人心向背。四川民众拥戴孟昶的佐证，至少还可举出以下两条。

第一，孟昶归降宋朝，离成都赴开封时的送行队伍相当浩大。《蜀梼杌》卷 4《后蜀后主》载：“（孟）昶之行，万民拥道，哭声动地，昶以袂掩面而哭。自二江至眉州，沿路百姓恸绝者数百人。”④ 邵伯温《邵氏闻见录》亦载：“（孟）昶治蜀有恩，国人哭送之。至犍为县别去，其地因号曰：‘蜀王滩。’”⑤ “蜀王滩”又作“哭王滩”，一说其地不在犍为（今属四川），而在眉州（治今四川眉山）“州城东南”。李贤等《明一统志》卷 71《眉州・山

① 《五国故事》卷下。

② 《蜀梼杌校笺》卷 4《后蜀后主》，第 412 页。

③ 《实宾录》卷 3《世修降表李家》。

④ 《蜀梼杌校笺》卷 4《后蜀后主》，第 460 页。

⑤ 邵伯温：《邵氏闻见录》卷 1，李剑雄、刘德权点校，中华书局 1983 年版，第 7 页。

川·哭王滩》称："（孟）昶治蜀有恩，国人哭送至此，因名。"① 据此，清人吴任臣在其《十国春秋》中对孟昶荒淫的传统说法深表怀疑："藉非慈惠素著，亦何以深入人心如此哉？迹其生平行事，劝农恤刑，肇兴文教，孜孜求治，与民休息，要未必如王衍荒淫之甚也。"② 晚清蜀中志士杨锐有诗一首咏叹此事："全家万里去朝天，白马千官更执鞭。痛哭国人怀旧德，蜀王滩下送归船。"③

第二，北宋特别是其前期，反宋者往往假托孟氏之后以相号召。北宋平定后蜀当年，即乾德三年（965）三月，反宋蜀兵"众至十余万，自号兴国军"，推后蜀文州刺史全师雄为帅，全师雄"自号兴蜀大王"④。所谓"兴国""兴蜀"，便有借助后蜀亡灵，试图重建蜀国之意。30年后，李顺除自号"大蜀王"外，更自称孟氏之后。陆游《老学庵笔记》卷9记述蜀地传言："李顺者，孟大王之遗孤。""（王）小皤战死，众推（李）顺为主，下令复姓孟。""故蜀人惑而从之。"⑤ 吴天墀先生依据清人毕沅的"考异"，指出："把李顺说成是'孟大王之遗孤'，自系陈胜、吴广'诈称

① 李贤等：《明一统志》卷71《眉州·山川·哭王滩》，影印文渊阁四库全书本。关于蜀王滩，直至近世仍有记载。涂长发修、王昌年纂《嘉庆眉州属志》卷2《山川》载："哭王滩，治东南，后蜀孟昶降宋入朝，舟过此，国人送之而哭，因名。"（《中国地方志集成·四川府县志辑》第39册，第25页，巴蜀书社1992年版）王铭新等修《民国眉山县志》卷1《地理志·山川》称："蜀王滩，见旧志，今江道迁徙，失其处。"（第39册，第487页）

② 《十国春秋》卷49《后蜀二·后主本纪》，第743页。

③ 杨锐：《杨叔峤先生诗文集·诗集》卷上《后蜀杂事》，续修四库全书本。

④ 洪业等：《琬琰集删存》卷3《王中书全斌传（实录）》，上海古籍出版社1990年版，第336页。

⑤ 陆游：《老学庵笔记》卷9，李剑雄、刘德权点校，中华书局1979年版，第112页。

扶苏之故智’。”[①] 毕沅还说：“此蜀人怀孟氏旧恩而为此言。”[②] 甚至直到宋徽宗初年，四川士人赵谂等“同谋借姓孟起兵，以从蜀人之属望”[③]。足见孟昶在蜀地号召力之大，四川民众对他怀念之深。很清楚，孟昶并非昏君，而是一位较为贤明的“偏霸之君”。

五、有比较才有鉴别

北宋前期四川民众拥戴和怀念孟昶，是将北宋与后蜀相比较之后所做出的判断，是对北宋朝廷的极度不满情绪的自然流露。而其原因则在于北宋前期朝廷在四川地区的政策失误和对四川问题的处置失当。正是朝廷的一错再错，使四川民众对后蜀和孟昶充满怀念之情。宋初在蜀弊政甚多[④]，这里仅简略列举以下数种。[⑤]

一是入蜀宋军的暴行。宋太祖将“乾德伐蜀之役”称为“兴

① 吴天墀：《水神崇奉与王小波、李顺起义》，邓广铭、徐规等主编《宋史研究论文集（1984 年年会编刊）》，浙江人民出版社 1987 年版。

② 毕沅：《续资治通鉴》卷 17 淳化四年十二月戊申“考异”，中华书局 1957 年版，第 397—398 页。

③ 陈均：《九朝编年备要》卷 26 崇宁元年二月“赵谂伏诛”，影印文渊阁四库全书本。

④ 关于北宋前期朝廷在四川的苛政，可参看吴天墀《王小波、李顺起义为什么在川西地区发生》，《四川大学学报》1979 年第 3 期。收入《吴天墀文史存稿》，第 43—70 页。

⑤ 据陈师道《后山谈丛》卷 5 记载，平蜀之初，大将曹彬建议宋太祖对四川问题谨慎从事。他“密奏”道：“孟昶王蜀三十年，而蜀道千余里。请擒孟氏而赦其臣，以防变。”宋太祖不接受，“批其后曰”：“你好雀儿肠肚。”（《全宋笔记》第 2 编第 6 册，第 113 页）“擒”原作“族”，据影印文渊阁四库全书本改。

师伐罪”[①] 之征。其实，王全斌等率领的入蜀宋军军纪败坏，暴行不断。如杀降，仅平蜀当年二月十九，一天之内，“王全斌杀蜀降兵二万七千人于成都”[②]。又如残忍，“有大校割民妻乳而杀之”。宋太祖得知此事，也不禁哀息：“妇人何罪？而残忍至此!”[③] 诸如此类，罄竹难书。史载：王全斌等在蜀“昼夜宴饮，不恤军事”，“部下渔夺货财，蜀人苦之”[④]。“蜀军愤怨，人人思乱”[⑤]。宋太祖不得不将王全斌等贬官，承认入蜀宋军“专杀降兵，擅开公帑，豪夺妇女，广纳货财，敛万民之怨嗟，致群‘盗’之充斥”[⑥]。对于宋军的暴行，如今确实可以视为统一的代价，但当年深受其害的四川民众则无法忍受。前面讲到的蜀人泣别孟昶的送行活动正是一次声势浩大的抗议宋军暴行的群众运动，以全师雄兴国军为代表的反宋兵变、民变则是当时四川地区人心向背的具体体现。《宋史·太祖本纪二》称：乾德三年三月，“两川‘贼’群起”[⑦]。其时，蜀地反宋事件并非一次，可谓风起云涌。仅《锦里耆旧传》卷4便载：乾德三年四月，“陵州（治今四川仁寿）‘贼’袁廷裕反，资州（治今四川资中）黄承浦、普州（治今四川安岳）刘泽时人号之刘硬弓、昌州（治今重庆大足）赵令等反，各据本州，与全师雄应接，所在州郡，道路不通。又嘉州（治今四川乐山）马承逸反，屯犍为山，进攻州城”[⑧]。

---

① 《宋史》卷200《刑法志二》，第4985页。

② 《宋史》卷2《太祖本纪二》，第21页。

③ 《续资治通鉴长编》卷6乾德三年七月，156页。

④ 《琬琰集删存》卷2《曹武惠王彬行状（李宗谔）》，第271页。

⑤ 《琬琰集删存》卷3《王中书全斌传（实录）》，第336页。

⑥ 不著撰人：《宋大诏令集》卷203《贬责一·议王全斌等罪诏》，中华书局1962年版，第754页。

⑦ 《宋史》卷2《太祖本纪二》，第21页。

⑧ 《锦里耆旧传》卷4。

二是孟昶个人的遭遇。孟昶“至汴京，改封秦国公，越七日薨”①，享年仅47岁。他死因不明，很值得怀疑。其母李氏“因不食，数日卒”。据说她死时曾谴责其子：“汝不能死社稷，贪生以至今日。”② 其实她何尝不是以死抗争！孟昶的爱妃花蕊夫人“入备后宫”③，甚至还有被晋王赵光义射死的传闻。蔡绦《铁围山丛谈》卷6载：“国朝降下西蜀，而花蕊夫人又随昶归中国。昶至且十日，则召花蕊夫人入宫中，而昶遂死。昌陵后亦惑之。”“太宗在晋邸时，数谏昌陵（指宋太祖），而未果去。一日，兄弟相与猎苑中，花蕊夫人在侧，晋邸方调弓矢引满，政拟射走兽，忽回射花蕊夫人，一箭而死。”④ 蜀人对孟昶的悲惨结局不免十分同情。

三是掠夺蜀地的财富。宋朝在蜀地不仅屠戮，而且掠夺。吴曾《能改斋漫录》卷13《下蜀辎重百里不绝》称：“王师下蜀时，护送孟昶血属辎重之众，百里不绝，至京师犹然。”时人李度有诗云：“全家离锦里，五月下瞿塘。绣服青娥女，雕鞍白面郎。累累轻重富，杳杳路岐长。”⑤ 这些“累累辎重”并非供孟昶一家享用，而是最终归北宋朝廷所有。此后，宋朝又将财物源源不断地运往开封。《太平治迹统类》载：“蜀土富饶，丝绵绮号冠天下。孟氏割据，府库充溢。及王师平蜀，其重货铜布，载自三峡，轻货纹縠，即设传置，发卒负担，每四十卒为一纲，号为日进。不

① 《九国志》卷7《后蜀世家·后主》。

② 《宋史》卷479《世家二·西蜀孟氏》，第13879页。

③ 胡仔：《渔隐丛话》前集卷60《花蕊夫人》，四部备要本，第2页。

④ 蔡绦：《铁围山丛谈》卷6，冯惠民、沈锡麟点校，中华书局1983年版，第109页。

⑤ 吴曾：《能改斋漫录》卷13《下蜀辎重百里不绝》，上海古籍出版社1979年版，第384—395页。

数十年，孟氏所储，悉归内府。”[①] 如果说屠杀四川军民，罪在王全斌等，朝廷只是用人不当，那么掠夺蜀地财富，宋太祖责无旁贷。他说：“中国自五代已来，兵连祸结，帑藏空虚，必先取巴蜀，次及广南、江南，即国用富饶矣。”[②] 很清楚，他先取巴蜀是要将蜀地作为支持其平定全国的战争的人力、物力、财力的补给地。

四是进行新的榨取。宋太祖平定后蜀之初，多次下诏废除后蜀苛政。如乾德四年（966）二月《蠲放西川诸州夏税诏》称：“收复以来，屡免租赋，尚恐凋弊之俗，耕稼未全，更议蠲除，俾令安缉。今年夏税并沿征等，并蠲其半，无者全放。”[③] 然而这一系列诏令大多口惠而实不至。确如《孟子》尽心篇所说：“尽信书不如无书。”有关北宋平蜀之初的举措，史书中的记载多有不实之处。如陈均《九朝编年备要》卷1乾德三年二月“赦西蜀”曰：“赐师所过租，除科役赋调之无名者，赈贫乏，赦群‘盗’，访贤才，叙官吏，蜀人以安。”[④] 不必旁征博引，同书卷4淳化四年（993）二月“蜀盗王小波攻掠诸县”的记载已对上述说法做了有力的反驳：“蜀地饶富，孟氏割据，府库益以充溢。及王师平蜀，孟氏所储悉归内府。而言事者竞起功利，成都常赋外，更置博买务。诸郡课民织作，禁商旅，不得私市布帛，司计之吏析及秋毫。蜀地狭民稠，耕作不足以给，益以贫困。兼并者复籴贱贩贵，以夺其利。”此外，北宋前期，朝廷在四川实行重税政策。如商税，

---

① 彭百川：《太平治迹统类》卷3《太宗平李顺》，江苏古籍刻印社1990年版，第79页。

② 王称：《东都事略》卷23《刘继元传》，“臣称曰”，影印文渊阁四库全书本，第405页。

③ 《宋大诏令集》卷185《蠲复上·蠲放西川诸州夏税诏》，第674页。

④ 《九朝编年备要》卷1乾德三年二月“赦西蜀”。

马端临指出："天下商税，惟四蜀独重。虽夔、戎间小垒，其数亦倍蓰于内地之壮郡。"其原因据说在于四川使用铁钱："四蜀所纳皆铁钱，十才及铜钱之一，则数目虽多，而所取亦未为甚重。"但马端临在考证后，肯定四川商税"元额偏重"。① 由于朝廷的压榨，四川地区反宋事件延绵不绝。除王小波、李顺之变而外，还有刘旰兵变（997）、王均兵变（999—1000）等。于是，北宋前期始终是蜀地的多事之秋，蜀地在北宋前期始终是个不稳定的地区。

五是吏治败坏。四川地区的民变、兵变不断，与这里吏治败坏关系极大。蜀地桃符诗云："新年纳余庆，佳节号长春。"② 以长春为圣节名的宋太祖所任命的首任知益州（治今四川成都）是参知政事吕余庆。需要指出的是，邵伯温《邵氏闻见录》卷1载："吕余庆出守，太祖谕曰：'蜀人思孟昶不忘。卿官成都，凡昶所榷税食饮之物，皆宜罢。'余庆奉诏除之，蜀人始欣然，不复思故主矣。"③ 其中，蜀人"欣然"云云，系小说家言，并非事实。《宋史·吕余庆传》仅称：入蜀"军士恃功骄恣"，"有军校被酒持刃，夺贾人物，余庆立捕斩之以徇。军中畏伏，民用按堵"。④ 如此而已，并无蜀人"不复思故主"等过分夸张之语。不可否认，宋太祖"尤严贪墨之罪"⑤，当时"受赃弃市者多矣"⑥。然而宋初在四川、岭南等偏远地区，使用"负罪之人"为官。这些"负罪之人，多非良善，贪残凶暴，无所不至"。"其或怙恶不悛，恃远

① 马端临：《文献通考》卷14《征榷考一·征商（关市）》，中华书局1986年版，第146页。

② 杨亿口述，黄鉴笔录：《杨文公谈苑·学士草文》，李裕民辑校，上海古籍出版社1993年版，第7—8页。

③ 《邵氏闻见录》卷1，第7页。

④ 《宋史》卷263《吕余庆传》，第9099页。

⑤ 《宋史》卷200《刑法志二》，第4985页。

⑥ 《续资治通鉴长编》卷12开宝四年十月庚午注，第270页。

肆毒，小民罹殃，卒莫上诉”。① 因此，北宋前期在这个天高皇帝远的地方，官员肆无忌惮，“不法者百数”②。如淳化年间，知成都府吴元载“颇尚苛察，民有犯法者，虽细罪不能容，又禁民游宴行乐，人用胥怨”③。彭山（今属四川）县令齐元振“贪暴，民尤苦之”，民众起而“杀元振，剖其腹，实以钱刀”。④ 其民愤之大，可想而知。当时人曾质问：“向使无加赋之苦，得循良抚绥之，安有此乱？”并感叹道：“聚敛之为害如此，可不戒哉！”⑤ 由此也可见，就蜀地而言，后蜀吏治不仅比先前的前蜀修明，而且比后来的宋初修明。

六是歧视蜀人。宋初四川动乱不止，责任分明在于朝廷。但是宋初统治集团并不反省其在蜀政策，反而无端指责“蜀人好乱”“蜀人多变”，并“待之以待盗贼之意，而绳之以绳盗贼之法”。⑥ 朝廷对蜀人歧视颇深，对蜀地防范颇严。诸如不许“蜀人官属”，尤其不能任要职，如“不得通判州事”。⑦ 又如限制蜀地解额，以致蜀地解额“绝少”。⑧ 所谓解额，简而言之，即参加科举考试的举人数额。最突出的事例是在蜀地“毁城隍，销兵甲”，以致“两川惟陵、梓（即今四川三台）、眉、遂（即今四川遂宁）有城可守”，其他城市“名为郡城，荡若平地”。⑨ “蜀人好乱”之说相当

---

① 《宋史》卷266《王化基传》，第9186页。

② 曾巩：《隆平集》卷20《妖寇》，宋史资料萃编本。

③ 《续资治通鉴长编》卷35淳化五年正月甲寅，第766页。

④ 《太平治迹统类》卷3《太宗平李顺》，第79页。

⑤ 王辟之：《渑水燕谈录》卷9《事志》，吕友仁点校，中华书局1981年版，第105页。

⑥ 苏洵：《嘉祐集》卷14《张益州画像记》，四部备要本。

⑦ 《宋史》卷298《陈希亮传》，第9918页。

⑧ 徐松辑：《宋会要辑稿》选举15之15，中华书局1957年版，第4503页。

⑨ 王禹偁：《小畜集》卷15《奏议·论州郡削弱之弊》，四部丛刊本。

偏颇，京东士人王辟之就不赞同。他说："世以蜀人好乱"，其实作乱者"率非土人"。[①] 对于此说，四川士人更是深表不满："蜀中之叛，非蜀人为之也，皆朝廷所委用之臣所为也。"[②] 因写下《蚕妇》诗而知名于世的郫县（今四川省成都市郫都区）籍士人张俞一再反驳道："甲午之乱[③]，非蜀之罪也，非岁之罪也，乃官政欺懦，而经制坏败之罪也。"[④] "诏令不布，王泽不流，于是三盗乘而互乱，（李）顺、（王）均、（刘）旰也。则非蜀之罪，奸臣之罪也。"[⑤] 于是，包括士人在内的四川民众在感情上与朝廷更加对立，某些士人甚至采取与朝廷不合作的态度。如张俞（又作张愈）便选择隐逸，隐居于青城山白云溪，有"白云先生"之称。[⑥] 四川士人与朝廷情绪对立，正是宋初"蜀士知向学而不乐仕宦"[⑦] 的重要原因之一。

阅读有关北宋文献，不难发现，在蜀人口中、在蜀士笔下，后蜀一派繁荣景象。诸如"蜀中百姓富庶"，"蜀中久安，赋役俱省，半米三钱"[⑧] 之类，赞美之词不绝于耳。其实，这是委婉地对宋初"东西两川旱，民饥，吏失救恤，寇大起"[⑨] 的现实所表

① 《渑水燕谈录》卷9《事志》，第105页。

② 《蜀梼杌校笺·蜀梼杌自序》，第1—2页。

③ 李顺淳化四年攻陷成都，系甲午年，因此宋人称"李顺之变"为"甲午之乱"。

④ 袁说有等编：《成都文类》卷22《序一·送张安道赴成都序（张俞）》下册，赵晓兰整理，中华书局2011年版，第459—461页。

⑤ 《成都文类》卷29《记·颁诏厅记（张俞）》下册，第564—566页。

⑥ 参看祝尚书《北宋西蜀隐逸诗人张俞考论》，西华大学、四川省文史研究馆主办《蜀学》第1辑，巴蜀书社2006年版，第131—140页。

⑦ 《宋史》卷293《张咏传》，第9801页。

⑧ 《蜀梼杌校笺》卷4《后蜀后主》，第373、381页。

⑨ 韩琦：《安阳集》卷50《故枢密直学士礼部尚书赠左仆射张公神道碑铭》，影印文渊阁四库全书本。

达的不满。后蜀时期蜀中社情较好、北宋初期治蜀政绩极差是可以肯定的。然而平心而论，后蜀天上，北宋地下，两者判若天渊，则未必是事实。这些记述无非是以蜀士为主的蜀人的怀旧情绪的流露。这类记述还很多，仅在《蜀梼杌》一书中就不少。如追忆成都当年的美景："夹江皆创亭榭，游赏之处，都人士女，倾城游玩，珠翠绮罗，名花异香，馥郁森列。（孟）昶御龙舟，观水嬉，上下十里，人望之如神仙之境。""城上尽种芙蓉，九月间盛开，望之皆如锦绣。"蜀人往日的欢乐："村落闾巷之间，弦管歌诵，合筵社会，昼夜相接。"这些孟昶时代的美好回忆无疑都饱含着对后蜀的怀旧情绪和对北宋的对立情绪。而"府库之积，无一丝一粒入于中原，所以财币充实"① 云云，则分明是对北宋朝廷掠夺蜀中财富的抗议之词。

六、历史毕竟由胜利者书写

值得注意的是，北宋中期以后，特别是南宋时期，孟昶的形象出现了由不同走向相同的趋势。南宋时期开始流传的各种重要史籍，诸如蜀人（县籍不详）李攸《宋朝事实》、眉山（或作青神，今属四川）王称《东都事略》、丹棱（今属四川）李焘《续资治通鉴长编》、眉山（或作丹棱）彭百川《太平治迹统类》、莆田（今属福建）陈均《九朝编年备要》、晋江（今属福建）吕中《宋大事记讲义》等，无论是出自四川士人还是其他地区人士之手，均依据官修宋太祖、太宗《两朝国史》，有揭露孟昶荒淫的七宝溺

① 《蜀梼杌校笺》卷4《后蜀后主》，第373、381页。

器一事的记述。至于其缘故，固然不是单一的，其中最重要的一条无疑是传统时代当局控制舆论，正统文化体现统治者意志，历史毕竟由胜利者书写。谎言重复千遍即有可能变为“真理”，见于官修《国史》的记载时间一久自然成为“史实”。于是，孟昶的形象终于趋同，他的昏君形象就这样被“层累地造成”，并压倒其明君形象。在促成孟昶形象趋同的各种原因当中，下面两条应当指出。

第一，朝廷对蜀政策的调整。这些措施包括增加四川解额、准许蜀人官蜀等，其中最重要的是派遣廉吏入蜀。这一举措始于宋太宗、真宗时，两度派遣朝廷要员张咏出知益州。此人素有廉吏之称，他的格言是：“廉不言贫，勤不言苦。”① 张咏治蜀的主要举措有减轻民众负担，严惩贪官污吏，缓和社会矛盾。② 张咏入蜀仅仅是廉吏治蜀的开端。北宋中期，一批廉吏相继入蜀，诸如韩亿、文彦博、韩琦、张方平、吕大防等。其中，有“铁面御史”之称的赵抃四度入蜀，在宋英宗、宋神宗时两知成都府。与张咏相比，赵抃更亲民。③ 他宽民力，不妄杀，深入穷城小邑，贴近普通民众，“以宽治蜀，蜀人安之”④。这批治蜀廉吏无不关心民众疾苦，他们受到四川民众拥戴。如张咏在蜀“凡一令之下，人情无不慰惬”。他再知益州，“蜀民闻之，皆鼓舞相庆”⑤。他后

---

① 朱熹：《五朝名臣言行录》卷3之3《尚书张忠定公》，第15—16、14页。

② 参看吴天墀《张咏治蜀事辑》，《吴天墀文史存稿》第92—116页。

③ 参看张邦炜《关于赵抃治蜀》，《邓广铭百年诞辰纪念论文集》，中华书局2007年版，第487—502页。

④ 苏轼：《东坡七集·东坡集》卷38《赵清献公神道碑》，四部丛刊本，第3页。

⑤ 韩琦：《安阳集》卷50《故枢密直学士礼部尚书赠左仆射张公神道碑铭》，第14、17、19、16—17页。

来去世，“蜀人闻之，皆罢市，号恸”①。至于赵抃治蜀，史籍中“蜀民歌之”②“蜀民大悦”③“蜀人安其政”④“蜀人素爱抃”⑤一类的记载比比皆是。这批封疆大吏在蜀人心中的威望大有超过孟昶这位“偏霸之君”之势。治蜀廉吏深受蜀人欢迎意味着朝廷在蜀形象的改变，四川民众对朝廷由对立逐渐演变为认同。北宋中期以后，宋朝在四川地区的凝聚力和号召力逐渐超过后蜀。而孟昶的形象也相应由明君逐渐演变为昏君。

第二，四川地区局势的好转。经过张咏两度治蜀，宋真宗以后，四川地区趋于稳定。史称：“蜀始复大治。”⑥据不完全统计，蜀地北宋前期58年中发生的规模较大的民变、兵变达17次之多，而北宋中期69年间仅4次，并且规模较小。北宋中期，四川地区又在稳定的基础上逐步走向繁荣。宋仁宗宣称：“益部民物繁富。”⑦嘉祐年间中进士的成都籍士人吕陶讲到其家乡的繁荣，自豪之情溢于言表：“蜀之四隅，绵亘数千里，土衍物阜，资货以蕃。财利贡赋，率四海三之一，县官指为外府。”⑧足见这时四川经济在全国所占地位之高。而在四川地区，成都又尤其富庶。嘉祐二年

① 韩琦：《安阳集》卷50《故枢密直学士礼部尚书赠左仆射张公神道碑铭》，第19—20页。

② 郑獬：《郧溪集》卷1《龙图阁直学士知谏院赵抃可右谏议大夫参知政事制》，影印文渊阁四库全书本，第4页。

③ 脱脱等：《宋史》卷316《赵抃传》，第10323页。

④ 胡仔：《渔隐丛话》前集卷28《赵清献》，四部备要本，第3页。

⑤ 《续资治通鉴长编》卷236熙宁五年闰七月甲戌，上海古籍出版社1986年版，第26页。

⑥ 韩琦：《安阳集》卷50《故枢密直学士礼部尚书赠左仆射张公神道碑铭》，第14、17、19、16—17页。

⑦ 李焘：《续资治通鉴长编》卷102，天圣二年七月己亥，第2362页。

⑧ 吕陶：《净德集》卷14《成都新建备武堂记》，《丛书集成》初编本，中华书局1985年版，第143—144页。

（1057）中进士的华阳（即今四川成都）籍士人范百禄指出："成都，蜀之都会，厥土沃腴，厥民阜繁，百姓浩丽，见谓天府。"①《石林燕语》也称："自庆历以来，天下乂安，成都雄富，既甲诸帅府。"② 北宋中期四川及成都的繁荣、富庶，已远非后蜀时期可比。如果说宋初蜀人不免怀念富庶、繁荣的孟昶时代，那么这种怀旧情绪后来慢慢淡化乃至消退。

正是由于上述种种原因，千百年来人们几乎众口一词称孟昶为昏君。然而北宋前期出自四川民众之口的口述资料和出自四川士人之手的文献资料毕竟部分流传下来。清康熙年间，仁和（即今浙江杭州）籍士人吴任臣著《十国春秋》时，他接触到有关孟昶形象的两种不同记载，而他本人与后蜀、与北宋、与四川均无感情上的纠葛和恩怨。吴任臣便指出，孟昶前期"孜孜求治，与民休息"，后期"用匪其人，坐致沦丧"，并认为孟昶功大于过，"未必如王衍荒淫之甚也"。③ 足见，用阶段论、功过论评论其实并非始于近20余年。至于其局限性，正如前文所述。

（原载《四川师范大学学报》2009年第1期）

① 傅增湘辑：《宋代蜀文辑存》卷22《〈成都古今集记〉序（范百禄）》，香港龙门书店1971年版，第319页。

② 叶梦得：《石林燕语》卷7，侯忠义点校，中华书局1984年版，第101页。

③ 吴任臣：《十国春秋》卷49《后蜀二·后主本纪·论曰》，第743页。

关于赵抃治蜀

赵抃（1008—1084）在北宋历史上岂止以“铁面御史”“苦参政”而知名，他还是一位与张咏齐名的治蜀名臣。从前即有此一说：“蜀自昔称为沃土大郡，知其郡者若赵抃、张咏辈，皆有声于当时。”① 赵抃曾四度入蜀，五任蜀职。他景祐年间曾知江原县（在今四川崇州境内），嘉祐年间历任梓州（治今四川三台）、益州（治今四川成都）转运使，特别是在治平、熙宁年间两知成都府。赵抃在蜀中政绩有声，史称“蜀民歌之”②。然而关于赵抃治蜀，迄今仅有专论一篇③，本文拟做些补充。

---

① 薛瑄：《敬轩文集》卷15《送刘佥宪之任序》，影印文渊阁四库全书本，第3页。所称“赵抃、张咏辈”，如按时间顺序，应称“张咏、赵抃”。

② 郑獬：《郧溪集》卷1《龙图阁直学士知谏院赵抃可右谏议大夫参知政事制》，影印文渊阁四库全书本。

③ 粟品孝：《赵抃与四川》，《成都大学学报（社会科学版）》1994年第1期，第31—35页。

一、以宽治蜀

张咏治蜀[①]与赵抃治蜀各有其特色。南宋人一再如是说："张忠定（即张咏）严明为政，赵清献（即赵抃）简易临民"；"临民简易，有赵清献之余风；驭下严明，继张忠定之遗躅"[②]；"其威名立断，有张咏之风；其简易弗苛，如赵抃之政。"[③] 此说渊源有自，早在北宋时，宋英宗便肯定："赵抃为成都也，中和之政也。"[④] 宋神宗称：赵抃在蜀，"为政简易"[⑤]。苏轼作为川籍士人，更是盛赞：赵抃"以宽治蜀，蜀人安之"[⑥]。张咏、赵抃治蜀何以宽、严不同？苏辙将其原因归结于时代，他说："昔张咏出守，方兵革之后，抚之以义，民欣戴之。赵抃奉使，方泰侈之余，节之以礼，民安乐之。及其复来，吏民欢呼，唯恐其去。"[⑦] 的确，张咏在宋太宗、真宗时两知益州（治今成都），适逢李顺民变、王均民变之后。而赵抃两知成都府，蜀地的实际情况与张咏当年也大不相同，

---

① 参看吴天墀《张咏治蜀事辑》，《史学季刊》第 1 卷第 1 期，1940 年。收入《吴天墀文史存稿》，四川大学出版社 1996 年版，第 92—116 页。

② 祝穆、祝洙：《方舆胜览》卷 51《成都府·四六》，施和金点校，中华书局 2003 年版，第 921—922 页。

③ 真德秀：《西山先生真文忠公文集》卷 22《翰林词草·答诏·赐前知成都府路安抚使黄畴若诏》，四部丛刊本，第 11 页。

④ 《宋史》卷 316《赵抃传》，中华书局 1977 年版，第 10323 页。

⑤ 朱熹：《三朝名臣言行录》卷 5 之 2《参政赵清献公》，四部丛刊本，第 5 页。

⑥ 苏轼：《东坡七集·东坡集》卷 38《神道碑·赵清献公神道碑》，四部丛刊本，第 3 页。

⑦ 苏辙：《栾城集》卷 30《西掖告词·李之纯宝文阁直学士知成都府》，四部备要本，第 10 页。

他的治蜀方略与张咏不同，自在情理之中。

其实，赵抃任地方官，并非一味以宽为治，而是“因俗施教，宽猛不同，以惠利为本”①。他先“知虔州（治今江西赣州）简易”，后知杭州“治为恶者以严”，而知青州（治今山东益都）又“因其俗，治以清净”。② 正如苏轼所说：“其在官守，不专于宽，时出猛政，严而不残。”③ 赵抃治蜀也有个由严到宽的过程。《宋史·赵抃传》载：“抃向使蜀日，有聚为妖祀者，治以峻法。”所谓“向使蜀日”是指其任梓州、益州转运使时，“聚为妖祀”是指当时四川各地盛行的赛神活动，“所部诸州，每年有游惰不逞之民，以祭赛鬼神为名，敛求钱物。一坊巷至聚三二百人，作将军、曹吏、牙直之号，执枪刀、旗幡、队仗，及以女人为男子衣，或男子衣妇人衣，导以音乐百戏，三四夜往来不绝”。而所谓“峻法”，无非是“揭榜禁约”，并将其首领“徙出川界”。④ 因而有记载称：“赵抃为梓州转运，恩威并著，教养兼施，父老子弟罔不悦服，州人庙祀之。”⑤ 到他出任知成都府，“复有此狱（指赛神事），皆谓不免”。而赵抃“察其亡他，曰：‘是特酒食过耳。’刑首恶而释余人，蜀民大悦”。因而赵抃治蜀有“以宽为治”之称。⑥

赵抃以宽治蜀，其主要表现有四。

---

① 陈桱：《通鉴续编》卷8熙宁三年四月“赵抃罢”，影印文渊阁四库全书本，第22页。

② 黄震：《古今纪要》卷19《宋朝·神宗·参政·赵抃》，影印文渊阁四库全书本，第8页。“虔州”原作“处州”，误。

③ 《东坡七集·东坡集》卷38《赵清献公神道碑》，第5页。

④ 李焘：《续资治通鉴长编》卷192嘉祐五年十二月壬申，上海古籍出版社1986年影印浙江书局本，第17—18页。

⑤ 黄廷桂等：《［雍正］四川通志》卷首，影印文渊阁四库全书本，第1页。

⑥ 《宋史》卷316《赵抃传》，第10323页。

其一，宽民力。四川在宋代是个民众负担颇重的地区。赵抃在知江原县时，便“备见民间科纳之际，忧愁亡聊”，并加以“体问”。所谓“科纳”又称“科买”“科配”“科率”或“科敷”，指临时摊派各种杂税，也包括官府低价配买物品或高价配卖物品。赵抃回朝任职后，上奏状《乞减省益州路民间科买》，指出蜀地民众有三大科买负担。一是科买官布，每匹实值“大钱八百至一贯文”，官府仅付“大钱三百至四百文”，“自庆历以来，每岁又更增添买纳万数，民间困乏不易”。二是科买“九璧大绫”，每匹工本费为“大钱六七贯文”，官府仅付“大钱二贯文上下”，“累年亦是增添匹数科织，民间大为骚扰”。三是苗米折纳，“每七八斗折纳官绢一匹。近岁米贱，每一斗只直大钱二百至一百三四十文以下，官绢每匹直大钱三贯以上。州县促限督责，人户贱粜米、贵买绢输纳，艰阻弊苦，百端折纳，万数益多，民间转见贫窘”。他请求朝廷“于折变、科配、买织匹帛万数内，减放一半以上，庶几宽远方之民”。① 赵抃在担任梓州、益州转运使期间，又发现四川地区有“内臣入蜀”“送遗节酒”“鼓铸大钱”三大害。所谓“内臣入蜀”是指宦官来川，长期逗留，“别无公事勾当，惟是交易掊克，诛求不已”。赵抃上奏请求朝廷“降圣旨指挥，许令（内臣）住益州不得过十日”。② 所谓“送遗节酒”是指四川各地“每遇时序，或隔路，或邻近，更互送遗节酒，多差衙前急脚子驱送递铺兵士，并役使百姓人夫，往来络绎，担擎劳苦，州县骚动，嗟叹之声，不绝道路”。赵抃上奏建议朝廷加以制止，“以安存远方，

① 赵抃：《赵清献公文集》卷6《乞减省益州路民间科买》，宋集珍本丛刊本，第9—10页。

② 《赵清献公文集》卷9《奏状乞降指挥内臣入蜀只许住益州十日》，第4页。

宽贷民力”。[①] 所谓“鼓铸大钱”，是指四川地区从大中祥符年间开始，“铸大钱，以一当十。嘉州（治今四川乐山）丰远监、邛州（四川今市）惠民监置炉鼓铸”。赵抃“乞罢十年，以宽民力”。[②] 赵抃在知成都府任上，特别注意减轻工商业者的负担。直到明代，人们仍赞不绝口：“昔赵抃判成都，减额以苏园户，轻价以惠行商，民到于今称之。”[③] 所谓“园户”，指种茶农户。

其二，不妄杀。熙宁五年（1072）闰十月，赵抃再知成都府，是因为“成都以戍卒为忧”，“东军在蜀，连三次有谋变者”。因“蜀人素爱（赵）抃”，宋神宗拟让赵抃入蜀。但赵抃曾参知政事，按照惯例，“前执政旧不差知成都，成都今又少有人欲去者”。神宗召见赵抃：“卿能为朕行乎？”赵抃称：“陛下宣言即敕命也，顾岂有例？”[④] 于是，赵抃以 65 岁高龄“至蜀，治益尚宽”。他虽然握有“便宜行事”大权，但处理成都戍卒问题，并不实行严刑峻法，而是重在感化勉励。赵抃开导戍卒头目：“吾与汝年相若。吾以一身入蜀，为天子抚一方。汝亦宜清谨畏戢以率众，比戍还，得余资持归，为室家计可也。”结果，“人喜转相告，莫敢为恶，蜀郡晏然”。[⑤] 不久发生伪造度牒案件，“剑州（治今四川剑阁）民李孝忠集众二百余人，私造符牒，度人为僧，或以谋逆告，狱具”。赵抃“以意决之，处孝忠以私造度牒，余皆得不死”。有人控告赵抃“脱逆党”，“朝廷取具狱阅之，卒无以易也”。[⑥] 茂州

① 《赵清献公文集》卷 9《奏状乞止绝川路州军送遗节酒》，第 4—5 页。

② 谢维新：《古今合璧事类备要》外集卷 65《财用门·铜楮相权·乞减半铸》，影印文渊阁四库全书本，第 10 页。

③ 章潢：《图书编》卷 40《时务四条》，影印文渊阁四库全书本，第 25 页。

④ 《续资治通鉴长编》卷 236 熙宁五年闰七月甲戌，第 17—18 页。

⑤ 《宋史》卷 316《赵抃传》，第 10324 页。

⑥ 《东坡七集·东坡集》卷 38《赵清献公神道碑》，第 4 页。

（治今四川茂汶）蕃部首领“鹿明玉等蜂聚剽掠”，赵抃“遣兵讨之。夷人乞降，愿杀婢以盟”。赵抃“使人喻之曰：‘人不可，用三牲可也。’闻命，欢呼以听。”这一事件以“迄不杀一人”① 而传为美谈。然而赵抃并非不重视防止蕃部首领的“蜂聚剽掠”。熙宁五年，“外当夷徼之要冲，内作成都之捍蔽”的战略要地永康军（治今四川都江堰）被废。“熙宁七年，赵抃知成都日，乞复永康军。”其理由是此地“外控夷诏，内捍成都”②。两年后，赵抃已离任，朝廷下令：“复导江县为永康军，以武臣为军使，兼知县事。”③

其三，重教化。赵抃在知江原县任上，兴建杜工部祠即是一项重教化的措施。《方舆胜览》载：“杜工部祠在江原县，邑宰赵抃建。昔杜甫依高适，寓于此，颇多题咏，故为立祠。”④ 《［雍正］四川通志》称：“杜工部祠有二，一在府城西，浣花溪上，宋吕大防建；一在崇庆州东南，宋赵抃建。”⑤ 赵抃《题杜子美书室》诗曰：

直将骚雅镇浇淫，琼贝千章照古今。
天地不能笼大句，鬼神无处避幽吟。⑥

他建工部祠是为了变风俗，“镇浇淫”。其《劝学示江原诸生》诗云：

---

① 《方舆胜览》卷55《茂州・名宦》，第983页。

② 《方舆胜览》卷55《永康军・四六》《永康军・形胜》，第990、985页。

③ 《续资治通鉴长编》卷274熙宁九年四月己酉，第12页。

④ 《方舆胜览》卷52《崇庆府・祠庙》，第931页。

⑤ 黄廷桂等：《［雍正］四川通志》卷239《成都府二・祠庙》，影印文渊阁四库全书本，第10页。

⑥ 《赵清献公文集》卷3《题杜子美书室》，第13页。

古人名教自诗书，浅俗颓风好力扶。
口诵圣贤皆进士，身为仁义始真儒。[1]

可见，他是把劝学作为了一种重要的教化手段。赵抃在梓州、益州转运使任上，更是以变风俗为重点。“两蜀地远而民弱，吏恣为不法。”他“身帅以俭，不从者请以违制坐之，蜀风为之一变”。[2]赵抃知成都府任上，格外重视教育。其《劝成都府学诸生》诗曰：

学初心勿动华纷，须念文翁昔日勤。
事业直教名不朽，声猷堪畏世无闻。
平居乡党终传道，得位朝廷必致君。
为语诸生期远到，天衢亨处有青云。[3]

从某种意义上说，赵抃编《成都古今记》也是一项重教化的措施。[4] 值得注意的是，赵抃将变风俗与入乡随俗很好地结合起来。如按照成都的旧例，每逢三伏日，均“为会避暑”。那天，“早宴罢，泛舟池中，复出就厅晚宴。观者临池张饮，尽日为乐”。[5] 赵抃将三伏会改为初伏会，既避免了铺张浪费，又不违背当地习俗。他“因其土俗，不废娱游。其侈丽繁华，虽不可训，

① 《赵清献公文集》卷3《劝学示江原诸生》，第12页。

② 《东坡七集·东坡集》卷38《赵清献公神道碑》，第2页。

③ 《赵清献公文集》卷4《劝成都府学诸生》，第9页。

④ 晁公武：《郡斋读书志》卷8《地理类》载：“成都古今记三十卷。右皇朝赵抃编。抃自庆历至熙宁凡四入蜀，知蜀事为详，摭其故实，以类相从，分百余门。”（孙猛校证本，上海古籍出版社1990年版，第352页）参看金生杨《论宋修〈成都志〉》，《中国地方志》2006年第6期，第46—52页。

⑤ 谢元鲁校释：《岁华纪丽谱等九种校释·岁华纪丽谱》，《巴蜀丛书》第1辑，巴蜀书社1988年版，第145页。

而民物殷阜，歌咏风流，亦往往传为佳话，为世所艳称”。① 成都的不少名胜如学射山等地，都是赵抃游玩之处。其《次韵苏寀游学射山》诗云：

锦川风俗喜时平，上巳家家出郡城。
射圃人稠喧画鼓，龙湫波净照红旌。
迎真昔诧登天虎，命侣今闻出谷莺。
勉为远民同乐事，使台仍是得贤明。②

其四，按部内。用现在的话来说，即是深入基层，贴近民众。苏轼《赵清献公神道碑》载：“穷城小邑，民或生而不识使者。”赵抃在梓州、益州转运使任上，“行部无所不至，父老惊喜相慰”③。后来两知成都时，同样如此。他深入“穷城小邑”，低调不张扬，有时甚至近乎微服私访。沈括《梦溪笔谈》称：赵抃“为成都转运使，出行部内，唯携一琴一鹤，坐则看鹤鼓琴。尝过青城山，遇雪，舍于逆旅。逆旅之人不知其使者也，或慢狎之，公（指赵抃）颓然鼓琴，不问”④。赵抃不时按部内，在其诗篇中有反映。如其《酬张唐英》诗曰：

方予谳狱唐安归，火云炽日交炎威。⑤

---

① 《四库全书总目》卷70《史部·地理类三·岁华纪丽谱》，中华书局1965年版，第626页。

② 《赵清献公文集》卷4《次韵苏寀游学射山》，第10页。

③ 《东坡七集·东坡集》卷38《赵清献公神道碑》，第2页。

④ 沈括：《梦溪笔谈》卷9《人事一》，胡静宜整理，《全宋笔记》第2编第3册，大象出版社2006年版，第79页。

⑤ 唐安，即今四川崇州江原镇。

炉烘炭赫几千里，百鸟不能凌空飞。
尘埃簿牒几前满，肤汗如雨淋漓挥。
俗官冗状纷未省，胸腹堙郁气力微。①

其《按狱眉山舟行》诗云：

携琴晓出锦官城，千里秋原一望平。
放舸急流身觉快，披云孤屿眼增明。
农田雨后畦畦绿，渔笛风前曲曲清。
讯狱远邦先涤虑，恤哉休戚在民情。②

赵抃因按部内还在四川各地留下了一些遗迹，如简州（治今四川简阳）会胜亭、清忠堂。王象之《舆地纪胜》载："会胜亭在州城西北角，绘赵清献公像，龛于壁。盖嘉祐间，清献将漕西蜀，按部至此赋诗。后十五年，再入蜀为帅，复和前韵，今皆刻是。又云：清献尝鼓琴于亭中。清忠堂在倅厅，以赵清献、范忠宣（指范纯仁）尝按临斯郡，故以为名。"③

二、交结蜀士

赵抃在四川交游的范围相当广泛，僧、道也是其交游对象。

① 《赵清献公文集》卷1《酬张唐英》，第6页。

② 《赵清献公文集》卷3《按狱眉山舟行》，第22—23页。

③ 《舆地纪胜》卷145《成都府路·简州·景物下》，中华书局1965年版，第4册，第3900—3901页。

如他与成都玉局观道长李垂应过从甚密，其《赠玉局李垂应太师》诗云：

坐观山水地幽清，恬淡冲虚乐性情。
迹混光尘宗老氏，术通仙俗似君平。
欣逢真侣论根本，耻向权门叩利名。
济世金丹得传授，先生高隐在青城。①

又如简州僧克从，“奉圣寺僧也。有清致，辟轩鼓琴，士夫敬之。嘉祐中，赵清献公访其轩，有《听琴小记》”②。“其轩”指琴轩，“以僧能琴故名”。赵抃曾在此听僧克从操琴，并“有留题”：

辍饮耆筇会胜亭，溪山佳处古琴横。
凭君倾耳殷勤听，一弄松风四座惊。③

然而赵抃的主要交结对象毕竟还是蜀士，并且以蜀士为依靠对象。

经查，仅在《宋史》一书中，“蜀士”一词便反复出现达 26 次之多。如果说宋代是由科举出身的读书人所组成的士大夫阶层当权的时代④，那么蜀士便是一个重要的地域性士大夫群体。这一群体对四川地区的稳定和发展具有举足轻重的作用。难怪宋代四川地区的地方官员往往交结蜀士，力争得到蜀士的拥戴和支持。赵抃与蜀士的交往可概括为以下三条。

---

① 《赵清献公文集》卷 3《赠玉局李垂应太师》，第 25 页。

② 《舆地纪胜》卷 145《成都府路·简州·仙释》，第 4 册，第 3912 页。

③ 《舆地纪胜》卷 145《成都府路·简州·景物下》，第 4 册，第 3898 页。

④ 参看张邦炜《论宋代的皇权和相权》第四节《士大夫阶层的特质》，《宋代政治文化史论》，人民出版社 2005 年版，第 15—19 页。

其一，友善蜀籍官员。赵抃再知成都府时，梓州永泰（在今四川盐亭东）籍士人文同系西汉治蜀名臣文翁之后，正在知陵州（治今四川仁寿）、洋州（治今陕西洋县）任上。赵抃与文同素来要好，文同“文一出”，赵抃作为“前辈大老”，“则至于叹服”①，并为之延誉。范百禄出身华阳（即今四川成都）望族，此时正任利州（治今四川广元）路、梓州路提点刑狱，赵、范二人关系颇融洽。范百禄奉诏还朝，出任同知谏院，赵抃有诗称颂道：

泥书下紫宸，公议协朝绅。
真主正图治，谏官今得人。②

而阆州（治今四川阆中）籍官员鲜于侁则得到赵抃的推荐。史载，鲜于侁“通判绵州。绵处蜀左，吏狃贪成风，至课卒伍供薪炭、刍豆，鬻果蔬多取赢直。侁一切弗取，郡守以下效之。赵抃使蜀，荐于朝”③。

其二，尊重隐逸蜀士。《方舆胜览》卷五二载：“赵抃皇祐初，宰江原，与邑之张景通游，有诗题其堂。”④ 其诗称赞这位“信道宗天命”的隐士：

先生抱蜀奇，不为席珍聘。
学易到深处，研几剧精静。⑤

① 文同：《丹渊集·拾遗·卷跋（家诫之）》，四部丛刊本，第1页。
② 《赵清献公文集》卷2《送范宪百禄赴阙》，第11页。
③ 《宋史》卷316《鲜于侁传》，第10936页。
④ 《方舆胜览》卷52《成都府路·崇庆府·名宦》，第931页。
⑤ 《赵清献公文集》卷1《张景通先生书堂》，第2页。

赵抃任益州路转运使，曾前往雅州（治今四川雅安），拜访和他爱好相同的隐士王潜，并为其居题字。《方舆胜览》载："潜好琴，赵清献公为榜其亭曰'濯缨'，文同书。"① 赵抃曾多次到青城山中，造访以《蚕妇》诗而闻名，后隐居于白云溪的张俞，因未遇而遗憾地写下《谒青城山》诗：

背琴肩酒上青城，云为开收月为明。
观宿有诗招主簿，庐空无分遇先生。②

并留下题壁诗：

诏书三度落坤维，为白云溪独掩扉。
我愧俗疏来访道，不逢斜日又空归。③

而他与另一位青城山隐士张遨则交情很深，有《谢张遨先生惠诗》可证：

怀想仙风甚渴饥，岷山潜德世谁知。
愚今幸有真消息，先得曹溪五首诗。④

果州西充（今属四川）隐士何群"嗜古学，喜激扬论议"，有"白衣御史"之称。他"日思为仁义而已"，"著书数十篇"。"赵抃守

① 《方舆胜览》卷55《成都府路·雅州·堂亭》，第979页。
② 《赵清献公文集》卷3《谒青城山》，第15页。
③ 《赵清献公文集》卷5《题张俞壁》，第6页。
④ 《赵清献公文集》卷5《谢张遨先生惠诗》，第15页。

益州，奏群遗稿，有益时政"①。成都双流（今属四川）隐士章察"博通经学，尤长《易》《太玄》，著《发隐》三篇"。赵抃"以逸民荐，一赐粟帛，再命州助教，不就。嘉祐中，赐号冲退处士"②。

其三，提携新进蜀士。苏洵、苏轼、苏辙这三位旷世英才被发现，人们通常归功于欧阳修、韩琦，其实赵抃也功不可没。李焘《续资治通鉴长编》载：苏洵"举进士，又举茂才异等，皆不中"。"嘉祐初，与其二子轼、辙至京师。翰林学士欧阳修上其所著《权书》《衡论》《机策》二十二篇，宰相韩琦善之。召试舍人院，再以疾辞。本路转运使赵抃等皆荐其行义，推于乡里。而修又言：'洵既不肯就试，乞就除一官'"③。苏洵被任命为试校书郎。《宋大事记讲义》的记述较简练："嘉祐五年八月，苏洵试校书。初，欧阳修上洵所著书，韩琦善之。召试舍人院，再以疾辞。至是，赵抃又荐之，乃就除。"④ 元丰年间官至太常博士的蜀州江原籍士人张公裕"多为名公大臣所知"，赵抃曾"力荐之"。⑤ 大观年间官居宰相的蜀州新津（今属四川）籍士人张商英之发迹，或以为出自章惇之提携⑥，其实与赵抃关系极大。张商英"中治

① 《宋史》卷457《隐逸上·何群传》，第13435—13436页。

② 《宋史》卷458《隐逸中·章詧传》，第13446页。

③ 《续资治通鉴长编》卷192嘉祐五年十二月甲子，第5—6页。

④ 吕中：《宋大事记讲义》卷9《仁宗皇帝·给事中》，影印文渊阁四库全书本，第11页。

⑤ 范纯仁：《范忠宣集》卷14《承议郎充秘阁校理张君墓志铭》，影印文渊阁四库全书本，第7页。

⑥ 洪业等编《琬琰集删存》卷3《张少保商英传（实录）》载：张商英"调达州通川县主簿。章惇出措置溪洞，嘉其才。归朝，荐之。召对，进《草茅忧国书》。以光禄丞，权检正中书礼房公事，兼编修中书条例"（上海古籍出版社1990年版，第34页）。

平二年（1065）进士第，调达州通川县（即今四川达州通川区）主簿”①。此时，赵抃正在知成都府任上。富大用《古今事文类聚·外集》载：“张商英初调通川簿，渝州（治今重庆市中区）蛮反，诏运使张诜讨之。惟王衮未降，公言于诜曰：‘蛮亦人耳。以祸福谕之，宜听。’诜檄公行，王衮见而下拜，蛮遂平。”张商英的主张不仅取得成效，而且符合赵抃“以宽为治”、不妄杀的治蜀宗旨。于是，“抃荐之，召赴阙。初对，袖《草茅忧国书》以进，擢光禄寺丞”②。难怪赵抃受到人们称誉：“好贤乐善，出于至诚。”③ 直到南宋后期，真德秀仍说：“西州名彦，鲜不出公门。”④

三、争而不力

赵抃在熙宁变法前夕，知成都府。宋神宗即位，奉诏还朝。他任参知政事及再知成都府，都在熙宁变法期间。对于宋神宗初期的五大宰执大臣，社会上有“生、老、病、死、苦”之语。史载，王安石“方锐意新美天下之政”，“天下之人俱目为生事”。参知政事唐介“不胜愤懑，疽发背而死”。“曾公亮屡请老，富弼称疾不出，寻俱引去。赵抃力不胜，但终日叹息，遇一事更改，称

① 《琬琰集删存》卷3《张少保商英传（实录）》，第34页。

② 富大用：《古今事文类聚·外集》卷15《县官部·主簿·见而下拜》，影印文渊阁四库全书本，第26页。

③ 释觉范：《石门文字禅》卷29《代上湖南使者书》，四部丛刊本，第8页。

④ 真德秀：《西山先生真文忠公文集》卷43《刘阁学墓志铭》，四部丛刊本，第21页。

苦者数十。”“盖言安石生，公亮老，富弼病，唐介死，赵抃苦也。”[1] 赵抃因此以“苦参政”而闻名，并往往被人们视为王安石的死对头。赵抃确有同王安石作对的事。如王安石“初参政事，下视庙堂如无人。一日，争新法，怒目诸公曰：‘君辈坐不读书耳。’”赵抃“独折之曰：‘君言失矣。如皋、夔、稷、契之时，有何书可读？’”王安石“默然”。[2] 此事一直受到熙宁变法反对者的赞扬，明代名臣于谦有诗称颂道：

> 新法殃民众欲除，金陵强辨欲何如？
> 等闲一语锋芒折，稷契当年岂读书！[3]

然而赵抃并非事事同王安石对着干，他还有一件最受熙宁变法反对者指责的事。熙宁三年四月，宋神宗迫于压力，“谕执政罢青苗法，抃独欲俟安石参假，由是新法不罢”。赵抃虽“大悔”[4]，但熙宁变法反对者一再指责他：“括囊拱手，但务依违，大臣事君，岂当如是？”[5]“心知其非，优柔不断，观望畏避，颠危莫扶！”[6] 直到明清时代，某些人仍以此为依据，认为：“赵清献素号刚直，今欲安石之出者，则知新法之祸，乃清献不能刚果之所致也。恶

---

① 徐自明著，王瑞来校补：《宋宰辅编年录校补》卷7熙宁元年正月丙申“唐介参知政事”，中华书局1986年版，第377页。

② 邵博：《邵氏闻见后录》卷20，刘德权、李剑雄点校，中华书局1983年版，第154页。

③ 于谦：《忠肃集》卷11《读王荆公赵清献公文集》，影印文渊阁四库全书本，第88页。

④ 《续资治通鉴长编》卷210熙宁三年四月己卯，第1950页。

⑤ 《宋史》卷321《刘述传》，第10432页。

⑥ 彭百川：《太平治迹统类》卷14《神宗朝臣议论变法》，江苏广陵古籍刻印社1990年版，第285页。

在其为刚直哉?”[①] 这些指责显然言过其实。王安石称:“自议新法,始终言可行者,曾布也。言不可行者,司马光也。余皆叛而复附,或出或入。”[②] 此说不无道理。其实,赵抃与当时大多数士大夫一样,属于所谓“或出或入”者。南宋史家吕中曰:“当安石变法之时”,“力与之争者,唐介也。争而不力者,赵抃、冯京也”。[③] 明代学者叶山云:“弊之当革也则革之,革之而不力则有赵抃之过。然虽革其所当革也,革之而过焉则有熙丰之祸。”[④] 将赵抃在熙宁变法时期的表现定位为“争而不力”“革之而不力”者,比较接近事实。从赵抃熙宁年间在四川地区的作为来看,他确实既非新法的坚定支持者,也非新法的一味反对者。

应当指出,赵抃再知成都府,其前任陆诜、吴中复都是较为坚决的新法反对者。陆诜在熙宁二年五月至三年八月知成都府时,朝廷“遣使提举常平仓,贷青苗钱”。陆诜称:“川峡四路与内地不同,刀耕火种,民食常不足,至种芋充饥。今本路省税科折已重,蜀民轻侈,不为积蓄,万一岁俭,不能偿官,适陷民于死地,可哀。愿罢四路使者,如其故便。”[⑤] 利州路“部民不请青苗钱,(王)安石遣使廉按,且诘(利州路提举常平鲜于)侁不散之故”[⑥]。鲜于侁的回答是:“诏书称‘愿取即与’,利路之民无愿取

① 《御批续通鉴纲目》卷6熙宁三年十二月“广义”,影印文渊阁四库全书本,第42页。

② 曾慥:《类说》卷16《始终言新法》,影印文渊阁四库全书本,第33—34页。

③ 吕中:《宋大事记讲义》卷17《神宗皇帝·罢市易法》,影印文渊阁四库全书本,第12页。

④ 叶山:《叶八白易传》卷5,影印文渊阁四库全书本,第22页。

⑤ 司马光著,邓广铭、张希清点校:《涑水记闻》附录二《温公日记》,中华书局1989年版,第372页。

⑥ 《宋史》卷344《鲜于侁传》,第10937页。

者，岂可强与之邪!”[①] “其后，卒罢三路之使，独置成都府路提举官一员。”陆诜还说：“差役、水利事，皆不当改为。”[②] 难怪司马光称赞陆诜“是个笃实长厚底人”[③]。吴中复在地方上也一向抵制新法，“拒不听，且以报”[④]，后来曾因此一度被罢官。赵抃的主张与他们相似，但态度较和缓。以下三件事，即是其例证。

其一，带头抵制保甲法。赵抃上奏：“累入蜀，深知蜀人情状，闻欲作保甲教兵，必惊扰失人心。”宋神宗回答道：“初无教兵指挥。”王安石则说：“无此，然教兵亦何妨？诸葛亮以蜀人脆而坚用之，亮尤为得蜀人心，何尝惊扰?”宋神宗辩解道：“诸葛亮舍蜀人，即无人可用。”王安石则反驳：“汉高祖伐楚，用巴渝板楯蛮。武王伐商，用庸、蜀、彭、濮人。岂有蜀人不可教以干戈之理!”[⑤] 然而由于赵抃带头抵制，四川地区虽有保甲之编排，但无保甲之教阅。[⑥] 史载：熙宁九年，“成都府路保甲三十一万五百五十二人，不教阅；梓州路保甲二十一万九千三百五十五人，不教阅；利州路保甲一十一万五千三百八十二人，不教阅；夔州路保甲九万一千一百七十二人，不教阅”[⑦]。保甲法在四川地区的推行分明是大大地打了折扣。至元丰三年，始“诏广南、梓、夔、利州路保甲令监司提举官岁分州县按阅，从兵部请也”[⑧]。然而效

① 秦观：《淮海集》卷36《鲜于子骏行状》，四部丛刊本，第3页。

② 《涑水记闻》附录二《温公日记》，第372页。

③ 黎靖德编：《朱子语类》卷94《周子之书·通书》，王星贤点校，中华书局1994年版，第2397页。

④ 《宋史》卷321《吴中复传》，第10442页。

⑤ 李焘：《续资治通鉴长编》卷238熙宁五年九月月甲戌，第17页。

⑥ 参见贾大泉、周原孙《四川通史》第4册，四川大学出版社1994年版，第46—50页。

⑦ 徐松辑：《宋会要辑稿》兵2之14，中华书局1957年版。

⑧ 《宋会要辑稿》兵2之17。

果究竟如何，仍不得而知。

其二，支持推行募役法。在四川地区，从官员到民众，对于募役法本身，通常并无异议。但对于役钱究竟应当如何确定，则分歧较大。利州路转运使李瑜将本路役钱“欲定四十万”，提举常平鲜于侁“以利路民贫，定二十万，而与瑜议不合。各具奏以闻”①。鲜于侁的主张得到宋神宗肯定，并升任转运副使。御史台官员弹劾李瑜：“均役本以裕民，而瑜乃务聚敛，积宽剩。”② 结果，李瑜被罢官。使者到四川推行募役法，“欲概州县民力，以羡乏相补”，即按路统一征收役钱。时任新繁（即今四川成都新都区新繁镇）主簿的眉山（今属四川）籍士人程之邵赞成募役法，但反对按路统一征收役钱。他说：“此法乃成周均力遗意，当各以一邑之力供一邑之役，岂宜以此邑助他邑哉?”用现在的话来说，即反对平调。结果，“使者愧服，辟之邵为属，听其所为”。这一办法显然更加适应四川地区的实际情况，程之邵因而博得赞赏：“役法初行，成都路为最详，之邵力也。”赵抃也是其支持者和赞赏者。宋神宗召见程之邵，赵抃正在知成都府任上，他“奏留之”③。

其三，争取便宜从事权。为此，赵抃在熙宁年间，同王安石展开了两次争论。第一次发生在赵抃任参知政事时。史称：“先是，诸路经略、钤辖不得便宜斩配百姓。赵抃尝知成都，乃言当独许成都四路。王安石执不可。”④ 其理由是：“成都与诸路远处何异?”“会安石斋祠，中书、枢密院同立法，许之。”其后，曾任

① 《琬琰集删存》卷2《鲜于谏议侁墓志铭（范镇）》，第20页。
② 《续资治通鉴长编》卷227熙宁四年十月月庚申，第5页。
③ 《宋史》卷353《程之邵传》，第11150页。
④ 《宋史》卷199《刑法志一》，第4979页。

成都府路提点刑狱的谢景初上奏："成都从来妄以便宜从事，所释、诛，多不当。"于是，"中书复删定敕文，惟军士犯罪及边防机速，许特断"①。第二次发生在赵抃再知成都府时。史载："及抃移成都，又请立法。御史刘孝孙亦为之请，依旧便宜从事。安石寝其奏。"② 刘孝孙的理由是："二蜀去朝廷绝远，而成都府路又为剧繁，俗习柔良，小事辄骇，故平日守帅尝许便宜，以应缓急之变，盖以消伏强御，镇静一方。"王安石反驳道："孝孙既称蜀人柔良，则以常法治之足矣。何故反欲弹压？"③ 并且不将其奏如实上报宋神宗。赵抃在入蜀前夕，"乞以便宜从事"，得到宋神宗批准。赵抃获得便宜从事，主旨并不在于弹压。他"既至蜀，治益尚宽"。便宜从事之争与新法并无直接关联，它只不过是赵抃与王安石之间的权力再分配之争。

四、龟鹤自随

赵抃为人行事，处处"自谨自持"④。他遵奉的座右铭中不乏警句，诸如"惧法朝朝乐，欺公日日惊" "但行好事，莫问前程"⑤ 等。难怪赵抃"治民，所至有声"⑥，且富于传奇色彩。如

① 《续资治通鉴长编》卷239熙宁五年十月庚子，第14页。

② 《宋史》卷199《刑法志一》，第4979页。

③ 《续资治通鉴长编》卷239熙宁五年十月庚子，第13—14页。

④ 阳枋：《字溪集》卷9《辨惑》，影印文渊阁四库全书本，第3页。

⑤ 陈录：《善诱文·赵清献公座右铭》，陶宗仪等编《说郛》卷73，宛委山堂本，第1—2页。

⑥ 《涑水记闻》卷14，第285页。

在“地远而民好讼”的虔州（即今江西赣州）任知州时，有“狱以屡空”的美谈；在无赖“骈聚为恶”的杭州任知州时，有“奸民屏迹”的佳话[①]；在“两浙旱蝗，米价踊贵，饿死者什五六”的严峻时刻，出知越州（治今浙江绍兴），居然创下“民无饿死者”[②] 的奇迹。如果这些均出于赵抃治理有方、措施得力，那么青州（治今山东益都）“飞蝗堕水”则近乎神话，未免太离奇。史载：赵抃“徙青州，因其俗朴厚，临以清净。时山东旱，蝗自淄、齐来，及境，遇风退飞，堕水而尽”[③]。然而这类美谈乃至神话，在苏轼《赵清献公神道碑》中都能找到依据。可见宋代“作碑谀墓”之风何等盛行，这类传记资料往往竭力美化墓主，夸大、失实之处较多。

赵抃在蜀任职期间，传闻同样不少。如关于清白江的典故，《山堂肆考》卷三〇《地理》载：“清白江，在成都新繁县。北宋赵抃过此，曰：‘吾志如此江清白，虽万类混淆其中，不少浊也。’因名。”[④]《天启新修成都府志》卷二亦称：“清白江，新繁治北一十里。宋赵抃过此，尝曰：‘吾志如此江清白，虽万类混淆其中，不少浊也。’”[⑤] 如今四川境内确有此江，成都市青白江区即因此江而得名，只是将“清白江”误作“青白江”。赵抃在蜀流传最广的佳话，莫过于匹马入蜀，龟鹤自随。大同小异的说法太多，其中以叶梦得《石林诗话》的记载较详细：“赵清献公以清德伏一世，平生畜雷氏琴一张，鹤与白龟各一，所向与之俱。始除帅成

① 《东坡七集·东坡集》卷38《赵清献公神道碑》，第1—3页。

② 《续资治通鉴长编》卷282熙宁十年五月癸亥，第5—6页。

③ 朱熹：《三朝名臣言行录》卷5之2《参政赵清献公》，四部丛刊本，第7页。

④ 彭大翼：《山堂肆考》卷20《地理·江·清白》，影印文渊阁四库全书本，第23页。

⑤ 冯任、张世雍等：《天启新修成都府志》卷2，中国地方志集成本，第10页。

都，蜀风素侈，公单马就道，以琴、鹤、龟自随。蜀人安其政，治声藉甚。元丰间，既罢政事，守越。复自越再移蜀时，公将老矣。过泗州，渡淮前，已放鹤。至是，复以龟投淮中。既入见先帝，问：'闻卿前已匹马入蜀，所携独琴鹤。廉者固如是乎？'公顿首谢。故其诗有云'马寻旧路如归去，龟放长淮不再来'者，自纪其实也。"① 应当指出的是，"元丰间"系"熙宁间"之误，"守越"应作"守杭"，"自越"当作"自青"。所引诗句并不见于今本《赵清献公文集》，一说其作者是前文提及的江原籍士人张公裕。陈均《九朝编年备要》载：赵抃"两知成都。其始往也，携一龟一鹤以行。其再往也，屏去龟鹤，止一苍头。张公裕送以诗云：'马谙旧路行来滑，龟放长江不共来。'"② 所谓"苍头"，即奴仆。此事在《赵清献公文集》中有据可查，如《新定获龟继得梓漕携之赴官》诗称：

> 买自桐江数岁前，洁中轻外欲巢莲。
> 同麟荐世宜为瑞，邀鹤寻真定得仙。③

因赵抃匹马入蜀、龟鹤自随的趣闻流传太广，于是时人及后人歌咏赵抃的诗篇大多离不开龟鹤。如苏轼《题李伯时画赵景仁琴鹤图》诗有句：

① 叶梦得：《石林诗话》，影印文渊阁四库全书本，第1页。

② 陈均：《九朝编年备要》卷20元丰二年正月赵抃致仕，影印文渊阁四库全书本，第42页。

③ 《赵清献公文集》卷3《新定获龟继得梓漕携之赴官》，第17页。

清献先生无一钱，故应琴鹤是家传。①

所谓李伯时即李公麟，赵景仁即赵抃长子赵岏。南宋王柏《过赵清献故居》诗云：

隐隐数间清献宅，只在城东竹树中。
龟鹤不知何处去，谁将白鹿继高风。②

陈文蔚《过赵清献墓居》诗曰：

为读忠臣孝子碑，欲行回首重依依。
纷纷车马门前过，知有几人琴鹤归。③

刘克庄《赵清献墓》诗称：

几度过坟偏下马，向来出蜀只携龟。
自怜日暮天寒客，不到林间读隧碑。④

磁州（治今河北磁县）瓷窑在金、元时期曾生产赵抃入蜀画枕，现有四件出土。其中一件现存磁县文物保护所，其图案突出“一只口衔瑞草的仙鹤和一只口吐祥云的神龟在前面引路”⑤。直

① 《东坡七集·东坡集》卷17《题李伯时画赵景仁琴鹤图二首（之一）》，第9页。

② 王柏：《鲁斋集》卷3《过赵清献故居》，影印文渊阁四库全书本，第36页。

③ 陈文蔚：《克斋集》卷16《过赵清献墓居》，影印文渊阁四库全书本，第9页。

④ 刘克庄：《后村先生大全集》卷1《赵清献墓》，四部丛刊本，第7页。

⑤ 王兴：《磁州窑的赵抃入蜀画枕》，《人民政协报》2004年8月12日。

到清代后期，成都还有与赵抃携鹤入蜀的趣闻有关的地名。《同治重修成都县志》载："留鹤亭，凤凰山左。相传，宋赵抃知成都府，常游学射山，以琴鹤自随。及临去，留一鹤亭上，故名。今讹为牛角池。"[①] 然而这一趣闻同"飞蝗堕水"一样不可思议。人们至少可以从以下两个方面提出疑问。

其一，这一趣闻突出赵抃"寄家甬上，单骑入蜀"[②]，公而忘私，以烘托其"廉者"即清官的形象。赵抃因此博得"琴鹤清风"[③] 的赞誉。然而他是否单身进四川还是个有待证实的问题。魏泰《东轩笔录》载："自王均、李顺之乱后，凡官于蜀者，多不挈家以行，至今成都犹有此禁。"[④] 但赵抃知江原县时，并未受此禁限制。曹学佺《蜀中广记》称："宋皇祐间，赵阅道为江原令，其二弟扬、抗与俱。"[⑤] 有其在江原所作《引流联句》可证，联句《序》曰："公事暇休，与弟抗、扬坐东轩，乐然盘词为诗。"[⑥] 何况还有赵抃在蜀中"与妻忿争"[⑦] 的传闻。其实，在《赵清献公文集》中依稀可见赵抃在蜀中与家属相处的情景，如《早离温江夜泊白沙步》诗云：

---

① 李玉宣、衷兴鉴等：《同治重修成都县志》卷2《舆地志·古迹》，中国地方志集成本，第7页。

② 楼钥：《攻媿集》卷74《跋从子深所藏书画·赵清献》，四部丛刊本，第6页。

③ 不著撰人：《氏族大全》卷15《琴鹤清风》，影印文渊阁四库全书本，第23页。

④ 魏泰：《东轩笔录》卷10，李裕民点校，中华书局1983年版，第110页。

⑤ 曹学佺：《蜀中广记》卷7《崇庆州》，影印文渊阁四库全书本，第5页。

⑥ 《赵清献公文集》卷5《引流联句并序》，第39页。

⑦ 洪迈：《容斋随笔》卷15《孔氏野史》，上海古籍出版社1981年版，第195页。

晓与诸孙别，依然颇动怀。①

《和十二弟扬腊月立春》诗曰：

呼儿倒酒迎春醉，忽尔持诗属我赓。②

其二，令人不解的是，赵抃携龟、鹤入蜀，原因究竟何在？“蜀人”当时便有“莫测”之感，明代更有人发问：“赵清献之蜀，琴鹤自随，其事何如？”隆庆年间官至首辅的高拱回答道：“此亦务为形迹。”他说：“夫鹤也，驱之则不行，舁之则以，无益之物劳人。既不舁行李，乃又舁鹤，何为？果好鹤甚，则行路不暇玩鹤也。既至蜀，亦自有鹤，何随为？故曰：务为形迹者也。”③很清楚，此举既徒劳无益，又劳民伤财，并不值得称道。江少虞《宋朝事实类苑》称：“赵阅道为人清洁，好养生，知成都，独与一道人及大龟偕行。”④赵抃曾写下这样的诗句：“岂知龟鹤寿千年。”⑤照此看来，他之所以要以象征长寿的龟鹤自随，并非廉洁的表现，而是其“好养生”，乃至生活奢侈的例证。更典型的事例是他“好焚香，尤喜熏衣”⑥，且对香料的选择和香药的制作均有独特的讲究。⑦赵抃“好焚香”固然与其有“每夜焚香告天”的

① 《赵清献公文集》卷2《早离温江夜泊白沙步》，第13页。

② 《赵清献公文集》卷3《和十二弟扬腊月立春》，第14页。

③ 高拱：《本语》卷2，影印文渊阁四库全书本，第6页。

④ 江少虞：《宋朝事实类苑》卷17《赵阅道》，上海古籍出版社1978年版，第200页。

⑤ 《赵清献公文集》卷3《运使王举元兵部因谈道惠诗次韵》，第24页。

⑥ 叶梦得：《避暑录话》卷上，徐时仪整理，《全宋笔记》第2编第10册，第268页。

⑦ 陈敬：《陈氏香谱》卷2《赵清献公香》，影印文渊阁四库全书本，第13页。

习惯有关。他“平生日所为事，夜必衣冠，露香，九拜手，告于天，应不可告者，则不敢为也”①。赵抃夜必告天，深受人们称赞，有人将他同司马光“平生所为，无一不可对人言者”相提并论，认为他们二人“皆至诚之圣人矣”②。然而在宋代，“香药主要是奢侈品，供统治阶级（或可改称强势群体）享乐之用”③。仅就焚香熏衣的嗜好而论，在北宋时期的官员中，赵抃与蔡京齐“名”。人们常常引用下面这段史料证明蔡京生活腐化：“蔡（京）使卷帘，则见香气自他室而出，霭若云雾，蒙蒙满坐，几不相睹，而无烟火之烈。既归，衣冠芬馥，数日不歇。计非数十两，不能如是之浓也。其奢侈大抵如此。”④ 而赵抃“所居，既去辄数月，香不灭。衣未尝置于笼，为一大焙，方五六尺，设熏炉其下，常不绝烟，每解衣投其间”⑤。两相对照，赵抃、蔡京，伯仲之间。如果我们不因人而异，不采用双重标准，只怕也应当感叹：赵抃“其奢侈大抵如此”。

在结束本文的时候，还有两点应当指出。

其一，赵抃在蜀中的负面传闻莫过于“挈妓”。此事最初出自孔平仲《野史》：赵抃“为青城宰，挈散乐妓以归，为邑尉追还，大恸且怒。又因与妻忿争，由此惑志”⑥。或许正是依据这一记载，清人罗以智《赵清献公年谱》称，赵抃皇祐三年（1051）曾

---

① 《邵氏闻见后录》卷20，第156页。

② 章潢：《图书编》卷14《毋自欺》，影印文渊阁四库全书本，第121页。

③ 关履权：《宋代广州香药贸易史述》，邓广铭、程应镠主编：《宋史研究论文集（中华文史论丛增刊）》，上海古籍出版社1981年版，第295页。

④ 庄绰：《鸡肋编》卷下《蔡京焚香》，萧鲁阳点校，中华书局1983年版，第110—111页。

⑤ 《避暑录话》卷上，《全宋笔记》第2编第10册，第268页。

⑥ 《容斋随笔》卷15《孔氏野史》，第195页。

知青城县，但罗氏本人同时又说："未可信。"① 其实，南宋人洪迈早已指出，此书"决非毅甫（即孔平仲）所作"，此事"谬妄不待攻也"。② 然而此后赵抃挈妓的传闻反倒添枝加叶，并且愈来愈具有文学性、戏剧性。刘宗周《人谱类记》载：赵抃"帅蜀时，见有妓戴杏花，偶戏曰：'髻上杏花真有幸。'妓应声曰：'枝头梅子岂无媒。'傍晚，公（指赵抃）使老兵呼妓。几二鼓，不至，复令人速之"。大概赵抃这时突然想到其座右铭："依本分，无烦恼；莫妄想，常快乐。"③ 他"周行室中，忽高声叫曰：'赵抃不得无礼！'旋令止之。老兵自幕后跃出，曰：'某度相公不过一时便息，某实未尝往也'"④。明代文豪杨慎竭力为赵抃辩诬，称："野史不可尽信。""宋代尤多，如诬赵清献娶倡。"⑤ 但仍有人将赵抃"悦一营妓，令老兵召之"与范仲淹"守鄱阳，属意小妓"并称，认为"情欲难割"⑥，名公不免。事到如今，这类传闻已真假难辨。即使确有其事，当时风气如此，也不足为怪。

其二，赵抃一生的事迹包括他在蜀中的作为毕竟以佳话为主。前面已经说到，对于赵抃，在苏轼所撰《赵清献公神道碑》中便有美化的痕迹。《宋史》列传把赵抃与包拯置于同一卷中，盛赞包拯"其政严明"，赵抃"所至善治"⑦，将他们塑造为清官典型的意向更加明显。人们此后大致沿着两个不尽相同的方向塑造其美

① 罗以智：《赵清献公年谱》，李文泽校点、吴洪泽等主编：《宋人年谱丛刊》第2册，四川大学出版社2003年版，第1301页。

② 《容斋随笔》卷15《孔氏野史》，第195页。

③ 《善诱文·赵清献公座右铭》，《说郛》卷73，第1页。

④ 刘宗周：《人谱类记》卷下，影印文渊阁四库全书本，第13页。

⑤ 杨慎：《升庵集》卷47《野史不可尽信》，影印文渊阁四库全书本，第12页。

⑥ 徐应秋：《玉芝堂谈荟》卷7《情欲难割》，影印文渊阁四库全书本，第23页。

⑦ 《宋史》卷316《唐介传·论曰》，第10332页。

好形象：包拯强调其“严”，成为不畏权势、除恶锄奸的清官楷模；赵抃突出其“善”，成为体察民情、解困救灾的清官典范。然而在民众备受凌辱、申诉无门的传统时代，他们势必恨官仇富，痛恨权奸。民众将大刀阔斧的包拯与“和易温厚”① 的赵抃相比，难免更崇敬包拯，以致包拯在民间名声大震，而赵抃则渐渐被淡忘。何况赵抃太做作，诸如单骑入蜀、龟鹤相随、抚琴玩龟之类，普通民众莫名其妙。宋代就有这样的记载：赵抃“以一琴一龟自随，坐则抚琴玩龟，蜀人莫测”②。甚至对于其“每夜焚香告天”，南宋晚期合州巴川（即今重庆铜梁旧县镇）籍学者阳枋在肯定其“自谨自持”的同时，怀疑此乃装模作样的无益之举：“日日告天，不几于亵天？只在面前作事，是时天自知了。”③ 赵抃这位当年的治蜀名臣如今在四川几乎无人知晓，自在情理之中。

（原载《纪念邓广铭教授百年诞辰国际学术研讨会论文集》，中华书局2007年版）

① 《东坡七集·东坡集》卷38《赵清献公神道碑》，第5页。
② 《石门文字禅》卷29《代上湖南使者书》，第8页。
③ 《字溪集》卷9《辨惑》，第3页。

王安石的鄞县施政与熙宁变法之异同

王安石的鄞县施政乃熙宁变法之前奏或序曲，熙宁变法无非是王安石鄞县施政的扩展版、升级版而已。[①] 学界大多作如是观。本文拟稍加比较，以期表明两者同中有异，异大于同，并进而粗略探究其因由，从中或可获取某些可资借鉴的点滴历史感悟。

一、反响迥异

人们常说：成者为王败者寇，历史是由胜利者书写的。其实更应当相信：人民是历史的主人，历史终归会由人民说了算。庆

① 有关论著较多，请参看邓广铭《北宋政治改革家王安石》第一章第二节之三"在鄞县任上"，《邓广铭全集》第一卷，河北教育出版社 2005 年版，第 23—25 页；漆侠：《王安石新法的渊源》，《漆侠全集》第十一卷，河北大学出版社 2008 年版，第 37—46 页；杨渭生：《王安石在鄞县的事迹考略》，《杭州大学学报》1980 年第 1 期，第 24—31 页；倪士毅、宋佩芳：《王安石治鄞政绩述略》，《浙江学刊》1987 年第 3 期，第 88—90 页。

历七年（1047），王安石出任明州鄞县（今浙江省宁波市鄞州区）知县，时年27岁（一说29岁），“年甚小，气甚锐，而学甚富”①。这个小小“七品芝麻官”究竟干得如何？鄞县老百姓夸奖他干得对、干得好。史称：“邑人便之”②，“鄞人德之”③。王安石离任后，民众“常相与传诵其事，指其迹而怀思之”。去世后，“邑人思之愈久，而愈不忘也”④。为其立祠，以祭祀之。据记载，鄞县“经纶阁及广利寺、崇法寺皆有（其）祠堂”⑤。这些祠堂的兴建出于民众自愿，“凡材甓、砖坯、苇竹之费，土木、工人之直，一出于民之愿输，而官无所预焉”⑥。至今在宁波市鄞州区的大地上，依然留存着民众纪念他的祠庙（如忠应庙之类）、怀念他的地名（如王公塘等），他的不朽名篇《鄞县经游记》由鄞县籍名家书写，刻在石碑上。

皇祐二年（1050），王安石任满离开鄞县。20年后，在熙宁年间，他两度官至宰相（1070—1074；1075—1076）。仰仗宋神宗的信赖和支持，王安石将其在鄞县的所作所为扩展到全国。宋人说：王安石“熙宁初为执政，所行之法皆本于此”；“熙宁遇主，千载一时，尽以所行于鄞者推广之”。⑦ 然而对于这位“一人之

① 徐度：《重建经纶阁记》，袁桷等：《延祐四明志》卷19《集古考上·文》，《宋元方志丛刊》第6册，中华书局1990年版，第6416—6417页。

② 邵伯温：《邵氏闻见录》卷11，李剑雄等点校，中华书局1987年版，第118页。

③ 李日华：《六砚斋笔记》卷1，影印文渊阁四库全书本。

④ 《重建经纶阁记》，《延祐四明志》卷19《集古考上·文》，《宋元方志丛刊》第6册，第6416—6417页。

⑤ 罗濬等：《宝庆四明志》卷12《鄞县志一·叙县·县令》，《宋元方志丛刊》第5册，第5141—5142页。

⑥ 《重建经纶阁记》，《延祐四明志》卷19《集古考上·文》，《宋元方志丛刊》第6册，第6416—6417页。

⑦ 《邵氏闻见录》卷11，第118页。

下，众人之上”的顶级高官及其所推行的熙宁变法，当时人则毁誉不一。既有“民便之，无不喜者”一说，又有“言新法不便者”。[①] 岂止“不便”而已，甚至咒骂“（王）安石乱天下”[②]。连其弟弟王安国也“力谏安石，以天下汹汹，不乐新法”[③]。“青苗、免役两妨农，天下嗷嗷怨相公”[④]，这类不满激愤之词据说来自社会底层。时至当代，熙宁变法仍然是宋史研究中的一大悬案。称赞王安石为“杰出的政治改革家”一说或许是主流，但反对的声音也不小。如蒙文通便直呼熙丰新法为“聚敛之法”，认为：“免役、青苗多是刻薄贫民，维护地主官僚利益，是最反动的。”[⑤] 更有甚者，将王安石变法贬斥为一次“增税浪潮”、一块“加深（民众）苦难的里程碑”[⑥]。

还有两点，应当指出。第一，熙宁变法的否定者对王安石的鄞县施政往往赞赏有加。最早见于记载、公开肯定鄞县施政的恰恰是反对熙宁变法甚力的北宋人邵伯温，他认为：“荆公之法行于一邑（指鄞县）则可。”[⑦] 南宋鄞县人楼钥一面否定熙宁变法：“天下病之”；一面颂扬鄞县施政：“公之于鄞厚矣”，“吾邑人之于公不敢忘也”。他称赞为王安石修建祠堂“一举而三善具”，既

---

① 脱脱等：《宋史》卷329《李定传》，中华书局1977年版，第30册，第10601页。

② 《宋史》卷327《王安石传》，第30册，第10548页。

③ 李焘：《续资治通鉴长编》卷227熙宁四年十月壬申，中华书局1993年版，第16册，第5532页。

④ 岳珂：《桯史》卷9《金陵无名诗》，吴企明点校，中华书局1981年版，第106页。

⑤ 《蒙文通文集》第5卷《古史甄微》，巴蜀书社1999年版，第455、289页。

⑥ 王曾瑜：《王安石变法简论》，《中国社会科学》1980年第3期，第131—154页。

⑦ 《邵氏闻见录》卷11，第118页。

“表先正仁民之效”，又“慰父老甘棠之思”，还可“示后日循吏之劝”。[①] 元代文豪袁桷又是一例，其《咏王文公祠》诗云：“半山执政偏，惠独施鄞土。斗门东谷间，利泽沾尤普。”[②] 对王安石鄞县施政的肯定与称颂可谓众口一词，极少异议。

第二，王安石倒霉背时之日，也是其鄞县祠堂香火正旺之时。如“经纶阁，在鄞县县斋，王安石尝为令，邑人思之，即其燕休之地作此阁”[③]。据《宝庆四明志》卷12记载，其始建时间恰恰是在推倒熙宁变法的元祐年间。南宋时期，经纶阁因战火或天灾等因素而屡废屡兴，分别重建于绍兴二十五年（1155）、乾道四年（1168）、淳熙四年（1177）、绍熙五年（1194）、嘉定十七年（1224）、宝庆二年（1226）。众所周知，经宋高宗定调，王安石被指斥为导致北宋亡国的罪魁祸首。[④] 宋理宗更将王安石定性为“万世罪人”[⑤]。但南宋人王象之所著《舆地纪胜》仍然给予王安石鄞县施政以正面的积极评介：“王安石知鄞县，行青苗法，有祠堂。”[⑥] 整个南宋时期，举国一片声讨王安石祸国殃民之声，而在鄞县则颂扬之声不绝于耳。两者形成极大反差。

---

① 楼钥：《鄞县经纶阁记》，曾枣庄、刘琳主编：《全宋文》，上海古籍出版社、安徽教育出版社2006年版，第265册，第3—4页。

② 王荣商等：《（民国）东钱湖志》卷2《名胜一·祠庙·王文公祠》，宁波市鄞州区地方志办公室编：《鄞州山水志选辑》，宁波出版社2009年版，第3册，第52页。王安石晚年，号半山老人。

③ 王象之：《舆地纪胜》卷11《两浙东路·庆元府·景物下》，中华书局1992年版，第618页。

④ 李心传《建炎以来系年要录》卷87绍兴五年三月庚子载，宋高宗称：“今日之祸，人徒知蔡京、王黼之罪，而未知天下之乱，生于（王）安石。”（中华书局1988年版，第2册，第1449页）

⑤ 《宋史》卷42《理宗本纪二》，第3册，第822页。

⑥ 《舆地纪胜》卷11《两浙东路·庆元府·官吏》，第630页。

二、因由何在

为什么王安石的鄞县施政相当成功，而作为其扩展版的熙宁变法最终失败？这确实是个值得深长思之的问题。当时人的回答主要有二：一是“易其地，执其法，亦不可行也”①。他们认为，王安石新法“行于一邑则可”，“行于天下不可也”②。明人李日华进而以青苗法为例，称：“于鄞实善政，及为相，必欲推而遍于天下，则非矣。”③ 此说不无一定道理。南北“风俗”大不相同，各地社情千差万别，商品经济较发达的地区有之，自然经济仍浓重的地方亦有之。某些新法往往宜于南而不宜北，宜于此而不宜彼，不应一刀切。何况一县易于管理，全国难于掌控。

二是“非其人，不能行”④。楼钥感叹道：“呜呼！使一时奉行者，皆能如公（指王安石）之在鄞，则天下岂以为病哉！”⑤ 确实，仅以熙宁初年的宰执班子为例，当时人形象地称之为“生、老、病、死、苦”。“盖言安石生，公亮老，富弼病，唐介死，赵抃苦也。”“曾公亮屡请老。富弼称疾不出，寻俱引去。赵抃力不胜，但终日叹息，遇一事更改，称苦者数十。”“（唐）介不胜愤

① 《宝庆四明志》卷12《鄞县志一·叙县·县令》，《宋元方志丛刊》第5册，第5141—5142页。

② 《邵氏闻见录》卷11，第118页。

③ 《六砚斋笔记》卷1。

④ 《宝庆四明志》卷12《鄞县志一·叙县·县令》，《宋元方志丛刊》第5册，第5141—5142页。

⑤ 《鄞县经纶阁记》，《全宋文》第265册，第3—4页。

溃，疽发背而死。”王安石虽然生龙活虎，但孤立少助。“自宰执同列无一人议论稍合，而台谏章疏攻击者无虚日。”① 高层状态竟如此之差，且不协同一致，变法固然难以顺利推进。然而愚意以为，以上两说均未击中要害，民众的满意度才是问题的关键。当年鄞县老百姓充满获得感，熙宁年间的民众则满意度极低，而其根源在于王安石的鄞县施政和后来的熙宁变法相同之中多有不同。

王安石的熙宁变法与此前的鄞县施政之间的传承因袭关系是显而易见的。楼钥说：“此相业之权舆也。”② 所谓“权舆”者，起始也，萌芽也。大凡青苗法、保甲法、农田水利法乃至免役法、方田均税法等熙宁新法均可从鄞县施政中找到其雏形。如青苗法，“（鄞）民得指田为质，以贷豪右之金。豪右得乘急，重息之。介甫特出官钱，轻息以贷，至秋则田亩之入，安然足偿，所谓青苗法也。”③ 熙宁变法的重要指导思想之一是：“因天下之力，以生天下之财，取天下之财，以供天下之费。”④ 这一思想王安石在鄞县时已大体形成，他在《与马运判书》中主张将合理开发利用资源，促进社会生产发展作为富家、富国、富天下的“生财之道”，即所谓“富其家者资之国，富其国者资之天下，欲富天下则资之天地”⑤。

王安石的鄞县施政与后来的熙宁变法之间的差异尤其不应当被忽视。如熙宁保甲新法与王安石在鄞县“严保伍”的不同之处

① 徐自明撰，王瑞来校补：《宋宰辅编年录校补》卷7熙宁元年正月丙申“唐介参知政事”，中华书局1986年版，第2册，第377页。

② 《鄞县经纶阁记》，《全宋文》第265册，第3—4页。

③ 《六砚斋笔记》卷1。

④ 《续资治通鉴长编》卷188嘉祐三年十月甲子，第14册，第4531页。

⑤ 王安石：《临川先生文集》卷75《与马运判书》，中华书局上海编辑所1959年版，第795页。

就较为明显。“严保伍”固然可以视为保甲法的开端，但其意图仅仅在于维护社会治安，加强社会控制，防范民众造反。保甲法则不止于此，其最终目的是在全国范围内逐步以府兵制代替募兵制，不免有开历史倒车之嫌。苏轼认为：募兵制取代府兵制是社会分工发达的必然趋势。他高度评价这一历史性进步：“自尔以来，民不知兵，兵不知农，农出谷帛以养兵，兵出性命以卫农，天下便之，虽圣人复起，不能易也。”① 尤其值得注意的是，与此后的熙宁变法相比，王安石的鄞县施政具有两大长处，正是这两大长处让民众充满获得感。

其一，一切围绕改善民生。王安石诗云：“一民之生重天下，君子忍与争秋毫。”② 历代统治者说的骗人假话太多，往往口惠而实不至。但王安石在鄞县说到做到，他总是想民之所想，急民之所急，“日夜惟以为民兴利除害为事”③。当时鄞县“旱辄连年”，“邑民最独畏旱”。④ 王安石把抗旱作为第一要务，他在全县范围内组织民众掀起水利建设热潮。疏浚东钱湖等工程竣工后，“旱则滴水如油，涝则民居漂没”的问题大大缓减。鉴于鄞县无官学，王安石在这里创建了当地历史上第一所官办学校——鄞县县学，并聘请名师主办。为了改变这里“信巫而不信医”的状况，王安石将朝廷颁布的医书《（庆历）善救方》“刻石，树之县门外左”，并称：“此可谓不忍人之政矣。”⑤ 所谓“不忍人”，或可解释为不

① 苏轼：《苏轼文集》卷27《辩试馆职策问札子二首》，孔凡礼点校，中华书局1986年版，第3册，第791页。

② 《临川先生文集》卷12《收盐》，第177页。

③ 《重建经纶阁记》，《延祐四明志》卷19《集古考上·文》，《宋元方志丛刊》第6册，第6416—6417页。

④ 《临川先生文集》卷75《上杜学士言开河书》，第795页。

⑤ 《临川先生文集》卷84《善救方后序》，第883页。

忍心坐视百姓遭受贫病无救之苦。当时两浙转运使司厉行损害百姓利益、逼民揭竿而起的“收盐”（即禁盐）之政。“岛夷之民不煎海，何从得食？而官又禁之，其为盗固宜。”[①] 王安石拒不施行，并上书转运使为民请命，指出：盐禁一旦施行，“州县之狱必蕃，而民之陷刑者将众”。南宋学者黄震对于王安石抵制苛政并敢于教训上司的胆识，十分佩服。他说：“此仁人之言也。公时为令而敢以此谏切其部使者，仁者之勇也。”[②] 王安石这时推行的青苗法，更是解民燃眉之急的惠民善政。清人蔡上翔称赞道：“其爱民恻隐之心，筹画利害之明，虽复老成谋国者弗如。”[③]

其二，始终注重廉政建设。王安石有“非常人”之称，是个超凡脱俗的清正廉洁之士。他生活俭朴，不修边幅，以至被误认为衙门里跑腿的厮役。特别是他不好声色不蓄妾，在旧时代的官员中是很难得的。他在鄞县拒收贿品，并惩处那些行贿、受贿、索贿的官吏。[④] 鄞县是个水利资源十分丰富的鱼米之乡，居然连年遭遇旱灾，其缘故固然在于水利工程年久失修。王安石进而发现，其深层原因则是“吏者因循”，“人力不至”。[⑤] 这些官吏岂止不作为，他们甚至与豪强勾结，侵占、破坏水利资源。有鉴于此，他深感加强廉政建设极为重要。其办法是奖惩结合，提拔廉吏。汪元吉即是其例。史载：“元吉为县从事，为范文正公（即范仲淹）所知，王安石宰鄞，以廉平吏荐于转运使孙沔。”[⑥] 王安石既

① 李壁注：《王荆公诗注》卷17《收盐》，影印文渊阁四库全书本。

② 黄震：《黄氏日抄》卷64《读文集六·王荆公》，影印文渊阁四库全书本。

③ 蔡上翔：《王荆公年谱考略》卷3《王安石年谱三种》，裴汝成点校，中华书局1994年版，第257页。

④ 参见王维友《王安石与鄞县》，《今日浙江》2005年第10期，第44页。

⑤ 《临川先生文集》卷75《上杜学士言开河书》，第795页。

⑥ 《延祐四明志》卷4《人物考上·先贤·汪思温》，《宋元方志丛刊》第6册，第6195页。

关注民生，又清正廉洁，他深受得到实惠的鄞县百姓爱戴，自在情理之中。

对于熙宁变法，一概予以否定，未免失之偏颇。然而不必讳言，熙宁变法从顶层设计到实施过程，确实败笔不少。尽力为王安石辩诬洗冤的家乡人蔡上翔也不能不指出：王安石“后来变行新法”，“不若治鄞时悉著成效”。[①] 熙宁变法的以下两大缺陷就相当明显。

其一，没有把富国与富民很好地结合起来。如果说王安石的鄞县施政是以民生为中心，那么熙宁变法则以理财即增加财政收入、摆脱财政危机为目标。王安石以“善理财者”自诩，声称：“国用不足，由不得善理财者耳！”他不注重节支，只强调增收。羊毛出在羊身上，势必增加民众负担。王安石“民不加赋而国用饶”[②] 的许诺并未兑现。如助役钱便分明是一项不折不扣的新税，乡村下户“本来无役者，亦一概输钱，谓之助役钱”[③]。如果说王安石在鄞县不与百姓“争秋毫”，那么这时则大有与民争利之嫌。北宋人孙傅有句名言：“祖宗法惠民，熙丰法惠国，崇观法惠奸。”[④] 其实，所谓“祖宗旧法”未必“惠民”，而熙宁新法则仅“惠国”而不“惠民”。于是熙宁年间，民变不断发生，具有一定规模并见于记载者即达 30 余次之多。用当时统治者的语言来说，即是：“自行法以来二十余年，不闻盗贼衰止，但闻其愈多耳！”[⑤] 民众的不满情绪被王安石的政敌加以利用，火上浇油，以至熙宁变法

---

① 《王荆公年谱考略》卷 3《王安石年谱三种》，第 255 页。

② 陈均：《皇朝编年纲目备要》卷 18“熙宁元年冬十一月丁亥，郊”，许沛藻等点校，中华书局 2006 年版，第 413 页。

③ 《宋史》卷 327《王安石传》，第 30 册，第 10544—1054 页。

④ 《宋史》卷 353《孙傅传》，第 32 册，第 11137 页。

⑤ 《续资治通鉴长编》卷 468 元祐六年十二月乙卯，第 11180 页。

以失败而告终。

其二，没有把推行变法与整顿吏治很好地结合起来。与鄞县时期不同，王安石在熙宁年间提拔官员，往往不以是否清廉正直为标准，仅以是否拥护新法为依据，不少投机钻营者受到重用。新法由这些贪官污吏推行，只能是“歪嘴和尚念经”，某些便民惠民之政沦为扰民害民之举，结果新法声誉扫地，变法阻力增大。王安石也曾试图整顿吏治，他的设想是“饶之以财，约之以礼，裁之以法”，可谓周密。但他将“饶之以财”放在首位，并片面加以强调。所谓“饶之以财”，换而言之，即高薪养廉。王安石曾反复述说其理由：“人之情，不足于财，则贪鄙苟得，无所不至。”[①]“方今士大夫所以鲜廉寡耻，其原亦多出于禄赐不足。”“饶之以财，然后可责之以廉耻。”[②] 王安石为此采取了两条措施。一是增加公使钱，又称公用钱。其性质既是官府的特别办公费，又是官员个人的特殊津贴。二是实行重禄法，即所谓“尽禄天下之吏”，将重禄与重罚相结合。其初衷不错，“吏禄既厚则人知自重，不敢冒法，可以省刑”。可是一施行就走样，结果南其辕而北其辙，并无任何实效，依然是“良吏实寡，赇取如故”。[③] 官吏贪腐之风愈演愈烈，民众不仅满意度低，而且失落感重。理有固然，势有必至。熙宁变法最终归于失败，不足为奇。

① 《临川先生文集》卷 39《上仁宗皇帝言事书》，第 412 页。

② 《临川先生文集》卷 62《看详杂议》，第 663 页。

③ 《宋史》卷 179《食货志下一·会计》，第 13 册，第 4355 页。

三、点滴感悟

历史是最好的教科书。回顾王安石一生中的两段为官经历，从鄞县到汴京，从施政到反响，差异竟如此之大，不免叫人感触良多。

我的第一感受是真理并不一定总是在高官手里，绝非“大官大有理，小官小有理，官员常有理，百姓没有理”。作为小官的王安石头脑相当清醒，一旦紫袍玉带，反而有些犯糊涂。我从总体上赞赏勇于变法的宰相王安石，我更景仰先前鄞县那位年轻有为、一身正气、为民请命的“七品芝麻官”。孙中山说得好：不要立志做大官，而要立志做大事。

更为要紧的感悟在于变法理当让老百姓尝到甜头、得到实惠，有更多的获得感。民众并不保守，他们是天然的改革弊政派。民众心中自有一杆秤，他们辨别真假、判断是非的能力不容低估，是不容易受蒙蔽的。着力改善民生、倡行廉洁清正的改革，百姓一定拥护。王安石的鄞县施政就是一个具有典范意义的实例。变着法子折腾百姓乃至坑民害民的变法，势必遭到民众抵制。如崇观新法，虽有“蔡京变法”[①] 之称，实有以“变法”之名，盘剥百姓之嫌。“崇观法惠奸”这句宋代名言，只怕很难一概否认。

较好的政治生态是推行变法的前提。王安石是幸运的，一个

① 这个词汇并非我所生造，既见于陈傅良《止斋集》卷 20《湖南提举荐士状》(四部丛刊初编本)，又见于李幼武《宋名臣言行录·续集》卷 2《许份》(影印文渊阁四库全书本)。

小小县官竟敢顶撞转运使，居然脱颖而出，直至执政拜相。他的福分在于遇到不少“伯乐”，包括欧阳修、文彦博、富弼、韩琦等一大批元老重臣。欧阳修《赠王介甫》诗云：“翰林风月三千首，吏部文章二百年。”① 将他与李白、韩愈相提并论。并向朝廷一再推荐：“王安石学问文章，知名当世，守道不苟，自重其身，论议通明，兼有时才之用，所谓无施不可者。”② 文彦博“荐安石恬退，乞不次进用”。于是“安石未贵时，名震京师”，“世多称其贤”，宋神宗“想见其人”③，以致熙宁年间，君臣“如一人”④。很清楚，没有欧阳修等“伯乐”，就没有王安石的熙宁变法。“世有伯乐，然后有千里马。”（韩愈语）如今伯乐相马这一选贤任能的传统模式或许已经过时，然而要实现“四个全面”的战略布局，营造让优秀人才涌现成长的良好政治生态环境只怕尤其重要。

一切皆动，一切皆变。让人不解的是，王安石一旦推行变法，欧阳修等“伯乐”即刻站在其对立面。究竟谁变了？是“伯乐”，是“千里马”，还是两者都变了？元老重臣盛年生气勃勃、老来暮气沉沉是个带规律性的现象，永葆创新活力太难。然而当时更为流行的说法是：王安石“志在近功，忘其旧学”，“急于功利，遂忘素守”。⑤ 此说出自其政敌之口，旨在攻击，不可轻信。但时隔百年之后，得到朱熹局部认同：王安石“后来尽背了初意，所以诸贤尽不从”⑥。从前文看，王安石自身前后确有某些变化。其专

① 欧阳修：《欧阳修全集》卷57《居士外集七·赠王介甫》，李逸安点校，中华书局2001年版，第813页。

② 《欧阳修全集》卷110《奏议十四·再论水灾状》，第1663页。

③ 《宋史》卷327《王安石传》，第30册，第10541、10550、10543页。

④ 《宋史》卷312《曾公亮传》，第29册，第10234页。

⑤ 《邵氏闻见录》卷13，第141—142页。

⑥ 黎靖德：《朱子语类》卷130《本朝四·自熙宁至靖康用人》，王星贤点校，中华书局1986年版，第8册，第3097页。

注点由民生转向财政，由富民转向富国，便是个不小的演变。行文至此，不禁想起一句老生常谈："一个人做点好事并不难，难的是一辈子做好事，不做坏事。"言说者仍嫌意犹未尽，又加重语气感慨道："这才是最难最难的啊！"离题远矣，就此打住。

（原载《首都师范大学学报》2016 年第 1 期）

冯京的角色定位与熙丰党争

冯京（1021—1094），字当世，宜州龙水（即今广西宜州）人[①]。由于其生平事迹包括家世、降生、求学、科第、婚姻等诸多方面均颇具传奇色彩，从南宋时起即成为戏曲中的主人公。在宋元南戏剧目中有《冯京三元记》，其改编本留传至今。[②] 甚至在当代的俗话中还有“错把冯京当马凉”一语。冯京在熙宁、元丰年间变法的关键时期，两次担任执政大臣[③]，累计长达10年之久，在北宋政治史上是一位较为重要的人物。他在变法中的角色，虽然说法不同，但学界迄今未做较为具体的考察。本文试图略加探析，旨在深化对熙丰党争的认识。

---

① 李贤等编《明一统志》卷84《庆远府》载：“冯京，宜之龙水（今广西宜州）人，从其父游，寓籍江夏（今湖北武昌）。”（《影印文渊阁四库全书》，台湾商务印书馆1983年版，总第473册，第761页）《宋史》卷317《冯京传》称：“冯京字当世，鄂州江夏人”（中华书局1977年版，第10338页），误，江夏仅是其寄居应考之地。

② 毛晋：《六十种曲》第二册《三元记》，中华书局1982年版。

③ 冯京两次官至执政大臣，第一次：自熙宁三年（1070）七月至熙宁八年正月，历任枢密副使、参知政事；第二次：熙宁九年十月至元丰四年（1081）正月，先知枢密院事，后任枢密使。

一、所谓“中正不倚”

冯京在熙丰党争中的角色定位，大致有“中正不倚”与“旧党‘赤帜’”两种不同的说法。

“中正不倚”之说出自当时人之口，虽然可供参考，但不免含有偏见，很难成为定论。至于偏见的成因，则在于力主此说者不外两种人。

一种是当年的旧党人士，如范祖禹。他在元祐初年任右谏议大夫时，建议冯京再次出任枢密使，其主要理由是：冯京“初与王安石不合，后为吕惠卿所倾，其中正不倚之操，为先帝（指宋神宗）称挹”①。值得注意的有以下两点：第一，宋神宗在冯京重病时，确实曾赐诏褒奖，称“渴想仪形，不忘梦寐”②。但“中正不倚”并非宋神宗所说，而是范祖禹的一己之见。第二，范祖禹身为旧党党魁司马光的门人、吕公著的女婿，一向认为“王安石之法为非”，主张“修复祖宗旧政”，③ 在新党执政的绍圣年间远贬岭南并死于贬所，崇宁年间又名列元祐党籍碑。他将冯京与新党“不合”、为新党“所倾”视为“中正不倚”，分明是其旧党立场的反映。

另一种是冯京的亲朋故旧，如彭汝砺。他在绍圣年间所作

---

① 《宋史》卷 317《冯京传》，第 10340 页。

② 李焘：《续资治通鉴长编》卷 291 元丰元年八月丁卯，上海古籍出版社 1986 年影印浙江书局本，第 2747 页。

③ 《续资治通鉴长编》卷 433 元祐四年九月乙酉，第 4076 页。

《冯京墓志》称：冯京“自以天子为知己，屹然中立，不肯少自贬损”①。应当指出：第一，与范祖禹不同，彭汝砺在熙丰年间的新、旧党争中，态度相当超脱。第二，彭汝砺治平二年（1065）进士第一，冯京当时正担任知贡举。宋代“作碑谀墓”之风盛行，“谀碑多故吏门生之笔”②。彭汝砺作为门生，称赞其座主冯京“屹然中立”，不免有夸大乃至吹捧之嫌。

“旧党‘赤帜’”之说则出自当代学人之口。有学者认为：“御史中丞冯京为富弼之婿，他反对新法也颇起劲。”升任参知政事后，“保守派又树起了一面‘赤帜’”③。笔者曾采用此说：“富弼的女婿冯京反对新法”，是“旧党在朝廷内部的首领”。④ 然而包括笔者在内的学人并未对此详加论证，以致此说至今仍然是个有待求证的假设。

众所周知，当时确有“赤帜”一说，且出自王安石之口。熙宁三年（1070）初，王安石反对宋神宗重用司马光，主要理由是司马光“但在高位，即异论之人倚以为重。韩信立汉赤帜，赵卒气夺。今用（司马）光，是与异论者立赤帜也”⑤。王安石所谓“赤帜”，分明是就司马光而言，与冯京并不相干。如果冯京果真是旧党“赤帜”，其党魁司马光势必大加赞赏。司马光也确实夸奖过不少人，如他在熙宁四年曾说：“臣之不才，最出群臣之下，先

① 河南省文物研究所、密县文物保管所：《密县五虎庙北宋冯京夫妇合葬墓》，《中原文物》1987 年第 4 期，第 89 页。

② 不著撰人：《群书会元截江网》卷 30《国史・时政》，上海古籍出版社 1991 年影印，第 441 页。

③ 何忠礼：《也谈王安石变法失败的原因》，《杭州大学学报》1986 年第 2 期，第 98 页。

④ 张邦炜：《中国封建王朝兴亡史・两宋卷》，广西人民出版社 1996 年版，第 112 页。

⑤ 《宋史》卷 336《司马光传》，第 10765 页。

见不如吕诲，公直不如范纯仁、程颢，敢言不如苏轼、孔文仲，勇决不如范镇。”① 值得注意的是，冯京此时正任执政大臣，但司马光恰恰没有称赞冯京。仅由此，对冯京系旧党“赤帜”之说也难免令人产生怀疑。

二、关于“旧党‘赤帜’”

所谓“赤帜”者，领袖人物也，出众的才智和崇高的威望是其必备的条件。司马光作为旧党“赤帜”，其才智与威望在旧党人士中罕有其匹。苏轼《司马君实独乐园》诗云：“先生独何事，四海望陶冶。儿童诵君实，走卒知司马。”② 史载：“司马文正公以高才全德，大得天下之望。”③ “（天下）以公为真宰相。”④ “所至，民遮道聚观，马至不得行。”⑤ “及卒，京师之民皆罢市往吊。及葬，四方来会者盖数万人，哭之如哭其私亲。”⑥ 这类不无夸张之嫌的记载较多，不必一一列举。而冯京的才智和威望则相当有限。

---

① 司马光：《上神宗论新法》，赵汝愚：《宋朝诸臣奏议》卷115《财赋门·新法七》，北京大学中国中古史研究中心校点整理，上海古籍出版社1999年版，第1254页。

② 苏轼：《东坡七集·东坡集》卷8《司马君实独乐园》，《四部备要》第77册，中华书局1989年影印，第82页。

③ 王辟之：《渑水燕谈录》卷2《名臣》，吕友仁点校，中华书局1981年版，第17页。

④ 《东坡七集·东坡集》卷36《司马温公行状》，《四部备要》第77册，第252页。

⑤ 《宋史》卷336《司马光传》，第10767页。

⑥ 徐自明撰，王瑞来校补：《宋宰辅编年录校补》卷9“元祐元年九月丙辰司马光卒”，中华书局1986年版，第564页。

学者之所以将他视为旧党“赤帜”，在很大程度上是由于对冯京估计过高。其实，他是考场上的高手，政坛内的低能者。

仅就考场而言，冯京确实能力非凡。他在鄂州（治今湖北武昌）获得解元后，皇祐元年（1049）又在省试、殿试中拔得头筹。因其“所试皆第一”，于是“名声走天下”①，人称“冯三元”，博得“三魁天下之儒”② 的雅誉。《宋史·论曰》：“进士自乡举至廷试皆第一者才三人，王曾、宋庠为名宰相，冯京为名执政。”③ 此说有误，查《文献通考·选举考五》可知，天圣二年（1024）的省元是吴感，宋庠当时名叫宋郊，仅为殿元即状元。④ 当以南宋史家李心传所说为是：“孙汉公（即孙何），淳化三年（992）举进士，自开封至南省、廷试皆第一，前未有也。至咸平五年（1002），王沂公（即王曾）青州（今属山东）、南省、廷试皆第一。庆历二年（1042）杨审贤⑤（即杨寘），皇祐元年冯当世（即冯京），复皆第一。宋有国二百余年，为三元者止此四人耳。”⑥ 足见，连中三元在当时实属凤毛麟角。⑦

---

① 中国文物研究所、河南文物研究所编：《新中国出土墓志·河南（一）》，文物出版社1994年版，下册，第351页。

② 不著撰人：《氏族大全》卷1《一东·冯·两娶相女》，《影印文渊阁四库全书》总第952册，第76页。

③ 《宋史》卷317《论曰》，第10352页。

④ 马端临：《文献通考》卷32《选举考五·举士》，中华书局1986年影印，第305页。

⑤ “杨审贤”原作“杨审言”，误，据《影印文渊阁四库全书》改。《宋史》卷443《文苑传五·孙唐卿传》附《杨寘传》载：“杨寘，字审贤。”（第13100页）

⑥ 李心传：《建炎以来朝野杂记》甲集卷13《取士·国朝三元》，徐规点校，中华书局2000年版，第271—272页。

⑦ 所谓“连中三元”，通常是就进士科而言，不包含明经科。《宋史》卷342《王岩叟传》载：“（仁宗）初置明经科，岩叟年十八，乡举、省试、廷对皆第一。”（第10891页）有学者认为王岩叟“连中三元”，不确。

但就政坛而论，冯京的才干很有限。宋神宗“锐意为治”“事事留心”①，对臣下了如指掌。他对冯京的总体评价不外乎“平”“弱”两个字。神宗曾说：“（冯）京如何，似平稳。”王安石附和道：“京似平稳。”② 在另一场合，神宗又说：“京弱。”③ 神宗这两句话、六个字，很值得玩味。所谓“京似平稳”，尚属中性。“京弱”二字，则显然具有贬义。所谓“弱”者，平庸也，低能也。宋神宗的评论相当中肯，冯京实属“平”“弱”大臣。下面两“无”，即是其证。

其一，无突出政见。今人所编《全宋文》卷1362收录冯京文章仅11篇，不是例行公事之作，便是不疼不痒之文。④ 人们或许会说，原因在于冯京《潜山集》已佚。然而值得注意的是，宋人赵汝愚所编《宋朝诸臣奏议》及明人黄淮、杨士奇所编《历代名臣奏议》居然未收录冯京一篇奏议。很清楚，从赵汝愚到黄淮、杨士奇都认为，冯京的奏议质量太差，充数而已，无收录价值。冯京在政坛内，是个多栽花、少种刺，缺乏担当精神，遇到棘手问题绕道走的官僚。如治平三年四月，“濮安懿王建庙，当行祭告”。冯京身为翰林学士，理当撰写祝文。但他不愿卷入“濮议”之争，即围绕应当如何尊崇宋英宗的生父濮王赵允让而展开的争斗。冯京婉言拒绝撰写祝文，其理由是“本院未有体式，乞下礼院议”⑤。可见，《宋史·冯京传》本传所说：“王安石为政，（冯）

① 黎靖德编：《朱子语类》卷127《本朝一·神宗朝》，王星贤点校，中华书局1994年版，第3046—3047页。

② 洪业等编：《琬琰集删存》卷3《冯文简公京传（实录）》，上海古籍出版社1990年版，第392—395页。

③ 《续资治通鉴长编》卷213熙宁三年七月壬辰，第5167—5168页。

④ 曾枣庄、刘琳主编：《全宋文》卷1362《冯京》，巴蜀书社1988年版，第31册，第711—718页。

⑤ 《续资治通鉴长编》卷208治平三年四月丙戌，第5048页。

京论其更张失当，累数千百言”[①]，并不可信。难怪御史中丞杨绘将冯京与王珪相提并论，上疏请求宋神宗“指挥冯京、王珪等，令各振其职，无苟且焉”[②]。众所周知，王珪绰号“三旨相公”，他只知“取圣旨”“领圣旨”“已得圣旨”[③]。而冯京与王珪相似，或可称为“苟且执政”。

其二，无明显政绩。在北宋中期，冯京与人称“阎罗包老”的包拯、外号“铁面御史”的赵抃都是富有传奇色彩的人物。但冯京的趣闻生活方面居多，而包拯、赵抃的美谈集中在政绩方面，有不少亲民、爱民的故事广为流传，“所至称善，民思不忘”[④]。可是《宋史》本传有关冯京政绩的记载相当笼统，无非是“其为郡守，诸县公事至，即历究之”[⑤] 云云。恰恰表明，冯京为官一方，政绩平平，在朝任职，并无建树。在数十年的仕宦生涯中，仅有一事略显才干，即平息茂州（治今四川茂汶县凤仪镇）少数民族事变。熙宁九年，冯京在知成都府任上，不滥杀，力争与其首领修好，于是“夷人出大豕，盟，愿世为汉藩”[⑥]。处理政事，如果出了差错，冯京会沉痛检讨，以争取主动。如熙宁三年九月，大理寺上奏指责麟（治今陕西神木北）、府（治今陕西府谷）、丰州（治今内蒙古五原西南）地方官吏玩忽职守，冯京立即上疏自劾：“臣昨为本路经略使，事无不总，而因循苟简，不能提振，以

① 《宋史》卷 317《冯京传》，第 10339 页。

② 《续资治通鉴长编》卷 220 熙宁四年二月甲子，第 5346—5347 页。

③ 《宋史》卷 312《王珪传》，第 10243。

④ 《宋史》卷 316《论曰》，第 10332 页。

⑤ 《宋史》卷 317《冯京传》，第 10340 页。

⑥ 《琬琰集删存》卷 3《冯文简公京传（实录）》，第 394 页。

至上烦圣虑，望蚤降黜。”① 宋神宗“优诏释其罪”②。王安石曾说：“（冯）京在中丞，充位耳。”③ 邓绾也称：“冯京预政日久，殊无补益。”④ “充位耳”“无补益”一类说法虽然出自其政敌之口，但从上述史实看，并非纯属向壁虚构。

冯京恰恰由于“平”“弱”，其宦海生涯虽非一帆风顺，但无大起大落，与同时代的高官如王安石、司马光乃至吕惠卿、蔡确、章惇、曾布等明显不同。王安石、司马光等人得意时，皇上言听计从；失意时，则遭贬逐。元丰四年（1081）正月，年逾花甲的冯京被解除枢密使，纯属自愿，应视为荣退。史载：“（冯）京数以疾求解机务”，宋神宗终于批准其请求，并下制褒奖，其中有“始终眷遇，出入显荣”⑤ 等语。总之，冯京政绩不突出，但政治地位突出；为官平庸，但仕途平坦。庸官少风险，能臣多坎坷，这在传统时代很常见，不足为奇。然而在人才济济的旧党，冯京这等平庸之辈很难成为所谓“赤帜”。

三、究竟与谁“为党与”

学者将冯京视为旧党“赤帜”，其主要依据不外三句话。这些片言只语均有待考究。

---

① 《全宋文》卷1362《冯京·以河东麟府等州城垒兵械不治自劾疏》，第31册，第713页。

② 李焘：《续资治通鉴长编》卷215熙宁三年九月壬子，第5247页。

③ 《续资治通鉴长编》卷213熙宁三年七月壬辰，第5167页。

④ 魏泰：《东轩笔录》卷5，李裕民点校，中华书局1983年版，第53页。

⑤ 《宋宰辅编年录校补》卷8“元丰四年正月辛亥冯京罢枢密使”，第490页。

第一句是王安石所说："士大夫不逞者以（冯）京为归。"其背景是熙宁六年秋至次年春，各地久旱不雨。旱灾原本是个不争的事实，但因政见不同而说法不一。宋神宗就此事询问大臣，王安石否认"天旱更失人心"，冯京则禀报道："臣亦闻之。"王安石立即指责冯京："士大夫不逞者以（冯）京为归，故京独闻其言，臣未之闻也。"[①] 考察史料的来源并进而辨别史事的真伪不是一件轻而易举的事，尤其是熙丰史实因《神宗实录》数次反复编修，要加以辨析难度更大。应当指出的是，王安石此言仅见于《宋史》本传，为宋代各种史籍所不载。何况此言与王安石所说冯京"似平稳""充位耳"等语显然并不吻合。问题的关键还在于究竟哪些士大夫"以（冯）京为归"？"不逞"的含义是不快意、不称心，王安石所说"士大夫不逞者"，应当是指对新法不满的旧党人士。如果当真如此，称冯京为旧党"赤帜"，确实言之凿凿。

第二句是张琥（后改名张璪）所说："冯京为党与。"其起因是：熙宁七年四月，光州（治今河南潢川）司法参军、监安上门郑侠上疏宋神宗《论新法进流民图》。他因擅发马递而受到查处。所谓马递者，即传送密急文书的快递也。郑侠此后又上《正直君子邪曲小人事业图迹》，他在奏疏中说："（王）安石作新法，为民害。（吕）惠卿朋党奸邪，壅蔽聪明。独冯京立异，敢与安石校。请黜惠卿，用京为相。"[②] 又说："（冯）京及元绛、孙永、王存四人者，皆仁义人也。"[③] 吕惠卿"奏侠谤国，欲置之大辟"。宋神宗还算比较开明，他说："侠所言，非为身也，忠诚亦可念，岂宜

① 《宋史》卷 327《王安石传》，第 10548 页。

② 《续资治通鉴长编》卷 254 熙宁七年六月乙亥，第 6207—6208 页。

③ 《宋宰辅编年录校补》卷 8"熙宁九年十二月丙午冯京知枢密院事"，第 470—471 页。

深罪之。”[①] 郑侠先编管汀州（今属福建），后徙英州（治今广东英德）。吕惠卿趁机陷害冯京，他“嗾御史张琥，并劾冯京为党与”[②]。神宗无处分冯京之意，“以其枝蔓，有诏趣结绝”[③]。迫于吕惠卿等人的压力，冯京终于在熙宁八年正月被解除参知政事一职，守本官，知亳州（今属安徽）。这是冯京宦海生涯中遭受的最大挫折，其实在宋代很常见，算不上多大的处分。

冯京究竟与谁“为党与”？即使称冯京与郑侠“为党与”，也并非确凿无疑。有史书记载，宋神宗问冯京：“卿识郑侠否？”冯京的回答是：“臣素不之识。”张琥指责冯京“尝从（郑）侠借书画，遗之钱米”，但“取当世（即冯京）门历，阅视宾客，无（郑）侠名”[④]。何况郑侠虽系治平四年进士，但不过选入即幕职州县官而已，一“区区小官”[⑤] 耳。就其地位而言，并非严格意义上的士大夫。在当时的士大夫当中，人们难免会怀疑元绛、孙永、王存与冯京“为党与”，原因在于他们同时被郑侠称赞为“仁义人”。可是，这四人“为党与”不仅无蛛丝马迹可寻，而且其政见各不相同，并非都是王安石所说“士大夫不逞者”，即旧党人士。其中，王存大体可以视为旧党的人，他名列元祐党籍碑，主要是由于在元祐年间出任尚书右丞、左丞等要职。但其政见并不偏激，宋神宗认为他“忠实无党”。王存后来在旧党执政期间，既维护元丰官制改革，又主张继续施行保甲法，并反对迫害新党，

① 司马光：《涑水记闻》卷16，邓广铭、张希清点校，中华书局1989年版，第323页。

② 《宋史》卷321《郑侠传》，第10437页。

③ 《续资治通鉴长编》卷259熙宁八年正月庚子，第6311页。

④ 《涑水记闻》卷16，第322页。

⑤ 《宋史》卷321《论曰》，第10437页。

认为:“人臣朋党,诚不可长,然或不察,则滥及善人。”[①] 孙永在党争中,态度相当超脱。宋神宗时,曾知开封府。他肯定青苗、助役“法诚善”,认为其弊病在于“强民出息输钱代徭,不能无重敛之患”。他反对市易法,仅仅因为其“立法未尽”。《宋史·论曰》:“孙永之为人,庶得其中焉。”[②] 至于元绛则是标准的新党,绝非王安石所谓“士大夫不逞者”。他在熙宁、元丰年间,历任翰林学士、知开封府、三司使、参知政事等要职。因力主新法而备受攻击,诸如“谄事王安石”[③],“安石颐指气使,无异家奴”[④]等。由上所述足见,所谓“士大夫不逞者以(冯)京为归”之说很难令人信服。

第三句是王安石所说:“盖(冯)京所恃以为心腹肾肠者,陈襄、刘攽而已。”[⑤] 这一激愤之词仅见于李焘《长编》,为王安石《文集》及各种文献所不载。陈襄、刘攽虽然属于旧党人士,但他们如何与冯京结党,不仅查无实据,而且有其反证。《宋史·陈襄传》载:宋神宗“尝访人材之可用者,(陈)襄以司马光、韩维、吕公著、苏颂、范纯仁、苏轼至于郑侠三十三人对”。并特别强调:“光、维、公著皆股肱心膂之臣。”[⑥] 如果陈襄真是冯京的“心腹肾肠”,为什么他不利用这个难得的机会,在皇上近前将冯京盛赞为“股肱心膂之臣”呢?从中还可看出,旧党当时的“赤帜”是司马光乃至韩维、吕公著,冯京并不在其中。尤其值得注意的是王安石的“陈襄、刘攽而已”一语。所谓“而已”者,仅

---

① 《宋史》卷341《王存传》,第10871、10873页。
② 《宋史》卷342《孙永传》,第10901—10903页。
③ 《宋史》卷343《元绛传》,第10907页。
④ 《宋史》卷327《王安石传附唐坰传》,第10552页。
⑤ 《续资治通鉴长编》卷213熙宁三年七月壬辰,第5167页。
⑥ 《宋史》卷321《陈襄传》,第10421页。

止于此、不过如此之意也。假若此言确系王安石所说，恰恰是藐视冯京“党与”极少，太可怜，不在话下。

四、确属“争而不力”

大凡旧党要员，在宋徽宗崇宁年间颁布的元祐党籍碑中几乎都有其名讳。而冯京这位经历熙丰变法及元祐更化全过程的风口浪尖上的人物，竟碑上无名。[①] 如果是因为他早逝，那么在他之前去世的司马光、吕公著、王岩叟、范百禄等人无一幸免。于是，岂止“赤帜”之说，就连冯京是否属于旧党，也是一个有待论证的问题。

冯京确实是旧党中坚、宰相富弼的女婿。他在其夫人王氏去世后，娶富弼长女为妻，富氏去世后，又娶其妹为妻。因此，有前富、后富夫人之称，“两娶相家之女”[②] 之说。其实，冯京的前富氏夫人在世时，富弼尚未拜相，仅官至枢密副使。严格说来，冯京仅“一娶相女”[③]。富弼在熙宁二年，因反对新法而罢相以后，对政坛的实际影响大大减小。何况冯京对于富弼，未必事事依从。如嘉祐末年，冯京知开封府，富弼要他去拜访韩琦，他颇

---

① 参见杨仲良《皇宋通鉴长编纪事本末》卷121《禁元祐党人上》，李之亮校点，第2021—2040页，黑龙江人民出版社2006年版。

② 《氏族大全》卷1《一东·冯·两娶相女》，《影印文渊阁四库全书》总第952册，第76页。

③ 参见邓小南《剪不断，理还乱：有关冯京家世的“拼织”》，黄宽重主编：《基调与变奏：七至二十世纪的中国》第1册《政治思想》，台湾政治大学历史学系2008年印行，第173—174页。

有理由地回答道："公（指韩琦）为宰相，从官不妄造请"[①]，并因而受到某些史书称赞。

冯京在变法中的角色究竟应当如何定位？显然不能主要依据他是富弼的女婿就贸然下结论，而应当重在他本人的理念和作为。南宋史家吕中指出："当（王）安石变法之时……力与之争者，唐介也。争而不力者，赵抃、冯京也。"[②] 此说从前未能引起研究者的重视，其实相当中肯。冯京在变法中的表现，有以下三点值得注意。

首先，冯京确实反对新法。史载：冯京"数与安石论辨"[③]，与吕惠卿"议事，亦多矛盾"[④]，但应做具体分析。他所反对的主要是免役法和保甲法。冯京说："府界既淤田，又修差役，作保甲，人极劳敝。"他反对免役法，并无充足理由。宋神宗的反驳很有力："兼询访邻近百姓，亦皆以免役为喜。盖虽令出钱而复其身役，无追呼刑责之虞，人自情愿故也。"[⑤] 王安石推行保甲法的最终目的是以府兵制逐渐代替募兵制。冯京反对保甲法，理由相当充足。正如苏轼所说："昔三代之法，兵农为一，至秦始分为二。及唐中叶，尽变府兵为长征之卒。自尔以来，民不知兵，兵不知农，农出谷帛以养兵，兵出性命以卫农，天下便之。虽圣人复起，不能易也。"[⑥] 募兵制是社会分工的结果、社会进步的表现，保甲法从根本上说是逆历史潮流而动的倒退之举。此外，冯京还反对

---

① 《宋史》卷 317《冯京传》，第 10339 页。

② 吕中：《宋大事记讲义》卷 17《神宗皇帝·罢市易法》，《影印文渊阁四库全书》总第 686 册，第 360 页。

③ 《宋史》卷 317《冯京传》，第 10339 页。

④ 魏泰：《东轩笔录》卷 5，第 53 页。

⑤ 《续资治通鉴长编》卷 221 熙宁四年三月戊子，第 5370 页。

⑥ 《宋史》卷 338《苏轼传》，第 10811 页。

罢制科："汉唐以来，豪杰多从此出。"吕惠卿反驳道："制科止于记诵，非义理之学"，"进士已试策，与制科策无异。"宋神宗"乃诏罢之"①。至于淤田，即用水将淤泥引入农田，以提高耕地肥力。宋神宗"令取一方土，如面，厚尺余"。冯京反对的理由是"淤田如饼薄"。② 仅仅因为淤田在某些地方是一项敷衍塞责的工程就断然否定，理由欠充足。

其次，冯京的态度并不算偏激。司马光的信条大体是"祖宗之法不可变也"③。文彦博也认为，"祖宗法制具在，不须更张，以失人心"④。与司马光等人不尽相同，冯京并不一概否定新法，主张对新法予以适度肯定："朝廷立法，本意出于爱民。然措置之间，或有未尽。但当开广聪明，尽天下之议，便者行之，有不便者，不吝改作，则天下受赐矣。"⑤ 其态度相当理性。冯京与王安石之争在一定程度上是轻重缓急之争。冯京对宋神宗说："臣常言：'天下事，不可急。'"王安石当面反驳："有一日行之，而立见效者，亦不可不急。"⑥ 冯京曾说："此等事不宜仓卒。"王安石的回答："因循至今，所以不免仓卒。"⑦

再次，冯京是王安石尚可接受的人物。有学者说："王安石屡

---

① 陈均：《皇朝编年纲目备要》卷19，熙宁七年五月"罢制科"，许沛藻、金圆、顾吉辰、孙菊圆点校，中华书局2006年版，第466页。

② 《续资治通鉴长编》卷223熙宁四年五月乙未，第5423页。

③ 《东坡七集·东坡集》卷36《司马温公行状》，《四部备要》第77册，第252页。

④ 《续资治通鉴长编》卷221熙宁四年三月戊子，第5370页。

⑤ 佚名：《宋史全文》卷12上熙宁七年四月己丑，李之亮校点，黑龙江人民出版社2005年版，第604页。

⑥ 《续资治通鉴长编》卷220熙宁四年二月丁丑，第5359页。

⑦ 《续资治通鉴长编》卷251熙宁七年三月壬寅，第6110页。

次提出要将他（指冯京）罢黜，宋神宗反‘以为可用’”[①]，并不完全是实事。由于冯京毕竟是旧党中人，“王安石恶（冯）京”[②]，此言不假。在王安石的私人书信中，有“无使齐年知”一语。“齐年者，冯京也。安石、京皆生于辛酉，故谓齐年”[③]。可见，王安石与冯京隔阂较深，对冯京戒备颇严。但冯京先任枢密副使，后任参知政事，宋神宗都同王安石商量，并取得其赞同。熙宁三年，宋神宗曾对王安石说：“京疏极谬，朕历与诘，难遽服。其非若不为人所惑，亦可用。”并问：“京何如？似平稳。”王安石回答道：“京似平稳，然烛理不明，若鼓以流俗，即不能自守。”所谓“为人所惑”“烛理不明”“不能自守”云云，换言之，即立场欠坚定。后来，神宗又问：“令作枢密副使，如何？”王安石予以肯定：“欲用之，何不可！”[④] 于是，冯京在当年七月，出任枢密副使。神宗“欲并用（冯）京及（司马）光”，王安石说：“司马光固佳。今风俗未定，议论尚纷纷，用光即异议有宗主，事无可为者。”神宗又问：“京弱，并用光，何如？”王安石坚决反对：“比京差强，然流俗必以为宗主，愈不可胜。”[⑤] 可见，冯京并非旧党“宗主”，其“宗主”乃司马光也。王安石不仅反对司马光，而且排斥自己的儿女亲家吴充。神宗“初欲用（吴）充参知政事，王安石曰：‘充与臣有亲嫌。’上以为无害。安石曰：‘充岂能忘形迹，若论议之间，顾形迹则害国事’”。冯京因而在当年九月取代吴充，任参知政

① 何忠礼：《也谈王安石变法失败的原因》，《杭州大学学报》1986年第2期，第98页。

② 《续资治通鉴长编》卷270熙宁八年十一月己卯，第6624页。

③ 彭百川：《太平治迹统类》卷20《哲宗委任台谏》，江苏广陵古籍刻印社1990年版，第359页。

④ 《琬琰集删存》卷3《冯文简公京传（实录）》，第393页。

⑤ 《宋宰辅编年录校补》卷7熙宁三年二月壬申“司马光枢密副使”，第413页。

事。史载："充性谨密，在两府数间，言安石政事不便。上以其中立无私。"① 可见，王安石之所以不认同吴充，避嫌不是主要原因，政见不同才是关键。至于王安石何以尚可接受冯京，其主要缘故在于冯京无坚定立场，能力又较弱，不偏激，不碍事。冯京身为执政大臣，并无多大建树与作为。史载："（曾）布为都检正，故事白荆公（即王安石）即行。时，冯当世（即冯京）、王禹玉（即王珪）并参政。或曰：'当更白二公。'布曰：'丞相已定，何问彼为？俟敕出，令押字耳。'"② 冯京例行公事，"押字"而已。难怪当时人指责："京在政府，曾无补益。"③ 又说："若夫冯京、王珪，同列预政，皆依违自固，不扶颠持危，虽心悟其非，而无所救正，己之进退，又媕婀而不决，皆非所谓辅臣之体。"④ 还说："冯京知而不言，王珪曲事安石，无异厮仆。"⑤ 而王安石则称："自议新法，始终言可行者，曾布也。言不可行者，司马光也。余皆叛而复附，或出或入。"⑥ 其实，冯京与当时大多数大臣一样，大致属于"或出或入"者，并非态度"偏执"的旧党。

---

① 《太平治迹统类》卷13《神宗任用安石》，第278页。

② 邵伯温：《邵氏闻见录》卷13，李剑雄、刘德权点校，中华书局1983年版，第144页。

③ 《续资治通鉴长编》卷270熙宁八年十一月己卯，第6624页。

④ 《宋朝诸臣奏议》卷116《财赋门·新法八·上神宗分析曾布札子（刘挚）》，第1268页。

⑤ 《皇朝编年纲目备要》卷19熙宁五年八月"贬唐坰"，第455—456页。

⑥ 曾慥：《类说》卷16《始终言新法》，《影印文渊阁四库全书》总第873册，第287—288页。

五、亲属“趋向各异”

关于熙丰党争，从南宋以来，人们往往一概认为新党邪、旧党正，新法恶、旧法善。到20世纪中期，这一传统的思维定式终于被突破。然而无形之中形成了若干思维模式，诸如新党进步、旧党保守，新法应行、旧法当废，等等。20世纪晚期以后，这种在绝对不相容的对立中思维的方式明显改善。以冯京而论，就其政见来说，他固然大体属于旧党，但很难说他是个顽固不化的保守分子。冯京反对某些新法，对与错、有理与无理兼而有之，不可一概而论。熙丰党争错综复杂，以下三点似乎值得进一步注意。

第一，亲属并非一概同党。宋神宗与其不少亲属便政见不同，他的嫡祖母宋仁宗曹皇后、生母宋英宗高皇后、同母弟吴王赵颢都认为：“王安石变法乱天下。”① 此外，如王安石与其弟王安国、韩绛与其弟韩维、曾布与其弟曾肇均政见相左。南宋名士洪迈说：“王安石引用小人，造作新法，而弟安国力非之。韩绛附会安石，制置三司条例，以得宰相，而弟维力争之。曾布当元符、靖国之间，阴祸善类，而弟肇移书力劝之。兄弟邪正之不同如此。”② “小人”“善类”“邪正”云云，分明是其传统思维定式的体现，观点虽不足取，但所说兄弟政见不同则是实情。凡此种种，研究者们均耳熟能详。可是，但凡亲属即政见相同，仍然大有成为思维

① 《琬琰集删存》卷3《王荆公安石传（实录）》，第373页。

② 洪迈：《容斋随笔·三笔》卷3《兄弟邪正》，上海古籍出版社1978年版，第454页。

定式之势。如主要因为冯京是富弼的女婿，就断言他必属旧党无疑，并且态度一定偏激，即是一例。如前所述，冯京无非是个相当理性的旧党人士而已。如果说冯京与其岳父富弼政见大体相同，那么在冯京的女婿、孙女婿当中，则有与其政见相左者。如蔡懋（原名蔡渭）就与其丈人冯京政见不同，实属新党中坚。他在宣和年间，既谄事蔡京兄弟父子，又巴结宦官梁师成，累官至同知枢密院事、尚书左丞，其亲属“为侍从、为郎、为监司，一门贵震当世”①。又如朱谔（原名朱绂）也与其太岳父冯京政见迥异，他献媚蔡京，“趋走其门”②，在大观年间曾任尚书右丞。可见在北宋中后期，亲属政治“趋向各异”，分属新、旧两党的现象并不少见。

第二，两党并非水火不相容。按照学界多年以来所形成的思维定式，冯京作为旧党，与新党人士势必势不两立，与旧党中人理当亲密无间。然而，事实并不尽然。冯京与王安石至少能对话，甚至还可在极小范围内密谈。如熙宁五年底，“王安石以病谒告弥旬，乃求解机务，且入对，上面还其章。安石固求罢，上不许”。宋神宗“令冯京、王珪谕旨，于是安石复入视事”③。看来，冯京对于王安石，还能起到开导作用。冯京与旧党中人，并非无争论。史载：元丰三年（1080），“冯当世、孙和甫（即孙固）、吕晦叔（即吕公著）、薛师正（即薛向）同在枢府，三人屡于上前争论，晦叔独默不言。既而，上顾问之，晦叔方为之开析可否，语简而当，上尝纳之”④。在当时枢密院的四名长官中，可谓旧党压倒新

① 《宋宰辅编年录校补》卷13“靖康元年二月癸卯蔡懋罢尚书左丞”，第823页。
② 《宋史》卷351《论曰》，第11114页。
③ 《宋史全文》卷12上熙宁六年正月辛亥，第597页。
④ 《涑水记闻》卷14，第286页。

党，除薛向一人可称新党中人，其他三位都是旧党人士。然而他们三人之间的争论仍然相当频繁和激烈。御史中丞吕诲作为旧党人士，既猛烈抨击新党党魁王安石，又高调弹劾旧党中人冯京。《冯文简公京传（实录）》载：冯京“为御史吕诲所劾，且论：‘京所至嗜利，西人目为金毛鼠。’以其外文采而中实贪畏也”①。种种迹象表明，冯京和当时不少大臣一样，党派偏见并不太深。范祖禹、彭汝砺称赞冯京“中立不倚”，并非纯属信口开河。尤其值得注意的是，熙宁执政、元丰宰相蔡确可谓标准的新党中坚，但冯京次女居然许配蔡确之子蔡懋。人们对此不免很不理解，时任右谏议大夫的范祖禹解释道：“京虽有女嫁蔡确，然趋向各异。”并称：“文彦博亦与蔡确为婚姻，吴充亦与王安石为亲家，何尝相党？若趋向皆同，纵不为亲，自是党也。”② 足见，虽然政治“趋向各异”，但并不影响双方联姻。据此，邓小南教授指出：“当时的整个社会氛围与人际关系，并不像重在政治事件的史籍所显示的那样紧张。即便在‘党争’气氛日益严重的北宋中后期，新旧交往亦非罕见。”③ 这一论断相当精到，理应引起学界重视。

第三，士大夫并非非新即旧。熙丰党争的研究者往往总想分别开列两张较为准确的新、旧两党人士名单。可是由于新、旧两党壁垒并不非常分明，这是一件难度较大的事。其实，当时人早已开列过这类名单，但没有一张是准确无误的。就旧党人士名单来说，以崇宁三年（1104）六月颁布天下的元祐党籍碑最为有名，

① 洪业等编：《琬琰集删存》卷3《冯文简公京传（实录）》，上海古籍出版社1990年版，第393页。

② 《续资治通鉴长编》卷430元祐四年七月庚辰，第4053页。

③ 邓小南：《剪不断，理还乱：有关冯京家世的“拼织”》，黄宽重主编：《基调与变奏：七至二十世纪的中国》第1册《政治思想》，第185页。

但错谬乃至荒唐之处也最多。① 早在宣和年间，碑上有名的当事人刘安世就说：元祐之党“止七十八人，后来附益者非也”②。南宋时，费衮进一步指出：“盖绍圣初，章子厚（即章惇）、蔡京、（蔡）卞得志，凡元祐人皆籍为党，无非一时忠贤，七十八人③者，可指数也。其后每得罪于诸人者，骎骎附益入籍。至崇宁间，（蔡）京悉举不附己者，籍为元祐奸党，至三百九人之多。于是，邪正混淆，其非正人而入元祐党者，盖十六七也。”④ 王明清也说：“但与元长（即蔡京）异意者，人无贤否，官无大小，悉列其中，屏而弃之，殆三百余人。”⑤ “十之六七”之说或许言过其实，但碑上有名的章惇、曾布、张商英等人分明是相当标准的新党。就新党人士名单来说，左谏议大夫梁焘在元祐年间曾开列。这张新党人士名单分为两部分：“蔡确亲党：安焘、章惇、蒲宗孟、曾布、曾肇、蔡京、蔡卞、黄履、吴居厚、舒亶、王觌、邢恕等四十七人。王安石亲党：蔡确、章惇、吕惠卿、张璪、安焘、蒲宗孟、王安礼、曾布、曾肇、彭汝砺、陆佃、谢景温、黄履、吕嘉问、沈括、舒亶、叶祖洽、赵挺之、张商英等三十人。”⑥ 这份名单的问题同样相当明显。如曾肇，前文已论及，洪迈便认为，他与乃兄曾布政见不同，并非新党人士。曾肇既被梁焘列入新党，

① 参见罗家祥《朋党之争与北宋政治》，华中师范大学出版社 2002 年版，第 246—260 页。

② 王应麟：《困学纪闻（全校本）》卷 15《考史》，翁元圻等注，栾保群等点校，上海古籍出版社 2008 年版，第 1692 页。

③ “七十八人”，王明清《挥麈录》后录卷 1 作“七十三人”。

④ 费衮：《梁溪漫志》卷 3《元祐党人》，金圆点校，上海古籍出版社 1985 年版，第 27 页。

⑤ 王明清：《挥麈录》后录卷 1《类编元祐党人》，中华书局上海编辑所 1961 年版，第 65 页。

⑥ 《宋宰辅编年录校补》卷 9“元祐元年闰二月庚寅蔡确罢相”，第 537 页。

又被蔡京列为旧党，或许恰恰表明他在新旧党争中态度比较超脱。再如王安礼，其政见介乎于其兄王安石与其弟王安国之间，只怕不能将他视为新党。《宋史·论曰》：“安石恶苏轼而安礼救之，昵（吕）惠卿而安国折之。”① 谏官指责彭汝砺为蔡确党羽，当时以太皇太后身份垂帘听政的宋英宗高皇后反驳道：“汝砺岂党（蔡）确者!”② 梁焘将他列入王安石亲党，同样不确切。对于“新旧之政”，彭汝砺的主张是“政无彼此之辨，一于是而已”③，并以此立身行事。他在《冯京墓志》中盛赞冯京“屹然中立”④，在很大程度上是按照自己的志趣和面貌来塑造自己已故的座主。至于陆佃，罗家祥教授颇有依据地认为，他是“真正置身于两党之外的官员”⑤。此外，熙丰之际曾任宰相的吴充与王安石同中有异，与司马光异中有同，号称“中立无与”⑥，至多只是一位较为理性的新党人士而已。而官至给事中的程师孟则“累领剧镇”⑦，远离朝廷，置身于党争漩涡之外。由于政见比较接近，冯京与这类官员的关系相当融洽。其《赐宴史院和首相吴公（指吴充）原韵》诗云：“天密丛云晓，风清一雨余。三长太史笔，二典帝皇书。”⑧ 他对吴充可谓敬重有加。而冯京对程师孟则赞不绝口，有《送程给事（指程师孟）知越州》诗可证：“才毫无地展经纶，白首归来

---

① 《宋史》卷 327《论曰》，第 10558 页。

② 《宋史》卷 346《彭汝砺传》，第 10975 页。

③ 《琬琰集删存》卷 2《彭待制汝砺墓志铭（曾肇）》，第 228 页。

④ 河南省文物研究所、密县文物保管所：《密县五虎庙北宋冯京夫妇合葬墓》，《中原文物》1987 年第 4 期，第 89 页。

⑤ 《朋党之争与北宋政治》，第 226 页。

⑥ 《宋史》卷 312《吴充传》，第 10240 页。

⑦ 《宋史》卷 331《程师孟传》，第 10662 页。

⑧ 王明清：《挥麈录》后录卷 1《神宗诏史院赐宴，史官就席赋诗》，中华书局上海编辑所 1961 年版，第 55 页。

万里身。持节气凌沙漠使，怀章荣动会稽人。"① 总之，熙丰年间的士大夫并非非此即彼，非新即旧。其实，新、旧两党的中坚人士固然应当研究，像吴充、孙永、彭汝砺、程师孟等游离于两党之外的中间人物同样值得探讨。如此方有助于接近熙丰党争的真相，并揭示其复杂性。

（原载《四川师范大学学报》2010 年第 4 期，与吴菁菁合著）

① 北京大学古文献研究所编：《全宋诗》卷 578《冯京》，北京大学出版社 1991 年版，第 6796 页。

黄庭坚梓州路遗迹考述

一、“文章何罪触雷霆”
——引言

北宋文豪黄庭坚（1045—1105），字鲁直，自号山谷道人，又号涪翁，人称豫章先生，洪州分宁（即今江西修水）人。他一再为自己画像：

似僧有发，似俗无尘。作梦中梦，见身外身。[①]

前身寒山子，后身黄鲁直。颇遭俗人恼，思欲入石壁。[②]

---

① 黄庭坚：《黄庭坚全集》正集卷22《赞·写真自赞五首（其五）》，第2册，第560页，刘琳、李勇先、王蓉贵点校，四川大学出版社2001年版。

② 《黄庭坚全集》别集卷3《赞·戏题戎州作予真》，第3册，第1510页。

此公一本色书生，官场逢迎，非其所长。作为官员，他仕途始终不显，晚年一再惨遭贬逐。黄庭坚年届半百，适逢宣仁太后病故，宋哲宗亲政，政局骤变，新党掌权，旧党遭殃。他被视为旧党，其政敌攻击他编修《神宗实录》，“擅敢增损，诬毁先帝，为臣不忠，罪不可赦”①。黄庭坚竟因文字获罪，远贬巴蜀达六年之久。直到南宋时，诗人陆游仍颇为愤慨，呐喊道：“文章何罪触雷霆!”②

绍圣二年（1095），黄庭坚以“所修《实录》多诋斥”③ 的罪名，贬为涪州（治今重庆涪陵）别驾、黔州（治今重庆彭水）安置，后又移往戎州（治今四川宜宾）。到元符三年（1010），黄庭坚才奉命离开戎州。他经万州（今属重庆），出巴蜀，已是建中靖国元年（1101）二月。黄庭坚在巴蜀生活期间，留下不少遗迹。笔者拟对这些遗迹做一较为系统的梳理，或可为当前开发旅游文化资源提供某些参考。黄庭坚在巴蜀地区居住、途经的地方，北宋时分属夔州（治今重庆奉节）、梓州（治今四川三台）、成都府（治今四川成都）三路。限于篇幅，本文仅涉及梓州路，黄庭坚在夔州路、成都府路的遗迹将另文考述。

绍圣四年（1097）十二月，诏“责授涪州别驾、黔州安置黄庭坚移戎州安置，以避部使者亲嫌也”④。他由黔州移往更为“远恶”的戎州，表面上是因为其表兄张向出任“部使者”即提举夔

① 黄庭坚：《山谷年谱》卷 26 绍圣二年乙亥，吴洪泽、尹波主编：《宋人年谱丛刊》第 5 册，第 3077 页，四川大学出版社 2002 年版。

② 陆游：《剑南诗稿》卷 10《叙州（无等院山谷故居）》，《四部备要》第 79 册，第 111 页，中华书局 1989 年版。

③ 徐松辑：《宋会要辑稿》职官 67 之 10，第 4 册，第 3892 页，中华书局 1957 年版。

④ 李焘：《续资治通鉴长编》卷 493 绍圣四年十二月甲辰，第 4 册，第 4606 页，上海古籍出版社 1986 年版。

州路常平，其实是其政敌进一步对他进行迫害。史书称："言者犹以处善地为骩法。"① 所谓"骩法"，与"屈法"同义。然而黄庭坚离开黔州，前往戎州，已是次年三月。戎州，宋徽宗政和四年（1114）改称叙州②，北宋时属梓州路。梓州路所属不少州县都有黄庭坚的遗迹。如遂州小溪县（即今四川遂宁）慧云院有"山谷书'观音堂'三字"；卧龙山有《广利禅寺碑》："宋绍圣元年辛亥，同真净禅师煮茗此上，南昌黄庭坚题。"此碑"字大如拳，蝌蚪文，山谷书所仅见者"。可惜"碑已毁"。③ 黄庭坚在梓州路的遗迹以戎州最多，泸州次之。现依次略述如下。

二、"酒浇胸次不能平，吐出苍竹岁峥嵘"——谪居戎州

苏辙《戎州》诗云：

① 脱脱等：《宋史》卷444《文苑六·黄庭坚传》，第13110页，中华书局1977年版。

② 戎州改称叙州，出自戎州通判苏时建议。他说："今车书同，声教一，州名曰'戎'，是夷其民也。""朝廷以为是，易名叙州。"（［宋］王象之：《舆地纪胜》卷163《潼川府路·叙州·州沿革》第5册，第4400页，中华书局1992年影印本）

③ 甘焘等修纂：《民国遂宁县志》卷1《古迹》，《中国地方志集成·四川府县志辑》（以下省称《府县志辑》）第21辑，第56页，巴蜀书社1992年版。

江水通三峡，州城控百蛮。①

戎州有“万里长江第一城”之称，金沙江与岷江在此会合后，称长江。黄庭坚于元符元年（1098）三月离开黔州，经涪州逆江而上，到达戎州，已是当年六月。史称他“一不以介意”，未免言过其实。但黄庭坚毕竟“风韵洒落”，心态较为平和、豁达。他“与后生讲学，孜孜不怠，两川人士争从之游，经公指授，下笔皆有可观。”② “邦人好事者多从之游，其后溪山悉号曰：‘涪’”③。黄庭坚对戎州文化教育事业的发展贡献甚大。直到明代，官至礼部尚书的当地名士周洪谟仍盛赞：“州以涪翁重诗书，礼乐之泽渐渍至今。”④ 元符三年（1100）正月，宋哲宗去世，宋徽宗即位，政局又变。当年五月，诏“涪州别驾、戎州安置黄庭坚为宣义郎，监鄂州（治今湖北武昌）在城盐税”⑤。由于夏季江水上涨，船只无法通过三峡，他趁机去青神探望姑母，以致迁延数月。黄庭坚离开戎州，顺江而下，已是当年岁尾。即使除去前往青神期间，黄庭坚仍在戎州居住两年有余。他在戎州不时外出，参与各种活动，写下若干名篇、警句。如其咏苦笋诗云：

---

① 苏辙：《栾城集》卷1《诗·戎州》，《四部备要》第76册，第41页。《方舆胜览》卷62《泸州·事要·题咏》、《蜀中广记》卷56《风俗记第二·上下川南道属》将此诗句误为苏轼所作。苏轼另有《戎州》诗，其首句云：“乱山围古郡，市易带群蛮。”（《东坡七集·东坡续集》卷2，《四部备要》第77册，第781页）

② 《黄庭坚全集》附录一《传记·豫章先生传》，第4册，第2362页。

③ 曹学佺：《蜀中广记》卷56《风俗记第二·上下川南道属》，《景印文渊阁四库全书》（以下省称《四库》）总第591册，第756页，台湾商务印书馆1983年版。

④ 和珅等：《大清一统志》卷301《叙州府·风俗》，《四库》第196页。

⑤ 《宋会要辑稿》职官76之22，第4册，第4106页。《辑稿》将此事系于元符三年二月二十六日。

南园苦笋味胜肉，箨龙称冤莫采录。
烦君更致苍玉束，明日风雨皆成竹。[①]

颂修竹诗称：

酒浇胸次不能平，吐出苍竹岁峥嵘。
卧龙偃蹇雷不惊，公与此君俱忘形。[②]

凡此种种，不胜其举。至于黄庭坚在戎州的遗迹，则有无等院、任运堂、锁江亭等。

（一）无等院

黄庭坚初到戎州，寄居此院。《舆地纪胜》曰："无等院在州南门外。山谷以元符间寓居此，作枯木庵，今犹无恙。其寺额尚山谷笔迹也。"[③]《方舆胜览》云："无等院在州南门外。鲁直以元符间寓居，作乔木庵。今犹存其寺额，亦鲁直笔迹。"[④]"枯木庵""乔木庵"恐均系"槁木庵"之误。[⑤]对此，《明一统志》《大清一统志》《［雍正］四川通志》诸书均有大同小异的记载。《［嘉庆］

---

① 《黄庭坚全集》正集卷9《七言绝句·从斌老乞苦笋（元符二年戎州作）》，第1册，第224页。

② 《黄庭坚全集》正集卷5《七言古·次韵黄斌老所画横竹（元符二年戎州作）》，第1册，第110页。

③ 《舆地纪胜》卷163《潼川府路·叙州·景物下》，第5册，第4412页。

④ 祝穆撰，祝洙增补：《方舆胜览》卷65《叙州·事要·寺院·无等院》，下册，第1132页，施和金点校，中华书局2003年版。

⑤ 《黄庭坚全集》别集卷7《题跋·书遗道臻墨竹后与斌老》称："元符三年三月，戎州无等院涪翁借地所筑槁木庵中书。"（第3册，第1616页）

四川通志》称："黄山谷故居在县南门外无等院。"① 因无等院在"州南"，又称"南寺"。黄庭坚曾说："今寓居南寺，乃当阛阓中，屋室差胜开元旧居（指其在黔州的住所），但无复摩围江山之胜。"②

黄庭坚虽住在无等院中，但到元符元年重九才有机会畅游此院。其《题名》称："元符始元重九日，同僧在纯、道人唐履、举子蔡相、张溥、子相、侄桓步自无等院，登永安门，游息此寺，同僧惟凤、修义、居泰、宗善观甘泉甃井回，乃见东坡老人题云，低回其下，久之不能去。责授涪州别驾、戎州安置黄庭坚鲁直书。"③ 所著《无等院生台铭》迄今仍保留在其文集中。④

宋孝宗时，陆游曾到无等院凭吊。其《叙州（无等院山谷故居）》诗云：

文章何罪触雷霆，风雨南溪自醉醒。
八十年间遗老尽，坏堂无壁草青青。⑤

事隔 80 年后，陆游对黄庭坚当年遭遇文字狱仍愤愤不平。对于无等院，光绪《叙州府志》有记载，今人所编《宜宾市志》则无。可见，无等院毁于清代末年以后。

---

① 常明等纂修：《［嘉庆］四川通志》卷 52《舆地志五十一·古迹五·叙州府·宜宾县》，第 1974 页，巴蜀书社 1984 年版。

② 《山谷年谱》卷 27 元符元年戊寅，《宋人年谱丛刊》第 5 册，第 3083 页。

③ 《山谷年谱》卷 27 元符元年戊寅，《宋人年谱丛刊》第 5 册，第 3085 页。

④ 《黄庭坚全集》正集卷 21《铭·无等院生台铭》，第 1 册，第 548—549 页。

⑤ 《剑南诗稿》卷 10《叙州（无等院山谷故居）》，《四部备要》第 79 册，第 111 页。

黄庭坚“后僦居城南，名任运堂”[1]。其《任运堂铭》曰：“或见僦居之小堂名任运，恐好事者或以借口。余曰《腾腾和尚歌》云：‘今日任运腾腾，明日腾腾任运。’堂盖取诸此。余已身如槁木，心如死灰，但作不除鬓发一无能老比丘，尚不可邪？”[2]黄庭坚曾言及他居住任运堂期间的生活情况：“寓舍在城南屠儿村侧，蓬藋柱宇，鼪鼯同径，然颇为诸少年以文章翰墨见强，尚有中州时举子习气未除耳。至于风日晴暖，策杖扶蹇蹶，雍容林丘之下，清江白石之间。”[3]“任运堂”三字至今仍不止一次见于其文集，如《书刘禹锡浪淘沙竹枝歌杨柳枝词各九首因跋其后》一文的落款便是：“元符二年四月甲戌，戎州城南任运堂中书。”[4]任运堂或许由于仅是其“僦居”而已，在《舆地纪胜》《方舆胜览》《明一统志》《大清一统志》《［雍正］四川通志》《［嘉庆］四川通志》诸书中均无记载。

（二）锁江亭

此亭是黄庭坚当年游玩之所。范成大称：“山谷谪居时，屡登此亭。”[5]所谓“锁江”，《方舆胜览》有解释：“锁江，两岸大石屹立，因置铁絙，横截其处，控扼夷羌。”[6]按照范成大的记述，锁江的功能经历了由防御工事到征税关卡的变化。他说：“锁江者，旧戎州在对江平坡之上，与夷蛮杂处。马湖江自夷中出，合

---

① 《山谷年谱》卷27元符元年戊寅，《宋人年谱丛刊》第5册，第3083页。

② 《黄庭坚全集》别集卷3《任运堂铭》，第3册，第1502页。

③ 《黄庭坚全集》别集卷6《书韩愈送孟郊序赠张大同》，第3册，第1566页。

④ 《黄庭坚全集》别集卷7《书刘禹锡浪淘沙竹枝歌杨柳枝词各九首因跋其后》，第3册，第1615页。

⑤ 范成大：《石湖居士诗集》卷19《七夕至叙州登锁江亭》，第1叶下，《四部丛刊》初编第194册，上海书店1989年版。

⑥ 《方舆胜览》卷65《叙州·事要·山川·锁江》，下册，第1131页。

大江。夷自马湖舟行，过旧州下，放联锁于江口，以防其出没，今徙州治于南岸，而锁江之名犹存，犹置锁中流，但栏税而已。”当范成大来寻访黄庭坚的遗迹时，锁江亭系在旧基上重建。他说：“方山谷谪居时，屡有锁江亭诗，今江上旧基，别作新亭，颇如法。”所谓“屡有锁江亭诗”，是指《次韵李任道晚饮锁江亭》《再次韵兼简履中南玉三首》。前者有句曰：

西来雪浪如炰烹，两崖一苇乃可横。①

后者有句云：

锁江亭上一樽酒，山自白云江自横。②

范成大“敬用其韵”，作《七夕至叙州登锁江亭》诗：

水口故城丘垄平，新亭乃有絙铁横。
归艎击汰若飞渡，一雨彻明秋涨生。③

陆游到此凭吊，有《叙州（锁江亭）》诗：

楚柂吴樯又远游，浣花行乐梦西州。
千寻铁锁还堪恨，空锁长江不锁愁。④

① 《黄庭坚全集》正集卷5《次韵李任道晚饮锁江亭》，第1册，第109页。
② 《黄庭坚全集》正集卷7《再次韵兼简履中南玉三首》，第1册，第173页。
③ 《石湖居士诗集》卷19《七夕至叙州登锁江亭》，第1叶下。
④ 《剑南诗稿》卷10《叙州（锁江亭）》，《四部备要》第79册，第111页。

岂止吟诗，黄庭坚还有《戎州锁江磨崖留题》："元符三年五月戊寅，太守刘广之率宾僚来赏锁江荔枝。"他在戎州期间，受到刘广之等历任知州的礼遇。此次与知州同游并同盘品尝荔枝者，除黄庭坚而外，还有廖琮（字致平）、石谅（字信道）等在戎名士。唐宋时期，川东南地区均盛产荔枝。"然蜀中荔枝，泸、叙之品为上，涪州次之，合州又次之。涪州徒以妃子得名，其实不如泸、叙耳。"[①] 当时，戎州可谓荔枝之乡。黄庭坚在戎州品尝荔枝的记载不止一条，歌咏荔枝的诗歌不止一首。如《次韵任道食荔枝有感三首》，其二曰：

今年荔子熟南风，莫愁留滞太史公。
五月照江鸭头绿，六月连山柘枝红。

其三云：

舞女荔支熟虽晚，临江照影自恼公。
天与蹙罗装宝髻，更挼猩血染殷红。[②]

诗中所谓"柘枝""舞女"，是荔枝的两个不同品种。

关于锁江亭的处所，《舆地纪胜》《方舆胜览》无记载。《大元混一方舆胜览》仅称："山谷有诗。"[③]《明一统志》曰："在锁江

① 《蜀中广记》卷63《方物记第五·荔枝》，《四库》总第592册，第59页。

② 《黄庭坚全集》正集卷9《次韵任道食荔枝有感三首》，第1册，第221页。

③ 刘应李原编，詹友谅改编：《大元混一方舆胜览》卷中《四川等处行中书省·叙州路·景致》，上册，第314页，郭声波整理，四川大学出版社2003年版。

侧。"①《大清一统志》云："在府城南，锁江侧。"② 但以上诸书均未述及石刻。《［雍正］四川通志》载："在县城外，锁江岸侧，石刻'锁江'二字。"③《［嘉庆］四川通志》载："在县城外，吊黄楼前，今圮，石柱犹存。亭下石崖，镌'锁江'二字。"又引《蜀碑记补》，仅称："'锁江'二字"，"在叙州锁江崖"。④ 可见，锁江亭至迟在清代中期已毁，仅存石刻"锁江"二字。但此二字为何人所书，两种《四川通志》均无记述，更无款识的记载。

如今石刻"锁江"二字犹存，每字见方 1.5 米，古朴苍劲。旁有"山谷"款识，各约 30 厘米，清晰可见。此石刻为宜宾市级文物保护单位，当地人士大都认为系黄庭坚真迹。其实，"山谷"二字很可能是后人补书。《明一统志》曰："何师心知叙州，因夷叛，修战守之具，置锁崖岸，以保居民，乡人德之。其崖石上镌'锁江'二字，尚存。"⑤ 明人凌迪知所编《万姓统谱》的记载与此一字不差。⑥ 但二书并未明确"锁江"二字为何师心所书。或许是出自对这一记载的误读，《［嘉庆］宜宾县志》称："吊黄楼前，今圮，石柱犹存，亭下石崖镌'锁江'二字，字阔四尺许，宋淳熙癸丑资中何师心书，江之南巨石上亦有之。"⑦ 总之，"锁

---

① 李贤等：《明一统志》卷 69《叙州府》，《四库》总第 473 册，第 463 页。

② 《大清一统志》卷 302《叙州府》，《四库》总第 481 册，第 209 页。

③ 黄廷桂等监修：《［雍正］四川通志》卷 26《叙州府》，《四库》总第 560 册，第 474 页。

④ 《［嘉庆］四川通志》卷 52《舆地志五十一·古迹五·叙州府》，第 1975 页；卷 59《舆地志五十八·金石二·叙州府》，第 2138 页。

⑤ 《明一统志》卷 68《叙州府·名宦》，《四库》总第 473 册，第 464 页。

⑥ 凌迪知：《万姓统谱》卷 34《下平声·五歌·何》，《四库》总第 956 册，第 545 页。

⑦ 刘元熙等纂修：《［嘉庆］宜宾县志》卷 13《古迹》，《府县志辑》第 30 辑，第 26 页。

江”二字并非黄庭坚所书，其镌刻者是何师心。至于书写者是否是何师心，目前还只能说有可能。

（三）流杯池

黄庭坚在戎州的遗迹如今首推流杯池，此池由四川省政府1980年公布为省级文物保护单位。但不知何故，在《舆地纪胜》《方舆胜览》《大元混一方舆胜览》《明一统志》《大清一统志》诸书中俱不见记载。《［雍正］四川通志》曰：“流杯池在县北，隔江二里。两石对峙而中通，上下曲折约身入之，磴路供伛偻而达于巅。其中广处，黄鲁直垒石为九曲，号流杯池，石上尽昔贤纪载，多藓剥不可读。亭馆虽毁，遗址尚存。康熙初年，巡抚张德地捐资复购，碑勒更新。”①《［嘉庆］四川通志》的记载与相同，但增选了若干则明清名士的题咏。明人潘鉴诗曰：

洞自巨灵辟，名因太史传。
曲流分石脉，断壁锁烟寒。
山水见真性，行藏卜晚年。
我车三入蜀，低首愧江边。

谢瑜诗云：

鬼斧辟云根，灵泉绕砌轮。
流觞人不见，看壁倒斜曛。
夜雨长秋水，新题灭旧文。

① 《［雍正］四川通志》卷24《叙州府》，《四库》总第560册，第370页。

悠哉黄太史，邛壑意犹存。①

称黄庭坚为“黄太史”，是由于他在元祐年间，曾任《神宗实录》院检讨官、国史编修官等职，并参与校定《资治通鉴》。由潘鉴、谢瑜等人的诗篇可以想见当年此地游人之多、题咏之盛。《［嘉庆］宜宾县志》称：“流杯池，治北，隔江一里，巨石中劈，黄庭坚于其中甃池九曲为流觞之乐，石上尽昔人题咏，多藓剥不可读。”② 清初名士王世祯则因未到此池凭吊而深感遗憾：“叙州流杯池、泸州使君岩，皆山谷先生旧游，都不及访，怅然。”③ 这里确实“名因太史传”。

《［嘉庆］宜宾县志》载：“涪翁亭，流杯池石崖顶。”④《［光绪］叙州府志》所载与此相同。此前，《明一统志》《［雍正］四川通志》均称：“涪翁亭在府治北，黄庭坚建，有碑存。”⑤ 笔者曾前往实地考察，在流杯池、涪翁亭附近并未发现此碑。这里确有不少石刻，其中，最引人注目的是“南极老人无量寿佛”八个大字，每字一米见方。《［嘉庆］四川通志》载：“流杯池崖壁有‘南极老人无量寿佛’八字，大六尺许，黄庭坚真迹。”⑥ 清人孙如芝

① 《［嘉庆］四川通志》卷52《舆地志五十一·古迹五·叙州府》，第1976—1977页。

② 《［嘉庆］宜宾县志》卷6《山川》，《府县志辑》第30辑，第19页。

③ 王士祯：《精华录》卷3《古体诗·叙州流杯池泸州使君岩皆山谷先生旧游都不及访怅然赋此》，《四库》总第1315册，第41页。

④ 《［嘉庆］宜宾县志》卷13《古迹》，《府县志辑》第30辑，第26页。

⑤ 《明一统志》卷69《叙州府》，《四库》总第473册，第463页；《［雍正］四川通志》卷26《叙州府》，《四库》总第560册第474页。

⑥ 《［嘉庆］四川通志》卷59《舆地志五十八·金石二·叙州府》，第2138页。

《流杯池山亭诗》序曰："黄鲁直所凿石上'南极'二字。"[①] 为何现存石刻为八字，孙如芝所见仅二字？原因或许在于"南极"二字刻于流杯池南壁，"老人无量寿佛"六字刻于流杯池东壁。据《[嘉庆]四川通志》记载，"流杯池石壁书，以八分书黄庭坚《赠秦少仪（觌）》者"。当时字迹便大多难以辨认，"款识剥蚀更甚，年代、姓氏俱不可考"[②]。《赠秦少仪（觌）》诗系黄庭坚元祐四年（1089）任秘书省兼史局时所作，其中有句云：

> 秦氏多英俊，少游眉最白。
> 频闻鸿雁行，笔皆万人敌。[③]

（四）涪溪

此溪实有所指。《大元混一方舆胜览》曰："涪溪，黄太史号涪翁，游此溪，命之曰：'涪溪'。"[④] 至于其处所，《明一统志》云："在府城北一十里，宋黄庭坚迁涪州别驾，号涪翁，后安置戎州，乃游是溪而乐之，故名。"[⑤] 《大清一统志》称：涪溪"源出丛桂山下，入大江"[⑥]。据说，黄庭坚还亲笔写下"涪溪"两个大字，石刻在苏黄桥附近。《[雍正]四川通志》载："苏黄桥在宜宾县北二里，岩间有山谷手书'涪溪'二大字，稍前为桥，以东坡、

---

① 《[雍正]四川通志》卷47《皇清艺文·诗》，《四库》总第561册，第635—636页。

② 《[嘉庆]四川通志》卷59《舆地志五十八·金石二·叙州府》，第2138页。

③ 《黄庭坚全集》正集卷2《赠秦少仪》，第1册，第40页。

④ 《大元混一方舆胜览》卷中《四川等处行中书省·叙州路·景致》，上册，第314页。

⑤ 《明一统志》卷69《叙州府》，《四库》总第473册，第461页。

⑥ 《大清一统志》卷301《叙州府·山川》，《四库》总第481册，第202页。

山谷同游于此，因名。”① 其实，黄庭坚谪戎州时，苏轼正贬儋州（今属海南），二人断无同游此地的可能。《［嘉庆］宜宾县志》称：“苏黄桥，治北二里，涪翁溪侧，宋人以苏、黄并称，因名。”②《［嘉庆］宜宾县志》又称：“涪溪，治北，对江，黄庭坚谪涪州别驾，安置戎州，游而乐之，因名。溪边石崖上镌有‘涪溪’二字，字大五尺余，黄真迹也。”③《［光绪］叙州府志》所载与此大体相同。而今人所编《宜宾市志》则不载，可知“涪溪”石刻及苏黄桥均不存。

涪溪同时又是统称。宋宁宗时，曾任枢密院编修官的当地名士李嘉谋曾为涪溪作《记》。其《涪溪记》曰：“黄太史绍圣初，章（惇）、蔡（卞）用事，以前史官得罪谪，安置黔州，三年移戎州。方公之迁，以涪州别驾，因自号为涪翁，放浪山水间，初不知有迁谪困悔之意。城南，秋、夏间，水集，迅驶漱石，声振如雷，水反壑则溪石离列可爱，水泫然流其间。公游而乐之，命之曰：‘涪翁溪’。其后溪、山、洞、谷、泉、岭、庵、祠、亭、堂之属，悉以涪翁名，曰涪翁山、曰溪翁溪、曰涪翁洞、曰涪翁泉、曰涪翁桥、曰涪翁庵、曰涪翁岭。”④ 于是，黄庭坚“乐一溪水，即号涪溪”。⑤ 他所喜爱游乐的溪水，均可称涪溪。黄庭坚歌咏于溪旁。宋人赵德麟《侯鲭录》载：“山谷在涪溪，咏水仙花。”其诗云：

---

① 《［雍正］四川通志》卷22下《津梁》，《四库》总第560册，第278页。

② 《［嘉庆］宜宾县志》卷13《古迹》，《府县志辑》第30辑，第25页。

③ 《［嘉庆］宜宾县志》卷6《山川》，《府县志辑》第30辑，第18页。

④ 《舆地纪胜》卷163《潼川府路·叙州·景物上》，第5册，第4405页。

⑤ 张英、王士祯等纂：《渊鉴类函》卷33《地部十一·溪四·涪翁》，第9叶上，中国书店1985年版。

凌波仙子生尘袜，波上盈盈步微月。
被谁招此断肠魂，种作寒花寄愁绝。
含香体素欲倾城，山樊是弟梅是兄。
坐对真成被花恼，出门一笑大江横。①

后人则来涪溪，追寻黄庭坚当年的踪迹。明末官至太常卿的当地名士尹伸有《叙南曲》二首，其二曰：

锁江北渡入涪溪，乱石丛篁路欲迷。
太史遗文残碣上，武侯荒庙夕阳西。②

明人彭大翼《山堂肆考》曰："叙州府涪溪侧，有泉味甘美，盛夏水冽，冬月则温。黄庭坚号为安乐泉，谓饮之令人安乐也。"③《［雍正］四川通志》云：涪溪"在县北十里""其侧有安乐泉，亦山谷所名，源出桂丛山下，入大江"。④《［嘉庆］宜宾县志》《［光绪］叙州府志》所载与《［雍正］四川通志》相同。黄庭坚有《安乐泉颂》，其"序"称："锁江安乐泉，水味为僰道第一。姚君玉取以酿酒，甚清而可口。又饮之，令人安乐。故予兼二义，名之曰：'安乐泉'。"⑤ 其泉水既可酿酒，又可治病。现今锁江亭

① 赵德麟：《侯鲭录》卷 8，《四库》总第 1037 册，第 413 页。黄庭坚这首"咏水仙花"题为《王充道送水仙花五十枝欣然会心为之作咏》，见《黄庭坚全集》正集卷 5《七言古》，第 1 册，第 114 页。可是应当指出，据《山谷年谱》卷 28 建中靖国元年辛巳记载，此诗并非作于戎州，而是作于荆州（今属湖北），《宋人年谱丛刊》第 5 册，第 3097 页。

② 朱彝尊：《明诗综》卷 75《尹伸》，《四库》总第 1460 册，第 693 页。

③ 彭大翼：《山堂肆考》卷 22《地理·泉》，《四库》总第 974 册，第 375 页。

④ 《［雍正］四川通志》卷 24《叙州府》，《四库》总第 560 册，第 369 页。

⑤ 《黄庭坚全集》正集卷 23《安乐泉颂》，第 2 册，第 593 页。

旧址附近无泉水，安乐泉已消失。

（五）金鱼井

黄庭坚尤其喜爱饮茶，有“分宁一茶客”之称。《舆地纪胜》曰：“金鱼井在城南门外一里许。山谷居是邦时，酷喜茶，令人遍汲井泉试之，品题为第一。”①《山堂肆考》云：“叙州府城南有金鱼井，中有金鱼，故名。宋黄庭坚贬涪州，酷好茶，令人遍汲井水试之，惟此井水品为第一。”②“贬涪州”三字显然太笼统，不甚确当。《大清一统志》称：“金鱼井在府城南方。”③此井究竟在哪里?《［嘉庆］四川通志》一部书中，便有两种说法。其《舆地志·山川》将其置于宜宾县下，称：“金鱼井在县南，详见《古迹志》。”其《舆地志·古迹》又将其置于庆符县（已并入四川高县）下，称：“《县志》：在县西北一百二十里七星山下，水泠芳洌，宋涪翁、东坡曾游于此。涪翁嗜茶，遍汲泉水试之，极称此水为佳。”④《［嘉庆］宜宾县志》《［光绪］叙州府志》均载：“金鱼井，治南，隔江，庆符界内，黄庭坚尝品此水第一。”⑤此井当在庆符县即今高县（属宜宾市）境内为是。《舆地纪胜》所称“在城南门外一里许”，不确。

（六）水帘洞

此洞是戎州当时一大奇观，黄庭坚常到此游玩。水帘洞位于戎州城北，各种记载完全一致。不同之处在于洞侧的奇观亭是否黄庭坚所建。一说奇观亭为黄庭坚所建。如《图书编》曰：“水帘

---

① 《舆地纪胜》卷163《潼川府路·叙州·景物下》，第5册，第4409页。

② 《山堂肆考》卷25《地理·井》，《四库》总第974册，第413、414页。

③ 《大清一统志》卷301《叙州府》，《四库》总第481册，第204页。

④ 《［嘉庆］四川通志》卷13《舆地志十三·山川五·叙州府》，第818页；卷52《舆地志五十一·古迹五·叙州府》，第1976页。

⑤ 《［嘉庆］宜宾县志》卷6《山川》，《府县志辑》第30辑，第19页。

洞，府城北，瀑布如帘，下垂数尺，黄庭坚尝置奇观亭于旁。”①《［雍正］四川通志》云：“水帘洞在县北十五里，有瀑布泉，黄庭坚作奇观亭于旁。”② 另一说黄庭坚仅题匾额，奇观亭为后人所造。如《蜀中广记》曰：“水帘洞在府北十五里，瀑布泻出两峰间，垂数十丈，如珠帘状。其侧有亭，黄山谷扁曰：‘奇观’。”③《［嘉庆］四川通志·舆地志·古迹》云：“水帘在县北，山谷常游于此，题‘水帘奇观’四字。后人建亭其侧，名曰‘奇观’，今圮。”④ 而该书《舆地志·山川》又称：“水帘洞在县北十五里，有瀑布如帘下垂，黄庭坚作‘奇观’二大字于旁。”⑤ 可见，黄庭坚所题是“奇观”二字还是“水帘奇观”四字，又各说不一，如今很难判定。至于奇观亭，可能系黄庭坚初建，后人重建。

至迟从宋代开始，水帘洞便是游览胜地。宋孝宗时，知州何师心到此一游，并写下《满江红》词一首：

一水飞空，揭起珠帘全幅，不须人卷，不须人轴，一点不容飞燕入，些儿未许游鱼宿，向山头款步，听疏音，清如玉。　三峡水，堪人掬，三汲浪，堪龙浴，更两边潇洒，数竿修竹，晚倩碧烟为纯缘夜，凭新月为钩曲，问当年题品是何人？黄山谷。⑥

---

① 章潢：《图书编》卷66《四川各郡诸名山·叙州府》，《四库》总第970册，第772页。

② 《［雍正］四川通志》卷24《叙州府》，《四库》总第560册，第369页。

③ 《蜀中广记》卷15《名胜记第十五·下川南道·叙州府》，《四库》总第591册，第190页。

④ 《［嘉庆］四川通志》卷52《舆地志五十一·古迹五·叙州府》，第1976页。

⑤ 《［嘉庆］四川通志》卷13《舆地志十三·山川五·叙州府》，第816页。

⑥ 《蜀中广记》卷15《名胜记第十五·下川南道·叙州府》，《四库》总第591册，第190页。

明代达官到此地凭吊黄庭坚，并留下“地因名士留奇观，天为游人放晚晴”① 一类的题留。奇观亭及水帘洞到清代中期已毁。

（七）冠冕楼

苦笋是戎州的土特产之一。《蜀中广记》引《本草》曰：“四川叙州宜宾、长宁（今属四川宜宾市）所出苦笋，彼人重之。”②《齐东野语》云：“世传涪翁喜苦笋。”有诗云：“南园苦笋味胜肉”③，“万竿苦竹旌旗卷”④。黄庭坚在戎州作《苦笋赋》：“僰道（宜宾的古称）苦笋，冠冕两川。甘脆惬当，小苦而反成味；温润缜密，多啖而不疾人。”并引申道：“盖苦而有味，如忠谏之可活国；多而不害，如举士而皆得贤。”⑤ 戎州冠冕堂因《苦笋赋》而得名。《舆地纪胜》曰：“冠冕林在倅厅，山谷尝赋云‘僰道苦笋，冠冕两川’故也。”⑥ 所谓“倅”，即通判。《明一统志》云：“冠冕堂在府治东。北宋黄庭坚赋：‘僰道苦笋，冠冕两川。’故名。”⑦《[嘉庆]宜宾县志》载：“冠冕楼，治西北，取黄庭坚赋‘冠冕两川’句为名。今圮。”⑧ 冠冕楼在哪里，各说不一，如今已毁，难于求证。

戎州的土特产除苦笋而外，还有余甘、橄榄等。戎州的余甘

---

① 《[嘉庆]四川通志》卷13《舆地志十三·山川五·叙州府》，第816页。

② 《蜀中广记》卷63《方物记第五·竹》，《四库》总第591册，第72页。

③ 周密：《齐东野语》卷14《谏笋谏果》，第259页，张茂鹏点校，中华书局1983年版。

④ 《黄庭坚全集》正集卷7《次韵黄斌老晚游池亭二首》，第1册，第162页。

⑤ 《黄庭坚全集》正集卷12《苦笋赋》，第1册，第303页。

⑥ 《舆地纪胜》卷163《潼川府路·叙州·景物下》，第5册，第4407页。

⑦ 《明一统志》卷69《叙州府》，《四库》总第473册，第463页。

⑧ 《[嘉庆]宜宾县志》卷13《古迹》，《府县志辑》第30辑，第25页。

“大者如李，其质味甘脆，与常见者绝不类”①。《桯史》载：“戎州有蔡次律者，家于近郊。鲁直尝过之，延以饮。有小轩，极华洁。槛外植余甘子数株，因乞名焉，题之曰：‘味谏’。后王子予以橄榄遗山谷。”② 其《谢王子予送橄榄》诗云：

方怀味谏轩中果，忽见金盘橄榄来。
想共余甘共瓜葛，苦中真味晚方回。③

此诗作于元符三年春，所谓“苦中真味晚方回”，是个双关语。当时人指出：“时盖徽祖（即宋徽宗）始登极，国论稍还，是以有此句云。”④ 关于味谏轩，《方舆胜览》有记载。《山堂肆考》曰：“味谏轩在叙州府治北。”⑤《［嘉庆］四川通志》云：“味谏轩在县北。”⑥《［嘉庆］宜宾县志》《［光绪］叙州府志（一）》均称，在“治北”⑦。今人所编《宜宾市志》不载，可知此遗迹已不存。

（八）定夸山

杜甫《解闷》诗云：

忆过泸戎摘荔枝，青枫隐映石逶迤。

① 《蜀中广记》卷61《方物记第三·木》，《四库》总第591册，第45页。

② 岳珂：《桯史》卷12《味谏轩》，第138页，吴企明点校，中华书局1981年版。

③ 《黄庭坚全集》正集卷11《谢王子予送橄榄》，第1册，第278页。

④ 《桯史》卷12《味谏轩》，第138页。

⑤ 《山堂肆考》卷173《宫室·轩》，《四库》总第975册，第178页。

⑥ 《［嘉庆］四川通志》卷52《舆地志五十一·古迹五·叙州府》，第1976页。

⑦ 《［嘉庆］宜宾县志》卷13《古迹》，《府县志辑》第30辑，第26页；［清］王麟飞等修纂：《［光绪］叙州府志》卷14《古迹》，《府县志辑》第28辑，第406页。

京华应见无颜色，红颗酸甜只自知。[①]

唐宋时代，戎州最负盛名的土特产当推荔枝。此地种植荔枝，历史悠久，可上推到远古时代。居住在这里的僰人“多以荔枝为业，园植万株树，收一百五十斛”[②]。直到宋代，戎州仍然是“江两岸，多荔子林”[③]。定夸山是戎州荔枝的重要产地之一，又称峰岩。《方舆胜览》曰：“峰岩在宜宾西百里。山坡荔支连袤，多属廖氏。”[④] 诸书所载大致相同。定夸山不仅盛产荔枝，而且风景秀美。《［嘉庆］四川通志》云：“定夸山在县西一百里。山坡荔支连袤，多属廖氏。洞山在定夸山后，下有洞，容数十人，上有一览亭，登眺为胜。”[⑤] 关于定夸山的主人廖氏，元人徐昌《绿荔亭记》称：“叙南之西，安边里有铜山。铜山巨族为廖氏，其先世徙自蜀郡（治今四川成都），诗书行义为乡人所敬，交游婚媾率显者也。”定夸山荔枝以廖氏绿荔枝最为名贵，“实绿而味甘”。[⑥] 黄庭坚应廖氏代表人物廖致平（名琮）之邀，曾到定夸山一游，并品尝荔枝。他曾亲笔记载此行：“元符三年七月，涪翁自戎州溯流，上青衣。廿四日，宿廖致平牛口庄，养正置酒弄芳阁，荷衣未尽，

① 仇兆鳌：《杜诗详注》卷17《解闷十二首（之十）》，《四库》总第1070册，第689页。

② 乐史：《太平寰宇记》卷79《剑南西道八·戎州·土产》，《四库》总第469册，第642页。

③ 《范成大笔记六种·吴船录》卷下，第212页。

④ 《方舆胜览》卷65《叙州·事要·山川·峰岩》，下册，第1131页。

⑤ 《［嘉庆］四川通志》卷13《舆地志十三·山川五·叙州府》，第815页。

⑥ 《蜀中广记》卷63《方物记第五·荔枝》，《四库》总第592册，第61页。

莲实可登，投壶弈棋，烧烛夜归。”① 黄庭坚品尝绿荔枝，“食之惊异”②，称赞绿荔枝为戎州荔枝之魁。荔枝不仅可即时食用，而且可以用于酿酒。黄庭坚写下诗篇，题为《廖致平送绿荔枝，为戎州第一；王公权家荔枝绿酒，亦为戎州第一》。其诗云：

王公权家荔枝绿，廖致平家绿荔枝。
试倾一杯重碧色，快剥千颗轻红肌。
泼醅葡萄未足数，堆盘马乳不同时。
谁能同此绝胜味，唯有老杜东楼诗。③

所谓“唯有老杜东楼诗”，指杜甫《宴戎州杨使君东楼》诗。其诗有句曰：

重碧酤春酒，轻红擘荔枝。④

于是，宋代“叙州公酝，遂名以‘重碧’”⑤。所谓“公酝”，即官府酿造的酒。而黄庭坚“廖致平家绿荔枝”之句颇受廖氏重

① 郁逢庆：《书画题跋记》卷4《宋黄文节公正书法语真迹》，《四库》总第816册，第649页。

② 《蜀中广记》卷63《方物记第五・荔枝》，《四库》总第592册，第61页。

③ 《黄庭坚全集》正集卷7《廖致平送绿荔枝，为戎州第一；王公权家荔枝绿酒，亦为戎州第一》，第1册，第172页。

④ 《杜诗详注》卷14《宴戎州杨使君东楼》，《四库》总第1070册，第571页。

⑤ 费衮：《梁溪漫志》卷7《二州酒名》，《四库》总第864册，第742页。范成大《范成大笔记六种・吴船录》卷下称：叙州“郡酝旧名‘重碧’，取杜子美戎州诗‘重碧拈春酒，轻红擘荔枝’之句，余谓‘重’字不宜名酒，为更‘春碧’。印本‘拈’或作酤，郡有碑本，乃作‘粘’字”（第212页）。

视，为此建亭，并“名其亭曰：‘绿荔’”①。然而因气候变化，这里迟至明代已不见满山遍野的荔枝林。诸如“绿荔枝”“荔枝绿”之类，如今仅留在美好的历史记忆之中。

（九）墨妙亭

此亭是黄庭坚笔迹的贮存之所。《舆地纪胜》曰：“墨妙亭在郡治，龛置山谷笔迹。”②《明一统志》云：“在府治东，龛置黄庭坚笔迹。”③《［嘉庆］四川通志》称：“墨妙亭，在县东，贮黄庭坚笔迹。”④《［嘉庆］宜宾县志》《［光绪］叙州府志》诸书都有相似的记载，遗憾的是所藏笔迹的具体内容则一无所知。

黄庭坚在戎州一带留下的墨迹较多，除上文已述而外，尚可举出以下数例。

1. 金箱浩碑刻。《全蜀艺文志》引宋王象之《舆地纪胜·碑目》称：“在宣化（即今宜宾宣化镇）上流三十里。吴季成所卜筑，在山之阿。有山谷老人所书《盘谷序》《虔州学记》碑刻。”⑤此事见黄庭坚所著《书送李愿归盘谷序遗吴周才》。⑥

2. 介于石刻。《［光绪］叙州府志（一）》载：“介于石，旧县学署左，地名韭菜园，有石峭立，中横刻‘介于’二字，笔势遒劲，相传为黄庭坚书。”⑦

3. 宋黄庭坚戎州舍利塔铭。《大清一统志》有记载⑧，并见黄

---

① 《蜀中广记》卷63《方物记第五·荔枝》，《四库》总第592册，第62页。

② 《舆地纪胜》卷163《潼川府路·叙州·景物下》，第5册，第4408页。

③ 《明一统志》卷69《叙州府》，《四库》总第473册，第463页。

④ 《［嘉庆］四川通志》卷59《舆地志五十八·金石二·叙州府》，第2140页。

⑤ 杨慎编：《全蜀艺文志》卷52《宋王象之舆地纪胜碑目·叙州碑记》，下册，第1586页，刘琳、王晓波点校，线装书局2003年版。

⑥ 《黄庭坚全集》别集卷7《书送李愿归盘谷序遗吴周才》，第3册，第1593页。

⑦ 《［光绪］叙州府志》卷16《金石》，《府县志辑》第28辑，第486页。

⑧ 《大清一统志》卷301《叙州府·形势》，《四库》总第481册，第195页。

庭坚文集①。《［嘉庆］四川通志》云："舍利塔又名东雁塔。"并附录"宋黄庭坚《铭》"，《铭》文有句云："维我戎州，沿汉僰道，钩带二江，抚有蛮僚。"②

4."黄山谷晤轩石刻"。《全蜀艺文志》引宋王象之《舆地纪胜·碑目》称："在（叙州所属）南溪县（今四川宜宾市南溪区）资圣院。"③

5."凉暑亭石刻"。《六艺之一录》曰："凉暑亭石刻，黄庭坚书，在叙州府南溪县腾龙山。"④《［雍正］四川通志》云："在（南溪）县东龙腾山，有鲁直书'凉暑亭'三大字。"⑤《［嘉庆］四川通志》称："龙腾山在（南溪）县东二里，下瞰大江，其北有石横空，长四丈许，俗呼为'龙桥'。山半有洞，深四丈，额镌曰：'李公洞'。下有岑参别业，盖参罢嘉州守时寓此。旧有黄庭坚大书'凉暑亭'三字。"⑥这些石刻目前是否存在，笔者未能一一考查。所寻访者，除"南极老人无量寿佛"而外，仅"桂轮山石刻"。

对于"桂轮山石刻"，明清两代，直至民国，都有明确记载。《明一统志》曰："桂轮山在南溪县西七十里。石壁上有黄庭坚所书'大桂轮山'四字。"⑦《蜀中广记》云：南溪县"西七十五里桂轮山，昔涪翁书'大桂轮山'四字于其岸壁。是山惟中秋见月，

---

① 《黄庭坚全集》正集卷21《铭戎州舍利塔铭》，第2册，第548页。

② 《［嘉庆］四川通志》卷40《舆地志三十九·寺观三·叙州府》，第1579页。

③ 《全蜀艺文志》卷52《宋王象之舆地纪胜碑目·叙州碑记》，下册，第1586页。

④ 倪涛：《六艺之一录》卷97《石刻文字七十三·宋刻》，《四库》总第832册，第87页。

⑤ 《［雍正］四川通志》卷26《叙州府》，《四库》总第560册，第475。

⑥ 《［嘉庆］四川通志》卷13《舆地志十二·山川四·叙州府》，第826页。

⑦ 《明一统志》卷69《叙州府》，《四库》总第473册，第460页。

故名”①。《大清一统志》称：“桂轮山在南溪县西七十里。石壁上有黄庭坚书‘大桂轮山’四字。”② 民国《南溪县志》载：“桂轮山在县西七十里，石壁上有黄庭坚书‘大桂轮山’四字。”③ 但今人所编《宜宾市志》《南溪县志》俱不载。笔者前往宜宾考查，得知桂轮山与李庄隔江相眺，上有“大桂轮山”四字，虽漫灭不清，仍依稀可见。在李庄的庙宇中，有联语称：

桂轮耸天外，涪翁留墨迹。

即指此。何以《宜宾市志》《南溪县志》失载，据说是由于行政区划变动，李庄已由南溪县划归宜宾市翠屏区。

（十）吊黄楼

黄庭坚离开戎州后，士民怀念他，为他修建纪念性建筑，如二老阁。《舆地纪胜》曰：“二老阁在郡治，绘少陵、涪翁像。”④《明一统志》云：“二老阁在府治东，绘唐杜甫、宋黄庭坚像于内。”⑤《大清一统志》称：“在府治东，绘唐杜甫、宋黄庭坚像于内。”⑥《［雍正］四川通志》载：“在县东，阁中绘杜甫、黄庭坚像。”⑦ 而《［嘉庆］宜宾县志》则称：“二老阁，治东，中旧绘杜

① 《蜀中广记》卷15《名胜记第十五下·川南道·叙州府·南溪县》，《四库》总第591册，第192页。

② 《大清一统志》卷301《叙州府》，《四库》总第481册，第198页。

③ 李凌霄等修纂：《民国南溪县志》卷1《舆地》，《府县志辑》第31辑，第470页。

④ 《舆地纪胜》卷163《潼川府路·叙州·景物下》，第5册，第4410页。

⑤ 《明一统志》卷69《叙州府》，《四库》总第473册，第463页。

⑥ 《大清一统志》卷302《叙州府》，《四库》总第481册，第209页。

⑦ 《［雍正］四川通志》卷26《叙州府》，《四库》总第560册，第474页。

甫、黄庭坚像。”① 可见，二老阁早在嘉庆年间即已无杜、黄画像。

二老阁之外，还有涪翁祠。《吴船录》称：“山谷谪居在小寺中，号大死庵。后人就作祠堂，并裒墨迹，刻其中。”② 何谓“裒”，聚集也。《［雍正］四川通志》曰：“涪翁祠，在江北。”③《［嘉庆］四川通志》引明人赵远《武侯祠记》云：“叙州涪翁溪，旧有山谷太史鲁直祠。”“涪翁祠，在县北，祀黄庭坚。”并附录明人周洪谟《涪翁祠记》。据此可知，涪翁祠“宋所建”，“元末废”。明景泰年间，“别建祠，肖涪翁像，而树涪翁亭于其右”。知府“每岁五月五日，率属致祭”。周洪谟说：“叙乃先生履历之地，迨今三百八十余年，士大夫慕之者犹皆不能忘也。”④

在戎州，名声最大的纪念黄庭坚建筑无疑是吊黄楼。然而《舆地纪胜》《方舆胜览》《大元混一方舆胜览》《明一统志》《大清一统志》诸书俱不载。《［雍正］四川通志》《［嘉庆］四川通志》仅称：“吊黄楼在县东。”⑤《［嘉庆］宜宾县志》载：“吊黄楼，治北，对江，昔人为黄庭坚建，后圮。今为东岳庙，士人犹呼旧名。”⑥ 吊黄楼当毁于清代中期以前。1980 年，宜宾市政府在流杯池旁，重建吊黄楼。

---

① 《［嘉庆］宜宾县志》卷 13《古迹》，《府县志辑》第 30 辑，第 26 页。

② 《范成大笔记六种·吴船录》卷下，第 212 页。

③ 《［雍正］四川通志》卷 28 上《祠庙·叙州府·宜宾县》，《四库》总第 560 册，第 531 页。

④ 《［嘉庆］四川通志》卷 35《舆地志三十四·祠庙二·叙州府》，第 1442—1443 页。

⑤ 《［雍正］四川通志》卷 26《叙州府》，《四库》总第 560 册，第 474 页；《［嘉庆］四川通志》卷 52《舆地五十一·古迹五·叙州府》，第 1975 页。

⑥ 《［嘉庆］宜宾县志》卷 13《古迹》，《府县志辑》第 30 辑，第 26 页。

三、“江安食不足，江阳酒有余”——途经泸州

宋朝统治者认为，“泸州西南要会，控制一路，边阃之寄，付畀非轻”①。它位于长江之滨、戎州下游，江阳是其古称，治所在泸川县（即今四川泸州）。北宋蜀士唐庚《题泸川县楼》诗云：

百斤黄鱼鲙玉，万户赤酒烧霞。
榆甘渡头客艇，荔枝林下人家。②

足见此地出产之丰盛。元符元年（1098），黄庭坚由黔州迁戎州，路过泸州。元符三年年底，黄庭坚从戎州出发，顺江东下，离开巴蜀，先在位于戎、泸之间，当时属于泸州的江安县（今属四川宜宾市）停留。次年即建中靖国元年（1011）春节，黄庭坚在江安度过，然后再由江安到泸州。于是，他有此一说：“江安食不足，江阳酒有余。”③ 黄庭坚在江安停留并过年，是为儿子办婚事。元符三年十二月，其子黄相与江安知县石谅（字守道）之女在江安成亲。《山谷内集诗注》原注云：“石谅信道，本眉（即今四川眉山）人，家于江津（今属重庆），女嫁山谷之子相。是岁十

① 《宋会要辑稿》方域7之5，第8册，第7427页。

② ［宋］唐庚：《眉山诗集》卷9《六言绝句·题泸川县楼》，《四库》总第1124册，第317页。

③ 《黄庭坚全集》正集卷22《史应之赞》，第2册，第566页。

二月，成亲。”①

（一）偶住亭

黄庭坚曾到此游乐，此亭位于江安城北、长江岸边，宋、元两代均有记载。《舆地纪胜》曰：“偶住亭，在江安县之对。建中初，山谷自僰道（戎州的古称）还，过邑，宰石谅同游此亭，书《琴操》。后改为渡泸亭，有范百禄《平蛮碑》，见石正行《亭记》。”②《方舆胜览》云：“偶住亭在江安县之对。建中初，鲁直自僰道还过，邑宰石谅同游此亭，书《琴操》。后改为渡泸亭，有范百禄《平蛮碑》在焉。”③《大元混一方舆胜览》称：“偶住亭，黄山谷改为渡泸亭，范百禄《平蛮碑》在焉。”④ 此后，《明一统志》《大清一统志》《［雍正］四川通志》《［光绪］直隶泸州志》诸书记载大致相同。⑤《蜀中广记》则多提供了一点信息：江安“北城街有渡泸碑亭，宋时范百禄自立，载其平夷事迹。今碑止存篆额‘熙宁甲寅平夷之记’八字”⑥。在上述记载中，有以下三个问题。

其一，偶住亭与渡泸亭是一亭还是两亭？按照上述记载，两亭原本是一亭，只是前后名称有更改。但《［嘉庆］四川通志》认

---

① ［宋］黄庭坚著，任渊注：《山谷内集诗注》目录，《四库》总第1114册，第19页。

② 《舆地纪胜》卷153《潼州府路·泸州·景物下》，第5册，第4136—4137页。

③ 《方舆胜览》卷62《泸州·事要·亭观》，下册，第1087页。

④ 《大元混一方舆胜览》卷中《四川等处行中书省·泸州·景致》，上册，第279页。

⑤ 《明一统志》卷72《嘉定州》，《四库》总第473册，第526页；《大清一统志》卷311《泸州》，《四库》总第481册，第371页；《［雍正］四川通志》卷27《直隶泸州》，《四库》总第560册，第514页；田秀栗等修纂：《［光绪］直隶泸州志》卷2《古迹》，《府县志辑》第32辑，第382页。

⑥ 《蜀中广记》卷16《名胜记第十六·下川南道·泸州·江安县》，《四库》总第591册，第202页。

为原本是两亭，“偶住亭在县东北”，渡泸亭“在县城北，内有宋熙宁七年《平夷碑记》。明正德辛亥，知县王郊重建。今亭圮碑存”。并指出：“《州志》误载偶住亭内。”① 淳熙四年（1178），范成大路经此地，作《江安道中》诗：

秾绿连村荔子丹，瘴云将雨暗前湾。
张旗且喜三滩驶，叱驭曾惊九折艰。

他亲自考察渡泸亭后，一再嘲笑道：“泸、戎之间有渡泸亭，然不知孔明竟出何路?”②“（江安）近城有渡泸亭，竟不知诸葛孔明的从何处渡。”③《［嘉庆］四川通志》编者亦称：“渡泸亭之名，当是宋人平夷，张大其功，立碑建亭，比美诸葛之意。”④

其二，范百禄《平蛮碑》或《平夷记》现存何处？内容是什么？不少文献都一再肯定确有此碑，如《六艺之一录》引宋王象之《舆地碑目》称：“《泸州平夷记》，熙宁中范百禄撰，今在江安县之偶住亭。”⑤ 范百禄熙宁年间曾任梓州路提点刑狱，并参与平定泸南所谓“蛮夷”。其事仅在《宋史》中，便既见于其本传，又

① 《［嘉庆］四川通志》卷56《舆地志五十五·古迹九·泸州直隶州》，第2085页。

② 《石湖居士诗集》卷19《江安道中》，第1叶下—2叶上，《四部丛刊》初编第194册。

③ 《范成大笔记六种·吴船录》卷下，第213页。

④ 《［嘉庆］四川通志》卷56《舆地志五十五·古迹九·泸州直隶州》，第2085页。

⑤ 《六艺之一录》卷107《石刻文字八十三·宋王象之舆地碑目》，《四库》总第832册，第225页。

见于《熊本传》及《淯水夷传》。[1] 至于所谓《平蛮碑》，是否即是《宋史·淯水夷传》所称“提点刑狱范百禄作文以誓之”？此传保留了其全文，并称“立石于武宁砦”[2]。此文既收入《［嘉庆］四川通志》，题为《宋提点刑狱范百禄誓淯水夷文》[3]，又收入近代江安籍名士傅增湘所编《宋代蜀文辑存》，题为《誓淯水夷文》[4]。

其三，石正行何许人也？其《偶住亭记》是否传世？对于《亭记》，笔者尚一无所知。至于石正行的简历，则见于记载。如《明一统志》称：“石正行，眉州人，徙居江安，宋淳熙中登进士，力学不倦，尤工于书，得黄庭坚笔法，自号笑斋，有文曰《毫芒集》。邑宰赵迈榜其居，曰‘止斋’。”[5]

值得注意的是，黄庭坚在偶住亭不止游玩，还进行创作。除“书《琴操》”而外，还写下著名的《此君轩》诗。后人称赞：“《此君轩》诗为涪翁极得意之作，而书亦潇洒如意。”[6] 所谓此君轩，是荣州（治今四川荣县）祖元禅师的斋名。此人喜抚琴，酷好竹，植万竿竹于此君轩，并在轩中收藏各种古器乐。祖元的堂弟王彦周雅好诗书，他们都和黄庭坚有着频繁的交往和很深的友情。祖元听说黄庭坚离开巴蜀，在江安停留，赓即赶往江安送行。黄庭坚在偶住亭写《此君轩》诗相赠。

---

① 《宋史》卷337《范镇传附从子百禄传》、卷334《熊本传》、卷496《蛮夷传四·泸州蛮传》，第10791、10730、14244—14246页。

② 《宋史》卷496《蛮夷传四·泸州蛮传》，第14245—14246页。

③ 《［嘉庆］四川通志》卷95《武备志十四·边防六·附录》，第3006页。

④ 傅增湘：《宋代蜀文辑存》卷22《范百禄·誓淯水夷文》，第322页，香港龙门书店1971年版。

⑤ 《明一统志》卷72《泸州·流寓》，《四库》总第473册，第528页。

⑥ 李光暎：《金石文考略》卷14《黄鲁直题元上人此君轩》，《四库》总第684册，第418页。

据黄君先生考证，黄庭坚先后有三首《此君轩》诗①。其一是《戏用题元上人此君轩诗韵奉答周彦公起予之作》，元符二年闰九月写于戎州，书法不详，首句为：

此道沈霾多历年，喜君占斗斸龙泉。②

其二是《寄题荣州祖元大师此君轩》，元符三年三月写于戎州，书法为大行书，首句云：

王师学琴三十年，响如清夜落涧泉。③

其三是《元师自荣州来追送余于泸州之江安绵水驿因复用旧所赋此君轩诗韵赠之并简元师从弟周彦公》，建中靖国元年正月初十写于江安，书法为大行楷，首句云：

岁行辛巳建中年，诸公起废自林泉。

其《跋》曰："余旧得东坡所作《醉翁操》善本，尝对元道之，元欣然曰：'往尝从成都通判陈君颀，得其谱。'遂促琴弹之词与声相得也。蜀人由是有《醉翁操》，然词中之微旨，弦外之余

① 参见黄君《黄庭坚〈此君轩诗〉及其书作考》，载《九江师专学报（哲学社会科学版）》2001年第3期，第59—64页。

② 《黄庭坚全集》别集卷1《戏用题元上人此君轩韵奉答周彦公起予之作》，第3册，第1455页。

③ 《黄庭坚全集》正集卷5《寄题荣州祖元大师此君轩》，第1册，第111页。

韵，俗指尘耳，岂易得之。建中靖国元年正月辛未江安水次偶住亭书。”① 其跋又云：“江安城北滩上作小草亭，尉李相如为余开两窗，极明焕，故作戏弄笔墨，可意。”② 黄庭坚还应祖元之请，用草书为他写下第一首《此君轩》诗。第三首《此君轩》诗，《山谷别集》编者注称：“右有石刻”，但已无可考。曾发现有石刻的是其第二首《此君轩》诗。《明一统志》的记述太简单：“此君轩在荣县后山上，有黄庭坚诗刻。”③《金石文考略》的记载较详细：“黄鲁直题琴师元公《此君轩》诗，弘治辛酉（1501）长洲薛英按蜀，获此碑于南荣，立于分司，覆之以亭。”④《［同治］嘉定府志》载：“此君轩，县治后凤鸣山，后有黄庭坚诗刻，今已无存。”⑤ 所幸其拓本尚存，现珍藏于中国历史博物馆。

至于偶住亭，《民国江安县志》载：“民国八年（1918）重建。”⑥ 今已毁。

（二）葛氏竹林

竹中空而有节，黄庭坚爱竹。江安位于蜀南竹海之麓，产竹。葛氏竹林地处江安城北的中坝，中坝是因淯江在此汇入长江所形成的沙洲。石谅在这里置酒为亲家黄庭坚饯行。《蜀中广记》载：“山谷有泸州中坝葛氏竹林留题，云：‘江南黄庭坚自僰道蒙恩放

---

① 《黄庭坚全集》别集卷1《元师自荣州来追送余于泸州之江安绵水驿因复用旧所赋此君轩诗韵赠之并简元师从弟周彦公》，第3册，第1456—1457页。

② 《黄庭坚全集》别集卷7《跋此君轩诗》，第3册，第1604页。

③ 《明一统志》卷72《嘉定府·宫室》，《四库》总第473册，第522页。

④ 《金石文考略》卷14《黄鲁直题琴师元公〈此君轩〉诗》，《四库》总第684册，第417页。

⑤ 文良等修纂：《［同治］嘉定府志》卷5《古迹》，《府县志辑》第37辑，第83页。

⑥ 严希慎等修纂：《民国江安县志》卷2《古迹》，《府县志辑》第32辑，第40页。

还，元符三年十二月，道出江安，江安宰石谅信道以亲亲见留，作岁。建中靖国元年正月丙寅，置酒中坝葛氏之竹林而别。’”①但无有关此题留已刻于石的记载。《［光绪］泸州直隶州志》仅载：“在县北，两江合抱，中拥沙洲。明末，兵部尚书、郡人杨鼎和建阁其上，以供游赏。今遗址犹存。”② 所谓“今”，是指光绪年间，如今已无。

（三）滴乳泉

不少典籍均称，此泉在州西真如寺。如《舆地纪胜》曰：“滴乳岩在（泸州）西城真如寺，崖石中流出，泉味甚甘。山谷元符间渡泸，徜徉此寺，喜其岩幽泉美，大书为‘滴乳泉’。”③《方舆胜览》亦云：“在城西真如寺，自崖石中流出，味甚甘。鲁直经行，大书此三字。”④ 而黄庭坚《泸州大云寺滴乳泉记》则称在州西大云寺。《记》曰：“泸州大云寺西偏，崖石上有甘泉滴沥，一州泉味皆不及也。余名曰：‘滴乳泉’。”⑤ 由《［嘉庆］四川通志》将大云寺、真如寺并称，可知二寺并非一寺，但都在泸州城西。或许正因为此，《大清一统志》笼统地说：“乳岩在州西一里，有泉自崖中流出，黄庭坚名曰：‘滴乳泉’。”⑥《民国泸州志》补充道：“清光绪十七年（1891），巡道黄云鹄建石室寺，后名云谷洞，

---

① 《蜀中广记》卷16《名胜记第十六·下川南道·泸州》，《四库》总第591册，第201页。

② 田秀栗等修纂：《［光绪］泸州直隶州志》卷2《山川·江安县》，《府县志辑》第32辑，第344页。

③ 《舆地纪胜》卷153《潼川府路·泸州·景物下》，第5册，第4139页。

④ 《方舆胜览》卷62《泸州·事要·井泉》，下册，第1087页。

⑤ 《黄庭坚全集》正集卷16《泸州大云寺滴乳泉记》，第2册，第452页。

⑥ 《大清一统志》卷311《泸州·山川》，《四库》总第481册，第369页。

竖碑刊涪翁小像并题咏。”① 石刻今存。《泸州市志》载：“石刻为楷书‘滴乳岩’三字，宋黄山谷题，清黄云鹄补书，字径长 0.78 米，宽 0.70 米。”②

（四）拙溪

《［雍正］四川通志》《［嘉庆］四川通志》均载：“拙溪在州东北七里，黄山谷过此坠驴，号为‘拙溪’，大书二字镌于石。”③《民国泸县志》曰：“在里仁乡罗汉场拙溪石盘上，字大二尺六，相传宋黄山谷书。”④《泸州市志》云：拙溪石刻“位于市郊罗汉乡政府西北面，前为洗脚溪，后为罗汉大桥。题记刻于北宋年间，现基本保存完整。题记刻于洗脚溪旁一块长 2.1 米、宽 1.4 米的地面长方形的板上，为阴刻楷书‘拙溪’二字，字径长宽各 0.9 米，字距为 0.08 米，下有‘黄山谷书’的落款。1983 年公布为市级文物保护单位”⑤。

（五）开福寺

《舆地纪胜》载：“黄太史书《砥柱铭》碑，在高寺”，“《大像记》《醉僧图诗》碑，黄太史三碑并在开佛寺。”⑥《明一统志》《大清一统志》均称：“开福寺在州治南，有宋黄庭坚《大像记》。”⑦ 所谓“黄太史三碑并在开佛寺”，除《大像记》《醉僧图诗》碑而外，

---

① 王禄昌等修纂：《民国泸县志》卷 8《古迹志·胜迹》，《府县志辑》第 33 辑，第 306 页。

② 泸州市地方志编纂委员会：《泸州市志》第 1154 页，方志出版社 1998 年版。

③ 《［雍正］四川通志》卷 25《直隶泸州府》，《四库》总第 560 册，第 423 页；《［嘉庆］四川通志》卷 19《舆地志卷十八·山川十》，第 1009 页。

④ 《民国泸县志》卷 8《古迹志·金石下》，《府县志辑》第 33 辑，第 315 页。

⑤ 《泸州市志》，第 1154 页。

⑥ 《舆地纪胜》卷 153《潼川府·泸州·碑记》，第 5 册，第 4147 页。

⑦ 《明一统志》卷 72《泸州·寺观》，《四库》总第 473 册，第 527 页；《大清一统志》卷 311《泸州·寺观》，《四库》总第 481 册，第 373 页。

当指《泸州开福寺弥勒殿铭》。其文见《山谷别集》卷 2，落款为："建中靖国元年正月丁亥，清辉阁前舟中书。"① 而所谓《砥柱铭》，其全称当为《魏郑公砥柱铭》，黄庭坚《题所书〈魏郑公砥柱铭〉后》曰："建中靖国元年正月庚寅，系舟王市，山谷老人烛下书。"②《［光绪］直隶泸州志》引《名胜记》云："碑俱黄太史撰，并在东崖之开福寺。"③ 黄庭坚在泸州留下的墨迹还有：《镜砚铭》又称《任从简镜砚铭》，铭文见《山谷集》卷 13；木龙岩题榜，《方舆胜览》载："木龙岩，在宝山之趾，有古榕木，盘洁夭矫如龙，黄鲁直为题榜。"④

（六）使君岩

《明一统志》载："使君岩在州城南五里，宋使君王献可游赏之地。"⑤ 其实，这里也是黄庭坚的游赏之地。陆游称："泸州使君岩在城南一里，深三丈，有泉出其左，音中律吕，木龙岩相距亦里许，黄太史所游憩地也。"⑥ 王士祯亦称："叙州流杯池、泸州使君岩，皆山谷先生旧游，都不及访，怅然赋此。"其诗云：

> 今日使君岩，南望还咫尺。
> 通词托微波，蹇修空脉脉。
> 平生一瓣香，敢为涪翁惜。⑦

---

① 《黄庭坚全集》别集卷 3，第 3 册，第 1501 页。
② 《山谷年谱》卷 28 建中靖国元年辛巳，《宋人年谱丛刊》第 5 册，第 3094 页。
③ 《光绪直隶泸州志》卷 2《古迹》，《府县志辑》第 31 辑，第 375 页。
④ 《方舆胜览》卷 62《泸州・事要・山川》，下册，第 1086 页。
⑤ 《明一统志》卷 72《泸州・山川》，《四库》总第 473 册，第 525 页。
⑥ 《剑南诗稿》卷 10《泸州使君岩》，《四部备要》第 79 册，第 111 页。
⑦ 《精华录》卷 3《叙州流杯池》，《四库》总第 1315 册，第 41 页。

除使君岩而外，还有泸州属县合江（今属四川泸州市）的安乐山。《吴船录》曰：“有刘仙观，在对江安乐山。刘仙名珍，隋开皇时人。山中出天符木叶，上有篆文，如道士书符，人采以相赠遗。”① 《方舆胜览》引《图经》云：“在合江西五里，三峰俱秀，有溪及延真观。有石柜，为仙人藏经之所。”② 建中靖国元年正月晦，黄庭坚应知合江县白宗愈之约，泛舟安乐溪上。他写下《游泸州合江县安乐山行记》，以纪此游。《行记》盛赞道：“僰道平山气歇而不清，江安方山气浊而不秀，求山而清秀，惟安乐山耳。”③

四、“巴蜀自古多奇士”
——赘语

本文行将结束，需要补充的是，在查阅资料的过程中，笔者发现即使着眼于宋代巴蜀区域史，黄庭坚研究也尚有深入的余地。

经查，仅在《宋史》一书中，“蜀士”一词便反复出现达 26 次之多。如果说宋代是由科举出身的读书人所组成的士大夫阶层当权的时代④，那么“蜀士”便是一个很值得重视和探讨的地域性士大夫集团。南宋中期，吴曦叛宋降金之时，隐士安世通怒不

---

① 《范成大笔记六种·吴船录》卷下，第 213 页。

② 《方舆胜览》卷 62《潼川府·泸州·事要·山川》，下册，第 1086 页。

③ 《黄庭坚全集》别集卷 2《游泸州合江县安乐山行记》，第 3 册，第 1498 页。

④ 参见张邦炜《论宋代的皇权和相权》第四节《士大夫阶层的特质》，见《宋代政治文化史论》第 15—19 页，人民出版社 2005 年版。

可遏："此非曦一人之叛，乃举蜀士大夫之叛也。"① 这一激愤之词断断不可信以为真，但从中不难看出"蜀士"对巴蜀地区的稳定和发展具有举足轻重的作用。难怪巴蜀地区的地方官员往往延揽"蜀士"，力争做到"蜀士由是归心"②。岂止在地方上，即使在朝廷内，蜀士也是一支不可忽视的力量。至迟在南宋初期，已出现"蜀士仕于朝者"③ 甚多的局面。因此在当政者中，打击蜀士者有之，如"自秦桧专权，深抑蜀士"④。笼络蜀士者更多，甚至包括绍兴后期的宋高宗。诚然，宋代的蜀士自有其成长、壮大的过程。而黄庭坚生活的北宋中后期正是其发展、崛起的重要阶段。

《宋史·黄庭坚传》称："蜀士慕从之游，讲学不倦，凡经指授，下笔皆可观。"⑤ 黄庭坚谪居巴蜀期间，与不少蜀士时相过从，友情至深，甚至结为姻亲。他对蜀士从总体上给予高度评价："巴蜀自古多奇士。学问、文章、德慧、权略落落可称道者，两汉以来盖多。"⑥ 黄庭坚每到一地，必先询问当地名士，以便向他们请益。如他"迁置于戎州，未至而访其士大夫之贤者"。友人相告："王默复之、廖及成叟，其人也。"黄庭坚高兴地说："虽投弃裔土，而得两贤与之游，可无恨。"让他"太息"的是："至戎州而访之，则二士皆捐馆舍矣。"⑦ 只能同王默、廖及的后代交往。

---

① 《宋史》卷459《隐逸下·安世通传》，第13470页。

② 《宋史》卷386《范成大传》，第11869页。

③ 李心传：《建炎以来系年要录》卷179绍兴二十八年二月丙午，第4册，第2958页，中华书局1956年版。

④ 《建炎以来系年要录》卷176绍兴二十七年四月庚戌，第4册，第2914页。

⑤ 《宋史》卷444《文苑六·黄庭坚传》，第13110页。

⑥ 《黄庭坚全集》正集卷25《跋秦氏所置法帖》，第2册，第651页。

⑦ 《黄庭坚全集》正集卷32《南园遁翁廖君墓志铭》，第2册，第848页。

黄庭坚在巴蜀地区，交游面相当广泛。前文提到的便有戎州廖致平、王公权，泸州石谅、石正行，荣州王彦周、祖元禅师，等等。前文未提到的为数更多，黄斌老、黄子舟兄弟即是其例。在黄庭坚的文集中，与黄斌老唱和的篇章达7篇之多。黄斌老者，乃蜀中名士、大书画家。他与黄庭坚相识，是因为当时他正担任戎州通判。《画继》载："黄斌老，不记名，潼川府永泰①（在今四川盐亭县东）人，文湖州（即文同）之妻侄也。登科尝任戎倅，适山谷贬戎州，与定交，且通谱。善画竹，山谷有咏其横竹诗。"②黄斌老之弟黄子舟与黄庭坚的关系更亲近，其名字系黄庭坚所取。《画继》称："黄彝字子舟，斌老之弟。其名字，初非彝与子舟也。山谷以其尚气，故取二器，以规之。自后折节，遂为粹君子，举八行，终朝郎、郡倅。"黄子舟的画技不在其兄之下，其姑父文同"每言：'所作不及子舟'"③。仅由这些例子也可看出，黄庭坚所交多半蜀士。以此为线索追寻下去，或许对探究宋代蜀士的个性及其崛起的过程多少有所补益。

还应当指出，黄庭坚为蜀士乃至其妻、其母所撰墓表、墓志铭为数较多，本文一概未涉及。墓表因其文字太简略，如《成都赵夫人墓表》仅寥寥数语："幼孤而知诗书，蚤孀而能礼义，斥簪珥以教其子，叔求异炊而不争财"④，通常并无多少实质性的内容。而墓志铭的史料价值则不可低估，其中不乏研究宋代巴蜀区域史的珍贵资料。如黄庭坚所撰《太子中允致仕陈君（庸）墓志

① "永泰"原作"安泰"，误。

② 邓椿：《画继》卷4《黄斌老》，《四库》总第813册，第522页。

③ 《画继》卷4《黄子舟》，《四库》总第813册，第522页。

④ 《黄庭坚全集》别集卷10《墓表·成都赵夫人墓表》，第3册，第1677页。

铭》[①]《陈少张墓志铭》[②] 提供了唐末入蜀的青神陈氏家族在北宋中期分别迁往颍川（即今河南许昌）、叶县（今属河南）的资料。《青神程氏夫人墓志铭》则记述了一位“能俭能勤”的孀居妇女，如何将其夫家蔡氏造就为“戎州富室”：“家富矣，命诸孙无敢不学。”黄庭坚称：“夫人之孙相从予学，其言行可亲也。”[③] 黄庭坚所撰《南园遁翁廖君（及）墓志铭》[④]《泸南诗老史君（扶）墓志铭》[⑤]《朝请郎郭方进墓志铭》[⑥]《通直郎张修孺墓志铭》[⑦]《青阳希古墓志铭》[⑧] 是戎州廖氏、泸州史氏、火井（在今四川邛崃西南）郭氏、江原（在今四川崇州东南）张氏、井研（今属四川）青阳氏等家族兴盛历程的记录。而《朝奉郎致仕王君（默）墓志

---

① 《黄庭坚全集》正集卷 30《墓志铭・太子中允致仕陈君（庸）墓志铭》，第 2 册，第 826—828 页。

② 《黄庭坚全集》正集卷 30《墓志铭・陈少张墓志铭》，第 2 册，第 837—838 页。

③ 《黄庭坚全集》别集卷 10《墓志铭・青神程氏夫人墓志铭》，第 3 册，第 1674—1675 页。

④ 《［嘉庆］四川通志》卷 45《舆地志四十四・陵墓二・叙州府・宜宾县》，第 1761 页。

⑤ 《［嘉庆］四川通志》卷 47《舆地志四十六・陵墓四・泸州直隶州・泸县》，第 1821 页。

⑥ 《黄庭坚全集》别集卷 10《墓志铭・朝请郎郭方进墓志铭》，第 3 册，第 1663—1664 页。

⑦ 《黄庭坚全集》别集卷 10《墓志铭・通直郎张修孺墓志铭》，第 3 册，第 1666—1667 页。

⑧ 《黄庭坚全集》别集卷 10《墓志铭・青阳希古墓志铭》，第 3 册，第 1670—1671 页。

铭》[①]《杨宽之墓志铭》[②]《张子履墓志铭》[③]《史端臣先生墓志铭》[④]《朝奉郎通判泾州（治今甘肃泾川）韩君（复）墓志铭》[⑤]则是戎州王氏、资州（治今四川资阳）杨氏、严道（即今四川雅安）张氏、眉山史氏、井研韩氏等家族崛起过程的描述。

宋人有诗云：

> 力穑输公上，藏书教子孙。
> 追游屏裘马，宴集止鸡豚。[⑥]

在上述家族中，"累世以儒学知名"[⑦] 者并不多，起初多半均为传统时代常见的所谓"耕读家庭"。如戎州王氏先辈"皆隐约田间"，王默始奉父命，"弃耒为诸生"；火井郭氏"世在田间"；眉山史氏"伏匿田间，不乐仕宦"。而其发家的关键往往在于其子弟进士及第。如青神陈氏陈希亮、陈庸、陈谕叔侄三人天圣八年（1030）同登第，"眉州号其所居坊曰：'三俊'"；江原张氏"七子皆举进士"；眉山史氏史褎、史襄兄弟"皆登进士第"。这些士大夫家族一般都经历了由农而士、由士而仕的发家历程。但先致富、后入

---

① 《黄庭坚全集》正集卷30《墓志铭·朝奉郎致仕王君（默）墓志铭》，第2册，第809—811页。

② 《［嘉庆］四川通志》卷47《舆地志四十六·陵墓四·资州直隶州·内江县》，第1824页。

③ 《［嘉庆］四川通志》卷46《舆地志四十五·陵墓三·雅州府·雅安县》，第1778页。

④ 《黄庭坚全集》别集卷10《墓志铭·史端臣先生墓志铭》，第3册，第1671页。

⑤ 《黄庭坚全集》正集卷30《墓志铭·朝奉郎通判泾州韩君（复）墓志铭》，第2册，第820—822页。

⑥ 《剑南诗稿》卷55《题斋壁二首（其二）》，《四部备要》第79册，第558页。

⑦ 《黄庭坚全集》正集卷22《赞·故江阳杨君画像赞》，第2册，第562页。

仕者亦有之。如戎州廖氏的创业者廖翰号称“治生有猗顿之材，知子有朱公之智”。他先“买山于夷户，即其人以耕稼，不征其财力。数年，遂役属数百家，而富以十倍”，然后“乃大治产居，延儒学以为子师，礼游士以为子友。命子（廖）琮为进士，遂登嘉祐二年（1057）进士第”。据说，“戎人仕于朝，自琮始”。[①] 因商而富、由商而士者也有之。如井研青阳氏“煮盐为富人”，起初“安于富饶，不求宦达”，后来“始筑书馆，使子弟皆就学”。

这些家族发家后，既有向外转移者，也有向内发展者。通常认为，传统时代“乐土重迁”，巴蜀地区四周群山环抱、出入道路艰险，内部气候温暖、物产丰富，人们更是故土难离，不愿离开生于斯、长于斯的家乡，有所谓“盆地意识”。就宋代而言，巴蜀地区不少家族唐末入蜀、宋末出蜀。关于南宋晚期的情况，元人虞集有记载：蒙军“连兵入蜀，蜀人受祸惨甚，死伤殆尽，千百不存一二，谋出峡以逃生”[②]。迁移出于被迫，目的在于躲避战祸。其实，宋代巴蜀士大夫家族也有因求发展而先后主动迁出巴蜀者，且为数不少。就黄庭坚所提供的资料看，除前述青神陈氏而外，还有号称“陵州衣冠族姓”的井研韩氏。韩复“既仕中州，有田于叶，故今为叶人”。当然也有向内发展者，如戎州王氏。王默治平四年（1067）登第，历任通泉（今属四川射洪）知县等职，官至朝奉郎，即“请老而归，年始四十有八”。他返回家乡后，“治大宅，开花圃，筑台榭”。在家乡维护弱者，“于乡邻恤其无而收其弱”，主持公道，“至其无赖者，众会唾辱之，里人畏之，甚

① 《黄庭坚全集》正集卷22《赞·故僰道廖君画像赞》，第2册，第561—562页。

② 虞集：《道园学古录》卷19《史氏程夫人墓志铭》，《四部备要》第88册，第187—188页。

于刑罚”，并代表乡里，监督地方官府。黄庭坚所撰《朝奉郎致仕王君（默）墓志铭》称：王默“性狷介，不能容人之非，州县有过举，辄上书论之”。青阳希古在家乡井研同样充当了维护社会公正、调解社会矛盾的角色。黄庭坚所撰《青阳希古墓志铭》载，青阳希古力主：“礼士当尽心，恤贫当尽力。公法不可不畏，租赋不可不时。”他“好读律，能通法意。乡邻讼者，多决于君。君为道：‘如是可，如是不可。’多以君言解而不争”。总之，仔细研读这些墓志铭，将有助于进一步加深我们对宋代巴蜀士大夫家族的了解和认识。

（原载四川大学古籍整理研究所编《宋代文化研究》2009 年第 2 期，四川大学出版社 2009 年版。与卢俊勇合著）

难于强求一律的两种视角

——有感于伊沛霞教授所著《宋徽宗》及相关评论

美国著名历史学家伊沛霞教授所著《宋徽宗》中文版，新近由广西师范大学出版社推出，冠名为“天下一人”。这是一部什么性质的书？著者在序言中坦言：“本来是用英语写给西方读者的。”① 很清楚，这是一部用西方观念讲中国故事给西方读者听的书。已有评论者指出，“而非学术写作”②。著者并无让中国读者阅读、叫中国读者认可的奢望。殊不知此书中文版销路还不错，并得到一些学者的好评。高度评价者称：“这是迄今为止西方学界关于宋徽宗研究最全面、最丰富、最系统的学术专著”，其主要贡献在于“修正了徽宗长久以来的负面形象”。③ “无心插柳柳成荫”，著者的初衷与实效差距竟如此之大。究其缘故，或许与我国学者有关论著相比，伊著《徽宗》多有奇特之处，给人以新鲜感。

---

① 伊沛霞著，韩华译：《宋徽宗》（以下简称“伊著《徽宗》”），广西师范大学出版社2018年版，第2页。

② 伯樵：《倒放电影VS身临其境：理解之同情目光下的宋徽宗》，《澎湃新闻·思想·上海书评》2018年7月24日。

③ 樊桦：《重新讲述宋徽宗和他的时代——评［美］伊沛霞著〈宋徽宗〉》，《中华读书报》2018年8月2日。

下面四点尤其引人注目。

一是定位新颖。对于宋徽宗的定位，在我国主要有昏君与“风流天子”两种。与我国的传统认定不同，伊著《徽宗》将他定位为“艺术家皇帝”。昏君一说由来已久，不仅《宋史》谴责宋徽宗“玩物而丧志，纵欲而败度”①，数百年来人们几乎都作如是观。如明人宋濂《读徽宗本纪》对徽宗不抱任何恻隐之心：“穷奢极侈而毒痡四海百万生灵，彼实何辜？其身亡国破，为万世笑，非不幸也，宜也。”② 清人徐乾学《资治通鉴后编》有“昏庸如徽宗，奸贪如蔡京”③ 一语，将宋徽宗朝视为我国历史上昏君与奸相专权的典型时期之一。对于这一传统认定，任崇岳教授在 20 世纪 90 年代有所修正，称宋徽宗为“风流天子”④。“风流”二字惟妙惟肖，一语双关，正负兼具。此说或许与元人巎巎所说多少有些关联：“徽宗多能，惟一事不能。”所谓“多能”是就其艺术家角色而言，多才多艺。“一事”是从其皇帝角色来说：“独不能为君尔。身辱国破，皆由不能为君所致。人君贵能为君，它非所尚也。”⑤ 既肯定宋徽宗是一位成功的艺术家——文化史上的正面人物，又断定他是一个失败的皇帝——政治史上的负面昏君。简言之，昏君加才子。巎巎将宋徽宗的双重身份分割开来，认为两者不能兼顾。伊著《徽宗》将其两大角色合而论之，以为两者互补互动。在著者看来，宋徽宗多才多艺的艺术家形象有助于增强他作为帝王的政治威信。正因为他是位艺术家皇帝，才不遗余力地

① 脱脱等：《宋史》卷 22《徽宗本纪四 · 赞曰》，中华书局 1977 年版，第 418 页。

② 宋濂：《文宪集》卷 28《读徽宗本纪》，影印文渊阁四库全书本。

③ 徐乾学：《资治通鉴后编》卷 26“臣乾学曰”，影印文渊阁四库全书本。

④ 任崇岳：《风流天子宋徽宗》，河南人民出版社 1994 年版。

⑤ 宋濂等：《元史》卷 143《巎巎传》，中华书局 1976 年版，第 3414 页。

推动文化建设。此说不失为一家之言，颇有参考价值。伊著《徽宗》着重探究“如何评价作为皇帝的徽宗”①，本文下面的讨论仅限于此，不涉及其艺术成就。

二是视角独特。高度评价者认为，伊著《徽宗》的特色在于“从徽宗的视野来看他的世界”②，可谓一语破的。伊沛霞教授一再申明，“我努力从徽宗看到的角度来看待各个时期”，“透过徽宗的眼睛去观察他的统治”③，“从徽宗的角度来观察他的世界”④。换言之，即从皇帝的视角看时代。不必讳言，我个人与伊沛霞教授不同，和任崇岳教授相似，习惯于从民众的角度看历史，因而格外注意民谣民谚。诸如人所熟知的“杀了穜蒿割了菜，吃了羔儿荷叶在”⑤；“打破筒，泼了菜，便是人间好世界”⑥；“金腰带，银腰带，赵家世界朱家坏”⑦；等等。这些谣谚体现民意，其局限性在于“只反贪官不反皇帝”。民众对徽宗后期黑暗统治的愤懑，不仅见于谣谚，而且付诸行动。宣和年间民众的反抗事件，绝不仅有宋江、方腊事变，而是为数甚多。史载：“山东、河北盗贼起，少者不下数千人，若张仙、高托山辈，皆连兵数十万余。”其

---

① 伊沛霞著，韩华译：《宋徽宗》，第434页。

② 樊桦：《重新讲述宋徽宗和他的时代——评［美］伊沛霞著〈宋徽宗〉》，《中华读书报》2018年8月2日。

③ 伊沛霞著，韩华译：《宋徽宗·中文版序》，第1、2页。

④ 伊沛霞著，韩华译：《宋徽宗·前言》，第1页。

⑤ 曾敏行：《独醒杂志》卷9，清刻知不足丛书本。此谚语指的是童贯、蔡京、高俅及何执中。

⑥ 吴曾：《能改斋漫录》卷12《记事·打破筒泼了菜》，中华书局上海编辑所1960年版，第374页。

⑦ 陆游：《老学庵笔记》卷1，李剑雄、刘德权点校，中华书局1979年版，第5页。

原因在于朝廷“急于财用”，“偏索天下”，“结怨四海”。[①] 这条史料出自伊沛霞教授格外重视的《三朝北盟会编》。韩世忠的碑传资料称：“是时，山东、河北盗贼蜂起。”他在宣和年间先后奉命击讨的所谓“盗贼”，除高托山外，还有“大名水贼”“汤村强盗”“杨天王”“透手滑”“临沂贼武胡”“沂州贼徐进”“青社贼张先”“水鼓山贼刘大郎”“莒贼徐大郎”“东海贼张夔”等，“众皆不下万人，大者或跨州兼邑”[②]。这一碑传属于当代人记述当代事。据何竹淇先生早年的不完全统计，徽宗时期具有一定规模的民变达32起之多。[③] 宋徽宗直到宣和末年才不得不下罪己诏，此诏可作为“透过徽宗的眼睛去观察他的统治”的重要依据之一。诏曰：“言路壅蔽，导谀日闻，恩幸持权，贪饕得志。”“赋敛竭生民之财；戍役困军伍之力。多作无益，靡侈成风。利源酤榷已尽，而谋利者尚肆诛求。诸军衣粮不得，而冗食者坐享富贵。”可见无论从徽宗的视角还是从民众的角度看，官场贪腐成风，欺压残害百姓，以致“众庶怨怼”[④]，都是当时严酷的社会现实。《水浒传》的故事情节虽属虚构，但其主题官逼民反是宣和年间的实情。徽宗的负面形象因《水浒传》而深植于大众心中，几近牢不可破。由于金军南下，民众视线转移，不少反抗队伍改变斗争方向，成

---

① 徐梦莘：《三朝北盟会编》卷31靖康元年正月二十四日“诏王黼长流衡州”引《北征纪实》及《闲居录》，上海古籍出版社1987年版，第233—234页。

② 赵雄：《韩忠武王世忠中兴佐命定国元勋之碑》，杜大珪：《名臣碑传琬琰集》上编卷13，影印文渊阁四库全书本。

③ 何竹淇编：《两宋农民战争史料汇编》第2册，中华书局1976年版。

④ 徐松辑：《宋会要辑稿》帝系九《诏群臣言事》，刘琳、刁忠民、舒大刚、尹波等点校，上海古籍出版社2014年版，第1册，第223页；徐梦莘：《三朝北盟会编》卷25宣和七年十二月二十一日“下罪己求直言诏”，第188页。“酤榷”，《会编》作“商榷”。

为抗金武装[①]，高托山即是一例。《金史·王伯龙传》记载，在北宋的抗金队伍中，有“高托山之众十五万余”[②]。伊沛霞教授说：“在我看来，北宋的覆灭并不是必然的。”[③] 清初大思想家王夫之的判断与此不同，他指出：“宋至徽宗季年，必亡之势，不可止矣。”“拥离散之人心以当大变，无一而非必亡之势。”[④] 我赞同王夫之之说，腐朽的北宋王朝即使不被金军摧毁，也终将被烽火燎原的民众反抗队伍埋葬。从民众的视角看历史，被称为“道德史观”，似乎欠妥，应当称为“民众史观”才是。仅从皇帝的视角看时代，对吗？愚意以为，或许欠妥。退一步说，至少也应当将民众和皇帝的角度结合起来看历史。值得注意的是，伊沛霞教授对宋徽宗的评价并不全然是正面的。她虽然“竭力避开”，但毕竟肯定“他的统治下场悲惨”，“他的种种抉择导致最终无可挽回的崩解”。[⑤] 换言之，宋徽宗即使不称为昏君，至少是个失败的皇帝或悲剧性帝王。历史家论历史，力求主客观一致。伊沛霞教授也不例外，她评论宋徽宗具有一定的主观性。如认为徽宗有两个缺点，一个是“很虚荣”，另一个是“过分自信”。[⑥] 此说无论对错，都不是宋徽宗本人的角度，而是伊沛霞教授的臆测。宋徽宗宣和末年罪己诏中，仅有“导谀日闻”“恩幸持权”等语，并无“很虚荣”一类的含意。他往往委过于佞幸：“假享上之名，济营私之

① 参见赵俪生《靖康、建炎间各种民间武装势力性质的分析》，《文史哲》1956年第11期，第53—62页。收入《赵俪生文集》第1卷，兰州大学出版社2002年版，第305—328页。

② 脱脱等：《金史》卷81《王伯龙传》，中华书局1975年版。

③ 伯樵：《伊沛霞谈宋徽宗》，《澎湃新闻·思想·上海书评》2018年8月26日。

④ 王夫之：《宋论》卷8《徽宗》，中华书局1964年版，第155页。此事承蒙丁建军先生告知。

⑤ 伊沛霞著，韩华译：《宋徽宗·中文版序》，第1页。

⑥ 伊沛霞著，韩华译：《宋徽宗》，第435页。

欲，渔夺百姓，无所不至。"徽宗虽有"今日不吝改过"① 一语，但仅仅承认"任非其人"②，自己不悟不知而已。如《遣使抚谕河北、京东路诏》曰："比缘用非其人，政失厥中，徭役荐兴，使民不能自存，乃转而为盗贼，求生至急，遂抗官军、斗兵将。"③ 将"民食榆皮，野菜不给，至自相食"④ 的罪恶一概往外推卸。伊著《徽宗》说，徽宗"责备自己"⑤，"尽量避免将罪责归咎于他人"⑥，恐怕不是事实。只是在天文变异，他"甚惧焉"之时，才偶有"虚心以改"⑦ 这类应急之语。至于"罪皆在我"⑧，是徽宗被俘后所说。相传还有"九叶鸿基一旦休，猖狂不听直臣谋"⑨ 一类的诗句。"罪皆在我"与"咎由自取"是一个意思。

三是感情特殊。与我国多数学者不同，伊沛霞教授"对徽宗表达了更多的同情"⑩。其实，任崇岳教授对徽宗、钦宗早已表达

---

① 徐梦莘：《三朝北盟会编》卷 214 绍兴十五年十月"宇文虚中死于金国"引《行状》，第 1540 页。

② 徐梦莘：《三朝北盟会编》卷 25 宣和七年十二月二十一日"罢花石纲等指挥"，第 188—189 页。又见佚名《宋朝大诏令集》卷 184《政事三十七》，清钞本。

③ 徐松辑：《宋会要辑稿》兵二十《捕贼二》，刘琳、刁忠民、舒大刚、尹波等点校，第 14 册，第 8849 页。

④ 陈均：《皇朝编年纲目备要》卷 29 宣和六年"河北、山东盗起"，许沛藻、金圆、顾吉晨、孙菊园点校，中华书局 2006 年版，第 756 页。

⑤ 伊沛霞著，韩华译：《宋徽宗》，第 367 页。

⑥ 伊沛霞著，韩华译：《宋徽宗》，第 434 页。

⑦ 徐松辑：《宋会要辑稿》帝系九《诏群臣言事》，刘琳、刁忠民、舒大刚、尹波等点校，第 1 册，第 223、222 页。

⑧ 确庵等编，崔文印笺证：《靖康稗史笺证》之四《南征录汇笺证》，中华书局 1983 年版，第 172 页。

⑨ 庄绰：《鸡肋编》卷中《燕山道间上皇诗》，萧鲁阳点校，中华书局 1983 年版，第 81 页。

⑩ 樊桦：《重新讲述宋徽宗和他的时代——评［美］伊沛霞著〈宋徽宗〉》，《中华读书报》2018 年 8 月 2 日。

过怜悯之情："一片降幡出国门，荒陬遐域度残春。宵小误国倾社稷，几回掩卷哭徽钦。"① 但与伊沛霞教授不同，他更多地同情被涂毒的"四海百万生灵"。有评论者认为，伊著《徽宗》并非为徽宗翻案、为传主正名之作，而是重在理解。可是由于著者对徽宗深怀同情之心，难免替徽宗的某些弊政辩解。如认为建立元祐党籍碑"是一种权力的主张，皇帝有权选择自己的臣子"②；"禁毁苏党（指三苏及苏轼的门人）著作"，"法令形同虚设"③，并未造成后果。伊著《徽宗》将"崇奉道教"列为"致力辉煌"之首，并肯定"将道士纳入政府的官僚体系"④；将编造祥瑞、建造艮岳、广建宫观之类称为"追求不朽"。在著者看来，这些并非不务正业，而是一种政治手段。大兴土木是徽宗政治理想物质化的重要组成，痴迷道教是他树立个人威望的重要意识形态。但在民众心目中则是不折不扣的胡作非为。徽宗退位前，承认痴迷道教、大兴土木等种种举措均属莫名其妙、劳民伤财的弊政，并加以废止。⑤ 出于同情之心，伊著《徽宗》难免回避一些史实，对史料做选择性处理。如徽宗既"招徕专家"，如李诫、米芾等，又轻信骗术，重用骗子。伊著《徽宗》只讲前者，讳言后者。"上有所好，下必甚之"，徽宗时期吹牛撒谎者甚多。在蔡絛《铁围山丛谈》、陆游《家世旧闻》等书中有较为集中的记载，诸如刘快活、风僧哥之类。信之者称之为"神人"，疑之者称之为"狂痴"。如

① 任崇岳：《宋帝列传：宋徽宗宋钦宗·前言》，吉林文史出版社 1996 年版，第 1 页。

② 伊沛霞著，韩华译：《宋徽宗》，第 112 页。

③ 伊沛霞著，韩华译：《宋徽宗》，第 103—104 页。

④ 伊沛霞著，韩华译：《宋徽宗》，第 341 页。

⑤ 参见徐梦莘《三朝北盟会编》卷 25 宣和七年十二月二十一日"罢花石纲等指挥"，第 188—189 页。

徽宗、蔡京所信用的音乐家魏汉津就有骗子的嫌疑。他自称有借尸还魂之术："尸解复投他尸而再生。"伊著《徽宗》称赞魏汉津"能够借助神秘力量创造奇迹"①，指的似乎正是这一骗术。魏汉津诳称师从仙人李良，"以其八百岁，世号'李八百'"②。这分明是骗子在说谎，明眼人嘲笑道："汝师八百，汝九百耶?""盖俗［谓］狂痴者为九百。"③ 至于魏汉津对音乐的造诣究竟如何，各说不一。朱熹认为："魏汉津造雅乐一部，皆杜撰也。"④ 又如徽宗对道士林灵素呼风唤雨的种种法术居然深信不疑，开封大水临城，让他去降服洪水，结果当然无效，一场闹剧而已，而民众则深受其害。最愚蠢莫过于用骗子郭京的"六甲神兵"抵御金军，郭京骗术败露，畏罪逃之夭夭，金军随即登城，开封城内"横尸满道"。⑤ 此事虽然发生在钦宗时，但根子在徽宗朝。这类史实较多，足够写篇短文《北宋晚期的骗子和骗术》，这里不再列举。宋徽宗时期尤其是宣和年间，民众苦难深重。不仅山东、河北甚至人相食，而且"东南人家饭锅子未稳在"。此言出自童贯之口，徽宗听后"大怒"。⑥ 对于民众的苦难，伊著《徽宗》几乎避而不谈，仅有一句："宋朝为了运送花石纲给徽宗建造花园，在地方上

---

① 伊沛霞著，韩华译：《宋徽宗》，第 139 页。

② 蔡絛：《铁围山丛谈》卷 5，冯惠民、徐锡麟点校，中华书局 1983 年版，第 87 页。

③ 陆游：《家世旧闻》下，孔凡礼点校，中华书局 1993 年版，第 209 页。

④ 黎靖德编：《朱子语类》卷 92《乐》，王星贤点校，中华书局 1986 年版，第 2345 页。

⑤ 徐梦莘：《三朝北盟会编》卷 69 靖康元年闰十一月二十五日"京师失守"，第 520—521 页。

⑥ 杨仲良：《皇宋通鉴长编纪事本末》卷 128《花石纲》引蔡絛《史补》，李之亮校点，黑龙江人民出版社 2006 年版，第 2165 页。

强征很多苛捐杂税，方腊正是利用了人们对花石纲的怨恨情绪。”① 伊著《徽宗》讲到方腊起义，曾引用《宋史·陈遘传》，但回避了此传所载东南七路经制使陈遘上奏曰：“盖贪污嗜利之人，倚法侵牟骚动，不知艺极。积有不平之气，结于民心，一旦乘势如此，可为悲痛！此风不除，必更生事。”② 足见，方腊起义实属民众反抗苛政暴政的正义之举。我个人认为，伊著《徽宗》的贡献不在于修正了宋徽宗的负面形象，而在于告诫并启示我们在徽宗研究中应尽力避免简单化倾向。先将徽宗定性为昏君，再从史料中筛选取证，是一种简单化。以同情与理解之心为出发点，先“假定徽宗、蔡京、童贯等重要人物是无辜的”③，再选取并解读有关史料，只怕也是一种简单化。两种简单化均属带着“有色眼镜”论徽宗，都应当防止。

四是方法别致。伊著《徽宗》在写作方法上不使用论述体，而使用叙事体，在探索方法上不采取逆向考察法，而采取顺向考察法。论述体往往围绕问题展开，结构严密，行文简洁，逻辑性强，适合学术研究论著。叙事体通常以时间为序，娓娓道来，细致入微，可读性好，适合传记一类著述。伊著《徽宗》作为人物传记，理所当然地选择了叙事体，加之文笔生动，因而赢得读者，我读起来也饶有兴味。顺向考察即顺看历史，重在起因和动机；逆向考察即倒看历史，重在后果与教训。两者各有长短，相反相成，互补互济，探究历史问题宜兼而用之，不可厚此薄彼。丁伟志先生 20 世纪 80 年代在《论历史研究中的逆向考察》一文中已

---

① 伊沛霞著，韩华译：《宋徽宗》，第 343 页。

② 脱脱等：《宋史》卷 447《陈遘传》，第 13182 页。

③ 伊沛霞著，韩华译：《宋徽宗·中文版序》，第 2 页。

有论述。[①] 逆向考察即评论者所谓"倒放电影""逆向归因""后见之明"[②]，伊沛霞教授称之为"反思史学"[③]。北宋王朝覆灭、徽宗国破家亡是铁定的史实。从这一既定的后果出发，追根溯源，探究其前因，以前车为鉴，从中吸取经验教训，只怕不应该被否定。与如果徽宗生在另一时代，将是太平天子的猜想相比，所谓"反思史学"无疑要切实些，且富有意义。或许由于思维固化，我真不知道"以史为鉴"这一古训究竟错在哪里？客观地说，受宋徽宗的原型所限定，将他"描黑"容易"洗白"难。在我个人看来，无论采取任何方法，都很难修正其负面形象。要将徽宗塑造为正面人物，只怕犹如古时蜀道之难，是难于上青天的。不必讳言，对于宋徽宗整体形象的认识，我等与伊沛霞教授等西方学者存在较为明显的差异。正如包伟民教授所指出，所反映的是"中西方学者的视角差异"[④]。"横看成岭侧成峰"，两者很难强求一律，只能求同存异。经过40年前解放思想的洗礼，对于"与国际接轨"这一当今流行语，本人高度赞同，但不必事事处处都如此。难道对宋徽宗的评价也需要"接轨"吗？我看大可不必。

伊沛霞教授所著《宋徽宗》虽"非学术写作"，但出自著名历史学家之手，其中包含她多年潜心研究的心得。就其某些研究方法而论，和我国学者有相同或相似之处。以下两点比较明显。

一是强调辨析史料，伊著《徽宗》考证并厘清了若干史实。如关于宋徽宗的生日，《宋史·徽宗本纪一》明确记载："元丰五

① 丁伟志：《论历史研究中的逆向考察》，《光明日报》1984年7月25日。

② 伯樵：《倒放电影VS身临其境：理解之同情目光下的宋徽宗》，《澎湃新闻·思想·上海书评》2018年7月24日。

③ 伊沛霞著，韩华译：《宋徽宗·中文版序》，第1页。

④ 包伟民：《宋徽宗："昏庸之君"与他的时代》，《北京大学学报》（哲学社会科学版）2009年第2期，第119页。

年（1028）十月丁巳（即十日），生于宫中。”① 而周密《癸辛杂识》后集则称：“五月五日生子，俗忌之。”“徽宗亦以五月五日生，以俗忌改作十月十日生。”② 其《齐东野语》卷六又称：“徽宗本以五月五日生，以俗忌移之十月十日。”③ 伊著《徽宗》经过考辨与思辨，认定：“此传言非常不可信”④，当以《宋史·本纪》为是。其说有理有据。又如“徽宗出宫夜访李师师”，伊沛霞教授认为“这个故事是杜撰的”⑤，王国维早已予以否定。她在转述王国维的论证之后，又补充了一些有力的证据。伊沛霞教授向来强调史料的原始性，主张研究宋徽宗应当主要依据“形成于徽宗统治时的一些资料”⑥。包伟民教授在赞同之余，又有所补充，指出当时写定的文字“具有多少真实性，同样值得深思”⑦。伊沛霞教授认为：“即使是离这些事件比较近的人撰写的内容，也不一定都可靠。”⑧ 两位教授的认识并无二致。的确，像被徽宗“称为奇才”⑨ 的御用文人王安中那些歌功颂德的诗文，竟将宣和年间的危局描述为“太平丰盛之象”⑩，断断不足凭信。伊沛霞教授强调

① 《宋史》卷19《徽宗本纪一》，第357页。

② 周密：《癸辛杂识》后集《五月五日生》，吴企明点校，中华书局1988年版，第104—105页。

③ 周密：《齐东野语》卷6《滕茂实》，张茂鹏点校，中华书局1983年版，第193页。

④ 伊沛霞著，韩华译：《宋徽宗》，第446页。

⑤ 伊沛霞著，韩华译：《宋徽宗》，第453页。

⑥ 伊沛霞著，韩华译：《宋徽宗·前言》，第2页。

⑦ 包伟民：《宋徽宗：“昏庸之君”与他的时代》，《北京大学学报》（哲学社会科学版）2009年第2期，第119页。

⑧ 伊沛霞著，韩华译：《宋徽宗》，第455页。

⑨ 《宋史》卷352《王安中传》，第11124页。

⑩ 周煇撰，刘永翔校注：《清波杂志校注》卷6《初寮曲宴百韵》，中华书局1994年版，第245—246页。

要鉴别撰写者的政治立场和内容来源，其正确性毋庸置疑，但应具体分析。如蔡絛的《铁围山丛谈》既粉饰太平，为其父蔡京辩解，又披露了当时官场和社会的一些真情实况，仍是研究宋徽宗时代较为重要的史料之一。

二是注重问题意识，伊著《徽宗》提出并探究了若干问题。如伊著《徽宗》采用性格研究法，探究“徽宗是什么样的性格，以及这种性格是如何形成的”①。这个问题是我从前不曾想到的，具有启发性。徽宗在位期间，为什么出现从“建中之政”到“崇宁之政”的转折？我国学者通常认为徽宗倾向新党，向太后偏爱旧党，徽宗一旦亲政，政治方向自然改变。伊著《徽宗》质疑这一简单化的看法：“徽宗并不是不愿意将保守派召回朝廷，而向太后也至少非常愿意将一位新法派留在京城。”② 这个问题确实值得再思考。关于宋徽宗及其时代，有待深入探究的问题还很多。如宋徽宗的形象并非自来负面，而是经历了从正面到负面的过程。起初人们对他寄予厚望：“从此滂沱遍枯槁，爱民天子似仁宗。”③后代史家认为：“徽宗之初政，粲然可观”④；“一年之内，获睹清明”。⑤ 可是徽宗为何最终竟沦为荼毒生灵、结怨四海的负面昏君？又如徽宗的一切举措并非都是弊政，某些举措初衷不错，但效果不佳，为什么南其辕而北其辙？至于北宋这座金碧辉煌的大厦居然迅急坍塌，其覆灭原因究竟何在，更是个经久不衰的论题。

---

① 伊沛霞著，韩华译：《宋徽宗》，第439页。

② 伊沛霞著，韩华译：《宋徽宗》，第449页。

③ 《黄庭坚全集》正集卷7《次韵文少激推官祈雨有感》，刘琳、李勇先、王蓉贵点校，四川大学出版社2001年版，第1册，第165页。

④ 王夫之：《宋论》卷8《徽宗》，中华书局1964年版，第145页。

⑤ 张溥：《历代史论》卷8《宋史论二·建中初政》，成都书房光绪二十七年刊本。

我曾抛砖引玉，略抒浅见，诸如士风日下、各种权力恶性膨胀、靖康内讧之类，可归纳为一句话：绝非落后挨打，实因极度腐败而亡国。[①] 用宋人的话来说即是："心腹溃了！"[②] 总之其原因是多方面的，相信研究者会有更多更合情理的解读和剖析。

（原载《河北大学学报》2019 年第 1 期）

① 参见张邦炜《宋代政治文化史论》，人民出版社 2005 年版，第 177—225 页。

② 黎靖德编：《朱子语类》卷 130《本朝四・自熙宁至靖康用人》，王星贤点校，第 3135 页。

王十朋悠然治夔州

王十朋（1112—1171），字龟龄，号梅溪，温州乐清人。其家世代务农，他始自幼业儒。王十朋在家乡开馆授徒多年，绍兴二十七年（1157）46岁时中状元，历任侍御史、吏部侍郎，先后出知饶州、夔州、湖州、泉州，官至太子詹事、龙图阁学士。在他的人生理念中，有三个关键词："不欺""无隐""至诚"。王十朋一生致力于"真"的追求，其志趣为："能将一'诚'字，了却百年身。"[①] 他在朝"素以刚毅正直称天下"，人称"真御史"。汪应辰认为："近世为政得人心，未有如公比者。"[②] 朱熹感叹道："而今难得此等人！"[③] 真德秀将王十朋誉为"一代正人"[④]。

---

① 凌迪知：《万姓统谱》卷89《沈大廉》，影印文渊阁四库全书本。此联系王十朋为其"遇事敢言，无所顾望"的同僚、同乡、同好沈大廉所写的挽联，同时也是其本人志趣与追求的如实写照。

② 汪应辰：《文定集》卷23《龙图阁学士王公（十朋）墓志铭》，丛书集成初编本，第282、284页。

③ 黎靖德编：《朱子语类》卷132《本朝六·中兴至今人物下》，王星贤点校，中华书局1994年版，第3176页。

④ 真德秀：《西山文集》卷34《跋张魏公〈不欺室铭〉》，影印文渊阁四库全书本。

一、“使君无事只吟诗”

乾道元年（1165）七月，王十朋在集英殿修撰、权发遣饶州（治今江西鄱阳）任上，升任敷文阁待制、知夔州。① 当年十一月到任，乾道三年七月离任，在任时间不足两年。王十朋出身教师，“以文学称天下”。知情者担心：“其于吏事，未必数数然也。”② 王十朋自称：“书生为郡亦迂哉。”③ 其治夔政绩究竟如何？别人评价极高，而他本人的自我评价则很低。两者截然相反，让人莫衷一是。所幸王十朋留下大量纪行诗，可视为有韵之日记，既记述其行踪，又展露其心迹，可信度较高，足资参证。

对于王十朋政绩的他人评价，大抵均来源于汪应辰《龙图阁学士王公（十朋）墓志铭》。据墓志铭记载，王十朋不仅办事能力强，“虽文书填委，公一一翻阅，不以付吏，审核情伪，参用经律，所与夺，人皆厌伏”，而且“治行皆卓”。④ 墓志铭素有“谀碑”之称，汪应辰又是王十朋的好友，人们不免怀疑这一评价乃至其记载的真实性。

王十朋在知夔州任上政绩卓著，只怕毋庸置疑，夔州民众的以下四种反应即是其明证。其一，立祠。王十朋夔州诗云：“才疏

① 据徐松辑《宋会要辑稿》选举 34 之 16，中华书局 1957 年影印本，第 4783 页。

② 《文定集》卷 23《龙图阁学士王公（十朋）墓志铭》，第 283 页。

③ 梅溪集重刊委员会编：《王十朋全集》（以下简称《全集》）诗集卷 21《买山》，上海古籍出版社 1998 年版，第 370 页。

④ 《文定集》卷 23《龙图阁学士王公（十朋）墓志铭》，第 284 页。

政拙形容陋，深愧邦人为立祠。”“从公[①]于迈误成颂，尔貌不扬何足祠。”并记述道：“某二年于夔，窃食而已，无德于民，尤无功于学校。泮宫诸生相与肖其象而祠之，意固厚矣，然非所宜得。”[②] 其二，讴歌。民众对王十朋的颂扬之声“得之（于）民谣”，在其知饶州时便如此，“同官有录民谣见寄”者。只是民谣的具体内容，不见于记载。其三，泣别。王十朋《七月十七日离夔州是夜宿瞿唐》诗曰：“邦人送别亦伤情，杨柳阴中涕泣声。我亦怜夔不忍去，一宵留宿旧江城。”[③] 民众依依惜别，情景十分感人。其四，怀念。王十朋的政绩在夔州广为流传，当地人将瀼水更名为梅溪河。[④] 梅溪者，王十朋之别号也。《大清一统志·夔州府·庙宇》载：“王梅溪祠在府治南，明万历二十四年（1596）建，祀宋州守王十朋。”[⑤] 可见汪应辰的评价不算过分。

王十朋自我评价“才疏政拙”，显系自谦之辞。但他在夔州优哉游哉则大体属实，有下面“两个不少”可证。一是饮酒吟诗不少。王十朋自称：“使君无事只吟诗。”他离开夔州时，特意告诉夔人：“使君无可念，空有诗篇留。”夔州人文景观丰盛，自然风光奇特，王十朋在这里诗兴大发。他不时与同僚“煮惠山泉，烹建溪茶，酌瞿唐春”[⑥]，赏花观景，度过了许多欢乐的时光。“殷勤呼酒伴，烂漫醉秋光”；“清光此夜十分好，有酒有客宜高歌”。

---

① “公”指夔州州学苏教授。

② 《全集》诗集卷 23《别夔州三绝》《某二年于夔》，第 434、433 页。

③ 《全集》诗集卷 21《仪凤得珠字》《怀番阳》，诗集卷 24《七月十七日离夔州是夜宿瞿唐》，第 380、387、436 页。

④ 陈剑：《梅溪河畔话梅溪》，《全集》附录四《有关古迹记载及轶事传闻·梅溪河》，第 1148—1149 页。

⑤ 和珅等：《大清一统志》卷 303《夔州府·庙宇》，影印文渊阁四库全书本。

⑥ 《全集》诗集卷 23《别夔州三绝》，卷 24《登古峰岭望夔州》，卷 22《会同僚于郡斋》，第 434、437、408 页。

这类诗句在其夔州诗中俯拾即是。二是迎来送往不少。王十朋诗云："预扫江头礼宾馆，论文尊酒菊花天。"① 夔州作为巴蜀东门，人来客往不断。王十朋在这里接待了不少友人，陪同他们游山玩水，探迹访胜，饮酒品茗，不亦乐乎。

王十朋如此悠闲自得，居然深得民心。夔州可谓"无事"而治，"吟诗"而治，悠然而治，其原因究竟何在？王十朋从政为官，有何独特之处？他给后人留下哪些可供借鉴的启示？这些问题不无一定思索价值。

二、"志高"与"思归"

王十朋《读〈岳阳楼记〉》诗云："先忧后乐范文正，此志此言高孟轲。"又称："私心克尽道方大。"要将他塑造为一位先忧后乐无私心的圣洁君子，并不困难。王十朋曰："梦已先予到古夔"，"一麾出守喜来夔"。他奉命移知夔州之前，夔州据说已在梦中。令下后，立即欣然前往，并誓言："男儿四方志，宁惮蜀天遥。"② 他乾道元年七月离开饶州，因种种缘故，三个月后才到江陵（即今湖北荆州市）。然后换乘蜀船，溯江而上，终于在十一月初一抵达夔州。其《初入巫山界》诗云："西来水陆备艰辛，只为君恩不为身。"王十朋沿途瞻仰屈原、寇准等祠庙。其《题屈原庙》诗

① 《全集》诗集卷22《又用前句作七绝》《中秋对月》《寄赵果州》，第399、394页。

② 《全集》诗集卷24《读〈岳阳楼记〉》，卷22《胜己山》，卷21《初到夔州》，卷23《某二年于夔》，卷19《中秋宿瀼溪驿（瑞昌）》，第447、402、365、433、334页。

曰："自古皆有死，先生死忠清。""六经变离骚，日月争光明。"《寇莱公祠》诗云："精忠一点不负国，枯竹知公人不知。"① 这些诗篇既怀古又言志。刚到夔州，立即上表谢恩："地易夔门，难敢辞于蜀道"；"臣敢不究疾苦于闾阖，布教条于州郡。"同时向民众宣布："圣主有美化，丁宁戒守臣。毋令挂墙壁，宣以及吾民。"并承诺"端为夔民解百忧"，誓言："一清夔子国，炎瘴自今无。"其豪情真实可信，宏愿值得嘉许。到夔州不久，其嫡孙降生，王十朋"名之曰夔"②。他爱上了这片土地和这片土地上的民众。

常言道："花有五颜六色，人有七情六欲。"同常人一样，王十朋的内心世界是复杂的。豪情与宏愿只是其心境的一部分，虽然很重要，但毕竟不是其全部。与此同时，王十朋的思乡之情日甚，归隐之意益浓。他在知饶州时，即上《乞祠状》，得到移知夔州的任命，又上《辞免状》，只是均未获批准而已。王十朋在入蜀途中，写下不少思亲恋乡的诗篇。如《中秋思乡》："岁月飘如梦，年时醉似泥。可怜佳节里，兄弟各东西。"《九日怀故乡》："天涯行客倍伤悲，鄂渚登高帽欲吹。遥想弟兄行处乐，几人同把菊花枝。"沿途不免触景生情："坡名燕子燕思归，岩号鸟飞鸟倦飞。"过五柳湾时，更是感慨良多："出守江湖日念还，又扶衰病入巴山。不能早作归田计，愧过渊明五柳湾。"③ 王十朋到达夔州后，此情有增无减。其《寄书与二叔》诗云："八十高年林下老，四千

---

① 《全集》诗集卷 20《初入巫山界》《题屈原庙》《寇莱公祠》，第 360、359、355 页。

② 《全集》文集卷 17《夔州到任谢表》，诗集卷 22《十八坊诗·宣化》，卷 21《给水》，卷 22《跳珠》，卷 21《闻诗得男》，第 848、389、370、397、374 页。

③ 《全集》诗集卷 19《中秋思乡》，卷 20《九日怀故乡》《登燕子坡》，卷 19《过五柳湾》，第 334、343、361、320 页。

余里梦中家。云安①双鲤随春水，为我传书到永嘉。”② 类似诗句颇多，诸如：“终日思归未有涯，梦魂无夜不还家”③，“主人只欲东归去，归作左原④田舍翁”，“愿作老农圃，一犁耕故园。”⑤

王十朋如此思亲恋乡，可能与夔州的自然环境有关。他说：“巴夔之山厌太多。”又说：“蜀道青天不易登。”其《中秋对月》诗云：“传闻蜀道如天高，崖悬壁绝哀猿号。波横剑戟不易上，陆有虎豹何由逃。”离开夔州后，仍惊魂未消：“身到猿啼虎啸处，至今魂梦中宵惊。两年寒暑深山里，瘴疠侵凌身不死。”⑥ 更重要的原因在于他年老多病。王十朋 54 岁入蜀，56 岁离夔，在古代已是年过半百的老人。他常常自称“白首”“衰翁”，“我老苦多病，得药年可延”。其《观画像》诗云：“吟苦眉常皱，忧多病早衰。惓惓畎亩志，无复画师知。”《齿落》诗曰：“我来饶与夔，三载堕两齿。悬知年非永，早悟仕当已。”“行年五十五，万事可休矣。功名与富贵，磨灭何足纪。但愿早归乡，俯育三百指。”其深层次的原因还在于仕途不顺。王十朋系坚定的对金主战者，自隆兴北伐失利后，即有不得志之感。其诗句称：“事君均有犯”⑦，即是这一心境的隐约流露。宋孝宗怀疑王十朋“有未纯处”⑧。既

① 夔州又称云安郡。

② 《全集》诗集卷 21《寄书与二叔》，第 375 页。温州又称永嘉郡。

③ 《全集》诗集卷 21《刘韶美至巫山寄诗》，第 378 页。

④ 左原在乐清城东 35 华里，是王十朋的家乡。

⑤ 《全集》诗集卷 23《双鹊》，卷 22《中元日得雨》，第 418、392 页。

⑥ 《全集》诗集卷 24《望石首山》，卷 22《送如上人》《中秋对月》，卷 24《至喜亭》，第 443、396、394、441 页。

⑦ 《全集》诗集卷 24《查元章自成都走书至江陵》，卷 22《观画像》，卷 21《齿落》，卷 22《题无隐斋》，第 442、407、387、392 页。

⑧ 罗大经：《鹤林玉露》丙编卷 6《南轩辩梅溪语》，王瑞来点校，中华书局 1983 年版，第 345—346 页。

然不能在朝得君行道，不如还乡归隐，于是他发出了“万事可休矣”一类的感叹。

三、变难治为“易治”

王十朋是个饱学之士，且有“一代正人”之称，自制力极强。他的归去来兮之想并未对其先忧后乐之志构成多大的直接影响。要做到为官一方、造福一方，首先必须深谙当地的风土人情。王十朋在入蜀途中，即着重探究这里的社情民情。夔州仅管辖奉节、巫山两县，但夔州系夔州路的首府。夔州路在南宋时期作为川峡四路之一，管辖今重庆市大部以及四川、湖北乃至贵州、湖南四省的一小部分地区。关于夔州的“风俗”，历来有两种极端的说法。一种是“剽悍巧猾”。乐史《太平寰宇记》称：“其民轻果而好诈。”① 另一种是民风淳朴。唐代贞元年间曾任夔州都督的李贻孙在《夔州都督府记》中说：“其税易征，即知其民不偷。长吏得其道者，莅之犹反掌云。”② 如细加考究，这两种说法只怕都不确切。俗话说：“人上一百，形形色色。”不同阶层的人群乃至同一阶层的个人，很难有完全相同的禀赋。“剽悍巧猾”说，尤其不可取。此说将广大民众一概视为奸诈难治的刁民，分明是对民众的

① 乐史：《（宋本）太平寰宇记》卷147《山南东道六·峡州》，中华书局1999年版，第273页。书中有逸文，据影印文渊阁四库全书本补足。这里是就峡州（治今湖北宜昌）而言，同书卷147《山南东道七·夔州》称：夔州“风俗同峡州”（第277页）。

② 杨慎：《全蜀艺文志》卷34《记乙·夔州都督府记（李贻孙）》，刘琳、王晓波点校，线装书局2003年版，第957页。

无端侮辱。王十朋在两种说法中，毫不迟疑地选择了后者，肯定“夔峡民淳”。其《州宅杂咏·易治堂》诗云：“古夔尤易治，风俗本来淳。”① 此说体现了对夔州民众的尊重。

王十朋说“古夔尤易治”，在很大程度上是出于政策上的考量，特别是这个“尤”字并不是事实。有宋一代，夔州地区各类事件时有发生。既有因苛捐杂税而激愤民众的变故出现②，也有灾民因“岁饥”而“盗粟”③ 的事件发生，还有战事爆发。如王小波、李顺事变末期，张余率领反抗军攻打夔州，与官军列阵而战，“矢石如雨”，“水为之赤”④。夔州因民族关系而引发的事端为数不少。如咸平年间，丁谓两次奉命到夔州处理“蛮扰边”⑤ 问题。绍兴末期，发生“溱、播夷叛”⑥ 事件。可见，这里绝非“易治”“无事”之地，

夔州路之所以难治，与其三大社情有关。第一，“远”。“蜀去行在万里远而易忘”⑦，夔州又地处四川这个边远地区的边缘地带，群山高耸，延绵不绝。第二，“穷”。陆游的诗句“峡中天下

① 《全集》诗集卷22《州宅杂咏·易治堂》，第396页。

② 脱脱等：《宋史》卷300《周湛传》：“为夔州路转运使，云安盐井岁赋民薪茅，至破产，责不已。湛为蠲盐课，而省输茅薪。”（中华书局1977年版，第9967页）

③ 《宋史》卷331《马仲甫传》，第10646页。

④ 李焘：《续资治通鉴长编》卷36淳化五年五月戊寅，上海师范大学古籍整理研究室等点校，中华书局1979年版，第789页。

⑤ 《宋史》卷283《丁谓传》，第9566页。

⑥ 李心传：《建炎以来系年要录》卷169绍兴二十五年八月壬寅，中华书局1988年版，第2764页。溱州在今重庆万盛一带，播州在今贵州遵义一带，宋时均为“以酋首领之”（《宋史》卷89《地理志五·夔州路·重庆府》，第2228页）的羁縻州。

⑦ 《全集》文集卷4《除知湖州上殿札子三首（之二）》，第640页。

最穷处”[1]，可谓一语破的。这里“地硗埆而民尤贫”[2]。汪应辰讲得较具体：“夔路最为荒瘠，号为刀耕火种之地。虽遇丰岁，民间犹不免食草木根实。”[3] 第三，“少”。此间少数民族分布甚广。史称：“夔部地接蛮獠，易以生事。”[4] 对于这三大社情，王十朋心知肚明。他说：“夔峡之间，土狭民贫，面皆菜色，衣不蔽体。”夔民“有刀耕火种之劳，非善治不可以怀柔”。又说：“夔疆瘠卤，介绝险之乌蛮，但思治己以先人，岂忍夺民而生事！”[5] 他在这里行事格外审慎。正因为他“善治”，才将夔州这一难治之区变为“易治”之地。而不将民众视为刁民，推向对立面，正是其“善治”的表现之一。

四、“无隐”且“无喧”

王十朋说：“风俗无难易，治之端在人。”无隐与无喧既是其两大人生理念，又是其“善治”的两大表现。王十朋将其办公处命名为“无隐斋”，其下属钤辖司干办公事朱灏则将其办公处取名为“无喧室”。离开夔州后，王十朋深深地怀念着这两处斋室，其

① 陆游：《剑南诗稿》卷3《偶忆万州戏作短歌》，《四部备要》第79册，中华书局1989年版，第39页。

② 张孝祥：《于湖居士文集》卷19《查籥除夔州路运判制》，徐鹏校点，上海古籍出版社1980年版，第189页。

③ 《文定集》卷4《御札问蜀中旱歉画一回奏》，第33页。

④ 《宋史》卷388《周执羔传》，第11898页。

⑤ 《全集》文集卷4《夔州论马纲状》，卷17《夔州到任谢表》《湖州到任谢表》，第635、848、849页。

《送朱仲文运干还蜀》诗云："君归应过无喧室，我梦遥驰无隐斋。带得江山在诗卷，种成杨柳系离怀。"①

王十朋称："遥自不欺室，来居无隐斋。"此前他将其书室定名为"不欺"。其《不欺诗》云："室明室暗两何疑，方寸常存不可欺。勿谓天高鬼神远，要须先畏自家知。"在夔州时，其《题无隐斋》诗曰："檐日照我几，竹风清我襟。官身心处士，官舍趣山林。"《州宅杂咏·无隐》诗云："勿谓江湖远，长如天日临。事君何敢隐，中外一般心。"他出任地方长官，总是"勉力施行诚与信"，强调"一点欺心事莫萌"。② 朱熹认为王十朋为政的特点之一是"能以至诚感动人心"，因而"所至州郡上下皆风动"。③

所谓"无隐"，就其官场含义来说，与今人所说政务公开意思相近。王十朋不时就州郡事务与民众当面直接对话。如他"月率两诣学宫，延见诸生"，既"从容诲诱"，又"询究郡政"④，即倾听学校师生对官府的意见和建议。其对话的范围不仅限于城里人，还包括来自峻岭深处的山里人乃至少数民族。按照他们的习俗，每年上元即正月十五元宵节成群结队入城游玩三天。"邻里相呼入郡城，巴歌楚舞沸欢声，三宵游罢同归去。"王十朋利用这个机会，同他们对话。既祝福："家家饱暖身康健，更向明年看月圆"，又鼓励："勉力耕桑事父兄"，"好去耕耘陇上田"，并告诫："但须及早输租税，莫要勾呼到讼庭。"甚至小小少年也是王十朋的对话

① 《全集》诗集卷22《州宅杂咏·易治堂》，卷25《送朱仲文运干还蜀》，第396、467页。

② 《全集》诗集卷22《题无隐斋》，卷15《书不欺室》，卷22《州宅杂咏·无隐》《张主管摄郡秭归赠以三绝》，卷25《重刊〈戒石铭〉》，第392、249、397、393、472页。

③ 朱熹：《晦庵先生朱文公文集》卷37《与王龟龄》，《四部备要》第57册，中华书局1989年影印本，第576页。

④ 《文定集》卷23《龙图阁学士王公（十朋）墓志铭》，第284页。

对象，他勉励裴童子："好把五车书尽读，五车读了要须行。"王十朋作为诗人，他往往将诗歌作为同民众交流政务的一种重要方式。前引《上元山中百姓出游作三章谕之》即是一例。王十朋在知夔州任上写下大量诗篇，其中有不少属于政务诗。这些诗歌在民众中流传较广，连三尺孩童也有能吟诵者。其《赠牟童子》诗称："牟家六岁好男儿，诵得夔州太守诗。"①

王十朋《题朱钤干灏无喧室》诗云："仁者本来静"，"处喧思避喧"，"无复扰为烦"。《赠钤干》诗曰："无喧室对山头雪，雪照无喧室湛然。""湛然"者，清澈、安然、淡泊也。或许正是从这一理念出发，王十朋将不事渲染、低调做事作为自己为政的风格。乾道二年二月，夔州出现所谓祥瑞，"甘露降于宅堂竹间，凡半月"。王十朋完全可以趁机大造声势，上报朝廷，邀功请赏。可是他一再表示："予无善政，惧其为灾。"其诗云："湛湛下修竹，味如饴蜜甘。人言此为瑞，无德可能堪。"又曰："我来无善政，露下亦何堪。"他所期盼的不是甘露降，而是及时雨："天闵夔民岁饥馑，雨旸时若乃嘉祥"；"但愿时旸及时雨，不独一州天下普"。王十朋不愿也不会展示自己，一谈到政绩，他总是谦虚过甚，说自己"政拙""窃食"。诸如"两年窃禄古夔州"，"愧无名德比前贤"，"为郡不才真下下"，"深惭郡政谬"②，等等。

---

① 《全集》诗集卷21《上元山中百姓出游作三章谕之》《赠裴童子》，卷23《赠牟童子》，第372、385、434页。

② 《全集》诗集卷22《题朱钤干灏无喧室》，卷23《赠钤干》，卷21《甘露降于宅堂竹间》，卷22《州宅杂咏·甘露堂》《八月十二日雨》，卷23《别夔州三绝》《别同官》，卷24《查元章自成都走书至江陵》，第434、435、442页。

五、“人和风自和”

王十朋《制胜楼》诗云：“制胜在人和。”人和素来被人们视为战时克敌的不二法门。其《和风》诗曰：“郡城深僻处，车马罕经过。中有人多少，人和风自和。”① 他又将人和作为平时为政的第一要务。“凡事不和同则不济。”② 王十朋在朝任侍御史，颇有“宁为独醒鬼，不作附炎官”③ 的气概，“以刚毅正直称天下”④，因政见等原因，与史浩等大臣矛盾相当尖锐。他在夔州独当一面，善于处理各种关系，做到了以下三个方面的和同。

一是与同官和合。夔州系都督、节度州，其军额为宁江军节度，其知州的全称是知夔州军府事。“军谓兵，州谓民政。”⑤ 知夔州并非只管奉节、巫山两县的民政，还管军政。夔州作为要郡，知州有若干兼职。按照安抚使由知州充任，知州带兵马钤辖的惯例，王十朋兼任夔州路安抚使⑥及夔、利两路兵马钤辖⑦两大要职。董钺《制胜楼记》称：“夔为一路都会，而领州牧者，乃总一十三郡甲兵盗贼之政，盖当左右全蜀之口。”⑧ 可见知夔州权力颇

---

① 《全集》诗集卷 22《制胜楼》《十八坊诗·和风》，第 391 页。

② 欧阳修：《文忠集》卷 129《笔说·富贵贫贱说》，影印文渊阁四库全书本。

③ 《全集》诗集卷 17《哭冯员仲》，第 288 页。

④ 《文定集》卷 23《龙图阁学士王公（十朋）墓志铭》，第 284 页。

⑤ 《宋史》卷 167《职官志七·府州军监》，第 3973 页。

⑥ 据李昌宪《宋代安抚使考》，齐鲁书社 1997 年版，第 555—559 页。

⑦ 《宋史》卷 89《地理志五·夔州路·夔州》称：“建炎三年（1129），升夔、利兵马钤辖。淳熙十五年（1188），帅臣带归、峡州兵马司。”（第 2226 页）

⑧ 《全蜀艺文志》卷 34《记乙·制胜楼记（董钺）》，第 959 页。

大。然而在夔州有某些官员并非知州的下属，而是其同官。其中最重要的是负责管理地方财赋和监察地方官员的转运使，俗称“漕臣”。川峡四路的转运使权势特大。王十朋说：“监司之中，漕臣尤重。一路铨选，咸出其手。非若他路，止掌金谷之事。”① 要治理好夔州，王十朋必须与转运使通力合作。

当时，夔州路转运使名周时，字可行。② 其重要助手、转运司判官查籥，字元章。查籥是王十朋的老友，他与王十朋等五人在绍兴末年以刚直敢言闻名，合称“五贤”。《建炎以来系年要录》载：“自秦桧扼塞言路，士风浸衰。及上总揽万几，激厉忠谠，而余习犹未殄，朝士多务缄默。至是，十朋与校书郎冯方、正字胡宪、查籥、太常寺主簿李浩，始因转对有所开陈。闻者兴起，太学之士为《五贤》诗，以述其事焉。”③ 两位好友在夔州重逢共事，兴奋异常，过从甚密。《［嘉庆］四川通志》载：“乾道中，(查籥）出为夔州路运判，时十朋为府帅，相得甚欢，多有倡酬，后转成都运使。”④ 王十朋《周漕行可和诗》云：“帝里别离头并白，夔门邂逅日初长。”“二公海内姓名闻，我亦追随到蜀门。”⑤ 看来王十朋与周时也是老相识。他们三人志趣相合，“未见心已投”，“共怀天下忧”，在夔州均为应对“巴子国最贫，疮痍民未瘳”的现状而奔走呼号。王十朋盛赞周时：“马运言尤力，天高听未回。”“书为爱民成再奏，泪因忧国有双痕。”其实，不是周时一

① 《全集》文集卷4《除知湖州上殿札子三首（之二）》，第640页。

② 据魏齐贤、叶棻《五百家播芳大全文粹·姓氏》，影印文渊阁四库全书本。

③ 《建炎以来系年要录》卷186绍兴三十年九月庚子，影印文渊阁四库全书本。这段文字为国学基本丛书本所遗漏。

④ 《［嘉庆］四川通志》卷113《职官志·政绩五·夔州府》，巴蜀书社1984年版，第3524页。

⑤ 《全集》诗集卷21《周漕行可和诗》《又用行可韵》，卷22《十八坊诗·皇华》，第366、389页。

人，而是他们三人或单独或联名一再上奏朝廷，要求改变马纲水行这一病民举措。王十朋诗《十八坊诗·皇华》诗云："谁如二使者，实惠活斯民。"此诗称颂的是周时、查籥在夔州路"调停输运之法，务以便民为事，措置揠折，以宽民力，蠲一路积赋十余万缗"①。而其时"它路方进羡余"。所谓"羡余"，简而言之，即征收过头税，将其额外收入奉献上司。在王十朋知夔州期间，民众的负担有所减轻，是周时、查籥以及王十朋齐心协力的结果。周时病死于夔州任上，王十朋十分悲痛，有《周行可挽诗》。查籥离开夔州，到成都赴任时，王十朋赋诗曰："送客成都去，回舟白帝边。月应遥共对，夔复有谁怜。"②

二是与下属和协。王十朋"为政甚严"③，"以廉洁公正率其下"④。他格外注重对州衙、县衙所立《戒石铭》的维护："命工举石少高之，一新栏槛严护持。"并作诗自警并戒吏："尔俸尔禄民膏脂，下民易虐天难欺。圣训昭昭日月垂，刻石于庭励官师。""天威咫尺颜不违，虐民之事焉可为。勿谓苍苍不吾知，与尔同僚共孜孜。"又云："戒石重刊照眼明，良辰又遇腊嘉平（自注：夔州以腊日修戒石）。黄堂坐处天威近，一点欺心事莫萌。""淫浸秋潦坏垂成，忍听闾阎愁叹声。抚字催科劳更拙，欲逃吏责负斯铭。"⑤ 王十朋本人一贯"清白奉己，循良牧民"，"惟民是恤"。⑥他对下属既严格要求，又耐心开导。史称："僚属间有不善，反复

① 曹学佺：《蜀中广记》卷49《宦游记第三·川东·宋》，影印文渊阁四库全书本。

② 《全集》诗集卷23《周行可挽诗》，卷21《次韵元章留别》，第430、379页。

③ 《朱子语类》卷132《本朝六·中兴至今人物下》，第3176页。

④ 《文定集》卷23《龙图阁学士王公（十朋）墓志铭》，第283页。

⑤ 《全集》诗集卷21《州县有戒石饬官吏》，卷25《重刊戒石铭》，第368、472页。

⑥ 《全集》文集卷17《泉州到任谢表》，第850页。

告戒，俾之自新。”① 王十朋循循善诱，如称赞朱钤干“志在洁己”，陈知录“志在恤民”，王抚干②“志在润物”，并说：“三子之志虽不同，皆可嘉也。”③ 他赠诗鼓励即将上任的归州④（治今湖北秭归）地方长官：“勉力施行诚与信，民谣待向峡中听。”“把酒送行无别语，要先抚字后催科。”王十朋节假日与下属一起游乐，如端午同观龙舟竞渡：“台前八阵已陈迹，水底三闾何处招。手把菖蒲对佳节，兴来呼酒劝同僚。”⑤

与王十朋的开导劝勉有关，夔州当时吏治较为清明，涌现出若干廉吏。如知奉节县喻思然“治邑有能声”⑥，被誉为“贤令”。王十朋《送喻令》诗云：“扪膝先生有凤毛，三年鱼邑试牛刀。要令人被弦歌化，讵肯身辞州县劳。贤令首祠唐质肃，诗篇时出楚风骚。”王十朋《送宋山甫知县》诗曰：“官职未高名满蜀，人才如许邑为巴。”看来这位宋知县也是一名“贤令”。“志在润物”的安抚使司干办公事王蒙（字行甫）不仅清正，而且干练。王十朋《送王抚干行甫》诗云：“分符惭政拙，赞画赖才多。”“扁舟先吾去，送别奈愁何。”他从不将政绩据为己有，而是归功于同官和下属。他说：“为郡不才真下下，同僚多助却优优。”他离任时，与

① 《宋史》卷387《王十朋传》，第11886页。

② 钤干、知录、抚干分别系钤辖司干办公事、知录事参军事、安抚使司干办公事的简称。参见龚延明《宋代官制辞典》，中华书局1997年版，第545—546、503页。

③ 《全集》诗集卷23《予雪诗云》，第419—420页。

④ 南宋时期，归州或属荆湖北路或属夔州路，前后变化较多。据《宋史》卷88《地理志四·荆湖北路》记载，绍兴三十一年（1161）至淳熙十四年（1187），归州属夔州路（第2196页）。

⑤ 《全集》诗集卷22《张主管摄郡秭归赠以三绝》，卷21《五月四日与同僚南楼观竞渡》，第393、377页。

⑥ 《全集》文集卷22《唐质肃公祠记》，第953页。《记》曰：喻思然乃“蜀人扪膝先生子也，有家学”。扪膝先生系喻汝砺自号，仁寿（四川今县）人，崇宁五年（1106）赐学究出身，陆心源《宋史翼》有传，著有《扪膝先生文集》，已佚。

下属依依不舍："老去最惜别，同僚情更钟。三杯古峰驿，添我别情浓。"① 可见王十朋平日与下属关系之融洽。

三是与民众和乐。巴蜀自古游乐之风甚盛。"好遨蜀风俗，夔人贫亦遨。"② 夔州有"踏碛而游"之俗，史载："夔人重诸葛武侯，以人日倾城出游八阵碛上，谓之'踏碛'。"③ "人日"即正月初七，"踏"指踏歌。陆游《踏碛》诗云："鬼门关外逢人日，踏碛千家万家出。"④ 按照此地的习俗，"府帅宴于碛上"，并充当"遨头"。王十朋入乡随俗，与民同乐，不顾老病之身，踊跃参与这一活动。其《人日游碛》诗曰："今日日为人，倾城出江皋。遨头老病守，呼宾酌春醪。归来及初鼓，繁灯照霜毛。"⑤ 立春之日，王十朋参加民众的踏青探春活动。其《立春》诗云："巫峡逢生日，夔州见立春。行年五十五，羞作戴花人。"夔州当时以五月初四为端午，王十朋与民众一道观赏龙舟竞渡："彩舟两两鼓冬冬，胜已山阴瀼水东。"在欢乐声中，王十朋不忘关心民瘼，体察民情。"父老相逢话良苦，儿郎多在马船中。"马纲水行是当时夔州地区最大的弊政，他尽力予以解决。王十朋对民众重在"教化"，他"为文劝导百姓以迁善远罪之意，有争讼则晓以义理，多

---

① 《全集》诗集卷22《送喻令》，卷23《送宋山甫知县》《送王抚干行甫》《别同官》，卷24《古峰驿小饮》，第402、427、422、435、437页。

② 《全集》诗集卷23《人日游碛》，第417页。

③ 祝穆等：《方舆胜览》卷57《夔州路·夔州·风俗》，施金和点校，中华书局2003年版，第1008页。

④ 《剑南诗稿》卷2《踏碛》，《四部备要》第79册，第24页。

⑤ 《全集》诗集卷23《人日游碛》，第417页。

退听者，故鞭扑罕用”[1]。总之，王十朋知夔州虽然不足两年，但融入当地社会较快，在民众中颇具亲和力。

六、“端为夔民解百忧”

王十朋说“使君无事只吟诗”，当指在其任期内，夔州大体没出事，既无反抗事件发生，又遭灾不成灾。乾道二年，夔州大旱，“七月之间旱如毁”，“八月又旱农无秋”。王十朋为此忧心如焚：“夔州忧民困汤火，润泽有志无坦途，眼前焦熬十万户。”[2] 然而大旱灾并未造成大饥荒，有关记载将其归功于王十朋的神奇。《［雍正］四川通志》载：王十朋“为文祷于诸庙，雨大降”[3]。其实，并非一祷就灵，正如王十朋本人所说：“祷而得之偶然耳。”[4] 夔州之所以遭灾不成灾，有两个较为有利的抗灾因素。一是楚粮可济夔。“缘荆湖岁稔，米船多上至归州、夔州，亦是一助。”[5] 二是与发达地区相比，这里赋税负担相当轻。范成大做过比较：夔州“官输甚微，巫山民以收粟三百斛为率，财用三四斛了二税，

① 《文定集》卷23《龙图阁学士王公（十朋）墓志铭》，第284页。《墓志铭》称赞王十朋“事至立断，其甚不得已，乃推鞫，亦不淹系，故狱屡空，未尝遣官吏至县，而人素信服”。这些或有虚夸不实之嫌。但王十朋从古代循吏“牧民爱民”的理念出发，反对严刑峻法则是事实。其《十八坊诗·刑清》诗云：“昔日循良吏，狱空无怨声。刑清本无术，心地要先清。”（《全集》诗集卷22，第391页）

② 《全集》诗集卷22《八月十二日雨》，卷21《仪凤得珠字》，第394、380页。

③ 黄廷桂等：《［雍正］四川通志》卷7上《名宦·夔州府》，影印文渊阁四库全书本。

④ 《全集》诗集卷22《八月十二日雨》，第394页。

⑤ 《文定集》卷4《御札再问蜀中旱歉》，第59页。

食三物以终年，虽平生不识粳稻而未尝苦饥”；“吴中号多嘉谷，而公私之输顾重，田家得粒食者无几。”① 至于王十朋所谓“两年窃禄古夔州”，则纯属自谦之辞，肯定不是事实。他虽异乡为官，并有返乡归隐之心，但“遇事不苟”②，尽职尽责。确实如其所说：“莫将逆旅视居官，直作吾家活计看。”③ 王十朋在夔州短短两年里，做了不少实事，在很大程度上履践了他“端为夔民解百忧”的承诺。

王十朋在夔州所办实事，大体可分为两大类。一类直接关乎民生，其主要举措有四。一是废除沽水钱。夔州无水井，靠官府用竹筒引山泉解决饮水问题，称“义泉”。然而虽有“义泉”之名，而无“义泉”之实，官府收取“卖水钱”。王十朋“免城中水钱”，“不输一钱分水符”。即所谓：“官费接筒竹，民蠲沽水钱。”二是变光山为青山。“夔山皆童子”，即全是不长草木的光山。王十朋任上，官府出资“买山植木以庇之”。同时还在“瀼水东西十里余，新栽杨柳二千株”。三是修葺城壁。王十朋说：“夔城颇恶，予修之，虽雉堞一新，然土城易坏，兵有守城者勿它役，随坏而补则城常固矣。”④ 四是马纲复旧。绍兴年间，朝廷将原来由陆路运送的战马改为水路运送，三峡天下险，不仅风险大增，而且骚

① 范成大：《石湖诗集》卷16《劳畬耕并序》，四部丛刊初编本，第6—7页。

② 《文定集》卷23《龙图阁学士王公（十朋）墓志铭》，第283页。

③ 《全集》诗集卷21《修垒》，第371页。

④ 《全集》诗集卷21《仪凤得珠字》，卷22《十八坊诗·义泉》，卷21《买山》《植柳》《修垒》，第380、391、370—371页。

扰沿江一线、夔州等地的民众。[①] 包括王十朋在内的不少官员一再上奏朝廷，要求马纲依旧陆行，均无效果。在王十朋任内，这道难题终于解决。王十朋兴奋之至，不禁饮酒赋诗："村落尚余烟火舍，山林暂息斧斤痕。坐看巴蜀回生意，故我欢呼倒酒尊。"[②] 在慢节奏的传统时代，王十朋的惠民实事只怕应当说办得相当多。

宋代地方长官任期较短，王十朋担忧上述惠民举措日后不能持续。他"惧后人废之"，于是"作诗以告后人"。其《义泉》诗云："丁宁后来者，莫负义名泉。"《给水》诗曰："长使义泉名不断，莫教人费一钱求。"《买山》诗云："但遣牛羊勿践履，它年定出栋梁材。"《植柳》诗曰："会看耸干参天去，能似甘棠勿翦无。"《修垒》诗云："墙壁时时为修葺，安知劳苦是平安。"特别让人赞赏的是，实施上述惠民举措，王十朋还自掏腰包，"以己奉，补公帑"。[③]

另一类属于文化建设。夔州有"人多劲勇，少文学，有将帅材"[④] 之说，王十朋认为在这里发展教育事业尤其重要。其《兴儒》诗云："刀笠烧畲俗，舟航撇旋乡。五经谁教子，儒术破天荒。"他希望利用这里"西接卿、云里，东连屈、宋[⑤]乡"的有利

---

① 关于马纲由陆行改为水行的危害，王十朋《夔州论马纲状》《再论马纲状》（《全集》文集卷 4，第 635—639 页）论述甚详。经王十朋等官员一再上奏请求，马纲"不经由（夔州），然朝廷未有明文罢之"。王十朋调离夔州后，在《除知湖州上殿札子三首（之二）》中，请求宋孝宗"速降圣旨，令复行旧路"（《全集》文集卷 4，第 641 页）。

② 《方舆胜览》卷 57《夔州路·夔州·名宦》，第 1017 页。

③ 《全集》诗集卷 21《给水》，卷 22《十八坊诗·义泉》，卷 21《买山》《植柳》《修垒》《仪凤得珠字》，第 370、391、370—371、380 页。

④ 《方舆胜览》卷 57《夔州路·夔州·风俗》，第 1008 页。

⑤ 所谓"卿、云"，卿指司马相如，字长卿；云指扬雄，字子云。"屈、宋"指屈原、宋玉。

条件，经过不懈努力，以逐步达到“夔、鲁同光华”[①] 的目的。王十朋每月必于初一、十五两天到州学，“诲生儒，甚勤切，大要以忠孝与思无邪为主”[②]。此外，王十朋格外注重发挥这里历史文化资源丰富的优势，维护、重建、新修了一批纪念性的堂斋和祠庙。夔州城内有十贤堂，始建于庆历年间，初名岁寒堂，又名忠孝堂，“以祀前贤尝在夔者屈原、诸葛亮、严挺之、杜甫、陆贽、韦昭范、白居易、柳镇[③]、寇准、唐介凡十人，画像堂中”[④]。王十朋又陆续访得宋玉、源干曜、李适之、李吉甫、温造、程颐、黄庭坚等七人，将十贤堂供奉对象由十人增加到十七人。他令人增修十贤堂并外栽修竹。其《十贤堂栽竹》诗云：“十贤清节高千古，不是此君谁与宜。”夔州当时修建的纪念性建筑为数不少，绝非出自营利性考量，也不追求辉煌宏大，即便是纪念刘备的昭烈庙也无非“古屋数椽”[⑤] 而已。

王十朋对纪念对象，坚持标准，选择较严。如他对隋朝名臣、越国公杨素不感兴趣，未将其列入“夔路贤者”。王十朋《越公堂》诗曰：“柱国杨家二世亡，越公遗迹独绵长。不能牢固隋基业，枉费精神在一堂。”夔路十七贤均为王十朋崇敬的历史人物，他一一题诗，歌颂其伟绩。如《夔路十贤·屈大夫（平）》诗云：“大夫楚忠臣，哀哉以谗逐。遗庙大江渍，醒清今古独。”与其始终志在北伐有关，王十朋对诸葛亮咏赞较多：“一家天下裂三都，忠愤填胸出阵图。”并将夔州武侯祠迁往新址重建。与其平生忧国

---

① 《全集》诗集卷 22《十八坊诗·兴儒》《十八坊诗·崇化》，卷 23《二月朔日诣学》，第 390、421 页。

② 《［雍正］四川通志》卷 7 上《名宦·夔州府》。

③ 严挺之、柳镇，《王十朋全集》作“严颜”“柳公绰”。

④ 《［嘉庆］四川通志》卷 53《舆地志·古迹六·夔州府》，第 1997 页。

⑤ 《全集》诗集卷 23《十贤堂栽竹》，卷 22《昭烈庙》，第 431、402 页。

爱民有关，王十朋对杜甫歌颂尤多："万丈光芒笔有神，两眉犹带旧酸辛。"他每以杜甫自况："守臣忧国愿，端似杜陵翁。"① 并专访杜甫在夔州的故居东屯。王十朋对于夔路诸贤，并未耗费巨资，举办大型祭祀活动，但却收到潜移默化的效果。如北宋中期有"真御史"之称的唐介曾知奉节县，王十朋"檄奉节令喻思然，立祠祀公"②。喻思然"闻之慨然，不谋于僚，不役于民，即厅事之东隅，易亭为祠，求画像于江陵，得之于故家，丹青一新，俨然如生"。唐介祠建成后，"观者莫不起敬，如见其冠豸触邪，正色立庙时也"。而刚入仕为官的喻思然在兴建祠庙的过程中，被唐介的节操所感动。王十朋说："观其所慕，可以知其人矣。"③ 喻思然政绩有声，有"贤令"之称。

七、"官省则事简"

王十朋在任期间，夔州悠然而治，只怕不应完全归结为王十朋个人的秉性和才干，也与当时的某些制度文化有关。以下"三个有限"或许值得注意。第一，地方官府职能有限。学界有传统时代"政不下县，基层自治"一说，学者有不同看法。但当时地方官府对基层社会的统辖较为"松弛"④，应当是事实。宋代地方

---

① 《全集》诗集卷 22《越公堂》，卷 23《夔路十贤·屈大夫（平）》，卷 22《八阵图》，卷 21《登诗史堂观少陵画像》，卷 22《十八坊诗·庆丰》，第 401、424、402、372、390 页。

② 《［嘉庆］四川通志》卷 113《职官志·政绩五·夔州府》，第 3522 页。

③ 《全集》文集卷 22《唐质肃公祠记》，第 953 页。

④ 费孝通：《乡土中国·生育制度》，北京大学出版社 1998 年版，第 63 页。

官府不承担管理一切、组织整个社会生产[①]的重任，直接经营的产业相当有限[②]，与今人所谓“有限政府”相差不远。唯其如此，王十朋才有可能优哉游哉“只吟诗”。第二，地方官府规模有限。宋太祖说：“吏员繁而求事之治，未之有也。”[③] 宋人王济进而认为：“官多则事繁”，“欲事不繁，莫若省官”。[④] 官多事多矛盾多，是个带规律性的现象，确如俗语所说：“龙多不治水”，“九龙治水闹天干”。宋人指责当时机构臃肿，官员冗滥[⑤]，系以今视昔。如王十朋说：“官冗之患，莫如今日。汉、唐之时，部刺史之职于今为甚简，而事无有不举者。今之监司有漕、有宪，常平、茶盐则有提举，坑冶、铸钱则有提点。其职甚备而治不加于昔，何也？监司之职愈多而州县之扰愈甚，于治无益也。”[⑥] 然而今人以昔视今，只怕不大相信、很难理解宋代的官僚机构居然那样精简。当时，除去杖直、狱子等吏人而外，州衙门官员仅数十名而已。[⑦]

---

① 宋代官营经济在社会经济中所占比重有限，地方政府直接管理的官农、官工、官商在地方经济中所占比重更有限。参看魏天安《宋代官营经济史》，人民出版社 2011 年版。

② 宋代地方政府也并非完全不直接从事经营，如公使库开展酿造酒醋、开铺卖药、刻印书籍等经营活动，但公使库的职责原本只是迎送、供给过往官员，因朝廷拨款不足而允许其自筹部分经费。因而出现了公使库从事经营活动的现象。

③ 不著撰人：《宋大诏令集》卷 160《省西川州县官增俸诏》，中华书局 1962 年版，第 605 页。

④ 李焘：《续资治通鉴长编》卷 42 至道三年九月壬午，中华书局 1979 年版，第 884 页。

⑤ 从现存记载看，宋代官员人数最多的年份为宣和元年（1119），全国官员总数达到四万八千多人。参看李弘祺《宋代官员数的统计》，载《食货月刊》复刊第 14 卷第 5、6 期合刊，台北 1984 年 9 月；曹福铉《宋代官员人数的增加及其原因》，《河北大学学报》1999 年第 3 期，第 3 期。

⑥ 《全集》文集卷 4《除太子詹事上殿札子三首（之二）》，第 645 页。

⑦ 参见朱瑞熙《中国政治制度通史》第六卷《宋代》，人民出版社 1996 年版，第 288—298 页；苗书梅《宋代州级属官体制初探》，《中国史研究》2002 年第 3 期。

官较少，事较少，矛盾也较少，这应当是王十朋在夔州实现“人和风自和”的有利条件。第三，考课地方长官内容有限。当时对地方长官的考课不是面面俱到，而是要点突出，重在“四最四善”。所谓“四善”是就德行而言，即“德义有闻”“清慎明著”“公平可称”“恪勤匪懈”。而“四最”则是就才干与绩效而言，即“生齿之最”“治事之最”“劝课之最”“养葬之最”。虽有“农桑垦殖、水利兴修”等具体要求，但很少数量化的刚性指标，不硬性强制地方长官实现社会经济与财政收入的高增长。至于“狱讼无冤，催科不扰”① 之类，更是王十朋等忧国爱民官员的一贯主张。难怪王十朋在知夔州任上，压力不大很轻松，有悠然自得之感。当然根本原因还在于王十朋本人清正为官，不贪不腐。正如宋人话本《错斩崔宁》所说：“日间不做亏心事，半夜敲门不吃惊。”

笔者较为赞赏王十朋的善治，尤其是其无隐与无喧。但读到他某些不断重复的习惯性话语，则感到很刺眼。诸如“须知粒粒是君恩”，“君恩未报欲如何”② 之类，对上低三下四，感恩专制皇上。又如“牧民”“抚字”等，对下居高临下，以父母官自居。他对“权为民所赋，权为民所用”几乎一无所知，这固然可用历史局限性作解，不应苛求于古人，但心里始终很不以为然。王十朋诗云：“樽前记得少陵诗，好向江头尽醉归。”③ “醉”字是在其诗篇中出现频率最高的字眼之一。王十朋的日子过得未免太悠闲，特别是饮酒太多，甚至“醉似泥”。如果笔者与王十朋系并世之人，真想提醒他：酗酒伤身，切莫狂饮。

---

① 参见苗书梅《宋代官员选任和管理制度》，河南大学出版社 1996 年版，第 358—371 页。

② 《全集》诗集卷 22《东屯》《丙戌冬十月》，第 401、405 页。

③ 《全集》诗集卷 23《呈同官》，第 435 页。

笔者生怕被历史文本所蒙蔽，每每怀疑有关记载以及王十朋本人的诗文有无隐恶扬善之处。诸如：王十朋常常外出，其安保措施如何？他身为一州之长，不可能总是微服而行，问题仅在于：其是否扰民过甚？① 王十朋迎来送往，宴请不断，是否假公济私或公私兼顾？是否动用公使钱②乃至官妓③？如果动用，是否符合当时的有关规定？从其夔州诗的篇目中可知，王十朋收到的礼品不少，诸如“元章赠余甘子”“行可惠白酒”“赵果州送黄柑、金泉酒”“查元章贶蜀笺、附子”之类。这些礼品是否属于朝廷明令禁止的“州郡互送”“公使苞苴”？④ 可惜史料并未提供相关信息，或无从考索，或查无实据。王十朋《东屯》诗有句曰：“我辈月叨官九斗。”《方舆胜览》载：“东屯之田，可得百许顷，稻米为蜀第一，郡给诸官俸廪，以高下为差，帅、漕月得九斗。”⑤ 于是便有

---

① 《梁彭州与客登卧龙山送酒二尊》诗云：“五马携壶上卧龙，四夔连骑与游从。”（《全集》诗集卷 22，第 404 页）看来此次卧龙山之游，算不上前呼后拥。梁彭州指王十朋的同年好友梁介，时任知彭州（四川今市）。此诗的文字与陆心源辑《宋诗纪事补遗》卷 45 所载梁介《登卧龙山送酒》（续修四库全书本）文字相同。其作者究竟为谁，待考。

② 公使钱，简而言之，即官署的特别办公费或日常办公费用。参见林天蔚《宋代公使库、公使钱与公用钱间的关系》，宋史座谈会编：《宋史研究集》第 7 辑，台湾中华丛书编审委员会 1974 年印行，第 407—440 页；黄纯艳：《论宋代的公用钱》，《云南社会科学》2002 年第 4 期，第 76—80 页。对公使钱的解释，两文不尽相同。

③ 官妓系为官府提供歌舞、陪酒等服务而设，有时还参与为公使库推销酒、醋等活动。前引王十朋诗云：“殷勤呼酒伴。”如以为所谓“酒伴”即官妓，恐有望文生义之嫌。

④ 绍兴三十一年（1161）二月丙午，军器监主簿杨民望言：“公使互送，过于供给，蜀去朝廷远，吏尤自肆。”（《建炎以来系年要录》卷 188，第 3146—3147 页）绍熙元年（1190）二年三月丙辰，朝廷重申前令：“监司、郡守互送以赃论。”（《宋史》卷 36《光宗本纪》，第 700 页）朱熹谴责“公使互送”是“将官钱胡使”，“为自家私恩”（《朱子语类》卷 106《朱子三・外任・总论作郡》，第 2642 页）。

⑤ 《方舆胜览》卷 57《夔州路・夔州・古迹》，第 1016 页。

“王十朋月俸九斗米”之说。须知，宋代官员的俸禄不仅前后变化较多，而且构成相当复杂，包括正俸、加俸、职田和变相俸禄四大类，禄粟只是正俸中较为次要的一种。① 知州禄粟几何，《宋史·职官志十一·禄粟》无明确记载，仅称：“诸县令，五石至三石，有三等。”要郡知州如参照节度使，当为一百五十石，如比照州刺史，也应为五十石。即使“凡一石给六斗，米、麦各半”②，其数量也不少。所谓“帅、漕月得九斗”，或当理解为：知夔州兼夔州路安抚使、夔州路转运使每月的禄米，其中有九斗由东屯所产特等好米支付。王十朋在夔州拖家带口，有子有孙，如其每月全部俸禄仅为九斗米，其生活势必相当艰难。果真如此，虽有“一代正人”之称的王十朋只怕也会闹情绪，夔州当年岂有悠然而治之理。

（原载《四川师范大学学报》2013 年第 4 期）

① 参见黄惠贤等主编《中国俸禄制度史》第六章《两宋俸禄制度》，杨果执笔，武汉大学出版社 1996 年版，第 249—268 页。

② 《宋史》卷 171《职官志十一·禄粟》，第 4120 页。

王十朋的巴蜀情缘

引言："而今难得此等人"

"假作真时真亦假，无为有处有还无。"正当人们陷入"假"的困惑之际，南宋历史文化名人王十朋迎来了九百周年诞辰。王十朋一生致力于"真"的追求，素有"一代正人"① 之称。其室名曰："不欺"；其志向为："能将一'诚'字，了却百年身"②；其《不欺诗》云："室明室暗两奚疑，方寸常存不可欺。莫问天高鬼神恶，要须先畏自家知。"③ 他"屹然立朝，作世郛郭。正色凛

① 真德秀：《西山文集》卷34《跋张魏公〈不欺室铭〉》《题跋·〈梅溪续集〉》，影印文渊阁四库全书本，台湾商务印书馆1983年版。

② 凌迪知：《万姓统谱》卷89《沈大廉》，影印文渊阁四库全书本。

③ 梅溪集重刊委员会编：《王十朋全集》诗集卷15《书不欺室》，上海古籍出版社1998年版，第249页。

凛，危言谔谔”[①]；为官一方，“能以至诚感动人心”，“所至州郡上下皆风动”。朱熹说：王十朋“有声名节行，为时论所归”[②]；“光明正大，磊落君子人也。”[③] 盛赞道：“而今难得此等人！”[④]

王十朋（1112—1171）字龟龄，号梅溪，温州乐清（浙江今市）人。他固然是乐清的、温州的、两浙的骄傲，其实他也属于全国、属于巴蜀，在宋代全国史、宋代巴蜀史上都有其必不可少的一席之地。诚如王十朋说：“越、蜀相去万里。”[⑤] 然而越、蜀地域的区隔，隔不断千百年来两地之间千丝万缕的联系。王十朋便与巴蜀地区和巴蜀士人结下了不解之缘，至今在巴蜀大地上还有一条以他的别号命名的河流——梅溪河[⑥]。

王十朋于乾道年间曾出知夔州（治今重庆奉节）。他虽异乡为官，但将夔州的事作为自家的事办：“莫将逆旅视居官，直作吾家活计看。”王十朋自谦“书生为郡亦迂哉”，实则为百姓办了若干实事，履践了“端为夔民解百忧”[⑦] 的诺言。他好事做得不少，

① 汪应辰：《文定集》卷23《龙图阁学士王公（十朋）墓志铭》，《丛书集成》初编本，第284页。

② 朱熹：《晦庵先生朱文公文集》卷37《与王龟龄》，《四部备要》第57册，中华书局1989年影印本，第576页。

③ 王梓材、冯云濠：《宋元学案补遗》卷44《赵张诸儒补遗》，《四明丛书》第5集，扬州古籍刻印社1981年版，第38册，第45页。此语并非朱熹原话，出自他人概括。朱熹代刘珙所作《王梅溪文集序》称赞王十朋：“光明正大，疏畅洞达，如青天白日，如高山大川，如雷霆之为威，而雨露之为泽，如龙虎之为猛，而麟凤之为祥，磊磊落落，无纤芥可疑者。……”（《晦庵先生朱文公文集》卷75，《四部备要》第57册，第1354页）

④ 黎靖德编：《朱子语类》卷132《本朝六·中兴至今人物下》，王星贤点校，中华书局1994年版，第3176页。

⑤ 《王十朋全集》文集卷20《与王运使》，第910页。

⑥ 陈剑：《梅溪河畔话梅溪》，《王十朋全集》附录四《有关古迹记载及轶事传闻·梅溪河》，第1148—1149页。

⑦ 《王十朋全集》诗集卷21《修垒》《买山》《给水》，第370—371页。

但绝不自吹自擂，自我评价极低：“夔峡民淳狱讼稀，使君无事只吟诗。才疏政拙形容陋，深愧邦人为立祠。”两年后，王十朋抱着“愧无名德比前贤”① 的心情，离开夔州。他依依不舍：“我亦怜夔不忍去，一宵留宿旧江城。”民众流泪惜别：“邦人送别亦伤情，杨柳阴中涕泣声。”② 此情此景，感人至深。此外，王十朋与巴蜀士人的长期交往，同样情真意切。鉴于前者已有论著涉及③，本文就仅后者而论。下面先从王十朋对巴蜀前贤往哲的崇敬之情说起。

一、“愿为执鞭，恨不同时”——景仰苏东坡

南宋时，人们往往将蜀士作为巴蜀士人的简称。王十朋对历史上蜀士中的佼佼者一向赞誉有加。他谈论巴蜀地区的人才，常以西汉司马相如、扬雄，北宋苏轼、苏辙兄弟等人为例。诸如：“真才实学，相如、扬雄、二苏辈”④；“才学俱高，子云、相如之

① 《王十朋全集》诗集卷 23《别夔州三绝》，第 434 页。

② 《王十朋全集》诗集卷 24《七月十七日离夔州是夜宿瞿唐》，第 436 页。

③ 余霞：《王十朋的夔州诗》，《重庆工商大学学报》2008 年第 4 期，第 110—114 页；程地宇：《王十朋的夔州心结与诗城情怀》，《重庆三峡学院学报》2010 年第 4 期，第 17—24 页。

④ 《王十朋全集》文集卷 20《与王运使》，第 910 页。

徒也；名德兼著，君平、仲元[①]其人欤”[②]；等等。王十朋有诗云：“平生风义慕相如”，他曾将其《会稽赋》与司马相如《上林赋》相比较，并自愧弗如：“文采不足以拟相如之万一。”[③] 王十朋说：“西京儒者，莫如扬雄氏”[④]；“当时不惑其说（指申韩、黄老之说），毅然而麾之者，一扬雄氏而已。”[⑤] 且以扬雄自况：“我似扬雄贫嗜酒，笔作耕犁纸为亩。辛勤耕植三十年，往往糟醨罕濡口。”[⑥] 他同扬雄一样，四十多岁才入仕为官，此前过了三十来年的田园耕读生活。王十朋《国朝名臣赞·苏颍滨（苏辙自号颍滨遗老）》歌咏苏辙（字子由）：“贤哉子由，贤哉子由。忠言嘉谋，耸动冕旒。横身政府，不避怨仇。棣萼联芳，皆第一流。才不逮兄，器识俱优。”[⑦]

王十朋尤其景仰的无疑是眉山（四川今市）苏轼。其《国朝名臣赞·苏东坡》云：“东坡文章，百世之师。群邪所仇，敛不及施。万里南迁，而气不衰。我读公文，慕其所为。愿为执鞭，恨不同时。”[⑧] 他怀着崇敬的心情游览了黄州（治今湖北黄冈市黄州区）东坡故居，写下《游东坡十一绝》。其一云：“道大才高世不容，堪嗟尺水困神龙。空游赤壁英姿发，却向小桥诗思浓。”其二

① “仲元”即西汉李弘。常璩撰、任乃强校补《华阳国志校补图注》卷十上《先贤士女总赞上》：“李弘，字仲元，成都人。少读五经，不为章句。处陋巷，淬励金石之志。威仪容止，邦家师之。”（上海古籍出版社 1987 年版，第 533 页）仲元之生平，承蒙陈鹤先生见告。

② 《王十朋全集》文集卷 19《答周运使》，第 890 页。

③ 《王十朋全集》文集卷 16《会稽风俗赋（并叙）》，第 820 页。

④ 《王十朋全集》文集卷 7《上舍试策三道（第二道）》，第 692 页。

⑤ 《王十朋全集》文集卷 10《策问》，第 736 页。

⑥ 《王十朋全集》诗集卷 5《七月十七日离夔州是夜宿瞿唐》，第 69 页。

⑦ 《王十朋全集》文集卷 6《国朝名臣赞·苏颍滨》，第 674 页。

⑧ 《王十朋全集》文集卷 6《国朝名臣赞·苏东坡》，第 673 页。

云："出处平生慕乐天，东坡名自乐天传。文章均得江山助，但觉前贤畏后贤。"其三云："少年下笔已如神，文到黄州更绝尘。我宋人才盛元祐，玉堂人是雪堂人。"①

王十朋对苏轼的文章评价极高，力主唐宋四大家即韩、柳、欧、苏之说，其见解集中体现在其《读苏文》三则中。其一曰："唐宋文章，未可优劣。唐之韩、柳，宋之欧、苏，使四子并驾而争驰，未知孰后而孰先，必有能辨之者。"其二曰："不学文则已，学文而不韩、柳、欧、苏是观，诵读虽博，著述虽多，未有不陋者也。"其三曰："韩、欧之文，粹然一出于正。柳与苏好奇而失之驳。至论其文之工、才之美，是宜韩公欲推逊子厚，欧阳子欲避路，放子瞻出一头地也。"② 王十朋还剖析了四大家的特色和长短。他说："子厚之文温雅过班固，退之之文雄健过司马子长。欧阳公得退之之纯粹，而乏子厚之奇。东坡驰骋过诸公，简严不及也。"又说："唐宋之文可法者四，法古于韩，法奇于柳，法纯粹于欧阳，法汗漫于东坡。余文可以博观而无事乎取法也。"③ 所谓"汗漫"者，广大无边也。王十朋的唐宋四大家论颇具价值和影响。

第一，此论为后来的唐宋八大家之说奠定了基础。众所周知，唐宋八大家之称大致始于明初朱右所编《八先生文集》，定型于明中叶唐顺之所纂《文编》、明末茅坤所辑《唐宋八大家文钞》。④ 朱右等人的主张绝非无源之水，如果追根溯源，人们不免会想到王十朋的成说。

① 《王十朋全集》诗集卷 24《游东坡十一绝》，第 452—453 页。

② 《王十朋全集》文集卷 14《读苏文》，第 798 页。

③ 《王十朋全集》文集卷 14《杂说》，第 798—799 页。

④ 参看永瑢、纪昀等《四库全书总目》卷 189《集部四十二·总集类四·唐宋八大家文钞》，中华书局 1964 年版，第 1718—1719 页。

第二，王十朋的四大家之论只怕比后来的八大家之说更确当。王十朋曾说，苏辙“才不逮兄”，小苏不如大苏。其实，以文才而论，老苏、曾巩只怕很难与苏轼并驾齐驱。至于王安石，他本人便不以散文家自居。欧阳修《赠王介甫》诗云：“翰林风月三千首，吏部文章二百年。”① 评价之高，恐难复加。然而王安石并不领情，他以《奉酬永叔见赠》一诗相答：“他日若能窥孟子，终身何敢望韩公。”② 王安石的志向在于做孟子一样的一代大儒。王十朋认为，欧阳修《赠王介甫》诗“可移赠东坡，赠者不失言，当者无愧色”③。依他之见，在北宋的众多散文家中，只有苏轼才能与欧阳修同日而语，其诗云：“杭、颍西湖堪鼎足，兼怀六一与东坡。”④

第三，南宋“尚苏氏文章”，与王十朋不无一定关系。据陆游《老学庵笔记》记述，“国初尚《文选》，当时文人专意此书”。“士子至为之语曰：‘文选烂，秀才半。’”“至庆历后，恶其陈腐，诸作者始一洗之。”“建炎以来，尚苏氏文章。学者翕然从之，而蜀士尤盛，亦有语曰：‘苏文熟，吃羊肉；苏文生，吃菜羹。’”⑤ 南宋文风为之一变，苏轼文名大增，王十朋自有促成之功。

王十朋不仅推崇苏文，而且盛赞苏诗。当时，“学江西诗者谓苏不如黄，又言韩、欧二公诗乃押韵文耳”⑥。有苏轼“世有文章

① 欧阳修：《欧阳修诗文集校笺·外集》卷7《赠王介甫》，洪本健校笺，上海古籍出版社2009年版，第1475页。

② 王安石：《王文公文集》卷55《奉酬永叔见赠》，上海人民出版社1974年版，下册，第620页。

③ 《王十朋全集》文集卷14《书欧阳公赠王介甫诗》，第803页。

④ 《王十朋全集》诗集卷19《题怀坡阁赠王景文国正》，第336页。

⑤ 陆游：《老学庵笔记》卷8，李剑雄等点校，中华书局1979年版，第100页。

⑥ 《王十朋全集》诗集卷23《读东坡诗》，第415页。

名一世，而诗不逮古人"① 之说。王十朋对于江西诗派这一偏见很不以为然。他认为黄庭坚作为苏轼门人，其书法实可与苏轼相提并论："苏黄文章外，翰墨亦莫加。苏得鲁公法，黄自成一家。肥无尘俗点，瘦或风雨斜。可爱如其人，敬之无迩遐。"② 至于诗歌，不是"苏不如黄"，而是"黄不如苏"。他有感而作《读东坡诗》："东坡文章冠天下，日月争光薄风雅。谁分宗派故谤伤，蚍蜉撼树不自量。"此诗先称赞欧阳修："堂堂天人欧阳子，引鞭逊避门下士。天昌斯文大才出，先生弟子俱第一。天人诗如李谪仙，此论最公谁不然。词无艰深非浅近，章成韵尽意不尽。味长何止飞鸟惊，臆说纷纷几元稹。浑然天成无斧凿，二百年来无此作。"接着赞扬苏轼："谁与争先惟大苏，谪仙、退之非过呼。胸中万卷古今有，笔下一点尘埃无。武库森然富摛掞，利钝一从人点检。莫年海上诗更高，和陶之诗又过陶。地辟天开含万汇，少陵相逢亦应避。"③

出于对苏轼诗篇的赞赏，相传王十朋曾集注东坡诗。《东坡诗集注》，旧题王十朋撰，明代以前无甚异议。杨慎就肯定此书系"王十朋注"④。《四库全书总目》则认定：《东坡诗集注》"殆必一时书肆所为，借十朋之名以行耳"⑤。《四库全书简明目录》称："盖依托也。其分类、编次颇多舛误，注亦不免漏略。"⑥ 加之藏

① 李东阳：《怀麓堂诗话》，影印文渊阁四库全书本。

② 《王十朋全集》诗集卷23《王抚干赠苏黄真迹酬以建茶》，第418页。

③ 《王十朋全集》诗集卷23《读东坡诗》，第415—416页。

④ 杨慎：《升庵集》卷68《饭瓮》，影印文渊阁四库全书本。

⑤ 《四库全书总目》卷154《集部七·别集类七·东坡诗集注》，第1326—1327页。

⑥ 永瑢等：《四库全书简明目录》卷15《集部三·别集类二·东坡诗集注》，上海古籍出版社1985年版，第629页。

书家陆心源等力赞此说，伪托说一时几同定论。然而冯应榴、王文诰、杨绍和、傅增湘等学者反对此说，并提出了若干相当有力的证据。①《东坡诗集注》的著作权问题仍悬而未决，有待进一步考订。

二、“魏公名德最芬馨”
——敬慕张紫岩

如果说与眉山苏轼、苏辙兄弟，王十朋有“恨不同时”之叹，那么绵竹（四川今市）张浚、张栻父子则是其并世之人。张浚（1097—1164）字德远，号紫岩②，比王十朋长 15 岁。张栻（1133—1180）字敬夫，号南轩，比王十朋小 21 岁。绍兴五年（1135），张浚第一次拜相时，王十朋还在家乡念书。由于年龄、地位悬殊，他们很难有见面的机会。直到隆兴二年（1164），张浚第二次罢相时，王十朋仍说：“臣素不识张浚。”③ 这不会是虚言假语。《宋元学案》将王十朋列为“紫岩门人”之首，按照清代学者王梓材的解释，是因为王十朋“尝为张魏公（张浚的封号）所

① 参见刘尚荣《〈百家注分类东坡诗集〉考》，《苏轼著作版本论丛》，巴蜀书社 1988 年版，第 54—86 页。

② 张浚是个有争议的人物。他恢复之志可嘉，恢复之才不足，可指责之处较多。本文并无全盘肯定张浚之意。朱胜非认为：张浚“喜事而疏”（脱脱等：《宋史》卷 362《朱胜非传》，中华书局 1977 年版，第 11318 页）。朱熹说：“张魏公材力虽不逮，而忠义之心，虽妇人孺子亦皆知之。”“张魏公可惜一片忠义之心而疏于事。”（《朱子语类》卷 132《本朝六・中兴至今人物下》，王星贤点校，中华书局 1994 年版，第 3150、3152 页）这些看法不无道理。

③ 《王十朋全集》文集卷 4《自劾札子》，第 634 页。

荐，当以紫岩为受知师”①。不称“受业师”，而作“受知师”，是指张浚作为前辈，对王十朋有知遇之恩。《宋宰辅编年录校补》载：张浚“及再相，又荐虞允文、汪应辰、王十朋、刘珙等，皆一时名士”②。

“名德重华夏，皇朝两魏公。”③ 王十朋平生所崇敬的“皇朝两魏公”，一位是北宋名相韩魏公（琦），他称赞道：“巍巍勋业宋伊、周。”④ 王十朋知泉州时，曾为其立祠。另一位便是南宋名臣张魏公（浚），他有诗句云：“魏公名德最芬馨。”王十朋对张浚的崇敬，始于少年时代。他后来回忆道：“闻浚天姿忠义，誓不与敌俱生。天下闻浚之名，必以手加额。盖忠义，人心所同。臣实敬慕之。”⑤

与张浚相比，王十朋地位虽低，但每逢关键时刻，他都全力支持张浚。绍兴三十年（1160）九月，金军大有大举南下之势，时任秘书省校书郎的王十朋上奏宋高宗：“今日御敌之策，莫急于用人。用人之要，莫先乎人望。”他要求起用“天资忠义，材兼文武，可为将相者”。这分明是指张浚和刘锜。王十朋说：“起而用之，以从人望，可以作士气，可以慰人心，可以寝敌人之谋，可以图恢复之计。”⑥ 次年十月，罢官多年，远贬永州（今属湖南）的张浚东山再起，出任判潭州（治今湖南长沙）。下月，改判建康

---

① 黄宗羲等：《宋元学案》卷44《赵张诸儒学案》，陈金生等点校，中华书局1986年版，第1425页。

② 徐自明：《宋宰辅编年录校补》卷17“隆兴二年四月丁丑，张浚罢右仆射”，王瑞来校补，中华书局1986年版，第1170—1171页。

③ 《王十朋全集》诗集卷16《冯员仲赴阙奏事》，第260页。

④ 《王十朋全集》诗集卷27《州治有忠献堂》，第511页。

⑤ 《王十朋全集》文集卷4《自劾札子》，第634页。

⑥ 黄淮、杨士奇：《历代名臣奏议》卷143《用人》“宋高宗时，校书郎王十朋轮对札子曰”，上海古籍出版社1989年影印本，第1874页。

府兼行宫留守。绍兴三十二年五月，宋高宗退位前夕，又命张浚专一措置两淮事务兼节制淮东西沿江州郡军马。张浚“欲守淮”，反对者“欲守江”。王十朋支持张浚，认为：“夫守淮乃所以守江也，舍淮而守江，则长江之险与敌共之矣，江其可守乎?”[①] 宋孝宗继位后，时任侍御史的王十朋要求赋予张浚更大权力。上奏：“宜令张浚并节制荆襄，庶得令出于一，轻重不偏，将士协心，远近同体，缓急可以相闻，胜负可以相援。况荆襄将士素怀浚恩德，皇甫倜之徒尤服浚威名。若使之兼制其间，则人必乐于用命矣。”[②] 隆兴元年（1163）正月，宋孝宗将张浚任命为枢密使兼都督江淮军马时，王十朋称颂道：“陛下因付以江淮重任，擢为枢府，委任之专，不啻若宪宗之待裴度。”[③] 张浚与宰相史浩发生分歧，王十朋“首弹史丞相浩，乞专用张浚。上为出浩帅绍兴”[④]。张浚在史浩罢相之后，于当年十二月拜相。王十朋诗云：“公如忧国房玄龄，我如郑公思批鳞。隆兴天下同贞观，愿为贤相为良臣。”[⑤] “张浚视师图恢复，侍御史王十朋赞之。”[⑥] 隆兴元年（1163），张浚北伐，旗开得胜，王十朋十分欣喜，有诗可证：“淮

---

① 《历代名臣奏议》卷51《治道》“宋孝宗时，著作郎王十朋上奏曰”，第691—693页。

② 《王十朋全集》文集卷3《论进取利害札子》，第617页。

③ 《历代名臣奏议》卷184《去邪》“宋孝宗时，侍御史王十朋上疏论史浩曰”，第2410—2411页。

④ 罗大经：《鹤林玉露》甲编卷6《王梅溪》，王瑞来点校，中华书局1983年版，第104页。参见夏令伟《王十朋论史浩》，《贵州大学学报》2010年第4期，第83—87页。

⑤ 《王十朋全集》诗集卷17《次韵何子应题不欺室》，第289页。

⑥ 《宋史》卷374《胡铨传》，第11584页。

匍流离唐赤子，将军奇特魏黄须。愿将银管书忠义，粪土东京赵与胡。”① 次年，北伐失利，横议蜂起，张浚承受了极大压力。王十朋上奏：“一胜一负，兵家常势。”劝告宋孝宗“以刚大为心，毋以惊忧自沮”，“不以一衄为群议所摇”。② 张浚罢相，王十朋也上书自劾，请求离朝，出知饶州（治今江西鄱阳）。

王十朋和张浚“素不识”，但相知。张、王二人始终站在一起，共进退。其原因在于其政见与理念惊人的一致。就政见而言，人们通常认为，如何抗御金朝，在当时的士大夫中有主战、主守、主和、主去之分。③ 而张浚和王十朋都是坚定的主战者。张浚“终身不主和戎之议。功虽不就，人称其忠”④。王十朋自述：“天资愚戆，不达时宜，独抱孤忠，每怀忧愤。自从总角，身在草茆，闻北敌凭凌，中原陷没，未尝不痛心疾首，与敌有不共戴天之仇。”⑤ 他入朝为官后，“每见（宋孝宗）必陈恢复之计”⑥。就理念而言，王十朋一生“意思诚悫，表里如一”⑦，其人生理念的主题词无非“不欺”“至诚”而已。从总体上说，张浚何尝不是如此

① 《王十朋全集》诗集卷17《闻捷报用何韵》，第293页。王十朋与张浚也并非事事苟合，如在北伐进军中的某些具体问题上就有不同看法。《宋史》卷387《王十朋传》载：“张浚出师，复灵壁、虹县，归附者万计，又复宿州。十朋奏：‘王师以吊民为主，先之以招纳，不获已而战伐随之，乞以此指戒浚。金将既降，宜速加爵赏，以劝来者’上皆嘉纳。”（第11885页）

② 《王十朋全集》文集卷4《自劾札子》，第634页。

③ 其实这一区分并不一定十分严格，如王十朋无疑是坚定的主战者，但他并非一味反对主守。王十朋说：“或战或守，当相时进退。”（《文定集》卷23《志铭·龙图阁学士王公（十朋）墓志铭》，第282页）

④ 《宋宰辅编年录校补》卷17“隆兴二年四月丁丑，张浚罢右仆射”，第1170页。

⑤ 《王十朋全集》文集卷4《自劾札子》，第633页。

⑥ 《宋史》卷387《王十朋传》，第11885页。

⑦ 《朱子语类》卷132《本朝六·中兴至今人物下》，第3176页。

之人。他自幼“行直视端，无诳言”，在朝“知无不言，言无不尽”。① 南宋后期官至参知政事的理学家真德秀认为，“王公与公（指张浚）均为一代正人”②。

从现存记载看，张浚、王十朋两位忘年知己，居然仅有一面之缘。王十朋诗云：“我去公来不同日，各展忠怀对宣室。江湖邂逅论赤心，更约联翩书史笔。”③ 又云：“去岁西来路偶同，一言不肯话飘蓬。”自注：“去六月，予赴鄱阳，魏公罢相来余干（今属江西），邂逅于此饶水南僧寺。”又自注：“公以七月朔日至余干，某访公于赵公子舍，公以病不及见。”④ 由此可知，隆兴二年（1164）六月，张、王在饶水南僧寺喜相逢，并畅叙。可是王十朋次月专程到余干拜谒时，张浚已病危，不能相见。当年八月，张浚病逝。临终前为王十朋作《不欺室铭》，铭文曰：“泛观万物，心则惟一。如何须臾，有欺暗室。君子敬义，不忘栗栗。”⑤ 张浚死讯传来，王十朋悲痛至极，接连两次写下祭文。其《祭张魏公文》曰：“公学造诚明，才全文武，忠孝根于天性，节操贯乎岁寒。社稷之功最高，亲曾取日⑥，君父之仇未复，誓不共天。”⑦《重祭张魏公文》曰：“公存敌惧，公死敌肆。……九原不作，苍

---

① 《宋史》卷361《张浚传》，第11297页。

② 李幼武：《宋名臣言行录·别集》下卷3《张浚（魏国忠献公）》，影印文渊阁四库全书本。

③ 《王十朋全集》诗集卷17《次韵何子应题不欺室》，第289页。

④ 《王十朋全集》诗集卷18《次韵安国题余干赵公子养正堂》，第316页。

⑤ 《晦庵先生朱文公文集》卷95下《少师保信军节度使魏国公致仕赠太保张公（浚）行状下》，《四部备要》第57册，第1659页。张浚《不欺室铭》凡84字，现仅存24字，其全文待查。

⑥ 取日，即迎回落日，意思是助废帝复位。

⑦ 《王十朋全集》文集卷24《祭张魏公文》，第997页。

生曷慰。遥望衡山，滂然堕泪!”① 此后，王十朋仍怀念不已，有诗句云：“可怜未战身先死，贯日精忠化白虹。”② 王十朋尤其难以忘怀的是张浚的绝笔之作《不欺室铭》，感叹道：“坤爻敬义诚君子，可惜作铭人已死。八十四字腾光芒，便是千年不欺史。”③

至于王十朋与张浚之子张栻，可谓世交。他们在政坛上相互支持。乾道六年（1170），张栻兼任侍讲后，宋孝宗问：“王十朋如何?”张栻对曰：“天下莫不以为正人。”宋孝宗不以为然：“更有一二事，见其有未纯处。”张栻辩解道：“十朋天下公论归之，更望陛下照察主张。臣父以为陛下左右岂可无刚明腹心之臣，庶几不至孤立。”还说：“陛下欲得仗节死义之臣，当于犯颜敢谏中求之。”④ 所谓“仗节死义之臣”，指的就是王十朋。

王十朋作为前辈，对张栻很赏识。乾道七年三月，王十朋年届花甲，被任命为太子詹事。他推荐张栻自代，其《举张栻自代状》称：“左司员外郎兼侍读张栻学术精深，气禀刚正，久居经幄，宜赞青宫，举以代臣，实允公议。”⑤ 殊不知张栻将被贬往外地，其原因是他上疏反对佞幸兼外戚⑥张说出任签书枢密院事，并当面谴责宰相虞允文：“宦官执政，自京、黼始；近习执政，自相公始。”⑦ 王十朋写信声援张栻：“天下无贤愚、远迩，莫不称

① 《王十朋全集》文集卷 24《重祭张魏公文》，第 998 页。

② 《王十朋全集》诗集卷 18《次韵安国题余干赵公子养正堂》，第 316 页。

③ 《王十朋全集》诗集卷 17《次韵何子应题不欺室》，第 289 页。

④ 《鹤林玉露》丙编卷 6《南轩辩梅溪语》，第 345—346 页。

⑤ 《王十朋全集》文集卷 4《举张栻自代状》，第 647 页。

⑥ 《宋史》卷 470《佞幸张说传》称：“娶寿圣皇后女弟。”（第 13692 页）所谓“寿圣皇后”，即宋高宗吴皇后。《宋史》卷 33《孝宗本纪一》载：“（绍兴三十二年六月）甲午，上太上皇帝尊号曰‘光尧寿圣太上皇帝’，太上皇后曰‘寿圣太上皇后’。”（第 618 页）

⑦ 《宋史》卷 429《张栻传》，第 12773 页。

快。”“不有君子，其能国乎？真可为社稷贺也。”① 同时愤然致书虞允文：“昨晚忽闻左司张栻差知袁州（治今江西宜春市袁州区）②，不觉惊骇。”“以栻之学问、操履，举皆过人，在今朝列少见其比。使之密侍经幄，必能以直道启迪圣君。使之治剧刬烦，亦能处纷扰而不乱。况其直声已着，中外称贤。一旦外除，有识无不短气。”③ 王十朋对张栻的评价虽高，但并不过分，更无徇私之嫌。张栻与朱熹、吕祖谦齐名，合称“东南三贤”。王十朋的推荐未获采纳，数月后便去世。张栻著文悼念：“惟昔先人，雅器重公。藐然孤生，晚蒙公知。”他赞扬王十朋“世推忠纯，正色立朝，奸邪所惮。其于当今大义，胸中见之甚明，非苟然假窃者比也”。并说：“兹世痛公之亡，而非独下交之私情也。”④

三、“君家锦水边，我居浙江东”——阎、梁二同年

王十朋最要好、交往最多的同年，当推阎安中与梁介。阎、梁均系蜀士。《文献通考·选举考五》载：绍兴二十七年（1157）殿试，“及唱第，王十朋为首，第二人阎安中，第三人梁介。安

① 《王十朋全集》文集卷21《与张佐司》，第941页。

② 吴鹭山先生指出：“张栻出知袁州在乾道八年二月，梅溪先生已卒。或是时朝廷传闻有命，因给丞相书力言之，此命遂寝，至明年复申前命耳。”（《王十朋年谱（下）》，《温州师范学院学报》1997年第2期，第28页）吴先生所言极是。

③ 《王十朋全集》文集卷21《与虞丞相》，第941页。

④ 《张栻全集·南轩集》卷43《祭王詹事》，杨世文等校点，长春出版社1999年版，第1132页。

中、梁介，皆蜀士也”[①]。阎、梁二人，《宋史》无传，如今人们对其身世知之甚少。但王十朋当年对他们评价极高。在他看来，“阎梁二同年”，“皆蜀中佳士”，并各有特长：“阎质直，梁俊迈。”[②] 王十朋将阎安中视为“蜀龙”：“我本东嘉田舍翁，登科偶与蜀龙同”[③]；将梁介誉为“贤才”：“细阅皇朝进士科，第三人最得贤多。”[④] 且自谦：“名在儒科虽后我，言关国体岂如公。”[⑤]

经查，《南宋馆阁录·官联下·校书郎》载：“阎安中，字惠夫，临邛（今四川邛崃）人，王十朋榜进士及第，治《易》，（隆兴）元年（1163）五月除，是月为监察御史。”[⑥] 一说其籍贯为晋原[⑦]（今四川崇州城关镇）。依据有关记载，他先后曾任国子司业、给事中、中书舍人等职。王十朋与阎安中意气相投，原因大致在于二人至少有两大相似之处。一是主战。隆兴元年冬，金朝要求割让唐（治今河南唐河）、邓（治今河南邓州）、海（治今江苏连云港市海州区）、泗（治今安徽泗县）四州，刚出任监察御史不久的阎安中坚决反对。他上奏：“敌人奸谋诡计，以和而陷我于机阱者屡矣。”“四州之地，决不可弃。当以和好为权宜，用兵为实致。”[⑧] 二是正直。乾道元年（1165），知临安府吴芾“以刚直

① 马端临：《文献通考》卷32《选举考五》，中华书局1986年影印万有文库十通本，第300页。

② 《王十朋全集》文集卷20《与王运使》，第910页。

③ 《王十朋全集》诗集卷11《阎和诗叙别再用前韵》，第167页。

④ 《王十朋全集》诗集卷22《绍至云安复和前韵见寄酬以二首》，第409页。

⑤ 《王十朋全集》诗集卷11《赠阎同年》，第166页。

⑥ 陈骙：《南宋馆阁录》卷8《官联下·校书郎》，徐规点校，中华书局2000年版，第504页。

⑦ 李心传：《建炎以来朝野杂记》乙集卷1《壬午内禅志》，张富祥点校，中华书局1988年版，第114页。

⑧ 佚名：《宋史全文》卷24上隆兴元年十一月己酉，李之亮点校，黑龙江人民出版社2005年版，第1642—1643页。

见忌”而离朝。阎安中时任中书舍人，上言此“非国之福”。吴芾得以“起知太平州（治今安徽当涂）”①。同年，吏部侍郎陈俊卿因反对外戚钱端礼拜相而出知建宁府（治今福建建瓯），阎安中“封还词头，力请留公。命复下，安中不能力争。然亦竟得罪以去。而端礼卒不相”②。

王十朋46岁中状元，阎安中年纪相若。其《赠阎同年》诗云：“飘飘吴、蜀两衰翁，尊酒论文偶会同。”③ 及第九年后，王十朋又说：“予与阎老矣，梁方三十九，然容鬓已不及登第时。”④ 与王、阎二同年相比，梁介可谓青年得志。《南宋馆阁录·官联下·校书郎》载：“梁介，字子辅，唐安（今四川崇州市江源镇）人，王十朋榜进士及第，治《春秋》。（隆兴）二年三月除，六月知彭州（四川今市）。”⑤ 一说其籍贯为双流（四川今县）。⑥ 其现存著述有诗《登卧龙山送酒》⑦ 等七首，文《增赡学田记》⑧ 等五篇。⑨ 与王十朋相似，梁介所到之处皆有善政。他在知彭州任上，“修复三县一十余堰，灌溉之利及于邻邦”⑩。梁介因此于乾道四

---

① 《宋史》卷387《吴芾传》，第11889页。

② 《晦庵先生朱文公文集》卷96《少师观文殿大学士致仕魏国公赠太师谥正献陈公（俊卿）行状下》，《四部备要》第57册，第1668页。

③ 《王十朋全集》诗集卷11《赠阎同年》，第166页。

④ 《王十朋全集》诗集卷22《梁彭州归自道山》，第404页。

⑤ 《南宋馆阁录》卷8《官联下·校书郎》，第115页。

⑥ 李心传：《建炎以来系年要录》卷176绍兴二十七年三月丙戌，中华书局1988年影印国学基本丛书本，第2911页。

⑦ 此诗见陆心源辑《宋诗纪事补遗》卷45（续修四库全书本），其文字与王十朋《梁彭州与客登卧龙山送酒二尊》二首之第一首相同（《王十朋全集》诗集卷22，第404页）。此诗的作者待考。

⑧ 袁说友等编：《成都文类》卷30，赵晓兰整理，中华书局2011年版，第586—587页。

⑨ 许肇鼎：《宋代蜀人著作存佚考存》，巴蜀书社1986年版，第59页。

⑩ 《宋史》卷173《食货志上一·农田》，第4186页。

年升任直秘阁、利州路转运判官。《万姓统谱》载："梁玠（即介）乾道中知泸州。居岁余，民夷便之。诏改泸南兼安抚一路，以旌其能。泸州为一路安抚，自玠始。"① 泸州地处水陆交通要道，为便于行人，梁介在长江边择地修建一亭，"创屋十余间，不侈不约，负山而临水，睇望广远，心开目明"②。淳熙年间，范成大路经泸州。其《吴船录》记述道："有来风亭，瞰二江合处，于纳凉最宜。梁介子辅所作。子辅盖得末疾于斯亭，竟以不起。"③

宋代朝廷为防止士大夫因科举而结为朋党，采取了不许互称座主、门生，不得谢恩私门等措施。然而宋代毕竟是比唐代更为典型的科举社会，同年关系实属当时最重要的社会关系之一。何况王十朋与阎安中、梁介志趣、性情相合。从《王十朋全集·诗集》中不难看到，他们同年登科时的一见如故之情。其诗云："雅会清时不易逢，吾侪今日此游从。逼人英气湖光莹，照眼恩袍草色浓。文盛一时俱俊杰，名先千佛愧疏庸。致身许国宜相勉，莫学平津但取容。"既喜相逢，又互勉："赠君无别言，相期尽孤忠。"王十朋尤其勉励年纪较轻的梁介："君家锦水边，我居浙江东。各在天一涯，芳尊偶相同。君方富青春，劲气吐长虹。"三位同年依依惜别："此日游从足可惜，行将渭北与江东。"并相约来年再会："他年揽辔游吴越，访我茅庐浙水东。"④ 此后，他们往来不绝，酬唱不断。如王十朋和诗中有"西州贤守得高适，东观

① 《万姓统谱》卷89《沈大廉》。

② 梁介：《泸江亭记》，傅增湘：《宋代蜀文辑存》卷60，香港龙门书店1971年版，第780页。

③ 《范成大笔记六种·吴船录》卷下，孔凡礼点校，中华书局2002年版，第213页。

④ 《王十朋全集》诗集卷11《游天竺赠同年》《赠阎同年》《阎和诗叙别再用前韵》《赠梁同年》，第166—167页。

人才推孟坚”“天禄归来扬子云，酒随后乘为论文”[①] 之句，将梁介比喻为西汉扬雄、东汉班固、唐代高适等奇才。他曾向四川都转运使王之望推荐：阎、梁“皆蜀中佳士，获趋事大贤，必蒙厚遇”[②]。或许是由于政见有异，王十朋的推荐如泥牛入海无消息。[③]

登科九年后，三位同年有缘欢聚，只是他们的身份再也不是新科进士，而是官府要员。但欢聚的地点不是“浙水东”，而是“三峡中”。其时，王、阎已是年逾半百之人，梁年近不惑。三人有此机缘，是由于王十朋时任夔州（治今重庆奉节）知州，而夔州号称“巴蜀门户”，是水路出入巴蜀的必经之地，阎安中、梁介恰好因公途经此地。东道主王十朋记述道：“丙戌（乾道二年）冬十月，阎惠夫、梁子绍得郡还蜀，联舟过夔，访予于郡斋，修同年之好也。因观太上皇帝亲擢御札及馆阁题名，感叹良久。”并赋诗一首“以纪陈迹，且志吾侪会合之异”。其诗云：“光尧（即宋高宗）亲擢赐巍科，糠秕居前有愧多。书向蓬山俱点勘（原注：皆为校书郎），诗从天竺共吟哦（原注：有游天竺唱和）。十年[④]尊酒喜身健，五马人生惊鬓皤。握手夔门话畴昔，君恩未报欲如何?”三位同年“酌酒论文，煮惠山泉，瀹建溪茶，诵少陵‘江流石不转’之句”。王十朋诗云：“吾侪风味雅同科，领略江山逸兴多。诸葛陈图堂上看，少陵诗句酒中哦[⑤]。惠山活水煎茶白，胜

---

① 《王十朋全集》诗集卷 22《梁彭州归自道山》《梁彭州与客登卧龙山》，第 404—405 页。

② 《王十朋全集》文集卷 20《与王运使》，第 910 页。

③ 王之望通常被视为主和者。《宋史》其本传称：“之望有文艺干略，当秦桧时，落落不合，或谓其有守。绍兴末年，力附和议，与（汤）思退相表里，专以割地啖敌为得计，地割而敌势益张。”（第 11539 页）其前后几乎判若两人。王十朋与他是何关系，当考。

④ 所谓“十年”，系举其成数。

⑤ 夔州有诸葛亮的遗迹、杜甫的故居。

已高峰带雪皤。绝境况逢三五马，定将好句压阴何。”欢乐中，仍怀忧国忧民之心：“故人相见谈时事，耿耿胸中直气存。”为纪念这次幸会，王十朋将会聚处定名为“三友堂”：“阎、梁二同年过夔，把酒论文于小书室，既别，因目之曰‘三友’。”其《三友堂》诗云：“丁丑同年友，三人忽此逢。符分俱握虎，簪盍偶成龙。抚卷神山远，衔杯瑞雪浓。一壶胜太白，形影月游从。”①

四、“宁为独醒鬼，不作附炎官”——“奇男子”冯方

在巴蜀士人当中，王十朋的好友还有安岳（四川今县）冯方。绍兴末年，王十朋与冯方等五人合称“五贤”。《建炎以来系年要录》载：“自秦桧扼塞言路，士风浸衰。及上总揽万几，激厉忠谠，而余习犹未殄，朝士多务缄默。至是，十朋与校书郎冯方、正字胡宪、查钥、太常寺主簿李浩，始因转对有所开陈。闻者兴起，太学之士为《五贤》诗以述其事焉。”② 关于冯方其人，有关记载极少且零星。《南宋馆阁录·官联下·校书郎》载：“冯方，字符仲（恐当作‘员仲’），普康③（今四川安岳）人，刘章榜

---

① 《王十朋全集》诗集卷22《梁彭州归自道山》《丙戌冬十月阎惠夫梁子绍得郡还蜀》《与二同年观雪》《三友堂》，第404—407页。

② 《建炎以来系年要录》卷186绍兴三十年九月庚子，影印文渊阁四库全书本。国学基本丛书本遗漏这段文字。

③ 《宋史》卷89《地理志五·潼川府路》载：“熙宁五年，废普康县入（安岳县）焉。”（第2217页）当以《建炎以来系年要录》卷176绍兴二十七年四月丁酉所记“（冯）方，安岳人也”（第2914页）为是。

（绍兴十五年）进士及第，治《书》。三十年四月除，三十二年正月为吏部员外郎。”① 依据有关记载，冯方中进士后，曾任成都府路转运司干办公事。② 后又请求返蜀任职，朝廷“从所请”③，一度曾任邛州（治今四川邛崃）知州。其现存著述有《论官司虚欠宜蠲免状》等四篇，收入《宋代蜀文辑存》卷54、卷96。④ 王十朋在其诗文中，数次提及冯方，均以其字员仲相称。从中可略知冯方的某些事迹以及王、冯二人的关系。

其一，王十朋与冯方相识较早。其《次韵冯员仲正字湖上有作》诗云：“瓯蜀异乡客，西湖同日看。浪花随去棹，风絮逐归鞍。”且感情很深：“相见惟言去，吾今去已成。着鞭先几日，不及送君行。”⑤ 对于冯方其人，王十朋非常佩服，称之为“一代奇男子”⑥。

其二，王、冯二人均属坚定的主战者。绍兴末年，金海陵王完颜亮将挥师南下。冯方上《论措置之策札子》⑦，建议朝廷全力加强战备。金军大兵压境，知枢密院事叶义问出任督视江淮军马，冯方任督府主管机宜文字。隆兴北伐，张浚出任都督江淮军马，冯方同虞允文一道在都督府任参议官。“冯方遍行两淮，筑治城

---

① 《南宋馆阁录》卷8《官联下·校书郎》，第114页。

② 徐松辑：《宋会要辑稿》食货63之15，中华书局1957年影印本，第5994页。

③ 《建炎以来系年要录》卷196绍兴三十二年正月庚寅，第3314页。

④ 《宋代蜀文辑存》，第704—705、1209页。

⑤ 《王十朋全集》诗集卷14《次韵冯员仲正字湖上有作》，第224页。

⑥ 《王十朋全集》诗集卷17《哭冯员仲》，第288页。

⑦ 徐梦莘：《三朝北盟会编》卷225“绍兴三十一年正月十四日丁亥，校书郎冯方札子论措置之策”，上海古籍出版社1987年影印本，第1622—1623页。

垒，最为劳勚。”[①] 据王十朋记述，“符离（在今安徽宿州境内）师溃，员仲与张魏公父子在盱眙（江苏今县），不肯去，相约以死”[②]。

其三，冯方曾受冤屈。由于他在张浚都督府中地位重要，“效力尤多”，张浚的政敌、宰相汤思退“尤恶之”，指使谏官“论方不当筑城费财，方遂罢”。[③] 冯方“以论列罢，三军叹息，有流涕者”。虞允文“力为辨之”。不久终于官复原职[④]，王十朋的愤愤不平之气才有所舒缓。其《冯员仲复元官与致仕恩泽》诗云：“谤焰久自熄，果然天听回。孤忠昭圣代，遗恨释泉台。伏节同元帅，知音有上台。三军气应壮，一洗向时哀。”[⑤]

其四，冯方不幸去世。王十朋闻噩耗，悲痛欲绝，写下《哭冯员仲》诗二首。一曰：“一代奇男子，哀哉命止斯。共天终不忍，蹈海亦何辞。下惠已三黜，照邻俄五悲。烦言何足办，公论不容欺。”二曰：“身为多才误，朝无一日安。宁为独醒鬼，不作附炎官。梦断吴江冷，魂归蜀道难。郡斋挥老泪，重取近书看（原注：近得员仲过江州书）。”[⑥] 乾道三年六月，冯方的门人陈季习将其遗稿送往夔州，王十朋“流涕读之”。其《跋冯员仲帖》

---

① 《宋宰辅编年录校补》卷 17“隆兴二年四月丁丑，张浚罢右仆射”，第 1169 页。《宋会要辑稿》职官 41 之 36 载：隆兴元年六月十四，“尚书户部员外郎冯方降授左承事郎”（第 3184 页）。同书职官 71 之 3 载：同日，江淮都督府参议官冯方“特降两官”，“以符离用师失律故也”（第 3973 页）。

② 《王十朋全集》诗集卷 28《冯员仲复元官与致仕恩泽》，第 536 页。

③ 《宋宰辅编年录校补》卷 17“隆兴二年四月丁丑，张浚罢右仆射”，第 1169 页。

④ 《宋会要辑稿》职官 76 之 71 载：“（乾道）五年十一月三日，诏：故左承议郎冯方特追复左朝散郎，与致仕恩泽。”（第 4131 页）冯方此时已去世，应当是死后再昭雪。

⑤ 《王十朋全集》诗集卷 28《冯员仲复元官与致仕恩泽》，第 536 页。

⑥ 《王十朋全集》诗集卷 17《哭冯员仲》，第 288 页。

云："员仲，天下士也，负有用之才，怀许国之忠，而不获究其万一，命矣。夫虽困于谗，而死于不幸，然知己数公皆一代之杰，亦可以无憾矣。"①

王十朋与巴蜀士人的交往和友情，绝不限于张氏父子等人，尚有可挖掘的余地。②。本人相关学力有限，只能略举上述数例，且错谬之处难免，敬请读者指正。

（原载项宏志编《王十朋诞辰九百周年全国学术研讨会论文集》，线装书局2012年版）

---

① 《王十朋全集》文集卷23《跋冯员仲帖》，第967页。

② 如王十朋在知夔州时，与其知趣相投，过从甚密的周时（字行可），便是成都人（据《成都文类》卷40《通真观舍田记（周时）》，第783—786页）。周时去世时，王十朋有《周行可挽诗》（《全集》诗集卷23，第430页），其下属知奉节县喻思然系仁寿人，被王十朋誉为"贤令"（《全集》诗集卷22《送喻令》，第402页）。王十朋《送王抚干行甫》诗云："分符惭政拙，赞画赖才多。""扁舟先吾去，送别奈愁何。"（《全集》诗集卷23，第422页）其《送宋山甫知县》诗曰："君住眉山我永嘉，老来邂逅楚天涯。……官职未高名满蜀，人才如许邑为巴。"（《全集》诗集卷23，第427页）这位眉山人士知其姓、字，但不知其名。至于王十朋与虞允文，同属对金坚定主战者。王十朋知夔州任上，曾两次迎送出入巴蜀的虞允文："（乾道二年腊月）十八日，迓虞参政于西城竹亭，去岁亦以此日送之。"且均有诗篇纪其事："两年此日此江滨，又迓向来归去宾。兀坐茅亭竹应笑，林间不著送迎人。"（《十八日迓虞参政于西城竹亭》）但前文已述，王十朋晚年在对待张栻与张说的问题上同虞允文存在严重分歧。

《吴船录》所见四川旅游资源

范成大（1126—1193），字至能（一作致能），号石湖居士，平江府吴县（今江苏苏州）人。与传统时代的不少士大夫一样，他文人、官员、学者三位一体。南宋张镃歌咏道：

> 石湖仙伯住吴门，事业文章两足尊。
> 南北东西曾遍历，焉哉乎也敢轻论。①

范成大作为学者，其成就是多方面的，对地理学及旅游学的贡献尤其突出。② 他“踪迹遍天下，审知四方风俗”③。“使北有《揽辔录》，入粤有《骖鸾录》《桂海虞衡志》，出蜀有《吴船录》，

---

① 张镃：《南湖集》卷 6《有怀参政范公因书桂隐近事奉寄二首》，《影印文渊阁四库全书》（以下简称《四库》）第 1164 册，第 596 页，台湾商务印书馆 1983 年版。

② 参看杨文衡《范成大的地理学成就》，《自然科学史研究》1988 年第 7 卷第 2 期，第 191—199 页；方健：《杰出的地理学家范成大》，《中国历史地理论丛》1994 年第 4 期，第 207—224 页；杨果：《〈吴船录〉对湖北历史地理研究的价值》，《江汉考古》1999 年第 2 期，第 94—97 页；方豪：《宋代佛教对旅游之贡献》，《东方杂志》复刊第 5 卷第 3 期，1971 年 9 月，后收入宋史座谈会编《宋史研究集》第 8 辑，台湾中华丛书编审委员会 1976 年，第 171—205 页。

③ 黄震：《黄氏日抄》卷 67《范石湖文》，《四库》第 708 册，第 635 页。

各一卷。”① 范成大被学界誉为“杰出旅游家”②。学者称赞他“是当时活动范围相当广泛的旅行家之一”，其《吴船录》中的某些篇章“堪称古代游记中的上品”③。

范成大在宋孝宗淳熙元年（1175）至四年，任四川制置使、知成都府。④ 其《吴船录》作于淳熙四年由成都奉召回朝途中，书名源于杜甫的诗句。陈振孙《直斋书录解题》称：“《吴船录》一卷，范成大至能撰，自蜀帅东归纪游，取‘门泊东吴万里船’之语。”⑤ 杜甫诗云：

> 两个黄鹂鸣翠柳，一行白鹭上青天。
> 窗含西岭千秋雪，门泊东吴万里船。⑥

从旅游学的角度看，与《桂海虞衡志》相似，《吴船录》不乏学术价值。《吴船录》记述了宋代四川地区的一些民俗，如川西民居：“郫邑（即今四川郫县）屋极盛，家家有流水修竹，而杨氏之居为最”；蜀州（治今四川崇州）周家庄：“周氏三大第，皆高爽严洁。大抵沃野所在，二百年不见兵火，居民屋室如法，有承平气象。”

---

① 《文忠集》卷 61《资政殿大学士赠银青光禄大夫范公（成大）神道碑》，《四库》第 1147 册，第 650 页。《桂海虞衡志》足本为 3 卷，《吴船录》又有 2 卷本传世。

② 王淑良：《中国旅游史》（古代部分），旅游教育出版社 1998 年版，第 306 页。

③ 陈峰：《万水千山总关情——游旅篇》，三秦出版社 1998 年版，第 138 页。

④ 参见张邦炜、陈盈洁《范成大治蜀述论》，《四川师范大学学报》2004 年第 5 期，第 129—136 页。

⑤ 陈振孙：《直斋书录解题》卷 11《小说家类》，《四库》第 674 册，第 734 页。

⑥ 杜甫原著，仇兆鳌详注：《杜诗详注》卷 13《绝句四首（之三）》，《四库》第 1070 册，第 541 页。

又如燃蒿迎客："田家束蒿，然于门口，为香气，以迎客。"[①] 再如四川俗语："蜀中称尊老者为波，祖及外祖皆曰波。"此前，宋祁有考证，"波"当作"皤"。其《宋景文笔记》称："蜀人谓老为皤[②]，取皤皤黄发义。"[③] 黄庭坚"贬涪州别驾，自号涪皤，或从其俗"[④]。《范石湖集》还记述："蜀人乡音极难解"，"蜀人以中原语音为鲁（虏）语"；"巴蜀人好食生蒜，臭不可近。"[⑤] 与《桂海虞衡志》不同，《吴船录》的重点不在民俗，而在风光。即所谓："于古迹形胜言之最悉，亦自有所考证。"[⑥]

范成大《吴船录》及其出川纪行诗《东征小集》描述了沿途的风光。如果再加上其入川纪行诗《西征小集》[⑦]，范成大路经并在诗文中记述、歌咏过的今属四川省的县以上城市达 25 个之多。现按其到达先后罗列如下：邻山县（即今大竹县）、邻水县、广安军（治今广安市）、汉初县（即今武胜县）、遂宁府（治小溪县，即今遂宁市）、成都府、郫县、崇宁县（在今彭州市境内）、永康军（治今都江堰市）、青城县（在今都江堰市境内）、蜀州（治今崇州市）、江原县（在今崇州市境内）、新津县、彭山县、眉州

① 范成大：《范石湖集》卷 18《峨嵋县·序》，上海古籍出版社 1981 年版，第 248 页。

② 原注：音波。

③ 宋祁：《宋景文笔记》卷上，《四库》第 862 册，第 536 页。《范成大笔记六种·吴船录》卷上称："民皆束艾蒿于门，燃之发烟，意者熏祓秽气，以为候迎之礼。"中华书局 2002 年孔凡礼点校本，第 197 页。

④ 《范成大笔记六种·吴船录》卷上，第 187、192、208 页。

⑤ 《范石湖集》卷 17《丙申元日安福寺礼塔》、卷 28《送同年朱师古龙图赴潼川》、卷 16《巴蜀人好食生蒜，臭不可近》，第 232、392、226 页。

⑥ 永瑢：《四库全书总目》卷 58《史部·传记类二·吴船录》，中华书局 1965 年影印本，第 529 页。

⑦ 范成大将其 123 首入川纪行诗编为《西征小集》，收入《范石湖集集》15、16 两卷；将其 106 首出川纪行诗编为《东征小集》，收入《范石湖集集》18、19 两卷。

(治今眉山市)、青神县、嘉州（治龙游县，即今乐山市)、峨嵋县(即今峨眉山市)、犍为县、宣化县（在今宜宾境内)、叙州（治今宜宾市)、南溪县、江安县、泸州（治泸川县，即今泸州市)、合江县。按照现在的行政区划，邻山即今大竹是范成大入川所经第一县，其《邻山县》诗云：

山顶嘘云黑似烟，修篁高柳共昏然。
鸟啼一夜劝归去，谁道东川无杜鹃。①

在范成大笔下，郫县“县圃大竹万个，流水贯之，浓翠欲滴”，其特产有郫筒酒。《吴船录》卷上称：

蜀州郡圃内，西湖极广袤，荷花正盛，呼湖船泛之，系缆古木修竹间，景物甚野，为西州胜处。②

其《蜀州西湖》诗云：

闲随渠水来，偶到湖光里。
仍呼水月舟，径度云锦地。
谁云不解饮，我已醉荷香。③

在范成大笔下，眉州是座卫生城市：“遍城悉是石街，最为雅洁。”

① 《范石湖集》卷16《邻山县》，第224页。
② 《范成大笔记六种·吴船录》卷上，第187—188、192页。
③ 《范石湖集》卷18《蜀州西湖》，第251页。

“城中荷花特盛，处处有池塘。”犍为“县有江楼，甚高爽，下临长川”①。其《犍为江楼》诗云：

> 河边堵立看归篷，三老开头暮欲东。
> 涨水稠滩连峡内，浅山浮石似湘中。②

在叙州，范成大寻访黄庭坚的遗迹：

> 山谷谪居在小寺中，号大死庵，后人就作祠堂，并裒墨迹刻其中。方山谷谪居时，屡有锁江亭诗，今江上旧基，别作新亭，颇如法锁江者。

泸州“城上有来风亭，瞰二江合处，于纳凉最宜”。“南定楼为一郡佳处”③，范成大登楼并饮酒赋诗：

> 归艎东下兴悠哉，小住危阑把一杯。
> 楼下沄沄内江水，明朝同入大江来。④

诗中所谓“内江”，指沱江。范成大还记述并赞美了蜀中的某些市镇。如称郫县所属犀浦“犹为壮镇”，龙游县（即今乐山市）苏稽镇、峨嵋县符文镇“两镇市井烦沓，类壮县”。他路经符文镇，亲眼看到这里的妇女很勤劳：“符文出布，村妇聚观于道，皆行而绩

---

① 《范成大笔记六种·吴船录》卷上，第193、208页。
② 《范石湖集》卷18《犍为江楼》，第265页。
③ 《范成大笔记六种·吴船录》卷下，第212—213页。
④ 《范石湖集》卷19《泸州南定楼》，第226页。

麻，无索手者。”① 在现今的四川省境内，范成大游览并歌咏过的地方太多。下面仅以都江堰等五个景区为例。

一、都江堰

范成大离川前，专程访问永康军，称赞此地“江自山中出，至此始盛壮”，“美田弥望，所谓岷山之下沃野者，正在此”。他除参观玉垒关、浮云亭等名胜而外，主要游览了三个景点。

一是离堆。范成大“登怀古亭，俯观离堆”②。其《怀古亭》诗序曰：“离堆分岷江一派，溉彭、蜀而支流道郫县以入于府江。”诗云：

朝来写得故人书，双鲤难寻雁亦无。
付与离堆江水去，解从郫县到成都。③

《吴船录》卷上称：“离堆者，李太守（指李冰）凿崖中断，分江水一派入永康以至彭、蜀，支流自郫以至成都。怀古对崖有道观曰伏龙，相传李太守锁孽龙于离堆下，观有孙太古画李氏父子像。”④ 孙知微，字太古，五代、北宋画家，后蜀时隐居青城山，在当地留下不少壁画。范成大《离堆行》：

① 《范成大笔记六种·吴船录》卷上，第 188、197 页。
② 《范成大笔记六种·吴船录》卷上，第 188 页。
③ 《范石湖集》卷 18《怀古亭》，第 247 页。
④ 《范成大笔记六种·吴船录》卷上，第 188 页。

残山狠石双虎卧，斧迹鳞皴中凿破。
潭渊油油无敢唾，下有猛龙跧铁锁。
自从分流注石门，西州粳稻如黄云。
……①

二是崇德庙。范成大“出玉垒关，登山，谒崇德庙。新作庙前门楼，甚壮，下临大江，名曰都江”②。崇德庙即今二王庙，始建于南齐武帝建武年间（494—498），剑南西川节度使李德裕于唐文宗大和年间（827—835）重建。范成大《崇德庙》诗序曰：“李太守庙食处也。”诗云：

雪山南风融雪汁，化作岷江江水来。
不知新涨高几划，但觉楼前奔万雷。

“新涨高几划”，范成大自注：“离堆石壁旧有水则，记涨痕，占岁事，一划为一则。”③《吴船录》卷上称：

李太守疏江驱龙，有大功于西蜀，祠祭甚盛，岁刲羊五万，民买一羊将以祭而偶产羔者，亦不敢留，并驱以享。庙前屠户数十百家，永康郡计至专仰羊税，甚矣其杀也。余作诗刻石以讽，冀神听万一感动云。④

① 《范石湖集》卷18《离堆行》，第247页。
② 《范成大笔记六种·吴船录》卷上，第189页。
③ 《范石湖集》卷18《崇德庙》，第248页。
④ 《范成大笔记六种·吴船录》卷上，第189页。

关于李冰“疏江驱龙”的传说，大同小异的记载颇多。如曾敏行《独醒杂志》载：

> 有方外士为言：“蜀道永康军城外崇德庙，乃祠李太守父子也。太守名冰，秦朝人，尝守其地，有龙为孽，太守捕之，且凿崖中断分江水，一派入永康，锁孽龙于离堆之下，有功于蜀人，至今德之，祠祭甚盛，每岁用羊至四万余，凡买羊以祭，偶产羔者亦不敢留，永康借羊税以充郡计。”江乡人今亦祠之，号曰“灌口二郎”，每祭但烹一膻，不设他物，盖自是也。①

范成大所称“余作诗刻石以讽”，是指《离堆行》。此诗又云：

> 刲羊五万大作社，春秋代鼓苍烟根。
> 我昔官称劝农使，年年来激西江水。
> 成都火米不论钱，丝管相随看蚕市。
> 款门得得酹清尊，椒浆桂酒删膻荤。
> 妄欲一语神岂闻，更愿爱羊如爱人。

范成大在知成都府任上，“西川夏旱，支江水涸，即遣使致祷，增堰塞水以入支江，三四宿即水遍，谓之摄水”。他“连岁遣郡丞冯浦摄水祠下，皆如期而应，连得稔”。范成大专程访问永康军，到此致谢是其原因之一。他“既谒谢于庙，徜徉三楼而返”。所谓“三楼”，是指收藏帝王赏赐文书的地方。

三是绳桥。有索桥、簇桥、吊桥、绠桥、笮桥、悬桥等多种

---

① 曾敏行：《独醒杂志》卷5，《四库》第1039册，第554页。

名称，是我国西南山区古代必不可少的跨越江河的通道。因其修建材料的不同，有藤索、茅索、竹索、铁索之分。① 都江堰安澜桥被誉为中国古代五大桥梁之一，是都江堰特色鲜明的景观，宋代以前已有之，宋时系竹索桥。《吴船录》卷上较早记载了此桥：

> 绳桥每桥长百二十丈，分为五架，桥之广，十二绳排连之，上布竹笆，攒立大木数十于江沙中，辇石固其根，每数十木作一架，挂桥于半空，大风过之，掀举幡然。大略如渔人晒网、染家晾彩帛之状。又须舍舆疾步，从容则震掉不可立，同行皆失色。②

由上所述可见，与今天不同，当时此地的索桥尚不止安澜桥一座。范成大《戏题索桥》诗云：

> 织箪匀铺面，排绳强架空。
> 染人高晒帛，猎户远张罿。
> 薄薄难承雨，翻翻不受风。
> 何时将蜀客，东下看垂虹。③

① 参见蓝勇《西南古代索桥研究》，《四川文物》1993 年第 6 期，第 17—22 页。
② 《范成大笔记六种·吴船录》卷上，第 189 页。
③ 《范石湖集》卷 18《戏题索桥》，第 248 页。

二、青城山

范成大刚到山脚，便有青城天下幽的真切感受："道左右多幽居，流水淙琤，修竹弥望。"他来到这座道教名山，重点考察了三个景点。

一是丈人观。现名建福宫，始建于唐代（或称晋朝），位于丈人峰下，青城山门右侧。丈人观更名建福宫，多得力于范成大。相传，此观供奉的五岳丈人储福定命真君"姓宁，名封。与黄帝同时，帝从之问龙跻飞行之道"。其道众切盼朝廷赐以宫名，范成大"为请之朝"，又得到时任礼部侍郎的蜀士李焘的支持。李焘上议曰：

《河洛图括地象》："岷山之精，上为井络，帝以会昌，神以建福。注曰：昌即庆也。"青城实岷山第一峰，会庆[①]又符诞节之名。[②]

于是，赐名会庆建福宫。范成大《青城山会庆建福宫》诗序曰："宫旧名丈人观，予请于朝，赐今名。入山前数日，敕书至自行在。"诗云：

墨诏东来汹驿传，璇题金榜照山川。

① 宋孝宗以其生日十月二十二日为会庆节。

② 《范成大笔记六种·吴船录》卷上，第190页。

祥开圣代千秋节，响动仙都九室天。①

当时丈人观的一大特色是孙知微的精妙壁画。《吴船录》卷上称：

真君殿前有大楼曰玉华，翚飞轮奂，极土木之胜。殿四壁，孙太古画黄帝而下三十二仙真，笔法超妙，气格清逸，此壁冠于西州。两庑古画尚多，半已剥落，惟张果老、孙思邈二像无恙。

范成大专程到此的主要目的是许愿禳灾。他说："今春病少城②，几殆，仅得更生，因来名山禳祭。"当晚，"道士就殿前作步虚仪"。所谓"步虚仪"，是道士诵经拜忏的仪式。《吴船录》卷上载：

（道士）方升坛，有大炬出殿后岩上，色洞赤，周旋山顶，有顷变灭。同游者疾趋来观，则无有矣。余默请于丈人，此灯正为仆出者，当复见，使诸人共观之。语脱口，灯复出，分合眩转，若经藏然，食顷乃没。观人云："从来此峰无灯，四年前曾一见。"③

这种现象俗称"神灯"或"圣灯"。范成大《玉华楼夜醮》诗云：

丈人峰前山四周，中有五城十二楼。

① 《范石湖集》卷18《青城山会庆建福宫》，第248页。
② 成都西城称少城，南城称太城。
③ 《范成大笔记六种·吴船录》卷上，第190页。

玉华仙宫居上头，紫云澒洞千桂浮。
刚风八面寒飕飕，灵君宴坐三千秋。
……
参旗如虹欻下流，化为神灯烛岩幽。[①]

二是上清宫。晋代始建，唐玄宗时重建，五代前蜀王衍时再建。《吴船录》卷上称：

自丈人观西登山，五里至上清宫。在最高峰之顶，以板阁插石作堂殿，下视丈人峰，直堵墙耳。岷山数百峰，悉在栏槛下，如翠浪起伏，势皆东倾。一轩正对大面山，一上六十里，有夷坦曰芙蓉平，道人于彼种芎，非留旬日不可登。[②]

所谓“芎”，即芎䓖，其根状茎是一味中药，以四川所产最著名，称川芎。范成大《上清宫》诗序曰：“自青城登山，所谓最高峰也。”诗云：

历井络参兴未阑，丹梯通处更跻攀。
冥蒙蜀道一云气，破碎岷山千髻鬟。
但觉星辰垂地上，不知风雨满人间。[③]

“圣灯”是上清宫的一大景观，范成大在上清宫目睹。《吴船录》卷上称：

① 《范石湖集》卷18《玉华楼夜醮》，第249页。
② 《范成大笔记六种·吴船录》卷上，第191页。
③ 《范石湖集》卷18《上清宫》，第250页。

夜，有灯出四山，以千百数，谓之圣灯。圣灯，所至多有，说者不能坚决。或云古人所藏丹药之光，或谓草木之灵者有光，或又以谓龙神山鬼所作，其深信者则以为仙圣之所设化也。

其实，这是一种在山谷中较为常见的物理现象，应当是所谓“磷火”。范成大说：“上清之游，真天下伟观哉！”陆游《宿上清宫》诗云：

九万天衢浩浩风，此身真是一枯蓬。
盘蔬采掇多灵药，阁道攀跻出半空。①

三是长生观。《吴船录》卷上称：“下山，五里复至丈人观。二十里，早顿长生观，范长生得道处也。”② 范长生即范寂。《方舆胜览》载：

长生观，旧名碧落观，在青城县北二十里，昔有范寂，字无为，刘先主（即刘备）时栖止青城山中，以修炼为事，先主征之不起，就封为逍遥公，得长生久视之道。刘禅易其宅为长生观，有巨楠，高数十寻，围三十尺，世传长生手植。上有赤城阁，临眺甚远。③

---

① 《剑南诗稿》卷 6《宿上清宫》，《四部备要》第 79 册，第 67 页。
② 《范成大笔记六种·吴船录》卷上，第 191 页。
③ 《方舆胜览》卷 55《永康军·事要·道观》，中华书局 2003 年点校本，第 987 页。

相传，唐玄宗登青城山，住长生观，观内绿草茵茵，繁花似锦。陆游《长生观观月》诗云：

碧天万里月正中，清夜弭节长生宫。
广寒忽堕人间世，但怪步虚声散瑶。①

当时长生观的一大看点是孙知微的精妙壁画。《吴船录》卷上称：

有孙太古画龙虎二君在殿外两壁上，笔势挥扫，云烟飞动，盖孙笔之尤奇者。殿壁又有孙画味江龙一堵，相传孙欲画龙而不知其真，有丈夫过，云："君欲识真龙乎?"忽变夭矫，孙谛视，画得之，视稍久，一目遂眚，即此画也。旧壁，宣和闲（间）取入京师，临行，道士募名笔摹于新壁，今所存者，摹本也。②

这类异闻逸事可增添旅游景点的文化意蕴和人文内涵。

三、乐山

四川乐山，古称嘉州。如今有旅游开发者为论证当地山水甲

① 《剑南诗稿》卷6《长生观观月》，《四部备要》第79册，第68页。
② 《范成大笔记六种·吴船录》卷上，第191页。

天下①，以范成大所言为证：

天下山水窟有二，曰嘉州，曰桂林。②

其愿望之美好，毋庸置疑。可是经查，此言见于曹学佺《蜀中广记》，并非范成大所说，而是出自邓谏从之口。邓谏从，汉嘉（即今四川乐山）人，南宋中期蜀中名士，历任黎州（治今四川汉源北）通判、知怀安军（治今四川金堂东南）等职。③ 盛赞嘉州山水的宋人还有邵博：

天下山水之胜在蜀，蜀之胜曰嘉州，州之胜在凌云寺，寺之南山又其胜也。④

---

① 唐长寿：《嘉州山水，大佛之乡》，四川新闻网 2004 年 12 月 5 日“乐山日报讯”。

② 曹学佺：《蜀中广记》卷 11《名胜记第十一·上川南道·嘉定州》，《四库》第 591 册，第 142 页。

③ 邓谏从，《宋史》无传。黄宗羲原著、全祖望补修：《宋元学案》卷 72《二江诸儒学案·南轩私淑》称：“邓谏从者，字符卿，亦汉嘉人，亦豫二江九子之一，尝通判黎州，见于《周益国公集》（周必大著，四库本作《文忠集》），不知其后官阶所至。”（中华书局 1986 年点校本）所谓“二江九子”，是指当时讲学于成都二江的九位蜀中名士，即成都人范荪、范子长、范子该、范仲黼，汉嘉人薛绂、邓谏从，仁寿人虞刚简、程遇孙，唐安（在今四川崇州市东南）人宋德之。佚名：《续编两朝纲目备要》卷 10 载，开禧三年（1207）正月，吴曦叛宋降金时，邓谏从“避伪去官”（中华书局 1995 年点校本），系所谓“立节”者。据李心传《建炎以来系年要录》乙集卷 9《蜀士立功立节次第》可知，其时邓谏从“新知怀安军”（中华书局 2000 年点校本）。叶适：《水心集》卷 7 有《送邓谏从制干》一诗（《四库》本）。由此可知，邓谏从曾任制干。查龚延明《宋代官制辞典》，所谓“制干”，是“制置使司与制置大使司干办公事的省称”（中华书局 1997 年版）。

④ 《方舆胜览》卷 52《嘉定府·事要·寺观》，第 940 页。

范成大因故在嘉州停留19天之久[①]，有较为充裕的时间，饱览嘉州山水。除参观乌尤寺[②]、月榭[③]等景点外，主要游览了三大名胜。

其一，凌云寺。《方舆胜览》载：

> 凌云寺在府之南山。唐开元中，僧海通于渎江（岷江）、沫水（大渡河）、蒙水（青衣江）三江之合、悍流怒浪之滨，凿山为弥勒大像，高逾三百六十尺，建七层阁以覆之。至韦皋时，积十九年而工始备。

岑参《登嘉州凌云寺作》诗云：

> 寺出飞鸟外，青峰戴朱楼。
> 搏壁跻半空，喜得登上头。
> 始知宇宙阔，下看三江流。
> 天晴见峨眉，如向波上浮。[④]

陆游《谒凌云大像》[⑤] 诗云：

> 出郭幽寻一笑新，径呼艇子截烟津。

---

① 其重要原因之一是接受是否偷漏商税的检查："稍治一行私商匿税之弊，例留数日。"（《范成大笔记六种·吴船录》卷上，第196页）

② 《范成大笔记六种·吴船录》卷上称："九顶之傍，有乌尤峰，小江水绕之，如巧画之图。"第197页。

③ 《范石湖集》卷18《别后寄题汉嘉月榭》序曰："陆务观（即陆淳）所作。……月榭，正直大峨，取太白峨眉山月之语以名，傍有一岩，景趣尤佳。"第256页。

④ 彭定求等：《全唐诗》卷198《岑参》，《四库》第1424册，第733页。

⑤ 《剑南诗稿》卷4《谒凌云大像》，《四部备要》第79册，第43页。

不辞疾步登重阁，聊欲今生识伟人。
泉镜正涵螺髻绿，浪花不犯宝趺尘。①
始知神力无穷尽，丈六黄金果小身。②

《吴船录》卷上称：

跻石蹬，登凌云寺。寺有天宁阁，即大像所在。嘉为重水之会……沫水合大渡河，由雅州（治今四川雅安）而来，直捣山壁，滩泷险恶，号舟楫至危之地。唐开元中，浮屠海通始凿山，为弥勒佛像以镇之。高三百六十尺，顶围十丈，目广二丈，为楼十三层。自头面以及其足，极天下佛像之大。两耳犹以木为之。佛足去江数步，惊涛怒号，汹涌过前，不可安立正视，今谓之佛头滩。佛阁正面三峨，余三面皆佳山，众江错流诸山之间，登临之胜，自西州来，始见此耳。东坡诗云："但愿身为汉嘉守，载酒常作凌云游。"后人取其语，作载酒亭于山上。③

范成大《凌云九顶》诗序曰："即大石佛处，初登山时，岩壁上悉劖为小佛，不知其数。山前佛头滩，受雅江之冲，最为艰险。"可见，当时凌云山古摩崖石刻为数不少。其诗云：

聊为东坡载酒游，万龛迎我到峰头。
江摇九顶风雷过，云抹三峨日夜浮。

① 原注："一泉泓然，正在髻下，每岁涨水，不能及佛足。"
② 原注："观《无量寿经》云：或现小身，丈六八尺。"
③ 《范成大笔记六种·吴船录》卷上，第196页。

古佛临流都坐断，行人识路亦归休。
酣酣午枕眠方丈，一笑闲身始自由。[①]

范成大已卸任，将还乡，“无官一身轻，有子万事足”[②] 的轻松感油然而生。

其二，万景楼。位于乐山老宵顶上，北宋宣和年间，知嘉州吕由诚创建。《吴船录》卷上称：

游万景楼，在州城，傍高丘之上。汉嘉登临山水之胜，既豪西州，而万景所见，又甲于一郡。其前大江之所经，犍为、戎、泸，远山缥缈明灭，烟云无际。右列三峨，左横九顶，残山剩水，间见错出。万景之名，真不滥吹。余诗盖题为西南第一楼也。[③]

范成大《万景楼》诗序曰：“在汉嘉城中山上，登览胜绝，殆冠西州，予令画工作图以归。山谷（即黄庭坚）来游时，但有安乐园，未有此楼也。”诗云：

若为唤得涪翁[④]起，题作西南第一楼。[⑤]

范成大将万景楼定位为“西南第一楼”，得到后人认可。宋光宗时

① 《范石湖集》卷18《凌云九顶》，第255页。
② 《东坡七集·东坡后集》卷6《借前韵贺子由生第四孙斗老一首》，《四部备要》第77册，第313页。
③ 《范成大笔记六种·吴船录》卷上，第197页。
④ 黄庭坚自称涪翁。
⑤ 《范石湖集》卷18《万景楼》，第234页。

曾任四川安抚使、宋宁宗时官至参知政事的袁说友在其《登嘉州万景楼》诗中云：

> 我行大江西，胜概数追逐。
> 南楼岳阳上，雄绝快心目。
> 今到西南第一楼，嗟哉余子真碌碌。①

《大清一统志》载："万景楼……范石湖诗云：'……题作西南第一楼。'后太守郭益因榜其上曰：'西南第一楼'。"②

其三，方响洞。《吴船录》卷上称：

> 下山，入小巷，至广福院。中有水洞，静听，洞中时有金玉声，琅然清越，不知水滴何许作此声也。旧名东丁水，寺亦因名东丁院，山谷更名方响洞。

黄庭坚诗云：

> 古人名此东丁水，自古丁东直到今。
> 我为更名方响洞，要知山水有清音。③

"方响"之名或取自北宋中期人石介的《嘉州寄左绵王虞部》诗：

---

① 袁说友：《东塘集》卷2《登嘉州万景楼》，《四库》第1154册，第158页。

② 和珅等：《大清一统志》卷307《嘉定府·古迹》，《四库》第481册，第307页。

③ 《范成大笔记六种·吴船录》卷上，第197页。

江山如画望无穷，况蜀升平岁屡丰。
万树芙蓉秋色里，千家方响月明中。①

范成大《戏题方响洞》诗云：

隔凡冰涧不可越，众真微步壶中月。
徙倚含风玉佩声，何须听作蕤宾铁。②

方响洞泉水清澈，用于煮茶甚佳，有陆游《同何元立蔡肩吾至东丁院汲泉煮茶》诗可证：

一州佳处尽裴回，惟有东丁院未来。
身是江南老桑苎，诸君小住共茶杯。③

总之，方响洞这类景点因特殊的地貌造就的人间奇景，又因人们口相传颂增添其人文内涵，成为一种独特的旅游景观。

四、峨眉山

“峨嵋山秀甲天下”，虽然并非出自范成大笔下，而是出自明

① 杨慎：《全蜀艺文志》卷21《诗·赠送下·嘉州寄左绵王虞部（石介）》，线装书局2003年点校本，第582页。

② 《范石湖集》卷18《戏题方响洞》，第255页。

③ 《剑南诗稿》卷4《同何元立蔡肩吾至东丁院汲泉煮茶》，《四部备要》第79册，第43页。

朝人周洪谟之口①，但范成大确实盛赞峨眉山水，如称“大峨峰顶，天下绝观”等。当时上峨眉山，困难不少。如山上山下温差大：“初衣暑绤，渐高渐寒，到八十四盘，则骤寒。比及山顶，亟挟纩两重，又加毳衲、驼茸之裘，尽衣笥中所藏。系重巾，蹑毡靴，犹凛栗不自持，则炽炭拥炉危坐。”高山缺氧饭煮不熟：“山顶有泉，煮米不成饭，但碎如砂粒。”上山很难，“天下登山险峻，无此比者”②。其《八十四盘》诗云：

冥鸿无伴鹤孤飞，回首尘笼一笑嬉。
八十四盘新拄杖，万三千乘旧牙旗。
石梯碧滑云生后，木叶红斑雪霁时。
说与同行莫惆怅，人间捷径转嵚巇。③

下山更难，“始登山时，虽跻攀艰难，有绳曳其前，犹险而不危。下山时，虽复以绳縋舆，后梯斗下，舆夫难着脚，既险且危”。范成大身为方面大员，他上山下山，动用众多士兵、民夫，“余以健卒挟山轿强登，以山丁三十夫，曳大绳行前挽之，同行则用山中梯轿”④。使用了不少特殊的交通工具，如大扶舁、胡孙梯等。其《大扶舁》诗云：

---

① 周洪谟《眉山天下秀》诗云：“二峨之秀甲天下。”（《全蜀艺文志》卷8《诗·江山上》，第199页）《四库全书总目》卷34《经部三十四·群经辨疑录》：“（周）洪谟，字尧弼，长宁（今属四川）人，正统乙丑（十年，1445）进士，官至礼部尚书，谥文安，事迹具《明史》本传。”

② 《范成大笔记六种·吴船录》卷上，第207、201、199页。

③ 《范石湖集》卷18《八十四盘》，第259页。

④ 《范成大笔记六种·吴船录》卷上，第202—203、199—200页。

身如鱼跃上长竿，路似镜中相对看。
珍重山丁扶我过，人间踽踽独行难。①

难怪范成大说：

大峨峰顶天下绝观，蜀人固自罕游，而龙门又胜绝于山间，游峨眉者亦罕能到。非好奇喜事、忘劳苦而不惮疾病者，不能至焉。②

而他本人便属于所谓“好奇喜事、忘劳苦而不惮疾病者”。范成大以极大的热情和浓厚的兴趣，游历了此旅游胜地和佛教名山。他所到之处甚多，仅以下面五处为例。

其一，牛心寺。位于牛心岭，唐代始建，初名延佛寺，后改名卧云寺，宋僧继业重建，更名牛心寺。此寺有两大引人注目之处。一是寺内藏有名画。《吴船录》卷上称：

寺有唐画罗汉一板，笔迹超妙，眉目津津，欲与人语。成都古画浮图像最多，以余所见，皆出此下。蜀画胡僧，惟卢楞迦之笔为第一，今见此板，乃知楞迦源流所自，余十五板亡之矣。

① 《范石湖集》卷18《大扶舁》，第258页。同卷《小扶舁》诗云：“食时方了大扶舁，前逢仄径仍崎岖。悬崖破栈不可玩，舆丁挟我如腾狙。平生行路险艰足，如今雪鬓应难绿。却怜苔发镇长青，千古毵毵挂高木。”《胡孙梯》序曰：“峡山有胡孙愁，予常过之。”诗云：“木磴鳞鳞滑带泥，微生欹侧寄枯藜。胡孙愁处我犹过，个里如今幸有梯。”第259页。

② 《范成大笔记六种·吴船录》卷上，第207页。

卢楞迦是唐代著名佛教人物画家吴道子的弟子，这板罗汉画相传是吴道子的作品，特别珍贵，可惜已失传。二是其重建者继业是个传奇人物。他俗姓王，耀州（今陕西省铜川市耀州区）人。宋太祖乾德二年（964）奉宋太祖诏，率沙门 300 人，入天竺取经，至开宝九年（976）始归。“诏择名山修习。登峨眉，北望牛心，众峰环翊，遂作庵居，已而为寺。业年八十四而终。”①

牛心寺附近有两个重要景点。一是寺后的药王洞。据说是药王孙思邈炼丹的地方。《吴船录》卷上称：“牛心本孙思邈隐居，相传时出诸山，寺中人数见之。”二是寺前的双溪桥。《吴船录》卷上称：

> 至双溪桥。乱山如屏簇，有两山相对，各有一溪出焉，并流至桥下，石堑深数十丈，窈然沈碧，飞湍喷雪，奔出桥外，则入岑蔚中，可数十步，两溪合为一，以投大壑，渊渟凝湛，散为溪滩。滩中悉是五色及白质青章石子，水色曲尘，与石色相得，如铺翠锦，非摹写可具，朝日照之，则有光彩发溪上，倒射岩壑。②

范成大《双溪》诗云：

> 冷风骚骚木叶低，洞渊阻深生怪奇。
> 碧琳双涧黑无底，中有玉龙相对飞。

① 《范成大笔记六种·吴船录》卷上，第 203—204、206 页。《吴船录》转述了继业到天竺取经的行程，虽然简略，但价值很高。有研究者对此进行了专门探讨，如王邦维《峨眉山继业三藏西域行程略笺释》，《南亚研究》1993 年第 2 期，第 36—40 页。

② 《范成大笔记六种·吴船录》卷上，第 198 页。

雷轰雪卷入林樾，化为一龙潭底没。
摩尼斗罢四山空，时有宝光岩下发。①

此景即如今人们所说的“峨眉十景”中的“双桥清音”。

其二，白水寺。即今万年寺，是现在峨眉山规模最大的寺庙，创建于晋代，称普贤寺，唐代改名白水寺，宋代称白水普贤寺，明神宗赐名圣寿万年寺，一直沿用至今。范成大当年所见，此寺的特色有二：一是普贤铜像。《吴船录》卷上称：“谒普贤大士铜像，国初敕成都所铸。”据说，四川地方官员多次向上奏称，普贤菩萨现相峨眉山。信奉佛教的宋太宗于太平兴国五年（980），下诏派遣工部官员前往成都，专门督造普贤菩萨铜像。这尊铜像高7.35米、重62.1吨，在成都分段铸造，运到白水寺后铆接而成。二是皇上赏赐。《吴船录》卷上称：

有太宗、真宗、仁宗三朝所赐御制书百余卷，七宝冠、金珠、璎珞、袈裟、金银、瓶钵、奁炉、匙筋、果垒、铜钟、鼓、锣、盘、蜡茶、塔、芝草之属。又有崇宁中宫所赐钱幡及织成红幡等物甚多。

宋仁宗御书《发愿文》尤其珍贵，范成大将其全文抄录：

佛法长兴，法轮常转，国泰民安，风雨顺时，干戈永息，人民安乐，子孙昌盛，一切众生，同登彼岸。嘉祐七年（1092）十月十七日，福宁殿御札记。②

① 《范石湖集》卷18《双溪》，第258页。
② 《范成大笔记六种·吴船录》卷上，第199页。

其三，雷洞平。白水寺在山脚，《吴船录》卷上称："自县至此，步步皆峻阪，四十余里，然始是登峰顶之山脚耳。"继续上山，将经过不少店、平。"凡言店者，当道板屋一间。将有登山客，则寺僧先遣人煮汤于店，以俟蒸炊。""凡言平者，差可以托足之处也。"其中，"雷洞者，路在深崖，万仞磴道缺处，则下瞰沈黑若洞然。相传下有渊水，神龙所居，凡七十二洞。岁旱，则祷于第三洞。初投香币，不应，则投死彘及妇人弊履之类，以枨触之，往往雷风暴发。"① 范成大《雷洞平》诗云：

行人魄动风森森，两崖奔黑愁太阴。
不知七十二洞处，侧足下窥云海深。
闻有神龙依佛住，枨触须臾召雷雨。
两川稻熟须好晴，我亦闲游神勿惊。②

峨眉山有"植物王国"之称，从雷洞平到婆罗平一带，异花奇木漫山遍野。《吴船录》卷上载：

大抵大峨之上，凡草木禽虫悉非世间所有，昔固传闻，今亲验之。余来以季夏，数日前，雪大降，木叶犹有雪渍斓斑之迹。草木之异，有如八仙而深紫，有如牵牛而大数倍，有如蓼而浅青。闻春时异花尤多，但是时山寒，人鲜能识之。草叶之异者，亦不可胜数。山高多风，木不能长，枝悉下垂。古苔如乱发，鬖鬖挂木上，垂至地，长数丈。又有塔松，状

① 《范成大笔记六种·吴船录》卷上，第200页。
② 《范石湖集》卷18《雷洞平》，第259页。

> 似杉而叶圆细，亦不能高，重重偃蹇如浮图，至山顶尤多。

所谓“婆罗”本身就是一种珍奇植物。“娑罗者，其木叶如海桐，又似杨梅，花红白色，春夏间开，惟此山有之。初登山半即见之，至此，满山皆是。”[①] 范成大《娑罗平》诗云：

> 仙圣飞行此是家，路逢真境但惊呀。
> 神农尝外尽灵药，天女散余多异花。
> 岚雨逼衣寒似铁，冰泉炊米硬于沙。
> 峰头事事殊尘世，缺甃跳梁笑井蛙。[②]

他将夹生饭归咎于泉水，其实是因为高山缺氧。

其四，光相寺。峨眉山顶峰一带的最早建筑是相传建于东汉时期的普光殿，唐、宋时期改名光相寺。《吴船录》卷上称：

> 峰顶光相寺，亦板屋数十间，无人居，中间有普贤小殿。

登顶后，范成大的第一感受是高寒。其《光相寺》诗云：

> 峰顶四时如大冬，芳花芳草春自融。
> 苔痕新晞六月雪，木势旧偃千年风。
> 云物为人布世界，日轮同我行虚空。
> 浮生元自有超脱，地上可怜悲攓蓬。[③]

① 《范成大笔记六种·吴船录》卷上，第200页。
② 《范石湖集》卷18《娑罗平》，第260页。
③ 《范石湖集》卷18《光相寺》，第260页。

其收获则是幸运地在光明岩两次亲眼看到光相即佛光。第一次是初达峰顶。“人云佛现悉以午，今已申后，不若归舍，明日复来。”谁知“逡巡，忽云出岩下，傍谷中，即雷洞山也。云行，勃如队仗，既当岩，则少驻。云头现大圆光，杂色之晕数重。倚立相对，中有水墨影，若仙圣跨象者。一碗茶顷，光没，而其傍复现一光如前，有顷亦没。云中复有金光两道，横射岩腹，人亦谓之小现”。第二次是次日重上光明岩。“有顷，大雨倾注，氛雾辟易。”僧人说：“洗岩雨也，佛将大现。”范成大目睹：

兜罗绵云复布岩下，纷郁而上，将至岩数丈辄止。云平如玉地，时雨点有余飞。俯视岩腹，有大圆光偃卧平云之上。外晕三重，每重有青黄红绿之色。光之正中，虚明凝湛，观者各自见其形现于虚明之处，毫厘无隐，一如对镜，举手动足，影皆随形而不见傍人。僧云：“摄身光也。”此光既没，前山风起云驰，风云之间，复出大圆相光，横亘数山，尽诸异色，合集成采。峰峦草木皆鲜妍绚茜，不可正视。云雾既散，而此光独明，人谓之清现。凡佛光欲现，必先布云，所谓兜罗绵世界。光相依云而出，其不依云，则谓之清现，极难得。①

范成大兴奋之至，不禁吟诗一首：

胜峰高哉摩紫青，白鹿导我登化城。
住山大士喜客至，兜罗布界缤相迎。
圆景明晖倚云立，艳如七宝庄严成。

① 《范成大笔记六种·吴船录》卷上，第201—202页。

一光未定一光发，中有墨像随心生。
白毫从地插空碧，散烛象纬天龙惊。
夜神受记亦修供，照世洞然千百灯。
……①

其五，龙门峡。位于峨眉山的入口处，又称龙门洞，当时这里飞瀑流泉，林深谷幽，潭深水碧。范成大雨中游龙门峡，《吴船录》卷上载：

以一叶舟棹入石门，两岸千丈岩壁，色如碧玉，刻削光润。入峡十余丈，有两瀑布各出一岩顶，相对飞下嵌根，有盘石承之，激为飞雨，溅沫满峡。舟过其前，衣皆沾洒透湿。又数丈，半岩有圆龛，去水可二丈，以木梯升之，即龙洞也。峡中绀碧无底，石寒水清，非复人世。

他说：

昔尝闻峨眉双溪，不减庐山、三峡，前日过之，真奇绝。及至龙门，则双溪又在下风。盖天下峡泉之胜，当以龙门为第一。要之游者自知，未之游者，必以余言为过。②

其《龙门峡》诗云：

插天千丈两碧城，中有玉堑穿岩扃。

---

① 《范石湖集》卷18《淳熙四年六月二十七日登大峨之巅》，第260页。
② 《范成大笔记六种·吴船录》卷上，第207页。

瀑流悬布不知数，乱落嵌根飞白雨。
瑶琨为室云为关，龙君所居朱夏寒。
不辞击棹更深入，万一龙惊雷破山。①

五、青神中岩

位于岷江岸边。青神县属眉州，统而言之，也可称为苏轼家乡。中岩的规模虽不能与峨眉山乃至青城山同日而语，但在传统时代，中岩地处水路交通要冲，是从成都乘船出川的必经之地，朝山者众多，香火很盛。范成大将青神中岩定位为“西川林泉最佳处”②。其《中岩》诗云：

赤岩倚玲珊，翠逻森戍削。
岑蔚岚气重，稀间暑光薄。

据范成大记载，这里主要有三大景观。

其一，唤鱼潭。范成大《中岩》诗序曰：“半有唤鱼潭，慈姥龙所居。”③《吴船录》卷上称：

登岸，即入山径，半里，有唤鱼潭。水出岩下，莫知浅

① 《范石湖集》卷18《龙门峡》，第263页。
② 《范成大笔记六种·吴船录》卷上，第194页。
③ 《范石湖集》卷18《中岩》，第252页。

深，是为龙之窟宅。人拍手潭上，则群鱼自岩下出，然莫敢玩。①

陆游曰："唤鱼潭，在眉山中岩，客至抚掌，鱼辄群出。"其诗云：

春枕悠然梦何许，两枝筇杖唤鱼潭。②

其二，三石峰。《吴船录》卷上称：

凡五里，至慈姥岩，岩前即寺也。……入寺，侧出石磴，半里余，有三石峰，平正如高楼巍阙，巀嶪奇伟，不可名状。前二峰，后一峰，如品字。前二峰之间，容一径，可以并行。……三峰，土人谓之石笋。余观之，乃三石楼。③

范成大《中岩》诗序曰：

今三石屹立如楼，观前两楼纯紫石，中一楼萝蔓被之，傍有宝瓶峰，甚端正。④

其三，黄庭坚墨宝。《吴船录》卷上称：

凡山中岩、潭、亭、院之榜，皆山谷（即黄庭坚）书。

---

① 《范成大笔记六种·吴船录》卷上，第194页。

② 《剑南诗稿》卷18《寄径山印禅师（并注）》，《四部备要》第79册，第215页。

③ 《范成大笔记六种·吴船录》卷上，第194—195页。

④ 《范石湖集》卷18《中岩》，第252页。

> 山谷贬戎州，今叙州也。有亲故在青神，遂至眉，游中岩。

黄庭坚于绍圣元年（1094）贬为涪州（治今重庆涪陵）别驾、黔州（治今重庆彭水），元符元年（1098）移叙州安置。元符三年正月，宋徽宗登极，大赦。五月，黄庭坚复宣德郎、监鄂州在城盐税，以长江涨大水，不能出三峡，便前往青神探望其姑母，其姑子张祉为青神尉。当年八月，黄庭坚抵青神；十一月，自青神返叙州。他在青神一带游历近100天之久，当时留下若干遗迹。

岂止黄庭坚，苏轼、范成大、陆游等文豪都是中岩人文景观的主角。苏轼那首脍炙人口的《江城子》是悼念其结发妻王弗之作。

> 十年生死两茫茫，不思量，自难忘。千里孤坟，无处话凄凉。纵使相逢应不识，尘满面，鬓如霜。　　夜来幽梦忽还乡，小轩窗，正梳妆。相顾无言，惟有泪千行。料得年年肠断处，明月夜，短松冈。①

据说，中岩寺便是苏轼、王弗两位青年男女爱情发生的地方。他们当年携手同游中岩，在唤鱼潭畔抚掌观鱼。同时，中岩寺下的岷江流水又是范成大、陆游两位文豪友情的见证。

如果说苏、王二人是否携手中岩、拍手唤鱼不可确考，那么范、陆两位惜别中岩、泪洒岷江则有诗文可证。范成大离成都时，自发送行者人数之多、送行距离之远，实属罕见。周必大《资政殿大学士赠银青光禄大夫范公（成大）神道碑》载，范成大“疾愈而行，送客数百里不忍别。后公谢病吴门，往来者伺候谒舍，

① 苏轼：《东坡词·江城子》，《四库》第1487册，第137—138页。

或经月，必一见乃去，其得士心如此”[①]。范成大诗云：

送客多情难语离，仆夫无情车载脂。
平生飘泊知何限，少似新津风雨时。
……
离合纷纷怕远游，远游仍怕赋登楼。
何须一望三千里，望尽西州转更愁。[②]

送行者大都从成都合江亭经新津，远送至青神中岩寺。《吴船录》卷上载：

送客复集山中，遂留宿。初夜，月出东岭，松桂如蒙霜雪，与诸人凭栏极谈。至夜分，散。次日，早食后，与送客出寺，至慈姥岩前徘徊，皆不忍分袂。复班荆，小饮岩下。须臾，风雨大至，岩溜垂下如布，雨映松竹，如玉尘散飞。诸宾各即席作诗，不觉日暮，遂皆不成行。[③]

范成大称：“慈姥岩与送客酌别，风雨大至，凉甚。诸贤用中岩韵，各赋饯行诗，纷然擘笺，清饮终日，虽无丝竹管弦，而情味有余。”其诗云：

送我弥旬未忍回，可怜萧索把离杯。

---

① 周必大：《文忠集》卷61《资政殿大学士赠银青光禄大夫范公（成大）神道碑》，《四库》第1147册，第648页。

② 《范石湖集》卷18《次韵陆务观编修新津遇雨》，第252页。

③ 《范成大笔记六种·吴船录》卷上，第195页。

不辞更宿中岩下，投老余年岂再来。
……
明朝真是送人行，从此关山隔故情。
道义不磨双鲤在，蜀江流水贯吴城。

第三日清晨，才依依惜别。这些送行者中，最引人注目的是范成大的好友兼部属陆游。范成大称：

余与陆务观自圣政所分袂，每别辄五年，离合又常以六月，似有数者。中岩送别，至挥泪失声，留此为赠。

其诗云：

宦途流转几沉浮，鸡黍何年共一丘。
动辄五年迟远信，常于三伏话羁愁。
月生后夜天应老，泪落中岩水不流。①

范成大、陆游官职相去甚远，但两人情深意浓。“泪落中岩水不流”，友人之间的这种深厚情谊至今仍令人感动和钦羡。如今苏轼、王弗抚掌观鱼已成为中岩一景，或许尚可增添范成大、陆游挥泪惜别这一景观。

（原载《四川师范大学学报（社会科学版）》2006 年第 2 期，与陈盈洁合作）

---

① 《范石湖集》卷 18《慈姥岩与送客酌别》《次韵陆务观慈姥岩酌别二绝》《余与陆务观自圣政所分袂》，第 253—254 页。

附录

FULU

两宋历史的多角度探讨

——访张邦炜教授

●张邦炜　■何玉红　刁培俊

■张先生，您好！您长期从事宋史研究，对两宋历史做了多角度的探讨，成就引人注目，受到学界赞誉。今天想就您的治学经历、研究心得体会以及治学经验等方面做一访谈。首先请您谈一谈您的治学经历。

●我们这代读书人因政治运动而耽误太多。我又是个地道的西部人，生长在四川，读书在甘肃，还有在西藏从事新闻工作达15年之久的经历。1980年回乡到四川师大历史系任教，20多年来始终站在本科教学第一线。如今年近古稀，每周仍得上若干节课，研治宋史只能在教学之余。史可法的对联“斗酒纵观廿一史；炉香静对十三经”，是我青年时代的座右铭。然而我这辈子能坐下来认真读书的时间并不多，不敢说有什么学问和成就。顾炎武说：“人之为学，不可自小，又不可自大。”前辈学者李埏先生特别推崇这句名言，并以“不自小”名其斋。想到这里，我才鼓起勇气，接受您的访谈。

其实，历史也给了我某些机遇。如读研究生，虽然正逢灾荒年，但因政治运动暂停，反倒读了些书。“知今宜鉴古，无古不成今”，古今总归是相通的。马克思曾说：“人体解剖对于猴体解剖是一把钥匙。”历史是过去的现实，历史工作者应当对社会现实多少有所体验。从这个角度看，我由旧闻到新闻、由新闻到旧闻的经历，也并不完全是负面的。这些，我在《宋代政治文化史论》一书的后记里已经讲过，这里不再多说。

■张先生，您读研究生时的导师金宝祥先生是著名的唐史专家，您为何选择宋史为治学方向？金先生对您治学有哪些影响？

●老一辈治史，往往强调贯通，反对支离破碎，主张高瞻远瞩。他们认为，通史姓“通”，通史贵在一个“通”字，不能局限于一朝一代，任何断代史都只是历史工作者的研究重点或突破口。金宝祥师20世纪50年代末所作《关于中国封建社会内部的分期问题》一文在今天看来或许有运用马恩理论较刻板、分析问题较笼统的缺陷，但体现了他“通古今之变”的学术追求，可惜因故未收入他的论文集。祥师①还强调，做学问切忌死守师说。他认为，如果我跟着他学唐史，很可能师云生亦云。他治唐史，我学宋史，则可互相启发，教学相长。祥师“文革”前，仅指导了两名研究生，还有一位安徽籍同学学明史，恰恰没有学唐史的。但效果不错，学明史那位同学敢于公开发表文章就明代里甲制度问题与梁方仲先生辩论，受到吴晗先生夸奖。他的毕业论文，郑天挺先生的评语是“足以成一家之言”，王毓铨先生的评语是“研究生而有如此成就，是罕见的”。令人惋惜的是，这位同学在“文革”中失踪，可能早已“跳进黄河洗不清”了。

先师当年有理论派之称，在方法上给我很多启示。他认为，历史是一部一切皆生、皆灭、皆动、皆变的动画片，历史工作者

① 师母称老师，一个字而已：“祥”。我们加了一个字，称：“祥师。”

应当具有强烈的历史感、时代感，善于将历史现象放在历史发展演变的总进程中去做动态考察。同时，他又强调历史工作者应当具有总体意识、全局观念，不仅要瞻前顾后，上挂下联，而且要左顾右盼，东张西望。同不少前辈学者一样，祥师主张“读书贵得间”，他要我把研究宋史的基本史料反复读，读出自己的体会、读出独到的见解，甚至读出哲学的意境。他说，余嘉锡先生学问不小，但仍自称“读常见书斋”，可见熟读基本史籍很重要。他的许多谆谆告诫，诸如“学贵自成体系，钻研应有重点”，“勤于读书，慎于提笔；勤于写作，慎于发表；宁肯少些，但要好些”，等等，我始终牢记。

祥师早年虽有《南宋马政考》等论文发表，但中年以后即主治唐史。这或许是个重要缘故，我尤其注意向其他老师请教以及与同学切磋。如曾因所谓右倾受到批判的系党总支书记陈守忠先生，他主治宋史，一度指导过我。又如赵俪生先生当年虽是所谓右派，曾被发配到农场劳动并挨打，被取消上课资格多年，但我有时也暗中拜访，并深受教益。让我感叹的是，30 多年之后，再访已是 86 岁高龄的俪生先生，他仍清楚地记得我这个他没有上过课的学生，并亲切地以“老棣”“老友”相称。再如利用假期返乡之机，向蒙文通先生请教，他叫我读《宋文鉴》。而张荫麟、邓广铭、陈乐素、全汉昇、聂崇岐、何竹淇、张家驹、李埏、华山、程溯洛、漆侠、徐规等先生，可以说是我当时未尝见面的老师。他们的代表作，我大多拜读。

至于同学之间的相互切磋，本系的几位研究生同学乃至青年助教，晚饭后常常集体散步，往往不是闲聊，而是谈论学术，有时发生争执，甚至争得面红耳赤，但是关系很融洽。讨论的问题包括土地制度、赋役制度、古巴革命等当年的热门话题，也包括《李秀成自述》《平凡的真理》等史料和著作。在切磋者中，有位刚从北大毕业分配来的助教李恕德兄，1962年冬突然因所谓“现反”而被捕。后来他的同班同学童超教授告诉我，恕德兄坐牢十余年，已“改造”成为一名技艺精良的木匠，平反后回家乡哈尔滨去了。我读研究生时与四川大学研究生朱瑞熙兄的学术交流，以及瑞熙兄当年在学术上对我的帮助，宋史学界不少同仁都知道。

■上个世纪初，日本学者内藤湖南提出“唐宋社会变革”之说，在史学界产生了重要影响。时至今日，这一论题依然经久不衰。张先生，您曾说过您是“一个较为固执的唐宋社会变革论者”。您是如何理解唐宋社会变革这个问题的？

●历史不是杂乱无章的流水账，研究历史不必也不可能凡事必录必究，只能抓关键，即发展趋势和时代潮流。我对阐释历史发展大趋势的论著素来情有独钟，如蒙文通先生那篇洋洋十万言的长文《中国历代农产量的扩大和赋役制度及学术思想的演变》。60年代初，我是从刚翻译出版的《宫崎市定论文选集》中，了解到他和他的老师内藤湖南的唐宋社会变革论的。其实，此论也很难说是他们的全新发现。早在宋代，沈括、郑樵、王明清等人就有察觉。明清时代，胡应麟、顾炎武、严复等人又有阐述。当然，内藤、宫崎讲得要系统些。我青年时代接受了唐宋社会变革论，或许是先入为主的缘故吧，后来始终坚信，并曾试图从不同角度将它细化、深化、具体化。虽然我既不赞成宫崎将唐宋社会变革定位为从中世到近世的转化，也不赞同宫崎将宋代艳称为东方的文艺复兴时代，并认为东方的文艺复兴早于西方的文艺复兴几百年，并引发了西方的文艺复兴。

在内藤、宫崎之说的影响下，我逐渐对唐宋社会变革形成了一些自己的认识。简要说来，大致有下面四点。第一，唐宋之际确实发生了一场较为深刻的社会变革，宋代是与魏晋南北朝乃至唐代不尽相同的历史发展新阶段。如果说魏晋“尚姓”，唐代既

“尚姓”又“尚官”，那么宋代则“尚官”。换言之，社会从以门阀为中心转化为以品官为本位。唐代士人将“门地、人物、文学皆当世第一”称为“三绝”，将“始不以进士擢第，不娶五姓女，不得修国史”称为“平生有三恨”。而宋代士人则把“入翰林，加金紫，知贡举”，叫作“平生美事三者并集”；把“不得于黄纸尾押字”即“不历中书”、未拜相，叫作“生平不足”。唐宋两代不同的说法反映了社会心理的变化，并折射出社会的制度性、结构性变迁。第二，唐宋社会变革不是一种社会制度取代另一种社会制度，并非严格意义上的社会革命，它不是以突变的形式出现，而是一个“剪不断，理还乱”的渐进过程。难怪学界出现了这场社会变革发生在唐代中叶、唐末五代、唐宋之际、庆历前后、两宋之交等多种说法。第三，唐宋社会变革前后经历了两三百年之久，大致开始于中唐前后，基本完成于北宋前期，可简要地表述为唐宋之际。第四，这场社会变革不是下降型转化，而是上升型运动，它并不意味着停滞，而意味着发展，宋代进入了继续发展、进一步发展的历史新阶段。总之，唐宋社会变革的深度、广度乃至影响，虽然不能同春秋、战国之际的社会变革相提并论，但不能因此而被忽视。

■关于唐宋社会变革，您最初是从土地制度角度进行考察，在这方面您的主要见解是什么？

●这已是40多年前读研究生时的事情了。当时，金宝祥师要我考察宋代的土地制度，并且认为问题的要害在于人身依附关系。他主张用《资本论》的方法、从抽象到具体的方法研究中国古代历史，一再强调马克思解剖资本主义社会从商品入手，我们剖析中国传统社会应当以人身依附关系为重点，人身依附是传统社会最普遍的关系，“最内部的秘密”“隐蔽著的基础”。通过学习与探索，我提出了一些自己的看法。人身依附与自然经济的确是传统社会的基本特征，传统时代的土地所有权具有品级性、凝固性即非运动性。然而传统社会自有其自身发展的阶段性，漫长的传统时代并非一成不变，商品这一“革命要素”的前后变化特别值得注意。

稍许具体些说，我的主要论点有四。第一，针对当时较为流行的宋代是个无处无庄园的庄园世界的说法，我认为宋代土地经营的主要形式不是设置庄园，而是招人租佃；宋代的庄园大多以租佃方式经营，其实质往往不是农奴制，而是租佃制。而由魏晋乃至隋唐庄园制到宋代租佃制的演变，正是唐宋社会变革的最重要的内容之一。第二，宋代租佃制的发展不是单纯的量的增长，关键在于质的变化即人身依附关系的弱化，而佃农退佃自由的争得、私家佃家而负担国家赋役、超经济特权的削弱则是宋代人身依附关系弱化的具体表现。第三，我不赞成宋代农村完全自给自足，是个与外界无经济交往的绝缘体的说法，认为从魏晋乃至隋唐商品经济的冷落到宋代商品经济的活跃是唐宋社会变革的又一重要内容。而其要害在于土地作为商品较多地进入市场，即传统社会土地所有权的非运动性到宋代出现了松动的迹象。第四，变徭役为赋税是唐宋时代社会变革的重要趋势之一，这一趋势的发展使得宋代赋税重而徭役轻，而兵役的大体消逝、厢军的分担夫役以及夫役雇法的推行则是宋代赋重役轻的明证。

这些看法见于《论宋代的官田》《关于宋代客户的身份问题》《北宋租佃关系的发展及其影响》《北宋赋重役轻论》等文，朱瑞熙兄在其最近所著《宋史研究（二十世纪学术史丛书）》一书中有扼要介绍。需要说明的是，这些文章有的发表在“文革”后，但都写成于“文革”前。当时思考问题的角度和论述问题的方法，与现在差别很大。自己再读这些旧稿，真有恍如隔世之感。如今再翻这些陈年老账，青年学子不知是否感到话题太陈旧。

■婚姻家族史是您研究的一个重要领域，《婚姻与社会·宋代》《宋代婚姻家族史论》是您在这一领域的代表作。我们注意到，宋代婚姻、家族等研究其实是您探讨唐宋社会变革这一问题的进一步深化。请您谈谈这方面的研究情况。

●我涉足婚姻、家族史，始于80年代初。郦家驹先生要我为《中国大百科全书·法学卷》写些法制史方面的条目，其中有《封建家庭制度》。此后，我曾一度将这一领域作为自己的研究重点，写了几篇文章，主要目的确实都在于从这个角度论证唐宋社会变革。

在古代历史上，唐代士人以“好求山东婚姻”闻名。而苏东坡诗则曰：“闻道一村惟两姓，不将门户嫁崔、卢。”陆放翁诗亦云：“寒士邀同学，单门与议婚。”可见，宋代某些士人竟以不婚名族、议婚单门为荣。唐宋两代在婚姻观念和择偶标准方面的变化相当明显，宋人郑樵已有精当的概括：“自五季以来，取士不问家世，婚姻不问阀阅。”我的《试论宋代“婚姻不问阀阅”》一文无非是从士庶通婚浸成风俗、后妃并非全出名门、宗室联姻不限门阀三个方面对郑樵之说做了一些印证而已。人们难免会问：不问阀阅又问什么？宋人已有回答：“议亲贵人物相当。”所谓“人物”，就男性来说，指进士。当时中上流社会“求婿必欲得高第者”。王安石的诗句“却忆金明池上路，红裙争看绿衣郎”便是对这一风气的形象描述。所谓“绿衣郎”，指皇上赐予绿袍的新科进士。我的《宋代的“榜下择婿”之风》一文只不过是纠集有关史料，对榜下择婿的表现、方式、渊源、实质及其对社会的影响做初步阐述。上述两文试图说明魏晋乃至隋唐是极端讲究门当户对的时期，而“议亲贵人物相当”即择婿并不特别注重其家庭的现实状况，尤其看重其本人的未来前程，意味着两宋是相当标准的“郎才女貌”时代。“婚姻不问阀阅”既是宋代社会流动的表现，又是其结果。我在《两宋时期的社会流动》一文中认为，从前“贵者始富”的格局到宋代已被打破，代之而起的是“贫富贵贱，离而为四”。并指出当时的社会流动主要包括三个方面，即政治上“贱不必不贵”、经济上“贫不必不富”、职业上“士多出于商”。

唐宋社会变革的确广泛地涉及社会生活的各个方面，但也并非无处不在，不能捕风捉影。从前有一种较为流行的说法：唐代礼教束缚不严，妇女再嫁者甚多；宋代提倡死守贞节，妇女改嫁者极少。并以此证明宋代妇女的社会地位直转急下。其实，宋代“膏粱士俗之家，夫始属纩，即括奁结橐求他耦而适者多矣”。就这个方面来说，唐宋两代并无明显差异。我在《宋代妇女再嫁问题探讨》一文中指出，当时法律原则上允许妇女再嫁，舆论并不笼统谴责妇女改嫁，理学兴起于两宋而流弊主要在明清，宋代仅仅处于妇女地位下降的过程之中，并不是这一过程直转急下的转折点。与上述论点有关，在当前流传的某些性文化、性历史书籍中，往往将唐代渲染为性自由奔放期，把宋代指斥为实行严厉的性禁锢期。我在《两宋时期的性问题》一文中认为，唐代前期放纵的宫廷性生活并非当时社会现实的缩影，相当开放的敦煌性文化难以代表唐代全国各地的整体状况。如果仅以某一特定地域而论，宋代岭南某些地方盛行“卷伴”“听气”“飞驼”“多妻”等习俗，其性生活的开放程度与唐代敦煌地区差别不会太大。从总体状态上说，唐宋两代均处于性压抑期，并无实质性的不同，只有程度上的差异。

■近年来，有关宋代女性、家族等方面的研究依然得到不少学者尤其是青年学子们的关注，您能否就如何进一步开展这方面的研究做一介绍。

●我确实写过一些与宋代妇女有关的文章，如《两宋妇女的历史贡献》《宋代的公主》《宋真宗刘皇后其人其事》等。但我不止一次说过，我的专业是宋史，不是家族史，更不是女性史。从事女性史研究，应当具有女性的意识和视角，这个基本条件我不具备。让我谈这方面的问题，难免不专业，甚至很外行。

兴起于20世纪早期的妇女史研究具有为政治服务、从概念出发的特点，充满“五四”情结，不免涉及面较窄，观点较片面。当时出版的代表性论著以反对男尊女卑、提倡尊重女权为目的，将中国古代妇女史定性为“一部妇女被摧残的历史”，或许可以说是抓住了要害，同时又说古代妇女“无知识、无职业、无意志、无人格”，其准确性就相当有限了。更有甚者，说什么古代妇女的全部生活不过是围着锅台转，他们的历史作用无非是生儿育女。儒家的某些说教诸如“三从四德”“从一而终”“女无外事”“女子居内”“饿死事小，失节事大”等，又较为有力地支撑了上述论点。于是全部妇女史研究便聚焦于妇女如何被摧残，以致一提起传统时代的中国妇女，人们立即想到的便是祥林嫂和白毛女。直到80年代，就宋代妇女研究来说，仍以妇女的社会地位问题为中心，围绕寡妇再嫁与女子财产继承两大论题。

90年代以后，中国女性史研究取得了长足的进展和很大的突破。研究者们不再将概念当历史、把说教当事实。如所谓“三从”，其实古代妇女不一定都“从夫”，“妻管严”由来已久。在妻权虽然较弱、但母权极强的中国传统时代，母亲尤其不可能“从子”。不仅研究领域拓展，而且观念、方法很新。我注意到，过去的妇女史只是“添加史”“补偿史”的提法，如今的女性史是以女性的观点和立场书写的通史，对传统史学具有颠覆意义。何谓“颠覆”，也就是“破”吧。从前有句老话：“破字当头，立在其中。”破什么，立什么，如何做到破、立结合，究竟应当如何对待传统史学，只怕是新式的中国女性史所面临的一大问题。另外，当前方兴未艾的中国女性史在很大程度上是欧风美雨席卷下的成果，如何将从西方引进的观点和方法与中国古代的历史实际相结合，也是亟待解决的又一大问题，好在已有较为成功的例子可供借鉴。

关于家族史研究，从前似乎存在着选题往往较笼统，大而无当、大题小做的弊病。在未做深入的具体研究之前，就急于对带趋势性的大问题下判断、做概括。这些判断和概括难免简单化、不准确。我80年代初所写短文《中国封建时代的家庭制度》虽事出有因，但这一弊病毕竟比较明显。后来也事出有因，曾转而对宋代一些具体家族做个案研究，如盐泉苏舜钦家族、仁寿虞允文家族。通过这些探索，确实有所发现。如宋代家族研究一度以累世聚居于一地、财产为家族所共有的“义门”为重点，其实宋代家族的主要形态不是共财同炊，而是别籍异财。又如人们通常较为笼统地认为宋代士大夫家族力图保持其名门地位，其实其具体目标各不相同，大致可分为政治型名门、经济型名门和学术型名门。然而当前这一领域的研究似乎又走向另一端，选题一般较具体，出现了小而无当、小题大做的倾向。研究问题恐怕应当从抽象到具体、从具体到抽象，如此循环往复，最终对问题做出新的、抽象的、较准确的概括。如何将具体与抽象、微观与宏观很好地结合起来，或许是宋代家族史研究所应当面对的问题。

■《宋代皇亲与政治》是您关于宋代皇室与政治方面的一部力作，请您谈谈其中的主要学术见解。

●这本小书写于80年代后期，书名也可改为《两宋内朝研究》。宋代政治制度研究或许可以分为两大块：外朝即官僚体系，可谓热门话题，研究者们云集于此；内朝即皇亲系统，长期以来则“门前冷落鞍马稀”。内朝具有两大基本特征，一是由皇帝的亲属或亲信组成，二是凌驾于以宰相为首的外朝之上。它更能体现传统政治的“家天下”统治属性，不应当受到忽视。

宋人注重总结历史经验，他们认为："权重处便有弊。宗室权重则宗室作乱，汉初及晋是也。外戚权重则外戚作乱，两汉是也。"这本小书认为，宋代皇亲国戚的权势受到较为严格的限制，并分别论述了宋代宗室任职受限、后妃较少插手朝政、外戚不预政、两宋无阉祸等历史现象，从而得出了宋代大体无内朝的结论。同时认为，宋代皇亲国戚之间的权力之争不曾激化到兵戎相见的程度，皇位转移总的来说比较平稳，宋代大体无内朝意味着基本无内乱。宋人曾炫耀："本朝超越古今"，"百年无内乱"。而内部较为安定的社会环境作为一个重要因素，促成了宋代社会经济的腾飞和文化的高涨。这些看法是否确当，有待学界指教。

■紧接上一个问题，在宋代政治制度方面，您对诸如"宋代的皇权与相权""北宋前期的都部署"等问题提出了自己的独到见解，请问您是如何思考这些问题的？

●关于宋代的皇权与相权，大家都知道，目前大致有三种不同的看法。最初，我也是钱穆先生宋代皇权加强、相权削弱论的传播者。80年代前期，在杭州国际宋史研讨会上，听血气方刚的王瑞来兄讲他的宋代相权加强、皇权削弱说，真可谓振聋发聩。我既有赞同之处，也有困惑之点，特别是对其宋代已处于君主立宪的前夜之说，感到很不理解。我想，皇权与相权并不是两种平行的权力，皇权是最高统治权，而相权只是最高行政权。为什么只能此强彼弱？难道就不可能此强彼亦强或此弱彼亦弱吗？

经过一段时间的思考之后，我提出了宋代皇权和相权都有所加强的看法，指出：宋代皇权加强、相权削弱论与相权加强、皇权削弱说，论点虽然截然相反，其出发点却惊人的一致，都立足于皇权与相权绝对对立，只怕是在绝对不相容的对立中思维。我认为：宋代皇权有所加强表现在皇帝的地位相当稳固，没有谁能够同他分庭抗礼，因而被称为"看不见篡夺的时代"；相权有所加强则表现在以宰相为首的外朝能够比较有效地防止皇帝滥用权力，作为皇帝分割外朝权力工具的内朝大体上不存在。何以会如此，则应从宋代当权的士大夫阶层的特质中去寻求。“满朝朱紫贵，尽是读书人。”与从前的门阀士族相比，由科举出身的读书人所组成的宋代士大夫个体力量虽小，群体力量却大，在政治生活的各个方面都发挥了举足轻重的作用。瑞来兄90年代即远走日本，后来没有机会就这个问题同他进一步交换意见，相信他仍有不同看法。

对于北宋前期的都部署，我主要有两点浅见。一是不宜将都部署一概视为地方统兵官。宋人说：“今之都部署，昔之大总管。”北宋初期的都部署往往出于战争需要而临时设置，负责执行重大军事使命，系中央统兵大员或前敌总指挥，其地位、权力和作用均不在三衙长官之下。将北宋初期的统兵体制概括为“枢密院—三衙体制”，不免有意无意地轻视了都部署的作用。如果说枢密院长贰拥有调兵权、三衙长官拥有握兵权，那么都部署这时则拥有统兵权。北宋初期的统兵体制可否概括为“枢密院—三衙—都部署体制”。二是都部署制度的变化反映了宋朝国策的转变。如都部署一职由武将担任到由文臣任正职、武将任副职的变化，体现了朝廷从重武轻文到重文轻武的演变。又如五代宋初都部署尚无行营、驻泊之分，一般均为进攻性的行营都部署，而非防御性的驻泊都部署。驻泊都部署出现于宋太宗时，特别是雍熙北伐失败以后，意味着宋太宗对契丹的战略方针已由进攻为主转变为防御为主。可见，对历史现象做动态考察很重要。

■您对北宋晚期的政治也有不少新的看法，请您谈谈这方面的研究。

●与以教书为职业有关，我研究宋史无规划、无重点，甚至不知课题为何物。选题主要出自个人兴之所至，对什么问题有兴趣就用心去探索，有心得就动笔去写，很自在，无压力，乐在其中。80年代，我从事所谓“科研”活动，大致奉行三条原则。一是一般不与人合作，避免因署名等问题扯皮，出了问题，相互推诿，自己能做多少就做多少。二是一般不申请课题，当时还不知道，所谓“项目”即“圈钱”，只认为那是“枷锁”，要造计划，又有进度，不自在。三是一般不接受出版社约稿，原因在于不仅其题目往往自己并不感兴趣，而且到时催起稿子来，逼得你去粗制滥造。不如自己书写好后，再想法去申请一点出版补贴。这些或许是我这个自由职业者的“小手工”意识的反映。后来随着形势的发展以及遇到某些具体情况，这三条“戒律”多少有所改变。如我之所以研究北宋晚期，便是由于十多年前在经过劝说之后，接受了人民出版社张秀平编审的约请，写一本有关宋徽宗及其大臣们的书。出版社约稿，我最怕限期交卷，好在这次无期限。然而迄今为止，我对徽、钦两朝，只有点滴体会，并无系统新见，于是惭愧地向秀平编审交了白卷。

对于北宋晚期的政治，我的点滴体会集中在两个方面。一个是宋徽宗初政为什么受到好评？徽宗即位之初，当时人寄予厚望。黄山谷诗云：“从此滂沱遍枯槁，爱民天子似仁宗。”后来博得赞誉，王船山说：“徽宗之初政粲然可观。”关键在于徽宗初年“内外皆有异意之人”，他行事较谨慎，不敢胆大妄为。可是同他对立的蔡王集团很快被剪除，他从此既无反对者，又无制约者，生活在一片颂扬声中，为所欲为，最终被历史定位为亡国昏君。另一个是北宋为什么亡国？原因固然是多方面的，如北宋晚期士大夫阶层的集体堕落，等等。当时官员大多无理念、无荣耻，一切以维护个人既得利益为指归，“反复不常，唯利是附”，是些有“三变”乃至“万变”之称的“变色龙”。他们的“格言”是：“东也是吃饭，西也是吃饭。”“姓张底来管著，是张司空；姓李底来管著，是李司空。”应当特别强调的是，北宋亡国的原因并不像人们通常所说，唱老调而亡国，因落后而挨打。恰好相反，北宋唱着“新”调子亡国，因极度腐败而亡国。北宋晚期之所以腐败，是由于北宋开国以来所形成的权力制约体系全面崩溃，御笔行事，宦官典机密，三公领三省，皇权以及内朝、外朝的权力一概恶性膨胀。从总体上说，北宋亡国不是因为死守祖宗家法，反倒是放弃作为祖宗家法重要组成部分的权力制约体系所致。

研究北宋晚期历史，难点在“蔡京变法”。这个词汇并非我所生造，既见于《宋名臣言行录》，又出自陈傅良之口。不同的是，“变法”在今天通常是褒义，而在古代则大致是贬义。其实又何尝不可将它作为中性词，可褒可贬。蔡京变法涉及政治、经济、军事、社会生活等各个方面，其牵涉面之广、影响之大恐怕不亚于王安石变法。“什么藤结什么瓜”，奸臣只能做坏事，对他简单予以否定容易，具体分析则难。日后如有机会，将参考已有成果，再挖掘些材料，做进一步思考。经过一百多年的稳定发展，到宋徽宗时，北宋王朝可谓登峰造极。然而这座金碧辉煌的大厦一触即溃，其基层政权之腐败、松散，可想而知。当时民怨鼎沸，民变连绵，与此关系极大。《靖康要录》等书中有些资料，也可再做探讨。

另外利用这个机会，对《靖康内讧解析》一文做一点说明。“靖康内讧”一词源于南宋人周必大，他说：“靖康岌岌，外狝内讧。”此文我写了三万多字，自我感觉还好。2000年春天完稿后，因事到北京，则顺便带上向王曾瑜兄请教。曾瑜兄说，他也有一篇文章，叫《宋徽宗和钦宗父子参商》，不久前刊登在一本庆祝性论文集上。他说，我的文章比他写得长，材料也充实些。鉴于两篇文章内容详略有异，看法也不尽相同，所以仍投请本校学报刊载。

■众所周知，宋史研究重北宋轻南宋。您曾对南宋的几个重要政治人物做过研究，并对一些争议较大的人物与事件做出新的论述，是这样吗?

●宋史研究重北宋而轻南宋，从前的确如此，若干年前已有改变，出了一些以治南宋史为主的著名学者，如黄宽重兄、梁庚尧兄等。至于我个人，一向重制度而轻人物，重趋势而轻事件。其实，历史以人为本位、由事件所组成，不应厚此薄彼。然而我转而研究人物与事件，并不完全出于自觉，而是由于八九十年代之交，应友人赵葆寓兄之邀，参加一家出版社组织撰写的八卷本《中国封建王朝兴亡史》，因而不得不对宋代的重要人物和主要事件做较为系统的清理。

讲到这里，不禁想起逝于30年代初的成都大学教授刘咸炘先生。他思想极深刻，且研究面很广，36岁去世时，已著作等身，有天才学者之称。咸炘先生采纳蒙文通先生的建议，曾打算重修《宋史》。他的办法是先做专题研究，写成数十篇论文，就像已经写成的《北宋政变考》《南宋学风考》那样，然后再着手编写《宋史》。① 可惜咸炘先生英年早逝，此事未果。我当时也知道，只有像咸炘先生这样，心无旁骛，不存功利之想，全神贯注，慢工出细活，才有可能出精品。但合作者进度快，出版社催得紧，而且还等着拿书去评奖，我也不敢太慢。最后这套书果真获得中国图书奖，但是否每本书都是精品，只得交由历史去检验、后人去评判了。

当时，我边读史料边思考边写书。在清理人物与事件的过程中，发现从前在宋史研究中，有一种固定的思维模式，即将主战与主和绝对对立，一味肯定主战，全盘否定主和。这不免离开了

① 刘咸炘:《重修〈宋史〉述意》，刘咸炘:《推十书》第2册，第1535—1358页，成都古籍书店1996年影印本。

具体问题具体分析的原则。以韩侂胄与开禧北伐为例，韩侂胄虽然以建立盖世功名为目的，以轻举妄动为手段，一旦受挫即无意用兵、遣使求和，但因其对金主战便受到某些研究者的高度评价，甚至将他与岳飞相提并论。如此类比，未免欠妥。南宋学问家王应麟认为："绍兴、隆兴，主和者皆小人；开禧，主战者皆小人。"此说不无一定道理。

某些事件为什么会发生，也值得推敲。如号称出身"八十年忠孝之门"的吴曦何以背叛南宋、投降金朝？经过思考后，我做了这样的概括：吴曦叛宋降金以地方与朝廷的矛盾、武将与文臣的对立为背景，以四川易守难攻、经济自给自足的地理环境为凭借，以引诱其投降的金朝为依托，以韩侂胄既急于北伐又昏聩无能为条件。一言以蔽之，吴曦之叛是四川地方势力与南宋中央政府、吴氏武将集团同南宋文官政权长期矛盾和对立的产物。这一概括是否妥当，不敢自以为是。

■我们知道，宋代的社会风俗也是您关注较多的领域，您能否介绍一下您在这方面的研究情况？

●宋代的社会风俗林林总总，我所涉及的仅限于婚俗、葬俗、慈幼与敬老之俗以及与妇女相关的习俗。之所以涉及这些领域，是由于90年代与朱瑞熙、刘复生、蔡崇榜、王曾瑜等同仁合著《宋辽西夏金社会生活史》。按照曾瑜兄的安排，我承担妇女、婚姻、生育与养老、丧葬等章节。书中不得不讲到的不少习俗，如相媳妇、坐花轿、交杯酒等，前人早有研究。除榜下择婿、进士卖婚、宗室卖婚、访婚卜者、婚嫁失时之外，对于婚俗，甚至包括族际婚、中表婚、异辈婚、收继婚在内，我并无特别专门的研究。

至于辽宋西夏金时期的丧葬习俗，种类同样很多，诸如避回煞、烧纸钱、看风水、做道场之类，其中以火葬的盛行最引人注目。有学者估计，宋代两浙路、河东路的火葬率高达30%，与我国各地现在的平均火葬率接近。不仅宋朝所辖汉族居住区如此，契丹、党项、女真、吐蕃、乌蛮、末些蛮等也如此。不少研究者将宋辖汉族居住区火葬的盛行视为佛教传入中国的结果。人们不免会问：佛教从汉代传入，到唐代后期已达900年之久，为什么火葬者屈指可数？在我看来，火葬习俗形成于五代十国时期，关键在于"五季礼废乐坏大乱"，包括死者以"入土为安"在内的不少传统观念动摇。加之适逢战乱，生者尚且苟延残喘，死者后事只能从简，火葬正是在变乱中悄然成为风俗。火葬是契丹、党项、乌蛮、末些蛮的原始葬俗，而吐蕃受党项影响，女真受契丹、汉族的共同影响，转而实行火葬。由于各民族之间丧葬习俗的相互交流，无论汉族还是少数民族，火葬者越来越多。于是，辽宋西夏金时期成为我国历史上火葬最为盛行的时期。

■宋代的文化教育也是您的研究领域。您发表过一篇长文，探讨两宋文化的普及性。请问您是怎样看待宋代文化普及的？这一历史现象出现的社会背景以及它对此后社会文化的发展有哪些影响？

●《论宋代国子学向太学的演变》是我在这个领域里所发表的第一篇文章，也是我"文革"后所写的第一篇宋史论文。此文写于80年代初，我刚从西藏归来，学业荒疏，心里没底，草稿写成后，送请当时远在北京的朱瑞熙兄修改。经瑞熙兄增补后，提交宋史研究会郑州年会讨论，后来有幸被邓广铭先生收入他所主编的《宋史研究论文集》。此事增强了我重操旧业、研治宋史的信心。

此文以及大致同时写成的《论北宋"取士不问家世"》一文仍然是在为唐宋社会变革论张目。所谓国子学向太学的演变，换言之，即贵胄子弟专门学校转化为士庶子弟混合学校的过程。它意味着朝廷“广开来学之路”，中央官办学校招生范围扩大、入学资格降低，实际上已向“孤寒之士”敞开大门。学校教育制度的这一变革被官僚政治所决定，又为官僚政治服务，并且从一个侧面宣告了门阀政治的终结。而“取士不问家世”则是宋代在选举取士制度方面的重大变革。与唐代相比，宋代科举考试有两个明显的不同之处。一是录取范围扩大，“工商不得预于士”的旧制在北宋时已被突破。二是制度比较严密，唐朝的科举制度在很大程度上只不过是新瓶装旧酒，科举其名，荐举其实。随着糊名、誊录、锁院、别试等措施的实行，宋代科举考试较为公正。如果说唐朝士人曾牢骚满腹：“空有篇章传海内，更无亲族在朝中”，那么宋代举子则踌躇满志：“惟有糊名公道在，孤寒宜向此中求。”包括所谓“孤寒”在内的各阶层子弟通过读书应举、入仕为官的道路，宋代比唐朝要宽广些。

至于所谓“长文”《宋代文化的相对普及》，写于90年代初，认为文化的相对普及既是宋代文化最为明显的特征，又是宋代文化繁荣的象征。其主要表现是文化从先进地区推广到落后地区、从通都大邑推广到穷乡僻壤，特别是从士阶层推广到农工商各阶层，极少数世家大族再也不能完全垄断文化，整个社会文化水平提高。这显然是钱穆先生将宋代以前称为“贵族社会”、宋代社会称为“平民社会”的一个重要依据。文化普及出现的社会背景方面的因素太多，如物质条件的变化，随着社会生产的发展，各阶层的生活改善，随着印刷技术的进步，书籍比较普遍。又如政治环境的变迁，宋朝由读书人、士大夫掌权，政府属于文官政府，号称“以文治天下”。再如社会流动的趋势，面对“今日万钟，明日弃之；今日富贵，明日饥饿”的社会环境，各阶层都特别重视教育后代，宣称：“人生至要，无如教子。”宋代的文化普及对此后社会文化发展的影响也是多方面的。比如它推动着各种文化形态在不同程度上趋向于通俗化，都出现了从“雅”到“俗”的变化，甚至包括理学的传播在内，也力求做到通俗易懂，喜闻乐见。

在这篇文章的结语里，我曾经指出，文化的相对普及绝不是宋代文化的唯一特征，此外如邓广铭先生所说“思想的相对解放”之类，或许也是宋代文化的重要特征。文章写成后，我注意到有一种相当流行的说法：唐型文化相对开放、外倾，色调热烈；宋型文化相对封闭、内倾，色调淡雅。关于唐宋两代文化类型的变迁，从雅到俗论与转向内在说是否绝对对立，两说可否兼容并包，我尚未做深入研究，目前不敢妄加臆测。

■学者治学的外部社会环境20世纪五六十年代和90年代以来变化很大。学术环境的变化在很大程度上影响到学者内在的学术追求和外在的论著表现形式。您说过，由静而动，从坐得住到舍得跑，是文史学界的一大变迁。目前青年学者如果有志于治学，需要注意哪些因素，方能不随波逐流，专心向学而有所建树?

●我虽不敢说是“小车不倒只管推”，但平时毕竟是“只顾拉车不看路”，并不适合回答这类问题。

与五六十年代相比，眼下的治学环境的确有很大变化。有学者将这一“变化”直接贬称为“恶化”，未免太笼统，有偏颇之嫌。学术自有其自身发展的规律，只怕很难“大跃进”，很难突然“放卫星”。谚语说：“香饵之下，必有悬鱼；重赏之下，必有勇夫。”这一信条适用于古代战争，今天用来繁荣学术，未必管用。宋人曾感叹：“士大夫多为富贵诱坏”；“贪利禄而不贪道义，要做贵人而不要做好人。”或许与方今的现实风马牛不相及。然而目前的激励机制很可能造成学界心浮意乱，可是当年的乱打棍子则肯定叫学者胆战心惊，当年绝不比目前好。老一辈“不花国家一分钱，照样搞科研”，如今财政有些投入，总比从前一分钱也无要好些。特别是古籍的大量影印和电子版古籍的研制，使文史学界的治学条件有了很大改善。至于所谓“由静而动”，我的意思是清楚的，并不赞赏“舍得跑”。对于学者来说，坚持精力的专注毕竟比争取财力的投入更重要。

我个人认为，在当前的学术环境下，青年学者应当首先做到两个务必。一是务必耐得住寂寞。欧阳修所说“至哉天下乐，终日在书案”，或可置之座右。二是务必精读基本史籍。董遇所说“读书百遍，其义自见”，或可奉为圭臬。至于前辈学者所说考索之功与独断之学、功夫要死和心眼要活之类，虽然都是具有指导意义的经验之谈，但在今天也许还在其次。浅见如此，不一定对，仅供参考。

■目前学术期刊大多将每篇论文的字数限制在一万字以内，甚至要求不超过六七千字。青年学者的论文往往被编辑先生随意删减。台湾学者批评我们的大多数论文缺乏论证过程。对此，您有什么想法?

●论文当长则长，该短则短，并无一定之规，不可一概而论，这是尽人皆知的常识。然而如今学术期刊容量有限，供不应求，只得忍痛割爱，对稿件痛加删削，实属无可奈何。如此这般，天长日久，学者习惯成自然，浅尝辄止，封皮当信，史料不深挖细找，论点不多方求证，确实会对学风造成不良影响。我的应对办法是：按照期刊要求，交压缩稿。到出论文集时，再刊登原稿。现在有网络，事情更好办。压缩稿发表后，再将全文挂到网上。这个办法行吗?

■您曾说过：“遇事洒脱些，做事认真些，待人坦诚些，性情开朗些，生活潇洒些。”这是您多年来治学与做人的真实写照。您从事学术研究多年，一定积累了许多治学经验，请谈谈好吗?

●这 25 个字确实是我的真情实感，但有两点需要说明。第一，就整个学界来说，不具有普遍性。那些功成名就者应接不暇，很难洒脱；心满意足，自然开朗；项目太多，岂能潇洒？所谓“洒脱”“开朗”“潇洒”云云，只不过是我这个不成功之人的自我解嘲而已。第二，对青年学子来讲，不应造成误导。在我所接触的学生中，大致有两种值得注意的倾向。一种是太贪玩，潇洒过分，甚至终日无所事事。对于他们，理应告诫：做事应当认真些！另一种是太拼命，把身体当儿戏，甚至为学业而晕倒，好在尚无英年早逝者。对于他们，则应强调：生活何妨潇洒些？

我的体会是，做学问乃兴趣之所在，有张有弛，提得起，放得下。几天杂务缠身便郁闷，一旦坐进书堆就踏实。人各有好，如果拿起书本便头疼，可选择经商或从政。知我者都知道，我是个夜猫子，读书到凌晨，兴致正浓。如若有所发现，更是情不自禁。这种读书人独有的喜悦与欢乐，旁人很难理解。但白天也能睡大觉，每天睡眠一般不会少于 8 小时。学者不是苦行僧，也应当有适度的休闲与娱乐。我不喜欢看电视，但看英超，看欧冠，看世界杯，而且熬夜看。只要有空，还喜欢带孙子。“战士死于沙场，学者死于讲座。”当年的这句豪言壮语在特别珍惜生命的今天，不一定很可取。青年学者进取心强，开拓精神强，值得肯定与鼓励，但做学问也大可不必拼死拼活，一定要去图个啥。老老实实地去做自己想做、自己觉得应该做的事。“只问耕耘，莫问收获。”相信功夫不负有心人。古人说：“不汲汲于富贵，不戚戚于贫贱。”我那 25 个字，意思与此相近。

（原载《历史教学问题》2007 年第 6 期）

后　记

近期有篇文章在学界盛传，题为《第一等的题目和第一等的书》。这篇深度热文出自一位知名学者之手，他认为："从学术的角度来看，现在有百分之八十到九十的书是可出可不出的。"① 出语看似惊人，其实相当平实，本人高度赞同。反躬自省，本书当在"百分之八十到九十"之列，不仅学术价值平平，而且读者无疑寥寥。即便有人要读，所收文稿大致均可在网上找到。然而本书竟然写了、编了、出了，自有其缘故。

鲁迅《赠邬其山》诗云："有病不求药，无聊才读书。"我年逾古稀仍提笔，除应对约稿一类的外因之外，主因在于内心深处的孤寂与无聊。优哉游哉，恍兮惚兮，独处独坐，偶有所思，敲敲键盘打些字，自娱自乐度余生。本书所收文稿大多写于退休后，故取名《恍惚斋两宋史论集》。

闲淡老者已与功利无涉，本该超凡脱俗，实无刊行论著之必要。然而如今老年学者个人文集纷纷问世，满足本人、亲人乃至弟子的心理需求或许是其原因之一。在若干学友的驱动下，我从

① 葛兆光：《第一等的题目和第一等的书》，《澎湃新闻·思想·翻书党》2016 年 5 月 7 日。

众随俗。2017年金秋，应北京大学人文社会科学研究院院长邓小南教授邀请，前往驻访两月。北大文研院优雅宁静，此间学术气氛浓而不躁。于是收拢精神坐下来，编成这本《论集》，收录文稿26篇。其中5篇文稿系与贾大泉先生及陈盈洁、吴菁菁、卢俊勇三位合著，书中已注明。至于文稿的核查之类，则多仰仗于我往日的学生成荫、吴其付、陈鹤、郭岩伟诸君。

书稿编成后，究竟如何出？方今学术著作，申请公费出版，大抵约定俗成。毕生研究汉字的前辈学者杜道生先生的看法和做法与此不同。他向往的是效仿古人，自费印书赠亲友。① 岂止杜老一人，我的老师陈守忠教授、我的学友贾大泉研究员，均有老来自掏腰包出书送友人之举。新近收到我系侯德础教授所赠《岁月流萤》，是他喜迎七十大寿时自费印行的。我试图向杜老、陈师、贾兄学习，但劝阻者不少。同门师弟李华瑞教授听说此事，当即向河北大学宋史研究中心推荐，该中心王晓龙、吕变庭两位教授即刻欣然应允，将其列入"宋史研究丛书"出版计划。我又从众随俗了。谨在此向河北大学宋史研究中心深表谢意！

实话实说，从前出书，责编多属"关系户"。如《宋代皇亲与政治》的责编邱焰美编审是我的西藏老友，《宋代婚姻家族史论》的责编张秀平编审是我的兰大校友，《恍惚斋两宋史随笔》的责编高振华君曾就读于四川师范大学历史系。本书责编河北大学出版社王红梅女史则至今未曾谋面，只知她是位经验丰富的老出版人，曾编辑出版许多宋史研究论著。此书出版进程中，她的热忱、宽容、严肃、认真，令人感动。

---

① 杜道生（1912—2013），四川乐山人，1937年毕业于北京大学国文系，中年以后长期执教于四川师范大学中文系，有"汉字的守护者"之称。他生前曾对我感叹道："古人自费印书送朋友，今人公款出书挣票子。"

需要说明的是：因本书所收文稿原载不同刊物，注释格式不尽相同；因文稿写于不同时间，引用同一古籍采用版本也不尽相同。编选成书时，很难做到全然一致。无论讲课抑或答辩时，我均要求学生注重筛选古籍版本。而本书选用版本欠精当，使用身边易找者较多。如《苏轼文集》以选用孔凡礼先生点校本为宜，而我常常信手拈来，引用家中现存《四部备要·东坡七集》本；又如学人皆知《四库全书》通常不算好版本，我老来疏懒，贪图方便，用得多了些。诸如此类，难以备举，谨向读者致歉。

回想当年出书难，笑看眼下出书易。这固然是学界一大幸事。然而面对目不暇接的新书，“书多好的少”之叹不绝于耳，甚至有“制造文化垃圾”一说。本书的出版是否为此说增添一例？此刻我心中不免忐忑难安！

2019年草长莺飞时节，于成都外东青苔山村